AF616993

***ACCESO GRATIS** a la Lectura en la Nube*

Para visualizar el libro electrónico en la nube de lectura envíe junto a su nombre y apellidos una fotografía del código de barras situado en la contraportada del libro y otra del ticket de compra a la dirección:

ebooktirant@tirant.com

En un máximo de 72 horas laborables le enviaremos el código de acceso con sus instrucciones.

DERECHO FALLERO

Procedimiento de selección de originales, ver página web:
www.tirant.net/index.php/editorial/procedimiento-de-seleccion-de-originales

DERECHO FALLERO

JUAN MARÍA MARTÍNEZ OTERO
FÉLIX CRESPO HELLÍN
Coordinadores

tirant lo blanch
Valencia, 2025

La publicación de este volumen ha contado con financiación de la Generalitat Valenciana en el marco de las ayudas para el fomento del autogobierno, despliegue del Estatuto de Autonomía, Derecho Foral Civil Valenciano y señales de identidad del Pueblo Valenciano durante el ejercicio 2024.

EDITA: TIRANT LO BLANCH
C/ Artes Gráficas, 14 - 46010 - Valencia
TELFS.: 96/361 00 48 - 50
FAX: 96/369 41 51
Email: tlb@tirant.com
www.tirant.com
Librería virtual: www.tirant.es
DEPÓSITO LEGAL: V-4784-2024
ISBN: 978-84-1095-356-7

Si tiene alguna queja o sugerencia, envíenos un mail a: *atencioncliente@tirant.com*. En caso de no ser atendida su sugerencia, por favor, lea en *www.tirant.net/index.php/empresa/politicas-de-empresa* nuestro procedimiento de quejas.

Responsabilidad Social Corporativa: http://www.tirant.net/Docs/RSCTirant.pdf

Listado de autores

Juan Albero Valdés
Josefina Alventosa del Río
Clara Isabel Cañero Lois
María Emilia Casar Furió
Carolina del Carmen Castillo Martínez
Lorenzo Cotino Hueso
Félix Crespo Hellín
Vicente Garrido Mayol
Jorge Hervás Mas
Luis Manent Alonso
Juan María Martínez Otero
María Pilar Montes Rodríguez
María Jesús Romero Aloy
Pedro A. Talavera Fernández

Índice

Prólogo

I

Hará cosa de dos o tres años, mientras ojeaba monografías de Derecho público en la biblioteca de la facultad, me topé con un sugerente título: *Derecho sanferminero. El Derecho de los Sanfermines y de otras fiestas locales.* La obra, dirigida por el profesor Alenza García y editada por Aranzadi en el año 2016, recoge más de una decena de estudios sobre el régimen jurídico aplicable a las diferentes manifestaciones festivas "sanfermineras" y otras fiestas locales, prestando una atención particular a los festejos taurinos.

Llevado por la curiosidad, busqué trabajos académicos que tratasen desde idéntico prisma las Fallas valencianas, cuyas aristas jurídicas me parecían igualmente numerosas e interesantes. Cuál fue mi sorpresa al constatar la casi total inexistencia de investigaciones y estudios que abordasen el intrincado entramado normativo que regula la fiesta valenciana por excelencia.

Comentando esta laguna con mi colega y amigo Félix Crespo —profesor de Derecho Constitucional, concejal de fiestas durante más de una década en el Consistorio valenciano, y gran amante de las fiestas de San José— alumbramos la idea de editar una obra colectiva que contribuyera a colmar dicho vacío, analizando desde una perspectiva jurídica las diversas facetas de la Fiesta fallera.

El proyecto tuvo desde el primer momento una acogida entusiasta por parte de compañeros y colegas, juristas todos ellos, muchos de los cuales vieron en el proyecto la oportunidad de aunar dos de sus grandes pasiones: el Derecho y las Fallas.

Salta a la vista que el maridaje de ambos mundos —Derecho y Fallas— no es de entrada sencillo, ya que frente a la fría previsibilidad y racionalidad del Derecho, la fiesta se presenta como el ámbito de lo extraordinario, lo excesivo y lo excepcional. En efecto, a lo largo y ancho de la geografía española, las fiestas populares constituyen un contexto en que las reglas habituales de convivencia se flexibilizan o suspenden, abriendo espacio a la excepción de lo celebrativo. En todo caso, la celebración de las fiestas —también de las Fallas— no es ni puede ser una realidad ajena al Derecho, una patente de corso que establece una suerte de estado de excepción festivo o de *far west* lúdico. Al contrario, toda fiesta debe estar regulada y determinada por normas jurídicas de muy diversa naturaleza para que no degenere en un aquelarre. Y no es extraño que así sea. Si, como afirma el conocido aforismo latino, *ubi societas, ibi ius* (donde hay sociedad, hay Derecho), en un acontecimiento esencialmente comunitario como las Fallas el Derecho está necesariamente presente, toda vez que la fiesta valenciana constituye un amplísimo entramado de relaciones que atraviesa y vertebra gran parte de la sociedad valenciana, sin distinciones de nacionalidad, sexo, raza, zona de residencia o condición social.

Como decía, fueron muchos los compañeros que mostraron su interés en poner en marcha el proyecto de un libro como éste, festivo y jurídico, constituyéndose así un equipo de trabajo cualificado, heterogéneo y multidisciplinar, en el que se dan cita, mayoritariamente, profesores de Derecho —Constitucional, Civil, Administrativo, Mercantil y Filosofía—, pero al que también se han sumado funcionarios municipales y autonómicos con amplio conocimiento del mundo fallero. Por otro lado, aunque todos los autores compartimos un sincero aprecio por las Fallas, no todos reunimos la condición de falleros. Y, por supuesto, está de más recordar que las reflexiones y apreciaciones que cada autor ofrece en su capítulo las realiza a título personal, y las formula con la libertad propia que asiste a cualquier investigador.

Sin agotar todas las dimensiones jurídicas de la Fiesta fallera, esta obra colectiva aspira a ofrecer una visión general de lo que hemos dado en llamar *Derecho fallero,* parafraseando el título del citado volumen navarro. Un Derecho fallero que podría ser definido como el régimen jurídico específico que rige las diferentes manifestaciones de la Fiesta fallera.

Los estudios reunidos en este volumen tienen una naturaleza académica y jurídica. En cualquier caso, para facilitar su comprensión a personas legas en Derecho, hemos decidido concluir cada capítulo con un listado de preguntas y respuestas redactadas en lenguaje sencillo, huyendo de los tecnicismos del argot jurídico. Y ello con la ilusión de que el libro pueda tener la mayor difusión, también entre aquellas personas que, sin ser juristas, tengan interés por el mundo fallero y su regulación.

II

El libro está estructurado en tres partes.

La primera parte reúne cuatro estudios de carácter general.

El primer capítulo, a cargo del profesor Pedro Talavera, contiene una reflexión filosófica sobre la fiesta como manifestación antropológica y cultural, que funciona como suerte de pórtico de entrada del libro. En sus páginas, se pondera cómo la Fiesta fallera concilia, en una síntesis maravillosa, tres dimensiones de las fiestas populares: la clásica y religiosa; la moderna y cívica; y la postmoderna y lúdica.

El segundo capítulo analiza las que podrían denominarse "fuentes" del Derecho fallero. En él, la profesora Josefina Alventosa presenta las diferentes normas jurídicas que disciplinan la celebración de las Fallas, repasando las disposiciones constitucionales, legales y reglamentarias más relevantes. Entre dichas normas, se presenta de modo detallado el Reglamento fallero, disposición normativa que regula los aspectos más relevantes del desarrollo de los actos festivos y de las actuaciones de quienes componen el colectivo fallero.

En el capítulo tercero, el profesor Félix Crespo ofrece una visión panorámica de la estructura institucional de la fiesta, dedicando especial atención a la Junta Central Fallera.

La primera parte se cierra con un estudio sobre el ejercicio de los derechos fundamentales durante las fiestas josefinas. En dicho estudio, el profesor Lorenzo Cotino presta particular atención a los derechos a la libertad de expresión, a la igualdad y al descanso, al tiempo que, de forma audaz, propugna un verdadero derecho constitucional a la fiesta.

La segunda parte del libro se centra en aspectos propios del Derecho privado.

La profesora Pilar Montes aborda, en el capítulo 5, el régimen de funcionamiento interno de las Comisiones de falla, analizando tanto la normativa genérica de asociaciones como lo dispuesto en el Reglamento fallero y en los reglamentos de régimen interno de las citadas Comisiones.

A continuación, en el capítulo 6, la profesora Clara Cañero Lois analiza la protección de la propiedad intelectual en el contexto fallero, centrándose en el monumento fallero como objeto de propiedad intelectual, sin olvidar la protección debida a otras manifestaciones artísticas, como la indumentaria, la pirotecnia o la interpretación de obras sujetas a derechos de autor por bandas de música en eventos y pasacalles.

El capítulo 7, a cargo de la profesora Carolina Castillo, se ocupa de la responsabilidad civil de las Comisiones falleras y sus miembros, ofreciendo una cata jurisprudencial muy amplia en la materia. Entre otras cuestiones, analiza la responsabilidad por daños materiales y personales ocasionados por espectáculos pirotécnicos, por daños medioambientales, por daños acústicos y por daños debidos a la ocupación de la vía pública.

La tercera y última parte del libro, que es la más extensa, reúne siete capítulos sobre cuestiones propias del Derecho público.

La profesora María Jesús Romero analiza en el capítulo 8 las normas que disciplinan el uso del espacio público durante las fiestas, uso que, como es sabido, resulta particularmente intensivo por la instalación de carpas, paradas de alimentos, monumentos falleros, etc.

El capítulo 9 tiene por objeto la actuación pública de fomento en marco de la Fiesta fallera. A lo largo de sus páginas, la profesora María Emilia Casar presenta diferentes medidas promocionales de las Fallas: tanto las honoríficas —v.g., su reconocimiento como patrimonio inmaterial o los diferentes premios y galardones que entrega la Junta Central Fallera—, como las económicas —v.g., subvenciones y ayudas públicas para el fomento del valenciano, para los monumentos falleros o para la insonorización de casales.

Teniendo en cuenta la implicación de diferentes entes del sector público en la preparación y celebración de la Fiesta —Ayuntamientos y Junta Central Fallera son los más relevantes—, el capítulo 10 se dedica a analizar el régimen jurídico de la contratación pública en el contexto fallero. A tal fin, Juan Albero, letrado del Consejo Jurídico Consultivo de la Comunidad Valenciana, aborda las disposiciones de la Ley 9/2017, de 8 de noviembre, de Contratos del Sector Público, en aquello que afecta más directamente a la contratación durante las fiestas josefinas.

El capítulo 11, a cargo de Jorge Hervás, Jefe de los Servicios Jurídicos de Urbanismo y Vivienda del Ayuntamiento de Gandía, se dedica al régimen jurídico de los casales falleros, sedes festeras que jalonan la trama urbanística de pueblos y ciudades valencianas. En dicho capítulo se da cuenta de la regulación autonómica de las sedes festeras, describiendo los requisitos legales exigidos para los casales y los diferentes usos a que pueden destinarse.

El capítulo 12 se dedica al estudio de los diversos regímenes sancionadores que se aplican durante las Fallas, con el fin de garantizar el desarrollo armonioso y cívico de la fiesta. Aquí, el autor de este prólogo aborda los tres tipos de sistemas represivos —el de policía general, el fallero y el disciplinario de cada comisión—, y explica cómo se configura y se aplica cada uno de ellos.

La obra se cierra con dos capítulos relativos a la responsabilidad patrimonial de la Administración por daños acaecidos durante las celebraciones. En el capítulo 13, el profesor Vicente Garrido, proyecta su análisis sobre los daños ocasionados con motivo de fiestas populares, dando cuenta de la doctrina sentada al respecto por el Consejo Jurídico Consultivo de la Comunidad valenciana, órgano que presidió durante más de una década. Por su parte, en el capítulo 14, Luis Manent, abogado de la Generalitat valenciana, explica la responsabilidad por daños ocurridos en las Fallas, recurriendo a la jurisprudencia más consolidada.

III

Como puede observarse, la obra que el lector tiene entre las manos ha nacido con un propósito ambicioso: abordar las aristas jurídicas más relevantes de la Fiesta fallera. En cualquier caso, no hay duda de que en todas ellas caben aproximaciones diferentes; y de que hay otras aristas que restan por explorar, como el régimen fiscal de las fallas y negocios asociados a la celebración; cuestiones de Derecho laboral en torno a la creación y montaje del monumento fallero; o aspectos de Derecho medioambiental. No renunciamos a abordarlos en una futura edición aumentada de este volumen, en la medida en que el interés por este enfoque vaya calando en más investigadores y académicos.

Decíamos al comienzo que este libro pretende colmar una laguna en la doctrina jurídica, que apenas ha prestado atención al fenómeno festero en la Comunidad valenciana. Esperamos haberlo conseguido. Y esperamos, también, que esta primera monografía sobre el Derecho fallero sirva de estímulo para que la dimensión jurídica de la Fiesta fallera, una de las grandes joyas de la cultura valenciana, se convierta en objeto importante de investigación y análisis para académicos y profesionales del Derecho.

Juan María Martínez Otero
Coordinador

A modo de introducción. La fiesta, el Derecho y las Fallas

PEDRO A. TALAVERA FERNÁNDEZ
Catedrático de Filosofía del Derecho
Universitat de València

SUMARIO: I. La fiesta como realidad celebrativa. II. El origen religioso de la fiesta y el derecho divino. III. La *fiesta* como acontecimiento político en la Modernidad. IV. La posmodernidad y el *homo festivus*. V. La fiesta fallera como síntesis proverbial de lo festivo. VI. Epílogo: la esencia de lo festivo. VII. Bibliografía.

La fiesta es una realidad universal: no se conoce sociedad que no tenga sus propios rituales festivos. Pero ¿qué es una fiesta? Dada la infinita variedad y referentes de lo celebrado, resulta difícil abordar la idea de fiesta en singular. Existen infinidad de tipologías que responden a un origen y una idiosincrasia absolutamente diferentes. No obstante, sí cabe identificar una serie de características que podrían constituir la esencia de lo festivo. Es lo que pretendo exponer aquí. Exploraré la idea de 'fiesta' desde una perspectiva antropológica; analizaré brevemente sus diversas expresiones, desde la clásica religiosa hasta la posmoderna y su relación con el Derecho, para finalizar con una proyección de este análisis sobre la fiesta fallera. Culminaré con un breve epílogo sobre la esencia de lo festivo.

I. La fiesta como realidad celebrativa

En cuanto realidad vivida, más allá de cualquier definición normativa, la *fiesta* aparece como una práctica colectiva consistente en una secuencia ritual de actos, ligados a un espacio y un tiempo determinados, mediante los cuales se celebra algo. Lo festivo está, pues, directamente ligado con lo celebrativo. Para *celebrar* algo es necesario dotar a ese algo de una cierta excepcionalidad. Lo celebrativo no se compadece con lo cotidiano, reclama por su propia esencia algo extraordinario, porque solo merece ser celebrado aquello que goza de algún tipo de '*celebridad*'; es decir, aquellos acontecimientos que por su trascendencia merecen ser recordados porque son dignos de algún tipo de admiración. Por eso, el tiempo festivo no es solo un tiempo lúdico, sino que también es un momento especial que permite admirar (contemplar) ese acontecimiento revestido de notoriedad. Así pues, la fiesta no surge primariamente como un espacio de diversión, sino como un espacio de contemplación en el que la persona conecta con las realidades más sublimes de su existencia, con aquello que la eleva por encima de lo efímero. Es un anticipo de la felicidad definitiva. De ahí su primaria conexión con el culto religioso[1].

En efecto, en el plano individual, lo celebrativo está ligado a los acontecimientos más trascendentes en la vida de las personas y por eso se rodean de singularidades (regalos, adornos, vestidos...) con las que se significa la excepcionalidad y la relevancia del acontecimiento. Cuando lo celebrativo adquiere una dimensión colectiva, estamos ante aquello que propiamente denominamos '*fiesta*'. En esa acepción de lo festivo se reúne algo *memorable*, algo digno de ser recordado y celebrado no solo para una o algunas personas, sino para toda una comunidad; algo *ritual*, es decir, una forma especial y reglada de manifestar comunitariamente esa celebración: una liturgia pública mediante la cual el acontecimiento adquiere una relevancia social (ceremonias, desfiles, procesiones...); y una *temporalidad* propia que introduce ese acontecimiento celebrativo en un lugar concreto dentro del ciclo anual de las estaciones: las fiestas son las que definen nuestro ciclo vital como sociedad[2].

La fiesta es, pues, una realidad extraordinaria: una intensificación de la vida en un lapso corto de tiempo, un hecho social singular en relación dialéctica con la vida cotidiana, un acontecimiento que rompe el tiempo ordinario del trabajo y sumerge a la colectividad en un ambiente de exaltación que propicia la comunicación y el estrechamiento de los vínculos simbólicos que generan la identidad colectiva y la relación de pertenencia[3]. La intensidad emocional que provoca la fiesta permite vislumbrar la posibilidad de un nuevo modo de existencia, permite asumir una nueva identidad que desborda el modo de ser cotidiano. En la fiesta el individuo deja de identificarse con el sujeto social que se expresa en los contextos de la vida cotidiana, en el mundo del trabajo, de los intercambios de bienes, de servicios, de informaciones, donde existe y actúa solo en función de sus relaciones de mercado, y pasa a identificarse como persona, estableciendo

1 Pieper, Josef, *Una teoría de la fiesta*, Rialp, Madrid, 1974, págs. 10-15.

2 Ariño, Antonio, "El calendario festivo de los siglos XIX Y XX", en Ariño, Antonio *et al.*, *Historia de las Fallas*, Levante-EMV, València, 1990, págs. 115-129.

3 Schultz, Uwe, *La Fiesta*, Alianza Editorial, Madrid, 1993, pág. 12.

una relación auténticamente humana con sus congéneres, frente a los que se presenta como un igual. En la fiesta nadie se presenta como un objeto de consumo o de intercambio mercantil para el otro, la fiesta borra la mirada economicista y provoca un gran sentimiento de proximidad de cada persona hacia todas las demás, en tanto que participantes del gozo de un mismo acontecimiento, que les une como personas, al margen de cualquier otra condición.

En la fiesta se produce también una singular combinación paradójica: solemnidad ritual y espontaneidad lúdica, tradición acrisolada e innovación desenfadada, espiritualidad y corporalidad, privacidad y exposición pública, permanencia y fugacidad. La fiesta es una realidad material y simbólica que consolida lo tradicional e institucional, pero también encierra un fondo de transgresión[4]. De ahí arranca también su relación dialéctica con el Derecho. Al ser la fiesta el espacio de lo extraordinario, de lo no cotidiano, de lo celebrativo, de lo lúdico, se resiste a ser encajada en el estrecho y tosco espacio de lo normativo, de lo estrictamente reglado. La norma determina lo previsible, lo establecido, un *deber ser* que llama a lo cotidianamente vivido y respetado, a lo racionalmente ordenado y diseñado. El Derecho configura el mundo de lo ordinario, el de la relación laboral y productiva, el de la obligación y el contrato, el de la sociedad y la cuota hereditaria. En definitiva, el Derecho prefigura y configura todo aquello que sucede justamente en el espacio de lo no festivo. El espacio de lo festivo no nace determinado por la regla sino por la espontaneidad celebrativa cuyas expresiones son imprevisibles, de ahí que en ese espacio el Derecho no encaje fácilmente y tienda a relajar, cuando no suspender, sus reglas imperativas. Al igual que recriminamos a quien pretende mantener una actitud rígidamente formal en una celebración ("¡relájate, que estamos en una fiesta!"), tampoco aceptamos que se imponga la rigidez de una regla cuando eso supone entorpecer el desarrollo de la fiesta.

En lo festivo prevalece el espíritu celebrativo de la comunidad que invoca la excepción frente a la regla. Cerrar calles para instalar monumentos y espacios de reunión; ocupar la vía pública con desfiles ceremoniales; celebrar actos lúdicos ruidosos con música estridente hasta la madrugada; establecer restricciones de tráfico urbano, etc., no constituyen una vulneración de las normas sino una excepción que las confirma en aras de lo celebrativo. Por otra parte, la fiesta es por esencia una realidad colectiva, tiene una

---

4 Ariño, Antonio, *La Ciudad Ritual, La fiesta de las Fallas,* Anthropos, Barcelona, 1992, pág. 14.

naturaleza comunitaria, no caben en ella reivindicaciones individualistas (mi derecho frente a lo festivo). En la fiesta el individuo pierde necesariamente una porción de su autonomía frente a la primacía del acontecimiento celebrativo comunitario[5]. En el tiempo festivo se invierten las reglas del funcionamiento social: lo que prima es lo extraordinario sobre lo ordinario, el gozo sobre la obligación, la fraternidad sobre la competitividad, la felicidad colectiva sobre las penalidades individuales[6].

En la fiesta hay una fuerte presencia de lo tradicional, de lo consuetudinario, de los hechos arraigados que han ido esculpiendo el acontecimiento festivo. Jamás el sentido y la dinámica de la de fiesta han nacido de las disposiciones de un Código o de un reglamento administrativo. Si en algún momento la regulación administrativa consiguiera prevalecer sobre la configuración tradicional del acontecimiento festivo, el sentido de la fiesta se habría disuelto, habría dejado de ser algo extraordinario para constituir simplemente un tiempo de 'ocio'. Habríamos incurrido en la aberración posmoderna de identificar lo festivo con los días 'no laborables'. En efecto, la posmodernidad denomina indistintamente los días 'no laborables' como días 'festivos', y eso constituye un gravísimo error. El día 'no laborable' es un día totalmente integrado en la cotidianidad, no tiene nada de 'festivo', porque carece de dimensión celebrativa. Se trata de un día de 'ocio legal' que carece de verdadera dimensión festiva. Así sucede con los mal llamados 'días festivos' que se incluyen en los calendarios laborales, cuyo espíritu no responde a ningún acontecimiento celebrativo sino al diseño de un espacio 'no productivo' que el Derecho integra dentro de los parámetros del rendimiento laboral (es el descanso necesario para poder seguir produciendo). En esos días de 'ocio legal', aunque formalmente se *conmemora* algo, en realidad no se *celebra* nada, no hay conciencia común de participar en un acontecimiento extraordinario, por eso la gente disfruta privadamente de su ocio (hace deporte, lee, va al cine, pasea o toma el sol) pero sin generar vínculos comunitarios, sin conciencia de *ser-con*. La fiesta, lo festivo en su sentido más genuino, no se identifica con el 'ocio legal' del 'día no laborable', y menos con las 'vacaciones', cuya naturaleza es absolutamente ajena a la esencia de lo festivo. La dimensión celebrativa de la fiesta la distingue del 'ocio reglado', que carece por completo de ella. El concepto genuino de la fiesta remite a la celebración compartida de un

---

5 Schultz, Uwe, *La Fiesta*, op. cit. Capítulo "El Ser que Festeja", en ibid., págs. 15-25.

6 Vernes, Paule-Monique, *La ville, la fête, la démocratie*, Traces-Payot, París, 1978, págs. 10-13.

acontecimiento, reclama la singularidad de lo extraordinario, genera en la comunidad un vínculo simbólico y la aúna en torno a la memoria de lo sublime[7].

II. El origen religioso de la fiesta y el derecho divino

Aristóteles, en su *Ética a Nicómaco,* afirma que las *fiestas* tienen un origen agrícola, relacionadas sobre todo con la siembra (rogando a los dioses para que prospere) y con la cosecha (agradeciendo a los dioses los frutos)[8]. Aristófanes también concibe la *fiesta* como expresión de la paz y la abundancia material que los dioses proporcionan. En su comedia *La Paz* muestra a los campesinos del Ática sacando con gran esfuerzo a la Paz de la cueva donde estuvo enterrada durante la guerra, escoltada por dos «damas de honor» que son *Opora,* la diosa de las cosechas, y *Teoría,* la diosa de los espectáculos y las fiestas. Pero es Platón quien recalca en *Las Leyes* la fundamental dimensión religiosa de las fiestas, señalando que son un alivio que los dioses dan los humanos para que puedan redimirse durante algún tiempo de las penalidades de su miserable condición y en las que ellos mismos los acompañan[9].

La vinculación de lo festivo con la agricultura aparece en todas las culturas antiguas y siempre lo hace ligada a una dimensión religiosa y cultual: pedir o agradecer algo a los dioses. Lo *festivo* manifiesta la convicción de que, en el éxito de las acciones cotidianas, que son las propias del hombre (sembrar y cosechar), siempre interviene un elemento trascedente, extraordinario, que escapa a lo humanamente previsible. Dice Josef Pieper que "celebrar una fiesta ha significado siempre ponerse en presencia de la divinidad"[10]. Lo *festivo* indica originariamente el reconocimiento de que toda la realidad no se explica solo por la física, sino que hay una dimensión de esa realidad que escapa al control racional y con la que solo se puede co-

---

7 Schultz, Uwe, *La Fiesta,* op. cit., pág. 32.

8 Aristóteles, *Ética a Nicómaco,* VIII, 9, 1160a 25-28.

9 "Los dioses, compadeciéndose del linaje humano, que resulta tan sujeto a la miseria, han dispuesto para ellos unos relevos de las penalidades, que son los períodos de sus fiestas, y les han dado como compañeros en la celebración de ellos a las Musas, a Apolo Muságeta y a Dioniso, para que regulen como deben sus recreos, hallándose en tales festividades acompañados de los dioses" (Platón, *Leyes,* 2.653d).

10 Pieper, Josef, *Una teoría de la fiesta,* op. cit., pág. 53.

nectar a través de acciones simbólicas, litúrgicas, que son las que permiten sintonizar con lo sobrenatural, con lo divino.

La *fiesta* aparece originariamente como un espacio y un tiempo dedicado a desentrañar y conectar con lo sobrenatural, con lo inconmensurable. Es el ámbito reservado a las acciones simbólicas, espirituales; ese tipo de acciones no productivas en las que no se busca un rendimiento material, sino establecer una convergencia entre lo humano y lo divino. En el origen, en efecto, *festejar* significa buscar el espacio y el tiempo propicio para ponerse en contacto con la divinidad; salir de los parámetros de la vida cotidiana para entrar en contacto con lo divino. De ahí nacen los símbolos, los ritos, las liturgias, las ceremonias (reservadas al día festivo, el día dedicado a la divinidad) y también las jerarquías mediadoras (chamanes, brujos, médiums, imanes, sacerdotes). Más aún, celebrar una fiesta significó siempre cooperar a la presencia de la divinidad en el mundo y en la vida. Precisamente por eso la manifestación principal de lo festivo radicaba en el culto[11].

La conexión esencial entre lo festivo, lo divino y lo jurídico aparece de manera paradigmática en el libro del *Éxodo*, donde se narra el precepto, que Moisés recibe del propio Yahvé y transmite a Israel, de guardar el *Sabbat*. Yahvé ha bendecido ese día y lo ha reservado para sí. Es el tiempo reservado a la memoria de la divinidad que la propia divinidad decreta y regula:

> "Acuérdate del día del Sabbat, para santificarlo. Trabaja seis días, y en ellos haz todas tus faenas. Pero el día séptimo es día de descanso, consagrado a Yahvé, tu Dios. Que nadie trabaje: ni tú, ni tus hijos, ni tus hijas, ni tus siervos, ni tus siervas, ni tus animales, ni los forasteros que viven en tu país. Pues en seis días Yahvé hizo el cielo y la tierra, el mar y cuanto hay en ellos, y el séptimo día descansó. Por eso bendijo el sábado y lo hizo sagrado." (Ex, 20, 8-11).

El *Sabbat* adquiere un carácter *festivo* porque ya no pertenece al ciclo productivo del hombre: Yahvé lo ha establecido como tiempo reservado a la relación con Él, un tiempo de celebración, adoración y conmemoración, que permite al hombre entrar en contacto con su realidad definitiva, la contemplación de Dios. A partir de aquí, tanto en el judaísmo como en el islam y en el cristianismo, lo *festivo* constituye la expresión de un tiempo que ya no pertenece al orden humano. Toda la actividad productiva debe cesar porque no es el tiempo del hombre, sino el tiempo de Dios, en el que sólo la adoración y la conmemoración tienen sentido, porque son el

---

11 Ibid., pág. 56.

'anticipo', la prefiguración del horizonte definitivo del ser humano, que es la eterna bienaventuranza, la felicidad completa que se derivará de una relación íntima con Dios. La *fiesta* se convierte en precepto porque nadie puede dispensarse de conocer su destino eterno. La fiesta celebra que la condición humana está vinculada indisolublemente a lo divino; recuerda al hombre que la plenitud de la humanidad no está las penalidades terrenas, sino que está en su futura unión con la divinidad[12].

III. La *fiesta* como acontecimiento político en la Modernidad

La obsesión desacralizadora y secularizadora de la Modernidad pone en marcha un proceso que, por una parte, destierra la metafísica, descalifica la religión y abomina de la trascendencia y, por otra parte, impone la primacía de lo político, exaltando la libertad, santificando la ciencia, adorando la nación y canonizando la ciudadanía. En ese proceso de desontologización de la realidad y secularización de la sociedad, las fiestas juegan un papel fundamental, en tanto que son utilizadas por la política como el espacio propicio para mostrar la realización de los ideales del 'hombre libre' que es el *ciudadano* de la República, que aparece en el contexto de lo festivo como un igual entre sus iguales, que celebra su liberación de las esclavitudes estamentales de la vieja sociedad corrupta, prefigurando una comunidad política basada en la libertad, la democracia y la fraternidad.

Es Rousseau quién abandera con mayor énfasis estas ideas. Lo expresa de manera paradigmática en su carta a D'Alambert, afirmando que la *fiesta* —en una República— conviene mucho a los pueblos porque los sentimientos festivos propician la construcción de una verdadera comunidad política. En la fiesta —afirma— se produce una espontánea asamblea ciudadana de hombres libres, que genera entre sus miembros "agradables lazos fraternales de placer y de felicidad que contribuyen a mantenerlos unidos como comunidad"[13]. Pero Rousseau va más allá y precisa que, para lograr esos efectos de la fiesta, es necesario superar el escenario religioso de las fiestas haciendo que los *espectadores* se conviertan en *actores* de los ceremoniales, de manera que se sientan a sí mismos como creadores de

---

12 Pieper, Josef, *Una teoría de la fiesta*, op. cit., pág. 31.

13 Rousseau, Jean-Jacques, *Lettre a M. D´Alembert sur son article GENÉVE*, Flammarion, Paris, 1967, págs. 236-237.

la nación y no como adeptos de una religión[14]. Rousseau propone como modelo la 'fiesta Espartana' en la que, según afirma, todo "era placer y espectáculo y en la que se aprovechaba para la instrucción pública favoreciendo que el ciudadano se reuniera continuamente... consiguiendo con ello que el regocijo de lo festivo se convirtiera en parte de la política del Estado"[15]. Para Rousseau el objetivo de la fiesta es conseguir "*la felicidad pública*"; es decir, la que se consigue como consecuencia de sentirse parte del Estado, de asumir la condición de ciudadano que celebra su pertenencia a una comunidad política y que se afirma con la exaltación de las glorias de la nación (la gloria de la nación busca sustituir a la gloria de Dios)[16]. En su dimensión religiosa, la fiesta está revestida de universalidad, porque hace referencia a las realidades que atañen directamente a la condición humana. En su dimensión política, la fiesta se particulariza restringiéndose a la exaltación de cada comunidad nacional. La fiesta religiosa pretende fomentar el vínculo sobrenatural, la fiesta política pretende fomentar el vínculo ciudadano, el sentimiento de pertenencia.

La fiesta en la Modernidad adquiere, pues, una dimensión 'política': pretende superar su dimensión espiritual, como tiempo de conexión con lo *divino* a través de las ceremonias del culto religioso y transformarse en un espacio de afirmación ciudadana, de generación de lazos fraternales y de sentido de pertenencia a una comunidad política. La idea de *lo festivo* se aleja de lo religioso, de la sumisión al derecho divino, para identificarse con lo político, con la sumisión al Estado que afirma la libertad y la igualdad a través del Derecho y que se expresa como legislador racional[17]. De este modo, la fiesta se convierte, como Hegel expresará en sus *Escritos de juventud*, en la glorificación del Estado civil como expresión de la racionalidad y la libertad a través del Derecho, frente a la irracionalidad de lo que denomina el 'Estado eclesiástico' (la religión institucionalizada) fruto de la confusión entre lo moral y lo jurídico[18].

---

14 Ibid., pág. 244.

15 Ibid., pág. 245.

16 Ibid., pág. 249.

17 Vernes, Paule-Monique, *La ville, la fête, la démocratie*, op. cit., págs. 63-65.

18 Hegel destaca la superioridad del Estado civil frente al Estado eclesiástico, insistiendo en que es un Estado donde la moralidad no sólo está a salvo, sino que se preserva en su verdadero significado, puesto que no se impone con la obediencia ciega a preceptos, normas o reglas dictadas por la autoridad religiosa, sino, por el contrario, con el libre ejercicio de la razón práctica que elige actuar moralmente. La separación entre derecho y moralidad es propia del Estado civil y, en conse-

La Modernidad no concibe la *fiesta* como simple 'tiempo libre'; no es un tiempo meramente desocupado, un tiempo libre de obligaciones, sino que es un tiempo comprometido, el tiempo del '*hombre libre*'; el modo en que se expresa la 'vida libre' del ciudadano; el ámbito de afirmación de aquel que es dueño de sí y nunca puede ser propiedad de otro (que es la esencia de la esclavitud). El esclavo tenía un tiempo de *descanso*, pero no era un tiempo *festivo* porque no era dueño de sí mismo; su tiempo de descanso también pertenecía a otro. En la Modernidad el tiempo festivo es el tiempo de afirmación de la libertad, de la conmemoración de aquellos hitos que han propiciado la conquista de la libertad y su expresión a través de la ciudadanía, algo que según Vernes, se alcanza con los elementos matrices de lo festivo: la luz, la música, el vino y la danza; elementos que liberan al hombre de sus ataduras y le hacen saborear el néctar de la libertad[19].

La exaltación de lo político destaca la conmemoración del hito civil, del hecho que sustenta al Estado y que vincula al ciudadano como fuente de su identidad y pertenencia. Sin embargo, la dimensión *civil* de la fiesta no destruyó la original festividad *religiosa*, sino que se superpuso y acabó generando dos grandes ámbitos festivos: por una parte, la fiesta religiosa, vinculada a ceremonias de culto celebradas en los templos y desfiles procesionales que responden a la identidad cristiana de los pueblos; por otra parte, la fiesta civil, que conmemora acontecimientos cívicos y patrióticos, que convierte el espacio público en espacio de exaltación de las libertades ciudadanas[20]. Las Fallas son un paradigma en esta doble dimensión de lo festivo que se consagra en la Modernidad. El origen de la fiesta es religioso, en tanto se conmemora la devoción de los carpinteros a su patrón San José. La fiesta evoluciona, se desarrolla, se enriquece y, en gran parte, se seculariza, convirtiéndose en una gran fiesta civil con una importante componente identitaria[21], pero que mantiene su dimensión religiosa en el acto fundamental de la Ofrenda a la Virgen.

---

cuencia, es lo que más se ajusta a la libertad, a la razón y a la propia moral. (Vid. Hegel, G. W. F., "La positividad de la religión cristiana", en Id. *Escritos de juventud*, Fondo de Cultura Económica, Madrid, 1984, págs. 126-139).

19 Vernes, Paule-Monique, *La ville, la fête, la démocratie*, op. cit., pág. 71.

20 Ibid., pág. 89.

21 Ariño, Antonio, *La Ciudad Ritual, La fiesta de las Fallas*, Anthropos, Barcelona, 1992.

IV. La posmodernidad y el *homo festivus*

La posmodernidad —desde que fuera descrita y analizada por Lyotard[22] como pérdida de fe en las metanarrativas que legitiman las grandes prácticas sociales (política, ciencia, arte, religión) y rebautizada, en clave hermenéutica, por Vattimo[23] como la era del 'pensamiento débil'—, ha ido alejando al hombre de los grandes ideales comunitarios, encerrándolo en sus pequeñas historias cotidianas y empujándolo a vivir cada vez más atomizado y recluido por la tecnología y el mundo virtual. Esta tendencia hacia el narcisismo, la irrealidad y la desesperada búsqueda del placer, propios de la condición posmoderna, han convertido la *fiesta* en el ámbito exclusivo de la '*diversión*', y la han elevado a componente esencial de la existencia. Tanto es así que Philippe Muray, uno de los que más han estudiado este fenómeno, habla de nuestra época como un tiempo 'poshistórico', en el que se ha producido la sustitución del hombre auténticamente humano, por un 'neo-hombre', el *homo festivus,* que ha proliferado especialmente en el espacio urbano[24].

El *homo festivus* de la posmodernidad se ha sacudido toda dimensión cultural, religiosa y política, todo vínculo con el pasado, y no se considera heredero de ningún legado histórico, ni se identifica con ninguna ideología. Se ha liberado de todas las cuestiones trascendentales que atormentaron a sus antecesores y se ha erigido en producto exclusivo de sí mismo: él decide cuál es su identidad cultural, política o sexual. Su estatus cotidiano es la transgresión. Considera el Derecho como represivo, herencia de una sociedad autoritaria que pretende imponer estereotipos conservadores. Abomina de todo lo reglado y abandera toda idea o actividad alternativa y cuestionadora de los estándares sociales. Para Muray este prototipo urbano es el auténtico '*último hombre*' de Nietzsche, el que rechaza todos los ideales y aspiraciones del pasado, el que cree haber inventado la felicidad, el emancipado absoluto, el nihilista pasivo, el rebelde con rastas y patinete, el turista universal, el consumidor en bermudas, el solidario con i-phone. Un sujeto ajeno a lo comunitario cuyo ámbito natural es la *fiesta-diversión,* ese espacio destinado a la transgresión, a lo instintivo, a la felicidad artificial, a

---

22 Lyotard, Jean-François, *La condition postmoderne: Rapport sur le savoir,* Minuit, París, 1979, (*La condición posmoderna,* Cátedra, 1987); y también: *Le Différend,* Minuit, París, 1983 (*La diferencia,* Gedisa, 2009).

23 Vattimo, Gianni, *Il pensiero debole,* Feltrinell, Milán, 1983.

24 Muray, Philippe, *Après l'Histoire,* Gallimard, París, 2007, págs. 53-87; así como: *Festivus Festivus,* Flammarion, 2008, págs. 46-82.

la relación esporádica, al instanteísmo vital: la *fiesta posmoderna* es un limbo existencial ahistórico[25].

Este *homo festivus* es una alegoría, es un maniquí teórico que encarna el '*festivismo*' de masas, que asola el territorio urbano sobre todo en el periodo estival y que genera el deprimente espectáculo de las '*ciudades festivizadas*'. Muray concibe la 'fiesta posmoderna' como un estadio terminal posthistórico, como un ámbito de banalidad sostenida donde se disuelve toda la profundidad de la existencia[26]. La fiesta ha perdido su carácter extraordinario —una ocasión celebrativa excepcional que conmemora un acontecimiento religioso o político— y se ha convertido en parte de la cotidianidad misma: un estado de distracción permanente. El *homo festivus* no es la persona que pretende conectar con lo divino, ni el sujeto comprometido con la libertad política que le identifica con el Estado. Es alguien que solo concibe su existencia en clave de exacerbación hedonista, de euforia compulsiva, de absolutización del deseo. Para Muray vivimos en una '*festivocracia*': un indefinido tiempo hiperfestivo[27].

La hiperfestividad no solo ha colonizado las fiestas tradicionales, sino que se ha constituido en el inspirador de las 'macro-fiestas' (las Pride, las Rave, las Parade o las Sound) que se programan en todas partes y que compiten entre sí por el gigantismo y la asistencia masiva. El *homo festivus* adora la diversión en masa. Ciudadanos de toda condición buscan ansiosamente disolverse en una 'animalidad festiva'. El sujeto urbano ya solo concibe su existencia desde y para la fiesta. Lo hiperfestivo se ha ido infiltrando progresivamente en el sujeto, se ha colado en el código genético del hombre posmoderno, y ha conseguido modificar su identidad, el conjunto de sus percepciones.

La idea posmoderna de fiesta, en efecto, ha abandonado el ámbito de lo extraordinario para convertirse en un elemento cotidiano con el que, paradójicamente, se busca huir de lo cotidiano. La fiesta ha dejado de ser un sustantivo (la fiesta 'de'..., la conmemoración de algo) para adquirir una naturaleza existencial (salir de fiesta). Lo festivo no es un acontecimiento externo con el que la persona se identifica, sino que es un estado de diversión al que la persona aspira como situación ideal. Se ha diluido la vinculación con un acontecimiento celebrativo para convertirse en una situación en que la persona se 'divierte', es decir, se trasmuta abandonán-

---

25 Muray, Philippe, *Après l'Histoire*, op. cit., pág. 108.

26 Ibid., pág. 109.

27 Ibid., pág. 110.

dose a las pulsiones irracionales del instinto. 'Salir de fiesta' o 'estar de fiesta' denota un deseo de abdicar de lo racional, de lo reglado, de lo convencional, para sumergirse en el mundo irreal de Alicia detrás del espejo. De ahí que, frente al sentido celebrativo convencional, abierto, diurno y comunitario, prevalezca el ambiente nocturno, alcohólico y psicotrópico. La fiesta posmoderna no es ceremonial sino anárquica; no es convencional sino transgresora; no es comunitaria sino narcisista.

La hiperfestividad es el signo distintivo de nuestro tiempo. Ya no es concebible hablar de cualquier fiesta que se precie sin una afluencia masiva de personas, sin una gran proyección mediática, sin la ocupación del espacio urbano, sin una permisividad transgresora (debilitamiento y relajación del Derecho), sin que el contexto invite a la irracionalidad y al desenfreno. Estar de fiesta dispensa en cierto modo de lo racional y favorece lo instintivo.

V. La fiesta fallera como síntesis proverbial de lo festivo

Llegados a este punto, la pregunta resulta obligada: ¿en qué concepto de lo festivo cabría encajar la fiesta fallera? Pues bien, desde mi punto de vista, la fiesta fallera constituye una síntesis proverbial, quizá la más depurada, de las tres dimensiones que acabo de exponer. En efecto, hay un acontecimiento conmemorativo de carácter religioso, que la sostiene como espina dorsal; hay una dimensión política que la conforma como generadora de identidad comunitaria y hay una fuerte componente hiperfestiva que inunda todo el espacio urbano con un enorme despliegue lúdico y monumental y con una masificación turística extraordinaria. A mi juicio, estas tres dimensiones se articulan aquí de una manera proverbialmente única, de manera que todas están intensamente presentes sin que ninguna de ellas quede ensombrecida por las otras. Algo que sí puede apreciarse en otros eventos festivos que han adquirido una magnitud similar, como por ejemplo en los sanfermines, que han perdido por completo su dimensión religiosa; o en la Semana Santa de Sevilla, que nunca ha incorporado una dimensión política y civil.

La fiesta fallera, en efecto, es un prodigio de articulación de lo festivo. La original dimensión religiosa continúa siendo un componente central y esencial de los actos festivos. No serían concebibles las fallas sin el extraordinario despliegue que supone la '*Ofrenda de flores*' a la Virgen de los Desamparados. Aunque su concepción y estructura actual son relativamente recientes (datan de 1945), se trata de un acto de homenaje a la patrona de Valencia en el que permanece vivo el origen religioso de la fiesta fallera y que se erige, además, como referente ecuménico que aúna todo tipo de credos. La identidad de la fiesta fallera siempre ha tenido un substrato religioso, vinculado de uno u otro modo a la figura de san José como patrón de los carpinteros que está en el origen de los monumentos falleros[28]. Sin embargo, el marcado carácter femenino de la fiesta, cuyo protagonista indiscutible es la mujer valenciana (la fallera), impulsó el homenaje de las falleras a la Virgen, que representa en lo religioso la sublimación del modelo de mujer, expresión excelsa de belleza, de maternidad y de acogida y cuidado. La primera ofrenda, pequeña en número, de las falleras mayores a la Virgen de los Desamparados en su Basílica, en 1940, ha crecido exponencialmente hasta convertirse en el extraordinario espectáculo que hoy se desarrolla en la Plaza de la Virgen. Ciertamente, la 'Ofrenda' se encuentra hoy muy permeada por lo *hiperfestivo*, no obstante, las lágrimas que derraman todas las falleras cuando cada año depositan su ramo ante la Virgen, constata que la hiperfestividad no ha borrado el núcleo religioso original, de referencia mariana, que continúa vivo en el espíritu de la fiesta. Y, por otra parte, me parece claro que el indiscutible protagonismo de la mujer valenciana en la fiesta fallera es la causa de que la 'Ofrenda a la Virgen' haya crecido y se haya impuesto como un acto festivo central, mientras que, paradójicamente, la 'Ofrenda a San José' del día 19 de marzo, aun siendo el patrón de las fallas, haya decrecido hasta convertirse en un acto menor, que se desarrolla discretamente en el puente de San José, con la asistencia de la Fallera mayor y su corte, alguna autoridad y unas cuantas decenas de personas[29].

En su dimensión civil (política) las fallas fueron pronto asumidas por los gobiernos municipales como la gran fiesta valenciana tal y como lo muestran los numerosos estudios históricos y sociológicos que se han veni-

---

28 Martínez Roldán Josep, "San José en la historia y en la fe", en Ariño, Antonio *et al.*, *Historia de las Fallas*, Levante-EMV, València, 1990, págs. 65-79; Hernández, Gil y Borrego, Vicente, "La devoción Josefina en València", en *Ibid.*, págs. 80-97.

29 No creo que las Fallas hayan adquirido nunca, como sostiene Antonio Ariño, el carácter de 'religión civil' propia del 'valencianismo temperamental' antítesis de la fe tradicional. Ni tampoco creo que pueda afirmarse que la Ofrenda, por realizarse fuera del templo, tenga un carácter laico, cuando es evidente que el catafalco en la plaza es consecuencia de la afluencia masiva de falleros y que, en su origen, la Ofrenda se realizó dentro del templo. (Ariño, Antonio, "La Fiesta de las Fallas. Una liturgia civil del valencianismo temperamental", *Revista de antropología social*, núm. 1, 1998, págs. 29-60). Pienso, por el contrario, que la importante dimensión civil de la fiesta no ha sustituido a su dimensión religiosa, sino que se ha complementado con ella, conservando ambas su propia naturaleza.

do realizando[30]. Aun cuando sus orígenes todavía no están del todo claros, a partir del XIX se observa un incremento constante de su regulación institucional por parte de las autoridades[31]. En 1928 se crea el Comité Central Fallero[32]. Y, en 1939, apenas acabada la guerra civil, el Ayuntamiento crea la *Junta Central Fallera*, que en 1944 promulga el primer *Reglamento Fallero* enumerando con gran detalle las normas a que debían atenerse las comisiones falleras que quisieran participar en la fiesta[33]. A partir de ahí, todas las expresiones típicamente civiles de la fiesta se han ido regulando con minuciosidad creciente: la elección de fallera mayor, la *crida*, la *plantà*, la *cremà*..., incluso la indumentaria. En este sentido, la fiesta fallera ha asumido una evidente dimensión identitaria para quien participa en ella como 'fallera' o 'fallero'. Y desde una perspectiva comunitaria, la fiesta fallera se ha constituido en referente identitario mundial para la ciudad de Valencia.

Finalmente, la fiesta fallera, como toda fiesta urbana, ha sido colonizada por la hiperfestividad. Alrededor de los actos celebrativos, el espacio urbano se llena de monumentos y carpas, de todo tipo de puestos callejeros de comida y bebida, con música atronadora y luces estridentes las 24 horas del día. Conciertos, corridas de toros, mascletás multitudinarias, fuegos artificiales..., todo un despliegue de actividades y artilugios que colapsan la ciudad y que la sumen en esa 'animalidad festiva' de la que hablaba Muray. Pero esa hiperfestividad consigue articularse con la institucionalidad tradicional y con las exigencias normativas, de manera que no ensombrece la esencia festiva de lo fallero. Esa hiperfestividad es una realidad de superficie que, pese a todo, no disuelve la centralidad distintiva, que siempre ha estado (y está) presidida por lo tradicional y lo institucional.

---

30 Ariño, Antonio, "Los ritos del fuego" en Ariño, Antonio *et al.*, *Historia de las Fallas*, Levante-EMV, València, 1990, págs. 12-34; Ariño, Antonio, *La Ciudad Ritual, La fiesta de las Fallas*, op. cit., págs. 26-59.

31 Díez Rodríguez, Fernando, "Fiesta y trabajo en la València preindustrial", en Ariño, Antonio *et al.*, *Historia de las Fallas*, Levante-EMV, València, 1990, págs. 101-123.

32 Ariño, Antonio, "El Comité Central Fallero (1928-1936)", en Ariño, Antonio *et al.*, *Historia de las Fallas*, Levante-EMV, València, 1990, págs. 377-396.

33 Alcañiz, José, "La Junta Central Fallera (1939-1990)", en Ariño, Antonio *et al.*, *Historia de las Fallas*, Levante-EMV, València, 1990, págs. 398-421; Pérez Puche, Francisco y Lladró, Vicente, *Fallas en su tinta: 1939-1975*, Prometeo, València, 1978.

VI. Epílogo: la esencia de lo festivo

Dice Josef Pieper que, para poder festejar, para que una celebración se convierta en una auténtica fiesta, es necesario *sentir* que es bueno que ese algo exista. Hacer una fiesta, subraya, es sumarse a la visión con la que el Génesis cuenta que Yahvé resumía cada uno de sus días y de sus tareas: "Y vio que era bueno cuanto había hecho". Festejar es sumarse y ratificar la bondad de lo que se celebra; en particular, sentir lo bueno que es que algo o alguien exista o haya existido[34]. La fiesta genuina surge de la percepción y afirmación de la bondad que adorna una determinada realidad. Cuando esa bondad no se percibe, ni se siente, entonces no se afirma, y en ese caso ni se celebra ni se festeja, aunque se participe en actos lúdicos. Una fiesta es la expresión de un *sí* rotundo a algo o a alguien; es una afirmación de lo bueno que es que eso exista, de que sea o haya sido de ese modo singular y, sobre todo, sentir y compartir la fortuna de haber conocido su existencia[35].

El núcleo íntimo de lo festivo no radica tanto en los actos lúdicos, como en un sentimiento de alegría y gratitud compartida, la conciencia de recibir algo como un don y un beneficio impagable que se tiene la fortuna de vivir. Esa conciencia es la que mueve a exteriorizar el sentimiento compartido de fortuna expresándolo en los actos públicos festivos. Esa conciencia de don recibido es la que justifica también el '*exceso*' que siempre se produce en la fiesta. No es concebible una fiesta sin dispendios, incluso en épocas de crisis o carestía, porque en esa superabundancia se expresa la inmerecida fortuna que recibimos por ser partícipes de la existencia de algo o de alguien. Por eso, el sentimiento festivo nunca puede tener un carácter *narcisista* de exaltación del yo, sino que exige, por su propia naturaleza, una dimensión *extática*, un salir de sí para compartir con otros el gozo de la existencia de algo o de alguien, tenga significación religiosa o civil. En la fiesta tiene lugar una particular intensidad en la vivencia del acontecimiento celebrativo. No se puede festejar siendo un mero asistente o espectador de actos festivos. Si alguien no se considera directa e intensamente implicado en lo celebrado es que carece de sentimiento festivo y, por tanto, será incapaz de comprender y participar en las manifestaciones externas que lo materializan.

La dimensión extática y sobreabundante del sentimiento festivo se suele expresar en el 'vestido de fiesta', mediante el cual se abandona la identidad

---

34 Pieper, Josef, *Una teoría de la fiesta*, op. cit., págs. 54-55.

35 Ibid., págs. 60-61.

cotidiana para identificarse con el acontecimiento celebrativo asumiendo plenamente su existencia y su significado. Las telas preciosas, la confección esmerada, el uso de adornos y alhajas o el brillo de la cosmética nunca pueden interpretarse como una expresión de opulencia o frivolidad, sino todo lo contario, como el deseo de manifestar con la máxima intensidad, aunque sea fugazmente, la fortuna de participar en la gloria festiva de un acontecimiento.

En definitiva, y a fuer de reconocer el pecado de partidismo, considero que la fiesta fallera puede considerarse el epítome del espíritu festivo, en lo religioso, en lo civil e incluso en la exuberancia de lo lúdico. No encuentro parangón en otras manifestaciones festivas del proverbial equilibrio que permite a las Fallas erigirse como expresión de la auténtica esencia de lo festivo. ¡Que sigan así!

VII. Bibliografía

Alcañiz, José, "La Junta Central Fallera (1939-1990)", en Ariño, Antonio *et al.*, *Historia de las Fallas*, Levante-EMV, València, 1990, págs. 398-421.

Ariño, Antonio, *La Ciudad Ritual, La fiesta de las Fallas*, Anthropos, Barcelona, 1992.

Ariño, Antonio, "El calendario festivo de los siglos XIX Y XX", en Ariño, Antonio *et al.*, *Historia de las Fallas*, Levante-EMV, València, 1990, págs. 115-129.

Ariño, Antonio, "Los ritos del fuego" en Ariño, Antonio *et al.*, *Historia de las Fallas*, Levante-EMV, València, 1990, págs. 12-34.

Ariño, Antonio, "El Comité Central Fallero (1928-1936)", en Ariño, Antonio *et al.*, *Historia de las Fallas*, Levante-EMV, València, 1990, págs. 377-396.

Aristóteles, *Ética a Nicómaco*, VIII, 9, 1160a 25-28.

Díez Rodríguez, Fernando, "Fiesta y trabajo en la València preindustrial", en Ariño, Antonio *et al.*, *Historia de las Fallas*, Levante-EMV, València, 1990, págs. 101-123.

Hegel, G. W. F., "La positividad de la religión cristiana", en *Escritos de juventud*, Fondo de Cultura Económica, Madrid, 1984.

Hernández, Gil y Borrego, Vicente, "La devoción Josefina en València", en ARIÑO, Antonio *et al.*, *Historia de las Fallas*, Levante-EMV, València, 1990, págs. 80-97.

Lyotard, Jean-François, *La condition postmoderne: Rapport sur le savoir*, Minuit, Paris, 1979.

Lyotard, Jean-François, *Le Différend*, Minuit, Paris, 1983.

Martínez Roldán, Josep, "San José en la historia y en la fe", en Ariño, Antonio *et al.*, *Historia de las Fallas*, Levante-EMV, València, 1990, págs. 65-79.

Lyotard, Jean-François, *Après l'Histoire*, Gallimard, París, 2007.

Lyotard, Jean-François, *Festivus Festivus*, Flammarion, París, 2008

Pérez Puche, Francisco y Lladró, Vicente, *Fallas en su tinta: 1939-1975*, Prometeo, València, 1978.

Pieper, Josef, *Una teoría de la fiesta*, Rialp, Madrid, 1974.

Platón, *Leyes*, Alianza, Madrid, 1997.

Rousseau, Jean-Jacques, *Lettre a M. D'Alembert sur son article GENÉVE*, Flammarion, París, 1967.

Schultz, Uwe, *La Fiesta*, Alianza Editorial, Madrid, 1993.

Vattimo, Gianni, *Il pensiero debole*, Feltrinell, Milán, 1983.

Vernes, Paule-Monique, *La ville, la fête, la démocratie*, Traces-Payot, París, 1978.

Las fuentes del Derecho fallero

JOSEFINA ALVENTOSA DEL RÍO
Profesora Titular de Derecho civil
Universidad de Valencia

I. Introducción. El sistema de fuentes del Derecho español y su aplicación al colectivo fallero

El mundo fallero es un colectivo de personas con un objetivo común que es la celebración tradicional de las Fallas, como una manifestación artística y cultural del pueblo valenciano, que se muestra externamente en la *plantà* del monumento en las plazas y calles de la ciudad de Valencia y de otras poblaciones de la Comunidad Valenciana y en el mantenimiento de las tradiciones y costumbres del pueblo valenciano, a través de la conservación y preservación de su indumentaria, sus bailes, su música, su gastronomía y de otras tantas tradiciones. Así se recoge en el art. 1.1 del Reglamento Fallero (RF)[1], añadiendo en su núm. 2 que las Fallas dimanan

* A mi buen amigo Tomás Sarasa Lores, con el que he compartido tanta vida en el universo fallero. Allí donde estés, siempre.

1 El art. 1.1 del Reglamento Fallero dispone: "Las Fallas Valencianas, expresión viva y popular de un pueblo, son fiestas de origen artesanal, surgidas y perfeccionadas

de la voluntad de un grupo de personas, teniendo como nexo común la celebración tradicional de los festejos que le son propios, desarrollados durante el denominado "ejercicio fallero", que comprende desde el 20 de marzo al 19 del mismo mes del siguiente año, finalizando con la tradicional *cremà*[2].

A primera vista, un colectivo dedicado a la fiesta parecería que no estuviera sometido a ninguna normativa específica. Sin embargo, esto no es así. Desde la constitución de las fallas, éstas se han regido por sus propias reglas estatutarias. Pero la multiplicación de los grupos falleros y la complejidad de las relaciones dentro del propio grupo y con terceros hizo necesaria la publicación de una norma general que proporcionara un marco jurídico general aplicable a todas las fallas, lo que se denominó el Reglamento Fallero, que regula la estructura y el funcionamiento de las Comisiones de falla, de la Junta Central Fallera y otros aspectos de la fiesta de las Fallas.

Además, hay que tener en cuenta que en la consecución de los objetivos que este colectivo pretende confluyen otra multitud de colectivos artesanales y laborales que se relacionan intrínsecamente con el colectivo fallero y cuyas relaciones son de carácter jurídico, determinando consecuencias, algunas de enorme transcendencia personal y patrimonial.

Por todo ello, y aun cuando el Reglamento Fallero se considere la norma básica y fundamental que rige al colectivo fallero, hay que señalar que dicho colectivo se encuentra sometido al ordenamiento jurídico en general, y por ende, al sistema de fuentes establecido en el mismo.

---

a través del tiempo por el pueblo valenciano, como manifestación artística, cultural y satírica expresada en sus Fallas con la singular *plantà*, expuestas en las calles y plazas de ciudades y pueblos como expresión festiva singular".

2 Este colectivo ha suscitado muchas y diversas críticas en la sociedad contemporánea, pues durante la semana fallera la ciudad de Valencia se desborda de visitantes nacionales y extranjeros, y esta circunstancia ocasiona ciertos excesos por parte del colectivo fallero y de los visitantes, que provocan molestias a la ciudadanía. Aun cuando estas críticas tienen cierto fundamento, hay que destacar que el mundo fallero va más allá de estos inconvenientes, y se debe subrayar que, además de ser un manifestación artística y cultural del pueblo valenciano y conservación de sus tradiciones también constituye una fuente de riqueza material para la Comunidad Valenciana, puesto que tal fiesta proporciona trabajo a un número importante de empresas y de personas.

En nuestro ordenamiento jurídico la regulación de las fuentes del derecho se encuentra en tres ámbitos distintos: en el Código civil (CC), en la Constitución Española (CE) y en la legislación de la Unión Europea (UE)[3].

El sistema de fuentes se regula fundamentalmente en el art. 1 CC, estableciendo que "Las fuentes del ordenamiento jurídico español son la ley, la costumbre y los principios generales del derecho"[4]. Es necesario destacar que estas fuentes lo son de todo el ordenamiento jurídico y no sólo del Derecho civil.

La primera de las fuentes del Derecho es la ley. En sentido estricto, se puede decir que la ley es la norma jurídica escrita que procede del poder legislativo (en nuestro país, las Cortes Españolas o los Parlamentos Autonómicos)[5]. De la regulación de esta fuente en la Constitución Española, se deriva que la ley puede revestir la forma de ley orgánica, que se reserva para las materias establecidas en la propia CE (art. 81 CE), y de ley ordinaria para todo el resto de materias.

Al lado de la ley existen otras normas que emanan del poder ejecutivo, y no del poder legislativo, y que, sin embargo, tienen rango de ley (Decreto legislativo —art. 82.1 CE— o Decreto ley —art. 86 CE—), que se aprueban respectivamente por delegación de las Cortes o por razones de urgencia o necesidad.

Por último, el art. 97 CE dispone que "El Gobierno (...). Ejerce la función ejecutiva y la potestad reglamentaria de acuerdo con la Constitución y las leyes", lo que permite al poder ejecutivo (Gobierno o Administración Pública, estatales o autonómicos) la elaboración de normas escritas que están subordinadas a la ley, que constituye lo que se denomina la potestad reglamentaria. Las normas derivadas de dicha potestad no pueden contra-

---

3 Sobre las fuentes del ordenamiento jurídico español existe una abundante bibliografía, de las cuales se mencionan las más recientes en la bibliografía final.

4 Su regulación es competencia exclusiva del Estado, según el art. 149.1, 8ª CE, salvo las fuentes del Derecho civil foral o especial allí donde exista, que tienen su propio sistema de fuentes en el Derecho civil (Aragón, Cataluña, Galicia, Islas Baleares, Navarra y País Vasco). Hay que especificar que en este precepto no se recogen otras fuentes de otros sectores jurídicos distintos al Derecho civil, como, por ejemplo, los convenios colectivos que son fuentes del Derecho laboral.

5 En sentido general, sin embargo, a veces se utiliza el término ley para designar a las normas con rango de ley o a cualquier norma jurídica escrita nacida de la organización del Estado.

decir lo dispuesto en las leyes ni regular materias que están reservadas a la ley, sea orgánica u ordinaria; ahora bien, son normas jurídicas vinculantes.

Las normas derivadas de la potestad reglamentaria adoptan diversas formas en función de su contenido y procedencia, primando también el principio de jerarquía. Así se distinguen: a) Reglamentos en sentido estricto, que proceden del Gobierno estatal o de los Gobiernos autonómicos, denominándose Reales Decretos cuando proceden del Gobierno o del Presidente del Gobierno, y Decretos cuando provienen de los gobiernos autonómicos. b) Órdenes Ministeriales, cuando emanan de los Ministerios en las materias que le son propias. c) Circulares, instrucciones, etc., que provienen de otros órganos, y que son normas de rango inferior que suelen regular o hacer aclaraciones en relación a puntos concretos de una determinada materia.

Por último, en relación a esta fuente, hay que puntualizar que se considera ley la Constitución Española, con un carácter esencial y prioritario sobre todas las demás normas jurídicas; también los tratados internacionales, a los que hacen referencia los arts. 1.5 CC y 96 CE, que tienen una aprobación específica regulada en los arts. 94 y 96 CE; e igualmente se consideran leyes ciertas normas del derecho derivado de la UE (art. 93 CE).

En cuanto a la potestad legislativa, es necesario recordar que el Estado se organiza territorialmente en municipios, provincias y Comunidades Autónomas, por lo que la propia CE diversifica la atribución de la potestad legislativa. Así, por un lado, la potestad legislativa del Estado reside en las Cortes Generales (art. 66 CE). Por otro lado, las CCAA gozan de autonomía para la gestión de sus respectivos intereses (art. 137 CE), dotándoseles de autogobierno (art. 143.1 CE). Dada pues la existencia de distintos poderes legislativos en nuestro país, la CE establece las competencias que se atribuyen a cada uno de ellos en los arts. 148 y 149 CE.

Como segunda fuente del derecho, el CC cita la costumbre que es una norma jurídica no escrita que procede de la reiteración de una conducta en un determinado grupo social en el que existe la convicción de que esa norma obliga dentro del grupo. La costumbre sólo regirá en defecto de ley aplicable y siempre que no sea contraria a la moral o al orden público y que resulte probada (art. 1.3 CC). La existencia de la costumbre es más propia del Derecho privado, pero no se admite, salvo raras excepciones, en el Derecho público. Y como es fuente supletoria del derecho que se aplica en defecto de ley, no se admite la costumbre *contra legem*, salvo en algunas Comunidades Autónomas donde existe Derecho civil especial y cuyo sistema de fuentes es distinto al del CC (lo que permite el art. 149.1, 8ª *in fine* CE)[6].

Por último, la tercera fuente del derecho son los principios generales del derecho, que se consideran los valores superiores de nuestro ordenamiento jurídico, que se asientan sobre las creencias básicas de la comunidad española respecto a la organización y la convivencia de esta. Dichos principios se derivan del propio ordenamiento jurídico. En la actualidad, muchos de estos principios están positivizados en diversos textos legales, aunque pueden no estar todavía recogidos en norma escrita, siendo reconocidos por la jurisprudencia de nuestros Tribunales (como el principio de enriquecimiento injusto)[7]. Son tercera fuente de derecho de carácter supletorio de segundo grado, pues se aplican en defecto de ley y de costumbre. Y tienen al mismo tiempo carácter informador de todo el ordenamiento jurídico (art. 1.4 CC), lo que implica que han de ser tenidos en cuenta a la hora de aplicar las normas jurídicas o legislar sobre las distintas materias.

Toda esta amalgama de normas jurídicas está sometida al principio de jerarquía normativa[8]. En el art. 1.2 CC se subraya dicho principio al disponer que "Carecerán de validez las disposiciones que contradigan otra de rango superior". Ello viene refrendado por el art. 9.3 CE que establece que la Constitución garantiza el principio de legalidad y la jerarquía normativa.

En este sentido, hay que considerar que la pirámide jerárquica de las fuentes del Derecho es la siguiente: en primer lugar la ley, y, sobre todas ellas, la Constitución Española; a continuación, las leyes orgánicas y las leyes ordinarias, con independencia de si provienen del Parlamento español

---

6 Así, en Ley 1/1973 de 1 de marzo, por la que se aprueba la Compilación del Derecho Civil Foral de Navarra se admite la costumbre *contra legem* pues en dicho Derecho la costumbre se antepone a la ley en el orden jerárquico de sus fuentes (Ley 2).

7 Señalan Saz, S. del, Arzoz Santisteban, X.: *Derecho Administrativo I. Sistema de fuentes y organización administrativa*, Tirant lo Blanch, Valencia, 2024, pág. 98, que hay principios generales que sólo son eficaces en un sector del ordenamiento jurídico, como, por ejemplo, el principio de proporcionalidad en el Derecho público o el principio *non bis in ídem* en el Derecho administrativo sancionador.

8 Esta complejidad del ordenamiento jurídico ha sido criticada por la doctrina debido a la cantidad de disposiciones normativas, a los nuevos tipos de leyes, y a su distinto proceso de elaboración, entre otras causas. Vid. Galiana Saura, A.: *La Legislación en el Estado de Derecho*, Dykinson, Madrid, 2003, págs. 35 ss.

o de los Parlamentos Autonómicos; seguidamente la legislación delegada; y, por último, las normas con rango reglamentario. En defecto de ley, se aplica la costumbre. Y, por último, en defecto de ley y costumbre, se aplican los principios generales del derecho.

Tanto las normas con rango de ley como la costumbre y los principios generales del derecho están subordinados a la ley, según se desprende del propio art. 1 CC; incluso las normas de la Administración pública están sometidas a la ley pues el art. 103.1 CC dispone que la Administración actúa con pleno sometimiento a la ley y al derecho[9].

Todo este sistema de fuentes descrito se va a proyectar en la normativa a la que queda sometido el colectivo fallero.

Dicho colectivo está integrado por los falleros y falleras que se unen en las denominadas Comisiones de falla[10]; por la Junta Central Fallera, una entidad de Derecho público del municipio de Valencia, a quien se encomienda la gestión y administración de los servicios públicos locales y la regulación de la actividad fallera; y, por último, por las Junta Falleras Locales, que agrupan a las Comisiones de falla existentes en muchos municipios de la Comunidad Valenciana[11].

A continuación se va a examinar, sin ánimo exhaustivo, las principales fuentes del derecho que inciden de forma más directa en el colectivo fallero.

---

9 Vid. sobre el sistema de fuentes del Derecho administrativo, entre muchos otros, Muñoz Machado, S.: *Tratado de Derecho Administrativo y Derecho Público General, tomo IV, El Ordenamiento jurídico,* Boletín Oficial del Estado, Madrid, 2015; Rodríguez de Santiago, J. M.: *Sistema de fuentes del Derecho administrativo,* Madrid, 2021; Saz, S. del, Arzoz Santisteban, X.: *Derecho Administrativo I. Sistema de fuentes y organización administrativa,* Tirant lo Blanch, Valencia, 2024.

10 En 2024, en la ciudad de Valencia y sus pedanías se han contabilizado 392 Comisiones. Vid. página web de JCF: https://www.fallas.com/index.php/es/main-jcf-es/main-comisiones-es (consultado 30/05/2024), donde se pueden consultar las Comisiones por Sectores, alfabéticamente y por número de censo.

11 Se puede consultar la lista de Juntas Locales en la web de JCF: en https://www.fallas.com/index.php/es/main-jcf-es /main-juntas-locales-es (consultado 30/05/2024).

II. La Ley como fuente del Derecho fallero

Como se ha señalado, la primera fuente del Derecho en nuestro ordenamiento jurídico es la ley (art. 1.1 CC), careciendo de validez las normas que la contradigan (art. 1.2 CC).

Es necesario poner de relieve que en la regulación del colectivo fallero no existe una ley, en sentido estricto, orgánica u ordinaria, que vaya dirigida expresamente a regular a dicho colectivo.

Sin embargo, existe una norma con rango de ley que regula fundamentalmente a dicho colectivo que es el Reglamento Fallero; además, hay leyes ordinarias y normas administrativas que se aplican a dicho colectivo en las actividades que desarrollan y en las relaciones jurídicas que establecen.

A continuación se va a hacer referencia a aquella legislación que de manera más directa incide en dicho colectivo, aunque sin ánimo exhaustivo dada la prolijidad de normas que convergen en su regulación.

1. La Constitución Española de 1978: norma jurídica suprema. La proyección de sus valores en el colectivo fallero

Como norma jurídica superior de nuestro ordenamiento jurídico, la Constitución Española es de aplicación directa, a la que están sometidos todos los ciudadanos españoles, las instituciones y organismos públicos y privados y los poderes públicos, tal como se establece en el art. 9.1 de la misma, y a la que han de supeditarse todas las disposiciones y principios que rigen nuestro ordenamiento (Disposición Derogatoria tercera)[12]. Por ello, el colectivo fallero está sometido a las normas y principios instaurados en la CE y al resto del ordenamiento jurídico.

Ello viene refrendado, aunque de manera indirecta, por el propio RF que en su art. 1.4 declara que "En el respeto y cumplimiento de lo dispuesto por la Constitución Española y el Estatuto de Autonomía de la Comunidad Valenciana, así como del ordenamiento normativo dimanante, las Fallas Valencianas, en razón de su propia tradición, declaran su firme compromiso en la defensa de la indiscutible y diferenciada personalidad del pueblo valenciano, así como de sus señas de identidad".

---

12 Vid. por todos, García de Enterría, E.: *La Constitución como norma jurídica y el Tribunal Constitucional*, Civitas, Madrid, 1981, págs. 72 ss.; Saz, S. del, Arzoz Santisteban, X.: *ob. cit.*, págs. 66 ss.

Muy especialmente hay que tener en cuenta algunos preceptos concretos de la Constitución por su incidencia en dicho colectivo.

Así, el art. 1 que propugna como valores superiores de nuestro ordenamiento jurídico la libertad, la justicia, la igualdad y el pluralismo político.

El Título I de la CE, donde se recogen los derechos fundamentales y las libertades públicas[13], encabezados por los transcendentales arts. 10 y 14, que consagran el respeto a la dignidad de la persona, los derechos inviolables que le son inherentes, el libre desarrollo de la personalidad, el respeto a la ley y a los derechos de los demás como fundamento del orden político y de la paz social, y el principio de igualdad de todos los individuos, sin que pueda prevalecer discriminación alguna por razón de nacimiento, raza, sexo, religión, opinión o cualquier otra condición o circunstancia personal o social, señalándose en el art. 9.2 la obligación de los poderes públicos de promover las condiciones y remover los obstáculos para que la igualdad del individuo y de los grupos en los que se integra sea real y efectiva.

Precepto importantísimo es el art. 14 por cuanto excluye la discriminación por cualquier causa, incluso cuando afecta a menores de edad y jóvenes. En este sentido, la doctrina considera que la enumeración de las situaciones que se recogen en el art. 14 no es una lista cerrada, sino ejemplificativa, que recogía supuestos concretos de discriminación existentes en determinados textos de nuestro ordenamiento jurídico (sexo, nacimiento, raza, religión, ideología) en el momento histórico en que fue promulgada la Constitución; por ello el precepto se cierra con una expresión de tipo general en la que se señala que no cabe discriminación alguna por "cualquier otra condición o circunstancia personal o social" para incluir aquellas otras causas de discriminación no mencionadas expresamente en el citado artículo, como así lo entiende el Tribunal Constitucional en reiteradas sentencias. En desarrollo de este principio se ha publicado recientemente la Ley 15/2022, de 12 de julio, integral para la igualdad de trato y la no discriminación.

El principio de respeto a la dignidad de la persona, a sus derechos fundamentales, al libre desarrollo de la personalidad y este principio de igual-

---

13 Hay que recordar que en los arts. 15 y ss. CE se reconocen como derechos fundamentales el derecho a la vida, a la integridad física y moral, al honor, a la intimidad personal y familiar, a la propia imagen, a la libertad personal, a la libertad de expresión, ideológica, religiosa y de culto, a la libre circulación, al derecho de reunión y de asociación, al derecho a la educación y a sindicarse libremente, y a la tutela efectiva.

dad alcanzan también al colectivo fallero. Pues hay que tener en cuenta que en nuestra realidad social conviven diversidad de colectivos, culturas y etnias, por múltiples causas, como la inmigración, la movilidad laboral, el asentamiento de extranjeros por jubilación, las adopciones de menores de otros países por familias españolas, el reconocimiento de derechos a los colectivos LGTBI, entre otras. La globalización y la diversidad del mundo actual alcanza también a las Comisiones de falla, que no pueden discriminar por ninguna causa, debiendo admitir a cualquier persona con independencia de sus circunstancias o condición en su seno, a salvo el derecho de admisión.

En relación con el principio de igualdad y no discriminación, recientemente se ha planteado en el colectivo fallero y en la propia sociedad valenciana el debate sobre la posibilidad de que un varón pueda ostentar la condición de Fallera Mayor en una Comisión de falla. Al abordar la figura de la Fallera Mayor y de la Fallera Mayor Infantil, el RF dispone en el art. 29 que "La Fallera Mayor será la única mujer que ejercerá la representación honorífica de la Comisión de falla en los actos propios y oficiales. Su designación será de competencia exclusiva de la Junta General, correspondiéndole ocupar el lugar protocolario preferente en toda actividad de la Comisión", y el art. 30 dice que "La Fallera Mayor Infantil será designada de entre las niñas pertenecientes a la Sección Infantil, por el procedimiento que en su caso determine la Comisión de falla. Sus funciones serán representativas en las actividades propias de la Comisión Infantil (...)". Por tanto, en el RF queda claro que la condición de tales figuras la ostenta una mujer o una niña respectivamente. A fin de superar esta distinción de trato, algunas Comisiones de falla nombraron como fallero de honor a un varón, aunque de manera honorífica, para homenajear a todos los hombres, sin otorgarle función alguna de representación de la Falla[14]. Recientemente, algunas Comisiones de falla han ido más allá, nombrando Falleros Mayores a varones, que fueron aceptados[15], llegando incluso a cambiar los Estatutos

---

14 Vid. Lidón, I.: "El primer fallero mayor de Valencia reabre el debate de género en las Fallas", Diario *El Mundo,* 18 de enero de 2023, quien señala que esta situación se produjo en 2018 en la Falla Blanquerías.

15 Así, en 2021 en la Falla Plaça de la Regió de Catarroja, en 2022 en Sagunto, en 2023 en la Falla Borrull-Socors, y en 2024 en la Falla de la Punta. Vid. Alegre, A.: "¿Puede un hombre ser Fallero Mayor de una comisión?", *Actualidad Fallera,* 7 de junio de 2021; López Blesa, T.: "Raúl Puerta, primer Fallero Mayor en Valencia: Esto no va de dar derechos a los hombres, sino de romper con los roles de género", *ValenciaExtra,* 13 de febrero de 2023; Navar, N.: "¿Niños en la Corte de honor

de la Comisión para posibilitar esta circunstancia, sustituyendo el término Fallera Mayor por el de Representante Mayor[16].

Esta cuestión tiene un alcance mucho mayor de lo que a primera vista parece, pues si se admite esta posibilidad cabe que se planteé si es posible también incorporar niños o varones a las Cortes de Honor, Mayores e Infantiles, haciéndolas mixtas, e inclusive se puede plantear si un varón puede ser Fallero Mayor de Valencia.

Como se observa, la igualdad real y efectiva se va introduciendo en alguna normativa particular que rige al colectivo fallero, aunque no se haya incorporado todavía al Reglamento Fallero. El debate está presente ya en el mundo fallero y en la sociedad valenciana[17], y se deberá afrontar en el Congreso Fallero, que es el órgano colegiado que asume la expresión de la voluntad de quienes componen el mundo fallero y a quien corresponde modificar el RF (Disposiciones Adicionales Primera y Segunda).

Dentro de los derechos fundamentales adquieren especial relevancia en el mundo fallero los derechos a expresar y a difundir libremente los pensamientos, ideas y opiniones mediante la palabra, el escrito o cualquier otro medio de reproducción, y el derecho a la producción y creación literaria, artística, científica y técnica (art. 20.1, a y b, CE), por cuanto los monumentos falleros son una expresión artística y en ellos y en los *Llibrets* de las Comisiones de falla se expresan opiniones sobre muchos y diversos aspectos de la sociedad valenciana y española. Hay que recordar, sin embargo, que el mismo precepto en su núm. 4 dispone que estas libertades tienen su límite en el respeto a los derechos reconocidos en ese Título, en los preceptos de las leyes que lo desarrollen y, especialmente, en el derecho al honor, a la intimidad, a la propia imagen y a la protección de la juventud y de la infancia.

---

de las falleras? Las tradiciones también cambian sus normas", *La Vanguardia,* 16 de marzo de 2023.

16 Así sucedió en la Comisión de la Falla Borull-Socors en 2018.

17 Los argumentos que se esgrimen para la introducción de la figura del fallero mayor son la aplicación del principio de igualdad, que no permite discriminaciones ni positivas ni negativas, y la erradicación de los roles de género. Por el contrario, a favor de restringir esta figura a las mujeres se esgrimen la finalidad que tiene de representar a la mujer valenciana y a la Comisión de la Falla y que es la embajadora de la fiesta con voz y representación, siendo un espacio conquistado por la mujer en un colectivo que hasta hace poco tiempo estaba controlado por los varones (Vid. Soriano, L., "Sandra Gómez cuestiona la elección del primer fallero mayor", *Diario Las Provincias,* 25 de enero de 2023).

Por otra parte, hay otra norma en la Constitución que es necesario mencionar por su incidencia directa en el colectivo fallero, como después se señalará, y que es el art. 22, que reconoce el derecho de asociación como un derecho fundamental de las personas cuyo desarrollo se produce en la Ley Orgánica 1/2002, de 22 de marzo, reguladora del Derecho de Asociación. Ello supone que dicho derecho tiene una protección jurídica privilegiada a través del art. 53 CE y una protección jurídica ordinaria en distintos ámbitos legislativos y judiciales. Por ende, las asociaciones falleras participan de esta cobertura jurídica en la medida en que son una manifestación del derecho de asociación de sus miembros.

También, por su incidencia en algunos aspectos de la fiesta fallera, hay que mencionar dos preceptos situados dentro del capítulo dedicado a los principios rectores de la política social y económica. Por un lado, el art. 44.1 que establece que "Los poderes públicos promoverán y tutelarán el acceso a la cultura, a la que todos tienen derecho". Y, por otra parte, el art. 46 que impone a los poderes públicos el deber de garantizar la conservación y promoción del patrimonio histórico, cultural y artístico de los pueblos de España y de los bienes que lo integran. Ambos preceptos garantizan la promoción de las actividades falleras y la posibilidad de establecer medidas de fomento de dichas actividades[18].

En cuanto a las competencias legislativas del Estado y CCAA, por la materia que se está tratando, conviene señalar que las CCAA tienen atribuidas competencias sobre patrimonio monumental de interés de la Comunidad Autónoma y el fomento de la cultura (art. 148, 16ª y 17ª CE). Por su parte, el Estado tiene competencia sobre defensa del patrimonio cultural, artístico y monumental español contra la exportación y la expoliación (art. 149.1, 28ª), sin perjuicio de su gestión por parte de las Comunidades Autónomas, añadiéndose que el Estado considerará el servicio de la cultura como deber y atribución esencial y facilitará la comunicación cultural entre las Comunidades Autónomas, de acuerdo con ellas (art. 149.2 CE).

---

18 Sobre esta tarea de fomento, véase Casar Furió, M. E.: "La actividad administrativa de fomento en torno a la fiesta fallera", contenido en el capítulo 9 de esta misma obra.

2. *La aplicación de la ley. Su proyección en la normativa que rige al colectivo fallero*

2.1. La aplicación de la legislación ordinaria

Como ya se ha señalado, el colectivo fallero queda sometido al ordenamiento jurídico. De toda la legislación que lo compone, hay especialmente algunas normas de la legislación ordinaria que son de aplicación más directa al colectivo fallero por las actividades que realiza. A continuación se mencionan algunas de estas normas, sin profundizar en su contenido pues son leyes de carácter general y no específicamente de carácter fallero.

En el ámbito del Derecho privado, se deben destacar algunas normas que se aplican a dicho colectivo de manera más frecuente.

En primer lugar, el Código civil y demás legislación civil, así como el Código de comercio y legislación mercantil.

De esta normativa adquiere especial relevancia la regulación sobre obligaciones y contratos contenida en dichos textos legales. Pues para la realización de las actividades de las Comisiones de falla es necesaria la interrelación con terceros. Así, entre otras muchas, son muy habituales la contratación con artistas falleros, con empresas de pirotecnia, con empresas de iluminación, con bandas de música y los arrendamientos o compraventa de locales como sedes de los Casales falleros. La naturaleza jurídica de tales relaciones es contractual, civil o mercantil según el negocio jurídico de que se trate, cuya regulación se contiene en la citada legislación

En materia de contratos, el RF sólo se refiere a las relaciones contractuales entre las Comisiones de falla y los artistas falleros (arts. 79 y ss.), pero no se refiere a la diversidad de contratos que puede establecer una Comisión de falla con los terceros. La especial referencia que se hace a dichos contratos en el RF se debe a que éste considera que dichas Comisiones tienen como actividad esencial y obligatoria la *plantà* de la falla correspondiente (art. 2.1 RF).

El resto de relaciones contractuales están sujetas a la normativa civil o mercantil, que regula los aspectos referidos a su constitución, ejecución y finalización, incluyendo la posibilidad de incumplimiento y las responsabilidades que del mismo puedan derivarse.

Sobre este particular, es preciso destacar que la mayoría de los contratos que celebran las Comisiones son de carácter verbal, y son válidos, pues nuestro CC admite la validez de los contratos cualquiera que sea la forma en que se celebren (art. 1278 CC, salvo los contratos formales). El problema que se plantea al realizar el contrato de esta manera es que, cuando se produce un incumplimiento por parte de alguno de los contratantes, resulta más difícil aportar medios de prueba efectivos que puedan sustentar la interposición de una demanda en vía judicial.

Por otro lado, de la actuación de la Comisiones se puede derivar también una responsabilidad extracontractual (piénsese, por ejemplo, en los daños que se pueden causar por la *cremà* o por los espectáculos pirotécnicos en inmuebles de los vecinos o en mobiliario urbano), que se regula por la correspondiente legislación civil (arts. 1902 y ss. CC).

En el ámbito privado, tiene también especial importancia la Ley 22/1987, de 11 de noviembre, de Propiedad Intelectual y el Real Decreto Legislativo 1/1996, de 12 de abril, por el que se aprueba el texto refundido de la Ley de Propiedad Intelectual, regularizando, aclarando y armonizando las disposiciones legales vigentes sobre la materia (TRLPI), por cuanto existen expresiones artísticas de los artistas falleros, de los redactores del *llibret* o de los compositores de música que pueden acogerse a dicha regulación, aunque la aplicación de dichas normas en el contexto fallero ha suscitado polémica en la doctrina[19].

Por otro lado, en el ámbito del Derecho público, cabría resaltar la aplicación de las siguientes leyes.

En primer lugar, el Código penal, pues algunas conductas de las Comisiones de falla, de sus miembros o de terceros pueden constituir delitos (piénsese en la apropiación indebida de fondos económicos por parte de algunos miembros de la Comisión, por ejemplo).

En segundo lugar, la legislación contable y tributaria. En las Comisiones de falla existe normalmente un patrimonio para realizar sus actividades, debiendo llevar la contabilidad de la misma, por aplicación del art. 7 de la LO 1/2002 del Derecho de Asociaciones. Además, se debe tener en cuenta la legislación tributaria contenida de manera general en la Ley 58/2003, de 17 de diciembre, General Tributaria, y de forma particular en la Ley 49/2002, de 23 de diciembre, de régimen fiscal de las entidades sin fines

---

19 Vid. Benzal Medina, E.: "La protección Jurídica del Arte", *El Derecho.com. Noticias Jurídicas y de Actualidad*, Tribuna, 20/07/2020, Lefebvre; puede consultarse en https://elderecho.com/ /la-proteccion-juridica-del-arte-fallero (consulta 95/06/2024). En relación con esta cuestión, véase el capítulo 6 de este volumen: Cañero Lois, C.: "La propiedad intelectual en el ámbito fallero", *Derecho fallero*, Tirant lo Blanch, Valencia, 2025.

lucrativos y de los incentivos fiscales al mecenazgo[20], y la Ley 27/2014, de 27 de noviembre, del Impuesto sobre sociedades, que será la que normalmente se aplique dado que la mayoría de las Comisiones de falla son entidades no declaradas de utilidad pública[21].

2.2. La aplicación de la legislación de asociaciones al colectivo fallero

Como después se verá, las Comisiones de falla son entidades, sin ánimo de lucro, formadas por un conjunto de personas para la consecución de un objetivo, que es la realización de los festejos falleros. La configuración de tales Comisiones parece que tiene naturaleza asociativa, como se desprende del art. 2.2 del RF, que señala en relación a dichas Comisiones que "El régimen asociativo finalmente adoptado quedará sujeto a las disposiciones legales que para las mismas establezcan las normas vigentes".

Dichas Comisiones se rigen por el RF y por su propio Reglamento de Régimen Interno (arts. 2.3 y 10.1 RF). Pero, además, teniendo en cuenta su naturaleza asociativa y la remisión que realiza el citado art. 2.2 RF, les será de aplicación supletoria el Código civil (arts. 35 a 39 relativos a las personas jurídicas), la Ley Orgánica 1/2002, de 22 de marzo, reguladora del Derecho de Asociación, y más concretamente, la Ley 14/2008, de 18 de noviembre, de Asociaciones de la Comunitat Valenciana.

La LO 1/2002 dispone en su art. 1.2 que "El derecho de asociación se regirá con carácter general por lo dispuesto en la presente Ley Orgánica, dentro de cuyo ámbito de aplicación se incluyen todas las asociaciones que no tengan fin de lucro y que no estén sometidas a un régimen asociativo específico", estableciendo su carácter supletorio la Disposición Final Segunda que dispone que "Excepto en aquellos preceptos que tienen rango de Ley Orgánica, la presente Ley tiene carácter supletorio respecto de cua-

---

20 Esta norma ha sido desarrollada por el Real Decreto 1270/2003, de 10 de octubre, por el que se aprueba el Reglamento para la aplicación del régimen fiscal de las entidades sin fines lucrativos y de los incentivos fiscales al mecenazgo, que se aplican a las entidades declaradas de utilidad pública

21 Vid. Labatur Serer, G., *Entidades no lucrativas parcialmente exentas. Un caso práctico: las Fallas de Valencia*, Valencia, 2016; puede consultarse en https://economistas.es/Contenido/EC/casos%20practicos/24-06-2016%20FALLAS%20DE%20VALENCIA.pdf (consulta 05/06/2024). Y Federación Junta Fallera de Sagunto, *Entidades sin ánimo de lucro "comisiones falleras"*, 16 enero 2016; puede consultarse en https://fjfs.es/wp-content/uploads/seminarios-enero-2016.pdf (fjfs.es) (consulta 05/06/2024).

lesquiera otras que regulen tipos específicos de asociaciones, o que incidan en el ámbito del derecho de asociación reconocido en el artículo 22 de la Constitución, sin perjuicio de las competencias de las Comunidades Autónomas".

Esta última referencia a las CCAA determina que tenga preferencia, en el ámbito de sus competencias, la legislación autonómica sobre asociaciones en el territorio de la misma. Así, la Ley 14/2008 en su art. 1 determina que esta Ley "tiene por objeto la regulación, promoción y fomento de las asociaciones de carácter docente, cultural, artístico y benéfico-asistencial, de voluntariado social y semejantes, cuyo ámbito principal de actuación sea la Comunitat Valenciana, de conformidad con lo establecido en el artículo 49.1.23.ª del Estatut d'Autonomia". Las Comisiones de falla entran en la categoría de asociaciones culturales, y respecto a las mismas el art. 56.2 de esta Ley dispone que "Las asociaciones de carácter cultural se rigen, en sus aspectos generales, por las normas contenidas en la Ley Orgánica 1/2002, de 22 de marzo, Reguladora del Derecho de Asociación, y en la presente ley, sin perjuicio de la aplicación de la legislación específica".

Por tanto, hay que entender que en todo aquello que no contemple o sea insuficiente el RF o el Reglamento de Régimen Interno de las Comisiones de falla, para estas entidades se habrá de acudir a la legislación sobre asociaciones antedicha.

2.3. La aplicación de la legislación administrativa. La importancia de las ordenanzas municipales y de los Bandos Falleros

Además de la legislación reseñada, dada la naturaleza jurídica de la JCF y de las relaciones que se establecen con las Comisiones de falla, resulta muy importante la legislación de carácter administrativo que se aplica a ambas entidades.

Como se señala en el art. 38 RF, la regulación de la actividad fallera es de competencia municipal, según se establece en la normativa de Régimen local.

La potestad reglamentaria de municipios y provincias se reconoce en el art. 4.1, a, de la Ley 7/1985, de 2 de abril, reguladora de las Bases del Régimen Local (LBRL) (lo que se fundamenta en la autonomía local que los arts. 137, 140 y 141 CE reconocen a éstos para la gestión de sus respectivos intereses), teniendo las restantes entidades locales la potestad normativa que le atribuyen los respectivos Estatutos de Autonomía (art. 4.2 LBRL). La potestad normativa local corresponde al Pleno municipal o al Pleno de la Diputación provincial (arts. 22 y 33 LBRL). Las normas adoptadas por el Pleno reciben distintas denominaciones: reglamentos orgánicos, ordenanzas, planes y otros instrumentos y presupuestos. En concreto, el art. 84 de la LBRL dispone que las entidades locales pueden intervenir en la actividad de los ciudadanos a través de ordenanzas y bandos, entre otros medios.

Las dos entidades que integran el colectivo fallero, JCF y Comisiones de falla están sometidas a la siguiente normativa de carácter administrativo.

La Junta Central Fallera se articula como un organismo autónomo local, entidad de Derecho público que depende del municipio de Valencia, para la administración y gestión directa de los servicios públicos locales. El Reglamento de Régimen Interno de la JCF dispone expresamente a qué legislación se encuentra sometida. Y así establece textualmente en su art. 21 que en cuanto a su personalidad jurídica y relaciones interadministrativas queda sometida a la Ley 30/1992, de 26 de noviembre del Régimen Jurídico de las Administraciones Públicas y del Procedimiento Administrativo Común, modificado por la Ley 4/1999, de 13 de enero; pero hay que recordar que ambas leyes quedaron derogadas y sustituidas por la vigente Ley 39/2015, de 1 de octubre, del Procedimiento Administrativo común de las Administraciones Públicas (LAPC) (Disposición derogatoria única), y que se siguen mencionando en el RF porque éste es de 2002, y todavía no se ha reformado; y aunque no lo mencione expresamente el mencionado precepto, también sería de aplicación a la JCF la Ley 40/2015, de 1 de octubre, de Régimen Jurídico del Sector Público. Además el citado art. 21 establece que la JCF también se regula por la Ley 7/1985, de 2 de abril, reguladora de las Bases del Régimen Local. Asimismo, el art. 21 dispone que el resto de su actividad se regula por el RF, el RRI, normas e instrucciones de la JCF, y por las normas de Derecho privado: civil, mercantil y laboral. Obsérvese que el propio RRI se refiere a la aplicación de la legislación administrativa y de la legislación ordinaria de mayor envergadura a la propia JCF, tal como se ha indicado anteriormente.

Por su parte, las Comisiones de falla al ser entidades vinculadas a la JCF y supeditadas a la administración y gestión de ésta, están sometidas también a la legislación de carácter administrativo que les afecta en su constitución y en el desarrollo de sus actividades.

Así, por un lado, dichas Comisiones están sometidas en cuanto a su reconocimiento y actividad al RF (art. 2.3) y a las disposiciones y otras instrucciones que emita la JCF, y a su propio RRI. Y por otro lado, a las citadas Ley 39/2015, Ley 40/2015 y Ley 7/1985, así como a las normas emanadas del Ayuntamiento a través de las ordenanzas y de los bandos.

a) Las ordenanzas municipales.

Como se ha indicado, el Ayuntamiento puede intervenir en la actividad de los ciudadanos a través de las ordenanzas (art. 84.1 LBRL)[22].

Hay que tener en cuenta que esta entidad municipal ha emitido ordenanzas sobre muy diversas materias de muy distinta naturaleza que afectan al colectivo fallero[23].

Entre las ordenanzas más importantes en el contexto fallero se encuentran las relativas a la seguridad; a la utilización del dominio público (instalación de carpas o puestos de alimentos); a las actividades en vía pública y verbenas; a la contaminación acústica; a la venta no sedentaria; a la limpieza urbana; o a la movilidad, entre otras materias.

b) Los Bandos Falleros.

Además de las ordenanzas, y a tenor del citado art. 84, las entidades locales pueden intervenir en la actividad de los ciudadanos también a través de los bandos, cuya potestad para dictarlos la tienen los Alcaldes (art. 21.1, e, y 124.4, g, LBRL), lo que se subraya en el art. 55 del Real Decreto Legislativo 781/1986, de 18 de abril, por el que se aprueba el texto refundido de las disposiciones legales vigentes en materia de Régimen local, en donde se dispone que la emisión del bando es únicamente competencia del Alcalde y que no puede contener preceptos opuestos a las leyes[24].

Dichos bandos habitualmente tienen la finalidad de recordar el cumplimiento de una disposición legal o disposición reglamentaria, determinan-

---

22 Vid. sobre las ordenanzas y actos administrativos municipales, Domínguez Martín, M.: "Normas, actos y procedimientos administrativos", *Anuario de Derecho Municipal,* núm. 16, 2022, págs. 279-305, donde se recoge bibliografía y jurisprudencia al respecto.

23 Las ordenanzas del Ayuntamiento de Valencia pueden consultarse en su portal institucional: https://sede.valencia.es/sede/ordenanzas/index.xhtml?lang=1

24 En cuanto al procedimiento de elaboración de los Bandos municipales, se puede señalar que la normativa contenida en la LBRL prevé que el Alcalde es la persona que tiene la competencia para dictar los Bandos del Ayuntamiento, pero no se establece una disposición expresa que regule el procedimiento de elaboración y aprobación de los mismos, aunque se puede inferir que no puede emplearse el procedimiento para la elaboración de las ordenanzas municipales y reglamentos, ya que estos requieren de la aprobación del Pleno. En cuanto a su difusión, tampoco se dice nada en la legislación dada su exigua regulación.

do, por ejemplo, fechas y lugares donde se llevarán a cabo actuaciones o prestaciones, o actualizaciones de mandatos contenidos en las leyes[25].

Se ha discutido en la doctrina científica la naturaleza jurídica de los bandos municipales acerca de si participan de la naturaleza normativa de los reglamentos o han de ser considerados meros actos administrativos. Doctrina y jurisprudencia han mantenido posiciones contrapuestas. Actualmente, la posición mayoritaria de la doctrina estima, en base al art. 21.1 LBRL, que por ser una competencia del Alcalde, no tienen naturaleza jurídica de normas jurídicas, sino de actos administrativos de carácter general que carecen de valor normativo y cuyo objetivo fundamental es la interpretación o aclaración de ordenanzas y reglamentos e incluso recordatorio de leyes y reglamentos[26], tratándose de medidas generalmente temporales y de carácter instrumental. Y en este sentido también se pronuncia la jurisprudencia del TS[27].

Dada esta naturaleza jurídica, se considera que el bando es susceptible de recurso contencioso administrativo al tratarse de un acto administrativo, y, por lo tanto, sometido a la jurisdicción contencioso-administrativa[28].

---

25 Nada se dice al respecto en las normas citadas; vid. al respecto, Guillén Navarro, N. A.: "Los bandos de Alcaldía en el ordenamiento jurídico español", *Revista española de Derecho Administrativo*, núm. 210, 2021, págs. 125-158. Fundamentalmente, la doctrina distingue dos clases de bandos: los ordinarios y los extraordinarios.

26 En este sentido se pronuncia García-Trevijano y Fos, J. A.: *Tratado de Derecho administrativo*, tomo I, Ed. Revista de Derecho Privado, Madrid, 1968, págs. 285 y 286, quien destaca que los bandos se basan en otras disposiciones y no hacen más que exigir su cumplimiento, derivando las disposiciones generales al ámbito de las ordenanzas y reglamentos. Participan de esta teoría entre otros, Fuentetaja Pastor, J. A.: "Marco Constitucional de la Administración local", en *Manual de Derecho Local* (Dir. M. Lora-Tamayo Vallvé), Madrid, Iustel, 2020, págs. 123-124; Guillén Navarro, N. A.: "Los bandos de Alcaldía en el ordenamiento jurídico español", *cit.*; Rivero Ysern, J. L.: *Manual de derecho local*, Civitas, Cizur Menor, Civitas, 2014 (7ª), págs. 83-84; Saz, S. del, Arzoz Santisteban, X., *ob. cit.*, pág. 168; y Sosa Wagner. F.: *Manual de derecho local*, Thomson-Aranzadi, Cizur Menor, 2005 (9ª), pág. 148. Aunque la propia doctrina se plantea la cuestión de atribuir naturaleza reglamentaria a los bandos de necesidad.

27 Así, entre otras, SSTS 18 de octubre de 1983 (RJ 1983, 5239) y 9 de mayo de 1991 (RJ 1991, 4247).

28 En este sentido se pronuncia la jurisprudencia. Así, en los casos que han llegado al TC se podrían citar, entre otras, las siguientes sentencias que recogen diversos pronunciamientos en relación a distintos Ayuntamientos y resolviendo diversas cuestiones: SSTC 239/2005, de 26 de septiembre (*Tol 719589*) sobre una resolución del Ayuntamiento de Valencia; 335/2006, de 20 de noviembre (*Tol 1016536*)

Para el colectivo fallero son de suma importancia los Bandos Falleros, que se aprueban anualmente por la Junta de Gobierno Local, en los que se contienen las directrices generales de movilidad, autorización de instalaciones y ocupación del dominio público que se aplicarán con motivo de la celebración de las Fallas[29]. Y que son un compendio de las diversas leyes, Reales Decretos y ordenanzas que regulan materias que inciden en las actividades falleras.

El contenido de dichos Bandos suele referirse a las restricciones de la circulación en la ciudad de Valencia; el estacionamiento y ocupación de vía pública en Ciutat Vella; las medidas especiales de seguridad; los aparcamientos de vehículos y circulación de camiones y autobuses; el servicio de estacionamiento regulado con limitación horaria (ora); la reserva de espacios para personas con diversidad funcional; las agencias de viajes; los fuegos artificiales y truenos detonantes; las comitivas y desfiles; las obras en vía pública; la accesibilidad de los medios de auxilio externo; las actividades en vía pública y verbenas, que incluyen el traslado y acopio de piezas de la falla, las propias verbenas y ambientación musical, las carpas, la iluminación y adornos de calles, la retirada de elementos consecuencia del montaje de instalaciones y otros; las instalaciones de puestos de buñuelos y masas fritas, mercadillos y paradas de venta/consumo de alimentos; la protección del arbolado, jardines y demás instalaciones del servicio público, pavimento, monumentos o elementos arquitectónicos relevantes; la venta, suministro y consumo de bebidas alcohólicas en vía pública; los mercados

---

sobre una resolución sancionadora del Ayuntamiento de Madrid; 348/2006, de 11 de diciembre (*Tol 1021624*), contra acuerdo de la Comisión de Gobierno del Ayuntamiento de Sanlúcar la Mayor de clausura preventiva de actividad hostelera; 25/2007, de 12 de febrero (*Tol 1038209*) sobre resolución sancionadora del Ayuntamiento de Valencia. Directamente se contemplan los bandos municipales, entre otras muchas y como más recientes, en la STSJ de la Comunidad Valenciana de 28 de diciembre de 2023 (*Tol 9877618*), y de 22 de julio de 2023 (*Tol 9734160)*; STSJ de Castilla-León sede en Burgos de 12 de mayo de 2023 (*Tol 9611587*); y en el Juzgado de lo Contencioso-Administrativo de Soria de 11 de septiembre de 2023 (*Tol 9831379*).

29 En el Bando de las Fallas de 2024, se señala que en la Mesa de Diálogo Fallero han participado los principales sectores implicados en la fiesta, como por ejemplo, lnteragrupación de Fallas, federaciones de Fallas de Especial y de Primera A, Asociación de Comerciantes del Centro Histórico, Junta Central Fallera y representantes municipales de Patrimonio Histórico, Gestión de Residuos, Sanidad, Protección Civil, Bomberos, Movilidad y Policía Local, entre otros. Y se señalan las normas en que dicho bando se fundamenta.

extraordinarios; y la limpieza y sostenibilidad; por último, se hace referencia a ciertas infracciones y sanciones por incumplimiento de dicha normativa, que se basan en la legislación que en la que se fundamenta el Bando.

2.4. Referencia a la aplicación de las normas de carácter internacional

Aunque parezca que, al ser el colectivo fallero un grupo social propio exclusivamente de un territorio autonómico español, no le afectan las normas internacionales, ello no es del todo cierto puesto que, como se acaba de observar, sobre dicho colectivo inciden normas de diversa naturaleza, algunas de las cuales vienen determinadas por normativa internacional, singularmente las aprobadas por la Unión Europea a la que España pertenece y cuya legislación es de aplicación directa en nuestro país. De manera que, de modo indirecto, dicho colectivo se ve sometido a la normativa europea que determina la legislación española que recae sobre el mismo[30].

Hay otra normativa internacional que es de aplicación también a las Fallas, como los Textos Fundamentales de la Convención para la Salvaguardia del Patrimonio Cultural Inmaterial, aprobada en París el día 17 de octubre de 2003 y ratificada por España en el año 2006, y la Ley 10/2015, de 26 de mayo, para la salvaguardia del Patrimonio Cultural Inmaterial (LSPCI). En este ámbito merece destacarse la decisión de la Organización de las Naciones Unidas para la Educación, la Ciencia y la Cultura (UNESCO) de 30 de noviembre de 2016 de incluir las Fallas en la Lista Representativa del Patrimonio Cultural Inmaterial de la Humanidad, debido a su consideración como expresión de "creatividad colectiva" que "salvaguarda las artes tradicionales". También hay que señalar que las Fallas se han implicado en la difusión de objetivos de derecho internacional, como en la Agenda 2030 y los Objetivos de Desarrollo Sostenible (ODS) de la UNESCO[31].

---

30 Así, a modo de ejemplo, se puede citar, entre otras, el Reglamento (CE) 852/2004 del Parlamento Europeo y del Consejo de 29 de abril de 2004 relativo a la higiene de los productos alimenticios, que incide en la regulación de las instalaciones de puestos de buñuelos y masas fritas, mercadillos y paradas de venta/consumo de alimentos durante la celebración de las Fallas, o la Directiva 2013/29 UE de 12 de junio de 2013 sobre la armonización de las legislaciones de los Estados miembros en materia de comercialización de artículos pirotécnicos, y cualesquiera otra normativa que les afecte así como de desarrollo y complementaria.

31 Así sucedió en la Falla de la Sección Especial Convento Jerusalén-Matemático Marzal que eligió el lema para su monumento fallero de "Agenda 2030" y los Objetivos de Desarrollo Sostenible (ODS), difundiendo de este modo la temática de

3. El Reglamento fallero. Norma básica del colectivo fallero

Como se ha indicado, el Reglamento Fallero es la norma básica y fundamental que rige al colectivo fallero[32].

El vigente Reglamento fue aprobado en el VIII Congreso General Fallero, que es el órgano colegiado que asume la expresión de la voluntad de quienes componen el mundo fallero (Disposición Adicional Primera RF)[33], celebrado en 2001; pero su aprobación definitiva corresponde al Ayuntamiento de Valencia (Disposición Adicional Segunda RF), lo que así sucedió aprobándose primero por la Comisión de Cultura el 20 de febrero de 2002, y posteriormente por el Pleno Municipal del Ayuntamiento el 22 de febrero del mismo año[34].

El Reglamento Fallero es una norma escrita que no procede únicamente de la JCF, pues se elabora por el Congreso Fallero. Y debe ser aprobado previamente por la Asamblea General de la JCF que está integrada, además de por el presidente de la JCF, por todos los presidentes de cada una de las Comisiones de falla (y con voz, pero sin voto, por el resto de los componentes del Pleno de la JCF —art. 55 RF—), y, posteriormente ratificado por el Ayuntamiento de Valencia.

Como norma escrita dimanante de un organismo público se puede decir que es una norma de carácter administrativo, pero no parece un

---

los ODS a la población de la ciudad. Vid. Martínez Agut, M. P.: "Las Fallas de Valencia y su implicación en la Agenda 2030 y los Objetivos de Desarrollo Sostenible (ODS)", *Reidocrea. Revista electrónica de investigación y docencia creativa*, vol. 11, núm. 57, 2022, págs. 659-669.

32 Hay que recordar que los Reglamentos y otras disposiciones de carácter general y rango reglamentario pueden proceder de diversas fuentes, como son los poderes ejecutivos del Estado y las CCAA, las Administraciones Públicas territoriales y otras entidades a los que el ordenamiento jurídico atribuye potestad normativa, como los territorios forales, las universidades, los Colegios profesionales y las autoridades administrativas independientes. Así, Saz, S. del, Arzoz Santisteban, X.: *ob. cit.*, pág. 111.

33 La convocatoria, constitución y régimen de funcionamiento se realiza por la JCF, que eleva dicha propuesta a la Asamblea General para su aprobación definitiva, extinguiéndose sus funciones, tras la finalización de los trabajos necesarios, con la clausura oficial del mismo.

34 Este Reglamento deroga y sustituye al Reglamento Fallero aprobado por el Pleno del VII Congreso General Fallero de fecha 20 de septiembre de 1990, aprobado por el Pleno del Ayuntamiento en sesión de fecha 9 de mayo de 1991, tal como dispone la Disposición derogatoria del RF de 2002.

reglamento en sentido estricto puesto que, por definición, éstos emanan de los gobiernos autonómicos, y, sin embargo el RF para su aprobación requiere de la presencia de sujetos que pertenecen a órganos de gobierno de entidades privadas, cuales son las Comisiones de falla, aunque en último término debe ser aprobado por el Ayuntamiento[35]. Por tanto, se trata de un procedimiento de aprobación peculiar, diferente al habitual de las ordenanzas y de los reglamentos[36].

Como disposición reglamentaria se encuentra subordinado a la Ley, pues tiene un rango inferior a la misma, lo que implica que su contenido no puede contravenir una norma con rango de ley. De modo que en caso de colisión con una norma de rango superior debe prevalecer ésta, en razón del principio de jerarquía normativa a la que ya se ha hecho alusión (arts. 1.2 CC y 9.3 CE), y en virtud de lo que dispone el art. 128.2 y 3 LAPC.

El Reglamento Fallero se configura como la norma principal que rige la actividad fallera y tiene carácter vinculante. A dichos caracteres se refiere la Disposición Adicional Segunda del RF que dictamina que dicho Reglamento "se configura como texto normativo básico de obligado cumplimiento para todo el colectivo fallero". Dichas afirmaciones se proyectan en el texto articulado del RF en diversas normas que se refieren a distintos aspectos de las Comisiones de falla. Así, el art. 2.3 establece que todas las Comisión de falla "quedarán supeditadas en cuanto a su reconocimiento y actividad al cumplimiento de lo previsto en el presente Reglamento Fallero, derivándose de esta consideración la titularidad de derechos y obligaciones que a las mismas se confiere, así como el ejercicio de cuantas acciones les competan en la formalización de actos o negocios jurídicos derivados de sus funciones"; o en el art. 9 que dispone que en el ámbito de desarrollo de las actividades y funciones de carácter general, las Comisiones de falla

---

35 En este sentido Saz, S. del, Arzoz Santisteban, X.: *ob. cit.*, pág. 112, distinguen entre reglamento propiamente dicho y disposición administrativa, considerando que el reglamento expresa el ejercicio de la potestad reglamentaria general otorgada en exclusiva por la Constitución al Gobierno estatal o por el Estatuto de Autonomía al órgano de gobierno de cada CCAA, mientras que las disposiciones administrativas serían las demás disposiciones que en virtud de una atribución legal específica de potestad normativa, distinta a la potestad reglamentaria general, pueden emanar de otros sujetos distintos del Gobierno, como los órganos superiores de la administración o incluso órganos administrativos inferiores o bien autoridades administrativas independientes.

36 La aprobación de las ordenanzas se regula en el art. 49 LBRL y la de los reglamentos en los arts. 127 y ss. de la LAPC de 2015.

gozarán de plena capacidad de actuar, quedando sujetas a las normas y legislación vigente que regule cada actividad, "así como a lo dispuesto en el Reglamento Fallero a los efectos específicos de actividades de estricto ámbito fallero".

El RF se estructura en un Título Preliminar, cuatro Títulos, dos Disposiciones Adicionales, dos Disposiciones Transitorias, una Derogatoria, y una Disposición Final, integrándose por 83 artículos.

A continuación se van a señalar las líneas generales del contenido que engloba su regulación, destacando algunos problemas de los muchos que se han planteado en la práctica y ciertos vacíos legales.

3.1. Título Preliminar. Consideración de las Fallas

El Título Preliminar, bajo la genérica rúbrica de "Las Fallas", se compone de un solo precepto, el art. 1, donde se definen las Fallas Valencianas como "fiestas de origen artesanal, surgidas y perfeccionadas a través del tiempo por el pueblo valenciano, como manifestación artística, cultural y satírica expresada en sus fallas con la singular *plantà*, expuestas en las calles y plazas de ciudades y pueblos como expresión festiva singular", que dimanan de la voluntad de un grupo de personas que tienen como nexo común la celebración de los festejos en honor del Patriarca San José.

De lo que se expresa en dicho precepto conviene destacar algunas afirmaciones. En primer lugar, se subraya su consideración de Fiestas de Arte de Interés Turístico Internacional. En segundo lugar, se hace referencia de manera indirecta a su sometimiento a la Constitución y al Estatuto de Autonomía de la Comunidad Valenciana y al ordenamiento jurídico dimanante. En tercer lugar, se declara el compromiso en la defensa de la indiscutible y diferenciada personalidad del pueblo valenciano y de sus señas de identidad, haciendo suyas las señas de identidad oficiales y símbolos propios recogidos en el Estatuto de Autonomía de la Comunidad Valenciana, que actualmente están reconocidas y protegidas en la Ley 6/2015, de 2 de abril, de Reconocimiento, Protección y Promoción de las Señas de Identidad del Pueblo Valenciano. Por último, se hace una referencia al lenguaje que se puede utilizar en el desarrollo de las actividades de las fallas, señalando que sus manifestaciones escritas o habladas serán indistintamente en las lenguas valenciana y castellana, utilizando de forma preferente el idioma valenciano.

3.2. Título II. Las Comisiones de falla

En el Título II se regulan diversos aspectos sobre el funcionamiento de las Comisiones de falla. Así, se establece su definición, constitución, régimen jurídico aplicable, disolución y funcionamiento interno, entre otros extremos[37].

3.2.1. Definición de Comisiones de falla

El RF define como Comisiones de falla "las entidades, sin ánimo de lucro, formadas por un conjunto de personas que, por iniciativa propia y con la autorización de la Junta Central Fallera, ejercen en una determinada demarcación de calles las actividades festivas y culturales orientadas a la celebración de los festejos falleros, teniendo como actividad esencial y obligatoria la *plantà* de la falla correspondiente" (art. 2.1).

Asimismo, el RF establece que la constitución de la Comisión de falla y de su organización se deja a la libre elección de la misma pudiendo adoptar la forma jurídica que interese para la consecución de sus objetivos e intereses (art. 2.2).

Ello plantea la cuestión de delimitar su naturaleza jurídica.

Por la definición que ofrece el RF de las Comisiones de falla y atendiendo a los tipos de persona jurídica que recoge el art. 35 CC, estas entidades pueden considerarse dentro del tipo de Asociaciones. En dicho precepto se distinguen tres tipos de personas jurídicas: Asociaciones, Fundaciones y Corporaciones. La doctrina define la asociación como una persona jurídica formada por un conjunto de personas para la consecución de un fin. Eso es una Comisión de falla, con los objetivos que señala el art. 2.1 RF.

La norma fundamental que regula a las mismas es la citada LO 1/2002, de 22 de marzo, reguladora del Derecho de Asociación, cuyo art. 5 dispone que "Las asociaciones se constituyen mediante acuerdo de tres o más personas físicas o jurídicas legalmente constituidas, que se comprometen a poner en común conocimientos, medios y actividades para conseguir unas finalidades lícitas, comunes, de interés general o particular, y se dotan de

---

37 Un análisis más detenido del régimen jurídico aplicable a las Comisiones de falla puede consultarse en el capítulo 5 de esta misma obra: Montes Rodríguez, M. P.: "El régimen jurídico de las comisiones de falla constituidas como asociación", *Derecho fallero*, Tirant lo Blanch, Valencia, 2025.

los Estatutos que rigen el funcionamiento de la asociación", lo que es coincidente con la definición del art. 2 del RF.

El RF establece que el régimen asociativo finalmente adoptado por la Comisión quedará sujeto a las disposiciones legales que para las mismas establezcan las normas vigentes, y en cualquier caso al propio RF. Actualmente, la inmensa mayoría de las Comisiones de falla han adoptado la forma jurídica de Asociación, y dentro de la misma, la de Asociación cultural.

Sin embargo, ello ha planteado una cuestión problemática. Pues se mantiene la dicotomía de que ante la JCF dichas entidades son Comisiones de falla y ante la CCAA son Asociaciones culturales, como si ambas configuraciones fueran distintas. En mi opinión, ello no debe ser así. Pues la Comisión de falla al revestir la forma de Asociación tiene que, en el momento de su constitución, presentar unos Estatutos, en los que deben constar las reglas por las que se rige la organización interna y el funcionamiento de la asociación, no pudiendo ser contrarios al ordenamiento jurídico (arts. 12.2 y 13 de la Ley 14/2008 de asociaciones de la CV). La composición, organización y funcionamiento de la Asociación cultural que sea Comisión de falla no puede ser diversa, sino que debe ser coincidente, pues estamos ante una misma entidad jurídica.

Definidas las Comisiones de falla, el RF distingue distintos tipos de Comisiones (art. 12: Falla continuadora, Falla reorganizada y Falla de nueva creación), permitiendo asimismo la fusión de Comisiones de falla (art. 13 RF).

3.2.2. Constitución de las Comisiones de falla

El art. 2.1 RF establece que se constituye por un conjunto de personas, sin señalar un mínimo ni un máximo. Por el contrario, la LO 1/2002 exige como mínimo 3 personas para constituir una asociación. No obstante, de los requisitos que se exigen en el RF para constituir una Comisión de falla parece que se está pensando en que la Comisión la formen más de tres personas, pues entre los órganos de representación que señala el art. 15 RF se exige preceptivamente la existencia de la Junta Directiva, cuya composición, según el art. 20, está integrada por un presidente, dos vicepresidentes, un secretario, un tesorero, un contador y un delegado de infantiles[38].

---

[38] En cuanto a los requisitos para su constitución, dicho precepto exige: instancia presentada al Presidente de Junta Central Fallera; acta de constitución con expresa identificación de los cargos de Presidente y Secretario que deben ser mayores

La aprobación definitiva corresponde a la Asamblea General, previo expediente instruido por la JCF, que supervisará la actividad de la Comisión durante los dos ejercicios siguientes pudiendo denegar el permiso en caso de incumplimiento de los requisitos exigidos. Dicha constitución se considera por tiempo indefinido hasta que la Comisión decida su disolución (art. 7.1).

En relación con la constitución tiene importancia la denominada "demarcación fallera", disponiendo el RF que es el conjunto de calles que constituyen el ámbito geográfico de desarrollo de la actividad propia de una Comisión de falla (art. 5). Esta demarcación tiene importancia para varias cuestiones: la denominación de la Comisión, el emplazamiento de la Falla, el domicilio social y el desarrollo de las actividades propias de la misma.

Como se ha indicado, también en esa demarcación se desarrollan las actividades propias de la Comisión que se recogen en el art. 2, teniendo como actividad esencial y obligatoria la *plantà* de la Falla correspondiente. En el desarrollo de dichas actividades la Comisión goza de plena capacidad de obrar; sin embargo, es de resaltar en cuanto a la normativa que rige dichas actividades, que el RF establece que las Comisiones "quedan sujetas a las normas y legislación vigente que regule cada actividad" y al propio Reglamento Fallero (art. 9.1).

3.2.3. Régimen jurídico aplicable a las Comisiones de falla. Especial referencia al Reglamento de Régimen Interno

Con independencia del marco jurídico general que se aplica a las Comisiones de falla, en el propio Reglamento Fallero se hace alusión en algunos preceptos a las normas concretas que deben regir las Comisiones de falla.

Así, en dicha norma se establece que las Comisiones de falla quedan supeditadas:

a) En cuanto a su reconocimiento y actividad, al propio Reglamento Fallero (art. 2.3).

---

de edad y no estar inhabilitados por JCF; censo de los falleros de la Comisión e identificación de los mismos; especificación de los cargos directivos; solicitud de la demarcación de las calles en las que la Comisión va a realizar su actividad y emplazamiento para ubicar la Falla; y Memoria económica con explícita indicación del Presupuesto Anual estimado para el ejercicio fallero, en el que se destinará una principal partida presupuestaria a la Falla.

b) A las normas vigentes que regulen el régimen asociativo adoptado por las Comisiones de falla (art. 2.2).

c) A las normas y legislación vigente que regule cada actividad realizada por la Comisión (art. 9.1).

d) Por último, al Reglamento de Régimen Interno de que debe dotarse cada Comisión, que no puede contravenir lo dispuesto en el RF (art. 10.1).

De todo ello se deriva que las Comisiones de falla están sujetas a una diversa normativa de distinta naturaleza según la materia de que se trate y que no se constriñe únicamente a la normativa contenida en el Reglamento Fallero, y a la que ya se ha hecho alusión en los epígrafes precedentes.

El Reglamento de Régimen Interno aborda diferentes cuestiones que se refieren a la estructura, organización y funcionamiento de la Comisión, a los cargos directivos y sus respectivas funciones, a los miembros que componen la Comisión y sus derechos y deberes, a las delegaciones de trabajo que se pueden crear, al régimen económico y al régimen disciplinario, a las Comisiones infantiles y a las Falleras Mayores.

El RF establece que dicho contenido no puede contravenir lo dispuesto en el propio RF, debiendo presentarse una copia ante JCF, así como cualquier modificación posterior, señalándose que en los casos en que las Comisiones de falla carezcan de dicha reglamentación interna o lagunas o contradicción de disposición expresa propia, será de aplicación lo previsto en el RF (art. 10.2 y 3).

Hay que observar que el contenido de dicho Reglamento es trasunto de lo regulado en la legislación sobre asociaciones, concretamente, art. 11 de la LO 1/2002 y arts. 42 y siguientes de la Ley 14/2008, con algunas particularidades.

Así, dentro de la organización de la Comisión se distingue entre los cargos representativos y los que corresponden a los órganos de gobierno. Son cargos representativos el Presidente/a o persona en que delegue, y son órganos de gobierno el Presidente/a, la Junta Directiva y la Junta General (art. 15). La LO 1/2002 no distingue entre estos dos tipos de órganos ni tampoco la Ley 14/2008. Por otra parte, en cuanto a los/as falleros/as, en el RRI se establecen el estatus y los derechos y deberes de los mismos (art. 23).

En relación con el funcionamiento interno de las Comisiones, han surgido algunas cuestiones de interpretación, respecto de las que el RF no termina de ser concluyente.

En primer lugar, se ha planteado si un miembro de la Comisión puede exigir copia del Acta de una Junta General, lo que se ha cuestionado por la redacción tan exigua que se contiene en el RF. En mi opinión, la respuesta debe ser negativa en base a una interpretación literal de la norma y a una interpretación sistemática. Pues el propio art. 2.1, b) del RF dispone que cualquier miembro de la Comisión puede "tener acceso" a la documentación económica y al Libro de Actas para constatar los acuerdos adoptados en Junta; en la medida que el artículo hace referencia a tener acceso (lo que implica poder consultar las Actas), debe deducirse que no pueden salir de la custodia de la Secretaría ni imprimir ni fotocopiar. Ello viene subrayado por el art. 14.2 de la LO 1/2002, en el que se dispone que "Los asociados podrán acceder a toda la documentación que se relaciona en el apartado anterior *(entre ella, los libros de actas)*, a través de los órganos de representación, en los términos previstos en la Ley Orgánica 15/1999, de 13 de diciembre, de protección de datos de carácter personal", y en la Ley 14/2008, de 18 de noviembre, de Asociaciones de la Comunitat Valenciana, cuyo art. 16.3 establece que "Las asociaciones deberán recoger en un libro las actas de las reuniones de sus órganos de gobierno y representación, y las personas asociadas tendrán, mediante solicitud a los órganos de representación, el derecho a acceder y obtener copia del contenido de los acuerdos que consten en dicho libro", teniendo en cuenta que la copia a la que se refiere es únicamente de los acuerdos adoptados, y no del Acta completa, lo que se realiza mediante certificación del Secretario que reproduce el acuerdo y certifica que así figura en el Libro de Actas.

Otra de las cuestiones que se ha planteado es la relativa al incumplimiento de las obligaciones económicas. El RF establece que los/as falleros/as deben cumplir con los compromisos económicos conocidos y asumidos al inicio del ejercicio fallero y asumir las cuotas extraordinarias que se establezcan en la Junta General Extraordinaria (art. 23.2, b y c), así como las derramas por un ejercicio deficitario (art. 7). Ante el incumplimiento de estas obligaciones, el RF establece una serie de sanciones (arts. 23.2, 75 y ss.), que son fundamentalmente administrativas (tal como la expulsión de la falla, la retirada de condecoraciones falleras o la baja del censo fallero), pero no implican la reclamación al deudor del montante adeudado. Estas son medidas coactivas, pero indudablemente con ellas la Comisión no recupera el dinero debido. Para ello, la Comisión tendría como último recurso la vía judicial, pero esta vía parece desfavorable para la Comisión por el coste económico que tiene y el tiempo de resolución del conflicto. Por lo que en muchas ocasiones es la Comisión quien pierde desde el punto de vista económico y moral[39]. Por tanto, hay un vacío legal en cuanto a la protección de las Comisiones con patrimonios exiguos.

3.2.4. Comisiones Infantiles

El RF permite que toda Comisión de falla, en ejercicio de su propia voluntad, pueda determinar la realización de Falla Infantil en el seno de su actividad, para lo que deberá crear la correspondiente Sección Infantil, debidamente censada en la JCF, al frente de la cual se responsabilizará el Presidente de la Comisión o fallero en quien éste delegue, dotándose de partida presupuestaria específica (art. 26.1), añadiéndose que "No podrá existir ninguna Comisión de falla Infantil que no esté integrada dentro de una Comisión de falla, quedando su administración económica bajo control y supervisión de ésta" (art. 26.2). Esta Sección estará compuesta "por todos los niños menores de 14 años, debidamente inscritos como falleros mediante autorización paterna o del tutor legal, personas en las que recaerán las obligaciones económicas que se derivan de su condición de fallero infantil" (art. 28.1), finalizando su pertenencia a dicha Sección en el ejercicio en el que cumplan la edad de 14 años, pasando a formar parte de la Comisión de falla, siempre que medie voluntad expresa del interesado o de su representante legal (art. 28.3). La representación honorífica de la misma se otorgará a la Fallera Mayor Infantil y al Presidente Infantil,

---

39 Así sucedió en un caso real, que no es el único caso. En el Cincuenta Aniversario de una Comisión, de reducido número de miembros, se produjo una extralimitación de gastos, de lo que resulta un déficit económico. Se acuerda en Junta General Extraordinaria de Cierre y Liquidación de ejercicio que los/as falleros/as adultos/as de dicho ejercicio satisfagan una única derrama (85 €). Finalizado el ejercicio se dan de baja 25 falleros/as que, ante la reclamación de la derrama, se niegan a abonarla, aduciendo no estar de acuerdo con la misma. Ante ello, la Comisión envía carta certificada reclamando el pago de la derrama, que en la mayoría de los casos no es contestada (reclamación extrajudicial). Ante ello se plantea la posibilidad de otra reclamación extrajudicial por vía notarial, que se desecha porque supone un gasto para la Comisión pues dicha reclamación se debe realizar individualmente. También se plantea la reclamación por vía judicial, que se descarta porque supone un gasto extraordinario para la Comisión, incluso superior a la deuda debida, pues hay que interponer demandas individuales para cada uno/a de los/as falleros/as deudores. Por último, cabe la comunicación a JCF para iniciar el correspondiente Expediente, cuyo resultado, aunque se reconozca el incumplimiento, no proporciona la satisfacción económica que requiere la Comisión. En definitiva, la Comisión pierde desde el punto de vista económico en cualquier caso.

elegidos de entre los falleros infantiles que la compongan (arts. 28.2 y 30), señalándose como cargos directivos simbólicos los de Vicepresidente 1º y 2º, Secretario, Tesorero y Contador (art. 28.2).

Este precepto permite la integración en la Comisión de falla de menores de edad, pero claramente no permite Comisiones de falla infantiles independientes de las Comisiones de falla, al contrario de lo que sucede con las asociaciones de carácter general, que sí permiten asociaciones infantiles y juveniles.

La pertenencia de los menores de edad a una Comisión de falla plantea varias cuestiones.

En primer lugar, cuando los menores que hayan cumplido 14 años pasan a formar parte de la Comisión de falla adulta, se plantea si tales menores pueden participar en la toma de acuerdos en la Junta General. Pues a los menores de edad no se les reconoce capacidad jurídica plena en el ejercicio de sus derechos y de sus deberes, como así se desprende del art. 162 CC, que establece que los padres que ostentan la patria potestad tienen la representación legal de sus hijos menores no emancipados, exceptuándose, entre otros, los actos relativos a los derechos de la personalidad que el hijo, de acuerdo con su madurez, pueda ejercitar por sí mismo, aunque los responsables parentales intervendrán en estos casos en virtud de sus deberes de cuidado y asistencia. El derecho a asociarse es un derecho que tienen los menores según el art. 7.2 de la Ley Orgánica 1/1996, de 15 de enero, de Protección Jurídica del Menor, de modificación parcial del Código Civil y de la Ley de Enjuiciamiento Civil[40]. Por su parte, el art. 3, b, de la LO 1/2002 establece que pueden constituir o formar parte de las asociaciones "Los menores no emancipados de más de catorce años con el consentimiento, documentalmente acreditado, de las personas que deban

---

40 Dicho precepto dispone: "Los menores tienen el derecho de asociación que, en especial, comprende: a) El derecho a formar parte de asociaciones y organizaciones juveniles de los partidos políticos y sindicatos, de acuerdo con la Ley y los Estatutos. b) El derecho a promover asociaciones infantiles y juveniles e inscribirlas de conformidad con la Ley. Los menores podrán formar parte de los órganos directivos de estas asociaciones.– Para que las asociaciones infantiles y juveniles puedan obligarse civilmente, deberán haber nombrado, de acuerdo con sus Estatutos, un representante legal con plena capacidad.– Cuando la pertenencia de un menor o de sus padres a una asociación impida o perjudique al desarrollo integral del menor, cualquier interesado, persona física o jurídica, o entidad pública, podrá dirigirse al Ministerio Fiscal para que promueva las medidas jurídicas de protección que estime necesarias".

suplir su capacidad, sin perjuicio del régimen previsto para las asociaciones infantiles, juveniles o de alumnos en el artículo 7.2 de la Ley Orgánica 1/1996, de 15 de enero, de Protección Jurídica del Menor". De otro lado, la Ley 14/2008, de 18 de noviembre, de Asociaciones de la Comunitat Valenciana, dedica un precepto especial, el art. 55, a las Asociaciones infantiles y juveniles, que prevé la presencia de dos personas mayores de edad o menor emancipado en el órgano de representación "a fin de suplir, cualquiera de ellas, la falta de capacidad de obrar de las personas que forman parte de los órganos de la asociación en todos los casos que sea necesario". En relación a dicha participación y voto personal, nada se dice en el RF, y teniendo en cuenta lo que se desprende de la legislación precedente parece que puedan participar a través de sus representantes legales, pero no por sí mismos, dado que carecen de capacidad jurídica plena. Pero esta es una mera interpretación sistemática de carácter doctrinal. Ni el RF ni la legislación sobre menores aborda esta cuestión. Existe al respecto un vacío legal que convendría precisar en el RF, y en los correspondientes Reglamentos de Régimen Interno, pues el art. 162 CC excluye de la representación legal de los menores los actos relativos a los derechos de la personalidad de los mismos, y el derecho de asociación es un derecho de la personalidad.

Sin embargo, es claro que no pueden formar parte de la Junta directiva porque los arts. 16 y 20.2 RF exigen que las personas que la integren sean mayores de edad.

En segundo lugar, se ha planteado también quién es el responsable del menor, de su indemnidad física y moral, cuando se encuentren en el ámbito de actuación de la Comisión de falla. Nada se dice al respecto en el RF. El art. 21 tan solo señala que "El delegado de infantiles velará por las necesidades de la comisión infantil y dará cuenta de éstas a la junta general, llevará a cabo la coordinación de las actividades que este colectivo desempeñe fomentando el espíritu fallero entre los más jóvenes de cada comisión". Es costumbre entender que mientras los menores se encuentren en el Casal o en actividades falleras, quedan bajo la responsabilidad de los órganos de representación y, en particular, del Delegado de Infantiles. Pero es una cuestión que no se encuentra regulada y, por tanto, nos encontramos de nuevo ante un vacío legal.

En tercer lugar, también ha planteado algún problema la presentación a la preselección de Fallera Mayor Infantil de Valencia, pues hay casos en que las falleras mayores infantiles dejan de pertenecer a la Comisión infantil cuando cumplen 14 años, lo que puede suceder antes de la convocatoria de dicha preselección, con lo cual se les impide el acceso a dicha posibilidad.

3.2.5. *Agrupaciones e Interagrupaciones de fallas*

El RF permite en los arts. 32 y siguientes la constitución de Agrupaciones e Interagrupaciones de fallas.

Las Agrupaciones de fallas se consideran como entidades culturales y recreativas de ámbito fallero, estableciéndose para su reconocimiento y funcionamiento los siguientes requisitos: que sean constituidas por al menos el 80% de las Comisiones de falla que conforman el Sector; aprobación de la JCF, presentación de Acta de constitución y proyecto de Estatutos o Reglamento de Régimen Interno; y que esté formada por los presidentes de dichas comisiones. Dicha Agrupación debe tener un Presidente, que ejercerá la representación del colectivo de las Comisiones que la integran y tendrá la condición de miembro del Pleno de la Junta Central Fallera con voz y voto para la defensa y debate de los intereses que le sean propios. (arts. 35.1 y 52.2, c).

Por su parte, el RF en el art. 37.1 permite que las Agrupaciones de fallas, en ejercicio de su libre voluntad, "podrán constituirse en una instancia superior para aglutinar las iniciativas y cuestiones de interés común que se denominará Interagrupación de fallas de Valencia, pudiendo generar por voluntad mayoritaria de sus integrantes las acciones y decisiones de forma autónoma e independiente que estimen pertinentes", que se regulará por la normativa propia que se determine por sus integrantes, quedando la misma sujeta al cumplimiento de lo dispuesto en el RF.

Como se observa, ambas entidades se deben regular por los Estatutos o por el RRI, pero dentro del marco jurídico que establece el RF.

3.2.6. *Disolución de la Comisión de falla*

El RF dispone que la disolución de una Comisión de falla requerirá de la autorización expresa de la JCF, previa instrucción del oportuno expediente (art. 14).

En este caso, la JCF se hará depositaria de los bienes de cualquier naturaleza de la Comisión disuelta durante un ejercicio fallero. Cumplido el plazo podrá disponer de los mismos, destinándolos al fondo de reserva para fines jurídicos en defensa de las Comisiones de falla.

Como se observa, el precepto no señala las causas por las cuales se puede disolver una Comisión de falla. Dichas causas suelen estar recogidas en los Estatutos o en el RRI de la Comisión, y, en su caso, si no se contemplaran dichas causas, se podría aplicar con carácter supletorio las causas mencionadas en los arts. 39 CC, 17 de la LO 1/2002, y 50 de la Ley 14/2008.

3.3. Título II. La Junta Central Fallera

El art. 38 del RF considera que la actividad fallera como manifestación social eminentemente festiva y cultural es de competencia municipal a tenor de lo dispuesto en la normativa vigente de Régimen Local. En consecuencia, para la administración y gestión directa de los servicios públicos locales, se crea la Junta Central Fallera, que se considera como un organismo autónomo local, a la que se atribuye una partida presupuestaria de carácter anual, definiéndose en el RRI de la misma como una entidad de derecho público de naturaleza institucional que depende del municipio de Valencia (art. 1.1).

El RF dedica a la JCF los arts. 38 a 61, en los que se regulan el régimen jurídico que regula la JCF; los órganos de gobierno (JCF y Comisión Ejecutiva), su composición, elección y funciones; los Sectores Falleros; el Pleno de la JCF, su composición y funciones; la Asamblea General, su constitución, funciones y funcionamiento, y Asambleas Extraordinarias; y la Comisión de Recursos y Reglamentos.

La JCF se rige, además de por el RF, por el RRI, al que se dedica el art. 39[41], que tiene la consideración de norma reguladora de su actividad y gestión, y que regula fundamentalmente los órganos de gobierno de la JCF, su composición, requisitos, procedimiento de elección y funciones, y el régimen económico patrimonial.

3.4. Título III. De la Actividad de la Fiesta Fallera

Este Título abarca los arts. 62 a 71, regulando diversas cuestiones de diferente naturaleza, como los actos y festejos falleros, señalando cuáles se consideran tales[42] y otras actividades y actos.

---

41 Este precepto disponía que dicho Reglamento sería propuesto por el Pleno de JCF al Ayuntamiento en el plazo máximo de un año, a contar desde la entrada en vigor del RF, para su aprobación si procediere, y que tras la aprobación se daría conocimiento de la misma a la Asamblea General. Dicho Reglamento fue aprobado por Edicto del Excelentísimo Ayuntamiento de Valencia de 25 de abril de 2003 (BOP de Valencia 29/05/2003), aunque fue reformado el 25 de julio de 2008 (BOP de Valencia 08/11/2008), en relación a los órganos de gobierno de la JCF.

42 Se consideran festejos falleros: a) "Crida". b) Elección de Cortes de Honor, Falleras Mayores y sus respectivas Exaltaciones. c) Exposición del Ninot. d) Cabalgata del Ninot. e) Cabalgata Infantil del Ninot. f) Concurso de Fallas. g) Ofrenda de Flores a la Virgen de los Desamparados. h) Ofrenda floral a San José.

También se regula la utilización de la indumentaria fallera y valenciana en los actos y desfiles falleros, debiendo destacarse que se establece que el fallero utilizará el traje tradicional valenciano y la fallera el tradicional traje de valenciana, quedando "terminantemente prohibido la utilización de prendas que no sean acordes a la indumentaria tradicional fallera expresada anteriormente, asimismo no se permitirá la utilización de prendas masculinas por falleras, en actos oficiales, con independencia del cargo que ocupen", considerando, a estos efectos, el blusón o blusa prenda masculina (art. 64). Esta disposición ha dado lugar a ciertas protestas en el colectivo fallero, especialmente por ciertos sectores femeninos, al querer utilizar la indumentaria masculina en algunos actos concretos.

Asimismo se regulan los distintivos falleros, sus tipos y utilización, y las recompensas, sus clases, su obtención y su utilización, tanto las individuales como las colectivas y honoríficas.

Por último, se regula el procedimiento de elección y nombramiento de las Falleras Mayores de Valencia. Es de señalar que hasta este momento este cargo de representación y la correspondiente Corte de Honor viene referido a mujeres y niñas (art. 71).

3.5. Título IV. Del Régimen Contractual, Disciplinario y de Responsabilidad

En este título se abordan tres cuestiones fundamentales.

En primer lugar, el régimen de asesoramiento y disciplinario (arts. 72 a 78). Se encarga a la Delegación de Incidencias la función de asesoramiento jurídico, mediación y resolución de conflictos, y emisión de dictámenes e informes sobre las consultas realizadas, teniendo legitimación tanto los falleros a título individual como las Comisiones de falla. Ante un incumplimiento del RF se establecen unas sanciones, a las que ya se ha aludido, que son de carácter meramente administrativo y que afectan a la condición de fallero/a, pero no de carácter pecuniario[43].

En cuanto al régimen contractual, el RF tan solo alude a las relaciones contractuales entre las Comisiones de falla y el artista Fallero (arts. 79 a

---

[43] En relación con el régimen de infracciones y sanciones contenido en el RF, véase en esta misma obra el capítulo: Martínez Otero, J. M.: "Valencia en Fallas… ¿ciudad sin ley? Ilegalidad, infracciones y sanciones en el contexto fallero", *Derecho Fallero*, Tirant lo Blanch, Valencia, 2025.

81), regulando principalmente el incumplimiento de dicho contrato por el artista fallero, considerando que la sanción temporal sobre un artista fallero fijada en la resolución correspondiente, tendrá los meros efectos declarativos de una sanción pública en el estricto ámbito de construcción de fallas (art. 80, e), y que hará pública una relación de los artistas falleros expedientados y sancionados, para general conocimiento de las Comisiones de falla, y que éstos serán excluidos del Concurso de fallas durante el tiempo que se determine en la resolución (art. 81). Otra vez la sanción es meramente de carácter administrativo, y no se impone ninguna multa de carácter pecuniario. La regulación se centra, como se observa, en el incumplimiento por parte del artista fallero, pero no contempla el incumplimiento por parte de la Comisión de falla. Hay que destacar que, el RF no contempla la diversidad de contratos que la Comisión puede realizar con otros terceros en el desarrollo de sus actividades.

Por último, el RF regula el seguro de responsabilidad civil estableciendo que las Comisiones de falla estarán obligadas a suscribir la correspondiente póliza de seguro de responsabilidad civil con el fin de dar cobertura a los riesgos de accidentes falleros producidos durante la vigencia de dicha póliza, sin perjuicio de la posibilidad de que las Comisiones de falla contraten seguros particulares o certificados de adhesión a la póliza previamente suscrita (art. 82). Por otra parte, establece el deber de las Comisiones de falla de efectuar las debidas comprobaciones para determinar la existencia de póliza de seguro contratada por los artistas falleros y con los pirotécnicos, disponiendo que las Comisiones que construyan su propia Falla asumirán la responsabilidad exclusiva de ella en todos sus aspectos de elaboración y montaje, aún cuando estuviesen asesorados por un artista fallero (art. 83)[44].

III. Otras fuentes del Derecho fallero: la costumbre y los principios generales del Derecho

Como se ha indicado, en el art. 1 CC se establecen también como fuentes del derecho la costumbre y los principios generales del Derecho.

---

44 Sobre la responsabilidad de las Comisiones falleras por posibles daños a terceros, véase Castillo Martínez, C.: "La responsabilidad de las Comisiones falleras. Aspectos legales y su tratamiento en la jurisprudencia", *Derecho Fallero*, Tirant lo Blanch, Valencia, 2025.

Dado que el colectivo fallero tiene como objetivo mantener las tradiciones del pueblo valenciano, existen actos que, aunque no estén reconocidos en norma escrita alguna, se han elevado a la categoría de costumbre. Por ejemplo, la realización de la Presentación de las Falleras Mayores, o la posibilidad de nombrar colaboradores o falleros de honor. Cabría preguntarse si tales tradiciones pueden tener la naturaleza de norma jurídica vinculante y exigible. Además, hay que tener en cuenta que la mayoría de costumbres en nuestro país se han positivizado, y en el Derecho administrativo su presencia es de carácter residual[45].

Si fuera así, tales costumbres deben ser *secundum legem*, pues en nuestro ordenamiento jurídico, salvo concretas excepciones, no se permite la costumbre *contra legem*, de modo que cualquier costumbre que contradijera norma escrita sería ilícita (como, por ejemplo, la costumbre que existía de poder tirar petardos a todas las horas del día que ha quedado limitada por la normativa de contaminación acústica), y ello se deduce del propio art. 1.3 CC cuando señala que la costumbre se aplica en defecto de ley siempre que no sea contraria a la moral y al orden público y 1.2 al disponer que carecerán de validez las disposiciones que contradigan otra de rango superior.

Por último, la tercera fuente del Derecho que cita el art. 1 CC son los Principios Generales del Derecho. La mayoría de ellos se encuentran positivizados, como ya se ha señalado.

Tales Principios afectan también al colectivo fallero, tanto por estar recogidos en normas concretas como por el carácter informador del ordenamiento jurídico que se les atribuye (art. 1.4 CC). Así, por ejemplo, cabría aplicar el principio de prohibición de enriquecimiento injusto a relaciones jurídicas que supusieran dicha situación en el entramado de relaciones que se derivan de las actividades falleras; el principio de confianza legítima ante ciertas autorizaciones administrativas; o el de proporcionalidad, frente a ciertas sanciones poco moderadas que se pudieran imponer.

IV. Bibliografía

Balaguer Callejón, F.: *Fuentes del Derecho,* Ministerio de la Presidencia, Justicia y Relaciones con las Cortes, Centro de Estudios Políticos y Constitucionales, Madrid, 2022.

---

45 Así, Saz, S. del, Arzoz Santisteban, X., *ob. cit.*, pág. 96.

Benzal Medina, E.: "La protección Jurídica del Arte", *El Derecho.com. Noticias Jurídicas y de Actualidad,* Tribuna, 20/07/2020, Lefebvre; puede consultarse en https://elderecho.com/ /la-proteccion-juridica-del-arte-fallero (consulta 05/06/2024).

Blasco Gascó, F. de P.: *Instituciones de Derecho civil. Parte General. Introducción. Los sujetos de derecho. La relación jurídica,* Tirant lo Blanch, Valencia, 2022, págs. 63-83.

Cañero Lois, C.: "La propiedad intelectual en el ámbito fallero", *Derecho fallero,* Tirant lo Blanch, Valencia, 2025.

Casar Furió, M. E.: "La actividad administrativa de fomento en torno a la fiesta fallera", *Derecho fallero,* Tirant lo Blanch, Valencia, 2025.

Castillo Martínez, C.: "La responsabilidad de las Comisiones falleras. Aspectos legales y su tratamiento en la jurisprudencia", *Derecho Fallero,* Tirant lo Blanch, Valencia, 2025.

Domínguez Martín, M.: "Normas, actos y procedimientos administrativos", *Anuario de Derecho Municipal,* núm. 16, 2022, págs. 279-305.

Espín Templado, E.: "El sistema de fuentes en la Constitución (I y II)", *Manual de Derecho Constitucional. Volumen I: La Constitución y las fuentes del Derecho. Derechos fundamentales y garantías* (Dir. L. M. López Guerra, E. Espín Templado), Tirant lo Blanch, Valencia, 2022, págs. 58-82 y 83-100.

Federación Junta Fallera de Sagunto, *Entidades sin ánimo de lucro "Comisiones falleras",* 16 enero 2016; puede consultarse en https://fjfs.es/wp-content/uploads/seminarios-enero-2016.pdf (fjfs.es) (consulta 05/06/2024).

Fuentetaja Pastor, J. A.: "Marco Constitucional de la Administración local", *Manual de Derecho Local* (Dir. M. Lora-Tamayo Vallvé), Iustel, Madrid, 2020.

Fuentetaja Pastor, J. A.: "El acto administrativo (I): concepto, clases y requisitos", *Derecho administrativo II: Régimen jurídico de la actividad administrativa* (Coord. C. Fernández Rodríguez), Tirant lo Blanch, Valencia, 2023.

Galiana Saura, A.: *La Legislación en el Estado de Derecho,* Dykinson, Madrid, 2003.

García de Enterría, E.: *La Constitución como norma jurídica y el Tribunal Constitucional,* Civitas, Madrid, 1981.

García-Trevijano y Fos, J. A.: *Tratado de Derecho administrativo,* tomo I, Ed. Revista de Derecho Privado, Madrid, 1968.

Guillén Navarro, N. A.: "Los bandos de Alcaldía en el ordenamiento jurídico español", *Revista española de Derecho Administrativo,* núm. 210, 2021, págs. 125-158.

Labatur Serer, G.: *Entidades no lucrativas parcialmente exentas. Un caso práctico: las Fallas de Valencia,* Valencia, 2016; puede consultarse en https://economistas.es/Contenido/EC/casos%20practicos/24-06-2016%20FALLAS%20DE%20VALENCIA.pdf (consulta 05/06/2024).

Lasarte Álvarez, C.: *Principios Derecho civil. I, Introducción y Derecho de la Persona,* Marcial Pons, Madrid, 2023.

López y López, A. M.: "Fuentes del Derecho", *Comentarios al Código civil, Tomo I, Arts. 1 a 267* (Dir. Ana Cañizares), Tirant lo Blanch, Valencia, 2023, págs. 391-399.

Martín Núñez, E.: "El Estatuto de Autonomía y el sistema de fuentes autonómico", *Derecho constitucional básico* (ed. J. M. Castellá Andreu), Huygens, Barcelona, 2023, págs. 331-347.

Martínez Agut, M. P.: "Las fallas de Valencia y su implicación en la Agenda 2030 y los Objetivos de Desarrollo Sostenible (ODS)", *Reidocrea. Revista electrónica de investigación y docencia creativa,* vol. 11, núm. 57, 2022, págs. 659-669.

Martínez Otero, J. M.: "Valencia en Fallas… ¿ciudad sin ley? Ilegalidad, infracciones y sanciones en el contexto fallero", *Derecho Fallero,* Tirant lo Blanch, Valencia, 2025.

Monfort Ferrero, Mª. J.: "Las fuentes del Derecho", *Derecho civil I. Derecho de la Persona* (Coord. J. R. de Verda y Beamonte), Tirant lo Blanch, Valencia, 2024, págs. 33-46.

Montes Rodríguez, M. P.: "El régimen jurídico de las comisiones de falla constituidas como asociación", *Derecho fallero,* Tirant lo Blanch, Valencia, 2025.

Muñoz Machado, S.: *Tratado de Derecho Administrativo y Derecho Público General, tomo IV, El Ordenamiento jurídico,* Boletín Oficial del Estado, Madrid, 2015.

Ríos Santos, F. (Dir.): *Las fuentes del Derecho en el sistema constitucional español,* Thomson Reuters Aranzadi, Cizur Menor, 2023.

Rivero Ysern, J. L.: *Manual de derecho local,* Civitas, Cizur Menor, Civitas, 2014 (7ª).

Rodríguez de Santiago, J. Mª.: "Sistema de fuentes del Derecho administrativo", *Tratado de Derecho administrativo: Volumen I. Introducción. Fundamentos* (Coords. J. Mª. Rodríguez de Santiago, G. Doménech Pascual, L. Arroyo Jiménez), Marcial Pons, Madrid, 2021, págs. 777-860.

Saz, S. del, Arzoz Santisteban, X.: *Derecho Administrativo I. Sistema de fuentes y organización administrativa,* Tirant lo Blanch, Valencia, 2024.

Sosa Wagner. F.: *Manual de derecho local,* Thomson-Aranzadi, Cizur Menor, 2005 (9ª).

Verdera Server, R.: *Lecciones de Derecho civil. Derecho civil I,* Tirant lo Blanch, Valencia, 2019, págs. 45-57.

Villanueva Turnes, A.: "El sistema de fuentes del Derecho", *Valores cívicos y cultura constitucional,* Dilex, Madrid, 2022, págs. 323-338.

Anexo. Preguntas y respuestas

1. ¿Cuáles son las fuentes del Derecho en el ordenamiento jurídico español?

Las fuentes del Derecho del ordenamiento jurídico español son la ley, la costumbre y los Principios Generales del Derecho.

El sistema de fuentes se regula fundamentalmente en el art. 1 del Código civil, que se refiere a las tres ya mencionadas (ley, costumbre y principios generales del derecho). La Constitución regula la ley, las normas con rango de ley y la potestad reglamentaria.

La ley es norma escrita que proviene del Poder legislativo. Hay otras normas que tienen rango de ley, que son las que emanan del Poder ejecutivo, y no del Poder legislativo (Decreto legislativo y Decreto ley). Por último, la Constitución permite al Poder ejecutivo

(Gobierno o Administración Pública, estatales, autonómicos o locales) la elaboración de normas escritas subordinadas a la ley, en ejercicio de la potestad reglamentaria.

La costumbre es norma no escrita que se genera por la realización de actos reiterados en un grupo social concreto en el que se tiene conciencia de que obliga en ese grupo. Se aplica en defecto de ley.

Los principios generales del derecho son los criterios que se derivan del ordenamiento jurídico y de la conciencia social, que pueden estar escritos o no. Se aplican en defecto de ley y de costumbre. Además tienen carácter informador del ordenamiento jurídico.

2. ¿Hay una jerarquía en la aplicación de dichas fuentes?

Sí. Se establece en el art. 1.2 CC y 9.3 CE. Las normas de rango superior se aplican con preferencia a las de rango inferior, y éstas no pueden contradecir a aquellas. La jerarquía que se establece en nuestro derecho es: Constitución Española, ley, normas con rango de ley, normas de carácter reglamentario, costumbre, y principios generales del derecho.

3. ¿El colectivo fallero se rige por un sistema de fuentes propio?

No. Al colectivo fallero se le aplica el sistema de fuentes general del ordenamiento jurídico español y valenciano.

4. ¿El colectivo fallero se rige por una normativa propia?

Sí. Tiene una norma básica y principal que es el Reglamento Fallero, aprobado por el Congreso Fallero y el Ayuntamiento de Valencia en 2002.

5. ¿Se aplican otras normas al colectivo fallero, además del Reglamento Fallero?

Sí. La Junta Central Fallera se rige por su Reglamento de Régimen Interno, además de por la Ley 7/1985, de 2 de abril, reguladora de las Bases del Régimen Local y por la Ley 39/2015, de 1 de octubre, del Procedimiento Administrativo común de las Administraciones Públicas; además, por las normas e instrucciones de la JCF, y por las normas de Derecho privado: civil, mercantil y laboral.

Las Comisiones de falla se rigen por el Reglamento Fallero, por su propio Reglamento de Régimen Interno, y por otra legislación, entre ella, especialmente por la Ley Orgánica 1/2002, de 22 de marzo, reguladora del Derecho de Asociación, y más concretamente en la Comunidad Valenciana, por la Ley 14/2008, de 18 de noviembre, de Asociaciones de la Comunitat Valenciana, así como por las normas de Derecho privado (especialmente civil, mercantil y laboral), y por la legislación administrativa que le afecta (entre otras, ordenanzas del Ayuntamiento, concretadas por los bandos falleros).

Las Juntas Falleras Locales se rigen por su propio Reglamento de Régimen Interno y la normativa vigente en sus propios municipios.

6. ¿Qué regula el Reglamento Fallero?

El Reglamento Fallero regula una diversidad de materias: la Consideración de las Fallas; las Comisiones de falla, su definición, su domicilio social y demarcación, constitución, el régimen jurídico aplicable, las líneas generales que debe contener el Reglamento de Régimen Interno de las mismas; las Comisiones Infantiles; la elección de las Falleras Mayores; la indumentaria fallera; los distintivos y recompensas falleros; las Agrupaciones e Interagrupaciones de fallas; la disolución de la Comisión de falla; la organización, estructura y órganos de la Junta Central Fallera; la actividad de la Fiesta Fallera; y el Régimen Contractual, Disciplinario y de Responsabilidad.

7. ¿Qué regula el Reglamento de Régimen Interno de la Junta Central Fallera?

Regula fundamentalmente los órganos de gobierno de la JCF, su composición, requisitos, procedimiento de elección y funciones, y el régimen económico patrimonial.

8. ¿Qué debe regular el Reglamento de Régimen Interno de las Comisiones de falla?

El RRI de una Comisión Fallera debe regular fundamentalmente, entre otras cosas, su denominación, demarcación, domicilio social, constitución, órganos de gobierno, funciones de los órganos de gobierno (Presidente, Vicepresidentes, Secretario, Tesorero, Contador, Delegado de Infantiles, como mínimo), Asamblea General y sus funciones, toma de acuerdos, régimen económico, régimen disciplinario y sancionador y disolución.

9. ¿Tienen importancia las costumbres como fuente del Derecho fallero?

Actualmente, la costumbre, como segunda fuente del Derecho, ha perdido la importancia que tuvo en otros momentos históricos, pues se han ido incorporando a textos normativos escritos.

Esta pérdida de la importancia de la costumbre como fuente del Derecho también se ha proyectado en el Derecho fallero, en el cual está todo más regularizado, sobre todo a través de normativa de carácter administrativo, donde no se admite la costumbre.

10. ¿Se aplican los principios generales del Derecho al colectivo fallero?

Sí, pues los principios generales son criterios derivados de nuestro ordenamiento jurídico que informan toda la legislación y normas jurídicas que lo integran, y representan los valores superiores de nuestro ordenamiento jurídico que afectan a todos los ciudadanos.

El entramado fallero: una aproximación a la estructura institucional y asociativa de la fiesta de las Fallas

FÉLIX CRESPO HELLÍN
Profesor Titular de Derecho Constitucional
Universitat de Valencia

I. Introducción: la dificultad de fijar el marco de referencia de nuestro estudio

Al abordar cualquier análisis de cuestiones de calado jurídico parece siempre obligado realizar una introducción sencilla, pero objetiva y clara, sobre los antecedentes de las cuestiones que van a ser analizadas en el estudio. Así parece obligarnos la metodología y el rigor investigador académico y jurídico, resultando imprescindibles los siempre llamados genéricamente "antecedentes del objeto de estudio". Es siempre a partir de la radiografía inicial que se consigue, cuando pueden fijarse de forma objetiva los puntos y tesis para desarrollar a lo largo de la investigación.

Pero cuando el punto de partida, como es nuestro caso, no tiene de manera cierta y concreta fijada una fecha, una legislación o ni siquiera un dato cronológico certero de ubicación, ello hace que acotar la trascendencia jurídica de un hecho social, cultural y participativo como es la fiesta de las Fallas de la ciudad de Valencia y otras poblaciones, se antoje más complicado. Hasta la segunda mitad del siglo XVIII se tiene conocimiento del rito del fuego como una práctica propia de los pueblos mediterráneos y donde éstos realizaban actividades festivas en torno al fuego por los motivos más diversos en su naturaleza y sentido. Podían ser muestras de júbilo y alegría para celebrar que llegaba la primavera o el verano —o cambio de equinoccio—, una buena producción agrícola con abundantes productos, rituales de celebraciones y conmemoraciones religiosas, celebraciones sociales, invocaciones paganas, hechos históricos rememorados o sencillas ofrendas a supuestas bondades del fuego en sentido material, servían como excusa para establecer todo un protocolo festivo alrededor del fuego.

De meras recreaciones pictóricas del acervo festivo acumulado en la historia, se pasa a un siglo XVIII que, como decíamos, es donde aparecen testimonios o pruebas documentales que constituyen elemento suficiente para fijar una fecha aproximada en cuanto al origen de las Fallas. Se van descubriendo los primeros antecedentes explícitos que permitan identificar lo que hoy entenderíamos como fallas propiamente dichas, al constatarse en esta época que el hecho festivo de plantar fallas en Valencia y finalizar el festejo quemándolas la víspera del día de San José, ya empezaba a ser una costumbre arraigada entre sus vecinos y pobladores.

De obras del historiador Almela i Vives, o del sociólogo y catedrático Ariño Villarroya, podemos ir entresacando todas las herramientas necesarias para construir y acotar desde el punto de vista histórico, antropológico o sociológico la singular estructura de la fiesta de las Fallas y su proyección cultural y social en una sociedad siempre receptiva a la misma —hasta el punto de identificarse con ellas como fiesta propia tradicional[1]. Pero en esa misma línea y casi de forma inversamente proporcional, es complicado encontrar estudios jurídicos que centren las dificultades de comprender una normativa diversa, excesivamente genérica y en muchos casos poco sensible e incluso distante con una realidad especial que comporta la organización y realización de festejos populares.

Si la fiesta popular es por naturaleza excepcional, diferente y de por si anacrónica en el tiempo en el que se estudia, hay que añadir también la no

---

1 Cfr. Almela i Vives, F., *Las Fallas*, Argos, Barcelona, 1949; y Ariño Villarroya, A.; "El origen de las Fallas", *Historia de las Fallas*, Levante EMV, Valencia, 1990. Este capítulo se enmarca en la que bien podríamos considerarla como la primera obra enciclopédica que trata de compilar y analizar los múltiples aspectos que afectan a la organización y estructura de la fiesta y un variado elenco de investigadores y estudiosos de la fiesta que facilitaron una primera compilación de datos junto a reflexiones dignas de abordar en un estudio posterior y dotar de desarrollo.

menos importante cuestión de estar concebida, organizada y llevada a la práctica por personas cuyo único vínculo con la misma es el trabajo altruista por mantener la costumbre y hacer perdurar estos actos festivos como mantenimiento de una tradición heredada en el tiempo de generación en generación. No hay más motivación, no hay lucro económico, no hay ganancia de elementos patrimoniales: sencillamente el fin es el mantenimiento y disfrute de un acto festivo propio de las raíces y de las costumbres de un pueblo que contribuyen al mantenimiento de su identidad autóctona y de un patrimonio cultural festivo histórico —más allá de la normal y evidente notoriedad social que, para bien o para mal, se adquiere con la ostentación de las obligaciones y responsabilidades asumidas—.

Quizá sólo esta consideración debería ser la base para justificar la elaboración de normas en clave festiva que diesen lugar a una legislación específica necesaria y que fuese más garantista con el mero hecho festivo. Legislación que debería de partir de un hecho puntual como es la carencia de normas protectoras de las fiestas tradicionales, para pasar a un posterior conocimiento detallado y en profundidad de las peculiaridades, vicisitudes y desarrollo del hecho festivo. Circunstancia que aunque entendible y reivindicada en el tiempo, difícilmente ha satisfecho esta necesidad hasta el punto de encontrarse en estos momentos el sector organizativo de la fiesta con la sensación de soportar a sus espaldas una carga normativa compleja, muy variada y diversa, muy exigente y en muchos casos desconocedora de las peculiaridades o singularidades que configuran el hecho festivo en sí[2].

Hay que partir de la consideración de que en la fiesta de las Fallas hay usos y costumbres de elementos fundamentales que hacen que su identidad festiva se singularice y diferencie del resto de hechos festivos con los que convive (no hay más que fijarse, por ejemplo, en la estructura y montaje de las fallas bajo técnicas precisas y, en algunos casos, hasta exclusivas). Y si a esa circunstancia añadimos que la Falla arrastra en su estructura toda una serie de actividades y actos como elementos esenciales alrededor de la misma a modo de satélites, la dimensión práctica final de la misma resulta compleja en sí misma. Ello significa que estamos ante todo un entramado de acciones con una regulación normativa diversa, espesa, parcelada y, a veces, hasta contradictoria en sí misma.

---

2 Blanquer Criado, D. y Guillén Galindo, M. A., *Las fiestas populares y el Derecho,* Tirant lo Blanch, Valencia, 2001, págs. 17-47, es una de las primeras obras que —aun no centrándose en la fiesta fallera—, fue el inicio de la constatación de las necesidades de coordinación y sistematización en cuanto a los elementos objeto de normativa reguladora festiva en materia festiva y elementos tradicionales festivos.

Entendamos esta afirmación en el sentido de comprobar, por ejemplo, la existencia del uso de la pirotecnia festiva con carácter individual —tanto por menores de edad con su especial vulnerabilidad como por personas mayores de edad—, o su uso igualmente en grandes citas multitudinarias de actos pirotécnicos con cientos de kilos de pólvora, o el uso del elemento natural del fuego para finalizar con la tradición festiva de las Fallas como arte efímero con la llamada "*cremà*". Todas ellas son circunstancias que quizá requieran de una norma específica que regule todos estos aspectos pues sería una norma multidisciplinar que quizá hoy en día pudiese aunar los variados campos competenciales, las excesivas materias legisladas de forma diversa o los diferentes entes con capacidad legislativa originaria diversa y superior incluso jerárquicamente. Y si ella no fuese posible por su complejidad, quizá sí que debería abogarse por la existencia de una consideración específica en las mismas o también alternativamente la inclusión de anexos de regulación específica que dentro de cada norma sean sensibles a la necesaria concepción diferenciada que tienen las Fallas. Una fiesta tan especial que si analizamos su estructura comparativamente respecto a las genéricas que no requieren o no tienen en su estructura excepcionalidades o situaciones diferenciadas —entiéndase de actos festivos como las procesiones, desfiles o manifestaciones artísticas de calle, por ejemplo—, ya constituye esta singularidad causa suficiente para abordar su regulación específica.

II. Algunos apuntes sobre la historia de las Fallas y su estructura organizativa

A fin de situar nuestra investigación dentro de un contexto coherente y evidenciar la envergadura de la festividad y la complejidad de su regulación, a continuación se ofrecen unas pinceladas sobre la evolución de la fiesta y de su organización, destacando los desafíos jurídicos que presenta y su elevado impacto económico.

1. Orígenes y dificultades jurídicas de las Fallas

En la práctica totalidad de documentos y materiales que han servido para ir describiendo la evolución de las Fallas en el tiempo, hay cierto consenso en cifrar en torno al último tercio del XVIII y en concreto en el año 1784, la primera referencia fidedigna de una falla pero que deja entrever que debieron ser muchas más las precedentes a ésta. El documento delator de ésta práctica festiva provenía de un bando ordenado por el Gobernador y que hacía referencia a una incidencia directa provocada por la necesidad de acotar y establecer medidas conducentes a garantizar la seguridad de las personas en los festejos relacionados con el fuego y requerir que su ubicación se alejara lo suficiente de las viviendas y fachadas de las casas, en aras a evitar las consecuencias de peligrosidad que el acto de quemar las fallas conllevaba en el entorno urbano más próximo.

No es una fecha que sirva para concretar la aparición y surgimiento de las Fallas como fiesta, ya que está muy generalizada la idea —aunque muchos la consideran puramente emotiva y sentimental—, de que fue la festividad gremial de los carpinteros lo que provocó una ocupación parcial de la vía pública para acumular y quemar los restos de madera acumulados en los talleres de carpintería y recibir con la primavera la oportunidad de quemarlos junto con el armazón o viga que había servido de soporte para las luminarias de aceite que se utilizaban en los días de invierno para alumbrar los talleres. Esta aludida forma de manifestación lúdica, se fue convirtiendo en un hecho esperado y ya bautizado por su proximidad en la festividad de San José como festejos populares josefinos y que dio pie a la primera aparición de pequeños colectivos vecinales que ayudaban y trabajaban por conseguir llevar a cabo los mencionados festejos, apareciendo así la primera forma de asociacionismo fallero en torno a esta celebración. La estructura social de estas primeras asociaciones era absolutamente abierta y participativa hacia cualquier persona que formase parte del entramado del barrio y donde destacaban los comerciantes y pequeños negocios de actividades artesanales establecidos en el tejido empresarial de servicios básicos propios de estos años finales del siglo XVIII.

Más allá de la evolución plástica y artística que comenzaron a tener estas manifestaciones realizadas por los propios vecinos y comerciantes, la organización en pequeñas y reducidas asociaciones y el hecho de comprobar cómo fueron apareciendo las primeras disposiciones o actos de la administración dirigidos a regular el hecho festivo de las Fallas, creemos que son causas suficientes para justificar este estudio. Se puede comprobar como las Fallas rápidamente se convierten en objeto de destino de normas organizativas, sancionadoras y fiscales de una amplia naturaleza y diversidad, y que comenzaron rápidamente a dejar atisbar la problemática que con el tiempo se convertiría en una realidad ya constante y repetida: una diversidad y una dispersión de normas reguladoras de la actividad festiva, que quizá invitaba desde hace mucho tiempo a plantearse la compilación y codificación de todo lo normativizado en una norma exclusiva y singular del hecho festivo. Lo iremos comprobando de aquí en adelante.

Sirva como ejemplo relatar con carácter meramente descriptivo e introductorio, cómo aparecen los primeros hechos entroncados con el derecho y el ordenamiento jurídico vigente:

1. La recogida de donativos y aportaciones voluntarias para afrontar los actos festivos y la construcción de los monumentos, que planteaban la cuestión de su régimen fiscal.
2. La ocupación de la vía pública, que comenzó siendo necesaria para plantar la falla en su manifestación más genuina y que luego fue requerida para otras manifestaciones festivas —pasacalles, actividades de ocio y entretenimiento, gastronomía popular, etc.—.
3. El uso masivo de pirotecnia y fuegos artificiales, desde el ámbito particular, al propio de las Comisiones y de las entidades públicas, que organizan grandes acontecimientos pirotécnicos con concentraciones de miles de personas en puntos o emplazamientos dentro de la misma ciudad.
4. La construcción, montaje e instalación de los monumentos falleros, que precisan ciertas medidas en materia de seguridad, tanto en su proceso de elaboración, como sobre todo cuando una vez instalada en la vía pública ésta queda expuesta a todo tipo de adversidades meteorológicas o a fallos en la estructura con el consiguiente peligro para viandantes y visitantes.
5. La *cremà* o uso del fuego para finalizar el ciclo festivo de la falla y que siempre ha arrastrado el peligro de descontrol del volumen del fuego y de las llamas en su momento de máxima ignición.
6. La sátira o crítica social y política que siempre han arrastrado las escenas de la falla, hasta el punto de convertirse en diana de las mismas todo personaje notorio o de relevancia política o social, ha granjeado no pocos problemas que con el tiempo han ido bordeando temas jurídicos entonces impensables como el derecho al honor, a la propia imagen, a la intimidad, a la libertad de expresión o ideológica o a la libertad religiosa.
7. Y, con el paso del tiempo, una serie de cuestiones relacionadas con los derechos de imagen, de propiedad intelectual y artística en proyección y contradicción con la libertad religiosa, libertad ideológica e incluso con el principio de igualdad.

Como esta sucinta enumeración demuestra, la celebración de las fiestas josefinas planteó desde sus orígenes diferentes interrogantes de carácter jurídico, que las autoridades procuraron ir resolviendo con los instrumentos jurídicos y de supervisión a su disposición. A pesar de estos interrogantes y cuestiones, el fenómeno festero se expande con rapidez y adquiere un volumen considerable como fiesta grande con mayúsculas. Comenzaron a unirse en su celebración poblaciones que se vieron salpicadas por la popularidad e impacto de las Fallas, como fue el caso de las poblaciones valencianas de Xátiva, Gandía, Sueca o Alzira que en torno a 1880 cuentan ya con precedentes de festejos falleros y *plantà* de fallas en sus calles —incluso luego se extendería a poblaciones de Castellón y Alicante, entre otros lugares—.

O comprobar como a partir de 1893 surge la singularidad de las fallas infantiles como núcleo festivo también para niños y adolescentes, con temáticas y actividades específicas de este segmento de edad. Hasta tal punto se fue popularizando el festejo, que los Ayuntamientos como inicialmente fue el caso del de Valencia, instauraron un sistema de cobertura de premios económicos como incentivo a las mejores Fallas plantadas desde el punto de vista artístico, lo que inició en torno a 1901 un largo recorrido de subvención indirecta con estos premios —o al menos de incentivo, si la cuantía no era muy alta—.

Ello sirvió además para fomentar la aparición y consolidación de especialistas en temas de carpintería, escultura o pintura y sus consiguientes industrias y puestos de trabajo. Además artísticamente se comenzó a desbordar el volumen de la obra final, apareciendo fallas con una pieza central de gran dimensión y acompañado de escenas laterales en base que rodean la referida pieza central.

Esta eclosión artística ya en continuo auge, ha dado pie hoy en día a analizar y dimensionar el gasto que invierten las entidades públicas en ayudas, subvenciones, aportaciones en servicios públicos cuantificables y tantas otras acciones que acaban convirtiéndose en un soporte vital y determinante para sustentar y mantener la fiesta —necesarios, a la vez que insuficientes si se tiene en cuenta el retorno que generan—.

Es difícil no abordar esta cuestión, cuando se comprueba que es un recurso habitual y constante en el ámbito festivo popular, buscar el reconocimiento de las instituciones públicas sobre su singularidad e importancia, confiando en que estos arrastren el necesario y ansiado soporte económico que al menos equipare la importancia de la distinción otorgada a una cobertura económica que proporcionalmente permita su edición y mantenimiento continuado en el tiempo.

Hoy en día, y tras múltiples reconocimientos oficiales y de envergadura de la valía y aportación que supone hoy la fiesta fallera para la sociedad, las instituciones públicas deben ser consecuentes con los reconocimientos oficiales y superar y concluir el debate en cuanto a qué grado de acciones propias y de protección económica tiene y necesita una fiesta que acaba salpicando en su organización, proyección y mantenimiento a los tres niveles de Administración existentes —Local, Autonómica y Nacional, que ahora se extiende también al ámbito Internacional—. Cuestión que surge con el consecuente otorgamiento de los propios reconocimientos que hacen estas administraciones y sus organismos —de distinción y protección hacia los mismos para mantener su singularidad—, que llegan incluso al ámbito internacional como es el caso de las Fallas con el reciente reconocimiento por la UNESCO. Así, la Fiesta de Fallas ha sido declarada como Fiesta de Arte de Interés Nacional[3]; como Fiesta de Interés Turístico[4]; como Fiesta de Interés Turístico Internacional[5]; Como Bien de Interés Cultural Inmaterial[6]; y como Patrimonio Inmaterial de la Humanidad[7].

A pesar de todos estos reconocimientos, la evolución de la fiesta y su compatibilización con la plasmación de derechos y libertades en un marco amplio, no es precisamente una cuestión pacífica en el debate existente sobre la estructura y mantenimiento de la fiesta.

El núcleo de la fiesta fallera se ha visto bajo un doble plano. Por un lado, aparece una fiesta popular como resultado de la libre iniciativa de personas y vecinos entorno a una voluntad asociativa privada que tiene como resultado una fiesta no sujeta a cánones ni a intereses no festivos —más allá del estricto cumplimiento de la legalidad vigente a la que se debe—. Por otro lado, también es preciso verla como una fiesta incardinada bajo el manto institucional de aquellos entes o instituciones públicas que la cubren en muchas de las necesidades básicas e imprescindibles para poder llevar a cabo una fiesta tan singular —apoyo económico incluido—, y donde organismos como los Ayuntamientos que por proximidad y necesaria coordinación van adaptando y creando organismos que tutelan y

---

3 Orden Ministerial de 14 de marzo de 1946.

4 Orden Ministerial de 28 de enero de 1965 del Ministerio de Información y Turismo.

5 Resolución de la Secretaría de Estado de Turismo de 18 de enero de 1980.

6 Decreto 44/2012, de 9 de marzo, del Consell, en relación con las Fallas de Valencia; y Decreto 225/2015, de 4 de diciembre, del Consell, respecto de las Fallas de Xàtiva, Gandía, Sueca, Alzira y Torrent.

7 Declaración de la UNESCO mediante acuerdo en su sesión Plenaria celebrada en la Convención de Adís Abeba (Etiopía) de fecha 30 de noviembre de 2016.

coordinan ésta actividad, quedando sujetos a una supervisión pública de sus actividad —argumento que utilizan muchos para evidenciar la pérdida de esa bandera de autogestión e independencia para la gestión de sus propios intereses sin depender de estructura pública alguna—.

2. *La evolución organizativa de la fiesta y la creación de la Junta Central Fallera*

En el año 1927 se creó "Comité Central Fallero", por iniciativa de las Comisiones de falla ya existentes, a fin de aunar intereses comunes en torno a una fiesta que estaba creciendo en presupuestos, participantes, visitantes y complejidad organizativa. Y así fue como empezaron a gestarse proyectos como la llamada "Semana Fallera" que se iba moldeando como una fórmula con vocación de permanencia, al permitir la programación de la actividad festiva en torno a actos multitudinarios que hoy en día, en pleno siglo XXI, aún se mantienen aunque sea con las lógicas diferencias de números y costes económicos.

Todo ello, y en particular en lo que respecta al tema asociativo fallero, hace mantenerse en el tiempo desde su concepción la problemática de dilucidar si estos organismos colectivos que aglutinaban a todos los agentes activos de la fiesta, deberían tener una naturaleza privada basada en el derecho de asociación y con la exclusiva en las decisiones de su ejecución y puesta en práctica —caso del Gremio de Artistas Falleros—, o si por el contrario y dada su evidente e inevitable repercusión pública debía adquirir una naturaleza pública o semipública en aras a una actuación reglada que facilitase todos los trámites administrativos.

Lo cierto es que el extenso peregrinar para la obtención de la compleja documentación, los correspondientes permisos, autorizaciones, licencias, subvenciones, cobertura de servicios públicos y un largo etcétera, han hecho que fuese prácticamente inevitable el que se abriese la senda hacia una fórmula equilibrada entre la iniciativa privada de miles de falleros —y a su vez también vecinos, no lo olvidemos—, con la debida tutela de los principios de efectividad y salvaguarda del interés público así como del patrimonio y los bienes públicos y el correcto funcionamiento de los servicios públicos que debe ejercerse por parte de la Administración Pública Local.

En este plano es donde necesariamente aparecen los Ayuntamientos y sus organismos locales como los directamente responsables de esa área de gestión compleja, transversal y de incómoda gestión por la multiplicidad de normas locales, autonómicas, nacionales y europeas, que inciden en una excepcionalidad que la hacen muy difícilmente encajable en la sinergia "fiesta popular + normativa local ordinaria", términos difícilmente compatibles ya de por si, pero que se convierten en un área de gestión de primer orden en la actividad municipal por la repercusión que tienen los mismos en el normal desarrollo de la actividad local de vecinos y participantes.

Esta dicotomía pareció decantarse por una clara opción: sin dejar de reconocer y respetar el surgimiento de la iniciativa fallera desde la base más popular como hasta ahora, provocó un paso adelante por cuenta del Ayuntamiento de Valencia. En torno a los años 1939 y 1940 estableció un sistema de supervisión y control de las celebraciones falleras con incidencia en la actividad ordinaria de la ciudad, con la creación de la Junta Central Fallera que agrupaba a un centenar ya de comisiones falleras que evidenciaban el auge a nivel social, cultural y económico que tenía la fiesta.

Inicialmente lo que podía parecer un simple cambio de denominación en relación al primigenio "Comité Central Fallero", sin embargo arrastraba un cambio de calado en la configuración y estructura de este organismo. El hecho de pasar a reconocerse desde la perspectiva oficialista como un ente incardinado en la estructura municipal, le otorgaba un perfil jurídico público importante. Entre sus principales consecuencias, quizá el dato más elocuente es el de la titularidad de su Presidencia Nata y Ejecutiva, que desde entonces corresponden respectivamente al Alcalde/sa de la ciudad y al Concejal de Fiestas (por delegación). Lo público empezó a ganar peso específico en el pretendido equilibrio inicial[8].

3. El asociacionismo de los artistas: el Gremio Artesano de Artistas Falleros

Pero sirva como ejemplo paralelo, el cómo los artistas falleros también fueron emergiendo para la organización de sus fines: surgió la Asociación de Artistas Falleros a finales de 1932, vinculada al Círculo de Bellas Artes, siendo el antecedente de lo que años más tarde —en torno a 1942 y una vez obtenidas las autorizaciones para poder ejercer el prohibido con carácter general "derecho de asociación y reunión"—, cuajó en el actual Gremio Artesano de Artistas Falleros de Valencia. Se considera como una de las primeras formas de asociacionismo en el contexto de la fiesta fallera.

---

8 Cfr. Alcañiz Chanzá, J.; "El Comité Central Fallero (1928-1936)" y Ariño Villarroya, A.; "La Junta Central Fallera (1939-1990)", en *Historia de las Fallas*, Levante EMV, Valencia, 1990, Valencia, págs. 343-345 y 345-347.

De esta forma, los escultores, carpinteros, pintores y demás ramas artísticas que se formaban en la Escuela de Bellas Artes de San Carlos de Valencia, comenzaron a dar cuerpo a lo que más tarde se constituiría como el Gremio Artesano de Artistas Falleros en 1945 y que de tutelar y ayudar a los vecinos en la construcción e instalación en la vía pública de los monumentos falleros, pasan a ser los autores de construcciones falleras con una policromía muy técnica y especializada.

La paulatina profesionalización del oficio de artista fallero arrastró a estos a la búsqueda de espacios y locales con garantías técnicas y urbanísticas donde asentar la actividad profesional y donde se evidenciaba que ya no valían viejas naves sin condiciones, alquerías enclavadas en el mismo núcleo urbano sin posibilidad de mejoras en su estructura o incluso edificios en desuso que constituían un auténtico peligro potencial para los trabajadores y artesanos que los ocupaban. Junto a esta circunstancia, emerge también una progresiva exigencia de profesionalización en la ejecución de las fallas, generando así la formación de plantillas laborales con aprendices, oficiales, técnicos y colaboradores con la correspondiente cobertura contractual para cada uno de ellos y la fijación de especialidades y contraprestaciones de índole jurídico laboral.

De ahí que a partir de 1946 se proyecta como objetivo primordial la consecución de un proteccionismo efectivo sobre una profesión en alza que empieza a adquirir una trascendencia considerable pero que desde sus inicios —y podríamos decir que se proyecta hasta nuestros días—, no ha conseguido una debida y proporcional contraprestación de ayudas e inversiones para mantener su singularidad profesional y artística, así como su estructura y entramado social si no llega a ser por sus propios esfuerzos.

En consecuencia el Gremio de Artesanos en su concepción inicial se erige en defensor de los intereses y objetivos de los Artistas Falleros creando un corporativismo que además de generar sus propios mecanismos de solución de problemas de base, le llevó a interconectar su actividad con la Junta Central Fallera para los temas conflictuales y que requerían de un asesoramiento objetivo y de capacitación. Pero esta circunstancia fue la que quizá hizo dejar al margen durante demasiado tiempo temas de especial trascendencia que con el tiempo son una auténtica exposición del languidecimiento y pérdida del valor e importancia que en su día se tuvo y que se disfrutó desde 1965. Ese es el caso de la "Ciudad del Artista Fallero" de Valencia y su situación urbanística en la trama generada por el Plan General de Ordenación Urbana facilitando el surgimiento de un polígono que alberga la sede institucional y sus oficinas, la escuela de formación, el museo propio del Gremio con figuras y escenas icónicas y talleres de artesanos falleros. Ha sido el paso inexorable del tiempo, junto a una continua escena repetida de toparse con la alta traba de elementos normativos y administrativos, los que han provocado que la situación institucional y de desempeño de sus funciones básicas hayan ido diluyéndose: bien sencillamente por haber finalizado la actividad profesional propia o, simplemente porque el tiempo los ha hecho desaparecer y dejar de cumplir los fines para los que fueron concebidos sin haber recibido una sola ayuda para evitar una diáspora que hoy en día solo ha permitido sobrevivir y aguantar en pie, cuanto apenas, a unos muros y paredes de lo que fueron talleres artesanales y que hoy se mantienen la casi totalidad de ellos en silencio y sin la actividad propia.

4. Desde los orígenes y hasta hoy

Tras los orígenes apenas descritos, se prosigue un largo camino organizativo, asociativo y regulatorio que llega hasta nuestros días, donde el asociacionismo fallero, los cauces administrativos, las normas de funcionamiento como el Reglamento Fallero (en adelante, **RF**) y tantas otras disposiciones van encontrando su espacio y ocupan un plano destacado en el quehacer del día a día del colectivo fallero. Un nuevo lenguaje, una nueva esfera de normas y un interminable listado de autorizaciones, licencias, derechos y obligaciones empiezan a convivir paralelamente junto a quienes, hasta la fecha, sólo entendían de fiesta, fallas, ninots y casal fallero.

Hay que resaltar que, en su primera configuración, la intencionalidad inicial tras el acontecer de la Guerra Civil Española por medio era de un indudable control y supervisión de una actividad festiva que debía pasar por el inexorable contenido y cumplimiento de una normativa que muchas veces chocaba frontalmente con la libertad de expresión, la crítica política directa o las acciones no aceptadas por el poder político instituido, muy a pesar de querer evidenciar que el fin de la fiesta era utilizar la sátira y el humor como vehículo de crítica social[9].

Desde entonces se ha generado todo un juego de insidias y enfrentamientos, así como de encuentros y desencuentros, partiendo desde una

---

[9] Cfr. Hernández i Martí, G. M, "La festa de les Falles. L'etapa franquista (1936-1975)", *La festa de les falles,* Consell Valencià Cultura, Valencia, 1996; y, del mismo autor, *Falles i Franquisme a València,* Ed. Afers, Barcelona, 1996, donde desde una perspectiva histórica, sociológica y antropológica se analiza el proceso de instrumentalización de las fallas por el poder político del régimen franquista.

mal entendida rivalidad de posicionamiento frente al ente coordinador de la fiesta.

Aun dejando de lado los tiempos del régimen político anterior y su recorte y supresión de derechos y libertades hasta el punto de ser también las fiestas objeto de control y censura —provocado evidentemente porque eran uno de los más claros exponentes de las entidades democráticas de la sociedad valenciana y que más reivindicaban y ejercían la libertad de expresión—, utilizar la Junta Central Fallera como punto de mira de las críticas hacia los problemas y necesidades de la fiesta fallera sería injusto o, cuanto menos, poco objetivo.

De hecho, el ente coordinador de las Fallas pasa a concebirse en sus fines como el encargado de promover y coordinar el programa oficial de los actos falleros, para lo que tuvo que ir incorporando paralelamente para todos ellos una serie de disposiciones que se arrastraban en aplicación o elaboración en su caso, de normativa específica de diferentes sectores jurídicos, sociales y económicos. En este sentido, si algo fue determinante en su funcionamiento y actuación hoy en día es el encontrarse desde la entrada en vigor de la Constitución Española de 1978, como cualquier otra entidad pública, en la obligación de cumplir el principio constitucional de quedar supeditada al contenido constitucional y al resto del ordenamiento jurídico vigente —principio de constitucionalidad del artículo 9 y Disposición Derogatoria aptdo. 3 de la Constitución—. Puede parecer una obviedad, pero es determinante entender que con independencia del color político de sus dirigentes éstos deberán extremar un exquisito acoplamiento de sus actos y decisiones al principio de legalidad vigente, y quizá distinguir muy claramente lo que es el obligado y evidente deber de cumplimiento de las normas, de cualquier otra intención sea de la naturaleza que sea, y que ineludiblemente pasará por los órganos de decisión de naturaleza fallera.

5. *Referencia al impacto económico de las Fallas y su valor en el entramado productivo y de empleabilidad*

No queremos cerrar este epígrafe sobre los apuntes introductorios de la historia de las Fallas y los desafíos de su regulación sin destacar el importante impacto económico que estas fiestas conllevan, que ha ido creciendo a lo largo de las últimas décadas, y cuyo mantenimiento que con carácter anual recae en las espaldas de los cerca de 100.000 falleros y falleras que sustentan con su patrimonio particular el costoso entramado festivo de las Fallas.

El reciente estudio del impacto económico elaborado por la Cátedra *Model Econòmic Sostenible València i Entorn* analiza el impacto económico que genera la fiesta fallera, y nos aporta una cantidad ingente de datos que nos remite a un detallado y necesario estudio y trabajo académico posterior a este que nos ocupa, por cuanto se cruzan datos y parámetros de mucho interés para hacer una completa radiografía de la fiesta fallera. Sea de ello lo que fuere, consideramos pertinente entresacar del mismo unas referencias determinantes, donde podríamos identificar tres grandes bloques que pueden ser considerados como los cauces económicos para sustentar esta fiesta y que tienen una proyección sobre la actuación jurídica posterior de las Comisiones de Falla:

1. La base de la economía básica de las Comisiones de falla son sus propias fuentes de ingresos, consistentes fundamentalmente en las aportaciones o cuotas de los falleros, sin olvidar otras como las procedentes de loterías o rifas, patrocinios o colaboradores —cada hecho o acto sujetos a su particular régimen jurídico—.
2. El bloque de ayudas y subvenciones que generan las Administraciones Públicas, fundamentalmente los ayuntamientos.
3. La base de premios, gratificaciones o recompensas que con muy diversa naturaleza otorga la Junta Central Fallera a las comisiones de Falla censadas oficialmente y que participan a lo largo del ejercicio fallero en las actividades programadas desde el ente rector y que ayudan a sufragar el gasto de la actividad programada.

Pero es evidente que las Fallas van mucho más allá de los ingresos generados por sus propios miembros en activo en las Comisiones. El citado estudio cuantifica el flujo económico producido en el entorno fallero en los 750 millones de euros, en una renta que se aproxima a los 200 millones de euros; además, la fiesta fallera genera en torno a 6.500 puestos de trabajo directos o indirectos, en sectores tan variados como la indumentaria, peluquería, maquillajes, complementos, orfebrería, restauración, pirotecnia, floristería, seguridad, locales sociales y ocio en general, entre otros.

Como concluye el estudio que venimos refiriendo, la celebración de las Fallas ocasiona un "incremento considerable de la demanda de bienes y servicios de empresas en la ciudad de València, desencadenando efectos económicos significativos que se propagan y benefician a empresas de toda la Comunitat Valenciana. Estos efectos no se limitan a los sectores directamente relacionados con el evento, sino que se extienden a la totalidad de sectores económicos. El propósito de este estudio ha sido cuantificar los impactos económicos en términos de ventas, Producto Interno Bruto

(PIB) y generación de empleo a nivel regional, derivados de la celebración de las Fallas"[10].

III. Estructura organizativa de la fiesta fallera y el asociacionismo fallero como su base inicial

La complejidad de agentes y colectivos vinculados de forma directa o indirecta con la puesta en funcionamiento del gran aparato administrativo, jurídico y de coordinación que requiere la organización y celebración de la fiesta de las Fallas nos lleva necesariamente a estudiar por separado los órganos e instituciones de naturaleza pública y con competencias atribuidas por las normas vigentes, concurrentes junto a los colectivos privados como impulsores de la fiesta en sí misma, pero que debemos separar en sus conceptos y características.

1. Junta Central Fallera

1.1. Su naturaleza jurídica

Al abordar la naturaleza jurídica de la Junta Central Fallera, quizá hay un dato previo que aun pudiendo considerarlo meramente estadístico, sin embargo puede tener una dimensión de mayor importancia de la que parece. Decir que un organismo coordina la actividad festiva colectiva de 384 entidades privadas (Comisiones de falla) que agrupan en torno a 100.000 falleros y falleras en activo, cuanto menos debe aportarnos la necesaria reflexión de dignificar y explicar de qué forma y con qué medios se le dota a este colectivo de las soluciones que todos necesitan para afrontar una representatividad colectiva y prestar un apoyo económico para poder sustentar su actividad festiva. Todo ello dentro del necesario equilibrio que se debe guardar en los diversos ámbitos culturales, sociales, jurídicos y urbanos donde se materializa.

Esta cuestión tuvo una reciente fijación de concepto teórico al respecto, pues en la Resolución de fecha 5 de noviembre de 2004 del Expediente 68-2003/2004 del Servicio de Fiestas y Cultura Popular del Ayuntamiento de

---

10 Cfr. Pastor, J. M., Pardo, M. y Martínez, J. F., *Las Fallas de la Ciudad de Valencia. Estudio de Impacto Económico*, Documento de Trabajo DT 9/2024, Cátedra MESVAL - Universitat de Valencia, Valencia, 2024.

Valencia, vamos a encontrar una clara y rotunda argumentación en torno a la consideración sobre la naturaleza jurídica de la Junta Central Fallera. El siempre invocado discurso de si puede o no considerarse un órgano independiente en la gestión y resolución de sus asuntos y competencias que le son propias, entendemos que sí queda claro desde el punto de vista competencial y de estructura normativa, sin perjuicio de estar incluido en el organigrama estructural del Ayuntamiento de Valencia y en los Presupuestos Generales del Ayuntamiento o en el organigrama de entes supervisados por la intervención, tesorería y secretaria general de la Corporación.

En la mencionada Resolución se abordó la cuestión objeto de controversia al determinarse si había lugar o no a admitir un recurso interpuesto ante el Pleno del Ayuntamiento de Valencia, contra una resolución adoptada por la Asamblea General de Presidentes de Falla de Junta Central Fallera[11].

Si dejamos aparte la sustanciación del referido recurso en base a la cuestión planteada de si consideramos o no agotada la vía administrativa previa con la Resolución final de la Asamblea General de Presidentes de Falla —además de entender que efectivamente es así—, surge como cuestión principal evidenciar que de forma efectiva Junta Central Fallera y Ayuntamiento de Valencia disponen de personalidad jurídica distinta y diferenciada. A nuestro parecer es una cuestión clara y zanjada de forma evidente desde el momento en que, constituida la Junta Central Fallera como organismo autónomo de carácter administrativo, la misma goza de personalidad jurídica pública diferenciada y tiene capacidad de obrar y

---

11 Resolución de fecha 5 de noviembre de 2004 del Expediente 68-2003/2004 del Servicio de Fiestas y Cultura Popular del Ayuntamiento de Valencia, fundamentos jurídicos núms. 1 y 2, en la que queda evidenciado que no existe una relación de dependencia jerárquica entre el Pleno del Ayuntamiento y la Asamblea General de Presidentes de Falla del organismo autónomo Junta Central Fallera que resolvió el acto recurrido: "...no cabe lícitamente interponer ante el primero de tales órganos un recurso —el de alzada—, cuya articulación en base al principio organizativo de jerarquía administrativa constituye precisamente la característica fundamental del mismo, de modo que sólo es posible hablar en propiedad de este recurso cuando el órgano que ha de dilucidar el mismo sea superior en la escala jerárquica de aquél que ha emitido el acto o resolución atacado, circunstancia ésta que, desde luego, no acontece en el presente caso, en el que el órgano plenario municipal ante el que se presenta el recurso de que se trata, y el órgano de la Junta que ha dictado el acuerdo objeto de este recurso, se encuadran y pertenecen a diferentes entes públicos, vinculados entre sí por una relación regida, no por el principio de jerarquía, sino por el de descentralización funcional".

autonomía de gestión para la realización, a través de sus propios órganos rectores, de las actividades institucionales relacionadas con la Fiesta de las Fallas de la ciudad de Valencia (artículos 38 del RF y 5 del Reglamento de Régimen Interno de dicha J.C.F.).

De esta forma, la Junta Central Fallera y el Ayuntamiento de Valencia deben ser considerados entidades de Derecho Público distintas, dotadas cada una de ellas de personalidad jurídica independiente y una organización propia tanto a nivel normativo como competencial. Y si el hecho o la consideración de que la Junta Central Fallera es una entidad creada por el Ayuntamiento de Valencia para la gestión directa —en régimen de descentralización funcional de tales actividades que genera la fiesta fallera—, a nuestro modo de ver la relación que une a la citada Junta Central Fallera con su Administración matriz —Ayuntamiento de Valencia—, no es una relación de jerarquía sino de "tutela comprensiva de la dirección estratégica y el control de eficacia por este Ayuntamiento de la actuación desarrollada por la Junta Central Fallera en orden al cumplimiento de los fines u objetivos asignados a ella". En este mismo sentido, se expresan el artículo 7.1 del Reglamento de Régimen Interno citado cuando, refiriéndose a los órganos rectores de esa Junta Central Fallera, previene que actuarán con independencia en el ejercicio de sus funciones, bajo la tutela y dirección del Ayuntamiento de Valencia. La no concurrencia de los requisitos legales que debían habilitar la formulación del recurso de alzada y que debían permitir entrar a conocer del fondo del asunto, hizo que según la normativa administrativa vigente se determinara la inadmisión del recurso interpuesto, no centrándose ya ni siquiera en el examen de los motivos aducidos como fundamento de la pretensión revocatoria actuada en el mismo[12].

---

[12] La no concurrencia de los requisitos legales que debían habilitar la tal declaración de inadmisibilidad no suponía ningún desamparo o contravención del derecho a la tutela judicial efectiva proclamada en el artículo 24.1 de nuestra Constitución, ni provocaba indefensión, pues para verse satisfecho en el pretendido uso de este derecho constitucionalmente tutelado, no se precisa un pronunciamiento sobre el fondo de la cuestión, sino una resolución fundada en derecho que habrá de ser de fondo —sea o no favorable a las pretensiones formuladas por el interesado—, si concurren todos los requisitos procesales para ello y que, como sucede en el caso del recurso que nos ocupa, podrá sustanciarse cuando concurra un supuesto de inadmisibilidad y así se acuerde en aplicación razonada de éste. En este sentido se ha manifestado el Tribunal Constitucional en su STC 34/1989, de 14 de febrero, cuando afirma que "es doctrina consolidada de este Tribunal que el derecho enunciado en el artículo 24.1 de la Constitución se satisface no sólo cuando el Juez o Tribunal resuelve sobre las pretensiones de las partes, sino también cuando

La conflictividad en torno al objeto del procedimiento llevó al recurrente a plantear recurso contencioso administrativo, cuya sustanciación finalizó con la Sentencia núm. 42/2006 de 1 de febrero de 2006 del Juzgado núm. 2 de lo Contencioso[13]. En la sentencia se desestimaron de nuevo los planteamientos del recurrente y se ratificó la argumentación del Ayuntamiento de Valencia en la cuestión previa de dilucidar si existía o no legitimación para interponer recurso de alzada ante el Pleno del Ayuntamiento.

La sentencia no llegó a entrar ni siquiera en el fondo del asunto y desestimó la demanda por no concurrir los requisitos legales que habilitaban para la formulación del recurso de alzada —según se disponía en el art. 114 de la ya derogada Ley 30/92 de Régimen Jurídico de las Administraciones Públicas y del Procedimiento Administrativo Común—. Las resoluciones de Junta Central Fallera y sus órganos agotan la vía administrativa al ser un organismo autónomo de carácter administrativo y no existir relación jerárquica entre la Junta Central Fallera y el Ayuntamiento de Valencia, haciendo así propios los motivos que se exponen en la resolución impugnada por el recurrente.

Por ello, otorgando el RF competencia en materia de denominación y reconocimiento de las Comisiones de Falla a JCF, es evidente que dicha competencia no entra, ni es, materia propia del Ayuntamiento, circunstancia por la cual el Pleno de la Junta Central Fallera adoptará resolución sobre las mismas, resolviendo en segunda instancia los posibles recursos la Asamblea General de Presidentes de Falla, siempre que sean competencias propias y no del Ayuntamiento (arts. 58 y 59 RF).

---

inadmite una acción en virtud de la aplicación, razonada en derecho y no arbitraria, de una causa legal".

13 Procedimiento ordinario 86/05 del Juzgado de lo Contencioso núm. 2 de Valencia. En dicho procedimiento la Comisión de Falla Ángel Guimerá-Pintor Vila Prades —ya constituida en Asociación Cultural con la denominación Falla Arrancapins—, vino a instar causa contra la Resolución del Ayuntamiento de Valencia de 21 de diciembre de 2004 y fundamentó su demanda en la posible vulneración el derecho a recabar la tutela de las libertades y derechos reconocidos en la Constitución en su artículo 53.1, así como la posible vulneración de la reserva de ley para el desarrollo normativo de los mismos —en evidente referencia al artículo 3 del Reglamento Fallero y pidiendo la nulidad del mismo, así como de la Resolución impugnada de la Asamblea de Presidentes de Falla de Junta Central Fallera y que el Ayuntamiento no entró a valorar al rechazar la admisión del recurso de alzada.

Si a ello añadimos el artículo 85.b. de la Ley 7/1985, de 2 de abril, Reguladora de las Bases del Régimen Local, se comprueba cómo las corporaciones locales pueden crear organismos autónomos de carácter administrativo con personalidad jurídica pública propia diferenciada y con capacidad de obrar y de autonomía en la gestión de la competencia que le sea asignada. De esta manera queda objetivizada en la fiesta de las Fallas la aparición de la Junta Central Fallera con sus órganos rectores y de coordinación como ente público con capacidad de coordinar y ordenar la actividad festiva de las Fallas. En esta línea, el artículo 38 del RF le otorga una capacidad de gestión directa y propia sobre el presupuesto económico anual que le otorga el propio Ayuntamiento. Por ello, el artículo 38 del vigente RF concreta y determina que "la regulación de la actividad fallera, como manifestación social eminentemente festiva y cultural, es de competencia municipal a tenor de lo dispuesto en la normativa vigente de Régimen Local. En concordancia con ella, se articula para la administración y gestión directa de los servicios públicos locales, el organismo autónomo local denominado Junta Central Fallera, que contará con la correspondiente partida presupuestaria de carácter anual y que estará regulado por este reglamento de servicios denominado Reglamento Fallero". De forma complementaria se establece en el artículo 39 que se aprobará un Reglamento de Régimen Interior para desarrollar los principios programáticos y funciones atribuidas a la Junta Central Fallera y que tendrá la consideración de norma reguladora de su actividad y gestión. Este reglamento fue aprobado en el año 2003 por el Ayuntamiento de Valencia, y modificado posteriormente en el año 2008[14].

1.2. Su organización y estructura orgánica

La Junta Central Fallera estará formada por un primer bloque de cargos institucionales y funcionariales según marca el RF, todos ellos con vinculación directa y dependencia orgánica del Ayuntamiento, pero que actuarán con sus funciones propias de la siguiente manera:

- Presidente nato, que será el Alcalde o Alcaldesa;
- Presidente ejecutivo, que será por delegación el Concejal de Fiestas;
- Secretario General del Gobierno Municipal del Ayuntamiento —o el Secretario-Delegado Administrativo designado—, un Interventor

14 Cfr. BOP de 29.04.2003 y de 08.11.2008.

Delegado y el Coordinador Administrativo del Organismo Autónomo; y

- los funcionarios, administrativos y auxiliares que determine el Servicio de Personal.

Entre estos cargos y personal, destaca la figura del Presidente Ejecutivo, que ejercerá sus funciones delegación de la Alcaldía (art. 42 RF). Conforme al artículo 43 RF, ejercerá entre otras las siguientes funciones: representación, dirección y coordinación de la Junta Central Fallera, teniendo como responsabilidad propia la de realizar la convocatoria y redacción del orden del día de la Asamblea General.

El segundo bloque al que hacíamos referencia lo constituye la Comisión Ejecutiva, que asiste en sus funciones al Presidente ejecutivo, cuya composición se detalla en el artículo 40 RF. Esta Comisión, compuesta por personal directamente designado por el Presidente Ejecutivo, se integra por colaboradores sin relación laboral contractual y sin ninguna cobertura económica compensatoria que, con carácter altruista, desempeñarán tareas y trabajos para el desarrollo de la actividad festiva programada y funcionando por asimilación con la figura del voluntariado. La Comisión está compuesta por:

- los Vicepresidentes —del 1° al 5°, siendo dos de ellos Delegados de Sector—,
- el Secretario General de Junta Central Fallera;
- los Delegados de Sector; y
- los Vocales y Asesores integrados en las distintas delegaciones (artículo 46.1 RF).

La estructura vertical de distribución organizativa de la Junta Central Fallera pasa por la institucionalización de distintos niveles o áreas de actividades, que aplican criterios ejecutivos para desarrollar la actividad de la JCF durante todo el ejercicio fallero. Se establecen una serie de órganos de dirección, coordinación y trabajo, que analizamos desde su estructura.

En primer lugar se encuentran los Sectores Falleros, cuyo número actualmente asciende a 26[15]. Los sectores se corresponden con divisiones

---

[15] Actualmente, existen los siguientes Sectores falleros: Algirós, Benicalap, Benimàmet-Burjassot-Beniferri, Botànic-La Petxina, Camins al Grau, Campanar, Canyamelar-Grau-Nazaret, Creu Coberta, El Carmen, Jesús, Malvarrosa-Cabanyal-Beteró, Mislata, Olivereta, Patraix, Pilar-Sant Francesc, Pla del Reial-Benimaclet, Pla

territoriales del término municipal de Valencia y que se constituyen en divisiones administrativas para llevar a cabo la tarea de coordinación del programa de festejos confeccionado por JCF, así como para ejecutar la tarea administrativa y de comunicación entre ésta y las Comisiones Falleras.

Los Sectores se han ido configurando según los criterios de ubicación de las demarcaciones falleras de todas las Comisiones y su proximidad geográfica, siendo utilizada para ello la distribución del Consistorio con los barrios consolidados o con distritos electorales juntando varios barrios —sirvan de ejemplo los sectores Botànic-La Pechina, Cañamelar-Grao-Nazaret o Pla del Real-Benimaclet—, recibiendo incluso en muchos casos directamente el mismo nombre del barrio —Cruz Cubierta, Ruzafa, Patraix, Campanar, Algirós, El Carmen, etc.—.

Al ser divisiones creadas por la Junta Central Fallera, su existencia y actividad queda supeditada a la normativa y las directrices que emanen de dicho organismo, hasta el punto de no disponer de presupuesto económico propio, ni de reconocimiento fiscal que pudiese otorgarle personalidad jurídica propia para ser sujeto receptor de ayudas económicas o patrocinios. En consecuencia, su actividad queda circunscrita a ser la correa de transmisión de los intereses y necesidades planteadas por las Comisiones, así como para ejecutar y desarrollar los acuerdos de la JCF.

Los representantes de los sectores son los Delegados de Sector, elegidos directamente por las Comisiones de Falla que se integran en estas divisiones geográficas. Un debate abierto y difícilmente cerrado aún hoy en día, es si la representación que se otorga a los Delegados de Sector debiera arrastrar una mayor capacidad operativa y de actuación. Siempre ha existido la sensación de ejercer un mero papel de representación del colectivo de fallas, pero sin poder ejercer una función ejecutiva —más allá de la que le otorgue la propia JCF con su posterior adscripción a la Delegación de trabajo correspondiente—. Y es evidente que ostentando esta representación, la potestad ejecutiva debiera ser mayor en la práctica. Sin embargo, el simple hecho de que exista un órgano como la Asamblea General de Presidentes de Falla por encima de ellos, con capacidad decisoria y ejecutiva absoluta hace que su función, resignadamente concebida, se limite a convertirse en el cuerpo de colaboradores que la JCF integra en su propia estructura para desarrollar los fines propios —y no los de las Comisiones

---

del Remei-Gran Vía, Poblats al Sud, Quart-Xirivella, Quatre Carreres, Rascanya, Roqueta-Arrancapins, Russafa A, Russafa B, Seu-Xerea-Mercat y Zaidía.

que representan que son ejercidos directamente por la persona que ocupan la correspondiente presidencia—.

Por otro lado, las Delegaciones de JCF constituyen los auténticos órganos de trabajo —de coordinación y dirección, al decir del artículo 41 RF— del organismo municipal. Bajo una vicepresidencia, estas delegaciones se distribuyen el trabajo o las competencias por materias relativamente homogéneas o afines, teniendo en su composición un Delegado, un Secretario y los Vocales que se estimen necesarios según sus fines (art. 48.3 RF). Actualmente, las delegaciones existentes son las siguientes:

- Secretaría;
- Informática;
- Incidencias y Demarcaciones;
- Protocolo y Agenda;
- Relaciones Públicas y Juntas Locales;
- Cultura y Solidaridad;
- Recompensas;
- Festejos;
- Infantiles y Juventud;
- Medios de Comunicación y página Web;
- Promoción Exterior, Patrimonio y Publicaciones;
- Pirotecnia;
- Deportes;
- Archivo y Biblioteca.

Estas delegaciones —según los arts. 44, 45, 46 y 47 RF—, están compuestas por personas que ostenten la condición de falleros en activo y que,

a) bien hayan sido elegidos por las propias Comisiones falleras (3 delegados por cada uno de los 26 sectores existentes);— o, en su caso,

b) bien hayan sido designados por el Presidente de JCF en calidad de asesores, sin superar el 28% de vocales o delegados electos por las Comisiones.

Como se ha señalado, ninguna de estas personas tiene vinculación profesional contractual ni prestación económica compensatoria, sino que desarrollan sus funciones de forma voluntaria. En cualquier caso, se trata de personas que generalmente combinan un profundo conocimiento y aprecio de la fiesta y un carácter representativo de las propias Comisiones. Son la representación directamente designada por el colectivo fallero, aunque quizá el campo competencial tan reducido que le asigna el RF ha hecho que se fuese devaluando la consideración de optar a alguno de estos puestos. Ni siquiera que el actual RF prevea que la designación de dos de los cinco Vicepresidentes de JCF debe hacerse entre los delegados de sector electos, ha supuesto un aliciente para otorgar un mayor reconocimiento al trabajo y el origen de todos estos representantes elegidos por las Comisiones de Falla de forma directa (art. 43.3 RF).

1.3. El Pleno de Junta Central Fallera

Se trata del auténtico órgano rector de la fiesta, ya que se encarga de aprobar y dar cuenta de todos aquellos asuntos, propuestas o resoluciones que parten de las distintas delegaciones, siendo en consecuencia "el órgano deliberante con carácter decisorio que se constituye en la instancia de máxima decisión en el seno de Junta Central Fallera" (art. 52.1 RF).

Ese carácter deliberante, junto a su carácter decisorio sobre los muchos asuntos a tratar y decidir, hace que se le considere como el órgano de máxima influencia en la fiesta fallera por cuanto canaliza tanto el trabajo y las propuestas que provienen de sus delegaciones, como resuelve aquellos asuntos de trascendencia generados por los agentes de la fiesta. Sus integrantes —la Directiva de JCF, los Delegados de Sector, Vocales y Asesores, así como los Presidentes de Agrupación Fallera—, tienen residenciada en sus manos las siguientes funciones:

- adoptar acuerdos sobre asuntos de su competencia;
- debatir y aprobar las actividades propias de cada Delegación y ser correa de transmisión con la Asamblea General para su difusión y aprobación;
- elaborar el Reglamento de Régimen Interno de JCF, aprobarlo y proponer modificaciones al mismo ante el Pleno de la Corporación Municipal;
- conocer los acuerdos de colaboración que se suscriban con Juntas Locales Falleras en asuntos de mutuo interés, así como aquellos que se cierren con entidades públicas y privadas y que puedan generar una afectación en el devenir de la fiesta fallera;
- aprobar y elevar propuesta de distribución del Presupuesto Económico al Pleno del Ayuntamiento.

Este elenco evidencia la capacidad del Pleno para marcar y decidir el día a día del devenir del ejercicio fallero. Si las funciones de los Delegados y Vocales de JCF serán las de debatir y aprobar los asuntos que van a la Asamblea General de Presidentes de Falla, la aprobación del Presupuesto del ejercicio fallero o el estudio de los convenios que firme Junta Central Fallera con entidades públicas y privadas —arts. 52 y 53 del RF—, una cuestión que vamos a denominar incómoda será la de abrir debates, disputas o incluso enfrentamientos con pareceres opuestos en el seno de la fiesta desde posturas jerárquicas diferenciadas. Si es absolutamente normal y legítimo que exista ese cruce de ideas y de debate, quizá la dependencia jerárquica de unos y otros va a desnivelar la balanza de una forma exageradamente evidente. La aprobación de informes, propuestas o resoluciones por los propios compañeros del organismo y, en su caso, teniendo la posibilidad de oponerse a lo propuesto por la propia Directiva de JCF, digamos cuanto menos que van a generarse situaciones incómodas entre quienes tienen que coincidir codo con codo en la resolución de los problemas del día a día del órgano rector de la fiesta. Las consecuencias evidentemente cada uno las evaluará según su interés, pero a ojos externos queda servida la eterna dicotomía entre un Pleno servil y obediente, a otro que plantee abiertamente debate y oposición, dentro del más absoluto respeto a cualquiera de los dos planteamientos. El debate sigue y seguirá porque es consustancial a la propia fiesta.

1.4. La Asamblea General de Presidentes de Falla

Referenciada la estructura interna de la Junta Central Fallera queda por abordar el órgano que adquiere sustantividad propia desde el momento en que se le otorga la potestad resolutiva máxima, al tener capacidad de expresar su voluntad libre y con carácter ejecutivo en cualquier asunto concerniente a la fiesta fallera.

Compuesto por los presidentes/as de Falla y con la participación de todos los miembros del Pleno de JCF —con voz y participación, aunque sin voto—, estará presidido y asistido por la Directiva de JCF con su Presidente Ejecutivo a la cabeza. Sus decisiones y acuerdos adoptados tendrán carácter de definitivos, además de poner fin a la vía administrativa previa en materia fallera antes de poder acudir a la vía jurisdiccional.

Entre sus funciones más destacadas, la Asamblea General tiene encomendada la aprobación de las líneas presupuestarias del ejercicio fallero; la ratificación de la liquidación del presupuesto anual de la JCF; el diseño de la programación festiva del año; así como la resolución de los recursos que se interpongan contra resoluciones adoptadas por el Pleno de la Junta Central Fallera (art. 55 RF).

Quizá sean estas competencias las que no son suficientemente dimensionadas por los integrantes de este órgano, que, para ser sinceros, suelen centrarse en atender las necesidades de su propia Comisión, que no son pocas. Prueba de ello es la baja asistencia a las reuniones, que suele rondar el centenar Presidentes/as como media (un poco más del 25%), excepto en aquellas convocatorias que se suscita un especial interés por su contenido, como es tradicionalmente la elección de los jurados para elegir a las Falleras Mayores de Valencia y sus Cortes de Honor. El hecho de que la Asamblea General tenga la consideración de órgano soberano decisorio del colectivo fallero le lleva a decidir e incluso a tomar acuerdos tan decisivos como ejercer competencias por ejemplo agotando la vía administrativa previa a la judicial, o en sentido contrario el tomar decisiones que llegan a anular sanciones impuestas por la Asamblea General.

Esto acontece —y compartimos plenamente la opinión ya expresada por Font Barona—, por la inexistencia de una conciencia de peso sobre la trascendencia de la potestad decisoria de este órgano: "se participa en el mismo con demasiado relajo, como si se tratase de un compromiso accesorio al del cargo de presidente de falla, más que por el deber de autotutelar los acuerdos que se adoptan. Nos olvidamos de que éstos despliegan efectos jurídicos, con especial relevancia, no sólo en los supuestos en los que se determinan plazos a los que se supedita el cumplimiento de los fines y obligaciones de las comisiones, sino también en los de resolución de expedientes de habilitación o en los que se ejercita la potestad sancionadora, de los cuales pueden derivarse responsabilidades de carácter económico patrimonial"[16].

Las consecuencias son asumir —siendo consciente de la dificultad de dimensionar estas consideraciones por quien puede no conocer los principios y elementos determinantes del sistema jurídico—, el quebranto del principio de seguridad jurídica que se produce en estos casos. Ahora bien, las competencias especificadas en el artículo 58 RF, que hemos consignado más arriba, tienen una gran relevancia para el devenir de la fiesta, y solo esta circunstancia, ya debería ser causa suficiente para una auténtica toma

---

16 Font Barona, J. L.; "Aspectos de reforma del Reglamento Fallero", citado en: Fontán, J. "El Reglamento Fallero. Una asignatura pendiente"; *Actualidad Fallera*, 5 de febrero de 2013, Disponible en: https://www.actualidadfallera.es/es/fallasdevalencia/noticias/3926-el-reglamento-fallero-una-asignatura-pendiente

de conciencia del papel, función y consecuencias que una capacidad de decisión como ésta puede suponer poder ejercerlas de primera mano y con decisión directa sobre las mismas. Quizá se aglutinan una serie de competencias y capacidades, que no están ni objetivamente asumidas, ni debidamente administradas. De serlo algún día, la dinámica de la fiesta podría ser mucho más operativa y resolutiva.

2. *Las Comisiones de falla*

Es posible que la más importante célula en todo el entramado institucional y de colectivos sea precisamente la que ocupa el primer escalón de esta larga escalera: las Comisiones de falla. Con una forma asociativa primigenia no regulada ni predeterminada de antemano por normativa alguna, han sido los actores principales de estos colectivos los que *motu proprio* han ido asimilando una ingente cantidad de normas con exigencias de documentación, solicitudes, permisos, autorizaciones, requerimientos, subsanaciones o seguros, debiendo ser conocedores por activa o por pasiva de materias de especial trascendencia para la realización de su actividad.

Pero si hay un paso previo importante, es determinar su creación y registro así como la forma jurídica a adoptar por todos aquellos que pretenden formalizar una Comisión de falla[17].

El RF en su artículo 2.2 establece el principio de libertad en la elección de la forma jurídica de las Comisiones de falla en los siguientes términos: "La constitución y organización de las Comisiones de Falla se realizará bajo la forma jurídica que libremente estimen dotarse para determinar su personalidad jurídica, así como la consecución y defensa de sus intereses". De este modo, el RF renuncia a imponer la forma jurídica asociativa a las comisiones, forma que, sin embargo, ha devenido en tal cuando se ha dispuesto que fuese un requisito imprescindible para acceder a determinadas ayudas y subvenciones aprobadas y satisfechas por el Ayuntamiento —sugerencia de la conveniencia de adoptar la forma de Asociación Cultural, sin perjuicio de otras fórmulas alternativas libremente escogidas—. De hecho, se establece normativamente la obligación de aportar el certificado de inscripción de la Comisión de Falla en un Registro de Asociaciones Estatal, Autonómico o Municipal, así como el Certificado Digital o DNI electróni-

---

17 Un análisis más detallado de esta cuestión puede consultarse en el capítulo 5 de esta misma obra: Montes Rodríguez, P.: "El régimen jurídico de las Comisiones de falla constituidas como asociación", *Derecho fallero,* Tirant lo Blanch, 2025.

co para la tramitación de solicitud de subvenciones 2023 del Ayuntamiento de Valencia en su última convocatoria, cumpliendo así con lo dispuesto en el art. 10.2 de la Ordenanza General de Subvenciones donde quedan obligadas a estar inscritas en el Registro Municipal de Entidades Ciudadanas, una vez formalizada la preceptiva inscripción en el Registro General de Asociaciones según se prevé en el art. 53 del Reglamento de Transparencia y Participación ciudadana.

En consecuencia, el modelo asociativo por el que se opte quedará ineludiblemente sujeto al contenido normativo de ámbito estatal de la Ley Orgánica 1/2002, de 22 de marzo, reguladora del Derecho de Asociación y en el ámbito autonómico bajo la Ley 14/2008, de 18 de noviembre, de Asociaciones de la Comunidad Valenciana, desarrollada por medio del RD 181/2002, de 5 de noviembre, por el que se crea el Registro autonómico de Asociaciones de la Comunidad Valenciana.

Del amplio articulado que luego dedica el RF a las Comisiones de falla —sus primeros 30 artículos—, destaca en su vertiente jurídica lo previsto en el artículo 2 del RF:

> "1. Son Comisiones de Falla las entidades, sin ánimo de lucro, formadas por un conjunto de personas que, por iniciativa propia y con la autorización de la Junta Central Fallera, ejercen en una determinada demarcación de calles las actividades festivas y culturales orientadas a la celebración de los festejos falleros, teniendo como actividad esencial y obligatoria la "plantà" de la Falla correspondiente.
>
> 2. La constitución y organización de las Comisiones de Falla se realizará bajo la forma jurídica que libremente estimen dotarse para determinar su personalidad jurídica, así como la consecución y defensa de sus intereses. El régimen asociativo finalmente adoptado quedará sujeto a las disposiciones legales que para las mismas establezcan las normas vigentes.
>
> 3. En cualquier caso, todas ellas quedarán supeditadas en cuanto a su reconocimiento y actividad al cumplimiento de lo previsto en el presente Reglamento Fallero, derivándose de esta consideración la titularidad de derechos y obligaciones que a las mismas se confiere, así como el ejercicio de cuantas acciones les competan en la formalización de actos o negocios jurídicos derivados de sus funciones".

Valga en este punto una pequeña digresión. La lectura de esta disposición reglamentaria evidencia que el RF siempre ha sido el centro de la diana en el debate sobre la regulación normativa de la fiesta fallera. Parece una obviedad decirlo, ya que se trata de la norma específica que regula la Fiesta fallera, como ya hemos señalado anteriormente y como es objeto de estudio en esta misma obra colectiva. Sólo por ello resulta patente esa importancia que hay que reconocerle, pero además no es difícil evidenciar que es un anhelado objeto de deseo para que su contenido refleje aquellas percepciones, fines u objetivos que diferentes tendencias o corrientes de la fiesta —políticas incluidas—, intentan reflejar en él. Sin embargo, pronto se olvida la auténtica realidad de la idiosincrasia de esta norma, que no es otra que la participación directa del colectivo fallero en su redacción, aprobación y eventual reforma, hasta el visto bueno final del Pleno del Ayuntamiento, momento en que sí que intervienen los grupos municipales para aprobar o no la norma que salga de las sesiones congresuales —y la práctica nos demuestra que siempre es aprobada tal cual sale elaborada del Congreso Fallero, con el necesario visto bueno previamente del Servicio Jurídico del Ayuntamiento—.

Su aprobación y posible reforma a través de un Congreso Fallero —que funciona como una suerte de poder constituyente y soberano del colectivo fallero—, precisa de una fase previa de debate y análisis de la realidad social, cultural, económica y jurídica que determine qué cuestiones deben ser reguladas en la norma básica fallera. Esta premisa invita a una reflexión previa: no hay que considerar el RF ni como una especie de panacea que solventará los principales problemas estructurales de la fiesta; ni como un marco acabado, que pronto se convertiría en un corsé demasiado rígido que impediría dinamizar y adaptar la fiesta a los cambios sociales. Encontrar ese punto intermedio es la obsesión que asalta a cualquiera de los dirigentes políticos y festivos de las Fallas, pues unos con otros parecen querer jugar una partida de ajedrez y calcular cada movimiento, cuando quizá es una partida ganada de antemano por quien hace la fiesta —el colectivo fallero—, quedándose la norma como el marco legal que debe ayudar a su realización y mantenimiento en el tiempo.

Es posible que sea más efectivo dejar los fantasmas a un lado y afrontar entre ambas partes y de cara el listado real de los temas desfasados a nivel reglamentario y realizar la concreción de las soluciones que puedan aportarse. Servida esta información y este trabajo previo de consenso, el debate puede fluir más fácilmente en un ulterior Congreso donde, hasta la fecha, el número de congresistas hace posteriormente ya de por sí un debate excesivo en la duración, muy espeso en contenidos expuestos y poco operativo en su desarrollo. Hay que establecer un sistema eficaz de debate e incorporación de las actualizaciones al reglamento con carácter prioritario, a modo de modificaciones legislativas con procedimientos ágiles que se establezcan en el propio reglamento. Si a ello añadimos la necesidad de establecer mecanismos mucho más actualizados acorde con las nuevas tecnologías y sistemas de gestión, la conclusión apunta a la necesidad de distinguir las cuestiones estructurales de difícil modificación —por estar sujetas a legislación jerárquica superior o ser contenidos de competencias de otros órganos—, de aquellas que sirvan para dinamizar la fiesta fallera acoplándola a normas, estructura funcionales y nuevas tecnologías que ahora mismo no tienen reflejo en la norma básica de la fiesta fallera. Si ha sido un avance y logro considerable cubrir jurídicamente la regulación y actividad de las Comisiones Falleras, ahora es el momento de dar un paso decidido para ensamblar y proteger la red económica, social y cultural que se proyecta sobre la sociedad y protegerla jurídicamente.

3. Las Asociaciones formadas por Comisiones de falla

3.1. Agrupación de Fallas

El nacimiento de las Agrupaciones Falleras se produce en torno a 1980, década que agudiza el sentido colectivo del mundo fallero y evidencia la existencia de varios intereses comunes que puestos en común les hará adquirir conciencia del peso específico que se genera como colectivo.

A partir de los años 70-80 es cuando surge el primer interés por conseguir una presión sobre proveedores y contratistas a fin de obtener una mejora en las condiciones económicas sobre el precio final. Este fue el inicio de una corriente agrupacionista que tuvo como principal impulsor a José Monforte Tudela (†2003), y con el que se consiguió una consecuencia expansiva del fin buscado, cual fue que se generase una conciencia colectiva que fuese adquiriendo peso específico con el paso del tiempo y en la medida en que los beneficios obtenidos iban resultando evidentes —tanto económicos, como de sentido colectivo para afrontar otras necesidades—.

La prueba de ello es que han ido generando paralelamente a la estructura oficialista de la JCF una estructura organizada en agrupaciones formadas libremente por voluntad de las Comisiones de falla, y que ha arrojado el dato hoy en día de una pertenencia casi total de las actuales Comisiones de falla a una Agrupación Fallera.

Si bien, y desde un primer momento, llamó considerablemente la atención como fueron surgiendo de forma paralela a los sectores de Junta Central Fallera ya creados, produciéndose mínimas variantes en la composición comparativa con éstos, y llegando al punto en que en muchos casos adoptaron incluso la denominación ya existente en el propio sector de falla, coincidiendo en ámbito geográfico y número de Comisiones del sector y de la agrupación. Con el tiempo, algunas han ido variando al dar cabida a Comisiones de falla de algún otro sector fallero e incluso de alguna población limítrofe a Valencia —el caso de Alboraya, Bonrepós i Mirambell, y otras, como igualmente han variado en su composición por decisiones de operativa propia, o de dependencia orgánica de sus respectivos ayuntamientos—.

Rebasando la finalidad fundamentalmente económica que motivó sus primeros pasos, estas agrupaciones han ido adquiriendo proyección y peso específico en el ámbito fallero, hasta el punto de integrarse en el RF en sus arts. 32 y ss. plasmándose como un medio asociativo entre las Comisiones de Falla "con el fin de dotar de mayor esplendor a la fiesta fallera y estrechar lazos de amistad y confraternidad entre ellas, además de constituirse en el nexo de unión y colaboración entre las Comisiones que las integran y la Junta Central Fallera" (art. 32 RF).

Esta integración ha llegado al punto de condicionar su creación a la aprobación por parte del Pleno —donde el Presidente o representante de cada Agrupación tendrá voz— y por la Asamblea General de Junta Central Fallera (art. 34 RF); y al de hacerse acreedoras de una subvención de carácter obligatorio calculada sobre el propio presupuesto de la Junta Central Fallera (art. 36 RF). Siendo las agrupaciones falleras asociaciones que parten en su creación del principio de autonomía de la voluntad que manifiestan las Comisiones falleras agrupadas, parece inapropiado que sea el Reglamentos Fallero quien entre a determinar su personalidad jurídica, su constitución o incluso hasta su propia financiación, cuando les asiste el derecho de asociación de forma plena y libre sin injerencias ni supeditaciones a ninguna norma de carácter reglamentario. Cuanto menos, es un tema para reflexionar por todos.

3.2. Interagrupación de Fallas de Valencia

Es suficientemente ilustrativo el dato de cuantificación en un 90% en referencia al número de Fallas que pertenecen a un Sector y a una Agrupación, de forma simultánea. Es decir, que la veintena de agrupaciones falleras existentes actualmente, despliegan la capacidad de aglutinar una cantidad significativa de personal activo dentro de la fiesta que, más allá de los derechos y fines que le asisten a la luz del vigente RF, aportan un caudal de opinión lo suficientemente importante como para establecer una representación global que unifique posturas, opiniones y posicionamientos en los temas de debate e interés en la fiesta fallera.

Esa es la función que le ha correspondido desde el primer momento de su configuración a la llamada "Interagrupación de Fallas". Constituida en una instancia superior para aglutinar las iniciativas y cuestiones de interés común entre las Fallas y que irá encauzando por voluntad mayoritaria de sus integrantes las acciones y decisiones de forma autónoma e independiente que estimen pertinentes (art. 37 RF). Los acuerdos adoptados se pondrán en conocimiento de la Junta Central Fallera con un fin de colaboración y diálogo, en aras a que los mismos se valoren en su justa dimensión.

En esta labor se erigió como principal artífice su primer presidente Pepe Monforte, quien "con su personalidad y dotes dialécticas le llevarían a ser nombrado como cabeza visible de una entidad que fue ganando enteros con unos principios básicos que a día de hoy siguen siendo su razón fundacional: facilitar documentación, información y asesoramiento a las agrupaciones falleras. Generar opinión y realizar análisis y estudios de las distintas alternativas que se pudiesen plantear en beneficio de la fiesta fallera en su conjunto"[18]. Suya fue la propuesta de creación de la Interagrupación de fallas de Valencia en el Congreso fallero que alumbró el vigente RF, propuesta acogida en el actual artículo 37 el RF.

3.3. Federaciones de Fallas

Aparece un último escalón del fenómeno asociativo en el colectivo fallero, cual ha sido el producido por aquellas Fallas que, aun estando incardinadas en los órganos o colectivos anteriormente reseñados, han encontrado objetivos, fines o problemáticas comunes, que los ha llevado a las más variadas causas para generar colectivos genuinos y excluyentes en la obtención de acciones comunes, sinergias o defensa de elementos identitarios.

Quizá, y aun partiendo del ejercicio del libre derecho de asociación y siendo lícita toda iniciativa para la defensa de los intereses propios o más particulares, no se entiende dentro del colectivo fallero el que se cree un nuevo escalón dentro del ya complejo organigrama fallero que divide en grupos un colectivo amplio y potente. La percepción final es el de fragmentación del colectivo en función del interés marcado, sin dudar que esa fragmentación responda a intereses legítimos, pero que hace perder el sentido de unidad del colectivo y la fuerza de la que ha hecho gala para así obtener beneficios comunes. La proliferación de federaciones de fallas, tales como:

- la de Fallas de Sección de Especial,

---

18 Fontán, J., "La Interagrupación de Fallas de Valencia", *Actualidad Fallera*, 14 de septiembre de 2018, Disponible en: https://www.actualidadfallera.es/es/cap-i-casal/6351-la-interagrupacion-de-fallas-de-valencia

- Fallas de 1ª A,
- Fallas con Especial Ingenio y Gracia,
- Fallas de Lotería a Reembolso,
- Fallas de I+E (Fallas Experimentales) o
- Fallas de 1ª B (en vías de constituirse en asociación),

evidencia que hay problemas o situaciones en la base de cada uno de estos colectivos que asoman al panorama asociativo de la fiesta varias puntas de iceberg de la marea de fondo que acecha a muchas Comisiones de Falla.

Siempre se ha dicho que las Federaciones llegan, o tratan de llegar, allá donde los órganos rectores de la fiesta no pueden facilitar soluciones a las cuestiones planteadas por estos colectivos. Quizá la unión de todos pueda ser la base inicial de soluciones futuras, sean problemas propios o simplemente de los demás. Al fin y al cabo, todas son Comisiones de falla, y donde tú me ayudas a solucionar un problema, yo sumo en defensa de los intereses comunes, y viceversa.

Una amenaza latente en esta proliferación de asociaciones es la fragmentación en tantos grupos diferenciados con intereses particulares y en ocasiones contrapuestos, es que se produzca una cierta desorientación en el fallero de base y los visitantes, al no conocer con detalle la actividad y fines de cada una de estas entidades. Quizá el término popular de "la unión hace la fuerza", podría ser un nuevo escenario a replantear y abordar, cuando los réditos obtenidos por alguno de estos colectivos no son probablemente los deseados.

4. Asociaciones falleras

En esta misma línea, aparecen casi de forma paralela las asociaciones que han ido naciendo y constituyéndose como colectivos de opinión, aunque también los hay de estudio, de investigación o simplemente de análisis de la fiesta fallera.

En este sentido destacan colectivos como la A.D.E.F. (*Asociació de Estudis Fallers,* creada en 1990), que aporta el valioso y necesario ámbito de debate de todo aquello que afecta a la fiesta fallera y a su historia pasada y su devenir futuro, desde la concepción crítica y el análisis que aportan técnicas universitarias para la elaboración de trabajos y conclusiones para la reflexión y el diagnóstico. O como consecuencia de estos, el trabajo de campo y de investigación como es el Centro de Documentación, Información y Difusión de las Fallas, que nació en 2005 con la vocación de recopilar todo el material posible disperso por bibliotecas y centros oficiales en torno a la fiesta fallera, así como su posterior estudio y análisis para su difusión final.

También en este mismo escalón del hecho asociacionista en el colectivo fallero están asociaciones como el Círculo de Opinión *Bunyol d'Or i Brillants ab Fulles de Llorer*—colectivo formado por falleros con experiencia en la fiesta y que poseen su máxima distinción—, o asociaciones culturales como el Casal Bernat i Baldoví, con una base de falleros en activo que se posicionan en temas de trascendencia de la fiesta fallera, además del otorgamiento de reconocimientos a personas y colectivos relacionados con la fiesta.

5. *Las Juntas Locales Falleras en poblaciones con tradición festiva*

Las Juntas Locales Falleras son órganos que representan, coordinan y regulan las actividades de las comisiones falleras en las diferentes poblaciones de la Comunidad Valenciana que celebran y oficializan la fiesta fallera, fuera de la ciudad de Valencia.

Estas Juntas Locales, en torno a la cuarentena, son responsables de la organización y promoción de la fiesta de las Fallas en cada municipio, adaptando las tradiciones y reglamentos a las características de su localidad[19].

La mayoría de las Juntas locales tienen naturaleza asociativa y privada, si bien otras son organismos autónomos municipales (como en el caso de Torrent). En ambos casos, su relación con los correspondientes Ayuntamientos es muy estrecha, habida cuenta el importante impacto de la celebración de las Fallas en los intereses y espacios públicos locales.

Independientemente de la libertad de cada Junta local fallera de dotarse de su propia estructura y reglamento, tradicionalmente muchas de ellas han recurrido al RF como patrón de referencia, inspirándose en el mismo o remitiéndose a él para determinadas cuestiones. En líneas generales, igual que la JCF, las Juntas locales se integran por representantes de las Comisiones del municipio que trabajan de forma voluntaria y sin ánimo

---

19 Existen Juntas Locales Falleras en los municipios de Alacuás, Albal, Alboraya, Aldaya, Algemesí, Alginet, Almacera, Alzira, Benaguacil, Benetúser, Benicarló, Bétera, Buñol, Carcaixent, Catarroja, Cheste, Denia, Elda, La Eliana, Liria, Manises, Masanasa, Náquera, Oliva, Paiporta, Paterna, Picaña, Picassent, Pobla de Vallbona, Ribarroja, San Antonio Benagéber, Sagunto, Sedaví, Silla, Sueca, Tavernes de la Valldigna, Torrente, Utiel, Vall de Uxó y Xátiva.

de lucro en la Junta, así como por algún cargo relevante del consistorio municipal.

Las competencias específicas de las Juntas Locales Falleras pueden variar entre poblaciones, pero generalmente incluyen:

1. Organización y coordinación de la fiesta de las Fallas, lo que implica coordinar la *plantà* y la *cremà* de las fallas, así como otros eventos festivos asociados: desfiles, ofrendas florales, concursos, actividades culturales y eventos tradicionales.
2. Regulación de las actividades falleras y tutela de su aplicación, particularmente en lo relativo a aspectos como la seguridad, los horarios y las normativas medioambientales. También pueden aplicar sanciones administrativas o disciplinarias en caso de incumplimientos.
3. Gestión de subvenciones y ayudas económicas que redunden en la organización de los festejos, así como promoción de la fiesta y representación institucional del colectivo fallero, tanto en el municipio como fuera de él, e integrándose en la Delegación de Juntas Locales de Junta Central Fallera de Valencia para la realización de eventos y actividades.
4. Asesoramiento y apoyo logístico en la gestión de permisos, documentación y resolución de problemas relacionados con la organización de los eventos falleros.
5. Difusión de la fiesta que hace dentro de sus posibilidades —algunos poseen hasta su propio contenedor museístico de gran atractivo cultural como es el caso de Gandía—, consiguiendo así promover la cultura fallera y la protección del patrimonio fallero, formando a sus miembros en aspectos relacionados con las Fallas, como la historia, la indumentaria tradicional, la música y la danza valenciana, fomentando la conservación de las tradiciones y los valores de esta festividad.

Las Juntas Locales Falleras, aun operando de manera autónoma en función de las peculiaridades de cada población, siempre han mantenido una relación fluida y amistosa con la Junta Central Fallera de Valencia, ejerciendo como ente rector y de referencia para las Juntas Locales en cuestiones de índole protocolaria y regulatoria, pero quizá faltando una proyección más ambiciosa en proyectos conjuntos o estudio de problemáticas más específicas. De hecho, la relevancia de las Juntas Locales Falleras se ha traducido en la creación, en abril de 2023, de la Comisión Autonómica de las Fallas, integrada en la Consellería de Cultura, Comisión que pretende aunar a representantes de las diferentes Juntas locales a fin de actuar de forma conjunta en varios campos que fomenten, coordinen y protejan la fiesta fallera.

El proyecto resulta ambicioso desde el momento que pretende:

- coordinar la organización de acciones conjuntas;
- proteger las fiestas y sus elementos propios singulares;
- realizar propuestas que partan de cualquiera de los colectivos de naturaleza fallera como Juntas Locales, Federaciones, Gremios de artesanos o artistas y colectivos vinculados con la fiesta que pretendan difundir, proteger y promover la fiesta y asesorar a la Generalitat para esa misma vinculación, incluidas las entidades o colectivos que plantan falla fuera de la Comunidad Valenciana.

La Comisión Autonómica de las Fallas nace con ambición, como un proyecto global, amplio e integrador. Cuestión distinta es que estas buenas intenciones se queden en meras declaraciones de intenciones sin impacto en la vida real. Las palabras de la responsable de Cultura fueron determinantes a la hora de presentar el proyecto, reconociendo que existía una deuda de la Administración Autonómica con la fiesta de las Fallas, ya que ha funcionado en sus propios ámbitos competenciales sin que haya existido una mínima coordinación autonómica y sin haber habido ningún gesto, por olvido o por dejación, hacia uno de los colectivos mejor estructurados en la gestión y autentico valedor de su patrimonio histórico festivo. Hoy más que nunca las Juntas Locales, y el resto de colectivos falleros con Junta Central Fallera a la cabeza, son conscientes que el fallero de base se siente cada día más ahogado y desprotegido. Esperemos que cuaje el proyecto y que ni los intereses políticos, ni la tendencia al cantonalismo, ni los protagonismos particulares lo hagan languidecer. Estaríamos perdiendo una gran oportunidad.

IV. Bibliografía

Alcañiz Chanzá, J.; "El Comité Central Fallero (1928-1936)", *Historia de las Fallas,* Levante EMV, Valencia, 1990, Valencia, págs. 343-345.

Almela i VIVES, F., *Las Fallas,* Argos, Barcelona, 1949.

Ariño Villarroya, A., *Festes, ritual i creences. Temes D'etnografía Valenciana (IV),* Ed. Institució Alfons el Magnànim - Centre Valencià d'Estudis i d'Investigació, Valencia, 1988.

Ariño Villarroya, A., *La ciudad ritual. La fiesta de las Fallas,* Dirección General de Cooperación Cultural - Anthropos Editorial, Barcelona, 1992.

Ariño Villarroya, A., "El origen de las Fallas", *Historia de las Fallas,* Levante EMV, Valencia, 1990, págs. 71-79.

Ariño Villarroya, A., "Fiesta y Turismo en la Comunidad Valenciana", *Revista Valenciana d'Estudis Autonómics,* núm. 25, 1998, págs. 165-176.

Ariño Villarroya, A.; "La Junta Central Fallera (1939-1990)", *Historia de las Fallas,* Levante EMV, Valencia, 1990, Valencia, págs. 345-347.

Beladiez Rojo, M., *Responsabilidad e imputación de daños por el funcionamiento de los servicios públicos,* Tecnos, Madrid, 1997.

Blanquer Criado, D. y Guillén Galindo, M. A., *Las fiestas populares y el Derecho,* Tirant lo Blanch, Valencia, 2001.

Blanquer Criado, D., *La responsabilidad patrimonial de las Administraciones Públicas,* Instituto Nacional de Administración Pública, Madrid, 1997.

Borrego Pitarch, V.; "El vessant estètic", *La festa de les falles,* Consell Valencià Cultura, Valencia, 1996, págs. 91-124.

Catala Gorgues, J. I., "La fiesta de las Fallas de Valencia como fuente para el estudio histórico y social de la Ciencia y de la Técnica", *Actas del VII Encuentro de Historia de la Ciencia y de la Técnica,* Instituto de Humanidades Ángel Ayala - CEU, Barcelona, 2003, págs. 319-327.

Collado Belda, E., "Fallas de Valencia: un producto cultural multidisciplinar", *Culturas. Revista de Gestión Cultural,* Vol. 5 - núm. 2, 2018, págs. 68-92.

Colomina Subiela, A., *La preservació dels vestigis de l'art efímer de les falles. Materia, técnica i estètica. Estudi constitutiu y análisis estructural,* Universitat Politècnica de València, 2006, Valencia.

Costa Granell, X., *Sociabilidad y esfera pública en la fiesta de las Fallas de Valencia,* Biblioteca Valenciana, Valencia, 2002.

Costa Granell, X., *Las Fallas de Valencia, modelo de autogestión popular,* INAUCO - Instituto Intercultural para la Autogestión, Valencia, 2006.

Cuco Giner, Mª. J., "El entramado asociativo de las Fallas", *Historia de las Fallas,* Levante EMV, Valencia, 1990, págs. 245-264.

Díez-Picazo, L., *Derecho de Daños,* Editorial Civitas, Madrid, 1999.

Galindo García, E., "Las Fallas de Valencia: mucho más que un sueño", *Lecturas de Español con guiones,* Editorial Edinumen, Madrid, 2008.

Gayano Lluch, R., "La festa de les Falles. Apunts per a un excel.lent estudi", *Anales del Centro de Cultura Valenciana,* tomo IX, 1936, págs. 118-131.

González-Varas Ibáñez, S., "El ruido: la sentencia del TSJ de la C.V. de 7 de marzo de 1997", *Revista de Estudios de la Administración Local y Autonómica,* núm. 276, 1998, págs. 233-241.

Hernández i Martí, G. M., "Los estudios falleros. El desarrollo de la investigación social sobre las fallas de Valencia", *Revista Andaluza de Ciencias Sociales,* 2006, núm. 6, págs. 93-114.

Hernández i Martí, G. M., "La festa de les Falles. L'etapa franquista (1936-1975)", *La festa de les falles,* Consell Valencià Cultura, Valencia, 1996.

Hernández i Martí, G. M., *Falles i Franquisme a València*, Ed. Afers, Barcelona, 1996.

Hernàndez I Martí, G. M. *et al.*, *El indulto del fuego. Catálogo razonado de la colección de ninots indultados del Museo Fallero Volumen I (1934-1962)*, Delegación de Cultura-Publicaciones - Ayuntamiento de Valencia, Valencia, 2002.

Laguna de Paz, J. C., "Responsabilidad de la administración por daños causados por el sujeto autorizado", *Revista de Administración Pública*, núm. 155, 2001, págs. 27-58.

Lafuente Benaches, M., *Fiestas locales y derecho al descanso*, Iustel, Madrid, 2010.

Mata de Antonio, J. Mª, "La responsabilidad en las asociaciones", *Acciones e Investigaciones sociales*, núm. 18, 2023, págs. 165-178.

Montes Rodríguez, P., "El régimen jurídico de las Comisiones de falla constituidas como asociación", *Derecho fallero*, Tirant lo Blanch, 2025.

Mozas Hernando, J., "Anys fallers sense falles", Trencadís - Asociación Cultural Remember Valencia, 2001. Disponible en: revistatrencadis.org

Ortí Vallejo, A., "La responsabilidad civil en la explotación y práctica de actividades de ocio peligrosas", *Tratado de Responsabilidad Civil* (Coord. Reglero Campos L. F. y Busto Lago, J. M.), vol. 2, 3ª ed., Navarra, 2014, págs. 1527-1579.

Pastor, J. M., Pardo, M. y Martínez, J. F., *Las Fallas de la Ciudad de Valencia. Estudio de Impacto Económico*, Documento de Trabajo DT 9/2024, Cátedra MESVAL - Universitat de Valencia, Valencia, 2024.

Pérez de Guzmán, T., "Situación actual de la fiesta de las Fallas", *Historia de las Fallas*, Levante EMV, Valencia, 1990, págs. 449 a 467.

Pérez Puche, F. P. y Lladró Carbonell, V., *Fallas en su tinta: 1939-1975*, Prometeo, Valencia, 1978.

Pérez Puche, F. *et al.*: *Historia viva de las fallas. De sus orígenes hasta nuestros días*, Diario Las Provincias - Ed. Doménech, Valencia, 1990.

Ramos Maestre, A., "La responsabilidad civil por accidentes pirotécnicos: análisis jurisprudencial", *La responsabilidad civil y su problemática actual* (coord. Moreno Martínez, J. A.), Dykinson, Madrid, 2007, págs. 1223-1240.

Roqueta Buj, R.; *El trabajo de los artistas*, Tirant lo Blanch, Valencia, 1995.

Soriano García, J. E. y Brufao Curiel, P.; *Claves de Derecho Ambiental*, Iustel, Madrid, 2024 (2ª).

UNESCO - Inscrito en 2016 (11.COM) en la Lista Representativa del Patrimonio Cultural Inmaterial de la Humanidad, https://ich.unesco.org/es/RL/la-fiesta-de-las-fallas-de-valencia-00859 En particular, se sigue el "Expediente de candidatura", https://ich.unesco.org/doc/download.php?versionID=40544

Anexo I. Preguntas y respuestas

1. ¿De cuándo data el origen de las Fallas?

No consta ninguna decisión institucional que las creara, sino que más bien ha sido un comportamiento espontáneo de la gente que, con motivo de la celebración del cambio de estación, celebraron con fuego la quema de trastos viejos y muebles inservibles. A finales del S. XVIII —en concreto en 1874—, encontramos el primer documento relacionado con las Fallas: un bando ordenado por el Gobernador de Valencia disponiendo que, por seguridad de la ciudadanía, no se hiciera fuego cerca de las fachadas y viviendas

2. **¿Qué consecuencias jurídicas ha tenido el reconocimiento de las Fallas como Patrimonio Cultural Inmaterial de la Humanidad por la UNESCO?**

Ninguna. Es un reconocimiento institucional que no lleva aparejada ninguna cantidad económica a modo de premio. Más bien acarrea desde ese momento la obligación de preservar, mantener y transmitir en el tiempo la esencia del festejo que ha sido distinguido, así como de todas aquellas profesiones, actividades, singularidades o especialidades que subsisten o se mantienen gracias al festejo principal. Esa obligación debería de ser una exigencia para las distintas Administraciones de aunar esfuerzos para preservar y tomar acciones decisivas que sirvan para sustentar la realización y celebración de la fiesta fallera.

3. **¿Desde cuándo existe la Junta Central Fallera? ¿Cuáles son sus principales funciones?**

Desde la creación en 1927 del llamado "Comité Central Fallero", y la posterior creación de la Junta Central Fallera en 1942, ha supuesto para la fiesta de las Fallas la creación de un sistema de supervisión y control de las celebraciones falleras con incidencia en la actividad ordinaria de la ciudad.

El Ayuntamiento lo crea como un organismo autónomo municipal, reconocimiento que le otorga una perspectiva oficialista como un ente incardinado en la estructura municipal y le otorgaba un perfil jurídico público importante. Como consecuencia de esta naturaleza pública, su Presidencia Nata y Ejecutiva corresponden respectivamente al Alcalde de la ciudad y al Concejal de Fiestas por delegación.

4. **¿Tiene protección jurídica la fiesta de las Fallas? ¿Es efectiva?**

La Ley 6/2015, de 2 de abril, de Reconocimiento, Protección y Promoción de las Señas de Identidad del Pueblo Valenciano, que incluye explícitamente la Fiesta de las Fallas; y la Declaración de Bien de Interés Cultural (BIC), al amparo de la Ley 4/1998, de 11 de junio, del Patrimonio Cultural Valenciano. El nivel de blindaje normativo lleva además en cascada el que muchas otras normas de nuestro ordenamiento jurídico proyecten esa protección. Pero es evidente que la peculiaridad e idiosincrasia de las Fallas ha supuesto en igual medida toda una serie de normas garantistas de derechos fundamentales y elementos patrimoniales que están haciendo cundir un cierto miedo y distanciamiento a asumir responsabilidades en el colectivo fallero por la gran cantidad de dificultades para poder realizar la fiesta.

5. ¿Las Comisiones de Falla tienen plena capacidad de actuación, sin que se establezcan límites en su actuación?

Hay una doble respuesta:

a) por supuesto que sí, en el ámbito de las competencias falleras. De hecho tendrán plena capacidad de actuación en su ámbito interno, con la expresa limitación de quedar supeditadas en cuanto a su reconocimiento y actividad al cumplimiento de lo previsto en el Reglamento Fallero como norma reguladora de derechos y obligaciones de las Comisiones.

b) existirá una mayor sujeción en el ámbito jurídico y normativo en general comenzando por el Reglamento Fallero que, aunque establece el principio de libertad en la elección de la forma jurídica que libremente cada comisión fallera quiera asumir, ha devenido posteriormente en la sugerencia/conveniencia/obligación de una forma jurídica concreta: la de asociación cultural, para así dotarlas de personalidad jurídica —sin perjuicio de otras fórmulas alternativas libremente escogidas—. El fin es facilitar su actuación a la hora de realizar actos jurídicos de diversa naturaleza como entidades jurídicas sin ánimo de lucro y quedando sujetas al marco jurídico aplicable a las asociaciones.

6. ¿El Pleno de Junta Central Fallera tiene funciones resolutivas?

Se trata del auténtico órgano rector de la fiesta, ya que se encarga de aprobar y dar cuenta de todos aquellos asuntos, propuestas o resoluciones que parten de las distintas delegaciones que tiene en su organigrama, siendo en consecuencia el órgano deliberante con carácter decisorio que se constituye en la instancia de máxima decisión de Junta Central Fallera.

De hecho se le considere como el órgano de máxima influencia en la fiesta fallera por cuanto canaliza tanto el trabajo y las propuestas que provienen de sus delegaciones, como resuelve aquellos asuntos de trascendencia generados por los agentes de la fiesta.

Sus integrantes son la Directiva de JCF, los Delegados de Sector, Vocales y Asesores, así como los Presidentes de Agrupación Fallera y tienen residenciada en sus manos las funciones de adoptar los acuerdos que sean necesarios sobre asuntos de competencia propia, aprobar y elevar propuesta de distribución del Presupuesto Económico al Pleno del Ayuntamiento y debatir y aprobar las actividades de cada Delegación, además de ser correa de transmisión con la Asamblea General de Presidentes de Falla para su difusión y aprobación.

7. ¿La Asamblea General de Presidentes de Falla es comparable con lo que podríamos llamar el "Parlamento Fallero"?

Está compuesto por los presidentes/as de las 384 Comisiones de Falla integradas en Junta Central Fallera y cuenta con la participación de todos los miembros del Pleno de JCF —con voz y participación, aunque sin voto—, y estará presidido y asistido por la Directiva de JCF con su Presidente Ejecutivo a la cabeza.

Es el órgano que tiene atribuida la potestad resolutiva máxima, al tener capacidad de expresar su voluntad libre y con carácter ejecutivo en cualquier asunto concerniente a la fiesta fallera. Sus acuerdos tendrán carácter de definitivos, además de poner fin a la vía administrativa previa en materia fallera antes de poder acudir a la vía jurisdiccional.

Entre sus funciones más destacadas, tiene encomendada la aprobación de las líneas presupuestarias del ejercicio fallero, la ratificación de la liquidación del presupuesto anual de la JCF, el diseño de la programación festiva del ejercicio fallero, así como la resolución de los recursos que se interpongan contra resoluciones adoptadas por el Pleno de la Junta Central Fallera.

En pocas palabras, es el órgano que expresa el auténtico sentir de la fiesta fallera a través de los representantes de las 384 Comisiones de falla.

8. ¿Las Sectores Falleros deberían tener más importancia en el organigrama de Junta Central Fallera?

Los Sectores Falleros, que actualmente ascienden a 26, son divisiones administrativas territoriales para llevar a cabo la tarea de coordinación del programa de festejos confeccionado por JCF, así como para ejecutar la tarea administrativa y de comunicación entre ésta y las Comisiones Falleras.

No disponen de presupuesto económico propio, ni de reconocimiento fiscal que pudiese otorgarle personalidad jurídica propia para ser sujeto receptor de ayudas económicas o patrocinios. Su actividad queda circunscrita a ser la correa de transmisión de los intereses y necesidades planteadas por las Comisiones hacia JCF, así como para ejecutar y desarrollar los acuerdos de ésta.

Los representantes de estos órganos son los Delegados de Sector, elegidos directamente por las Comisiones de Falla. Hasta hoy, y a pesar de la representatividad que ostentan, su principal pale ha sido el de integrarse en la estructura de JCF y contribuir a sus fines, y no el de representar los intereses de las Comisiones y Sectores que los designan.

9. ¿La Agrupaciones Falleras y la Interagrupación desempeñan alguna función distinta o cualificada que se diferencie del resto de entidades falleras?

El principal motivo e interés por el que se crearon las agrupaciones fue ejercer presión sobre proveedores y contratistas a fin de obtener una mejora en las condiciones económicas sobre el precio final de muchas compras y genero consumible. Tuvo una consecuencia expansiva generando una conciencia colectiva que ha ido adquiriendo peso específico con el paso del tiempo, tanto por lo económico como por generar un sentido colectivo para afrontar otras necesidades. Prueba de ello es que se ha ido generando paralelamente a la estructura oficialista de la Junta Central Fallera una estructura organizada en agrupaciones formadas libremente por voluntad de las Comisiones de falla y que ha arrojado el dato hoy en día de una pertenencia casi total de las actuales Comisiones de Falla a una Agrupación Fallera. Rebasando la finalidad fundamentalmente económica que motivó sus primeros pasos, estas agrupaciones han ido adquiriendo proyección y peso específico en el ámbito fallero, hasta el punto de ser reconocidas en el Reglamento Fallero y quedando conceptuadas como el nexo de unión y colaboración entre las Comisiones que las integran y la Junta Central Fallera.

La llamada Interagrupación de Fallas se constituyó en una instancia superior para aglutinar las iniciativas y cuestiones de interés común entre las Agrupaciones constituidas y que sirvió para ir encauzando por voluntad mayoritaria de sus integrantes las acciones y decisiones de forma autónoma e independiente que fueron adoptando. Los acuerdos que adopta se ponen en conocimiento de la Junta Central Fallera con un fin de colaboración y diálogo.

10. ¿Las Junta Locales Falleras no deberían tener más peso específico en la fiesta fallera?

Son órganos de naturaleza fallera que representan, coordinan y regulan las actividades de las comisiones falleras en las diferentes poblaciones de la Comunidad Valenciana que celebran y oficializan la fiesta fallera, fuera de la ciudad de Valencia. Estas Juntas Locales, que hoy en día elevan el número a cerca de 40, son responsables de la organización y promoción de la fiesta de las Fallas en cada municipio, adaptando las tradiciones y reglamentos a las características de su localidad.

Más allá de particularidades, estas Juntas asumen funciones análogas a las de la JCF en Valencia, tomando como referencia gran parte de su estructura, competencias y regulaciones.

La recién creada Comisión Autonómica de las Fallas nace con ambición de crear un proyecto global, amplio e integrador de todas las Comisiones de Falla y Juntas Locales de la Comunidad Valenciana. Otra cosa es que estas buenas intenciones se queden en meras declaraciones sin carácter vinculante o práctica real. Y no sirva para borrar el hecho de que han subsistido sin que haya existido una mínima coordinación autonómica y sin haber habido ningún gesto, por olvido o por dejación, hacia uno de los colectivos mejor estructurados en la gestión de su patrimonio histórico festivo.

Anexo II. Organigrama asociativo e institucional de las Fallas

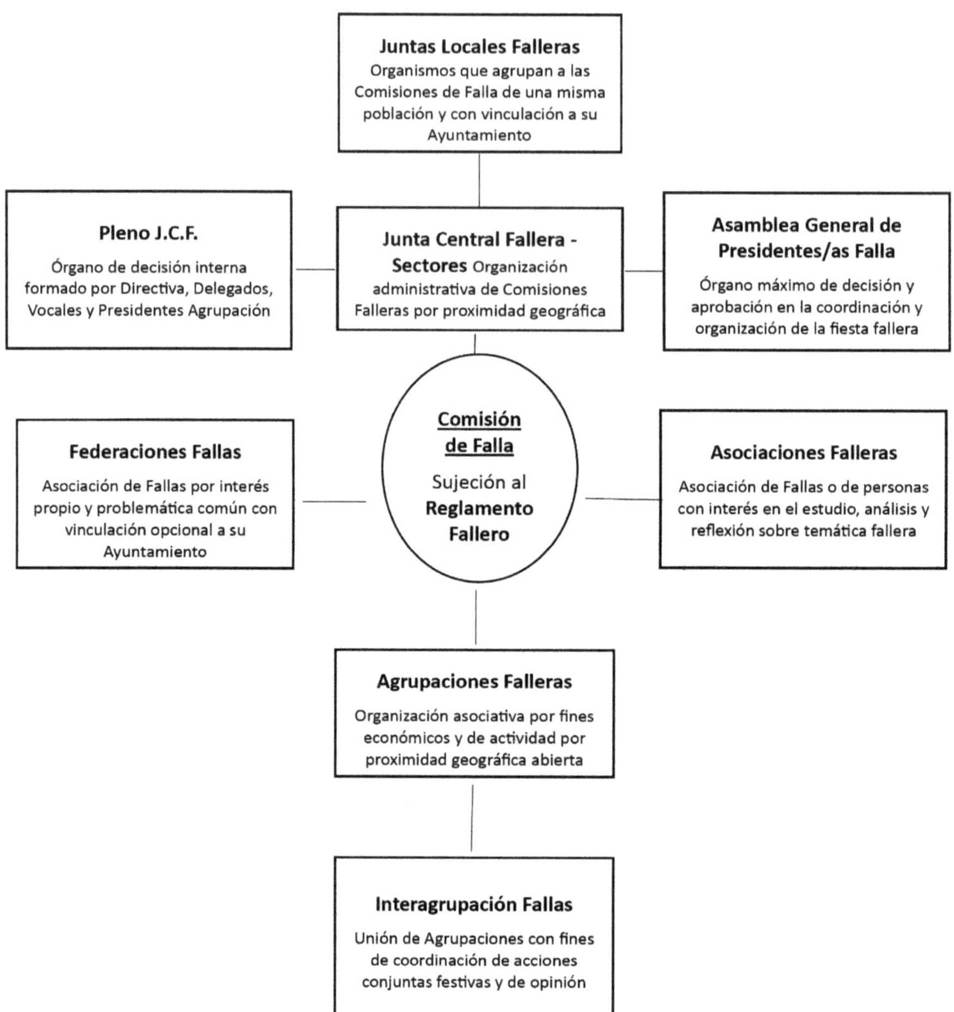

Derechos fundamentales e igualdad en las Fallas de Valencia y otras fiestas populares

LORENZO COTINO HUESO
Catedrático de Derecho Constitucional
Universidad de Valencia

I. El derecho a las fiestas y celebraciones populares, un derecho fundamental a unas Fallas constitucionales

Las Fallas de Valencia son la mejor expresión de que las fiestas populares son un contexto extraordinario para el ejercicio individual, colectivo e integrador de los derechos fundamentales, al punto, incluso, de que puede hablarse de un derecho fundamental a las Fallas. Puede defenderse la existencia de un derecho fundamental a la fiesta y a las celebraciones, muy vinculado con un derecho al ocio y al descanso, labor en la que sin duda destaca Riofrío[1]. En la fundamentación de este nuevo derecho cabe tener

---

[1] Cfr. Riofrío Martínez-Villalba, J. C.: "The Right to Feast and Festivals", *Vanderbilt Journal of Entertainment & Technology Law*, vol. 23, núm. 3, 2021, págs. 567-623; y también: Riofrío Martínez-Villalba, J. C.: "Teoría general de la fiesta y su di-

en cuenta que al menos desde el Paleolítico Superior el comportamiento festivo está arraigado en la humanidad, mientras que la supresión de las celebraciones ha tenido efectos devastadores en las comunidades. Este derecho lo fundamenta este autor en que las fiestas son una manifestación clave de la búsqueda de la felicidad[2], promueven el bienestar general, estimulando la economía, el turismo y la cohesión social. Igualmente, las fiestas producen un bienestar individual por compartir las alegrías y celebrar logros importantes y al reforzar los lazos sociales y personales. Sin embargo, el Tribunal Supremo de EE.UU. no ha reconocido este derecho a la fiesta, pese a que estuvo algo cerca en *Meyer contra Nebraska, 262 U.S. 390* (1923). Ahí afirmó un derecho "en general, a disfrutar de los privilegios reconocidos desde hace tiempo en el derecho consuetudinario como esenciales para la búsqueda ordenada de la felicidad por hombres libres", lo cual incluía demostrar fe y participar en la religión. Sin embargo, no afirmó también el derecho a la fiesta y la celebración[3]. En cualquier caso, a partir de los diversos derechos y bienes reconocidos, para Riofrío bastaría "descubrir" (*discover-uncover*) el derecho a la fiesta[4]. Asimismo, sostiene que un reconocimiento explícito de este derecho permitiría una mejor protección.

El derecho al ocio, descanso, fiestas y celebraciones suele reivindicarse para contextos y colectivos concretos. El derecho al ocio y al descanso se afirmó primeramente por Lafargue en 1880 en su libro *Derecho a la Pereza*[5]; de ahí, vinculado al ámbito laboral, hay que tener en cuenta el artículo 24 DUDH, que reconoce el derecho al "descanso semanal, fiestas y permisos"; y, en esta misma línea, los artículos 40. 2º CE ("garantizar el descanso necesario") y 37 del Estatuto de los trabajadores[6]. También está reconocido el

mensión jurídica", *Nuevos caminos del Derecho: del pensamiento jurídico, de los derechos humanos; de la ética, bioética y deontología; algunas propuestas de las ciencias sociales* (coords. Junquera de Estéfani, R. y otros), Vol. 2, UNED, Madrid, 2021, págs. 1189-1210.

2 Como es sabido, el Preámbulo de la Declaración de Independencia de 1776 reconoce como derecho inalienable el de "la búsqueda de la felicidad".

3 Riofrío Martínez-Villalba, J. C.: "The Right to Feast and Festivals", op. cit., pág. 581.

4 *Ibídem* págs. 584 y 623.

5 Lafargue, P. y Pérez Ledesma, M. (col.): *El derecho a la pereza. La religión del capital. La organización del trabajo,* Editorial Fundamentos, Madrid, 2004 (7ª).

6 Sobre el tema, desde la perspectiva laboral, Sempere Navarro, A. V.: "Derecho a la huelga y derecho al descanso", *Relaciones laborales: Revista crítica de teoría y práctica,* núm. 2, 1991, págs. 262-283; y también: Motilla de la Calle, A.: "Derecho a conme-

derecho a la vida cultural y a gozar de las artes (artículo 27.1° DUDH), derechos algo desarrollados en los artículos 7 y 15 Pacto Internacional de Derechos Económicos, Sociales y Culturales. El derecho a la fiesta y al ocio se ha reconocido internacionalmente para las personas con discapacidad[7]. También se sacó a relucir este derecho con las restricciones del Covid respecto de los niños y su derecho a jugar[8], así como frente a las restricciones impuestas al ocio nocturno[9].

Aunque sin valor normativo, desde 1970 la Carta del Ocio[10] viene reconociendo el "derecho al descanso" y al "ocio" (núm. 1°) y "a participar libremente en la vida cultural de la comunidad" (núm. 4). En su número 5, dicho documento señala que "el ocio es también un medio a través del cual se pueden ejercer otros derechos y beneficios"[11]. En esta Carta, el derecho al ocio implica la garantía de la "disponibilidad y la protección de

---

morar las festividades y descanso semanal", *La jurisprudencia del Tribunal Europeo de Derechos Humanos en torno al derecho de libertad religiosa en el ámbito laboral*, Comares, Granada, 2016, págs. 1-40.

7 Así, el artículo 30 Convención sobre los Derechos de las Personas con Discapacidad de Naciones Unidas de Nueva York, del 13 de diciembre de 2006. Cabe seguir las actividades de la Cátedra Ocio y Discapacidad y la Universidad de Deusto. Sobre el tema, García Viso, M.: "Derecho al ocio de la persona con discapacidad: legislación y políticas desde los foros internacionales", *Legislación y política social sobre ocio y discapacidad: actas de las Segundas Jornadas de la Cátedra de Ocio y Minusvalías* (coord. Cuenca Cabeza, M.), Universidad de Deusto, Bilbao, 1997, págs. 29-45. En la misma obra, Cabra de Luna, M. A.: "Garantía del derecho de las personas con discapacidad: el papel de las asociaciones y fundaciones del Estado", págs. 47-54. Y también: Lázaro Fernández, Y. y otros: "El derecho al ocio: un derecho humano en ocasiones desconocido", *Siglo Cero: Revista Española sobre Discapacidad Intelectual*, vol. 43, núm. 241, 2012, págs. 89-90.

8 Varela Garrote, L. y otros: "Derecho al ocio de la infancia y ocio familiar en el confinamiento: aprendizajes y desafíos", *Pedagogía social: revista interuniversitaria*, núm. 43, 2023, págs. 47-60.

9 White, F.: "¿Debe ser el "derecho a la fiesta" un derecho humano?, *Open Global Rights*, noviembre de 2023. Disponible en: https://www.openglobalrights.org/should-right-to-party-be-human-right/?lang=Spanish

10 La Carta sobre el Ocio fue adoptada en 1970, y ha sido actualizada en tres ocasiones: en 1979, en 2000 y en abril de 2020. Cfr. World Leisure Organization: *Carta sobre el Ocio*, 2020. Disponible en: https://www.worldleisure.org/wlo2019/wp-content/uploads/2021/07/Charter-for-Leisure_es.pdf

11 Entre los mismos, se mencionan expresamente "el desarrollo físico, mental, emocional y social de niños y niñas a través del juego; el apoyo a la vida familiar; la expresión y el desarrollo personales; el mantenimiento de la vida cultural de la

terrenos para ofrecer espacios abiertos"; "espacios e instalaciones adecuados para que los niños y las niñas jueguen", así como "garantizar que todos los miembros de la comunidad, independientemente de su edad, género, orientación sexual, etnia, religión, capacidades o ingresos, tengan acceso a instalaciones y servicios de ocio beneficiosos"[12].

El derecho a las fiestas y celebraciones estaría conectado a más de una decena de derechos ya reconocidos en la Constitución española. Además de los ya mencionados, tendría conexión con la libertad ideológica (art. 16), la libertad de expresión (art. 20.1.a), la libertad de creación artística (art. 20.1.b), así como al derecho de acceso a la cultura (art. 44.1°). El fenómeno colectivo y el uso de espacios públicos vinculan fácilmente este derecho a las fiestas con el derecho de reunión y manifestación (art. 21), mientras que su fuerte vinculación con las asociaciones festivas implica que también esté muy próximo al derecho de asociación (art. 22). Asimismo, las fiestas son un fenómeno de participación ciudadana (art. 23.1 CE y 27 DUDH) y en muchas ocasiones son celebraciones y fenómenos religiosos (art. 16).

Además de estas indudables conexiones con derechos fundamentales, no hay que olvidar expresiones constitucionales afines a las fiestas, como los deberes respecto del "patrimonio histórico, cultural y artístico de los pueblos" (art. 44. 1° CE), la vinculación de las fiestas con "las lenguas de España", que son "patrimonio cultural" (art. 3. 3° CE); también, "la adecuada utilización del ocio" que han de fomentar los poderes públicos (art. 43. 3° CE) y la relación de las fiestas con la mejora de la "calidad de vida" (art. 45. 2° CE). Finalmente, las fiestas populares cada día están más conectadas con las actividades económicas y las decisiones empresariales cuyo régimen jurídico se enmarca en la libertad empresarial del artículo 38 CE.

Este nuevo derecho fundamental a las fiestas populares contaría con una naturaleza variada, así como su contenido. Así, tendría una dimensión más cercana a los derechos de la personalidad con una naturaleza más reactiva, especialmente por cuanto a la garantía de descanso, salud y calidad de vida. También el derecho a la fiesta implica un derecho a una fiesta inclusiva, con garantía de participación de colectivos que puedan tener mayores dificultades naturales en las fiestas como niños y personas con discapacidad. Asimismo, este derecho impulsaría la necesidad de eliminar

---

comunidad; y la promoción de la salud y el bienestar físicos y mentales a través del deporte, la actividad física y la participación cultural".

12 El contenido de este derecho se vendría a desarrollar en el apartado 7°.

barreras sociales, si las hay, para integrar en las fiestas a colectivos habitualmente discriminados (extranjeros, mujeres, excluidos socialmente, homosexuales y diversas identidades sexuales, etc.) u otros colectivos con dificultades como presos o militares. Igualmente, un derecho a la fiesta inclusiva debe asegurar que las celebraciones reflejen la pluralidad de la sociedad y sean un espacio de inclusión y no de exclusión.

Este derecho incluiría una fuerte *dimensión social prestacional*: la garantía del uso de espacios públicos y de la vía pública, la prestación de servicios públicos para facilitar las celebraciones; que las celebraciones se realicen en condiciones de seguridad y accesibilidad para todos, así como con sostenibilidad. Igualmente, el derecho a las fiestas implicaría el acceso a ayudas y subvenciones y otras formas de colaboración por las asociaciones festeras, comunidades e individuos.

Por cuanto a *la dimensión negativa y de libertad*, el derecho a la fiesta y las celebraciones incluiría garantizar la toma de decisiones sobre la fiesta y la forma de entenderla por los distintos colectivos y los individuos, especialmente por las asociaciones festeras, incluyendo también decisiones sobre la lengua utilizada en el contexto festivo, sin injerencias del poder público. También, el derecho a las fiestas populares en su faceta negativa implica la posibilidad y libertad efectiva de no participar en las fiestas especialmente a los individuos. Este derecho tiene una dimensión que garantiza la participación activa en las fiestas por la sociedad civil, una colaboración público-privada efectiva para su desarrollo y la existencia de estructuras de gobernanza local inclusivas y representativas que participen efectivamente en las decisiones sobre la celebración.

El lector escéptico se preguntará con razón si es necesario reconocer un nuevo derecho fundamental, esto es, el derecho al ocio, fiestas y celebraciones. Lo cierto es que este nuevo derecho puede servir para embridar, ordenar y dar coherencia a todos los derechos e intereses ya reconocidos constitucionalmente y vinculados a este fenómeno. Igualmente, un reconocimiento de *todo en uno* implicaría un factor simbólico y de cierta pedagogía jurídica y normativa, facilitaría además que todos estos derechos e intereses alrededor de la fiesta no se diluyan jurídicamente y queden finalmente desprotegidos. Asimismo y especialmente, bajo la concepción que aquí se sostiene, este nuevo derecho impulsaría y facilitaría la necesaria integración de las fiestas populares con las sociedades avanzadas democráticamente y su compatibilidad con la inclusión, la diversidad, la participación democrática, la sostenibilidad o el descanso y vida privada y familiar de la ciudadanía y otros tantos derechos, bienes y valores constitucionales y propios de las sociedades democráticas. Se trataría al fin y al cabo a un derecho fundamental a las fiestas y celebraciones, pero no cualesquiera, sino a unas *fiestas constitucionales*, en las que se integren y maximicen todos estos derechos e intereses constitucionales en juego con la máxima armonía posible.

Del reverso, el derecho a la fiesta y a las celebraciones populares no puede ser en modo alguno el *ariete* jurídico para, so pretexto de la tradición, *embestir y derrumbar* los derechos de algunas personas y colectivos o los valores democráticos. Hay que estar con Alcaraz cuando afirma que "existe un derecho a la fiesta (…), pero no existe un derecho abstracto a la tradición que limite el acceso a la fiesta a algunas personas por razón de su sexo"[13]. De igual modo, en ningún caso este derecho al ocio y a las fiestas populares podría servir como excusa para implantar un "estado de excepción jurídico" que anule otros derechos e intereses como el descanso, la salud, la propiedad, la igualdad u otros[14].

Pues bien, las Fallas son y han de ser un ejemplo extraordinario de adaptación y cambio constante hacia la maximización e integración del ejercicio individual y colectivo de muchos derechos fundamentales e intereses constitucionales en juego. La solicitud y reconocimiento de las Fallas como Patrimonio Cultural Inmaterial de la Humanidad guarda claros paralelismos y afinidades con los contenidos expuestos de un derecho fundamental a las fiestas y celebraciones bajo la comprensión que aquí se sostiene[15]. El derecho fundamental a las Fallas sería una expresión de esta realidad presente, pero también de la tensión continua hacia la mejora en esta integración y ejercicio individual y compartido de los derechos.

---

13 Alcaraz Ramos, M.: "Constitución, tradición y fiestas: la igualdad de las mujeres en el espacio público festivo", *Corts: Anuario de derecho parlamentario*, núm. 28, 2015, pág. 157.

14 Boix Palop, A.: "Fiestas populares, fallas y Estados de Excepción jurídicos", *El País*, 14.03.2012. Disponible en: https://blogs.elpais.com/no-se-trata-de-hacer-leer/2012/03/fiestas-populares-fallas-y-estados-de-excepci%C3%B3n-jur%C3%ADdicos.html

15 Inscrito en 2016 (11.COM) en la Lista Representativa del Patrimonio Cultural Inmaterial de la Humanidad, https://ich.unesco.org/es/RL/la-fiesta-de-las-fallas-de-valencia-00859. En particular, se sigue el "Expediente de candidatura", disponible en: https://ich.unesco.org/doc/download.php?versionID=40544

II. La específica e intensa protección de las libertades de expresión y artística en las Fallas y otras fiestas populares

La libertad de expresión en un contexto como el de las Fallas cuenta con una muy intensa triple protección. Este *tres en uno* se produce, en primer lugar, cuando se ejerce a través de medios artísticos, como son los monumentos falleros; en segundo lugar, cuando se utiliza con fines humorísticos o *animus iocandi*, como es frecuente en estas festividades; y, en tercer lugar, cuando se ejerce con una finalidad de crítica social o política, especialmente respecto a personajes públicos, algo también muy habitual en las Fallas.

1. La libertad de expresión protege el mal gusto y la falta de estilo de una falla

Es importante señalar que la libertad de expresión también protege las manifestaciones de mal gusto y la falta de estilo, así como aquellos mensajes que puedan molestar o disgustar. Según la doctrina general, "la crítica legítima en asuntos de interés público ampara incluso aquellas que puedan molestar, inquietar, disgustar o desabrir el ánimo de una persona"[16]. El carácter molesto o hiriente de una opinión, la crítica sobre la conducta personal o profesional, o el juicio sobre la idoneidad profesional de una persona no constituyen, en sí mismos, una intromisión ilegítima en su derecho al honor, siempre que no se utilicen expresiones insultantes, infamantes o vejaciones que provoquen objetivamente el descrédito de la persona[17].

Resulta relevante recordar que el mal gusto y la falta de estilo, incluso cuando son innecesarios, están protegidos por la libertad de expresión, y en su caso, la libertad artística. Así, el juicio sobre la libre expresión "no tiene como misión velar por la pureza de los silogismos ni por la elegancia estilística o el buen gusto"[18]. Dicho esto, si bien la libertad de expresión permite la difusión de mensajes y expresiones artísticas —como una falla o un *ninot*— de mal gusto, cuestión diferente es que haya que premiarlas o valorarlas positivamente desde un punto de vista artístico y técnico en el contexto de una competición o concurso cultural.

---

16 SSTC 49/2001, de 26 de febrero, FJ 7º; y 3/1997, de 13 de enero, FJ 6º.

17 STC 49/2001, de 26 de febrero, FJ 4º.

18 Sentencia 176/1995, de 11 de diciembre, FJ 2º.

2. *La protección de la libertad de expresión en el ámbito cultural y artístico como el fallero*

El Tribunal Europeo de Derechos Humanos (TEDH) ha establecido en su jurisprudencia que la libertad de expresión abarca no solo las ideas e información recibidas favorablemente, sino también aquellas que pueden ofender, conmocionar o perturbar al Estado o a cualquier sector de la población. Este principio es fundamental para la protección de la expresión artística y cultural, dado que estas formas de expresión suelen desafiar normas sociales, morales o políticas. Un ejemplo destacado es el caso *Handyside* contra Reino Unido de 7 de diciembre de 1976, donde el TEDH afirmó que la libertad de expresión es uno de los pilares esenciales de una sociedad democrática y una de las condiciones básicas para su progreso y para el desarrollo de cada persona. En contextos culturales como las Fallas, este principio adquiere una relevancia particular, pues estos eventos permiten la participación pública en el debate democrático a través de la sátira y la crítica.

En el caso *Vereinigung Bildender Künstler* contra Austria, de 25 de enero de 2007[19], se protegió la libertad de expresión en el contexto artístico, incluso cuando esta era provocativa o desafiante para ciertos valores o sensibilidades. Esta protección se fortalece aún más cuando la crítica social incluye un elemento político, como sucede frecuentemente en los monumentos falleros.

Las obscenidades han sido protegidas frente a la moral pública en otros casos, como en *Akdaş* contra Turquía, de 16 de febrero de 2010, respecto a una novela del Marqués de Sade[20]. La ofensa a sentimientos religiosos no es inusual en expresiones de fiestas populares como las Fallas, aunque en casos muy excepcionales, esto puede justificar limitaciones legítimas a la libertad de expresión. Así, en el caso *Otto-Preminger-Institut* contra Austria, de 20 de septiembre de 1994, el TEDH aceptó la incautación de una película para proteger la paz religiosa[21]. No obstante, en algunos casos, el

---

[19] Hubo una prohibición judicial de exhibir la obra de Mühl, que consistía en un collage con una representación del expresidente Kurt Waldheim, en una posición comprometida y sexualmente explícita, acompañado de otros elementos perturbadores.

[20] Se trataba de condena al traductor en Turquía de esta obra, escrita en 1785, de contenido extremadamente explícito y provocador.

[21] La película *Das Liebeskonzil* se basaba en una sátira teatral de 1894 contra la Iglesia Católica. Dios se retrataba como un anciano demente, María como una mujer

TEDH permite que los Estados consideren qué constituye obscenidad que podría justificar restricciones, como en *Müller* y otros contra Suiza, de 24 de mayo de 1988[22].

En el marco constitucional español, el artículo 20.1 CE garantiza, por un lado, en su letra a) el derecho a expresar y difundir libremente los pensamientos, ideas y opiniones mediante la palabra, el escrito o cualquier otro medio de reproducción, lo que incluye expresiones culturales como los monumentos falleros. Al mismo tiempo, la letra b) garantiza "la producción y creación literaria, artística, científica y técnica"[23]. El Tribunal Constitucional ha otorgado una especial intensidad a la protección de la libertad de expresión en su vertiente artística y cultural, e incluso dota a la libertad de creación artística de cierta protección autónoma[24]. En la STC 176/1995, de 11 de diciembre, sobre el tebeo álbum intitulado "Hitler=SS", el TC ubicó el conflicto en la libertad de expresión y recordó que "cabe cualquiera, por equivocada o peligrosa que pueda parecer al lector, incluso las que ataquen al propio sistema democrático". Es especialmente relevante esta afirmación por cuanto puede aplicarse a los artistas falleros profesionales. El TC señalaba que la libertad de expresión alcanza un máximo nivel cuando es ejercitada por los profesionales de la información, entendida en su más amplia acepción, donde se incluyen modalidades cinematográficas, radiofónicas o televisivas, cuya actividad se ha calificado también como

---

frívola y Jesús como un personaje débil. Además, el Espíritu Santo aparece en escenas comprometedoras.

22 El artista suizo Jürg Müller fue condenado penalmente, junto con otras dos personas, por exhibir en una galería de arte de Friburgo una serie de pinturas con imágenes explícitas de naturaleza sexual, que las autoridades consideraron obscenas. El TEDH consideró admisible la condena.

23 Sobre la libertad de creación artística en España, resultan de especial interés: Vázquez Alonso, V. J.: *La libertad del artista: censuras, límites y cancelaciones*, Athenaica, Sevilla, 2023; Díez Bueso, L.: "La libertad de creación artística en la jurisprudencia del Tribunal Constitucional: ¿un derecho autónomo con un régimen jurídico propio?", *Teoría y Realidad Constitucional*, núm. 53, 2024, págs. 349-369; así como una veintena de estudios en Prieto de Pedro, J. y Dedeu Pastor, R. (coords.): *Libertad, arte y cultura*, Fundación Gabeiras - Marcial Pons, Madrid, 2023.

24 La protección autónoma se afirma especialmente en la STC 51/2008, de 14 abril; se vuelve a mencionar en la STC 34/2010, de 19 de julio; y se cuestiona en la STC 81/2020, de 15 de julio, FJ 16°. Al respecto, Díez Bueso, L.: "La libertad de creación artística…", op. cit.

función constitucional[25]. Puede también extenderse esta consideración a los artistas, como los son los artistas falleros y la gran proyección que tienen sus obras, como en los otros supuestos.

De especial importancia para la libre creación artística es la STC 51/2008, de 14 abril, sobre una obra literaria. Hasta entonces prácticamente el TC no había generado jurisprudencia[26]. Esta sentencia es particularmente interesante y aplicable a manifestaciones culturales como los monumentos falleros. No solo se protege el contenido de la obra, sino también "la libertad del propio proceso creativo literario, manteniéndolo inmune frente a cualquier forma de censura previa (art. 20.2 CE) y protegiéndolo respecto de toda interferencia ilegítima proveniente de los poderes públicos o de los particulares" (FJ 5°). Asimismo, se subraya que la protección no solo abarca la obra producida, sino también su difusión: "su ámbito de protección no se limita exclusivamente a la obra literaria aisladamente considerada, sino también a su difusión" (FJ 5°). En el caso de los monumentos falleros, no solo se protege su creación, sino también su disposición en la vía pública para su acceso por la ciudadanía. Dicho lo anterior, el TC recuerda que existen límites a la creación artística. No obstante, es particularmente significativo cuando afirma que "el buen gusto o la calidad literaria no constituyen límites constitucionales a dicho derecho" (FJ 5°). Todas estas afirmaciones de la sentencia a la hora de proyectarlas para las expresiones artísticas falleras deben contextualizarse y analizarse en función de su delimitación y alcance concreto.

---

25 Cfr. STC 176/1995, de 11 de diciembre, FJ 2°.

26 Como afirma esta sentencia: "hasta el momento no han sido muchos los pronunciamientos de este Tribunal que se han referido específicamente al derecho a la producción y creación literaria. En la mayoría de los mismos nos hemos limitado a señalar la estrecha relación que existe entre tal derecho y la libertad de expresión. Así hemos considerado que la producción y creación literaria constituye una «concreción del derecho a expresar libremente pensamientos, ideas y opiniones» (SSTC 153/1985, de 7 de noviembre, FJ 5°; y 43/2004, de 23 de marzo, FJ 5), una «faceta» de la libertad de expresión (ATC 152/1993, 24 de mayo, FJ 2°), o un «ámbito» en que se manifiesta la libertad de pensamiento y expresión (ATC 130/1985, de 27 de febrero, FJ 2°), manifestaciones todas ellas que llevan implícita la idea de que la libertad protegida por el art. 20.1 a) CE no es sólo la política, sino también la artística".

3. Protección especial de los mensajes humorísticos y satíricos propios de los monumentos falleros

La protección de la libertad de expresión se intensifica notablemente cuando el contenido es humorístico o satírico. En el caso *Nikowitz* y *Verlagsgruppe News GmbH* contra Austria, del 22 de febrero de 2007, el TEDH consideró que un artículo satírico y de humor negro sobre la lesión de un campeón de esquí estaba protegido por la libertad de expresión[27]. De manera similar, en el caso Eon contra Francia del 14 de marzo de 2013, la libertad de expresión amparó un cartel con un mensaje ofensivo dirigido contra el presidente Sarkozy, comparable a lo que podría aparecer en un cartel fallero[28].

En España, la jurisprudencia refuerza esta protección cuando la finalidad es humorística o con *animus iocandi*. Por ejemplo, se consideró protegido por la libertad de expresión un vídeo satírico en el que un cantautor cocinaba un crucifijo, dado su indudable carácter crítico y provocador[29]. Asimismo, el Juzgado de Instrucción nº 4 de Pozuelo de Alarcón protegió a los humoristas Gran Wyoming y Dani Mateo por un gag en "El Intermedio" que hacía referencia a una cruz vinculada al Valle de los Caídos.

---

27 El 3 de septiembre de 2001, la revista Profil publicó una sátira sobre la reacción exagerada de los medios de comunicación y la población austríaca ante el accidente de tráfico en el que Hermann Maier, un célebre campeón de esquí, se lesionó gravemente una pierna. El artículo mencionaba a Stefan Eberharter, otro campeón de esquí de fondo y competidor de Maier, con una cita irónica que decía: "Genial, ahora por fin voy a ganar algo. Ojalá el maldito perro se caiga con sus muletas y se rompa también la otra pata". Esta cita fue usada para subrayar el tono satírico y crítico del artículo.

28 El 28 de agosto de 2008, durante una visita del Presidente de Francia, se mostró un pequeño cartel que decía "*Casse toi pov'con*" (que se traduce como "Lárgate, idiota triste") cuando la comitiva presidencial estaba a punto de pasar. Cabe explicar que la frase en el cartel era una referencia a una expresión que el propio Presidente había utilizado unos meses antes en el Salón Internacional de la Agricultura, en respuesta a un agricultor que se había negado a darle la mano. Esta expresión se había hecho muy conocida, generando amplios comentarios y cobertura mediática, y había sido ampliamente difundida en Internet, usándose como eslogan en manifestaciones.

29 Así, la Sentencia 235/12 de la Audiencia Provincial de Madrid, Sección 8ª, de 8 de junio de 2012, respecto del vídeo de Javier Krahe y Enrique Seseña titulado "Cómo cocinar un crucifijo", emitido en el programa "Lo + plus" de Canal Plus.

No obstante, no siempre se ampara el contenido humorístico. En noviembre de 2007, el juez central de lo Penal de la Audiencia Nacional impuso una multa de 3.000 euros a la revista satírica "El Jueves" por un delito de injurias a la Corona tras la publicación de una caricatura de los Príncipes en su portada[30]. Además, el Tribunal Supremo confirmó la condena de 40.000 euros a la revista *Mongolia* por un fotomontaje del extorero Ortega Cano, aunque este caso tuvo como finalidad la promoción de un espectáculo musical[31].

La STS 959/2024, de 8 de julio de 2024 (rec. nº 2211/2023), recuerda "la legitimidad de la información y opinión frívola, de espectáculo o entretenimiento, que puede llegar a ser algo más ácida para los personajes afectados que aquel género tradicional, pero que hoy debe entenderse admisible según los usos sociales, sin que el buen gusto ola calidad literaria constituyan límites constitucionales a dicho derecho (STC 51/2008, de 14 de abril)" (FJ 6). Se sigue la jurisprudencia del TC y el TS (498/2015, de 15 de septiembre) y se afirma que "el tratamiento humorístico o sarcástico de los acontecimientos que interesan a la sociedad constituye una forma de comunicación y crítica de los mismos que está ligada al ejercicio del derecho a la libertad de expresión, (...) puede constituir una forma de transmitir el conocimiento de determinados acontecimientos, llamando la atención sobre los aspectos susceptibles de ser destacados mediante la ironía, el sarcasmo o la burla (por ejemplo, SSTS de 17 de diciembre de 2010, rec. nº 1333/2007; de 5 de julio de 2011, rec. nº 110/2009; y de 20 de julio de 2011, rec. nº 1745/2009)". Así pues, la intención irónica, satírica y humorística fortalecen e intensifican la protección otorgada a la libertad de expresión. En esta dirección, la STC 35/2020, de 25 de febrero sobre tuits publicados por César Montaña, de los grupos de rap-metal *Def Con Dos* y *Strawberry Hardcore* tiene en cuenta en su FJ 5 "cuál era la intención —irónica, provocadora o sarcástica— del recurrente al emitir sus mensajes, en relación con su trayectoria profesional como artista y personaje influyente".

---

30 La conocida portada en su día fue especialmente famosa por ser sometida a secuestro judicial. Se trataba de un chiste sobre el conocido "cheque-bebé" de 2.500 euros del Gobierno, en el que los entonces Príncipes de Asturias parecían realizar una postura sexual a fin de conseguir tal beneficio. El TC no admitió el recurso de amparo.

31 STS 682/2020 de 15 de diciembre de 2020, Sala de lo Civil, rec. nº. 1623/2019. Se mostraba un fotomontaje conformado por la cara del exmatador de toros Cayetano y el cuerpo de un extraterrestre sosteniendo entre sus manos un cartel con el texto "antes riojanos que murcianos" y diciendo "Estamos tan a gustito...", todo ello sobre un fondo en el que se veía un platillo volante en un paisaje aparentemente no terráqueo y acompañado de la leyenda "Viernes de dolores... sábados de resaca".

4. La particular protección de los contenidos sobre asuntos públicos, habituales en las fallas

La jurisprudencia del TC ha subrayado la especial intensidad de la libertad de expresión e información a la hora de proteger el discurso político[32]. La constitucionalidad de lo expresado depende en gran medida de la relevancia e interés público de lo informado, la importancia del personaje público afectado y la individualización del contenido respecto a una persona concreta. Además, el contexto histórico, político y social puede condicionar el significado y la intención del mensaje, algo especialmente relevante en contenidos festivos y artísticos.

El contexto de la expresión también es un elemento muy relevante para valorar su legitimidad, incluyendo su actualidad y la finalidad del mensaje. Un aspecto conflictivo es la necesidad de la expresión utilizada para su finalidad y su contribución a la formación de una opinión pública libre. En este sentido, el mal gusto y la falta de estilo ya se ha visto que están protegidos por la libertad de expresión, si bien podrán influir en la valoración artística del monumento fallero en el concurso o competición. No siempre será fácil determinar si la valoración del monumento fallero quedará condicionada negativamente por un juicio ideológico restrictivo.

III. Censura, autocensura y restricciones de monumentos falleros y fallas oficiales neutrales

1. La censura prohibida al poder público y la legítima autocensura por las propias comisiones falleras

En un contexto como el fallero, cobra un especial interés la garantía que confiere el artículo 20.2º CE a la libertad de expresión y la libertad de creación artística: "el ejercicio de estos derechos no puede restringirse mediante ningún tipo de censura previa". Resulta muy importante delimitar

---

32 Entre la abundante literatura sobre el tema, destacamos: Sánchez Ferriz, R.: *Delimitación de las libertades informativas,* Tirant lo Blanch, Valencia, 2004; Presno Linera, M. A. y Teruel Lozano, G. M.: *La libertad de expresión en América y Europa,* Juruá Editora, Oporto, 2017; y Català i Bas, A. H.: *Libertad de expresión e información: la jurisprudencia del TEDH y su recepción por el Tribunal Constitucional: hacia un derecho europeo de los derechos humanos,* Revista General de Derecho, Valencia, 2001.

su alcance y distinguir entre los conceptos de censura y autocensura para proyectarlos a las fallas.

La censura previa prohibida incluye "cualesquiera medidas limitativas de la elaboración o difusión de una obra del espíritu, especialmente al hacerlas depender del previo examen oficial de su contenido", ya que "constituye un instrumento, en ocasiones de gran sutileza, que permitiría al poder público intervenir en tal proceso, vital para el Estado democrático, disponiendo sobre qué opiniones o informaciones pueden circular, ser divulgadas, comunicadas o recibidas por los ciudadanos" (STC 52/1983, de 17 de junio, FJ 5°)[33]. Sin duda alguna, esta prohibición de censura previa se aplica claramente a cualquier acción por parte de los poderes públicos que tenga por objeto prohibir, requerir autorización que implique una valoración del contenido, restringir, sancionar, castigar o reprender la difusión de mensajes a través de expresiones artísticas. En el caso de las fallas, cualquier decisión de no poder exhibir el monumento o sus *ninots* por el Ayuntamiento, la Junta Central Fallera (en adelante, JCF), sus responsables, la organización de las exposiciones podrían ser considerados una censura previa prohibida. En su caso, este tipo de decisiones habrían de pasar por una decisión motivada del Poder judicial en razón de la garantía del secuestro judicial (art. 20. 5° CE).

Es importante distinguir la censura previa prohibida por la Constitución respecto de los poderes públicos de lo que podemos denominar autocensura, es decir, el acto voluntario de moderar o suprimir ideas, expresiones o informaciones por parte de un individuo o entidad, generalmente por temor a repercusiones legales, sociales o económicas. Esto puede aplicarse en el contexto fallero a quienes vayan a emitir obras o contenidos, como podría ser el artista o la comisión fallera. La autocensura en modo alguno está prohibida, sino todo lo contrario. No constituye censura pública prohibida por el artículo 20.2° CE sino que es una facultad de la comisión fallera precisamente protegida y en el marco de la libertad de expresión. Esta autocensura es una responsabilidad de quien —como la comisión fallera— tiene el derecho de decidir y orientar los contenidos y mensajes a

---

33 Como apunta el TC, "por censura previa debe tenerse cualquier medida limitativa de la elaboración o difusión de una obra del espíritu que consista en el sometimiento a un previo examen por un poder público del contenido de la misma cuya finalidad sea la de enjuiciar la obra en cuestión con arreglo a unos valores abstractos y restrictivos de la libertad, de manera tal que se otorgue el plácet a la publicación de la obra que se acomode a ellos a juicio del censor y se le niegue en caso contrario". Cfr. STC 187/1999, de 25 de octubre, FJ 5°.

transmitir, además de la obligación de vigilar la legalidad de los mismos. Así, la STC 187/1999, de 25 de octubre, FJ 5º, señala que la censura es diferente del "derecho de veto que al director concede el art. 37 de la Ley de Prensa e Imprenta de 18 de marzo de 1966, que no puede identificarse con el concepto de censura previa (SSTC 171/1990 y 172/1990, ambas de 12 de noviembre). Tampoco lo es la autodisciplina del editor, cuya función consiste en elegir el texto que se propone publicar, asumiendo así los efectos positivos o negativos, favorables o desfavorables de esa opción, como pueden ser el riesgo económico y la responsabilidad jurídica (STC 176/1995, de 11 de diciembre)".

En el caso de las expresiones artísticas y festivas como los monumentos falleros, es importante tener en cuenta que la obra o expresión artística, o los mensajes generados por el artista fallero, pueden ser revisados, controlados y, en su caso, restringidos por la comisión fallera que debe exhibir el monumento o tales contenidos. Este control se ejerce para decidir si el mensaje es el que se quiere transmitir oportunamente o para evitar una posible responsabilidad. Todo ello, obviamente, sin perjuicio del marco privado contractual entre las partes y los derechos del artista fallero. En este punto, es más que recomendable que el contrato de la comisión con el artista fallero deje claro el marco jurídico para el supuesto de que la comisión no quiera exhibir todo o parte del monumento, la posibilidad de requerir al artista para introducir alguna modificación puntual o decidir no exhibir parte de la obra.

2. *Censura y restricciones públicas en la historia de las Fallas*

Las Fallas de Valencia, al igual que muchas otras expresiones culturales y populares en España, constituyen un espacio extraordinario para el ejercicio de la crítica social y política y, por ende, de la libertad de expresión. A través de sus monumentos satíricos y la representación simbólica de temas políticos, económicos y sociales, las Fallas no solo celebran una tradición, sino que también ofrecen un canal para la manifestación de opiniones y sentimientos colectivos sobre la realidad contemporánea. Pese a esta ligazón de las Fallas con la libertad de expresión, la historia muestra que estas fiestas populares han sido objeto de censura y restricciones en diversas ocasiones.

Durante el régimen franquista, la censura afectó severamente la libertad de expresión en el ámbito cultural, imponiendo un control estricto sobre los temas que podían ser abordados en las fallas[34]. Tras la guerra, en los años cuarenta, la JCF, creada en 1939 censuró el 18 % de los proyectos de falla, y este porcentaje se incrementó al 32 % en la década de los cincuenta. En particular, la Vicesecretaría de Educación Popular se encargaba de impedir la representación de temas que involucraran contenido erótico, cuestiones político-institucionales, o aquellos que fueran de naturaleza escatológica o ambiguos en su interpretación[35]. La JCF también ejerció como mecanismo censor del diseño de los monumentos; en 1957, un 93,7 % de los monumentos falleros fueron censurados[36].

La censura fue también muy común en otras fiestas de raíz satírica, creativa y humorística como los carnavales y las comparsas de Cádiz. Esta censura se vehiculaba a través de normas como la de 1960: "la Comisión se reserva el derecho de no autorizar la salida de las Agrupaciones que estime prudente hacerlo, por el motivo, título o presentación del mismo" (norma 3ª). O, "toda Agrupación que sea denunciada por cantar letras de mal tono, o doble sentido, que rocen la moral, la más indispensable corrección, aparte de retirársele el derecho a subvención o premio que pudiera habérsele otorgado, se le retirará la autorización de salida y se dará conocimiento a la Autoridad competente" (norma 9ª). Cualquier persona podía denunciar, y la autoridad tenía amplia discrecionalidad para aplicar restricciones[37].

---

34 Sobre el tema, Hernández Burgos, C. y Rina Simón, C. (editores.): *El franquismo se fue de fiesta: ritos festivos y cultura popular durante la dictadura*, Universidad de Valencia Servicio de Publicaciones, Valencia, 2022.

35 Cfr. Cerdá, P.: "Las Fallas de los otros cambios políticos, *Diario Levante EMV*, 18.03.2016. Disponible en: https://www.levante-emv.com/fallas/2016/03/18/fallas-cambios-politicos-12438403.html. Posiblemente la obra que se menciona sea Ballester Roca, J.: *Temps de quarantena: cultura i societat a la postguerra (1939-1959)*, Eliseu Climent, València, 1992.

36 Hernández Burgos, C. y Rina Simón, C. (editores.): *El franquismo se fue de fiesta*..., op. cit.; y también: Marco, L.: "Así se apropió la dictadura franquista de las Fallas, la Virgen del Rocío o los Sanfermines", *ElDiario.es*, 16.07.2022. Disponible en: https://www.eldiario.es/comunitat-valenciana/memoria-democratica/apropio-dictadura-franquista-fallas-virgen-rocio-sanfermines_132_9168429.html

37 En la obra se hace referencia a unas normas reglamentarias de 1954, luego las citadas de 1960 para comparsas: "Normas reglamentarias para la actuación de los coros y chirigotas típicos gaditanos". Al parecer, también existieron unas "Instrucciones para los Coros y Chirigotas, que han de cumplir exactamente para el mejor desarrollo de nuestras incomparables Fiestas Típicas Gaditanas" de 1962. Cfr. Mariscal Carlos, E.: "La censura y sus arbitrariedades durante las Fiestas Típicas Gaditanas (1948-1976)", *Diversión, prohibición y libertad en la fiesta de febrero: libro de actas* (dir. Moreno Tello, S.), Diputación de Cádiz, Cádiz, 2018, págs. 149 y ss.

3. Pese a que no se conocen normas que habiliten a la censura o restricciones, se han dado polémicas, censuras y autocensuras de monumentos falleros en democracia

En la regulación actual fallera no se han encontrado normas formales, bases, circulares, instrucciones o bandos sobre los requisitos para la exposición de fallas, la valoración de las mismas por los jurados o respecto de la exposición del *ninot* por las comisiones. Así, es difícil encontrar expresiones normativas que puedan ser cuestionables o que sirvan para habilitar una censura previa prohibida o posibles restricciones a la libertad de expresión o artística. Sin embargo, esta ausencia para las Fallas de normas, instrucciones o bases no elimina la posibilidad de que se adopten decisiones, acciones o hechos que pudieran constituir censura previa prohibida o restricciones ilegítimas a estas libertades. De nuevo hay que acudir a la compleja cuestión de la valoración técnica y artística del monumento fallero en un ámbito competitivo, que entra dentro de la discrecionalidad técnica. Ahora bien, como es conocido, esta discrecionalidad está sometida a la prohibición de la arbitrariedad (art. 9.3º CE), así como al respeto de los derechos fundamentales, como las libertades de expresión y artística. Ello, en principio, posibilitaría una fiscalización jurídica y control de las decisiones que se adopten en la valoración de los monumentos.

En las infracciones reguladas en el artículo 75 del Reglamento fallero tampoco se perciben habilitaciones o expresiones que puedan sugerir violaciones a estas libertades. Cabe apuntar que se menciona genéricamente como infracción "el incumplimiento de los preceptos del presente Reglamento", "de los deberes específicos establecidos a nivel individual o colectivo", y "el funcionamiento irregular de las Comisiones de falla en la organización y desarrollo de las actividades falleras". Lo mismo puede afirmarse respecto del reenvío a las infracciones del artículo 39.1 del Reglamento de Funcionamiento Interno de la JCF. Habría que estar en la aplicación concreta de estas infracciones para descubrir en su caso si está en juego la libertad de expresión o artística.

Resulta especialmente interesante recordar algunos casos polémicos de restricciones o reacciones frente a los monumentos falleros en democracia[38]. Aunque no se encuentran registros en internet, quien suscribe recuerda que la falla Almirante Cadarso-Conde Altea, posiblemente en 1982,

---

[38] Además de fuentes respecto de diversos casos puntuales, en general se sigue Kaplan, G.: "Las fallas más polémicas", *kaplancontralacensura.com,* marzo de 2022.

incluyó entre sus *ninots* al alcalde de Valencia Pérez Casado entregando lingotes de oro al urbanista catalán Ricardo Bofill, que había diseñado parte del Jardín del Turia. La oposición conservadora cuestionaba a Bofill "por catalán y comunista"[39]. Ese año, la falla quedó en el último lugar de la primera categoría sección A, siendo especialmente llamativo por cuanto que generalmente obtenía el primer premio[40]. Este hecho podría considerarse una restricción ilegítima de la libertad de expresión y artística si se demostrara que la evaluación del monumento estuvo relacionada con la inclusión de la figura, algo que en su momento se consideró evidente.

Si bien hoy es muy común la crítica a la Familia Real en las fallas, anteriormente era prácticamente tabú cualquier ironía, broma o crítica al respecto, tanto en los medios de comunicación como en los monumentos falleros. En 1990, la falla Na Jordana tenía previsto incluir a la Familia Real y solicitó permiso a la Casa Real, aclarando que los *ninots* serían debidamente indultados de la *cremà*. La Casa Real respondió que, aunque valoraba profundamente la obra, a la Familia Real no le agradaría verse reflejada en ella[41]. Cabe señalar que en modo alguno se requería tal permiso y que la aceptación o negativa de la Casa Real carecía de relevancia jurídica. Se comenta que en 2000, sin permiso, Na Jordana retrató a Juan Carlos I desnudo.

La sexualidad y la política fueron objeto de polémica en la falla de la primera artista fallera transgénero, Manuela Trasobares, activista LGTBI. En 2001, su *ninot* "Rita con plátano" retrataba a la alcaldesa Rita Barberá

Disponible en: https://kaplancontralacensura.com/2022/03/26/las-fallas-mas-polemicas/

39 Cfr. García, H.: "El diseñador del Jardín del Turia y precursor de la València moderna", *Diario Levante EMV*, 14.01.2022. Disponible en: https://www.levante-emv.com/cultura/2022/01/14/disenador-jardin-turia-precursor-valencia-61586401.html

40 Cabe mencionar que entre 1983 y 1993 esta comisión sólo en dos ocasiones no fue la primera de dicha categoría. Cfr. Domínguez, M.: "Consulta el histórico de primeros premios de falla en Primera A (1942-2019)", *Diario Levante EMV*, 4.01.2020. Disponible en: https://www.levante-emv.com/fallas/2020/01/04/consulta-historico-primeros-premios-falla-11108030.html

41 Domínguez, M.: "Cuando la Casa Real censuró la falla que convertía al rey en *ninot*", *Diario Levante EMV*, 10.08.2020. Disponible en: https://www.levante-emv.com/valencia/2020/08/10/casa-real-censuro-falla-convertia-11180786.html

desnuda con un plátano entre las piernas[42]. Al parecer, no gustó ni a la comisión fallera ni a la JCF, y la falla decidió no presentar el *ninot* a la exposición ni plantar el monumento, que fue destruido por la propia comisión. También parece que la JCF desautorizó la pieza y comunicó a la comisión su mal gusto. Años después, la autora recreó aquel *ninot* para una exposición. Desde el punto de vista jurídico, la JCF no podría haber impedido la exposición de dicho *ninot* en la falla por suponer una censura previa, pero la comisión fallera sí tenía la discrecionalidad y libertad para decidir el contenido de su monumento, su exposición y su retirada, sin perjuicio de las responsabilidades internas entre la comisión fallera y la artista.

Diversas polémicas también han surgido en torno a la religión. En 2006, la falla de San Isidro tenía un *ninot* de tres monjas mirando un consolador y, según se afirma, para la presentación en la exposición del *ninot,* la JCF obligó a sustituir el juguete erótico por un cirio[43], en lo que constituiría un claro acto de censura prohibida. Sin embargo, en el monumento fallero, el *ninot* fue expuesto con el consolador. Esta medida sería hoy inaceptable desde un punto de vista formal y jurídico. En la exposición del *ninot* de 2020, una virgen haciendo una peineta en la falla Rubén Darío generó cierta controversia, aunque el artista Víctor Navarro afirmó que la figura no era una Virgen sino una joven fallera, y en todo caso, no se tomó ninguna medida oficial[44].

En sentido contrario, la falla infantil del Ayuntamiento de 2013 incluyó un *ninot* de la Virgen de los Desamparados que fue eximido del fuego por decisión de la Alcaldesa, quien aparentemente afirmó: “Es una preciosidad, no se puede quemar”. Tratándose de la propia falla del Ayuntamiento,

---

42 Morales, F.: “Las retóricas trans en las fallas desde aquella provocación de Manuela Trasobares”, *Culturplaza,* 18.03.2021. Disponible en: https://valenciaplaza.com/las-retoricas-trans-en-las-fallasdesde-aquella-provocacion-demanuela-trasobares

43 Candreu: “Religiones muy molestas con fallas”, *Distrito fallas,* 2024. Disponible en: https://www.distritofallas.com/historia/religiones-muy-molestas-con-fallas; y también: Domínguez, M.: “La historia del memorable *ninot* de las monjas y el consolador de las Fallas 2006”, *Diario Levante EMV,* 31.05.2023. Disponible en: https://www.levante-emv.com/fotos/fallas/2023/05/31/historia-historico-*ninot*-monjas-consolador-88139907.html

44 Soriano, L.: “La *Exposició del Ninot* se ceba con el rey emérito, el tráfico en Valencia y el Covid”, *Las Provincias,* 4.02.2022. Disponible en: https://www.lasprovincias.es/fallas-valencia/exposicio-*ninot*-valencia-fallas-2022-ceba-20220204192126-nt.html

esta decisión parece quedar dentro de su discrecionalidad y al margen de las votaciones que se realizan para el indulto de un *ninot*[45].

Otras religiones no han estado exentas de polémica en los monumentos falleros. En estos casos, las posibles restricciones no han provenido del sector público, sino de terceros miembros de tales confesiones. Obviamente todas las personas tienen libertad de expresión y opinión para valorar y criticar legítimamente los monumentos falleros, hasta se pueden dar supuestos de cancelación en Fallas[46], que pueden llegar a tener una difícil solución jurídica[47]. Lo que está claro es que las críticas de los terceros a las fallas no pueden constituir un delito. Para el caso de que un particular o representantes de una confesión religiosa consideren que pueda haber algo ilegal, es obvio que han de acudir a las autoridades y en modo alguno pueden actuar por cuenta propia e incurrir en delitos de amenazas o coacciones (art. 172.1° Código Penal) o alguno de "los delitos cometidos con ocasión del ejercicio de los derechos fundamentales y de las libertades públicas garantizados por la Constitución" (arts. 510 y ss. CP).

En 1979, durante la revolución islámica en Irán, la figura del ayatolá Jomeini y su peculiar barba blanca fue objeto de muchos *ninots* de falla. El secretario general de la comunidad musulmana en España incluso afirmó que quemar las figuras del líder islámico podría tener graves consecuencias. Muchas fallas optaron por retirar o tapar el *ninot* con una capucha, como lo hizo Na Jordana[48].

En septiembre de 2021, la falla de Duque de Gaeta incluyó diversos símbolos árabes, y al parecer, ocho radicales musulmanes controlaron la quema de la falla para evitar que ardiera algún símbolo. La policía intervino en un conflicto que se resolvió sin mayores incidentes después de que los falleros

---

45 Cfr. Borrás, D.: "El indulto de Barberá: '¿Cómo vamos a quemar a la Virgen?'", *El Mundo*, 11.02.2013. Disponible en: https://www.elmundo.es/elmundo/2013/02/11/valencia/1360595603.html

46 Vicent Molins, V.: "Por qué dan tanto miedo nuestras fallas: de la cancelación a la autocensura", *Culturplaza*, 23.032024. Disponible en: https://valenciaplaza.com/por-que-dan-tanto-miedo-nuestras-fallas-de-la-cancelacion-a-la-autocensura

47 Sobre el tema, por todos, Castellanos Claramunt, J.: *La cultura de la cancelación y su impacto en los derechos fundamentales. Especial análisis de su afectación a la libertad de expresión*, Atelier, Barcelona, 2023.

48 Cfr. Domínguez, M.: "El conflicto entre las fallas y la religión se convierte en tradición", *Diario Levante EMV*, 11.02.2024. Disponible en: https://www.levante-emv.com/fallas/2024/02/11/conflicto-fallas-religion-convierte-tradicion-98015940.html

accedieran a las demandas y eliminaran la mayoría de los elementos relacionados con la cultura islámica[49]. Ninguna falla ha intentado recrear a Mahoma en sus monumentos. Si fuera el caso sin duda que se generarían cuestiones relacionadas con la seguridad pública, e incluso con la seguridad nacional, que podrían impactar en el alcance de la libertad de expresión y artística.

En 2013, la falla Ceramista Ros se inspiró en la India, y la comunidad hindú consideró un sacrilegio la representación de sus símbolos sagrados, que incluía a la diosa Siva. Desde la comunidad hindú, se consideró un sacrilegio la representación de estos símbolos sagrados. Incluso, un fiel amenazó con inmolarse con un bidón de gasolina. Para evitar conflictos mayores, la comisión fallera decidió retirar las figuras más controvertidas[50].

4. La neutralidad de los monumentos falleros del Ayuntamiento

Los monumentos falleros del propio Ayuntamiento implican un escenario potencialmente polémico. Jurídicamente su ejecución se articula a través de contratos públicos adjudicados mediante concursos[51]. La Ley 9/2017, de 8 de noviembre, de Contratos del Sector Público recoge principios constitucionales clave que deben aplicarse en estos casos. El artículo 1 establece que se deben garantizar "los principios de libertad de acceso a las licitaciones, publicidad y transparencia de los procedimientos, y no discriminación e igualdad de trato entre los licitadores". El artículo 132.1 reitera estos principios y señala que "los órganos de contratación darán a los licitadores y candidatos un tratamiento igualitario y no discriminatorio, y ajustarán su actuación a los principios de transparencia y proporcionalidad". Además, el apartado 5º subraya que estos principios "deben servir de base para la adjudicación del contrato", y aclara que "no conferirán al órgano de contratación una libertad de decisión ilimitada". Además y de modo muy significativo, en razón del artículo 97 CE estos monumentos falleros "oficiales" quedan bajo el régimen jurídico de la neutralidad y objetividad

49 Valero, D.: "8 radicales controlaron la quema de la falla Duque de Gaeta para que no ardiera ningún símbolo árabe", *El Español*, 7.09.2021. Disponible en: https://www.elespanol.com/espana/comunidad-valenciana/20210907/radicales-controlaron-duque-gaeta-no-ardiera-simbolo/609939897_0.html

50 Cfr. Domínguez, M.: "El conflicto entre las fallas y la religión…", op. cit.

51 Para un análisis más detenido sobre el particular, puede consultarse el capítulo 10 del presente volumen: Albero Valdés, J.: "Contratación pública y Fallas", *Derecho fallero*, Valencia, 2025.

exigible a toda institución pública[52]. Sin perjuicio de que todo monumento fallero es una expresión artística, tradicionalmente se viene dando cierta neutralidad en los monumentos oficiales del Ayuntamiento. Según se ha afirmado de manera acertada a nuestro entender, "se pretende que las fallas municipales no tengan contenido partidista"[53].

Así pues, en la elección artística y cultural de los monumentos falleros del Ayuntamiento concurre la discrecionalidad técnica, con los principios de la contratación, la prohibición de la arbitrariedad y la neutralidad. De ahí que no resulte un tema exento de polémica como, por ejemplo, la generada por las bases del concurso aprobado en la Junta de Gobierno el 12 de abril de 2024 para la falla municipal[54]. En las mismas se establece que "serán eliminadas aquellas propuestas que no respeten la objetividad y el respeto que deben reflejar las fallas municipales de la ciudad de València" (apartado 7º 6º). Ello ha sido incluso interpretado como que "el ayuntamiento pone límites a la crítica fallera en los monumentos municipales", como una suerte de "censura"[55]. Todo sea dicho, la reivindicación contra esta disposición solo obtuvo un apoyo de 68 personas en una campaña en Change.org[56]. Sin embargo, lo cierto es que esta base en abstracto no parece contravenir ningún principio ni derecho, sino que va precisamente

---

52 Sobre el tema, puede proyectarse para este contexto de las fiestas Rollnert Liern, G.: "La neutralidad ideológica del Estado en las redes sociales", *Libertad de expresión e información en Internet: amenazas y protección de los derechos personales* (dirs. Corredoira y Alfonso, L. y Cotino Hueso, L.), Centro de Estudios Políticos y Constitucionales, Madrid, 2013, págs. 143-164.

53 Cfr. Soriano, L.: "El Ayuntamiento de Valencia rechaza modificar el jurado de las fallas municipales elegidos por políticos que critica Fuset", *Las Provincias*, 10.05.2024. Disponible en: https://www.lasprovincias.es/fallas-valencia/ayuntamiento-valencia-rechaza-modificar-jurado-fallas-municipales-20240510134053-nt.html

54 Cfr. Navarro, C.: "El PP y Vox abren la puerta a la censura en las escenas de las fallas municipales de València que no guarden *respeto*", Eldiario.es, 19.04.2024. Disponible en: https://www.eldiario.es/comunitat-valenciana/valencia/pp-vox-abren-puerta-censura-escenas-fallas-municipales-valencia-no-guarden-respeto_1_11303003.html

55 Vigara, J. M.: "El ayuntamiento pone límites a la crítica fallera en los monumentos municipales", *Diario Levante EMV*, 16.04.2024. Disponible en: https://www.levante-emv.com/fallas/2024/04/16/ayuntamiento-pone-limites-critica-fallera-valencia-catala-pp-fallas-municipales-concurso-101111091.html

56 Cfr. "Reivindiquemos la libertad de expresión en las Fallas". Más información sobre la petición en: https://www.change.org/p/reivindiquemos-la-libertad-de-expresi%C3%B3n-en-las-fallas

en la dirección de garantizar la neutralidad señalada. Ahora bien, que las bases del concurso sean adecuadas no impide que se puedan dar decisiones concretas cuestionables. La decisión municipal en este contexto de la contratación habrá de estar suficientemente motivada desde el punto de vista técnico para evitar que se considere que la elección fue arbitraria y, en su caso, contraria a los derechos fundamentales.

Para el caso de que pueda ser proyectable, cabe recordar que el Tribunal Supremo de EE.UU., en el caso *National Endowment for the Arts* contra *Finley* 524 U.S. 569 (1998), dictaminó que era constitucional y no contraria a la libertad de expresión artística una ley del Congreso que requería que el NEA, al otorgar subvenciones, considerara "estándares generales de decencia y respeto por las creencias y valores de la comunidad estadounidense". No obstante, también reconoció que el gobierno tiene la discreción de imponer ciertas condiciones al asignar fondos públicos, siempre y cuando estas no violen la libertad de expresión y no se impongan criterios que censuren el discurso artístico basados en una decencia subjetiva.

IV. Igualdad y no discriminación en las fiestas populares y en las Fallas

La fiesta de las Fallas y la actividad y vida propia de las comisiones falleras son un ejemplo extraordinario de integración de la vida colectiva de la ciudad y, en particular de los diferentes barrios. Hablamos de 384 comisiones distribuidas por toda la ciudad con unas 90 mil falleras y falleros, en una ciudad de unos 800 mil habitantes. Tan transversal y capilar es el entramado fallero que resulta muy difícil no tener un pariente cercano o un buen amigo falleros. Es una fiesta que acoge a un amplísimo espectro de vecinos, unas fiestas plurales e inclusivas, con numerosos ejemplos de esfuerzos por ser accesibles[57] o, por ejemplo, por dar visibilidad a personas con discapacidades o vulnerabilidad[58].

---

57 En este sentido, "los monumentos municipales tienen sus explicaciones también en sistemas aumentativos, alternativos y también en lengua de signos con subtítulos". Información disponible en https://www.visitvalencia.com/valencia-accesible/fallas-2024. También puede consultarse información sobre los esfuerzos por celebrar unas fiestas inclusivas en: "Las fallas más inclusivas", *Cadena Ser*, 14.03.2024. Disponible en: https://cadenaser.com/comunitat-valenciana/2024/03/14/las-fallas-mas-inclusivas-radio-valencia

58 Cfr. "Las Fallas prenden la llama por la inclusión y la discapacidad", *Servimedia*, 18.03.2023. Disponible en: https://www.servimedia.es/noticias/fallas-valencia-destacan-mensajes-inclusivos-reivindicativos/3641553

En este sentido, cabe recordar que las Fallas de Valencia son Patrimonio de la Humanidad, como apunta el expediente de la candidatura, entre otros motivos porque "inculcan los valores de igualdad y respeto a los participantes en el ritual, adaptados a las exigencias de una sociedad en evolución y preservando las Tradiciones"[59] ; porque "la fiesta de las Fallas se basa en principios fundamentales como la libertad de participación, la igualdad entre las personas, la igualdad de oportunidades, el espíritu de solidaridad y fraternidad y el respeto a los derechos y a la dignidad humana. Como muestra de la igualdad de género y de la positiva evolución de la fiesta en los últimos años, las mujeres ocupan puestos de administración y gestión de las Comisiones Falleras en igualdad de condiciones con los hombres. La pertenencia a una Comisión Fallera está abierta a cualquier grupo social, incluidos hombres y mujeres de todas las edades, profesiones, clases sociales y procedencias geográficas o culturales"[60]. Como señala el citado expediente, la fiesta "trasciende las tendencias individualistas actuales. En el casal fallero, las reuniones propician la cohesión social sin distinción de edad, sexo u origen y se comparte el trabajo en común durante todo el año (...). Estas características ya favorecen el diálogo entre personas y grupos en igualdad de condiciones"[61].

Dicho lo anterior, las Fallas de Valencia tienen el potencial de mejorar y suponer una palanca para —parafraseando nuestro artículo 9. 2º CE— "promover las condiciones para que la libertad y la igualdad del individuo y de los grupos en que se integra sean reales y efectivas; remover los obstáculos que impidan o dificulten su plenitud y facilitar la participación de todos los ciudadanos". En muchas fiestas populares —y también en las Fallas— el peso de la tradición retrasa la plena vigencia de la igualdad y se encapsulan o enquistan algunas situaciones cuestionables. El tiempo está demostrando que tales situaciones se van disolviendo en favor de la igualdad.

La relación entre las fiestas populares y la igualdad es compleja, pues estas celebraciones, aunque reflejan la cultura y la tradición, también pueden perpetuar desigualdades de género. Según Díez y Bullen, las fiestas son reflejos concentrados de las estructuras sociales dominantes y, por tan-

59 Se sigue la memoria justificativa del ya mencionado "Expediente de candidatura", pág. 4. Documento disponible en: https://ich.unesco.org/doc/download.php?versionID=40544

60 *Ibídem*, pág. 5.

61 *Ibídem*, pág. 6.

to, reproducen roles de género tradicionales y desigualdades[62]. La discriminación de la mujer en las fiestas ha disminuido en parte debido a su creciente participación en la fuerza laboral, lo que ha cambiado su posición en la comunidad[63].

Gisbert y Rius analizan cómo las Fallas y otras festividades españolas refuerzan —o han reforzado, podríamos decir— la desigualdad de género[64]. A través de la teoría de los "rituales de interacción" de Collins, argumentan que las fiestas no solo generan cohesión social, sino que también consolidan las normas patriarcales. Se afirma que en las Fallas los hombres suelen ocupar roles de poder, mientras que las mujeres son relegadas a papeles decorativos. Estas autoras también destacan la violencia sexual y el acoso que ocurren en estos contextos, a menudo legitimados por la tradición. Además, señalan la discriminación estructural, donde las mujeres son excluidas de posiciones de toma de decisiones, y la discriminación simbólica, donde figuras como las falleras mayores, aunque celebradas, carecen de poder real y actúan como símbolos decorativos.

Alcaraz afirma que hay una "potente realidad: los que no desean la ampliación de los derechos de otros en nombre de su derecho a la tradición que, necesariamente, debe calificarse de excluyente"[65]. Y una fiesta que excluye deja de ser fiesta para ser sólo perpetuación de la imposición. Además de las mujeres, los colectivos que históricamente son objeto de discriminación en las fiestas populares en razón de la *tradición* serían las minorías raciales y religiosas, personas LGBTQ+, inmigrantes y personas con discapacidades también enfrentan discriminación en estos contextos festivos.

Pues bien, sólo una visión desde el *retrovisor* de muchas fiestas populares —y, en su caso, de las Fallas—, permitiría aceptar en líneas generales anteriores afirmaciones, tan críticas. Sin embargo, una visión del presente y, en especial, una visión hacia el futuro lleva a que esta visión o versión discriminatoria de las Fallas sea más bien un recuerdo del pasado del que

---

62 Díez Mintegui, M. C. y Bullen, M. L.: "Fiestas, tradiciones e igualdad", *Kobie. Antropología cultural*, núm. 16, 2012, págs. 13-33.

63 Siguiendo a Gadamer, Alcaraz Ramos, M.: "Constitución, tradición y fiestas...", op. cit., págs. 149-150.

64 Gisbert Gracia, V. y Rius-Ulldemolins, J.: "¿La «reina de la fiesta»? Fiestas tradicionales y reproducción de la desigualdad de género. El caso de las fallas de València", *Disparidades. Revista De Antropología*, núm. 75(2), 2020, págs. 1-12.

65 Alcaraz Ramos, M.: "Constitución, tradición y fiestas...", op. cit., págs. 146-147.

sólo quedan residuos. Eso sí, ese pasado en su caso discriminatorio se ha de tener presente para seguir avanzando firmemente en la línea de unas fiestas plenamente integradoras e inclusivas que son las Fallas.

1. Posibles discriminaciones en el contexto fallero. El caso de las falleras mayores

En el ámbito de las fiestas populares, se observan u observaban diversas formas de discriminación, particularmente hacia las mujeres[66]. En el contexto de la fiesta, aunque es poco frecuente, hay supuestos de *exclusión total* de la mujer en las representaciones, como en el Misteri d'Elx[67], los Alardes de Irún y Hondarribia[68] o la fiesta de La Vijanera en Silió (Cantabria)[69]. Sólo en cuatro ocasiones, especialmente en los últimos años, una mujer ha interpretado al Cipotegato (Tarazona, Zaragoza)[70]. Como se verá, la exclusión total en las Fallas es, en algún caso, de los hombres. En las celebraciones mencionadas, se justifica la exclusión de la mujer bajo el pretexto de la fidelidad histórica, pero el Tribunal Supremo en 2002[71] respecto del Alarde vasco consideró que no era una representación histórica fiel, sino que tenía un carácter más festivo que histórico, que la exclusión de las mujeres no se basaba en razones objetivas y razonables, sino en prejuicios

66 Se procede a hacer una descripción ampliada a partir de *ibídem*, págs. 150-151.

67 Como es sabido, en la representación solo participan hombres, incluso en los papeles femeninos porque desde sus orígenes en la Edad Media, la representación fue reservada exclusivamente a varones.

68 Se conmemora la victoria de las milicias locales sobre tropas francesas en el siglo XVII. Tradicionalmente sólo han desfilado los varones representando el papel de soldados.

69 Se trata de fiesta la primera semana de enero, que combina elementos de ritos paganos y tradiciones locales, en la que los participantes, siempre hombres, se disfrazan con máscaras y trajes tradicionales. En ocasiones los hombres representan algún papel de mujeres en el parto o la *preñá* y la *brujuca*. Cfr. Durán Cabrera, C.: "La fiesta como base de la regeneración social: La Vijanera", *Zainak*, núm. 26, 2004, págs. 435-443.

70 Durante este día, las mujeres asumen el poder simbólico en la comunidad, representado por el hecho de que "mandan" y toman decisiones: los hombres no participan en los actos principales y eran relegados a un papel pasivo, mientras las mujeres realizan actividades tradicionales como la lectura del "pregón" o la elección de la "alcaldesa" del día. Si se me permite, podría considerarse una fiesta de acción positiva.

71 STS, de 19 de septiembre de 2002, de lo Contencioso, rec. nº. 2241/1998.

tradicionales. Por ello y al ser organizada por una Administración pública estimó inicialmente que el Alarde vulneraba la igualdad.

También en las fiestas populares se da la exclusión de las mujeres u hombres de espacios o en momentos específicos, como sucede en algunos *Txokos* o Sociedades Gastronómicas en el País Vasco. Aunque esta exclusión está más relacionada con asociaciones privadas, sigue siendo un problema significativo. También en algunas fiestas se atribuyen papeles diferenciados por género, con los hombres en papeles principales y las mujeres en roles secundarios. Así sucede en Sevilla con los costaleros en Semana Santa, a pesar de un decreto del arzobispo para evitar cualquier discriminación[72]. Más cerca, en la Comunidad Valenciana en los Moros y Cristianos, los hombres suelen representar a los guerreros y las mujeres a figuras decorativas. Al parecer esto cambia en Alcoy desde 2023 con modificaciones planteadas por la Asociación de San Jorge, entidad que organiza estas fiestas[73]. En la *Patum* de Berga (Barcelona) los papeles de los gigantes son representados por hombres, mientras que las mujeres reflejan roles tradicionales[74].

En el caso de las Fallas de Valencia sólo pueden atisbarse algunos resquicios de posibles tratos diferentes que puedan cuestionarse. Así, no se ha podido acceder a saber si hay norma explícita de la JCF que impida a los hombres a llevar flores a la Virgen en la Ofrenda de Flores, una exclusión que difícilmente podría justificarse más allá de una tradición que bien puede superarse. Al parecer, en 2023 expresamente ya se afirma en tales normas que "la organización de la Ofrenda garantizará la participación de todas las personas atendiendo criterios de igualdad y accesibilidad" con el

72 En la ciudad de Sevilla en 2024, entre las más de 120 cuadrillas no hubo ni una sola mujer costalera. Ello pese a que en febrero de 2011, el arzobispo de Sevilla decretó la "plena igualdad de derechos" entre los miembros de las hermandades. Cfr. Acal, C.: "¿Hay mujeres costaleras en la Semana Santa de Sevilla?", *Diario de Sevilla*, 29.03.2024. Disponible en: https://www.diariodesevilla.es/vivirensevilla/mujeres-costaleras-semana-santa-sevilla_0_1888612039.html

73 Cfr. Martínez, E.: "La igualdad gana la batalla en los Moros y Cristianos de Alcoy: las mujeres podrán ser elegidas y desfilar con ellos", *El Español*, 18.09.2023. Disponible en: https://www.elespanol.com/alicante/cultura/20230918/igualdad-gana-batalla-moros-cristianos-alcoy-mujeres-podran-elegidas-desfilar/795420734_0.html. Sobre el tema, también pueden consultarse Gisbert Gracia, V.: "Feminidades y masculinidades en la fiesta de Moros y Cristianos de Alcoy", *Prisma Social*, núm. 7, 2012, págs. 92-119.

74 Cfr. Rumbo i Soler, A.: "Les dones a la *Patum*", *Caramella: revista de música i cultura popular*, núm. 15, 2006, págs. 17-21.

fin de “continuar fomentando la diversidad e inclusión en la fiesta de las Fallas”[75].

Son también relevantes las cuestiones de igualdad que se generan respecto de la indumentaria. La indumentaria es un elemento esencial en la fiesta para la preservación y transmisión del patrimonio cultural y la identidad comunitaria, reforzando el sentido de pertenencia a la comunidad. No obstante, los códigos de vestimenta pueden perpetuar estereotipos o reforzar una visión binaria y rígida del género, además de coartar la libertad de expresión individual y la identidad de género si no se respeta la diversidad individual. Como es sabido, se han dado problemas respecto de la vestimenta y los géneros en los contextos laborales o en el deporte (vóley, atletismo)[76]. Y también en las Fallas. El artículo 64 del Reglamento fallero sobre la indumentaria se expresa en términos claramente binarios “diferenciando la utilizada por el hombre de la usada por la mujer valenciana y fallera”, disponiendo que “no se permitirá la utilización de prendas masculinas por falleras”, como el blusón[77]. Muy posiblemente procede regular que la vestimenta correspondiente pueda llevarse con independencia del género o identidad. También se han criticado por arrastrar pautas machis-

---

75 Todos los años el Pleno de la JCF adopta estas normas, que tienen eco en los medios, pero no hay registro de las mismas. El texto de las de 2023 puede consultarse en: https://www.elperiodic.com/valencia/ofrenda-2023-consulta-normas-para-llevar-ramo-virgen-estas-fallas_881281. En relación con la posibilidad de nombrar “falleros mayores”, cfr. Herrero, P.: “Las normas de la Ofrenda de 2023 ¿ad hoc para justificar al Fallero mayor?”, *Esdiario*, 13.02.2023. Disponible en: https://www.esdiario.com/comunidad-valenciana/valencia/230213/106190/normas-ofrenda-fallas-2023.html

76 García García, A.: “El derecho a la propia imagen de la mujer trabajadora: ¿Dónde comienza la discriminación de los códigos de vestimenta?”, *Formando en la igualdad real: Contenidos para un proyecto democrático* (coord. Ramos Hernández, P. y otros), Thomson Reuters Aranzadi, Cizur Menor, 2021, págs. 151-161. Algunas referencias de casos en Hermida, B.: “Decirle al padre de tu novia que le vas a cortar el cuello no supone un delito de amenazas, según el Supremo”, *Confilegal*, 22.08.2024. Disponible en: https://confilegal.com/20240822-decirle-al-padre-de-tu-novia-que-le-vas-a-cortar-el-cuello-no-supone-un-delito-de-amenazas-segun-el-supremo/

77 Así, por ejemplo, una pareja de mujeres no puede asumir un papel diferenciado de sexos. Biestro, F. “La reivindicación de la pareja que cuestionó los roles de género en las fallas, en el limbo un año después”, *Público*, 3.03.2023. Disponible en: https://www.publico.es/sociedad/reivindicacion-pareja-cuestiono-roles-genero-fallas-limbo-ano-despues.html

tas o estereotipadas los deberes de indumentaria y recato de las falleras mayores y de la Corte de Honor por la JCF[78].

En el ámbito de gobernanza en las Fallas, no hay norma o práctica que impida que las mujeres ejerzan los poderes en el ámbito de la fiesta. No obstante, la presencia de mujeres en puestos de poder dentro de las estructuras festivas sigue siendo limitada. La JCF nunca ha sido presidida por una mujer, aunque la participación femenina en cargos directivos ha aumentado hasta una quinta parte en los últimos años[79].

Se han mencionado diversos ámbitos conflictivos desde la igualdad, en buena medida parece que son resquicios que van quedando más pequeños en el *retrovisor* de la historia. Sin embargo, cabe destacar lo relativo a las reinas de las fiestas, en nuestro caso, las falleras mayores. Esta figura representativa concentra problemas por su propia existencia y su sentido en los tiempos actuales, por estar generalmente reservada a la mujer y por el papel estereotipado que tradicionalmente ocupan, llevando a considerar a la mujer como figura decorativa, sin liderazgo o toma de decisiones[80].

Asimismo, los criterios de selección de las Falleras mayores de Valencia, basados tradicionalmente en estándares estéticos y comportamentales, perpetuarían la cosificación de la mujer[81]. El artículo 71 del Reglamento fallero remite a la adopción anual de criterios de valoración por la Asamblea

---

78 Cfr. Martínez, L.: "Polémica por el machismo del reglamento que dicta el comportamiento de las Falleras mayores", *Eldiario.es*, 19.11.2016. Disponible en: https://www.eldiario.es/comunitat-valenciana/vestir-comportarse-falleras-mayores-xxi_1_3725403.html. Las *Normas de protocolo Falleras Mayores de Valencia III* están disponibles en: https://www.protocolo.org/social/usos-sociales/normas-de-protocolo-falleras-mayores-de-valencia-iii.html; las normas de 2016 pueden consultarse en: http://www.vivelasfallas.es/wp-content/uploads/2016/11/Normas2016.pdf

79 En el año 2020, de las casi 400 comisiones falleras 65 eran presididas por una mujer, lo que supone un 17%. En 2015 la cifra era del 9,6%. Cfr. Soriano, L.: "Las mujeres ganan terreno en las presidencias de falla", *Las Provincias*, 8.05.2019. https://www.lasprovincias.es/fallas-valencia/mujeres-ganan-terreno-20190508001855-ntvo.html

80 Gisbert Gracia, V. y Rius-Ulldemolins, J.: "¿La «reina de la fiesta»?...", op. cit.

81 Una breve nota sin aportaciones, dando por hecho la importancia de la belleza, en [s. a] "Debería respetarse el principio de igualdad en la designación de reina y damas de honor en fiestas locales", *Consultor de los ayuntamientos*, núm. 11, 2014, págs. 1192-1193.

de la JCF. Se aprecian cambios significativos recientemente[82] y se propone la publicación de los criterios de valoración de las candidatas. Sin duda, a la vista está que con los años se están acomodando los criterios de selección de las reinas de la fiesta, centrando la elección en el compromiso y la participación activa de la candidata, sus capacidades comunicativas, su conocimiento y respeto de las tradiciones y cultura locales, así como su formación y otras cualidades personales, sin distinciones por su origen étnico, religión, orientación sexual, género, o situación socioeconómica. Aunque en los últimos años se perciben indudables avances en la transparencia y e inclusividad de los criterios de valoración, que refuerzan la igualdad de oportunidades, sigue habiendo aspectos por mejorar.

Por cuanto a la exclusión de los hombres como falleros mayores, a mi juicio, ello constituye una clara discriminación. Si se decide mantener la figura de fallera mayor, debería haber una, fuera hombre o mujer, o bien dos, un representante masculino y uno femenino. En el caso de las comisiones falleras, la figura del fallero mayor no está contemplada en el Reglamento fallero. No obstante, al menos en dos ocasiones sendas comisiones falleras han nombrado a un varón como fallero mayor: la falla *Borrull Socors* de Valencia[83], y la falla *Plaça de la Regiò* de Catarroja[84]. Al parecer se dieron fenómenos como que el locutor de la Ofrenda de flores a la Virgen omitió su participación como una reacción de protesta ante su nombramiento[85]. Impedir que existan falleros en las comisiones falleras resulta si cabe más inconstitucional que la inexistencia de falleros mayores de Valen-

---

82 Así, para 2025, véase: Domínguez, M.: "Esta es la propuesta para elegir a las Falleras Mayores de València 2025", *Diario Levante EMV*, 11.05.2024. Disponible en: https://www.levante-emv.com/fallas/2024/05/11/propuesta-elegir-falleras-mayores-valencia-102187808.html. Entre otros, se detallan los requisitos para valorar y elegir los jurados, sus incompatibilidades y elementos de participación popular, con la posibilidad de elegir a la corte infantil por sorteo y que el jurado solo elija a la Fallera mayor Infantil; vetar a candidatas que hayan sido Fallera mayor o corte infantil en concursos anteriores.

83 Cfr. Lidón, I.: "El primer Fallero mayor de Valencia reabre el debate de género en las Fallas", *El Mundo*, 18.01.2023. Disponible en: https://www.elmundo.es/comunidad-valenciana/2023/01/18/63c832b221efa0de128b4570.html

84 La falla Plaça de la Regiò de Catarroja eligió Fallero mayor de la comisión para 2023. Cfr. Ballesteros, H. R.: "Erik Lozano, Fallero mayor: «Gracias al apoyo de mi comisión puedo cumplir mi sueño»", *Official Press*, 8.06.2021. Disponible en: https://officialpress.es/erik-lozano-fallero-mayor/

85 Cfr. Soria, A.: "El locutor de la Ofrenda obvia la entrada del único Fallero mayor de València en la Plaza de la Virgen", *Diario Levante EMV*, 19.03.2023. Disponi-

cia. Ello no sólo afecta a la igualdad, sino también la libertad asociativa de las comisiones falleras que decidan incluir esta figura.

A mi juicio estos casos suponen una clara discriminación. Sin embargo, todo hay que decir que no han generado ninguna demanda social ni, por tanto, ninguna reacción política ni jurídica[86]. Por otra parte, con la regulación actual no resultaría ningún problema que la fallera mayor de Valencia hubiera sido la mujer transexual postulada en 2024 por la falla de Avenida Puerto-Manuel Candela[87].

Cabe añadir que el 27 de febrero de 2024, el Ayuntamiento de Valencia —a solicitud del *Síndic de Greuges*— ha corregido una exclusión que impedía a niñas de 14 años presentarse a fallera mayor de Valencia ni en la modalidad infantil ni en la modalidad adulta[88]. Esta exclusión se consideraba una discriminación especialmente prohibida por edad, ya que la distinción de trato no contaba con justificación objetiva y razonable[89]. Me permito apuntar el absurdo que supondría considerar discriminatorio que las niñas de 14 años no puedan ser fallera mayor, pero que no sea discriminatorio que ningún hombre pueda serlo.

Como se ha afirmado, las Fallas son un ejemplo de un claro avance por la igualdad en muchos sentidos, el protagonismo enorme que siempre ha tenido la mujer en esta fiesta se ha transmutado positivamente en un ejemplo de avance frente a tradiciones discriminatorias prácticamente superadas.

---

ble en: https://www.levante-emv.com/fallas/2023/03/19/locutor-ofrenda-obvia-fallero-mayor-84873756.html

86 Cfr. Domínguez, M.: "El intercambio del Fallero mayor con la Fallera mayor", *Diario Levante EMV*, 18.02.2023. Disponible en: https://www.levante-emv.com/fallas/2023/02/18/intercambio-fallero-mayor-fallera-mayor-83206695.html

87 Vilar, I.: "Descartan como Fallera mayor de Valencia a la primera candidata transexual de la historia", *El Debate*, 24/07/2024. Disponible en: https://www.eldebate.com/espana/comunidad-valenciana/20240724/descartan-como-fallera-mayor-valencia-primera-candidata-transexual-historia_215189.html

88 Síndic de Greuges, Resolución de la Queja 2302756, 27.02.2024. Disponible en: http://www.elsindic.com/Resoluciones/expedientes/2023/202302756/12073781.pdf

89 Así, se incluye la edad en el artículo 21 de la Carta de los Derechos Fundamentales de la Unión Europea y en el artículo 2.1° de la reciente Ley 15/2022, de 12 de julio.

2. *La intensa obligación pública de no discriminar en fiestas y la obligación de igualdad a comisiones falleras y falleros particulares*

Una discriminación puede originarse mediante cualquier "disposición, conducta, acto, criterio o práctica" (art. 4.1° Ley 15/2022). Estas conductas discriminatorias pueden manifestarse en prohibiciones expresas o implícitas, en exclusiones o en tratos diferentes *de facto*, aunque la normativa exija lo contrario. Si son de origen público, la exigencia de no discriminación es intensa y directa por la eficacia de los derechos fundamentales (art. 53 CE). Las actuaciones públicas relacionadas con las fiestas pueden incluir ordenanzas, reglamentos, bandos, circulares e instrucciones hasta licencias y autorizaciones. También una discriminación puede traer causa en omisiones o inactividad desde el sector público. Y precisamente el sector público tiene obligaciones de actuar y promover la igualdad. En este sentido, Alcaraz subraya que "tampoco ante la discriminación de las mujeres en el espacio festivo pueden los poderes públicos permanecer pasivos"[90]. Así se justifica la intervención pública no solo por la importancia simbólica y política de las fiestas, el uso de espacios públicos, la seguridad o medio ambiente sino también por la obligación de promover políticas de igualdad material, conforme al artículo 9.2° CE. En el marco jurídico actual, a las Administraciones corresponde establecer y controlar las subvenciones, autorizaciones y contratos relacionados con las fiestas y al hacerlo deben integrar también la finalidad de hacer políticas de igualdad. En este punto, el principio constitucional de igualdad y no discriminación se reitera en la normativa de subvenciones[91] y contratación pública[92], integrándose además en los criterios para su concesión u otorgamiento[93]. El artículo 4.1° de la valenciana Ley 9/2003 de igualdad impone que los poderes públicos valencianos adoptarán las medidas apropiadas para modificar los patrones socioculturales de conducta asignados en función del género, con la

---

90 Alcaraz Ramos, M.: "Constitución, tradición y fiestas…", op. cit., pág. 155.

91 Cfr. art. 8.3°.a de la Ley 38/2003, de 17 de noviembre, General de Subvenciones.

92 Cfr. arts. 132 y 122.3.bis, entre otros, de la Ley 9/2017, de 8 de noviembre, de Contratos del Sector Público.

93 En el terreno de las subvenciones, la ley de igualdad para las mujeres permite tener en cuenta la búsqueda de la igualdad (art. 35 Ley Orgánica 3/2007). El artículo 37.1° de la Ley 15/2022, de 12 de julio, integral para la igualdad permite imponer la valoración de igualdad para la concesión en los planes estratégicos. Más contundente es el artículo 37.4°, que prohíbe ayudas a una actividad "que atente, aliente o tolere prácticas calificadas como infracciones".

finalidad de eliminar los prejuicios, los usos y las costumbres de cualquier índole basados en la idea de inferioridad o en funciones estereotipadas de mujeres y hombres contrarias al principio de igualdad".

Mayores dificultades presenta la posibilidad de discriminaciones desde las comisiones falleras, los miembros del colectivo fallero u otros particulares. No obstante, como se verá, no parece que se trate de un problema de especial relevancia en las Fallas, a diferencia de otras fiestas populares en los que una tradición discriminatoria parece refugiarse en las asociaciones y la privatización de la fiesta. Algunos tratos diferenciados y posibles discriminaciones respecto de mujeres u otros colectivos que pudiera haber en el contexto de las Fallas tienen su origen en las asociaciones "que gestionan las fiestas, aunque éstas sean consideradas como de todo el pueblo, financiadas con recursos públicos y, en muchas ocasiones, actúen *de facto* por delegación de los poderes públicos municipales. Es por lo tanto en el seno de las asociaciones donde se puede producir realmente la discriminación"[94]. Pues bien, como principio, las entidades privadas y asociaciones —como las comisiones falleras— están también sujetas a la igualdad. El art. 2.2º Ley Orgánica 3/2007 y los artículos 1.2º y 2.4º Ley 15/2022 extienden expresamente su alcance a las personas físicas y jurídicas, públicas o privadas. También la Ley Orgánica 3/2007 lo hace específicamente para el ámbito de la cultura o para el uso de espacios públicos propio de las fiestas populares[95]. La Ley 15/2022 es claramente aplicable respecto de la cultura, el acceso a establecimientos y vía pública, la oferta de bienes y servicios o la admisión[96].

---

94 Alcaraz Ramos, M.: "Constitución, tradición y fiestas…", op. cit., págs. 157-158.

95 La Ley Orgánica 3/2007, de 22 de marzo, establece que la igualdad resulta aplicable "en el conjunto de las políticas (…) cultural y artística" (art. 14. 2º Ley Orgánica 3/2007, art. 26). También habla de desarrollar "actuaciones" para "favorecer la promoción específica de las mujeres en la cultura y a combatir su discriminación estructural y/o difusa", la "autoría femenina", la "presencia equilibrada de mujeres y hombres en la oferta artística y cultural pública", así como la adopción de "todas las acciones positivas necesarias para corregir las situaciones de desigualdad".

96 Así, en su "ámbito objetivo de aplicación" (art. 3.1º) incluye la "cultura" (g) así como el "acceso y permanencia en establecimientos o espacios abiertos al público, así como el uso de la vía pública y estancia en la misma" (l). Su artículo 24.1º deja claro que "en el desarrollo de cualquier actividad cultural o deportiva se respetarán el derecho a la igualdad (…) evitando toda discriminación". Es aplicable a las fiestas populares el artículo 17 respecto de "la oferta al público de bienes y servicios". Asimismo, el artículo 21.1º respecto de la "admisión de las personas a establecimientos o espacios abiertos al público, espectáculos públicos o actividades

Sin embargo, a diferencia de las actuaciones falleras del sector público, es esencial equilibrar estas obligaciones con los derechos fundamentales de las asociaciones, comisiones falleras y los falleros, artistas y particulares. No en vano, la libertad de asociación (art. 22 CE) y la libertad de expresión y artística (art. 20 CE) o en su caso la religiosa (art. 16 CE) dan cobertura constitucional a sus decisiones, amén de la autonomía individual (arts. 1.1 y 10.1 CE y 1.255 Código Civil).

Así, habría que preguntarse en qué medida es posible *privatizar* las fiestas populares dejándolas en manos de asociaciones y particulares a los efectos de eludir las exigencias de la igualdad. Sobre el particular, resulta oportuno traer a colación la jurisprudencia en relación con la celebración del "Alarde Tradicional de San Marcial". En 2002, el TS declaró inconstitucional la exclusión de la mujer de dicha celebración habida cuenta de que la organización de la fiesta era pública[97]. Sin embargo, la privatización del Alarde alteró la situación. Desde 2007, el TS[98] consideró "razonable" un alarde sin mujeres organizado por una asociación privada, siempre que la entidad pública solo otorgara autorización de uso del espacio público sin participar activamente ni aportar fondos. Para el TS, la libertad de asociación permite a los particulares establecer sus propios criterios sobre la participación en eventos públicos, siempre que no impongan su visión a otros y su concepción de la fiesta cumpla con un mínimo de razonabilidad, como fue el caso de la formación exclusivamente masculina de las Milicias Forales.

Ahora bien, de estas sentencias del TS no se puede concluir que haya carta blanca para excluir a mujeres en las fiestas populares. Un municipio no está obligado a no involucrarse activamente en ciertas festividades, incluso legislativamente se podría obligar a tomar parte más activa. Los tribunales además controlarán siempre un mínimo de "razonabilidad" en la exclusión de las mujeres u otros colectivos por asociaciones festeras.

Además, no hay que olvidar que la exclusión de mujeres en fiestas organizadas por asociaciones privadas puede "salir cara" a las asociaciones, pues puede conllevar la retirada de subvenciones y otros apoyos públicos. Como antes se ha mencionado, la legislación actual facilita y habilita expresamen-

recreativas deberán garantizar la ausencia de cualquier forma de discriminación", "así como el uso y disfrute de los servicios que se presten en ellos" (art. 21.2°).

97 STS, de 19 de septiembre de 2002, de lo Contencioso, rec. n°. 2241/1998.

98 Cfr. SSTS de 15 de enero de 2007, rec. n°. 6997/2002; y de 28 de mayo de 2008, rec. n°. 5540/2002.

te a que las subvenciones, convenios y contratos persigan y condicionen su adjudicación al cumplimiento de objetivos de igualdad, lo que bien puede preverse en el ámbito festivo. También el artículo 4.5 de la Ley Orgánica 1/2002, de 22 de marzo, del Derecho de Asociación regula la retirada de subvenciones[99]. Sobre su base en 2005, el Sindic de Greuges de la Comunidad Valenciana recomendó retirar subvenciones a las asociaciones de Moros y Cristianos (Casal de Sant Jordi) que excluyeran a mujeres. Yendo más allá, —no sin polémica— propuso suspender las declaraciones de Interés turístico internacional y de utilidad pública de dicha fiesta[100]. Alguna legislación autonómica es más contundente y expresa, como la vasca, que incluye la siguiente disposición: "las administraciones públicas vascas no podrán conceder ningún tipo de ayuda ni sus representantes podrán participar en calidad de tales en ninguna actividad cultural que sea discriminatoria por razón de sexo o que promueva el odio hacia las mujeres. Asimismo, se promoverá la participación en actividades que busquen la igualdad entre mujeres y hombres y la superación de los estereotipos"[101].

V. El derecho al descanso y la protección frente al ruido, también en Fallas

Las fiestas locales, y en particular las Fallas, son una fuente significativa de ruido debido a la aglomeración de personas, bandas musicales, desfiles y el uso de pirotecnia. Se trata de un ámbito en el que sin duda el Derecho y una buena comprensión de un derecho fundamental a las fiestas populares están normalizando la situación buscando soluciones integradoras. Así,

---

99 "Los poderes públicos no facilitarán ayuda alguna, económica o de cualquier tipo, a aquellas asociaciones que en su proceso de admisión o en su funcionamiento discriminen por razón de nacimiento, raza, sexo, religión, opinión o cualquier otra condición o circunstancia personal o social". No obstante, la clave es que no todo trato diferenciado necesariamente será una discriminación.

100 En su web no se encuentra dicha resolución, por lo que en esto nos guiamos por: "El Síndic pide anular el interés turístico de las fiestas de Alcoi por discriminar a las mujeres", *Diario Levante EMV*, 8.10.2005. Disponible en: https://www.levante-emv.com/comarcas/2005/10/08/sindic-pide-anular-interes-turistico-13829312.html

101 Art. 28. 2º del Decreto Legislativo 1/2023, de 16 de marzo, por el que se aprueba el texto refundido de la Ley para la igualdad de mujeres y hombres y vidas libres de violencia machista contra las mujeres.

ante esta situación, es fundamental considerar el derecho a la protección frente al ruido como un derecho fundamental. Aunque no está expresamente reconocido en la Constitución, se deriva de otros derechos, como el derecho a la salud (artículo 43.1 CE) y el derecho a un medio ambiente adecuado (artículo 45 CE), así como, en algunos casos, del derecho a la integridad física y moral (artículo 15 CE) y del derecho a la vida privada (artículo 18 CE)[102].

Este derecho implica tanto un derecho de defensa frente a intervenciones perjudiciales como un derecho prestacional, obligando al Estado a adoptar medidas activas para su protección. Es necesario evaluar el impacto del ruido en la salud y el bienestar, y a partir de dicha evaluación, aplicar un test de proporcionalidad para justificar las medidas de mitigación necesarias. Estas medidas pueden afectar otros derechos, como el desarrollo económico o la seguridad pública. Las administraciones no deben permanecer pasivas ni delegar en la ciudadanía la garantía de este derecho. La elaboración de planes de acción específicos contra la contaminación acústica es esencial, al igual que un control riguroso en la concesión de autorizaciones y licencias para actividades generadoras de ruido. Asimismo, los ciudadanos deben estar informados sobre los niveles de ruido y las medidas adoptadas para mitigarlo.

La protección de este derecho se complica en el contexto de las fiestas locales, donde las normativas tienden a legitimar las inmisiones acústicas. Boix especialmente respecto de las Fallas señala que el derecho al ocio y entretenimiento de unos pocos prevalece sobre el derecho al descanso y la salud de la mayoría, lo que genera una suspensión o estado de excepción respecto a este último[103].

Diversa jurisprudencia ha subrayado la necesidad de equilibrar el derecho a la fiesta con el derecho al descanso. La famosa STEDH López Ostra, de diciembre de 1994, afirmó la afección a la vida privada y familiar por la

---

102 Sobre el tema sigo a Lafuente Benaches, M. M.: "La contaminación acústica en las fiestas locales", *El Cronista del Estado Social y Democrático de Derecho*, núm. 13, 2010, págs. 70-77; Lafuente Benaches, M. M.: *Fiestas locales y derecho al descanso*, Iustel, Madrid, 2010; Tenorio Sánchez, P. J. y Serrano-Suñer, G.: "Salvaguarda de los derechos fundamentales frente al ruido", *Revista de Derecho Político*, núm. 62, 2005, págs. 95-146; y Escobar Roca, G.: "Derechos fundamentales y políticas públicas de protección frente al ruido", *Nuevas Políticas Públicas*, núm. 4, 2008, págs. 145-171.

103 Boix Palop, A.: "Fiestas populares, fallas y Estados de Excepción jurídicos", op. cit.

contaminación y fue pronto aplicada al ruido en la noche valenciana[104]. Es más, el TEDH aplicó este criterio en el caso Moreno Gómez contra España, de 16 de noviembre de 2004, en el que condenó al Ayuntamiento de Valencia por no tomar medidas adecuadas frente al ruido excesivo durante las Fallas, afectando gravemente el bienestar y descanso de los vecinos.

La STSJ de Sevilla, de 13 de enero de 2009, subrayó la importancia de una "mínima calidad de vida" indispensable para la vida cotidiana, obligando a los poderes públicos a proteger el medio ambiente y equilibrar las actividades ruidosas que pueden deteriorarlo. En el ámbito valenciano, la STSJ de la Comunidad Valenciana, de 25 de junio de 2003, afirmó que "no es objeto de discusión que las Fallas son una fiesta popular en Valencia, ahora bien, el hecho de que una fiesta sea popular no significa que esté por encima de toda regla y toda norma". Destaca a este respecto la STSJ de Santa Cruz de Tenerife, de 26 de enero de 2007, que ponderó la conveniencia de suspender el Carnaval para prevenir los excesos de ruido. En su argumentación, el tribunal canario afirmó que "ha de considerarse como predominante el interés general, ya que no se debe olvidar que de lo que se trata es de la suspensión de una de las Fiestas de mayor importancia y trascendencia de la ciudad, y que su adopción produciría gran perjuicio a la sociedad" (FJ 5°). Por consiguiente, no se suspendieron las fiestas, pero se ordenó limitar los decibelios en las zonas residenciales.

La STSJ de la Comunidad Valenciana, de 25 de enero de 2007, recordó a la Generalidad y al Ayuntamiento que respecto de la mitigación del ruido "la competencia es irrenunciable y se ejercerá precisamente por los órganos administrativos que la tengan atribuida como propia (...), adoptando las medidas adecuadas y, de no hacerlo, se convierten en corresponsables de la vulneración de la legalidad". Finalmente, la STSJ de la Comunidad Valenciana, de 11 de diciembre de 2009, decretó el cierre de un local fallero hasta que obtuviera la licencia correspondiente. Interesa esta sentencia porque aceptaba que los residentes se ausenten durante las Fallas para evitar el ruido, pero que esto no puede extenderse a todo el año, ya que violaría su derecho al disfrute tranquilo del domicilio[105].

---

[104] Así, la STSJ Comunidad Valenciana, de 29 de noviembre de 1999 (rec. n°. 3530/1996).

[105] Como apunta la sentencia, "desde el punto de vista del que recibe los ruidos hay una diferencia importante, si no quiere recibir ruidos en la semana fallera le bastará con marcharse, lo que no puede hacer ni se le puede obligar es a desalojar su domicilio los fines de semana, algunos laborales, o períodos largos de tiempo, en

Los artículos 1 y 4.1.ºa) de la Ley 7/1985, Reguladora de las Bases del Régimen Local, otorgan a los municipios competencias en materia de protección del medio ambiente. Asimismo, con base en el artículo 84.1º a), pueden intervenir mediante licencias y control preventivo, así como a través de ordenanzas municipales, como instrumentos para ejercer esta potestad.

Resulta especialmente polémico que la legislación permita la suspensión temporal de los objetivos de calidad acústica durante eventos de especial proyección cultural, como es el caso de las Fallas de Valencia. La Ley 37/2003, de 17 de noviembre, del Ruido, establece esta suspensión con la condición de una previa valoración de la incidencia acústica. Por su parte, la Ley autonómica 7/2002, de 3 de diciembre, de Protección contra la Contaminación Acústica de la Comunidad Valenciana, en su Disposición Adicional Primera, regula una serie de "situaciones especiales" que eximen del cumplimiento de los umbrales máximos en tiempos normales, incluyendo las "fiestas locales". Así, la ley valenciana no exige tales valoraciones, lo que evidencia una flexibilización normativa en favor de las fiestas, en detrimento de la protección acústica. Además, la ley valenciana utiliza el término "exención" en lugar de "suspensión".

En Valencia, la Ordenanza municipal del Ayuntamiento de Valencia, de 30 de mayo de 2008, sobre protección contra la contaminación acústica, y su actualización de 23 de febrero de 2023, en su artículo 44, relativo a "Actos con motivo de fiestas" permite "eximir, con carácter temporal, del cumplimiento de los niveles de perturbación máximos fijados en la Ordenanza para determinados actos de carácter oficial, cultural, festivo, religioso y otros análogos". En concreto, quedan eximidos, entre otros, "los actos propios de la fiesta de Fallas previstos en el programa oficial" y los actos de Fallas organizados por entidades falleras durante el periodo fallero. Estos incluyen pasacalles, desfiles, representaciones teatrales, "*balls al carrer*" y otros eventos similares, siempre que cuenten con la correspondiente autorización administrativa. Cabe señalar que "únicamente quedan eximidos del cumplimiento de los niveles indicados en el Anexo II de la presente Ordenanza".

Se criticó que la Ordenanza de 2008 suponía una exención total, que incluso implicaba un "estado de excepción" debido a la falta de medidas específicas para corregir o mitigar los posibles excesos acústicos. La Orde-

definitiva, en este segundo caso se está violando el derecho al disfrute tranquilo de su domicilio".

nanza de 2023 exime del cumplimiento del grueso de las obligaciones, las dispuestas en el Anexo II. Pero las Fallas deben cumplir con el artículo 42, que regula las actuaciones musicales y otros eventos sonoros[106]. La nueva norma parece difícil de cumplir para las comisiones falleras debido a la necesidad de contar con un limitador registrador que controle y limite los decibelios emitidos por los equipos de música durante los días de fiesta[107].

VI. El derecho a la protección de datos y a la propia imagen en el contexto fallero

En el contexto festero y fallero surgen problemas recurrentes relacionados con la protección de datos y otros derechos afines que se abordan ahora de modo exhaustivo. El tratamiento de datos en una falla debe estar debidamente legitimado, normalmente mediante el consentimiento de los interesados[108]. En el caso de menores, se requiere el consentimiento de ambos padres o tutores legales y no sólo de uno de ellos, lo cual es particularmente sensible en situaciones de separación o divorcio. Un conflicto familiar podría acarrear repercusiones negativas para la falla o para la persona que haya captado y difundido imágenes, vídeos o audios.

La legitimación también puede derivarse del cumplimiento de una relación contractual, como la inscripción en actividades específicas. Es im-

---

106 En virtud de este artículo 42 se debe respetar el horario de inicio y fin de las actuaciones musicales, así como el horario para las pruebas de sonido previas. Se debe instalar un limitador registrador que asegure que no se excedan los niveles sonoros autorizados. En general, no debe superar los 90 dBA en el foco emisor, siendo 85 dBA respecto de eventos con múltiples actividades musicales simultáneas o dentro de carpas ubicadas en espacios públicos.

107 Cfr. Domínguez, M.: "La Interagrupación de Fallas se alza contra los limitadores de sonido de las Fallas 2024", *Diario Levante EMV*, 18.01.2024. Disponible en: https://www.levante-emv.com/fallas/2024/01/18/interagrupacion-fallas-alza-limitadores-sonido-97049031.html

108 Puede resultar de interés por ser un contexto en ocasiones común y paralelo la *Guía para centros educativos*, AEPD, Madrid, 2020. Disponible en: https://www.aepd.es/guias/guia-centros-educativos.pdf. También resulta de interés: Gutiérrez Duque, M.: *Guía básica de protección de datos personales para entidades de acción social*, Plataforma de ONG de Acción Social— Ministerio de Derechos Sociales y Agenda 2030, Madrid, 2023. Disponible en: https://www.plataformaong.org/ARCHIVO/documentos/biblioteca/1706256324_gua-bsica-de-proteccin-de-datos-personales-para-entidades-de-accin-social.pdf

portante recordar que los estatutos de la falla pueden ser una herramienta útil para reflejar que los miembros otorgan su consentimiento para los tratamientos de datos habituales en el contexto festero, describiéndolos de manera concreta. La participación en la falla implica la aceptación de estos estatutos, lo que facilita la obtención del consentimiento en muchos casos.

Además del consentimiento, otro de los problemas más comunes es la falta de la información obligatoria al realizar tratamientos de datos[109], lo que es una causa frecuente de sanciones, especialmente en la difusión de imágenes y vídeos en webs, chats, redes sociales y otras comunicaciones dentro del ámbito festero.

La comisión fallera, a través de su junta directiva o el órgano de gobierno, es responsable del tratamiento de los datos personales y decide sobre la finalidad y los medios de dicho tratamiento. Sin embargo, es habitual que existan encargados del tratamiento, como empresas de servicios a las fallas, servicios web o profesionales que realizan reportajes de vídeo o fotografía. En estos casos, es obligatorio formalizar un contrato que especifique las responsabilidades de la falla y del encargado en la gestión de los datos personales. Sin embargo, no es infrecuente que en el ámbito fallero estos contratos no se formalicen y se generen problemas. Además, se debe tener precaución al contratar servicios que impliquen una transferencia internacional de datos a lugares que no ofrecen un nivel de protección equivalente al de la Unión Europea.

Otro aspecto relevante es el tratamiento de datos en las actas y documentos de reuniones y juntas de la comisión fallera. En las mismas, los datos de quienes asisten sí que se pueden y se deben reflejar en el acta. Respecto de los datos de quienes intervienen en principio no debe haber ningún problema por protección de datos, pero es recomendable informar al inicio de la reunión que las intervenciones relevantes serán recogidas en el acta y así se explicite en el mismo acta. En todo caso, recoger con excesivo detalle todo lo que se dice podría generar problemas de proporcionalidad, especialmente si se menciona a terceros. Cuando son los intervinientes quienes solicitan expresamente que algo quede reflejado en el acta, en principio habrá que hacerlo.

Es importante que las fallas y los falleros sean especialmente cautelosos con el tratamiento de datos de menores y discapacitados, dada la habitual

---

109 Al respecto, *Guía para el cumplimiento del deber de informar*, AEPD, Madrid, 2018. Disponible en: https://www.aepd.es/guias/guia-modelo-clausula-informativa.pdf

sobreexposición de sus datos, imágenes y vídeos. Como se ha señalado, hay que contar con el consentimiento de ambos padres o tutores legales.

Además de la protección de datos, pueden concurrir otros derechos como la intimidad o el honor, especialmente cuando las imágenes o vídeos reflejan actividades sensibles o que violen la intimidad o resulten deshonrosas. Se debe ser muy cauteloso en estos casos.

En cuanto al derecho a la propia imagen, su régimen jurídico generalmente converge con el de protección de datos. Es importante recordar que en espacios públicos, como las calles o el local de la falla, no es libre la captación de imágenes, audios o vídeos, salvo en casos incidentales donde las personas retratadas no sean el objetivo principal de la grabación. En actos falleros, la captación y difusión de imágenes suele ser tolerada, aunque siempre debe evaluarse el caso concreto. En el ámbito de los medios de comunicación, el interés público y cultural podría justificar la difusión de imágenes de actos falleros. No obstante, puede cuestionarse la proporcionalidad de la captación masiva de imágenes, por ejemplo, en la *mascletà* del Ayuntamiento, que se difunden luego en habituales páginas en la que se insta a las personas que han estado en el evento a buscarse[110].

El sector público también debe cumplir todas sus obligaciones. Un caso de interés fue la sanción impuesta al Ayuntamiento de Valencia por la Agencia Española de Protección de Datos (AEPD) por infringir el artículo 7.2 de la Ley Orgánica de Protección de Datos (LOPD) relativo a datos sensibles. El Ayuntamiento de Valencia había contratado a la empresa Invest Group para llevar a cabo una encuesta sobre la percepción social del colectivo fallero, realizada como parte de un estudio sociológico sobre las Fallas[111]. Por el contenido de las mismas se trataban datos especialmente protegidos (relacionados con la ideología y la religión) de los participantes[112].

---

110 Por ejemplo, Montesinos, M. A.: "Búscate en la *mascletá* de hoy, 16 de marzo", *Diario Levante EMV*, 16.03.2024. Disponible en: https://www.levante-emv.com/fotos/fallas/2024/03/16/buscate-mascleta-hoy-16-marzo-99565217.html; y Navarrete, F.: "Búscate en la *mascletá* de hoy, 16 de marzo", *Las Provincias*, 16.03.2024. Disponible en: https://www.lasprovincias.es/fallas-valencia/fotos-fallas/buscate-mascleta-hoy-sabado-marzo-20240316195115-ga.html

111 Bajo el título "Características y opinión de los falleros sobre diversos aspectos relacionados con la fiesta de las fallas de Valencia tras su declaración como patrimonio cultural inmaterial de la humanidad por la Unesco", la empresa recogió datos de 963 personas.

112 Se trataba de preguntas sobre la identidad territorial, las creencias religiosas y el comportamiento lingüístico de los encuestados.

Hubo medidas de seguridad y además las encuestas estaban anonimizadas. Sin embargo, los datos se podían cruzar fácilmente por un identificador con el fichero en el que figuraba nombre, dirección y teléfono móvil del encuestado. Así pues, se consideró que no se cumplió con la exigencia legal de obtener el consentimiento explícito y por escrito de los encuestados para el tratamiento de datos sensibles. Por ello, la AEPD impuso una sanción al Ayuntamiento, sanción que fue confirmada posteriormente por la Audiencia Nacional[113].

VII. Bibliografía empleada

[s. a] "Debería respetarse el principio de igualdad en la designación de reina y damas de honor en fiestas locales", *Consultor de los ayuntamientos*, núm. 11, 2014, págs. 1192-1193.

AEPD: *Guía para centros educativos*, Madrid, 2020. Disponible en: https://www.aepd.es/guias/guia-centros-educativos.pdf

AEPD: *Guía para el cumplimiento del deber de informar*, Madrid, 2018. Disponible en: https://www.aepd.es/guias/guia-modelo-clausula-informativa.pdf

Albero Valdés, J.: "Contratación pública y Fallas", *Derecho fallero*, Valencia, 2025.

Alcaraz Ramos, M.: "Constitución, tradición y fiestas: la igualdad de las mujeres en el espacio público festivo", *Corts: Anuario de derecho parlamentario*, núm. 28, 2015, págs. 137-160.

Ballester Roca, J.: *Temps de quarantena: cultura i societat a la postguerra (1939-1959)*, Eliseu Climent, València, 1992.

Cabra de Luna, M. A.: "Garantía del derecho de las personas con discapacidad: el papel de las asociaciones y fundaciones del Estado", *Legislación y política social sobre ocio y discapacidad: actas de las Segundas Jornadas de la Cátedra de Ocio y Minusvalías* (coord. Cuenca Cabeza, M.), Universidad de Deusto, Bilbao, 1997, págs. 47-54.

Castellanos Claramunt, J.: *La cultura de la cancelación y su impacto en los derechos fundamentales. Especial análisis de su afectación a la libertad de expresión*, Atelier, Barcelona, 2023.

Català i Bas, A. H.: *Libertad de expresión e información: la jurisprudencia del TEDH y su recepción por el Tribunal Constitucional: hacia un derecho europeo de los derechos humanos*, Revista General de Derecho, Valencia 2001.

---

113 Se trata de la Resolución de la Directora de la AEPD, de 22 de enero de 2018 (AP/00036/2017) que declara que el Ayuntamiento de Valencia infringió el artículo 7.2 de la de la Ley Orgánica 15/1999; y de la Sentencia Audiencia Nacional, Sala de lo Contencioso, de 12 de marzo de 2020 (rec. nº. 157/2018).

Díez Bueso, L.: "La libertad de creación artística en la jurisprudencia del Tribunal Constitucional: ¿un derecho autónomo con un régimen jurídico propio?", *Teoría y Realidad Constitucional*, núm. 53, 2024, págs. 349-369.

Díez Mintegui, M. C. y Bullen, M. L.: "Fiestas, tradiciones e igualdad", *Kobie. Antropología cultural*, núm. 16, 2012, págs. 13-33.

Durán Cabrera, C.: "La fiesta como base de la regeneración social: La Vijanera", *Zainak*, núm. 26, 2004, págs. 435-443.

Escobar Roca, G.: "Derechos fundamentales y políticas públicas de protección frente al ruido", *Nuevas Políticas Públicas*, núm. 4, 2008, págs. 145-171.

García García, A.: "El derecho a la propia imagen de la mujer trabajadora: ¿Dónde comienza la discriminación de los códigos de vestimenta?", *Formando en la igualdad real: Contenidos para un proyecto democrático* (coord. Ramos Hernández, P. y otros), Thomson Reuters Aranzadi, Cizur Menor, 2021, págs. 151-161.

García Viso, M.: "Derecho al ocio de la persona con discapacidad: legislación y políticas desde los foros internacionales", *Legislación y política social sobre ocio y discapacidad: actas de las Segundas Jornadas de la Cátedra de Ocio y Minusvalías* (coord. Cuenca Cabeza, M.), Universidad de Deusto, Bilbao, 1997, págs. 29-45.

Gisbert Gracia, V.: "Feminidades y masculinidades en la fiesta de Moros y Cristianos de Alcoy", *Prisma Social*, núm. 7, 2012, págs. 92-119.

Gisbert Gracia, V. y Rius-Ulldemolins, J.: "¿La «reina de la fiesta»? Fiestas tradicionales y reproducción de la desigualdad de género. El caso de las fallas de València", *Disparidades. Revista De Antropología*, núm. 75(2), 2020, págs. 1-12.

Gutiérrez Duque, M.: *Guía básica de protección de datos personales para entidades de acción social*, Plataforma de ONG de Acción Social— Ministerio de Derechos Sociales y Agenda 2030, Madrid, 2023.

Hernández Burgos, C. y Rina Simón, C. (editores.): *El franquismo se fue de fiesta: ritos festivos y cultura popular durante la dictadura*, Universidad de Valencia Servicio de Publicaciones, Valencia, 2022.

Lafargue, P. y Pérez Ledesma, M. (col.): *El derecho a la pereza. La religión del capital. La organización del trabajo*, Editorial Fundamentos, Madrid, 2004 (7ª).

Lafuente Benaches, M. M.: "La contaminación acústica en las fiestas locales", *El Cronista del Estado Social y Democrático de Derecho*, núm. 13, 2010, págs. 70-77.

Lafuente Benaches, M. M.: *Fiestas locales y derecho al descanso*, Iustel, Madrid, 2010.

Lázaro Fernández, Y. y otros: "El derecho al ocio: un derecho humano en ocasiones desconocido", *Siglo Cero: Revista Española sobre Discapacidad Intelectual*, vol. 43, núm. 241, 2012, págs. 89-90.

Mariscal Carlos, E.: "La censura y sus arbitrariedades durante las Fiestas Típicas Gaditanas (1948-1976)", *Diversión, prohibición y libertad en la fiesta de febrero: libro de actas* (dir. Moreno Tello, S.), Diputación de Cádiz, Cádiz, 2018, págs. 135-186.

Motilla de la Calle, A.: "Derecho a conmemorar las festividades y descanso semanal", *La jurisprudencia del Tribunal Europeo de Derechos Humanos en torno al derecho de libertad religiosa en el ámbito laboral*, Comares, Granada, 2016, págs. 1-40.

Presno Linera, M. A. y Teruel Lozano, G. M.: *La libertad de expresión en América y Europa*, Juruá Editora, Oporto, 2017.

Prieto de Pedro, J. y Dedeu Pastor, R. (coords.): *Libertad, arte y cultura*, Fundación Gabeiras - Marcial Pons, Madrid, 2023.

Riofrío Martínez-Villalba, J. C.: "Teoría general de la fiesta y su dimensión jurídica", *Nuevos caminos del Derecho: del pensamiento jurídico, de los derechos humanos; de la ética, bioética y deontología; algunas propuestas de las ciencias sociales* (coord. Junquera de Estéfani, R. y otros), Vol. 2, UNED, Madrid, 2021, págs. 1189-1210.

Riofrío Martínez-Villalba, J. C.: "The Right to Feast and Festivals", *Vanderbilt Journal of Entertainment & Technology Law*, vol. 23, núm. 3, 2021, págs. 567-623.

Rollnert Liern, G.: "La neutralidad ideológica del Estado en las redes sociales", *Libertad de expresión e información en Internet: amenazas y protección de los derechos personales* (dirs. Corredoira y Alfonso, L. y Cotino Hueso, L.), Centro de Estudios Políticos y Constitucionales, Madrid, 2013, págs. 143-164.

Rumbo i Soler, A.: "Les dones a la *Patum*", *Caramella: revista de música i cultura popular*, núm. 15, 2006, págs. 17-21.

Sánchez Ferriz, R.: *Delimitación de las libertades informativas*, Tirant lo Blanch, Valencia, 2004.

Sempere Navarro, A. V.: "Derecho a la huelga y derecho al descanso", *Relaciones laborales: Revista crítica de teoría y práctica*, núm. 2, 1991, págs. 262-283.

Tenorio Sánchez, P. J. y Serrano-Suñer, G.: "Salvaguarda de los derechos fundamentales frente al ruido", *Revista de Derecho Político*, núm. 62, 2005, págs. 95-146.

Varela Garrote, L. y otros: "Derecho al ocio de la infancia y ocio familiar en el confinamiento: aprendizajes y desafíos", *Pedagogía social: revista interuniversitaria*, núm. 43, 2023, págs. 47-60.

Vázquez Alonso, V. J.: *La libertad del artista: censuras, límites y cancelaciones*, Athenaica, Sevilla, 2023.

White, F.: "¿Debe ser el "derecho a la fiesta" un derecho humano?, *Open Global Rights*, noviembre de 2023. Disponible en: https://www.openglobalrights.org/should-right-to-party-be-human-right/?lang=Spanish

World Leisure Organization: *Carta sobre el Ocio*, 2020. Disponible en: https://www.worldleisure.org/wlo2019/wp-content/uploads/2021/07/Charter-for-Leisure_es.pdf

Anexo. Preguntas y respuestas

1. ¿Existe un derecho fundamental a las fiestas y celebraciones populares?

Sí, se puede argumentar la existencia de un derecho fundamental a las Fallas, vinculado a diversos derechos constitucionales y al derecho al ocio y al descanso laboral. Su reconocimiento como derecho permite *embridar* los muchos derechos y bienes constitucionales en juego. Este derecho se fundamenta en la importancia histórica y social de las festividades, que promueven el bienestar general, la cohesión social y la felicidad individual. Este derecho impulsaría unas Fallas inclusivas, con valores democráticos y en armonía con otros derechos, en la línea que ha justificado la declaración de las Fallas como Patrimonio de la Humanidad la Unesco.

2. ¿Por qué los monumentos falleros están especialmente protegidos por la libertad de expresión y la creación artística?

La libertad de expresión y artística recibe una protección intensificada en las Fallas debido a su naturaleza artística, humorística y crítica. Esta protección incluye la manifestación de opiniones, incluso aquellas de mal gusto o estilo cuestionable, que son fundamentales en una sociedad democrática. Igualmente la crítica social y política propia de los monumentos falleros está especialmente protegida. Todo ello lleva a que sea especialmente difícil cualquier censura o restricción a los monumentos falleros, pese a que se han dado algunos supuestos.

3. ¿Por qué está prohibida la censura pública de las fallas, pero es legítima la autocensura por las propias fallas? ¿Qué casos ha habido?

La censura previa por parte de poderes públicos está prohibida por la Constitución en su artículo 20.2º. Sin embargo, la autocensura, que implica la moderación o supresión de ideas por parte de la propia comisión fallera, es legítima y forma parte del ejercicio de su libertad de expresión. En todo caso, es recomendable que los contratos entre las comisiones falleras y los artistas detallen claramente las condiciones bajo las cuales se podría modificar o no exhibir un monumento fallero o un *ninot*. Durante el régimen franquista, la JCF y la Vicesecretaría de Educación Popular censuraron numerosos proyectos de fallas. Aunque la censura directa ha disminuido en la democracia, persisten polémicas y también casos de autocensura.

4. ¿Respetan la igualdad las Fallas y la figura de las falleras mayores?

La Fallas son un ejemplo de evolución y promoción de la igualdad real y efectiva. No obstante, aunque posiblemente menos que otras fiestas populares, quedan resquicios y aspectos polémicos desde el prisma de la igualdad que reflejan y perpetúan papeles de género tradicionales y exclusiones o diferenciaciones muy cuestionables. La figura de las reinas de la fiesta y las falleras mayores de Valencia y de las comisiones falleras concentra diversos problemas y retos por su exclusión de hombres, sus criterios de elección y la propia figura en sí.

5. ¿Qué deberes tienen las comisiones falleras y los falleros respecto a la no discriminación?

Las comisiones falleras y asociaciones privadas están vinculadas al principio de igualdad, pero al tiempo también cuentan con derechos de asociación y expresión, entre otros. Aunque no parece un fenómeno que se haya dado en las Fallas, privatizar las fiestas puede ser una estratagema de las fiestas populares para eludir el cumplimiento de ciertos requisitos impuestos por la igualdad. No obstante y en todo caso, puede salir caro, puesto que legislación actual permite que las subvenciones y otros apoyos públicos se condicionen al cumplimiento de objetivos de igualdad.

6. ¿Cómo equilibrar el derecho al descanso con el ruido de las Fallas?

El derecho al descanso es un derecho fundamental claramente afectado por las festividades locales, y en este caso las Fallas se distinguen como especialmente ruidosas, incluso durante todo el año. La legislación permite exenciones temporales de los límites de ruido que rigen normalmente, pero estas exenciones no pueden ser totales. Es necesario que las autoridades adopten medidas para mitigar el impacto acústico y proteger el bienestar de todos los vecinos, sin que sea necesario huir de Valencia.

7. ¿Cómo deben respetar las comisiones de falla los derechos a la protección de datos y la propia imagen?

Las comisiones falleras deben legitimar el tratamiento de datos, en los Estatutos o con el consentimiento de los interesados (en caso de ser menores, el de ambos padres o tutores). También deben asegurarse de cumplir con los deberes de información. Deben ser cautelosos con la difusión de imágenes y vídeos en el ámbito festero y respecto de las actas de reuniones. Igualmente, deben formalizar y aclarar el régimen de datos en sus contratos con empresas, servicios web, fotógrafos y otros profesionales.

El régimen jurídico de las Comisiones de falla constituidas como asociación

MARÍA PILAR MONTES RODRÍGUEZ
Profesora Titular E.U de Derecho Civil
Universitat de València

I. Introducción

El presente trabajo me resulta especialmente gratificante porque me ha permitido unir dos de mis grandes pasiones, el Derecho y las Fallas. En él he podido examinar, con ojos de jurista, una Comisión fallera, mundo al que he pertenecido gran parte de mi vida. Por tanto, parece claro que en él pretendo abordar, de la forma más sencilla pero rigurosa posible, qué es una Comisión de falla, como nace o muere, que forma jurídica puede adoptar y cómo funciona. En consecuencia, cabe descubrir en él cuáles son sus elementos distintivos, sus órganos y todos los posibles problemas que han de abordar durante el ejercicio fallero.

II. Marco normativo

Como se ha comentado en otros capítulos de esta obra, la Constitución española regula el derecho de asociación[1] en su art. 22, cuyo tenor literal es el siguiente:

---

1 Sobre el derecho de asociación en el art. 22 de la Constitución española *vide* Gómez Montoro, A. J.: *Asociación, Constitución, Ley. Sobre el contenido constitucional del*

"1. Se reconoce el derecho de asociación.

2. Las asociaciones que persigan fines o utilicen medios tipificados como delito son ilegales.

3. Las asociaciones constituidas al amparo de este artículo deberán inscribirse en un registro a los solos efectos de publicidad.

4. Las asociaciones sólo podrán ser disueltas o suspendidas en sus actividades en virtud de resolución judicial motivada.

5. Se prohíben las asociaciones secretas y las de carácter paramilitar."

Su colocación en la sección 1ª del Capítulo segundo de su Título I, dedicado a los derechos fundamentales y a las libertades públicas, exige para su desarrollo la forma de Ley Orgánica, tal y como señala el art. 81 CE. Fueron necesarios 24 años desde la aprobación de la Carta Magna para que se aprobara la Ley Orgánica 1/2002, de 22 de marzo (en adelante LO 1/2002). En ella se fijan las reglas de constitución de la asociación, mediante el acta fundacional (art. 5) en la que se incluyen los Estatutos (art. 7). Todas ellas, normas imprescindibles en este estudio sobre el régimen jurídico de las Comisiones de falla con forma asociativa.

Cierto es que el Código Civil, en el Capítulo II del Título II del Libro I, ya incluía normas relativas a la persona jurídica, de clara aplicación a las asociaciones. En efecto, sus artículos 35 a 39 hacen mención expresa a las asociaciones de interés público y de interés particular.

Por otro lado, la mayoría de las Comunidades Autónomas han asumido competencias estatutarias, en mayor o menor medida, en materia de asociaciones. En este sentido, la Comunidad Valenciana en la Ley Orgánica 1/1982, de 1 de julio, que aprobó su Estatuto de Autonomía, asumió, en su art. 31. 23ª, competencia exclusiva sobre "Fundaciones y asociaciones de carácter docente, cultural, artístico, benéfico-asistencial y similares que desarrollen principalmente sus funciones en la Comunidad". Con posterioridad, la Ley Orgánica 1/2006, de 10 abril, mantuvo en su art. 49.1.23ª la citada competencia exclusiva con algunos cambios: "Fundaciones y asociaciones de carácter docente, cultural, artístico y benéfico asistencial, de voluntariado social y semejantes, cuyo ámbito principal de actuación sea la Comunitat Valenciana".

En ejercicio de esta competencia exclusiva se dictó la Ley 14/2008, de 18 de noviembre, de asociaciones de la Comunidad Valenciana (en adelante Ley Valenciana 14/2008). Con anterioridad, se había aprobado el

---

derecho de asociación, Centro de Estudios Políticos y Constitucionales, Madrid, 2004, págs. 92-121.

Decreto 181/2002, de 5 de noviembre sobre Registro autonómico de asociaciones de la Comunidad Valenciana.

III. Las Comisiones Falleras como asociaciones de carácter cultural

Las Fallas, como expresión viva y popular de nuestra tierra, son fiestas de origen artesanal, surgidas y perfeccionadas a través del tiempo por el pueblo valenciano, como manifestación artística, cultural y satírica expresada en sus monumentos con la *plantà*, expuestos en las calles y plazas de ciudades y pueblos, como expresión festiva singular y así se señala en el art. 1 del Reglamento Fallero (en adelante, RF).

La Comisión de falla, según el art. 2 RF, es la entidad, sin ánimo de lucro, formada por un conjunto de personas que, por iniciativa propia y con la autorización de la Junta Central Fallera (en adelante, JCF), ejercen en una determinada demarcación de calles las actividades festivas y culturales orientadas a la celebración de los festejos falleros, teniendo como actividad esencial y obligatoria la *plantà* de la falla correspondiente.

Por tanto, estamos ante un conjunto de personas que persiguen, sin ánimo de lucro, la realización de actividades de carácter cultural, festivo y artístico centradas en el objetivo principal de plantar en su demarcación el 15 de marzo un monumento que será quemado la noche del día 19 de marzo, festividad de San José. Si esa Comisión fallera decide revestir la forma de asociación, sin duda se tratará de una asociación de carácter recreativo, cultural e incluso artístico.

En definitiva, las Comisiones de falla son entidades de carácter recreativo-cultural, que pueden configurarse como asociaciones sometidas tanto a la normativa autonómica como a la estatal. Además, en función de su ubicación, las Comisiones de falla quedan sujetas al respectivo reglamento fallero dictado por su correspondiente Junta Fallera Local. En este estudio vamos a utilizar como Reglamento de referencia el ya citado Reglamento Fallero acordado en el VIII Congreso Fallero celebrado entre mayo y junio de 2001 y posteriormente aprobado por el Pleno del Ayuntamiento de Valencia y, por tanto, aplicable a las Comisiones falleras situadas en la ciudad de Valencia[2].

---

2 El RF fue publicado en el BOP Valencia el 8 de junio de 2002. Conviene apuntar desde ahora que las Comisiones de falla de Burjassot, Mislata, Chirivella y Quart

En otras localidades valencianas, las Juntas Falleras Locales también han aprobado sus respectivos Reglamentos Falleros, que serán de aplicación a las comisiones existentes en dichos municipios.

IV. La creación de la Comisión fallera Asociación y su personalidad jurídica. Su disolución y fusión

Con carácter general, y conforme al art. 5.1 LO 1/2002, una asociación nace por un acuerdo de constitución entre tres o más personas físicas o jurídicas legalmente constituidas, que se comprometen a poner en común conocimientos, medios y actividades para conseguir unas finalidades lícitas, comunes, de interés general o particular, y se dotan de los Estatutos que rigen el funcionamiento de la asociación. El acuerdo de constitución, que incluirá la aprobación de los Estatutos, habrá de formalizarse, de acuerdo con el apartado 2 del mismo artículo, mediante acta fundacional, en documento público o privado. Con el otorgamiento del acta, adquirirá la asociación personalidad jurídica y plena capacidad de obrar, sin perjuicio de la necesidad de su inscripción a los efectos del artículo 10. El art. 35 del Código Civil (en adelante CC) señalaba ya con anterioridad, que la personalidad de las asociaciones de interés público, reconocidas por la ley, empieza desde el instante mismo en que, con arreglo a derecho, hubiesen quedado válidamente constituidas.

En el caso de las Comisiones falleras, su constitución como asociación no es libre, sino que exige, con carácter previo, la creación de la propia Comisión de falla con la debida autorización de JCF en el caso de las ubicadas en la ciudad de Valencia[3]. El propio art. 2 RF señala que la constitución y organización de las Comisiones de falla se realizará bajo la forma jurídica que sus miembros libremente elijan. Cuando los falleros decidan constituir su Comisión como asociación, quedarán sujetos a las disposiciones legales que establezcan las normas vigentes en materia asociativa.

---

de Poblet también dependen de JCF, por lo que estarán sujetas a lo dispuesto en su RF.

3 La intervención administrativa en las actividades festivas es habitual en nuestro país. Ejemplo de ello lo suponen las peñas pamplonicas. En este sentido, Villanueva Latorre, A. C.: "La iniciativa y participación de los pamploneses en la fiesta: peñas, comparsas y cofradías", *Derecho Sanferminero: el derecho de los Sanfermines y de otras fiestas* (Coord. J. F. Alenza García), Aranzadi, Cizur Menor, 2016, págs. 179 y ss.

En cualquier caso, y como señala el propio art. 2 RF, todas ellas quedarán supeditadas en cuanto a su reconocimiento y actividad al cumplimiento de lo previsto en el propio RF, derivándose de esta consideración la titularidad de derechos y obligaciones que a las mismas se confiere, así como el ejercicio de cuantas acciones les competan en la formalización de actos o negocios jurídicos derivados de sus funciones.

El art. 8.1 RF exige, con carácter previo, un procedimiento para la constitución de la Comisión de falla, que necesitará cumplir los siguientes requisitos para obtener la preceptiva autorización por JCF:

a) Dirigir instancia al presidente de JCF solicitando la creación de nueva Comisión de falla, en los plazos y según modelo que se establezca, firmado por el promotor o coordinador de la iniciativa.

b) Presentar documento acreditativo o acta de constitución de la Comisión, con expresa constancia de identificación de los cargos de presidente y secretario, quienes deberán ser mayores de edad y no estar inhabilitados por resolución expresa de JCF.

c) Presentar el censo de falleros de la Comisión, donde consten los datos de identificación y su firma a los efectos de posterior visado y comprobación por JCF, quedando en la obligación de comunicar a partir de ese momento las altas y bajas que se produzcan en el citado censo. Deberá especificarse los cargos directivos, así como las personas que los ejerzan, conforme a lo establecido en el artículo 15.

d) Solicitar la demarcación de las calles sobre la que realizará su actividad la Comisión de falla, así como el emplazamiento elegido para ubicar la falla, quedando ambos supeditados a la posterior resolución de JCF que determinará, en última instancia, la demarcación y emplazamiento final aprobados.

e) Aportar la Memoria económica con explícita indicación del Presupuesto Anual estimado para el ejercicio fallero, en el que se destinará una principal partida presupuestaria a la falla.

El art. 12 RF diferencia, por razón del censo fallero, entre tres tipos de Comisiones: la falla de nueva creación, que sería aquella que surge en la demarcación donde nunca la hubo o en la que no se ha plantado falla durante más de un ejercicio fallero. Para su aprobación definitiva por JCF deberán cumplirse los requisitos constatados en el artículo 8. La falla continuadora, que se mantiene activa en ejercicio de sus funciones sin interrupción y la falla reorganizada, formada para plantar una falla en una demarcación en donde se dejó de realizar actividad durante un ejercicio fallero, debiendo cumplir los requisitos que se le exijan para su aprobación definitiva. La aprobación definitiva de las Comisiones de falla de nueva creación quedará condicionada, de acuerdo con el apartado 3º del art. 8, a la resolución favorable expresa de la Asamblea General. Previamente JCF instruirá el correspondiente expediente y recabará de los organismos competentes, así como de las Comisiones de falla colindantes, los informes técnicos necesarios. Formalizada su aprobación, JCF supervisará su actividad durante los dos primeros ejercicios falleros, pudiendo denegar el permiso de actividad para el ejercicio fallero siguiente en caso de manifiesto incumplimiento de los requisitos previamente relacionados (apartado 4º)

En todos estos casos, una Comisión fallera puede decidir, en cualquier momento, revestir la forma jurídica de asociación, lo que le otorgaría personalidad jurídica, o no. En este último caso se mantendría como un ente sin personalidad jurídica, a semejanza de lo que ocurre con las Comunidades de Propietarios sometidas a la Ley de Propiedad Horizontal. En este supuesto no habría norma con rango legal que les otorgara directamente un régimen jurídico, pero el Reglamento Fallero las dotaría de cobertura y, en su caso, podría aplicarse analógicamente la normativa sobre asociaciones. Pero lo cierto es que, desde 2002 y hasta la actualidad, la inmensa mayoría de las Comisiones de falla de la ciudad de Valencia han adoptado la forma jurídica de asociación por las ventajas que ahora abordaremos.

Para que pueda revestir una Comisión de falla la forma de asociación, de acuerdo con el art. 5.2 LO 1/2022, necesitará un acuerdo de constitución, que incluirá la aprobación de los Estatutos, y que habrá de formalizarse mediante acta fundacional, en documento público o privado. El art. 6 de dicha norma señala cual será el contenido del acta fundacional:

> "a) El nombre y apellidos de los promotores de la asociación si son personas físicas, la denominación o razón social si son personas jurídicas, y, en ambos casos, la nacionalidad y el domicilio.
>
> b) La voluntad de los promotores de constituir una asociación, los pactos que, en su caso, hubiesen establecido y la denominación de ésta.
>
> c) Los Estatutos aprobados que regirán el funcionamiento de la asociación, cuyo contenido se ajustará a las prescripciones del artículo siguiente.
>
> d) Lugar y fecha de otorgamiento del acta, y firma de los promotores, o de sus representantes en el caso de personas jurídicas.
>
> e) La designación de los integrantes de los órganos provisionales de gobierno."

En términos semejantes se pronuncia el art. 12 de la Ley Valenciana 14/2008[4].

---

[4] Conforme a dicho artículo, el acta deberá contener, como mínimo: la fecha y el lugar en que se ha adoptado el acuerdo; la identidad de las personas promotoras;

Con el otorgamiento del acta fundacional, adquirirá la Comisión fallera personalidad jurídica como asociación y la plena capacidad de obrar, sin perjuicio de la necesidad de su inscripción a los efectos del artículo 10[5]. En este precepto se señala que las asociaciones reguladas en la presente ley deberán inscribirse en el correspondiente Registro a los solos efectos de publicidad. La inscripción hace pública la constitución y los Estatutos de las asociaciones y es garantía, tanto para los terceros que con ellas se relacionan como para sus propios miembros. Las Comisiones de falla que revistan la forma de asociación deberán ser inscritas siguiendo las reglas establecidas en el Decreto 181/2002, de 5 de noviembre sobre Registro autonómico de asociaciones de la Comunidad valenciana. Por tanto y como ya hemos señalado, no es imprescindible que las Comisiones falleras revistan la forma jurídica de asociación, no siendo, por ejemplo, un requisito indispensable para solicitar subvenciones, pero sí resulta conveniente[6]. De un lado, porque les otorga personalidad jurídica; de otro, porque proporciona información y seguridad jurídica a los terceros que con ella se relacionan. Por ello, la inmensa mayoría de las Comisiones de falla revisten actualmente esta forma jurídica.

En cuanto a su disolución y, consecuente liquidación, el art. 17 LO 1/2022 dispone que las asociaciones se disolverán por las causas previstas en los Es-

---

en el caso de personas jurídicas, que deberán estar legalmente constituidas, al acta fundacional se deberá acompañar de una certificación del acuerdo válidamente adoptado; la declaración de voluntad de las personas promotoras de constituir la asociación y los pactos que, en su caso, hubiesen establecido y la denominación de esta; los estatutos de la asociación; y la designación de quienes desempeñen inicialmente el órgano de representación previsto estatutariamente.

5 Comentando el artículo 6, González Pérez y Fernández Farreres señalan que "sin acta fundacional no hay personalidad jurídica, aunque no es menos cierto que el acta debe contener otro elemento decisivo, sin el cual tampoco cabe hablar de asociación-persona jurídica. Me refiero a los estatutos que han de establecer la estructura organizativa de la asociación y regir el funcionamiento de la misma, ya que el vínculo social solo queda definitivamente consolidado con el establecimiento y aprobación de los mismos". González Pérez, J. y Fernández Farreres, G.: *Derecho de asociación. Comentarios a la Ley Orgánica 1/2002, de 22 de marzo,* Civitas, Madrid, 2002, págs. 187-188.

6 El art. 4.1 del Acuerdo de la Junta de Gobierno del Ayuntamiento de Valencia de 11/12/2023, por el que se aprobó la Convocatoria de subvenciones para monumentos de las Fallas 2024 dispone: "Podrán solicitar estas ayudas las comisiones de falla de la ciudad de Valencia, en su condición de entidades sin ánimo de lucro e integradas en la Junta Central Fallera, que cuenten con capacidad jurídica para ello. La acreditación de estos extremos se efectuará por medio de declaración responsable integrada en el formulario de solicitud."

tatutos y, en su defecto, por la voluntad de los asociados expresada en Asamblea General convocada al efecto, así como por las causas determinadas en el artículo 39 del Código Civil y por sentencia judicial firme. En todos los supuestos de disolución deberá darse al patrimonio el destino previsto en los Estatutos. Más extensamente los arts. 50 y 51 Ley Valenciana 14/2008 explicitan causas y modos de disolución, exigiendo el acuerdo mayoría absoluta de los asociados en Asamblea General convocada a tal efecto.

Por su parte el art. 14 RF exige, para la disolución de una Comisión de falla, autorización expresa de JCF, previa instrucción del expediente y cumplimiento de los siguientes requisitos todavía más rigurosos:

a) Solicitud de expediente de disolución a JCF, debiéndose presentar por escrito antes del 31 de diciembre del año en curso.

b) Convocatoria de Junta General Extraordinaria de la Comisión de falla, con asistencia de al menos la mitad más uno de sus componentes y con intervención asesora de un representante de JCF

c) Acuerdo expreso adoptado por los dos tercios de los asistentes, con necesaria mención a la responsabilidad patrimonial asumida por todos los componentes del censo de la Comisión, respecto de las obligaciones económicas formalmente contraídas con anterioridad.

Además, cabe la disolución a instancia de la JCF por dejación de responsabilidades de la Comisión de falla afectada. En cualquiera de los casos, JCF se hará depositaria de los bienes de cualquier naturaleza de la Comisión disuelta durante un ejercicio fallero. Cumplido el plazo podrá disponer de los mismos, destinándolos al fondo de reserva para fines jurídicos en defensa de las Comisiones de falla.

En cuanto a la posible fusión de diferentes Comisiones, el art. 13 RF se ocupa de tal posibilidad cuando sus demarcaciones sean colindantes exigiendo que se acredite el acuerdo expreso adoptado singularmente por cada Comisión, previa celebración de Junta General Extraordinaria. La iniciativa deberá indicar la denominación por la que optan, así como aportar la misma documentación exigida a una Comisión de falla continuadora.

V. Elementos definitorios de las Comisiones de falla Asociación

En cuanto asociaciones, las Comisiones falleras tienen una serie de elementos constitutivos que las identifican y definen. Estos elementos se contienen en los Estatutos, que son la norma esencial o constitutiva de la asociación. Con anterioridad al año 2002, el art. 37 CC ya señalaba que la capacidad civil de las asociaciones se regulará por sus Estatutos, añadiendo el art. 38 del mismo cuerpo legal que las personas jurídicas, en ejercicio de ella, pueden adquirir y poseer bienes de todas clases, así como contraer obligaciones y ejercitar acciones civiles o criminales, conforme a las leyes y reglas de su constitución.

El art. 7.1 LO 1/2002 señala que los Estatutos deberán contener los siguientes extremos:

"a) La denominación.

b) El domicilio, así como el ámbito territorial en que haya de realizar principalmente sus actividades.

c) La duración, cuando la asociación no se constituya por tiempo indefinido.

d) Los fines y actividades de la asociación, descritos de forma precisa.

e) Los requisitos y modalidades de admisión y baja, sanción y separación de los asociados y, en su caso, las clases de éstos. Podrán incluir también las consecuencias del impago de las cuotas por parte de los asociados.

f) Los derechos y obligaciones de los asociados y, en su caso, de cada una de sus distintas modalidades.

g) Los criterios que garanticen el funcionamiento democrático de la asociación.

h) Los órganos de gobierno y representación, su composición, reglas y procedimientos para la elección y sustitución de sus miembros, sus atribuciones, duración de los cargos, causas de su cese, la forma de deliberar, adoptar y ejecutar sus acuerdos y las personas o cargos con facultad para certificarlos y requisitos para que los citados órganos queden válidamente constituidos, así como la cantidad de asociados necesaria para poder convocar sesiones de los órganos de gobierno o de proponer asuntos en el orden del día.

i) El régimen de administración, contabilidad y documentación, así como la fecha de cierre del ejercicio asociativo.

j) El patrimonio inicial y los recursos económicos de los que se podrá hacer uso.

k) Causas de disolución y destino del patrimonio en tal supuesto, que no podrá desvirtuar el carácter no lucrativo de la entidad".

Conforme con el art. 7.2, "los Estatutos también podrán contener cualesquiera otras disposiciones y condiciones lícitas que los promotores consideren convenientes, siempre que no se opongan a las leyes ni contradigan los principios configuradores de la asociación". El artículo 7 se cierra señalando que "el contenido de los Estatutos no podrá ser contrario al ordenamiento jurídico" (aptdo. 3).

En sentido similar, el art. 13.1 de la Ley valenciana 14/2008 dispone que los Estatutos constituyen el sistema de reglas por el que se rige la organización interna y el funcionamiento de la asociación, no pudiendo ser contrarios al ordenamiento jurídico[7]. Además, su apartado 2 señala que los esta-

7 González Pérez y Fernández Farreres afirman al respecto que "lo importante es que esa exigencia de ajuste al ordenamiento jurídico queda previamente condicionada por el hecho de que las leyes y reglamentos de desarrollo deben respetar

tutos de la asociación podrán ser modificados, cuando resulte conveniente a sus intereses, por acuerdo de la Asamblea General en los supuestos y con el procedimiento que se establezca en los mismos.

A continuación, realizamos algunos comentarios referentes al contenido mínimo de los Estatutos en el contexto de las Comisiones de falla.

1. *La denominación de la Comisión Fallera constituida como asociación*

Con carácter general, en los tres apartados del art. 8 LO 1/2022 se establecen una serie de límites a la libre denominación de una asociación, centrados en su correcta identificación, sin posibilidad de confusión con otras entidades, y el respeto al ordenamiento jurídico. Así, la denominación de las asociaciones no podrá incluir término o expresión que induzca a error o confusión sobre su propia identidad, o sobre su clase o naturaleza, en especial, mediante la adopción de palabras, conceptos o símbolos, acrónimos y similares propios de personas jurídicas diferentes, sean o no de naturaleza asociativa. Tampoco serán admisibles las denominaciones que incluyan expresiones contrarias a las leyes o que puedan suponer vulneración de los derechos fundamentales de las personas. Y la denominación no podrá coincidir o asemejarse de manera que pueda crear confusión, con ninguna otra previamente inscrita en el Registro en el que proceda su inscripción, ni con cualquier otra persona jurídica pública o privada, ni con entidades preexistentes, sean o no de nacionalidad española, ni con personas físicas, salvo con el consentimiento expreso del interesado o sus sucesores, ni con una marca registrada notoria, salvo que se solicite por el titular de la misma o con su consentimiento.

Por otro lado, la Ley Valenciana 14/2008, en relación con la denominación dispone en su art. 15 que no serán admisibles las denominaciones que incluyan la de alguna demarcación territorial determinada con valor o alcance legales o usuales, cuando imposibilite su utilización por otras asociaciones que pudieran constituirse en la misma demarcación. En todo caso se procurará que la denominación de la asociación haga referencia a las finalidades estatutarias de la asociación y a su objeto principal. Además, su art. 16 añade, respecto de la utilización de símbolos y signos identificativos de las asociaciones, muy importante respecto de los escudos de cada

el contenido esencial del derecho de asociación, sin poder constreñir, más allá de lo debido, la potestad autoorganizativa de las asociaciones". González Pérez, J. y Fernández Farreres, G.: *Derecho de asociación…*, op. cit., pág. 192

Comisión de falla, que las asociaciones podrán tener símbolos de identificación. Los símbolos de identificación quedarán sujetos a las limitaciones establecidas en el artículo anterior y, en especial, no podrán inducir a confusión con símbolos o marcas de personas jurídicas diferentes, sean o no de naturaleza asociativa, ni podrán ser contrarios a la Ley o suponer vulneración de los derechos fundamentales de las personas.

El RF se ocupa de esta cuestión en su art. 3.1, señalando que la denominación de las Comisiones de falla corresponderá a su emplazamiento en razón al nombre de su calle, plaza o avenida, si fuera suficiente para su identificación por no existir otra con dicho nombre, o de la combinación de dos de ellas para diferenciarla de otras similares. A los efectos de identificación, añade su apartado 2, se podrá hacer uso de la denominación que por tradición o costumbre es conocida la falla, previa autorización de JCF. En ningún caso podrán hacer uso preferente de esa denominación, cuando corresponda a más de una comisión por ubicación geográfica.

Por tanto, parece evidente que las Comisiones de falla asociaciones no pueden elegir libremente su denominación, sino que esta depende de la autorización de JCF que puede permitir la utilización de su denominación tradicional (anterior a su constitución en asociación), y, en cualquier caso, aquella que corresponda a su emplazamiento (normalmente el lugar donde se realiza la *plantà* del monumento fallero) dentro de su demarcación, a la que a continuación nos referimos.

2. *La demarcación de la Comisión fallera. La ubicación del Casal Faller*

Del domicilio de las asociaciones se ocupa, con carácter general, el art. 9 LO 1/2002, al señalar que las asociaciones que se constituyan con arreglo a ella tendrán su domicilio en España, en el lugar que establezcan sus Estatutos, que podrá ser el de la sede de su órgano de representación, o bien aquél donde desarrolle principalmente sus actividades. Deberán tener domicilio en España las asociaciones que desarrollen actividades principalmente dentro de su territorio. En términos análogos, el art. 18 de la Ley Valenciana 14/2008 dispone que las asociaciones que se constituyan con arreglo a ella tendrán su domicilio en la Comunidad Valenciana, en el lugar que establezcan sus Estatutos, que constará como tal en el Registro de Asociaciones de la Comunidad Valenciana, pudiendo ser o bien el de la sede de su órgano de representación o bien aquel donde desarrolle principalmente sus actividades. Deberán tener su domicilio en la Comunidad Valenciana, de acuerdo con su apartado 2, las asociaciones que desarrollen actividades principalmente dentro de su territorio, y ello sin perjuicio de las delegaciones, oficinas o sucursales que puedan establecer en otros lugares.

Por su parte, el RF dedica varios preceptos a esta cuestión, ocupándose de tres aspectos relativos a la ubicación y territorio de la Comisión: el domicilio social; la demarcación; y el lugar de emplazamiento del monumento fallero.

En cuanto al primero de ellos, el art. 4.1 dispone que el domicilio social de la Comisión de falla lo constituirá el denominado *casal faller*, el cual se entiende como el lugar de desarrollo de las actividades de gestión y festivas que determine la Comisión bajo su propia responsabilidad. En caso de no disponer de *casal faller*, el domicilio será el que la Comisión fije, debiendo coincidir, al menos, con el de un miembro de su Directiva[8].

Para su reconocimiento y apertura será necesaria, de acuerdo con el apartado 2, la autorización previa de JCF, debiéndose aportar ante la misma el documento que acredite la titularidad, uso y disfrute del local. Lo habitual será el arrendamiento para uso distinto del de vivienda (art. 3 Ley 29/1994, de 24 de noviembre, de Arrendamientos Urbanos), aunque no será infrecuente que el local sea propiedad de la Comisión fallera. Además, deberá estar ubicado dentro de la demarcación de la Comisión de falla (art. 4.3 RF), por ser el lugar donde se desarrollarán las actividades festivas organizadas por la propia Comisión fallera. Excepcionalmente podrá ubicarse en la demarcación de una Comisión de falla colindante, siempre que cuente con su autorización expresa. Estos supuestos son poco habituales, toda vez que pueden generar confusión en el vecindario respecto a la organización de los festejos y problemas de vecindad entre las Comisiones de falla.

El art. 5 RF entiende por "demarcación fallera" el conjunto de calles que constituyen el ámbito geográfico de desarrollo de la actividad propia de una Comisión de falla. La demarcación deberá contar con la preceptiva aprobación de JCF y constar en sus archivos correspondientes, quedando asimismo supeditada su ratificación, ampliación o actualización a la preceptiva resolución expresa de JCF. El desarrollo urbanístico del municipio donde se ubique la Comisión fallera puede generar cambios en la demarcación que justifiquen una ampliación o rectificación, siendo importante determinar de manera segura y clara tal demarcación para que cada comi-

---

8 Sobre el régimen jurídico de los casales falleros, puede consultarse el capítulo 11 de este volumen: Hervás Mas, J.: "El régimen jurídico de los casales falleros", *Derecho fallero,* Tirant lo Blanch, Valencia, 2025.

sión fallera pueda realizar en ella actividades lúdicas o de carácter económico, como la *replegá*[9].

Además, dentro de la citada demarcación debe situarse el monumento fallero. Así lo dispone el art. 6.1 RF, estableciendo que dentro de la demarcación de calles aprobadas por JCF, y a tenor de la normativa municipal vigente, cada Comisión ubicará la falla en el emplazamiento tradicional que así determine y reconozca y que, de acuerdo con el art. 8.1 d) RF, deberá ser aprobado por JCF en la correspondiente resolución de constitución. Cualquier propuesta de modificación será comunicada a JCF para su estudio y autorización, que se concederá a la luz de diversos informes —v.g., del servicio de bomberos o del de movilidad urbana.

Por tanto, el domicilio de la Comisión fallera, el *casal faller* y su demarcación, así como el emplazamiento del monumento fallero han de ser previamente aprobados por JCF, antes de su constitución, así como cualquier modificación posterior.

3. Los fines y actividades de la Comisión fallera

El art. 13.1 LO 1/2002 dispone que las asociaciones deberán realizar las actividades necesarias para el cumplimiento de sus fines, ateniéndose en todo caso a la legislación específica que regule tales actividades. Como se analizará al hablar del régimen económico, las actividades de las Comisiones de falla excluyen el ánimo de lucro, tal y como confirma el art. 10.1 Ley Valenciana 14/2008. Ello impediría su configuración jurídica como sociedades civiles o mercantiles o como cooperativas[10].

En el caso específico que aquí se estudia, de acuerdo con el marco constitucional y estatutario vigente, las Fallas Valencianas cuentan entre sus fines la defensa de la indiscutible y diferenciada personalidad del pueblo valenciano, así como de sus señas de identidad (art. 1.3 RF). Dentro de esta finalidad general, y excluyendo expresamente cualquier fin ilícito, las Comisiones de falla deben perseguir, sin ánimo de lucro, el ejercicio de

---

9 La *replegá* consiste en ir por los diversos inmuebles de la demarcación solicitando la ayuda voluntaria de los vecinos con la finalidad de recaudar fondos para poder costear los diversos actos falleros.

10 Arts. 1665 CC para la sociedad civil, art. 116 del Código de Comercio para las compañías o sociedades mercantiles y art. 2 Decreto Legislativo 2/2015, de 15 de mayo, del Consell, por el que se aprueba el texto refundido de la Ley de cooperativas de la Comunitat Valenciana.

actividades festivas y culturales orientadas a la celebración de los festejos falleros, teniendo como actividad esencial y obligatoria la *plantà* de la falla correspondiente. Así lo ponen de relieve los arts. 2.1 y 7.1 RF cuando señalan que las Comisiones de falla se constituirán para el cumplimiento de dicho fin por tiempo indefinido, hasta que ésta decida su disolución, cumpliendo los requisitos que el RF marque para ello.

La continuidad en las actividades propias se entenderá prolongada en el tiempo por el acuerdo expreso de la Comisión, así como por el cumplimiento de los trámites administrativos dispuestos por la JCF al inicio de cada ejercicio fallero, quedando obligada toda Comisión a asumir la gestión económica y situación patrimonial resultante de la actividad realizada en el ejercicio anterior.

En conclusión, cabe señalar que la configuración de los elementos definitorios de una Comisión de falla constituida como asociación no quedan al libre albedrío de sus fundadores sino que deben ser autorizados siempre por JCF, que supervisará sus Estatutos y régimen interno y sus posibles modificaciones. Ello, sin duda, supone una importante limitación al derecho de asociación y un intervencionismo más propio del Derecho público, en la supervisión de entes como colegios profesionales o federaciones deportivas.

VI. Funcionamiento de las Comisiones de falla Asociación

Elemento imprescindible en toda asociación, también de las falleras, es la determinación de unas reglas de funcionamiento interno.

Consciente de ello, el art. 10 RF exige que toda Comisión de falla, a los efectos de regular su propio funcionamiento, se dote de un Reglamento de Régimen Interno que contemplará, como elementos fundamentales, las siguientes disposiciones:

a) Derechos y obligaciones de los miembros de la Comisión.

b) Organización, estructura y funcionamiento de la Comisión.

c) Cargos directivos y funciones.

d) Delegaciones de trabajo y competencias.

e) Régimen económico.

f) Régimen disciplinario.

El contenido del Reglamento de Régimen Interno no podrá contravenir lo dispuesto en el RF. A tal y único efecto, deberá presentarse ante JCF una copia certificada del mismo para su conocimiento y supervisión, librándose la oportuna advertencia de rectificación en caso de incumplir lo previsto en el RF (art. 10.2 RF). Además, su modificación no es libre para las Comisiones falleras configuradas como asociaciones, por cuanto el apartado 3 del propio art. 10 RF dispone que cualquier modificación posterior de su contenido requerirá de comunicación preceptiva y supervisión por parte de la Delegación de Incidencias de JCF, de la que dependerá su aprobación definitiva.

Todos estos elementos descritos en el art. 10 RF se incluyen entre los exigidos por el art. 7 apartados e) a k) LO 1/2022 para incluirse en los Estatutos de la asociación[11]. El art. 11.2 LO 1/2002 dispone que, en cuanto a su régimen interno, las asociaciones habrán de ajustar su funcionamiento a lo establecido en sus propios Estatutos, siempre que no estén en contradicción con dicha Ley Orgánica ni con las disposiciones reglamentarias que la desarrollan. Además, su art. 12 señala que si los Estatutos no lo disponen de otro modo, el régimen interno de las asociaciones será el siguiente:

a) Las facultades del órgano de representación se extenderán, con carácter general, a todos los actos propios de las finalidades de la aso-

---

11 El art. 7 apartados e) a k) LO 1/2022 señalan como aspectos relevantes a efectos de inclusión en los Estatutos de la asociación:
e) Los requisitos y modalidades de admisión y baja, sanción y separación de los asociados y, en su caso, las clases de éstos. Podrán incluir también las consecuencias del impago de las cuotas por parte de los asociados.
f) Los derechos y obligaciones de los asociados y, en su caso, de cada una de sus distintas modalidades.
g) Los criterios que garanticen el funcionamiento democrático de la asociación.
h) Los órganos de gobierno y representación, su composición, reglas y procedimientos para la elección y sustitución de sus miembros, sus atribuciones, duración de los cargos, causas de su cese, la forma de deliberar, adoptar y ejecutar sus acuerdos y las personas o cargos con facultad para certificarlos y requisitos para que los citados órganos queden válidamente constituidos, así como la cantidad de asociados necesaria para poder convocar sesiones de los órganos de gobierno o de proponer asuntos en el orden del día.
i) El régimen de administración, contabilidad y documentación, así como la fecha de cierre del ejercicio asociativo.
j) El patrimonio inicial y los recursos económicos de los que se podrá hacer uso.
k) Causas de disolución y destino del patrimonio en tal supuesto, que no podrá desvirtuar el carácter no lucrativo de la entidad.

ciación, siempre que no requieran, conforme a los Estatutos, autorización expresa de la Asamblea General.

b) Sin perjuicio de lo dispuesto en el artículo 11.3, la Asamblea General se convocará por el órgano de representación, con carácter extraordinario, cuando lo solicite un número de asociados no inferior al 10 por 100.

c) La Asamblea General se constituirá válidamente, previa convocatoria efectuada quince días antes de la reunión, cuando concurran a ella, presentes o representados, un tercio de los asociados, y su presidente y su secretario serán designados al inicio de la reunión.

d) Los acuerdos de la Asamblea General se adoptarán por mayoría simple de las personas presentes o representadas, cuando los votos afirmativos superen a los negativos. No obstante, requerirán mayoría cualificada de las personas presentes o representadas, que resultará cuando los votos afirmativos superen la mitad, los acuerdos relativos a disolución de la asociación, modificación de los Estatutos, disposición o enajenación de bienes y remuneración de los miembros del órgano de representación.

La terminología utilizada por las leyes de asociaciones y el RF difiere en relación con los órganos (Asamblea General en aquéllas, Junta General en éste). Como este estudio se dirige al análisis del régimen interno de las Comisiones de falla constituidas como asociación, utilizaremos la terminología incluida en el RF y recomendada por JCF[12].

1. Miembros de la Comisión fallera Asociación

Las Comisiones falleras están formadas por los falleros y falleras integrantes tanto de la Comisión infantil como de la Comisión mayor, que figuran en el censo fallero (art. 11 RF). Además, pueden tener otros partícipes que colaboren ocasional o periódicamente con la falla, como los abonados o *amics* y los falleros de honor. A todos ellos, si así lo establece la Comisión fallera, se les pueden atribuir derechos de participación en las actividades

---

12 Hemos consultado el modelo de Reglamento de régimen interno de las Comisiones de falla que propone JCF, en el que se afirma que es oportuno diferenciar la Comisión de falla de la asociación cultural u otra forma que aquella adopte. En este mismo sentido, se recomienda evitar términos como Estatutos, asamblea general, asociación y socios, y emplear en su lugar reglamento de régimen interno, junta general, comisión fallera y falleros/falleras.

festivas, como asistencia a las cenas o al desfile de la ofrenda, pero solo los falleros y falleras dispondrán de derecho de asistencia y voto en la Junta General y de la posibilidad de participación en los órganos de gestión. Tampoco tendrán estos derechos los consortes o parejas de los falleros o falleras a los que, en algunos casos, pueda reconocerse el derecho a participar total o parcialmente en las actividades festivas.

Cabe diferenciar tres tipos distintos de falleros y falleras, que serán los asociados de pleno derecho cuando la comisión revista la forma jurídica de asociación.

En primer lugar, los integrantes de la Comisión infantil que, de acuerdo con el art. 28.1 RF, serán los niños y niñas menores de 14 años, debidamente inscritos como falleros mediante autorización del o los progenitores (especialmente si hay separación o divorcio) o del tutor legal, personas en las que recaerán las obligaciones económicas que se derivan de su condición de miembro infantil. El apartado 2 del art. 28 permite atribuir a menores de 14 años cargos de carácter honorífico o simbólico (Fallera Mayor infantil, Presidente o Presidenta, vicepresidentes, etc.). En el Reglamento de régimen interno pueden y, a mi juicio, deben incluirse las reglas de elección tanto del presidente infantil como de la Fallera Mayor infantil. Sin duda, ello incrementaría la seguridad jurídica de quienes participen en dichos procesos de selección.

El resto de falleros y falleras mayores de 14 años se integran en la Comisión mayor. En ella es frecuente que se diferencie entre los miembros juveniles o junior y el resto de falleros y falleras. Los miembros juveniles —entre los 14 y los 18 o 20 años, en función de cada Comisión— disfrutan de condiciones económicas más favorables. Respecto de estos miembros juveniles, se plantean tres cuestiones, referidas, respectivamente a su capacidad para inscribirse a la falla; a su derecho de asistencia y voto en la Junta General; y a su capacidad para formar parte de la Junta Directiva.

El art. 3.a) de la LO 1/2002 señala que, para que puedan formar parte de las asociaciones, las personas físicas necesitan tener capacidad de obrar. Tras las modificaciones introducidas por la Ley 8/2021, de 2 de junio, tendrían capacidad jurídica plena para poder actuar en derecho los mayores de 18 años (art. 12 CE y nuevo art. 240 CC) o capacidad limitada desde los 16 años si estuvieren emancipados (nuevo art. 247 CC). Y, desde luego, las personas con discapacidad mayores de 18 años que no estén sometidas a una curatela con facultad de representación. Además, el art. 3.b) LO 1/2022 añade que también podrán asociarse los menores no emancipados de más de 14 años con el consentimiento documentalmente acreditado de las personas que deban suplir su capacidad. Tal inclusión convertiría a los juveniles o juniors falleros en asociados de pleno derecho y les daría derecho de asistencia y voto en la Junta General, porque la propia Ley 1/2002, como tendremos ocasión de comprobar a continuación, lo reconoce como un derecho de los asociados (art. 21.a) sin establecer distinciones en razón de la edad. Además, no cabe olvidar que el art. 2.1 de la Ley Orgánica 1/1996, de 15 de enero, de Protección Jurídica del Menor, señala de manera imperativa que las limitaciones a la capacidad de obrar de los menores se interpretarán de forma restrictiva y, en todo caso, siempre en el interés superior del menor. Por el contrario, no podrán formar parte de la Junta Directiva, ya que para integrarse en la misma, como veremos con posterioridad, se requiere la mayoría de edad.

Otra cuestión que cabe aquí plantear es la de los requisitos para formar parte de la falla como fallero. Evidentemente, de establecerse, estos requisitos nunca podrán ser discriminatorios por razón de raza, sexo o condición social, ni infringir el principio de igualdad contemplado en el art. 14 CE. El problema, empero, lo encontramos en que en la actualidad existen en la ciudad de Valencia Comisiones falleras con un censo muy numeroso, por lo que han establecido un número máximo de componentes de la comisión y configurado listas de espera para el acceso a la condición de miembro.

En aras de la seguridad jurídica y a efectos de publicidad a terceros, tal limitación debería constar en los Estatutos inscritos en el Registro de asociaciones, a fin de que pudiera ser conocida por los aspirantes a fallero o fallera. Además, en ellos deberían explicitarse los criterios de orden de acceso, que podrán ser variados: por orden de inscripción en la lista de espera o estableciendo expresamente preferencias para algunos grupos, como los familiares o los cónyuges o parejas de los falleros y falleras.

2. *Derechos y obligaciones de falleros y falleras*

Como se ha dicho con anterioridad, el art. 21 LO 1/2002 reconoce los siguientes derechos de los asociados:

a) A participar en las actividades de la asociación y en los órganos de gobierno y representación, a ejercer el derecho de voto, así como a asistir a la Asamblea General, de acuerdo con los Estatutos.

b) A ser informado acerca de la composición de los órganos de gobierno y representación de la asociación, de su estado de cuentas y del desarrollo de su actividad.

c) A ser oído con carácter previo a la adopción de medidas disciplinarias contra él y a ser informado de los hechos que den lugar a tales medidas, debiendo ser motivado el acuerdo que, en su caso, imponga la sanción.

d) A impugnar los acuerdos de los órganos de la asociación que estime contrarios a la ley o a los Estatutos.

Por su parte el art. 22 LO 1/2002 explicita los deberes de los asociados:

a) Compartir las finalidades de la asociación y colaborar para su consecución.

b) Pagar las cuotas, derramas y otras aportaciones que, con arreglo a los Estatutos, puedan corresponder a cada socio.

c) Cumplir el resto de obligaciones que resulten de las disposiciones estatutarias.

d) Acatar y cumplir los acuerdos válidamente adoptados por los órganos de gobierno y representación de la asociación.

A los descritos en la Ley estatal, la Ley Valenciana 14/2008 añade los siguientes derechos de las personas asociadas en su art. 22:

a) A conocer los estatutos y los reglamentos y normas de funcionamiento aprobados por los órganos de la asociación. Asimismo, tendrán derecho a que se les facilite copia de los estatutos vigentes y del reglamento de régimen interno de la asociación, si existiese.

b) A consultar los libros de la asociación en la forma establecida por los estatutos.

c) A transmitir tal condición, por causa de muerte o a título gratuito, cuando así lo permitan los estatutos.

d) Si los estatutos así lo prevén, las personas asociadas que se separen voluntariamente de la asociación podrán ser reintegradas de las participaciones patrimoniales extraordinarias que hayan efectuado a la misma siempre que no se perjudiquen los derechos de terceros. Además, dedica su art. 23 al derecho de voto. Y no hace referencia expresa a los deberes de los asociados

Por su parte el art. 23.1 RF reconoce como derechos de los falleros:

a) Asistir con voz y voto a las Juntas Generales, así como formular las peticiones y propuestas que estimen oportunas.

En este primer inciso, a diferencia de la regulación de la capacidad para formar parte de la Junta Directiva, el RF no establece la exigencia de la mayoría de edad para el ejercicio del derecho de asistencia y voto, lo que confirmaría la atribución de tal derecho a los menores de edad mayores de 14 años que se hayan incorporado a la Comisión fallera.

b) El acceso a la documentación necesaria para examinar la situación económica del ejercicio, así como al Libro de Actas de las Juntas Generales de la Comisión, para constatar los acuerdos adoptados en las mismas. Por tanto, se reconoce un derecho de los falleros/as ser informados, aunque cabe determinar en el Reglamento de Régimen interno el lugar, el tiempo y la forma de ejercicio[13] de tal facultad.

c) Promover la celebración de Junta General Extraordinaria, en los términos previstos en el artículo 25.

d) Poner en conocimiento de la JCF cuantas anomalías e irregularidades adviertan en el funcionamiento de su Comisión, previa conclusión de la vía interna en el seno de su propia Comisión para esclarecer las cuestiones planteadas.

También podrán incluirse en el Reglamento de régimen interno facultades de utilización excepcional y privativa de las instalaciones para asuntos familiares o la inclusión gratuita en el censo de la falla de los niños nacidos durante el ejercicio fallero[14].

Por su parte, el artículo 23.2 RF enumera los deberes y responsabilidades de los falleros:

a) Asistir a las Juntas Generales y acatar los acuerdos adoptados, así como contribuir a su mejor cumplimiento.

b) Cumplir con los compromisos económicos conocidos y asumidos al inicio del ejercicio fallero, quedando sujeto a las sanciones o a la suspensión temporal del ejercicio de sus derechos que imponga su Comisión por su incumplimiento.

c) Asumir las cuotas extraordinarias que se establezcan por acuerdo de Junta General Extraordinaria.

---

13 Para González Pérez y Fernández Farreres, el derecho de todo asociado a la información sobre las actividades de la asociación podrá estar sujeto a reglas sobre lugar, tiempo y forma de ejercicio, pero no su carácter personal. Cfr. González Pérez, J. y Fernández Farreres, G.: *Derecho de asociación…*, op. cit., pág. 294.

14 Así los recomienda el modelo de Reglamento de Régimen interno de las Comisiones de Falla elaborado por la JCF.

3. Organización, estructura y funcionamiento de la Comisión fallera. Cargos directivos y funciones. Delegaciones de trabajo y competencias

En la LO 1/2002, la regulación de la organización, estructura y funcionamiento de las asociaciones es muy limitada. En su art. 12, apartados 3, 4 y 5, dispone de manera sucinta que la Asamblea General es el órgano supremo de gobierno de la asociación, integrado por los asociados, que adopta sus acuerdos por el principio mayoritario o de democracia interna y deberá reunirse, al menos, una vez al año.

Existirá un órgano de representación que gestione y represente los intereses de la asociación, de acuerdo con las disposiciones y directivas de la Asamblea General. Sólo podrán formar parte del órgano de representación los asociados. Para ser miembro de los órganos de representación de una asociación, sin perjuicio de lo que establezcan sus respectivos Estatutos, serán requisitos indispensables: ser mayor de edad, estar en pleno uso de los derechos civiles y no estar incurso en los motivos de incompatibilidad establecidos en la legislación vigente.

En el caso de que los miembros de los órganos de representación puedan recibir retribuciones en función del cargo, deberán constar en los Estatutos y en las cuentas anuales aprobadas en Asamblea.

Por su parte, la Ley valenciana de asociaciones 4/2008 dedica una atención mucho más extensa a esta materia en su Título III. En efecto, su Capítulo I (arts. 36-41) regula las competencias y funcionamiento de la Asamblea general, así como el régimen de adopción e impugnación de acuerdos; al tiempo que su Capítulo II (arts. 42-48) se dedica al órgano de representación, deteniéndose en aspectos relativos a sus competencias, estructura, funcionamiento, elección, duración y separación del cargo, así como su ejercicio, delegaciones y responsabilidades y como documentar e impugnar los acuerdos.

El artículo 15 RF enumera los cargos representativos y los órganos de gobierno de cada Comisión fallera. Entre estos, identifica al presidente, la Junta Directiva y la Junta General.

El art. 16 se dedica al presidente como la máxima representación de la Comisión de falla, siendo su competencia esencial la coordinación, supervisión y ejecución de las actividades propias que decida llevar a cabo una Comisión, siempre en estricto cumplimiento de lo dispuesto en el RF y en el Reglamento de régimen interno de cada Comisión. Toda Comisión de falla deberá contar con un presidente o presidenta, mayor de edad y elegido de entre los componentes de la Comisión de falla, en Junta General

Extraordinaria debidamente convocada al efecto por el secretario de la Comisión y sometida en su proceso de celebración y elección al sistema de votación por mayoría de entre los presentes, caso de existir más de un candidato (art. 16.2 RF).

La Junta de Elección de presidente tendrá lugar en la Junta General de Cierre del Ejercicio, siendo la primera a celebrar, si procede. Una vez aprobada la memoria de actividades desarrolladas y aprobado el balance económico, se procederá a la elección. Se constituirá una mesa de edad, entre los falleros que tengan mayoría de edad, que estén presentes y en activo el ejercicio anterior, ejerciendo de secretario y presidente de la mesa los falleros de menor y mayor edad, respectivamente (art. 16.3 RF).

Este precepto, en sus dos apartados, y al exigir el voto entre los presentes, parece excluir expresamente tanto la posibilidad de voto delegado[15] como de voto telemático. No obstante, ambas posibilidades aparecen claramente permitidas en el art. 23. 2 y 3 Ley Valenciana 14/2008, que dispone:

> "3. Los estatutos podrán establecer formas de representación de las personas asociadas, de modo que cualquiera de ellas pueda autorizar a otra persona para que le represente en la toma de decisiones cumpliendo los requisitos estatutariamente previstos.
>
> 4. Los estatutos podrán admitir el voto por correspondencia o por medios electrónicos, informáticos o telemáticos, estableciendo, en su caso, los requisitos necesarios para garantizar la autenticidad y procedencia de dichos votos."

Por tanto, y a mi juicio, los Estatutos de una Comisión de falla constituida como asociación podrían permitir tanto el voto delegado como el telemático, exigiendo en ambos casos, en aras de la seguridad jurídica, las oportunas cautelas para acreditar la identidad del fallero o fallera votante.

Las funciones del presidente, ciertamente extensas, aparecen concretadas en el art. 17:

a) La gestión general de la actividad de la Comisión, gozando de las facultades precisas de representación, dirección y disciplinaria, viniendo obligado a dar cuenta periódica de la misma en la Junta General de la Comisión.

Sobre los acuerdos adoptados y su gestión, se generará una responsabilidad solidaria de todos los falleros que integran la Comisión de falla. No obstante, no cabe olvidar que el art. 15.3 LO 1/2002 señala que los miembros o titulares de los órganos de gobierno y representación, y las demás

---

15 La posibilidad del voto por representación o delegado se reconoce expresamente en el art. 12 d) LO 1/2002.

personas que obren en nombre y representación de la asociación, responderán ante ésta, ante los asociados y ante terceros por los daños causados y las deudas contraídas por actos dolosos, culposos o negligentes. Y el apartado 4 reitera que estas personas responderán civil y administrativamente por los actos y omisiones realizados en el ejercicio de sus funciones[16]. El presidente de la Comisión de falla asociación es el máximo representante de la persona jurídica Comisión de falla asociación y, por tanto, será quien firme los contratos, entre otros, con el artista fallero, proveedores o pirotecnia, ostentará legitimación pasiva para ser demandado y podrá responder contractual y extracontractualmente e incluso penalmente en caso de reclamación frente a la misma por daños producidos por la Comisión fallera asociación los asociados o a terceros. Por ello, resulta imprescindible la suscripción de un seguro de responsabilidad civil. Para el correcto desenvolvimiento ejercicio de tales funciones, los arts. 18 y 19 RF se dedican a la acreditación del presidente frente a terceros por certificación de JCF (sin necesidad de poder notarial) y del ejercicio y cese del cargo. En los últimos años resulta habitual que en las Comisiones de falla aparezcan en los actos representativos de la Comisión varios presidentes o presidentas que internamente actúan de manera conjunta o comparten el cargo. En cualquier caso, oficialmente solo cabe inscribir como presidente en el censo de JCF a un único fallero o fallera, y será esa persona quien recibirá la certificación y podrá asistir a los actos oficiales en representación de la Comisión.

b) Convocar la Junta General, fijar el orden del día, presidir y moderar su desarrollo.

c) El presidente/a, junto con su Directiva, dará cuenta en la Junta General de cierre del ejercicio, de los resultados económicos, así como de las actividades desarrolladas en sus memorias y balances correspondientes, debiéndose celebrar ésta con anterioridad a la fecha del 15 de abril.

d) Ejercer el voto de calidad en aquellos supuestos que los acuerdos a adoptar por la Junta General sean dirimidos por un empate en la votación correspondiente.

e) Supervisar y llevar en estado actual la gestión económica a través de los libros de caja, informando periódicamente de su balance a la Jun-

---

16 Para un análisis más pormenorizado de la responsabilidad civil de las Comisiones, puede consultarse el siguiente capítulo de esta misma obra: Castillo Martínez, C.: "La responsabilidad de las Comisiones falleras. Aspectos legales y su tratamiento en la jurisprudencia", *Derecho fallero*, Tirant lo Blanch, 2025.

ta General. Podrá ser requerido por ésta para presentar un balance general en un plazo no superior a quince días. Vendrá obligado a facilitar la función supervisora de la JCF.

f) Responder ante la JCF de las actuaciones de la Comisión, estando en la obligación de poner en su conocimiento cuantas irregularidades o anomalías se presenten, así como dirigir a la misma consultas, cuestiones o iniciativas sobre asuntos de gestión de la Comisión.

g) Cumplir y hacer cumplir por la Comisión el presente Reglamento, así como cuantas disposiciones sean dictadas por la JCF.

h) Participar en la Asamblea General en representación de su Comisión de falla, a partir de la primera reunión ordinaria del nuevo ejercicio fallero.

Junto con el presidente, el art. 15 considera cargo representativo de la Comisión a la Fallera Mayor. En el Reglamento de régimen interno de la Comisión de falla asociación deberá también figurar el procedimiento de selección de la Fallera Mayor, a efectos de dotar de mayor seguridad jurídica al proceso de selección[17].

Conforme al artículo 20 RF, corresponde a la Junta Directiva, en comunidad con el presidente, llevar a cabo la gestión directa y el desarrollo de la actividad general, de los fondos de distinta índole y de los acuerdos de la Comisión de falla, adoptados en Junta General, dando cuenta periódicamente de esta gestión a la Junta General. La Junta Directiva será nombrada por el presidente entre los componentes mayores de edad de la Comisión, en un plazo de 15 días a contar desde su elección, dando conocimiento de su composición a la Junta General. Su nombramiento tendrá vigencia hasta la celebración de la Junta de Liquidación y Cierre del Ejercicio. Su composición debe incluir los cargos de dos vicepresidentes/as, secretario/a, tesorero/a, contador/a y delegado/a de Infantiles. De lo dispuesto en esta norma y en el art. 12 LO 1/2002 parece claro que, aunque los menores desde los 14 años pertenecen a la Comisión mayor y pueden asistir y votar en las Juntas Ordinarias y Extraordinarias, no podrán formar parte de la Junta Directiva hasta los 18 años.

Sus respectivas funciones, de acuerdo con el art. 21 RF, serán:

a) Los vicepresidentes sustituirán, por su orden, al presidente/a en caso de enfermedad, ausencia o por expresa delegación de éste.

---

17 El Capítulo Quinto del modelo de Reglamento de Régimen interno de las Comisiones de Falla, elaborado por la JCF, incluye previsiones concretas a este respecto.

En caso de dimisión voluntaria o fallecimiento del presidente, el vicepresidente/a 1° asumirá sus funciones con carácter interino, debiendo convocar Junta General Extraordinaria para promover la elección de nuevo presidente en un plazo no superior a treinta días a contar desde que se produjo la vacante.

b) El secretario diligenciará la correspondencia y demás documentos oficiales en unión del presidente/a, redactará las actas de las Juntas Generales y hará constar en el Libro de Actas los acuerdos expresamente adoptados, firmará las convocatorias y desempeñará las funciones que por uso y práctica corresponden al cargo.

c) El tesorero y el contador son los responsables de la gestión económica de los fondos generados y vendrán obligados a dar cuenta del estado contable a la Comisión como mínimo una vez al trimestre, siendo responsables con el presidente del balance final que será sometido a la aprobación de la Junta General.

d) El delegado de infantiles velará por las necesidades de la comisión infantil y dará cuenta de éstas a la junta general, llevará a cabo la coordinación de las actividades que este colectivo desempeñe fomentando el espíritu fallero entre los más jóvenes de cada comisión.

También es habitual que haya un delegado de festejos, dedicado al mantenimiento del casal; así como un secretario de actas, a quien tradicionalmente se denominaba bibliotecario-archivero. Asimismo, resulta frecuente que existan subdelegados y subsecretario, aunque tales cargos suelen tener naturaleza estrictamente interna y no se inscriben en el censo oficial de JCF. En dicho censo, en la práctica actual pueden incluirse hasta un máximo de 19 miembros de la Junta Directiva, lo que tiene efectos beneficiosos a efectos de méritos para la obtención de recompensas[18]. Para ostentar un cargo en la Junta Directiva, es común que se exija una cierta antigüedad como fallero[19].

En cuanto a la Junta General Ordinaria de la Comisión de falla, de acuerdo con el art. 24 RF, deberá cumplir las siguientes reglas:

a) Se celebrará con una periodicidad mínima mensual.

---

18 El art. 68 RF otorga, a quienes ostenten cargos en la Junta Directiva, plazos más reducidos para la obtención de Recompensas.

19 En el modelo de Reglamento de Régimen Interno de las Comisiones de falla propuesto por JCF se exige acreditar dos años de antigüedad en la comisión para los cargos de vicepresidente, secretario, tesorero y delegado de Infantiles.

b) Deberá ser convocada con publicidad y antelación suficiente, dando conocimiento del orden del día a tratar en lugar adecuado o por el medio establecido al efecto.

c) Los acuerdos se adoptarán por mayoría de los asistentes, constando todos ellos de forma preceptiva en la correspondiente acta que se levantará por el secretario de la Comisión.

d) Las actas constituyen el documento fehaciente de su celebración, debiendo constar en ellas los asistentes a la Junta General, recoger las manifestaciones que así se soliciten y que deberá ser leída y aprobada en la sesión siguiente.

e) Es el único órgano capacitado para aprobar el Presupuesto Anual de Ingresos y Gastos del ejercicio fallero que, previamente elaborado por la Junta Directiva, se someterá con carácter obligatorio a su aprobación en un plazo no superior a cuarenta y cinco días, desde la Junta de inicio de Ejercicio.

Por su parte tendrá la consideración de Junta General Extraordinaria, siguiendo lo dispuesto en el art. 25 RF, aquella que tenga alguno de los siguientes propósitos:

a) Elección del presidente/a de la Comisión de falla y moción de censura contra éste.

En este último supuesto se remitirá copia de su convocatoria a JCF quien, a través de su Delegación de Incidencias, designará dos vocales para asistir a su celebración con la exclusiva función de asesoramiento y de dar fe de su procedimiento (art. 25.3 RF).

b) Liquidación y cierre económico del ejercicio fallero, así como aquellos acuerdos que modifiquen los compromisos económicos de comienzo de ejercicio.

c) De no aprobarse la liquidación en la Junta convocada, se volverá a convocar en el plazo de 15 días, para aprobar nuevos informes y documentos aclaratorios. De no aprobarse de nuevo, se puede solicitar la intervención de la Delegación de Incidencias para asesoramiento y arbitraje.

d) En el supuesto de solicitud de ubicación en la demarcación señalada por Junta Central Fallera como propia, del Casal de una falla colindante.

e) En los supuestos de fusión o disolución de la Comisión de falla.

f) En las cuestiones que, por su especial trascendencia, así lo acuerde la Junta Directiva.

g) Cuando lo solicite el 20% del censo de componentes de la Comisión de falla. En este supuesto, su celebración tendrá lugar antes de los quince días a contar desde la presentación de la solicitud de convocatoria.

La convocatoria de la Junta General Extraordinaria se realizará por escrito al domicilio facilitado por el fallero en el momento de su inscripción, con un plazo de antelación mínimo de ocho días al de su celebración y debiéndose adjuntar el orden del día a tratar. En la actualidad, y de acuerdo con los nuevos sistemas de comunicación electrónica, desde luego cabría la convocatoria por correo electrónico e incluso por WhatsApp y sería conveniente incluir tal posibilidad expresamente en el Reglamento de Régimen Interno.

El art. 40 LO 1/2002, está dedicado al orden jurisdiccional civil, competente en relación con las pretensiones derivadas del tráfico jurídico privado de las asociaciones, y de su funcionamiento interno. Su apartado 2 dispone que los acuerdos y actuaciones de las asociaciones podrán ser impugnados por cualquier asociado o persona que acredite un interés legítimo, si los estimase contrarios al ordenamiento jurídico, por los trámites del juicio que corresponda. Además, el apartado 3 señala que los asociados podrán impugnar los acuerdos y actuaciones de la asociación que estimen contrarios a los Estatutos dentro del plazo de cuarenta días, a partir de la fecha de su adopción, instando su rectificación o anulación y la suspensión preventiva en su caso, o acumulando ambas pretensiones por los trámites establecidos en la Ley de Enjuiciamiento Civil. El art. 249.3 LEC incluye tales pretensiones dentro del ámbito del juicio ordinario.

4. Régimen económico y responsabilidad

En los Estatutos de la Comisión fallera asociación de nueva creación será conveniente determinar el patrimonio inicial y los recursos económicos de los que podrá hacer uso, tal y como señala el apartado k) del art. 7 LO 1/2002[20]. Junto con ello, y de acuerdo con el apartado i) del mismo precepto, deberá incluirse el régimen de administración, contabilidad y

---

[20] Y ello, aunque el modelo de Reglamento de Régimen interno de las Comisiones de Falla creado por la JCF señala expresamente que no debe incluirse en apartado de régimen económico una referencia al "patrimonio inicial".

documentación, así como la fecha del cierre del ejercicio asociativo que, en el caso de las Comisiones de falla, se produce el 20 de marzo.

El art. 13.2 LO 1/2002 hace referencia expresa a las actividades económicas de las asociaciones que, como afirma el art. 1.2, no tendrán ánimo de lucro, al señalar que los beneficios obtenidos por las asociaciones, derivados del ejercicio de actividades económicas, incluidas las prestaciones de servicios, deberán destinarse exclusivamente al cumplimiento de sus fines, sin que quepa en ningún caso su reparto entre los asociados ni entre sus cónyuges o personas que convivan con aquéllos con análoga relación de afectividad, ni entre sus parientes, ni su cesión gratuita a personas físicas o jurídicas con interés lucrativo[21].

En la misma línea se encuentra el art. 10.1 Ley valenciana 4/2008 que considera que una asociación no tiene ánimo de lucro, aunque desarrolle una actividad económica, si el fruto de tal actividad se destina exclusivamente al cumplimiento de las finalidades comunes de interés general establecidas en sus estatutos. Su apartado 2 añade que las asociaciones desarrollan una actividad económica, cuando realicen la ordenación por cuenta propia de medios de producción y de recursos humanos, o de uno de ambos, con la finalidad de intervenir en la producción o distribución de bienes o servicios. El arrendamiento del patrimonio inmobiliario de la entidad no constituye, a estos efectos, explotación económica. Por otro lado, su apartado 3 permite que los miembros de los órganos de representación puedan percibir de la entidad retribuciones por la prestación de servicios, incluidos los prestados en el marco de una relación de carácter laboral, siempre que se cumplan las condiciones previstas en los estatutos o en las normas por las que se rige la entidad, si bien no podrán participar en los resultados económicos de la entidad, ni por sí mismas, ni a través de persona o entidad interpuesta. Por último, el apartado 5 impone que en ningún caso los beneficios obtenidos por las asociaciones puedan ser destinados al reparto entre las personas asociadas, ni entre sus cónyuges o personas con

---

21 Buena parte de la doctrina considera la inexistencia de ánimo lucro, elemento esencial de la asociación. Así, González Pérez, J. y Fernández Farreres, G.: *Derecho de asociación…*, op. cit., págs. 235-236; o Martín Huertas, A., *El contenido esencial del Derecho de asociación,* Congreso de los Diputados, Madrid, 2009, pág. 421. Por el contrario, Gómez Montoro defiende una concepción amplia del derecho de asociación en el art. 22 CE, en el que cabrían a su juicio, las sociedades civiles y mercantiles, industriales, cooperativas y otros entes con ánimo de lucro. Cfr. Gómez Montoro, A. J.: *Asociación, Constitución, Ley…*, op. cit, págs. 137 y ss.

análoga relación de afectividad, ni entre sus parientes, ni su cesión gratuita a personas físicas o jurídicas con interés lucrativo.

En idéntico sentido, el art. 2.1 RF confirma que las Comisiones de falla son entidades sin ánimo de lucro formadas por un conjunto de personas, lo que descartaría la forma jurídica de fundación. Por ello tampoco podrían revestir la forma jurídica de sociedad civil, mercantil o cooperativa dado que en todas ellas existe ánimo de obtención de ganancias para repartirlas entre los socios.

En cuanto a la gestión y documentación de esta actividad económica realizada por la asociación fallera, de acuerdo con el art. 21 RF, su responsabilidad recae en el tesorero y en el contador, quienes vendrán obligados a dar cuenta del estado contable a la Comisión como mínimo una vez al trimestre, siendo responsables con el presidente del balance final, que será sometido a la aprobación de la Junta General.

Tal actividad queda sometida a lo dispuesto en el art. 14 LO 1/2002, que señala que las asociaciones deben llevar una contabilidad que permita obtener la imagen fiel del patrimonio, del resultado y de la situación financiera de la entidad, así como las actividades realizadas, efectuar un inventario de sus bienes y recoger en un libro las actas de las reuniones de sus órganos de gobierno y representación. Deberán llevar su contabilidad conforme a las normas específicas que les resulten de aplicación. Por último, el apartado 3 del mencionado precepto establece que las cuentas anuales de la asociación se aprobarán anualmente por la Asamblea General.

El art. 24.2 RF añade que las fuentes de ingresos de las Comisiones de falla para afrontar el presupuesto anual serán los que libremente se determinen y aprueben por acuerdo de la Junta General, quedando totalmente prohibido generar los mismos insertando publicidad en la composición artística de la falla con exclusivos fines comerciales, a excepción de la que exijan aquellos concursos institucionales admitidos o que cuenten con la anuencia de la JCF.

En relación a las Comisiones de falla asociaciones, su presupuesto anual —con indicación expresa del importe de las cuotas de los miembros, así como otras fuentes de ingresos, como las derivadas de rifas o loterías— deberá ser aprobado al inicio del ejercicio por Junta Ordinaria, en los plazos establecidos en el art. 24 e) R.F, mientras que la liquidación y cierre económico del ejercicio fallero correspondería adoptarlo en Junta Extraordinaria (art. 25.b RF). Además, todos los años deberán incluirse en el censo de JCF aquellas personas que quieran figurar como falleros (art. 11 RF) y disfrutar de los beneficios asociados a tal condición, así como cumplir las obligaciones económicas aprobadas en el presupuesto anual. También deberá darse de baja en el censo de JCF a aquellos que ya no mantengan la condición de falleros.

En cuanto a la responsabilidad de las Comisiones de falla asociaciones, que se aborda en más detalle en otro capítulo[22] de este volumen, valga transcribir lo dispuesto en el artículo 15 LO 1/2002, que dispone de manera precisa:

> "1. Las asociaciones inscritas responden de sus obligaciones con todos sus bienes presentes y futuros.
>
> 2. Los asociados no responden personalmente de las deudas de la asociación.
>
> 3. Los miembros o titulares de los órganos de gobierno y representación, y las demás personas que obren en nombre y representación de la asociación, responderán ante ésta, ante los asociados y ante terceros por los daños causados y las deudas contraídas por actos dolosos, culposos o negligentes.
>
> 4. Las personas a que se refiere el apartado anterior responderán civil y administrativamente por los actos y omisiones realizados en el ejercicio de sus funciones, y por los acuerdos que hubiesen votado, frente a terceros, a la asociación y a los asociados.
>
> 5. Cuando la responsabilidad no pueda ser imputada a ningún miembro o titular de los órganos de gobierno y representación, responderán todos solidariamente por los actos y omisiones a que se refieren los apartados 3 y 4 de este artículo, a menos que puedan acreditar que no han participado en su aprobación y ejecución o que expresamente se opusieron a ellas.
>
> 6. La responsabilidad penal se regirá por lo establecido en las leyes penales".

La posible responsabilidad fiscal se regirá por las leyes tributarias aplicables.

5. Régimen disciplinario

Aunque esta materia es objeto de análisis en otro capítulo de esta obra, no podemos obviar que el régimen disciplinario constituye un aspecto ciertamente relevante del régimen interno de las Comisiones falleras, tal y como dispone el art. 10.1.f RF y recoge el modelo de Reglamento de régimen interno propuesto por JCF[23]. Sea de ello lo que fuere, son muchos los estatutos de asociaciones falleras que no contienen disposiciones al respec-

---

22 Cfr. Castillo Martínez, C.: "La responsabilidad de las Comisiones falleras...", op. cit.

23 Cfr. Martínez Otero, J. M.: "Valencia en Fallas... ¿ciudad sin ley? Ilegalidad, infracciones y sanciones en el contexto fallero", *Derecho fallero*, Tirant lo Blanch, 2025. El Capítulo VII del modelo de Reglamento de régimen interno se refiere específicamente al régimen disciplinario.

to, por lo que resultan aplicables en su defecto las disposiciones contenidas en la LO 1/2002, la Ley valenciana 14/2008 y el propio RF[24].

En esta materia conviene distinguir dos niveles. Uno interno, propio del Derecho privado que se sustancia en el seno de cada Comisión de falla; y otro externo, sustanciado ante JCF y con un componente de carácter administrativo[25].

El art. 7.1.e) LO 1/2002 incluye entre el contenido preceptivo de los Estatutos "los requisitos y modalidades de admisión y baja, sanción y separación de los asociados y, en su caso, las clases de éstos", añadiendo que "podrán incluir también las consecuencias del impago de las cuotas por parte de los asociados".

Por su parte, el art. 26 de la Ley valenciana 14/2008 dispone lo siguiente, en relación con el procedimiento disciplinario:

> "1. No se podrán imponer sanciones sin la tramitación del procedimiento disciplinario previsto en los Estatutos, instruido por órgano diferente al competente para resolverlo y que garantice los derechos de las personas asociadas a las que se instruye el procedimiento a ser informadas de la acusación y a formular alegaciones frente a la misma. Los órganos competentes para instruir y resolver el procedimiento deberán ser determinados en los Estatutos.
>
> 2. En el supuesto de la sanción de separación de la persona asociada, se requerirá, en todo caso, la ratificación de la asamblea general.
>
> 3. Si la conducta infractora de la persona asociada pudiera ser constitutiva de delito y llegara a formularse denuncia o querella por ello, la asociación no instruirá procedimiento disciplinario ninguno al respecto, o se abstendrá de resolverlo, en tanto la autoridad judicial no dicte sentencia firme o tenga lugar el sobreseimiento o archivo de dichas actuaciones, sin perjuicio de que los estatutos puedan contemplar la suspensión provisional en tal condición

---

24 Arts. 75 y ss. RF.

25 Para Anzures García resulta necesario que toda asociación cuente con la capacidad para dotarse de un régimen interno de infracciones y sanciones, en aras de mantener un orden dentro de sus filas, porque sin él su autopreservación y la consecución de sus fines sería casi imposible. Anzures García, J. J.: *La protección constitucional de las asociaciones. Sobre la dimensión colectiva del derecho de asociación*, Centro de Estudios Políticos y Constitucionales, Madrid, 2014, pág. 374. No obstante, para el citado autor, esta afirmación resulta válida siempre y cuando se considere que esta potestad asociativa es una verdadera potestad disciplinaria o mejor dicho, un Derecho sancionador y no un régimen de sanciones contractuales; y es que el problema de reconocer esta potestad asociativa consiste precisamente en determinar su naturaleza jurídica. Desde una perspectiva *iusprivatista* se sostiene que las penas que impone la asociación a sus miembros son penas contractuales mientras que desde una visión corporativista (más que *iuspublicista*) se defiende que la facultad de la asociación para sancionar a sus miembros responde a un Derecho disciplinario.

> del presunto responsable. Dicha suspensión provisional no tendrá el carácter de sanción disciplinaria."

Específicamente, el art. 23.2. b) RF establece como deber del fallero o fallera cumplir con los compromisos económicos conocidos y asumidos al inicio del ejercicio fallero, quedando sujeto a las sanciones o a la suspensión temporal del ejercicio de sus derechos que imponga su Comisión por su incumplimiento. La Junta General extraordinaria es el órgano competente para decidir sobre el régimen disciplinario. A fin de rodear el ejercicio del poder disciplinario de las debidas garantías, resultaría oportuno tipificar en el Reglamento de régimen interno, tal y como hace el modelo recomendado por JCF, las infracciones y las sanciones, así como pormenorizar mínimamente el procedimiento sancionador, extremos que actualmente no se contienen en muchos de los Reglamentos vigentes[26].

Además de los órganos internos de cada Comisión, el RF prevé que en ocasiones intervenga la JCF en los procedimientos disciplinarios, normalmente en vía de recurso (art. 76.2 RF). A esta tarea se añade la función de mediación y resolución que el artículo 73.1.b RF atribuye a la Delegación de Incidencias de JCF, en relación con los conflictos y litigios que pudieran surgir entre falleros y/o Comisiones de falla, tanto en el ejercicio y desarrollo de sus actividades falleras, como los que surgieren en sus relaciones con terceros. Esta competencia se materializa en una continua tarea de mediación, desarrollada habitualmente por cauces informales —reuniones, llamadas, conversaciones— y de la que no queda constancia documental. A JCF corresponde, finalmente, hacer efectiva la sanción de dar de baja del censo fallero a los falleros o falleras cuando hayan incumplido algunas de sus obligaciones previstas en el RF, como la de satisfacer puntualmente las obligaciones económicas o contractuales que pudieran derivarse del ejercicio de la actividad fallera (art. 77.e RF).

---

26 El modelo citado incluye, entre las posibles infracciones, el insulto, la falta de respeto o el empleo de violencia; el mal uso de los bienes de la comisión; la utilización de su nombre en beneficio propio; hacer públicos los acuerdos sin autorización; retener documentación; u obstaculizar la actuación de los órganos de gestión o la falta de pago de obligaciones económicas. En cuanto a las sanciones, se prevén la amonestación personal; el apercibimiento de sanción; la suspensión temporal de derechos; la inhabilitación para ejercer cargos directivos; la reclamación económica en caso de daños ocasionados a la comisión; y la expulsión o baja.

VII. Bibliografía

Anzures García, J. J.: *La protección constitucional de las asociaciones. Sobre la dimensión colectiva del derecho de asociación*, Centro de Estudios Políticos y Constitucionales, Madrid, 2014.

Castillo Martínez, C.: "La responsabilidad de las Comisiones falleras. Aspectos legales y su tratamiento en la jurisprudencia", *Derecho fallero*, Tirant lo Blanch, 2025.

Gómez Montoro, A. J.: *Asociación, Constitución, Ley. Sobre el contenido constitucional del derecho de asociación*, Centro de Estudios Políticos y Constitucionales, Madrid, 2004.

González Pérez, J. y Fernández Farreres, G.: *Derecho de asociación. Comentarios a la Ley Orgánica 1/2002, de 22 de marzo*, Civitas, Madrid, 2002.

Hervás Mas, J.: "El régimen jurídico de los casales falleros", *Derecho fallero*, Tirant lo Blanch, Valencia, 2025.

Martín Huertas, A.: *El contenido esencial del Derecho de asociación*, Congreso de los Diputados, Madrid, 2009.

Martínez Otero, J. M.: "Valencia en Fallas… ¿ciudad sin ley? Ilegalidad, infracciones y sanciones en el contexto fallero", *Derecho fallero*, Tirant lo Blanch, 2025.

Villanueva Latorre, A. C.: "La iniciativa y participación de los pamploneses en la fiesta: peñas, comparsas y cofradías", *Derecho Sanferminero: el derecho de los Sanfermines y de otras fiestas* (Coord. J. F. Alenza García), Aranzadi, Cizur Menor, 2016, págs. 179-204.

Anexo. Preguntas y respuestas

1. ¿Las Comisiones falleras han de revestir necesariamente la forma de asociación?

No, aunque resulta conveniente porque de este modo adquieren personalidad jurídica, se inscriben en un Registro público de asociaciones que es de acceso libre a todos aquellos que quieran pertenecer o contratar con la Comisión de falla, lo que aumentará sin duda la seguridad jurídica.

2. ¿Qué otras formas jurídicas pueden revestir las Comisiones falleras?

En principio una Comisión de falla que no acceda a la forma jurídica de asociación sería un ente sin personalidad jurídica, semejante a las Comunidades de Propietarios. Las Comisiones de falla son entidades sin ánimo de lucro formadas por un conjunto de personas, lo que descartaría la forma jurídica de fundación. Por ello tampoco podrían revestir la forma jurídica de sociedad civil, mercantil o cooperativa, dado que en ellas existe ánimo de obtención de ganancias para repartirlas entre los socios.

3. ¿Se puede crear una asociación Comisión fallera sin previa autorización de JCF?

No, se crea primero la Comisión de falla debidamente autorizada, de acuerdo con el art. 8 RF y después se crea la asociación, mediante el oportuno acuerdo de constitución formalizado en un acta fundacional que incluirá necesariamente sus Estatutos, donde se determinarán sus elementos definitorios y su funcionamiento a través del Reglamento de Régimen interior, que en las Comisiones integradas en JCF será supervisado por este organismo.

4. ¿Qué requisitos hay que cumplir para poder crear una Comisión de falla?

Son los exigidos en el art. 8 RF que podrían resumirse en (1) dirigir instancia al presidente JCF solicitando la creación de la comisión de falla, firmada por los promotores y acompañando la solicitud del acta de Constitución en la que constarán debidamente identificados los cargos de presidente y secretario, quienes deberán ser mayores de edad y no estar inhabilitados por JCF. Además, (2) se deberá presentar el censo de falleros de la Comisión, donde consten los datos de identificación y su firma, así como los cargos directivos con los datos de quienes los ostentarán. También (3) deberá indicarse la demarcación de las calles sobre la que realizará su actividad la Comisión de falla, así como el emplazamiento elegido para ubicar la falla, que deberán ser aprobados por JCF. Finalmente, (4) se deberá aportar la Memoria económica con explícita indicación del Presupuesto Anual estimado para el ejercicio fallero, en el que se destinará una principal partida presupuestaria a la falla.

5. ¿Qué trámites debe cumplir una Comisión de falla para convertirse en asociación?

Para que pueda revestir una Comisión de falla la forma de asociación necesitará, como ya se ha dicho, un acuerdo de constitución, que incluirá la aprobación de los Estatutos, y que habrá de formalizarse mediante acta fundacional, en documento público o privado. Luego deberá inscribirse en el Registro de Asociaciones de la Comunidad Valenciana.

6. ¿Puede una falla escindirse o fusionarse con otra? ¿Cómo?

Sí. El art. 13 RF se ocupa de tal posibilidad cuando sus demarcaciones sean colindantes exigiendo que se acredite el acuerdo expreso adoptado singularmente por cada Comisión, previa celebración de Junta General Extraordinaria. La iniciativa deberá indicar la denominación por la que se opta, así como aportar la misma documentación exigida a una Comisión de falla continuadora.

7. ¿Cómo se disuelve una Comisión de falla?

El art. 14 RF exige, para la disolución de una Comisión de falla, autorización expresa de JCF, previa instrucción del expediente y cumplimiento de los siguientes requisitos:

a) Solicitud de expediente de disolución a JCF, debiéndose presentar por escrito antes del 31 de diciembre del año en curso.
b) Convocatoria de Junta General Extraordinaria de la Comisión de falla, con asistencia de al menos la mitad más uno de sus componentes y con intervención asesora de un representante de JCF
c) Acuerdo expreso adoptado por los dos tercios de los asistentes, con necesaria mención a la responsabilidad patrimonial asumida por todos los componentes del

censo de la Comisión, respecto de las obligaciones económicas formalmente contraídas con anterioridad.

Cabría también la disolución a instancia de la JCF por dejación de responsabilidades de la Comisión de falla afectada. En cualquiera de los casos, JCF se hará depositaria de los bienes de cualquier naturaleza de la Comisión disuelta durante un ejercicio fallero.

8. ¿Pueden los menores de edad mayores de 14 años asistir y votar en las Juntas?

Sí, siempre que se hayan inscrito en la falla con el consentimiento documentalmente acreditado de las personas que deban suplir su capacidad. Resulta muy conveniente que en el Reglamento de Régimen interno de cada falla se incorporen expresamente tales derechos de los menores, pero en ningún caso resulta imprescindible, puesto que ya son reconocidos, como se dijo, en el art. 3.b) LO 1 /2022.

La propiedad intelectual en el ámbito fallero

CLARA ISABEL CAÑERO LOIS
Doctora en Derecho por la Universitat de València[1]

SUMARIO: I. Introducción. II. La falla como objeto de propiedad intelectual. 1. Las fallas como obras plásticas efímeras. 2. La pluralidad de autores y fases en el proceso creativo de las fallas. 3. Las fallas como obras originales objeto de derechos de autor. 4. Ejercicio, cesión e infracción de derechos de autor sobre las fallas. 5. Límites a los derechos de autor sobre las fallas. III. La protección de la propiedad intelectual sobre obras de indumentaria y pirotecnia. IV. Música y derechos de autor en Fallas: el convenio de la JCF con la SGAE. V. Conclusiones. VI. Bibliografía. Anexo. Preguntas y respuestas.

I. Introducción

Las Fallas son "la expresión viva y popular de un pueblo, fiestas de origen vecinal, surgidas y perfeccionadas a través del tiempo por el pueblo valenciano, como manifestación artística, cultural y satírica. [...] Las Fallas, año tras año, se levantan en las calles valencianas, como ejemplos de riqueza patrimonial, de técnicas artesanales, de formas de organización, con un cúmulo de festejos, actos y aspectos asociados a la indumentaria, gastronomía y pirotecnia"[2], de acuerdo con el Decreto 44/2012, de 9 de marzo, del Consell, por el que declara bien de interés cultural inmaterial la Fiesta de las Fallas de Valencia.

La fiesta de las Fallas representa la combinación de tradición e innovación, materializada en manifestaciones artísticas arquetípicas como los monumentos falleros, los espectáculos pirotécnicos o la indumentaria tradicional, evidencias del rico acervo cultural del País Valencià. A estas creaciones artísticas subyace el Derecho de propiedad intelectual como normativa de protección que otorga derechos de exclusiva a autores sobre

1 Este trabajo se ha realizado en el marco del proyecto PID2022-136567NB-I00, Bases para la modernización y mejora del régimen de la propiedad industrial e intelectual ante los desafíos de la agenda digital y las exigencias de sostenibilidad [INNOPI], cuyos investigadores principales son José Massaguer Fuentes y Concepción Saiz García.

2 Anexo 1 del Decreto 44/2012, de 9 de marzo, del Consell, por el que declara bien de interés cultural inmaterial la Fiesta de las Fallas de Valencia.

sus creaciones originales. De esta manera, las Fallas, "fiesta valenciana del fuego, de la pólvora y de la música, fuertemente enraizada en la historia de Valencia, con características culturales originales, y un específico entorno social y artístico", constituyen tanto un "un patrimonio común y propio del conjunto de la población, bien desde el respecto y fidelidad a la secular tradición, bien por el sentimiento valorativo de aquello que las conceptúa como un tesoro cultural"[3], como un ecosistema cultural idóneo para favorecer la creación de manifestaciones artísticas únicas susceptibles de ser protegida por derechos de autor.

Para abordar la intersección entre las Fallas y el Derecho de propiedad intelectual, cabe centrarse especialmente en el monumento fallero, expresión artística fallera por antonomasia, como objeto de la propiedad intelectual y ahondar en las implicaciones jurídicas de esta protección. Asimismo, se plantea la protección de creaciones artísticas cuya consideración sociocultural queda alejada de las obras artísticas tradicionalmente abarcadas por la propiedad intelectual, como son los espectáculos pirotécnicos y la indumentaria tradicional. Finalmente, se analiza el convenio de la Sociedad General de Autores y Editores (SGAE) con la JCF, prestando atención a la dimensión de gestión colectiva de derechos de propiedad intelectual inherente a las Fallas, una fiesta en la que la música es un elemento fundamental.

II. La falla como objeto de propiedad intelectual

1. Las fallas como obras plásticas efímeras

La palabra "falla", referida tanto a la fiesta en sentido global como a su manifestación artística por antonomasia en forma de monumento fallero[4], deriva del latín *facula,* antorcha, denotando su irrevocable conexión con el fuego y el consiguiente carácter efímero de las obras destinadas a arder. Pese a los inciertos orígenes de la fiesta, existen evidencias desde el siglo

---

3 *Ibid.*

4 El Diccionario de la Real Academia Española de la Lengua define "falla" en su tercera acepción como "1. f. Conjunto de figuras de carácter burlesco que, dispuestas sobre un tablado, se queman públicamente en Valencia por las fiestas de San José. 2. f. pl. Período durante el cual se celebran en Valencia los festejos de San José". En este trabajo, nos referiremos a monumento fallero como "falla" en minúscula, y a la fiesta como "las Fallas" en mayúscula.

XVIII de la tradición vecinal de quemar en las calles de Valencia hogueras de trastos viejos o efigies y muñecos, *ninots*, la víspera de San José, patrón de los carpinteros, acompañadas de manifestaciones folclóricas de crítica sociopolítica. Estos elementos evolucionaron en los siglos venideros, adquiriendo complejidad técnica y barroquismo estético y consolidándose como vehículos artísticos para la crítica política y sociocultural en tono satírico y reivindicativo, culminando en las modernas fallas o *cadafals fallers*, indudablemente artísticas y caracterizadas por "su monumentalidad, su carácter escultórico, su proporcionalidad, su acabado y su resolución constructiva, basada en ostentaciones técnicas que implican la presencia de artistas y personal especializado"[5].

Las fallas se configuran como obras plásticas monumentales y efímeras erigidas en calles y plazas de la ciudad de Valencia y de más de ciento sesenta municipios de la Comunidad Valenciana y más allá de sus fronteras[6], con motivos habitualmente satíricos, críticos y burlescos y una identidad visual y estética representativa vinculada tanto a la herencia cultural de la fiesta como al estilo particular de los artistas falleros que imprimen su personalidad en la obra plástica, dotándola de originalidad. En efecto, "los monumentos falleros son el elemento central original de la Fiesta y también el elemento simbólico alrededor del cual se desarrolla todo el ciclo ritual. Se trata de un elemento artístico y efímero, con una evolución estética propia. [...] Las fallas o monumentos falleros son las composiciones de elementos artísticos que con el paso de los años fueron evolucionando de las hogueras de trastos viejos y los primigenios ninots que se crean con el objetivo de ser devorados por el fuego y que, en sí mismos, están cargados de un gran sentido crítico e irónico sobre hechos sociales censurables. La Falla tiene una estructura interna de madera que se va recubriendo de cartón, tela o nuevos materiales, que narra un tema satírico y crítico, gracias a las historias que cuentan los ninots"[7].

Las características intrínsecas a las fallas, como obras efímeras ubicadas en espacios públicos, conllevan una especial pugna entre intereses privados y públicos: por una parte, el autor o coautores, que reclaman el reconocimiento de su obra como objeto de propiedad intelectual y el respecto

---

5 Anexo del Decreto 44/2012, de 9 de marzo, del Consell, por el que declara bien de interés cultural inmaterial la Fiesta de las Fallas de Valencia, punto 2.1°.

6 Espín Alba, I., *Arte Efímero y Derecho de autor*, Editorial Reus, Madrid, 2021, pág. 58.

7 Anexo del Decreto 44/2012, de 9 de marzo, del Consell, por el que declara bien de interés cultural inmaterial la Fiesta de las Fallas de Valencia, punto 2.4°.

de sus derechos exclusivos sobre ella; y, por otra parte, el público, que percibe las fallas como una manifestación etnológica y folclórica sobre la cual no cabe ejercer derechos de exclusiva[8]. Sin embargo, de acuerdo con el Real Decreto Legislativo 1/1996, de 12 de abril, por el que se aprueba el texto refundido de la Ley de Propiedad Intelectual (en adelante TRLPI), la propiedad intelectual protege "creaciones originales literarias, artísticas o científicas expresadas por cualquier medio o soporte, tangible o intangible, actualmente conocido o que se invente en el futuro"; los "derechos de carácter personal y patrimonial" corresponderán "al autor por el solo hecho de su creación"[9].

La enumeración no exhaustiva del artículo 10.1.e) incluye entre las obras objeto de la propiedad intelectual "las esculturas y las obras de pintura, dibujo, grabado, litografía y las historietas gráficas, tebeos o comics, así como sus ensayos o bocetos y las demás obras plásticas, sean o no aplicadas". Las obras plásticas son aquellas que se expresan mediante forma y color a partir de materiales preexistentes. Su originalidad se manifiesta en las líneas, planos, colores, volúmenes y dimensiones del medio material en el que el artista plástico ha seleccionado para ejecutar la obra, debiendo atenderse al tipo de obra para apreciarla. La propiedad intelectual protege la expresión original de una idea y no la idea en sí misma, por lo que su protección abarcará la obra en sí misma, y no la técnica o estilo manifestados en ella, o las ideas y arquetipos que subyacen a la obra[10].

El carácter duradero o efímero de los materiales utilizados en la creación de una obra plástica resultan irrelevantes para su protección. El artí-

---

8 Espín Alba, I., *Arte efímero…*, op. cit., pág. 63.

9 Artículos 1, 2, 5 y 10 TRLPI.

10 Bercovitz Rodríguez-Cano, R., "Artículo 10. Obras y títulos originales", en Bercovitz Rodríguez-Cano, R., *Comentarios a la Ley de Propiedad Intelectual,* 4ª ed., Tecnos, Madrid, 2017, págs. 181-182; Peinado Gracia, J. I., "Artículo 10. Obras y títulos originales", en Palau Ramírez, F., y Palao Moreno, G. (dirs.), *Comentarios a la Ley de Propiedad Intelectual,* Tirant lo Blanch, Valencia, 2016, págs. 208-216; Matorga Toledano, M. C., "El arte efímero como objeto de la propiedad intelectual. Especial referencia a los embalajes monumentales y demás instalaciones conceptuales", *ADI, núm.* 31, 2010-2011, págs. 286-292: "*las ideas son libres y sólo su materialización puede ser monopolizada";* Otero Lastres, J. M., "La originalidad de las obras plásticas y las nuevas tecnologías", en García Pérez, R., y López Suárez, M. A. (eds.), *Nuevos retos para la propiedad intelectual: II jornadas sobre la propiedad intelectual y el derecho de autor (A Coruña, 22 e 23 de marzo de 2008),* Universidade da Coruña, A Coruña, 2008, págs. 78-79; Bercovitz, G., *Obra plástica y derechos patrimoniales de su autor,* Tecnos, Madrid, 1997, págs. 36-38.

culo 10 requiere que una obra se exprese "por cualquier medio o soporte", no que éste sea duradero, si bien las posibilidades de explotación de la obra se verán afectadas por la destrucción de su soporte material[11]. Las fallas, por su naturaleza escultórica, tridimensionalidad y monumentalidad, se encuadran claramente en la categoría de obras plásticas, con la peculiaridad de su carácter efímero, dado que su soporte material o *corpus mechanicum* está destinado a arder la noche del día de San José, razón por la cual su elaboración se realiza con materiales combustibles, como madera, cartón y escayola[12]. En definitiva, el carácter efímero de los monumentos falleros no impide su protección por la propiedad intelectual ni desmerece su mérito artístico, sino que forma parte inherente de la naturaleza artística de estas creaciones.

2. *La pluralidad de autores y fases en el proceso creativo de las fallas*

En el complejo proceso creativo que conlleva la ideación y elaboración de una falla interviene una pluralidad de sujetos más allá de la arquetípica figura del artista fallero, como diseñadores, ilustradores, escultores, decoradores, pintores o técnicos. Así lo ponen de manifiesto, sin ir más lejos, las Bases del proceso de selección de proyectos para la realización y montaje de las fallas grande e infantil del Ayuntamiento de València para el año 2025, aprobado por la Junta de Gobierno Local el 12 de abril de 2024, cuyo punto 4 especifica que en el proceso podrán participar "cualquier artista fallero o artista fallera que haya realizado fallas en ejercicios anteriores. También podrán participar equipos artísticos multidisciplinares en los que haya un/a artista fallero/a debidamente acreditado (es decir, que posea la titulación del ciclo superior de artista fallero/a y construcción de escenografías, o la cualificación profesional correspondiente), que concentrará la competencia profesional para el proyecto de ejecución y realización". Este carácter multidisciplinar y plural del proceso creativo fallero afecta a la consideración jurídica del monumento fallero como objeto de propiedad intelectual.

En primer lugar, cabe atender a las fases del proceso creativo de una falla y a las diferentes obras plásticas que pueden resultar de cada una de ellas.

---

11 Bercovitz Rodríguez-Cano, R., "Artículo 10…", op. cit., pág. 182; Matorga Toledano, M. C., "El arte efímero…", op. cit., págs. 297-298.

12 Espín Alba, I., *Arte efímero…*, op. cit., págs. 64-65; Bercovitz, G., *Obra plástica…*, op. cit., págs. 100-101.

La creación de una falla involucra su ideación como ilustración y boceto bidimensional, y su posterior ejecución tridimensional como monumento. Boceto y monumento pueden ser obra mismo sujeto, pero es frecuente que su autoría se atribuya respectivamente a un diseñador o ilustrador, y a un artista fallero. Normalmente, el artista fallero encarga al ilustrador la elaboración del boceto y éste posteriormente cede al artista los derechos de explotación del mismo para que ejecute el monumento fallero; menos frecuente es que la Comisión fallera sea la que contrata separadamente tanto al ilustrador como al artista fallero.

No cabe duda de que los bocetos son objeto de propiedad intelectual, incluidos en el ya mencionado artículo 10.1.e) TRLPI, protegiéndose de forma autónoma a las obras definitivas en las que desembocan, siempre que tengan originalidad suficiente frente a éstas; de lo contrario, quedarán integrados en la obra definitiva y no recibirán protección independiente[13]. El hecho de que habitualmente el autor del boceto de falla sea distinto al del monumento fallero avala la consideración del boceto como obra plástica bidimensional, independiente y original en sí misma, que posteriormente se transforma en obra plástica tridimensional. Esta transformación genera una obra derivada en el sentido del artículo 11 TRLPI al constituir una transformación de una obra artística, y, por ende, el autor del boceto deberá ceder al artista fallero, al menos, el derecho de transformación; de lo contrario, la ejecución de un monumento fallero a partir de un boceto podría constituir una infracción del derecho de transformación del autor del mismo[14]. Por supuesto, la labor creativa del artista fallero será merecedora de la plena protección de la propiedad intelectual, siempre que la transformación del boceto en monumento requiera una interpretación creativa, mediante la cual el artista fallero imprima en la obra su personalidad mediante la toma de decisiones libres y creativas, dotándola de originalidad en el sentido del artículo 10.1 TRLPI.

La multiplicidad de sujetos involucrada en la creación de las fallas también repercute en su consideración como obras colectivas u obras en co-

---

13 Bercovitz Rodríguez-Cano, R., "Artículo 10…", op. cit., pág. 182; Rogel, C., y Romero, S., "Esbozos, bocetos y Derecho de autor", en Rogel, C. y Saiz, C. (dirs.), Ortega, J. (coord.), *Ideas, bocetos, proyectos y Derecho de autor*, Editorial Reus, Madrid, 2011, págs. 146-147; Ortega Doménech, J., *Obra plástica y Derechos de autor*, Editorial Reus, Madrid, 2000, págs. 54-57.

14 Saiz García, C., "Artículo 11. Obras Derivadas", en Palau Ramírez, F., Palao Moreno, G. (dirs.), *Comentarios a la Ley de Propiedad Intelectual*, Tirant lo Blanch, Valencia, 2016, págs. 236-237.

laboración, dos modalidades previstas por el TRLPI a tal efecto. Es usual en el mundo fallero que el artista fallero firme la falla y se atribuya su autoría, habiendo coordinado el trabajo de los muchos profesionales que asisten en su ejecución material. Por ende, resulta apropiado calificar las fallas como obras en colaboración que, según el artículo 8 TRLPI, surgen por iniciativa y bajo la coordinación de una persona que la edita y divulga bajo su nombre, constituyéndose por las aportaciones de diferentes autores fundidas en una creación única y autónoma, sin que se pueda atribuir separadamente a ellos un derecho sobre la obra en su conjunto. Los derechos sobre esta clase de obra corresponden a quien dirige, coordina, edita y divulga bajo su nombre la obra resultante, es decir, al artista fallero. Sin embargo, en los casos en los que múltiples artistas falleros colaboren para el desarrollo de la obra, podría tratarse de una obra colectiva. Las obras de esta categoría, reguladas en el artículo 7 TRLPI, son el resultado unitario de la colaboración de varios autores, correspondiendo los derechos sobre la obra a todos ellos, y no sólo los correspondientes a su aportación individual, al existir sus aportaciones creativas en un plano de igualdad. En estos casos, los derechos corresponden a los autores en la proporción de determinen, y en su defecto, a partes iguales, de acuerdo con las normas del Derecho común sobre comunidades de bienes[15].

3. Las fallas como obras originales objeto de derechos de autor

Junto con el carácter efímero de su soporte y la multiplicidad de autores y fases en el proceso creativo de las mismas, la clave para la protección de las fallas por el derecho de autor es su encaje en el concepto de obra protegida. Entronca con estas cuestiones la sentencia de la Audiencia Provincial de Alicante de 2 de abril de 2019[16], en la que se dirimen cuestiones de infracción de derechos de autor sobre un boceto y unas esculturas digitales

---

15 En detalle sobre las obras en colaboración, véase Fernández Carballo-Calero, P., “Artículo 7. Obra en colaboración”, en Palau Ramírez, F., Palao Moreno, G. (dirs.), *Comentarios a la Ley de Propiedad Intelectual*, Tirant lo Blanch, Valencia, 2016, págs. 137-148; Saiz García, C., *Objeto y sujeto del derecho de autor*, Tirant lo Blanch, Valencia, 2000, págs. 214-246; y sobre las obras colectivas, Fernández Carballo-Calero, P., “Artículo 8. Obra colectiva” en Palau Ramírez, F., Palao Moreno, G. (dirs.), *Comentarios a la Ley de Propiedad Intelectual*, Tirant lo Blanch, Valencia, 2016, págs. 149-160; Concepción Saiz, *Objeto…*, op. cit., págs. 263-303.

16 SAP de Alicante, sección 8ª, de 2 de abril de 2019, Roj: SAP A 2150/2019, ECLI:ES:APA:2019:2150.

creadas para las Hogueras de Alicante en 2015, festividad prima hermana de las Fallas valencianas. El demandante fue contratado por el artista fallero para crear esculturas digitales —modelos digitales realizados mediante *software* para su posterior reproducción material como parte de un monumento— a partir de los bocetos creados por el artista fallero. Si bien las esculturas digitales fueron encargadas para el proceso creativo de la Hoguera de Sección Especial Florida-Plaza la Viña de 2015, el artista fallero las reprodujo a través de un fresador contratado en 2016 para otros usos distintos y sin autorización del autor de las esculturas digitales. En primera instancia, el Juzgado de lo Mercantil número 2 de Alicante desestimó la demanda del escultor digital, entendiendo que el boceto del artista fallero "no puede conceptualizarse como mera idea no protegible por derecho de autor, sino de auténtica obra" cuya autoría corresponde el artista fallero, "habiéndose limitado el demandante a desarrollar el mismo en forma de esculturas digitales, labor retribuida en virtud del contrato de obra suscrito entre las partes".

El escultor digital recurre ante la Audiencia Provincial, alegando que el boceto del artista fallero y las esculturas digitales son obras distintas, y que "las esculturas digitales, cuya infracción se denuncia, no son una simple ejecución material del boceto del demandado, pues no se limita [...] a ejecutar las ideas del demandado, sino que crea, a partir del boceto de éste, una obra nueva y diferente, con altura creativa suficiente para obtener protección de autor". También recalca que la relación entre el escultor y el artista fallero es un encargo de obra y no una relación laboral, y que la cesión de derechos de explotación sobre las esculturas digitales se circunscribe a las Hogueras de 2015 para las que se realizó el encargo.

El *quid* de la cuestión es si las esculturas digitales creadas por el demandante son objeto de propiedad intelectual, ya que resultan "del encargo de un artista fallero a partir de un boceto hecho de su propia mano por el citado artista, que se la entrega al demandante quien, además, desarrolla la tarea encargada con las puntuales indicaciones dadas por el comitente". La Audiencia Provincial repasa los requisitos del concepto de obra protegida por propiedad intelectual: originalidad, y objeto expresado de manera que resulte identificable con suficiente precisión y objetividad. Considerando el requisito de expresión satisfecho porque "la percepción de una obra escultórica virtual se basa no en sensaciones subjetivas o parciales sino en una realidad, que es inmutable sin intervención humana y que es perceptible por la vista", la sentencia se centra en la originalidad, repasando la doble concepción de la originalidad como subjetiva y objetiva. La originalidad objetiva "exige que sea objetivamente nueva y que goce de un mínimo de altura creativa [...] que exista alguna diferencia entre las distintas obras para considerar la segunda como original", similarmente al concepto de novedad propio del Derecho de propiedad industrial. Por el contrario, una concepción subjetiva de la originalidad radica en "la acumulación o plasmación en la obra de los aspectos singulares y únicos de la personalidad de cada autor, su impronta" mediante la toma de decisiones libres y creativas[17].

Nuestra jurisprudencia se debate entre ambas concepciones[18], pareciendo decantarse más por la originalidad objetiva[19], mientras que la jurisprudencia consolidada del TJUE aboga por la originalidad subjetiva, entendiendo que una obra será original cuando constituya una creación intelectual propia de su autor que refleje su personalidad. Superar este umbral de originalidad puede verse dificultado o imposibilitado cuando la creación venga determinada por consideraciones técnicas, reglas o exigencias que no dejen espacio a la libertad creativa[20]. Esta noción subjetiva de la

---

17 *Ibid.*

18 Véase la STS, Sala de lo Civil, de 26 de octubre de 1992, Roj: STS 7972/1992 - ECLI:ES:TS:1992:7972, en la que el Tribunal defendió que la originalidad podía ser subjetiva u objetiva, necesitándose la presencia de al menos una de las dos concepciones de originalidad para considerar la obra protegida. Sobre los conceptos de originalidad en el Derecho español, véanse Bercovitz Rodríguez-Cano, R., "Artículo 10...", op. cit., págs. 160-166; Plaza Penadés, J., "Artículo 1. Hecho generador", en Palau Ramírez, F., y Palao Moreno, G. (dirs.), *Comentarios a la Ley de Propiedad Intelectual,* Tirant lo Blanch, Valencia, 2016, págs. 36-46; Saiz García, C., *Objeto...*, op. cit., págs. 119-128.

19 Véase la SAP de Alicante, Sección 8ª, de 2 de abril de 2019, Roj: SAP A 2150/2019, ECLI:ES:APA:2019:2150, citando como ejemplos de esta tendencia, entre otras, las STS, Sala de lo Civil, de 24 de junio de 2004, Roj: STS 4443/2004 - ECLI:ES:TS:2004:4443; 9 de diciembre de 2010, Roj: STS 7202/2010 - ECLI:ES:TS:2010:7202; 5 de abril de 2011, Roj: STS 2456/2011 - ECLI:ES:TS:2011:2456; 2 de febrero de 2017, Roj: STS 357/2017 - ECLI:ES:TS:2017:357; y 26 de abril de 2017, Roj: STS 1644/2017 - ECLI:ES:TS:2017:1644, esta última comentada por Saiz García, C., "Originalidad, autoría y titularidad de los derechos de autor de las obras arquitectónicas: Comentario a la sentencia del TS (sala 1.ª, sección 1.ª) de 26 de abril de 2017 (RJ 2017, 1736)", *Revista Aranzadi de derecho,* núm. 45, 2018.

20 STJUE de 12 de septiembre de 2019, Cofemel, C-683/17, § 30-31, citando las STJUE de 1 de diciembre de 2011, Painer, C-145/10, ECLI:EU:C:2011:798, § 80-89 y 94; 7 de agosto de 2018, Renckhoff, C-161/17, ECLI:EU:C:2018:634, § 14; 1 de marzo de 2012, Football Dataco, C-604/10, ECLI:EU:C:2012:115, § 39; 22 de diciembre de 2010, BSA, C-393/09, ECLI:EU:C:2010:816, § 46-48; Cámara Águila,

originalidad es uno de los elementos que conforman el concepto autónomo de obra protegida por propiedad intelectual, que debe interpretarse de forma armonizada en todo los Estados miembros y "supone la concurrencia de dos elementos cumulativos: debe existir un objeto original que constituya una creación intelectual propia de su autor; y la consideración de obra se reserva a los elementos que expresan dicha creación intelectual"[21], como afirma la reciente sentencia de nuestro Tribunal Supremo de 16 de febrero de 2021, que abraza de forma inequívoca estos dos criterios como los únicos exigibles para que una obra sea objeto de protección.

La sentencia de la Audiencia Provincial de Alicante de 2 de abril de 2019 valora ambas concepciones para determinar la originalidad de las esculturas digitales, concluyendo que no son originales ni objetiva ni subjetivamente. El hecho de que la obra tridimensional sea el desarrollo de una obra bidimensional precedente, el boceto del artista fallero, se suma a que la obra en cuestión surge en el contexto de un encargo y sujeta a instrucciones detalladas: "la obra que hace el demandante no es sino el desarrollo técnico del boceto [...] no tiene origen independiente [...] sino causal en tanto contractualmente debida para cumplimentar el contrato de obra concertado entre ambas partes". Si bien "un proceso creativo puede partir de la manipulación de una obra previa utilizándose como base de la propia capacidad para crear", en el caso no se percibe "una nueva asociación de ideas que reflejen un talento propio al que podamos atribuirle originalidad en sentido de objetivamente novedoso [...] ni en tanto resultara apreciable como expresión de la personalidad de la acción creadora de su autor", sino solo una "transformación adaptativa de un boceto a un nuevo género, el dibujo 3D virtual, que conlleva una alteración no creativa de la obra base y que es esencialmente técnica y que, por faltarle altura creativa, no puede obtener la protección impetrada"[22].

Esta sentencia pone de manifiesto la complejidad creativa asociada al mundo fallero, y cómo las diversas fases del proceso creativo pueden producir obras protegidas, siempre que se cumplan los requisitos que exige el

---

P. M., "Los conceptos autónomos sobre el objeto de protección del Derecho de autor: el concepto de obra y el concepto de originalidad", en Cámara Águila, M. P., y Garro Fernández-Díez, I. (coords.), *La Unificación del Derecho de Propiedad Intelectual en la Unión Europea*, Tirant lo Blanch, Valencia, 2019, págs. 68-71.

21 STS, Sala de lo Civil, de 16 de febrero de 2021, Roj: STS 2668/2021 - ECLI:ES:TS:2021:2668.

22 SAP de Alicante, Sección 8ª, de 2 de abril de 2019, Roj: SAP A 2150/2019, ECLI:ES:APA:2019:2150.

Derecho europeo, que más adelante se explorarán en mayor detalle: expresión identificable con suficiente precisión y objetividad, y originalidad en el sentido de constituir una creación intelectual propia de su autor. Por tanto, como ya se ha apuntado, cuando el boceto y el monumento fallero sean obra de diferentes sujetos, el monumento constituirá una obra derivada del boceto que, más allá de la mera transformación adaptativa de dos a tres dimensiones, debe implicar una transformación creativa que permita al artista fallero imprimir su personalidad mediante la toma de decisiones libres y creativas en la ejecución e ideación de la falla, más allá de la mera transformación adaptativa de dos a tres dimensiones.

Cabe de nuevo hacer referencia a las Bases del proceso de selección de proyectos para la realización y montaje de las fallas grande e infantil del Ayuntamiento de València para el año 2025. Su artículo 7, sobre los criterios de valoración para seleccionar la falla grande e infantil del Ayuntamiento de València, establece que "el comité de expertos tendrá en cuenta la solvencia técnica y artística global del proyecto presentado, así como su originalidad", atendiendo a factores como "el carácter satírico de la obra en su conjunto; la claridad conceptual y la singularidad de la idea planteada; la calidad compositiva y espacial; la facilidad de recorrido, accesibilidad y relación visual desde el exterior; la adecuación de los materiales con que se construya la obra a la *cremà* más limpia y respetuosa posible con el medio ambiente [...]; la adecuación del proyecto a los objetivos marcados en la convocatoria". Así, estos criterios no dejan duda de la naturaleza original de las fallas, que permiten a su autor desarrollar su visión creativa e imprimir su personalidad en la obra plástica resultante.

4. *Ejercicio, cesión e infracción de derechos de autor sobre las fallas*

La protección de la propiedad intelectual confiere a su titular tanto derechos de explotación o económicos, como derechos morales. Los derechos morales, reconocidos en el artículo 14 a 16 TRLPI, son inalienables e imprescriptibles, por lo que no pueden ser objeto de transmisión y su ejercicio no se ve sujeto a límites temporales; los derechos morales incluyen los derechos de paternidad, integridad, divulgación, modificación, retirada y acceso[23]. Los dos primeros son los que tienen una aplicación práctica más

---

23 Vendrell Cervantes, C., "Artículo 14. Contenido y características del derecho moral", en Palau Ramírez, F., y Palao Moreno, G. (dirs.), *Comentarios a la Ley de Propiedad Intelectual*, Tirant lo Blanch, Valencia, 2016, pág. 289.

directa en el mundo fallero, traduciéndose en el derecho del autor a que se le reconozca tal condición en relación con su obra[24], y el derecho a prohibir cualquier deformación, modificación, alteración o atentado contra ella que suponga perjuicio a sus legítimos intereses o menoscabo a su reputación[25].

Por su parte, los derechos de explotación pueden ser objeto de cesión en exclusiva o no, su duración se ve limitada a setenta años tras la muerte del autor, como dispone el artículo 26 TRLPI, y confieren a su titular el monopolio sobre la obra y la permiten obtener beneficios económicos por su explotación[26]. Los derechos de explotación, regulados en los artículos 17 a 25 TRLPI, comprenden "los derechos de reproducción, distribución, comunicación pública y transformación", así como el derecho de participación en sucesivas reventas de la obra y el derecho a una remuneración equitativa por copia privada. Estos derechos se traducen en la capacidad del titular de usar la obra —*ius utendi*— y de prohibir a terceros el uso de la obra sin la debida autorización —*ius prohibendi*—. Los derechos de explotación de una obra protegida pueden ser objeto de cesión *mortis causa* e *inter vivos*, reguladas ambas en los artículos 42 y siguientes TRLPI. En cualquier caso, podrán ser objeto de cesión sólo los derechos de explotación y no así los derechos morales[27]. De acuerdo con el TRLPI, las cesiones *inter vivos* quedarán limitadas "al derecho o derechos cedidos, a las modalidades de explotación expresamente previstas y al tiempo y ámbito territorial que se determinen", y en caso de no especificarse, se entenderán cedidos los derechos durante cinco años y en el ámbito territorial del país en el que la cesión se realice, y la cesión deberá quedar formalizada por escrito[28].

Como ya se ha apuntado, los derechos morales y económicos sobre un monumento fallero corresponderán al artista fallero al tratarse general-

---

24 Ibid, págs. 291-294.

25 Ibid, págs. 294-298.

26 Castelló Pastor, José Juan, "Artículo 17. Derecho exclusivo de explotación y sus modalidades", en Palau Ramírez, F., y Palao Moreno, G. (dirs.), *Comentarios a la Ley de Propiedad Intelectual*, Tirant lo Blanch, Valencia, 2016, págs. 315-321.

27 García Sellens, M. A., "Artículo 43. Transmisión «inter vivos»", en Palau Ramírez, F., y Palao Moreno, G. (dirs.), *Comentarios a la Ley de Propiedad Intelectual*, Tirant lo Blanch, Valencia, 2016, pág. 768.

28 Sobre este requisito, véase Ferrando Nicolau, E., "Artículo 45. Formalización escrita", en Palau Ramírez, F., y Palao Moreno, G. (dirs.), *Comentarios a la Ley de Propiedad Intelectual*, Tirant lo Blanch, Valencia, 2016, págs. 790-792.

mente las fallas de obras en colaboración. No obstante, en la práctica, las fallas son encargadas al artista o artistas falleros por parte de la Comisión, que adquirirá los derechos de explotación sobre la misma, como evidencia la cláusula octava del contrato tipo del Gremio de Artistas Falleros para sus agremiados: "Los derechos de autor derivados de la falla y de los bocetos y dibujos técnicos realizados sobre la falla son propiedad del artista, quien se reserva además la propiedad ordinaria de los originales de los bocetos y dibujos. El artista autoriza a la Comisión a realizar cualquier acto de reproducción de la falla, bocetos y dibujos técnicos únicamente en el ámbito de la asociación y dentro de los fines de la celebración de las fiestas, incluyendo actos de explotación que generasen beneficios económicos destinados a los referidos fines, renunciando expresamente en dicho supuesto a reclamar ningún tipo de derecho de autor".

Según lo dispuesto en el Reglamento Fallero, "las relaciones contractuales entre las Comisiones de falla y los artistas falleros para la realización de las fallas, se regularán en las condiciones que libremente estipulen en el documento que a los efectos oportunos se firme por ambas partes", como indica el artículo 79. Continúa este precepto disponiendo que "el precio fijado en el contrato, o en su caso la declaración oficial que realice la Comisión de Falla, será el único a considerar en la valoración de las reclamaciones que puedan existir, así como en cualquier otra actividad que sobre los mismos realice la JCF", debido en gran medida a que el precio del monumento fallero determina en qué categoría concursa, por lo que se trata de un dato con relevancia pública. Cabe mencionar además que la relación entre artista y Comisión no es de carácter laboral en el sentido del artículo 51 TRLPI, que regula la transmisión de los derechos del autor asalariado, sino meramente un encargo de obra[29].

Así, regirá la autonomía de la voluntad de las partes, de modo que sus respectivos derechos se estipularán contractualmente, siendo práctica habitual que el artista fallero, reconocido como autor intelectual del monumento fallero, ceda los derechos de explotación del mismo a la Comisión, considerándose retribuida dicha cesión por la cantidad fijada en el contrato y renunciando el artista a reclamar derechos de autor más allá de lo estipulado en dicho contrato. Si la falla incorpora obras preexistentes crea-

---

29 Véase sobre este contrato Lindner, A., "Artículo 59. Obras futuras, encargo de una obra y colaboraciones en publicaciones periódicas", en Palau Ramírez, F., y Palao Moreno, G. (dirs.), *Comentarios a la Ley de Propiedad Intelectual,* Tirant lo Blanch, Valencia, 2016, págs. 925-927.

das por terceros, el artista fallero deberá contar con la debida autorización de los autores en cuyas obras se basa, normalmente mediante la cesión de derechos de explotación de bocetos y demás material utilizado en el proceso creativo. En todo caso, los autores de las respectivas obras protegidas conservarán los derechos morales sobre las mismas, independientemente de la cesión de los derechos de explotación.

En el marco de las Fallas, la Administración contrata la elaboración de monumentos y otras obras susceptibles de generar derechos de propiedad intelectual. Por ello, es necesario aludir al artículo 308.1 de la Ley 9/2017, de 8 de noviembre, de Contratos del Sector Público, según el cual "salvo que se disponga otra cosa en los pliegos de cláusulas administrativas o en el documento contractual, los contratos de servicios que tengan por objeto el desarrollo y la puesta a disposición de productos protegidos por un derecho de propiedad intelectual o industrial llevarán aparejada la cesión de este a la Administración contratante. En todo caso, y aun cuando se excluya la cesión de los derechos de propiedad intelectual, el órgano de contratación podrá siempre autorizar el uso del correspondiente producto a los entes, organismos y entidades pertenecientes al sector público". Por aplicación de este precepto, cuando el Ayuntamiento de València contrate la realización de una obra protegida por derechos de propiedad intelectual —que, como se explicará más adelante, puede abarcar monumentos falleros, joyas, tejido de espolín o incluso *mascletàs* encargadas por el Ayuntamiento—, se presumirá que los derechos de explotación de estas obras se ceden al Ayuntamiento, salvo que los pliegos de cláusulas o el contrato dispongan lo contrario. Por aplicación del artículo 48 TRLPI, al no especificarse expresamente la naturaleza exclusiva de la cesión, se tratará de una cesión no exclusiva salvo que se especifique lo contrario.

La reproducción de bocetos de falla constituye uno de los supuestos de cesión y ejercicio de derechos de explotación sobre fallas más importantes y recurrentes, ya que los bocetos de fallas se reproducen anualmente en libros, *llibrets*, suvenires, revistas y webs, entre otros medios y formatos. En efecto, la JCF publica anualmente un libro con todos los bocetos de fallas, y las comisiones falleras publican a su vez *llibrets fallers* anualmente, en los que se detalla la explicación de las fallas y se incluyen los bocetos de la misma. También existen múltiples publicaciones periódicas, tanto impresas como online, que reproducen bocetos de fallas, y que constituyen "un alud de publicaciones de carácter diverso, configurando no solo un espacio disciplinario propio, sino un verdadero campo cultural en que conviven escritores amateurs de las mismas Comisiones con especialistas provenientes del periodismo y la literatura"[30].

El artículo 11 del Reglamento Fallero prevé que, para ser incluidas en el censo oficial, las comisiones falleras deberán enviar "el boceto de la Falla a plantar y su memoria explicativa, así como declarar su precio que se justificará mediante copia del contrato suscrito con el artista fallero o declaración del Presidente de la Comisión". Habida cuenta que la inclusión en el Censo Oficial Fallero es un prerrequisito para concurrir a concursos, premios y subvenciones, las Comisiones deberán aportar a la JCF el contrato con el artista y el boceto de falla. Se produce así una cesión de los derechos de reproducción del boceto a la JCF de forma tácita, gratuita y no exclusiva. En la práctica, el Gremio de Artistas Falleros gestiona el cobro de una cantidad simbólica a revistas y webs falleras por la reproducción de los bocetos; no obstante, de acuerdo con el artículo 147 TRLPI, sólo podrán "dedicarse, en nombre propio o ajeno, a la gestión de derechos de explotación u otros de carácter patrimonial, por cuenta y en interés de varios autores u otros titulares de derechos de propiedad intelectual", entidades sin ánimo de lucro que estén debidamente autorizadas por el Ministerio de Cultura, debiendo estar sujetas en cuanto a sus derechos y obligaciones a lo establecido en el título IV del TRLPI[31], por lo que el Gremio deberá cumplir con estos requisitos para poder ejercer lícitamente como entidad de gestión colectiva de derechos de propiedad intelectual.

Por lo que respecta a la infracción de derechos de propiedad intelectual sobre una falla, el titular podrá ejercer las acciones previstas en el Libro III TRLPI para "instar el cese de la actividad ilícita del infractor y exigir la indemnización de los daños materiales y morales causados", así como "instar la publicación o difusión, total o parcial, de la resolución judicial o arbitral en medios de comunicación a costa del infractor". Tendrán la consideración de responsables de la infracción no sólo los que la realicen, sino también "quien induzca a sabiendas la conducta infractora; quien coopere con la misma, conociendo la conducta infractora o contando con indicios razonables para conocerla; y quien, teniendo un interés económico directo en los resultados de la conducta infractora, cuente con una capacidad

---

30 Anexo del Decreto 44/2012, de 9 de marzo, del Consell, por el que declara bien de interés cultural inmaterial la Fiesta de las Fallas de Valencia, punto 2.4º.

31 Véase Ureña Salcedo, J. A., "Artículo 147. Requisitos", en Palau Ramírez, F., y Palao Moreno, G. (dirs.), *Comentarios a la Ley de Propiedad Intelectual*, Tirant lo Blanch, Valencia, 2016, págs. 1673-1679.

de control sobre la conducta del infractor"[32], por lo que podría incluso considerarse a la Comisión fallera como infractora, si conoce e incita una conducta ilícita en relación con el monumento fallero que encarga.

La escasa, por no decir inexistente, litigiosidad en el mundo fallero evidencia que los conflictos que puedan existir por infracciones de propiedad intelectual en este ámbito suelen resolverse de forma privada y extrajudicial, siendo la anteriormente comentada sentencia de la Audiencia Provincial de Alicante de 2 de abril de 2019 uno de los escasos ejemplos en los que un conflicto ha alcanzado la vía judicial. No obstante, no resulta insólito que algunos artistas se inspiren en fallas o bocetos ajenos sin la debida autorización, lo cual podría considerarse un atentado a los derechos de reproducción o transformación de sus titulares. Sin embargo, en un medio creativo anclado en la tradición, existen cánones estéticos y convenciones formales a los artistas falleros pueden adherirse sin que ello impida la innovación técnica y estilística. Como dispone los artículos 2 del Tratado de derechos de autor de la OMPI y 9(2) del Acuerdo sobre los Aspectos de los Derechos de Propiedad Intelectual relacionados con el Comercio (ADPIC), la propiedad intelectual protege la expresión original de ideas, no las ideas en sí mismas. Por ende, si bien se aprecia una consistencia estilística entre diferentes fallas o la repetición de motivos y arquetipos, se trata generalmente de elementos que pertenecen al mundo de las ideas, forman parte del acervo creativo común y no pueden ser monopolizados. El mundo fallero propicia pues sinergias creativas cumulativas basadas en la inspiración mutua entre artistas y la reinterpretación de elementos preexistentes, existiendo *ninots* similares o incluso idénticos en distintas fallas. También es frecuente que un artista plástico cree los moldes para un *ninot* y lo ceda de forma no exclusiva a diferentes artistas falleros, explicando la presencia de la misma figura en diferentes monumentos y sin que ello plantee problemas prácticos.

En cualquier caso, la creencia general en el sector es que pequeñas modificaciones en bocetos o monumentos ya conllevan que éstos constituyan creaciones independientes y lícitas. Esta aproximación se ve confirmada, con matices, por el Derecho, ya que la propiedad intelectual protege la obra de utilizaciones no autorizadas, pero no permite a su titular extender

---

32 Sobre las acciones del titular, véase Armengot Vilaplana, A., "Artículo 138. Acciones y medidas cautelares", en Palau Ramírez, F., y Palao Moreno, G. (dirs.), *Comentarios a la Ley de Propiedad Intelectual,* Tirant lo Blanch, Valencia, 2016, págs. 1581-1594.

su *ius prohibendi* sobre obras creadas de forma independiente, aunque sean similares o idénticas a la suya. Como alude la terminología anglosajona de *copyright*, el ejercicio de los derechos de autor requiere que el uso no autorizado se proyecte sobre la obra, y no sobre las ideas y arquetipos subyacentes que se concretan en ella y no son objeto de protección. Así, se ha calificado la propiedad intelectual como un derecho exclusivo, pero no excluyente, a diferencia a los derechos de propiedad industrial[33].

El Reglamento Fallero prevé la intervención de la JCF por medio de un Jurado de Incidencias para mediar en los conflictos que puedan surgir entre comisiones y artistas: "En los supuestos en que una Comisión de Falla entienda que se ha incumplido el contrato firmado con un artista fallero por parte de éste para la realización de la Falla, bien antes o durante la *plantà* y hasta las 18 horas del día de la misma admitiéndose la denuncia telefónica inicial para que se persone el jurado de incidencias". Este Jurado estará formado por cinco miembros, "dos Artistas Falleros, dos componentes de la Delegación de Incidencias y el Delegado de Incidencias", y su actuación se basará en la normativa de arbitraje, será precedida por un informe técnico y dará lugar a una resolución inapelable en la que cabe expedientar o sancionar a artistas falleros, que quedarán excluidos del Concurso de fallas durante el tiempo que la sanción determine. Si bien la obligación esencial del artista fallero es la *plantà* de la falla en tiempo y forma como fase final de la ejecución material de la misma, también cabría el incumplimiento del contrato si este especificase la creación de una falla original y el artista fallero copiase total o parcialmente obras preexistentes, lo cual podría a su vez dar lugar a la intervención del Jurado de Incidencias.

5. Límites a los derechos de autor sobre las fallas

Los derechos de explotación del titular de una falla protegida por propiedad intelectual se ven limitados no sólo temporalmente a la vida del autor y setenta años tras su muerte, sino también de forma objetiva por efecto de los límites a los derechos de autor, cuya aplicación permite que una utilización que de otro modo podría constituir una infracción sea lícita y no requiera de la autorización del titular. De todos los límites previstos en el

---

33 Otero Lastres, J. M., "Introducción", en Fernández-Novoa, C., Otero Lastres, J. M., y Botana Agra, J. M., *Manual de la Propiedad Industrial*, Marcial Pons, Madrid, 2017, pág. 54.

título II TRLPI, resultan especialmente relevantes los límites de utilización de obras situadas en vías públicas y de parodia, caricatura o pastiche.

En primer lugar, el artículo 35.2 TRLPI prevé que "las obras situadas permanentemente en parques, calles, plazas u otras vías públicas pueden ser reproducidas, distribuidas y comunicadas libremente por medio de pinturas, dibujos, fotografías y procedimientos audiovisuales[34]". Este límite, conocido como libertad de panorama, radica en una concepción social del espacio público que conlleva una renuncia del titular a ejercer sus derechos frente a actos de reproducción, distribución y comunicación pública en relación con obras que forman parte del escenario urbano[35]. Se requiere, no obstante, que la obra en cuestión esté permanentemente situada en la vía pública, una condición difícil de determinar en el caso de las fallas, debido a su carácter efímero. La *plantà* de la falla en la vía pública es la obligación principal del artista fallero, de acuerdo con el artículo 6 del Reglamento Fallero, poniendo de manifiesto que la existencia en el espacio público es parte inherente de las fallas como creación artística. Cabe entender que, pese a la efímera vida de la obra plástica, las fallas se ubican permanentemente en la vía pública desde su ejecución material en la *plantà* "a las doce de la noche del día 15 de marzo" hasta la noche de la *cremà* del 19 de marzo.

Coincidimos con la doctrina que considera que cabe deslindar el carácter efímero de las fallas con el carácter permanente de su emplazamiento en el espacio público[36]. El precepto permite la utilización de la obra "*libremente*", lo cual se materializa en la reproducción, distribución y comunica-

---

34 Este límite está también previsto en el artículo 5.3.h) de la Directiva 2001/29/CE del Parlamento Europeo y del Consejo, de 22 de mayo de 2001, relativa a la armonización de determinados aspectos de los derechos de autor y derechos afines a los derechos de autor en la sociedad de la información.

35 Reyes López, M. J., "Artículo 35. Utilización de las obras con ocasión de informaciones de actualidad y de las situadas en vías públicas", en Palau Ramírez, F., y Palao Moreno, G. (dirs.), *Comentarios a la Ley de Propiedad Intelectual,* Tirant lo Blanch, Valencia, 2016, págs. 602-603.

36 Espín Alba, I., *Arte efímero...*, op. cit., págs. 70-72; Domínguez Luelmo, A., "Información gráfica sobre acontecimientos de actualidad: fotografías de obras situadas en la vía pública", en Serrano-Fernández, M. (coord.), *Fotografía y derecho de autor,* Editorial Reus, Madrid, 2008, págs. 211, 223, citando a su vez la sentencia de la Corte Federal de Justicia alemana (*Bundesgerichtshofs*) de 24 de enero de 2002, en la que se establece el criterio de la finalidad de la instalación para determinar el carácter temporal o permanente del emplazamiento de la obra en espacio público.

ción pública, incluyendo para fines lucrativos[37]. No obstante, la aplicación de este límite deberá respetar la regla de los tres pasos del artículo 40 bis TRLPI y el artículo 13 del Acuerdo ADPIC, según la cual los derechos de autor deben limitarse en determinados casos especiales que no atenten contra la normal explotación de la obra ni causen un perjuicio injustificado a los intereses legítimos del titular de derechos[38]. Además, cabe recalcar que este límite se proyecta sobre la obra finalizada tras la *plantà,* es decir, la obra plástica escultórica, y no sobre los bocetos o demás obras protegidas que puedan derivarse del proceso creativo al que previamente se ha aludido.

En segundo lugar, el límite de caricatura, parodia o pastiche, previsto en el artículo 5.3.k) de la Directiva 2001/29 y regulado en los artículos 39 TRLPI y 70 del Real Decreto-ley 24/2021, se fundamenta en el derecho constitucional a la libertad de expresión y crítica y de creación literaria, artística, científica y técnica consagrados en el artículo 20 de la Constitución y afecta al derecho de transformación del artículo 21 TRLPI[39].

El artículo 39 TRLPI establece que "no será considerada transformación que exija consentimiento del autor la parodia de la obra divulgada, mientras no implique riesgo de confusión con la misma ni se infiera un daño a la obra original o a su autor"[40]. De acuerdo con la jurisprudencia europea, "parodia" es concepto autónomo de Derecho europeo que debe interpretarse de forma armonizada en todos los Estados miembros, y que se caracteriza por evocar una obra preexistente, si bien diferenciándose perceptiblemente de ella, y plasmar una manifestación humorística o burlesca, encontrándose implícitamente amparadas por el concepto tanto las parodias de la obra original —*target parodies* o parodias objetivo— como las que utilizan ésta para criticar otras obras o elementos ajenos a la obra

---

37 Reyes López, M. J., "Artículo 35...", op. cit., pág. 606, citando la SAP de Santa Cruz de Tenerife, Sección 3ª, de 9 de septiembre de 1995, Roj: SAP TF 2/1995 - ECLI:ES:APTF:1995:2; Domínguez Luelmo, A., "Información...", op. cit., pág. 203.

38 Espín Alba, I., *Arte efímero...*, op. cit., pág. 73; Reyes López, M. J., "Artículo 35...", op. cit., pág. 606.

39 Cañero Lois, C. I., "*Fanfiction,* parodia y pastiche en el Derecho español", *ADI, núm.* 40, 2019-2020, págs. 271-272.

40 Sobre este límite véase Corberá Martínez, J. M., "Artículo 39. Parodia", en Palau Ramírez, F., y Palao Moreno, G. (dirs.), *Comentarios a la Ley de Propiedad Intelectual,* Tirant lo Blanch, Valencia, 2016, págs. 691-702.

original —*weapon parodies* o parodias medio—[41]. Para tratarse de una parodia lícita, el objeto deberá ser una obra divulgada y no deberá implicar confusión con la obra original ni daño a esta o a su autor, entroncando con la regla de los tres pasos y los derechos morales del autor. Este elemento burlesco y jocoso limita el ámbito de aplicación de este límite a transformaciones que revistan esta naturaleza[42].

Por su parte, el artículo 70 del Real Decreto-ley 24/2021 dispone que "no precisa la autorización del autor o del titular de derechos la transformación de una obra divulgada que consista en tomar determinados elementos característicos de la obra de un artista y combinarlos, de forma que den la impresión de ser una creación independiente, siempre que no implique riesgo de confusión con las obras o prestaciones originales ni se infiera un daño a la obra original o a su autor. Este límite será también aplicable a usos diferentes de los digitales". La inclusión de este límite se debe a que, en la Directiva 2019/790 sobre los derechos de autor y derechos afines en el mercado único digital, el límite de caricatura, parodia o pastiche pasa a ser de transposición obligatoria para los Estados miembros por efecto de su artículo 17.7.b)[43]. No obstante, de los tres conceptos previstos en la norma, en nuestro país se encuentran expresamente reconocidos la parodia y el pastiche, no así la caricatura.

Este precepto configura el pastiche de manera similar a la parodia, como una lícita transformación de una obra divulgada con los mismos requisitos tendentes a evitar la confusión con la obra original y el daño a esta o a su autor, pero añade el requisito de que el resultado de la transformación sea una que dé la impresión de ser independiente, es decir, original y con independencia creativa. Además, el pastiche no debe tener un carácter satírico u humorístico, sino que bastará con que tenga independencia creativa aparente, permitiéndose así que transformaciones no humorísticas sean lícitas[44]. Cabe mencionar que el Real Decreto-ley 24/2021 resulta una oportunidad perdida por parte del legislador español al no incorporar

---

41 STJUE de 3 de septiembre de 2014, Deckmyn, C-201/13, ECLI:EU:C:2014:2132, § 17-32. En el mismo sentido se pronunció la SAP de Barcelona, sección 15ª, de 24 de abril de 2002, Roj: SAP B 4224/2002 - ECLI:ES:APB:2002:4224.

42 Cañero Lois, C. I., "Fanfiction…", op. cit., págs. 271-273.

43 Así lo ha reconocido también la STJUE de 26 de abril de 2022, Polonia, C-401/19, § 87-88.

44 La cuestión prejudicial planteada por el Tribunal Supremo alemán ante el TJUE el 14 de septiembre de 2023, asunto C-590/23, sobre el concepto de pastiche, esclarecerá estos aspectos cuando sea resuelta en un futuro.

al TRLPI el concepto de caricatura, que permitiría dar amparo a "dibujos satíricos en que se deforman las facciones y el aspecto de alguien; obra de arte que ridiculiza o toma en broma el modelo que tiene por objeto", como las define el diccionario de la Real Academia Española de la Lengua. La doctrina ha considerado que la parodia en el ámbito de las obras plásticas se manifiesta como caricatura[45]; resulta así desafortunada la falta de una referencia expresa a la caricatura en este límite.

La relevancia de los límites de parodia y pastiche para el mundo fallero resultan evidentes, habida cuenta que el carácter satírico y burlesco permea las fallas como creación artística[46], siendo habitual que las fallas incorporen *ninots* dedicados a comentar y criticar temas de actualidad y figuras políticas. Asimismo, las fallas son también inherentemente intertextuales, en constante diálogo con la cultura popular local, nacional e internacional, utilizando elementos reconocibles de obras preexistentes, como personajes de películas o series, sin que normalmente exista autorización por parte de sus titulares[47]. Esta utilización libre de contenidos de obras preexistentes suele ser de carácter crítico y burlesco, por lo que, siempre que se cumplan los requisitos arriba detallados del artículo 39 TRLPI, la transformación creativa de estos elementos por parte de los artistas falleros será lícita. Por lo que respecta a las menos frecuentes transformaciones de carácter laudatorio o a modo de homenaje, el límite de pastiche resulta fundamental para dotar a estos usos de licitud.

III. La protección de la propiedad intelectual sobre obras de indumentaria y pirotecnia

Pese a que su omnipresencia en la fiesta fallera justifica que sea el objeto central de este análisis, los monumentos falleros no son el único elemento artístico protegible por derechos de autor. Alrededor de la fiesta de las Fallas se han desarrollado múltiples prácticas y manifestaciones artísticas, entre las que destacan indudablemente la indumentaria tradicional y los espectáculos pirotécnicos, por su relevancia y creatividad. Si bien estas creaciones artísticas pueden estar alejadas de las tradicionalmente consi-

---

45 Bercovitz, G., *Obra plástica...*, op. cit., pág. 420.

46 Anexo del Decreto 44/2012, de 9 de marzo, del Consell, por el que declara bien de interés cultural inmaterial la Fiesta de las Fallas de Valencia, punto 2.4°.

47 Espín Alba, I., *Arte efímero...*, op. cit., págs. 73-74.

deradas creaciones originales literarias, artísticas o científicas del artículo 1 TRLPI, ello no es óbice para que se protejan como tales.

La jurisprudencia consolidada del TJUE en torno al concepto autónomo de obra protegida por propiedad intelectual ha concluido que "para que un objeto pueda ser calificado de «obra» [...] es preciso que concurran simultáneamente dos requisitos", por una parte, la originalidad, "el sentido de constituir una creación intelectual propia de su autor. [...] La calificación como «obra» [...] se reserva a los elementos que expresan dicha creación intelectual", y, por otra parte, "una expresión del objeto de la protección del derecho de autor que la identifique con suficiente precisión y objetividad, aun cuando esta expresión no sea necesariamente permanente"[48]. Siendo la originalidad en sentido subjetivo y la expresión que permita la identificación con suficiente precisión y objetividad los únicos elementos del concepto de obra, limitar el objeto de la protección de la propiedad intelectual en base a listas exhaustivas de categorías de obras resulta contrario al Derecho europeo[49].

Así, la jurisprudencia europea se ha basado en estos criterios únicamente para considerar si el diseño de una bicicleta plegable[50] o el sabor de un queso[51] pueden considerarse protegidos por propiedad intelectual. En nuestro país, el Tribunal Supremo abrazó el concepto armonizado de obra y aplicó estos criterios para determinar si una faena taurina podía ser objeto de protección por derechos de autor en su sentencia de 16 de febrero de 2021. Tras citar expresamente la jurisprudencia del TJUE en este sentido, la sentencia aplica los requisitos de originalidad en el sentido de que la obra sea una creación intelectual propia de su autor, y de expresión que permita su identificación con suficiente precisión y objetividad, concluyendo que la faena no es equiparable a una coreografía y que no existe originalidad al basarse la secuencia de movimientos más en la interpretación del toro que a decisiones libres y creativas del torero, y sin que

---

48 STJUE de 13 de noviembre de 2018, Levola Hengelo, C-310/17, ECLI:EU:C:2018:899, § 35-37, 40.

49 Rosati, E., "Copyright and the CJEU: Back to the Start (of Copyright Protection)", en Bosher, H. y Rosati, E. (eds.), *Developments and Directions in Intellectual Property Law. 20 years of the IPKat*, Oxford University Press, Oxford, 2023, pág. 236; Rosati, E., "Closed subject matter systems are no longer compatible with EU copyright", *GRUR International*, 2014, págs. 1112-1118.

50 STJUE de 13 de noviembre de 2018, Levola Hengelo, C-310/17, ECLI:EU:C:2018:899.

51 STJUE de 11 de julio de 2020, Brompton, C-833/18, ECLI:EU:C:2020:461.

tampoco pueda "expresarse de forma objetiva aquello en qué consistiría la creación artística del torero al realizar una concreta faena, más allá del sentimiento que transmite". Por tanto, la consideración o no de una creación como obra protegida no se basa en absoluto en su inclusión o no en la lista del artículo 10.1 TRLPI, ya que "recoge una lista de *numerus apertus* y no *numerus clausus*, de forma que en este precepto tienen cabida *otras obras* no recogidas en la lista". Añade la sentencia que "la lista contenida en el art. 10.1 LPI no es cerrada. Aunque trata de comprender todos los supuestos que merecerían esta consideración de *obra*, no los agota"[52].

La aplicación del concepto de obra protegida y los criterios de los que se compone —originalidad en el sentido de que la obra sea una creación intelectual propia de su autor, y expresión de manera que el objeto resulte aplicable con suficiente precisión y objetividad— a la indumentaria tradicional y los espectáculos pirotécnicos revelan que estas industrias y oficios constituyen un campo creativo propicio para la creación de obras susceptibles de protección por la propiedad intelectual.

Por una parte, la indumentaria es uno de los principales elementos identitarios del ciclo ritual fallero y una pieza clave en la conservación de la industria de la sedería valenciana. "El traje de «llauradora» o «valenciana» se ha constituido en el traje de fallera. La indumentaria tradicional y su recuperación y codificación han generado, por tanto, también toda una serie de saberes especializados y específicos y un elaborado y complejo vocabulario técnico, con la supervivencia de herramientas tradicionales de confección", en particular, el tradicional *espolí*. Además, en torno a la indumentaria tradicional se han desarrollado otras manifestaciones artísticas como "la orfebrería, dedicada a la confección de complementos específicos de la indumentaria tradicional, donde los maestros orfebres cuidan al detalle las joyas que resaltan la espectacularidad de un vestido [...] la fabricación artesanal de abanicos, o de los saberes de peluquería relacionados con la elaboración del peinado tradicional, o de las técnicas de los sederos, implicadas en la confección de los espolines antes comentados, o la floristería, implicada por la importancia de los ornamentos florales en diferentes momentos del ciclo ritual, especialmente la Ofrenda de Flores"[53].

---

52 STS, Sala de lo Civil, de 16 de febrero de 2021, Roj: STS 497/2021, ECLI:ES:TS:2021:497.

53 Decreto 44/2012, de 9 de marzo, del Consell, por el que declara bien de interés cultural inmaterial la Fiesta de las Fallas de Valencia, Anexo punto 2.4º.

Las obras artísticas producidas en estas industrias pueden calificarse de obras de arte aplicadas a la industria, las tradicionalmente consideradas por nuestra doctrina como diseños artísticos, susceptibles de protección simultánea y acumulada como diseños industriales y como obras artísticas, como expresamente prevé la Disposición Adicional Décima de la Ley 10/2003 de Protección Jurídica del Diseño Industrial y los artículos 3 y 10.1.e) TRLPI. Además, estas creaciones podrán acogerse a la protección para los diseños no registrados que prevé el Reglamento (CE) nº 6/2002, de 12 de diciembre de 2001, sobre los dibujos y modelos comunitarios. Por lo que respecta a su protección como obras artísticas en España, la jurisprudencia tanto europea como nacional ha aclarado que el concepto de obra protegida es el único aplicable para la determinación del objeto de la propiedad intelectual, por lo que no cabrá acudir a criterios adicionales, como la altura creativa o la utilidad práctica del objeto, para excluir a estas obras de protección[54].

No obstante, como ya se ha apuntado, para cumplir con el requisito de originalidad, el destino práctico del objeto y las prácticas establecidas del sector deberán permitir suficiente libertad creativa al autor para imprimir su personalidad en la obra, de manera que el objeto protegido no abarcará convenciones estéticas comunes o elementos puramente funcionales, sino sólo los elementos en los que la originalidad se manifieste. Así, los tradicionales motivos y patrones del traje de valenciana no podrán ser monopolizados, a diferencia de una combinación de colores, formas y motivos creada por un indumentarista como expresión original de su personalidad; lo mismo cabe afirmar de joyas o abanicos[55].

---

54 En general, sobre la doble protección del diseño, véanse Carbajo Cascón, F., "Objetos industriales, derecho de autor y libre competencia. Consideraciones a partir de las SSTJUE de 12 de septiembre de 2019 ('Cofemel') y 11 de junio de 2020 ('Brompton')", *Cuadernos de Derecho Transnacional*, núm. 12(2), 2020; Derclaye, E., "A Model Copyright/Design Interface: Not an Impossible and Undesirable Task?", en Derclaye, E. (ed.), *The Copyright/Design Interface*, Cambridge University Press, Cambridge, 2018; Otero Lastres, J. M., "El sistema de acumulación restringida y el diseño no registrado", *Revista de Derecho Mercantil*, núm. 296, 2015; Vivas Tesón, I., "La tutela del diseño industrial por el derecho de autor", *Revista Aranzadi de Derecho Patrimonial*, núm. 30, 2013.

55 Véase en este sentido la ya citada STS, Sala de lo Civil, de 26 de octubre de 1992, Roj: STS 797/1992, ECLI:ES:TS:1992:7972, que tenía como objeto obras de joyería; o la más reciente SAP de Madrid, Sección 28ª, de 15 de septiembre de 2017, Roj: SAP M 14041/2017, ECLI:ES:APM:2017:14041, que dirime la protección como obra artística de un bolso aplicando estos criterios armonizados.

Por otra parte, la pirotecnia juega un papel fundamental en la fiesta de las Fallas por "su implicación dentro del ciclo ritual fallero. No solo es que cada evento fallero aparece subrayado y enfatizado por la presencia de los elementos pirotécnicos, sino que algunos de los eventos del ciclo son específicamente pirotécnicos". Destaca particularmente la *mascletà*, "espectáculo pirotécnico diario y diurno basado en la progresión armónica del ruido" celebrado entre el 1 y el 19 de marzo, compuesto por "la explosión de petardos, *masclets*, con una parte terrestre, a la que se le añade, al principio y al final, una parte aérea. Es un espectáculo para sentir y oír, ya que se producen sensaciones similares a la audición de un concierto, consiguiendo que el estruendo lo envuelva todo, en cuestión de seis o siete minutos"; y la *Nit del Foc*, "el más importante y espectacular castillo de fuegos artificiales, que cierra la serie de castillos que se van realizando durante las fiestas", que cierra las Fiestas la noche del 18 de marzo[56].

Los espectáculos pirotécnicos tienen más en común con obras musicales, coreográficas o performativas, constituyendo obras únicas en las que el estilo, personalidad y mensaje del artista ser comunican mediante sonido, ritmo, volumen, forma y color. Siempre que la obra quede expresada en un soporte que permita su identificación con suficiente precisión y objetividad y que la personalidad del autor quede impresa en la obra mediante la toma de decisiones libres y creativas, más allá de las limitaciones prácticas derivadas de la ejecución material de la obra, una *mascletà, Nit del Foc* o cualquier otro espectáculo pirotécnico puede ser objeto de propiedad intelectual. La extensión de la protección de la propiedad intelectual a estas creaciones artísticas tendría como consecuencia que el régimen establecido en el TRLPI, y que ya ha sido examinado en relación con los monumentos falleros, sea de aplicación a los titulares de estas obras, en términos del ejercicio y cesión de sus derechos, así como de los límites a los mismos. Cabe finalmente mencionar que la naturaleza artística de los espectáculos pirotécnicos conlleva su tramitación por parte del Ayuntamiento como contratos artísticos, que son objeto de análisis en otro capítulo de esta obra.

---

56 Decreto 44/2012, de 9 de marzo, del Consell, por el que declara bien de interés cultural inmaterial la Fiesta de las Fallas de Valencia, Anexo punto 2.4º.

IV. Música y derechos de autor en Fallas: el convenio de la JCF con la SGAE

Otro elemento de las Fallas íntimamente conectado con el Derecho de propiedad intelectual es la música, omnipresente en "pasacalles, cabalgatas, desfiles, verbenas, conciertos gratuitos u otras actuaciones en directo"[57]. En tanto en que las obras musicales se encuentran protegidas por la propiedad intelectual, para su uso lícito será necesario contar con la autorización de los titulares. Para garantizar la lícita reproducción, distribución y comunicación pública de las obras musicales por parte tanto de la JCF como de las Comisiones falleras en sus actos y fiestas, la JCF firmó en 1990 con la SGAE, la principal entidad de gestión colectiva de derechos de propiedad intelectual de España, un Convenio "para la utilización por la misma del repertorio de obras gestionado por la SGAE, en los actos oficiales organizados por la Junta, así como para canalizar la colaboración entre ambas entidades en distintos actos de promoción cultural"[58]. Este Convenio fue ampliado y actualizado el 12 de enero de 2017, añadiendo además una adenda el 1 de marzo de 2017, para contemplar "los actos organizados por las comisiones integradas en JCF" y permitir el uso del repertorio de obras musicales, dramáticas y audiovisuales de la SGAE en sus actos, así como para la promoción y divulgación de estas obras[59].

La relación entre la SGAE y la JCF se ha consolidado con el vigente Convenio de 30 de agosto de 2021 que establece y regula el marco de colaboración entre ambas entidades a fin de que la SGAE conceda "autorizaciones no exclusivas para la comunicación pública de las obras que integran su repertorio musical, para la ejecución de las mismas en pasacalles, cabalgatas, desfiles, verbenas, conciertos gratuitos y otras actuaciones en directo que organice JCF o las Comisiones integradas en la misma", así como la "representación de obras dramáticas" y la "colaboración en actividades de promoción y divulgación de las obras que integran el patrimonio cultural valenciano", como dispone el primer punto del Convenio. Afirma el punto segundo que "quedan excluidos de este convenio, y reservados a los titulares de las obras, cuantos derechos les correspondan con relación a modalidades de utilización de las mismas no previstas [...] o que hayan

---

57 Convenio de Colaboración entre la Sociedad General de Autores y Editores y la Junta Central Fallera de Valencia de 30 de agosto de 2021, punto primero, 1) 1.1.

58 *Ibid.*, punto IV.

59 *Ibid*, puntos V y VI.

de efectuarse en la forma y condiciones distintas a las expresamente mencionadas en dicho pacto", así como "las representaciones dramáticas que requieran la autorización individualizada de su autor".

Según el punto tercero, el ámbito objetivo del Convenio se circunscribe a la "JCF de Valencia, y las Comisiones en ellas integradas, en relación con los actos y representaciones organizados por ellas mismas, en cumplimiento de los fines que les son propios", siempre que cumplan los siguientes requisitos: estar adheridas formalmente al Convenio, pudiendo las Comisiones cumplir este requisito mediante el documento de adhesión anexo al Convenio; estar al corriente del pago de los derechos de autor del repertorio de la SGAE devengados en todas las modalidades de uso que se hayan podido llevar a cabo; liquidar puntualmente los derechos de autor devengados en todos los actos celebrados; y presentar a la SGAE antes del 1 de marzo, la declaración de actos previstos anexa al Convenio, por parte de la cada Comisión. Además, la JCF "facilitará anualmente un listado actualizado de las Comisiones Falleras que la integran". El Convenio tiene una duración de cuatro años desde su firma, pudiendo ser prorrogado por las partes firmantes por anualidades hasta un máximo de cuatro, según el punto cuarto.

El punto quinto detalla el pago de los derechos de autor se devenguen por el uso del repertorio de la SGAE por aplicación de sus tarifas generales, anexas al Convenio, tanto por los actos organizados por la JCF en "presentaciones falleras, el concurso de teatro, las Cabalgatas, pasacalles, desfiles de carrozas, amenizaciones por megafonía, etc.", así como por las Comisiones integradas en ella, "tanto durante las fiestas falleras como los que organicen con motivo de la festividad de Sant Joan, tales como cabalgatas, desfiles, verbenas, conciertos gratuitos u otras actuaciones en directo". No obstante, siendo la JCF un organismo autónomo dependiente del Ayuntamiento de Valencia, "se beneficiará de la bonificación prevista en el Convenio que la SGAE tiene suscrito con la Federación Española de Municipios y Provincias (FEMP) y al que el Ayuntamiento está adherido desde 1997 en un porcentaje de hasta un 25% sobre las Tarifas Generales" sin condición alguna y siempre que el uso cumpla los requisitos generales del punto tercero. Además, las Comisiones falleras podrán beneficiarse de una bonificación de hasta un 25% distribuida en tramos acumulativos para actos "que, no estando contemplados en los eventos que liquide JCF, organicen fuera del calendario festero, sean de acceso gratuito al público y no condicionado a exigencia previa alguna, y siempre que se cumplan los requisitos" del punto tercero. Finalmente, quedarán excluidas de la bonificación las representaciones dramáticas y coreográficas y cualquier acto o concierto cuya modalidad de acceso sea mediante precio de entrega.

En torno a la financiación, el punto sexto establece los importes y periodos de abono de los derechos de autor e IVA correspondientes devengados por los eventos que realice la JCF. Deberán abonarse las cantidades en octubre y diciembre del año anterior y en febrero del año de celebración de las Fallas, liquidándose totalmente las cantidades pendientes antes del 31 de mayo. Con respecto a los actos celebrados por las Comisiones, la JCF facilitará información sobre los presupuestos de gastos para celebrar cada espectáculo y sobre ellos aplicará el porcentaje correspondiente para calcular los derechos de autor, tras lo cual la SGAE remitirá a la JCF un presupuesto con el importe total de derechos e IVA para su conformidad y posterior emisión de factura, que deberán pagarse dentro del año correspondiente.

Las facultades de la SGAE para comprobar y verificar, por sus propios medios, la autenticidad del contenido de las declaraciones entregadas en relación con los actos celebrados, se prevén en el punto séptimo. Por su parte, el punto octavo establece que, para cumplir los fines del Convenio, la JCF y la SGAE concretarán su colaboración "en la realización de diferentes proyectos y actividades, según los medios financieros disponibles por cada institución, que se desarrollarán principalmente en las áreas de producción y representación de obras dramáticas y producción e interpretación de música para la fiesta", pudiendo extenderse estos acuerdos de mutuo acuerdo a otros proyectos o actividades. Además, la JCF "instará a las Comisiones que se integran en la misma a la rigurosa observancia y cumplimiento de las obligaciones derivadas del Convenio, comprometiéndose a llevar a cabo una labor de mediación ante las mismas, a instancia de la SGAE, ante las controversias que pudieran suscitarse en relación con la aplicación del presente convenio y de las Tarifas Generales contenidas en el mismo".

Del tratamiento de datos y confidencialidad se ocupa el punto noveno, estableciendo las obligaciones y deberes de la JCF como responsable del tratamiento de los datos, prohibiendo, entre otros, subcontratar este tratamiento y comunicarlos a terceros. Por descontado, ambas partes firmantes se comprometen a cumplir con la normativa europea y nacional en materia de protección de datos. El punto décimo prevé la creación de una Comisión Mixta de Vigilancia y Seguimiento, integrada por tres representantes de cada parte, para el seguimiento y aplicación del Convenio y para dirimir diferencias o incumplimientos entre la JCF, la SGAE y las comisiones. El Convenio podrá resolverse, según el punto undécimo, en cualquier momento por acuerdo mutuo de las partes o por incumplimiento de cualquiera de ellas mediante notificación por escrito indicando la causa que provoca la resolución. Finalmente, de acuerdo con el punto duodécimo, las partes se someten expresamente a la competencia de los Juzgados y Tribunales de Valencia para las cuestiones que puedan derivarse del Convenio.

Este Convenio establece el marco de colaboración entre la JCF y la SGAE y permite la utilización lícita de las obras que forman parte del repertorio de la SGAE, en calidad de entidad de gestión colectiva de derechos de autor, permitiendo el disfrute de actos y espectáculos en los cuales se hace uso de obras protegidas por propiedad intelectual sin que dicho uso suponga una infracción de los derechos de sus titulares.

V. Conclusiones

Las Fallas son fiestas de fuego y arte con manifestaciones artísticas singulares, enraizadas en la cultura y tradiciones valencianas a la par que profundamente innovadoras. Esta creatividad inherente en el corazón del mundo fallero es protegida por el Derecho de propiedad intelectual como normativa de protección de las obras artísticas de toda índole, por mucho que puedan distar de concepciones tradicionales del arte.

Monumentos falleros, indumentaria tradicional y espectáculos pirotécnicos son sólo algunas de las creaciones que pueden verse amparadas por el régimen jurídico de la propiedad intelectual, siempre que se cumplan los requisitos de originalidad y expresión necesarios para acceder a tal protección. La protección de la propiedad intelectual conlleva el reconocimiento de derechos morales y económicos que su titular puede ejercer e impedir a terceros ejercer sin su consentimiento, pero este monopolio sobre la obra no es absoluto, ya que existen múltiples límites a la propiedad intelectual que deben respetarse en beneficio de la colectividad y del avance de las artes. La propiedad intelectual ajena también debe respetarse en el mundo fallero, como pone de manifiesto el Convenio entre la JCF y la SGAE para garantizar un uso lícito de la música que es parte esencial de actos y festejos falleros.

En definitiva, la propiedad intelectual en Fallas está presente como marco normativo que ampara toda creación original literaria, artística o científica. Conocer esta normativa permite a los autores y titulares de derechos proteger sus creaciones, así como respetar los derechos de terceros, y contribuye en última instancia al reconocimiento y promoción de las formas de creatividad propias del mundo fallero como plenamente artísticas y merecedoras de protección.

VI. Bibliografía

Armengot Vilaplana, A., "Artículo 138. Acciones y medidas cautelares", en Palau Ramírez, F., y Palao Moreno, G. (dirs.), *Comentarios a la Ley de Propiedad Intelectual,* Tirant lo Blanch, Valencia, 2016, págs. 1581-1594.

Bercovitz Rodríguez-Cano, R., "Artículo 10. Obras y títulos originales", en Bercovitz Rodríguez-Cano, R., *Comentarios a la Ley de Propiedad Intelectual,* 4ª ed., Tecnos, Madrid, 2017, págs. 159-197.

Bercovitz, G., *Obra plástica y derechos patrimoniales de su autor,* Tecnos, Madrid, 1997.

Cámara Águila, P. M., "Los conceptos autónomos sobre el objeto de protección del Derecho de autor: el concepto de obra y el concepto de originalidad", en Cámara Águila, M. P., y Garro Fernández-Díez, I. (coords.), *La Unificación del Derecho de Propiedad Intelectual en la Unión Europea,* Tirant lo Blanch, Valencia, 2019, págs. 47-93.

Cañero Lois, C. I., "*Fanfiction,* parodia y pastiche en el Derecho español", *ADI, núm.* 40, 2019-2020, págs. 267-282.

Carbajo Cascón, F., "Objetos industriales, derecho de autor y libre competencia. Consideraciones a partir de las SSTJUE de 12 de septiembre de 2019 ('Cofemel') y 11 de junio de 2020 ('Brompton')", *Cuadernos de Derecho Transnacional,* núm. 12(2), 2020, págs. 913-942.

Castelló Pastor, J. J., "Artículo 17. Derecho exclusivo de explotación y sus modalidades", en Palau Ramírez, F., y Palao Moreno, G. (dirs.), *Comentarios a la Ley de Propiedad Intelectual,* Tirant lo Blanch, Valencia, 2016, págs. 315-321.

Corberá Martínez, J. M., "Artículo 39. Parodia", en Palau Ramírez, F., y Palao Moreno, G. (dirs.), *Comentarios a la Ley de Propiedad Intelectual,* Tirant lo Blanch, Valencia, 2016, págs. 691-703.

Derclaye, E., "A Model Copyright/Design Interface: Not an Impossible and Undesirable Task?", en Derclaye, E. (ed.), *The Copyright/Design Interface,* Cambridge University Press, Cambridge, 2018, págs. 421-458.

Domínguez Luelmo, A., "Información gráfica sobre acontecimientos de actualidad: fotografías de obras situadas en la vía pública", en Serrano-Fernández, M. (coord.), *Fotografía y derecho de autor,* Editorial Reus, Madrid, 2008, págs. 187-226.

Espín Alba, I., *Arte Efímero y Derecho de autor,* Editorial Reus, Madrid, 2021.

Fernández Carballo-Calero, P., "Artículo 7. Obra en colaboración", en Palau Ramírez, F., Palao Moreno, G. (dirs.), *Comentarios a la Ley de Propiedad Intelectual,* Tirant lo Blanch, Valencia, 2016, 137-148.

Fernández Carballo-Calero, P., "Artículo 8. Obra colectiva", en Palau Ramírez, F., Palao Moreno, G. (dirs.), *Comentarios a la Ley de Propiedad Intelectual,* Tirant lo Blanch, Valencia, 2016, págs. 148-160.

Ferrando Nicolau, E., "Artículo 45. Formalización escrita", en Palau Ramírez, F., y Palao Moreno, G. (dirs.), *Comentarios a la Ley de Propiedad Intelectual,* Tirant lo Blanch, Valencia, 2016, págs. 789-792.

García Sellens, M. A., "Artículo 43. Transmisión «inter vivos»", en Palau Ramírez, F., y Palao Moreno, G. (dirs.), *Comentarios a la Ley de Propiedad Intelectual,* Tirant lo Blanch, Valencia, 2016, págs. 766-782.

Lindner, A., "Artículo 59. Obras futuras, encargo de una obra y colaboraciones en publicaciones periódicas", en Palau Ramírez, F., y Palao Moreno, G. (dirs.), *Comentarios a la Ley de Propiedad Intelectual,* Tirant lo Blanch, Valencia, 2016, págs. 922-929.

Matorga Toledano, M. C., "El arte efímero como objeto de la propiedad intelectual. Especial referencia a los embalajes monumentales y demás instalaciones conceptuales", *ADI, núm.* 31, 2010-2011, págs. 281-300.

Ortega Doménech, J., *Obra plástica y Derechos de autor,* Editorial Reus, Madrid, 2000.

Otero Lastres, J. M., "El sistema de acumulación restringida y el diseño no registrado", *Revista de Derecho Mercantil,* núm. 296, 2015, págs. 263-282.

Otero Lastres, J. M., "Introducción", en Fernández-Novoa, C., Otero Lastres, J. M., y Botana Agra, J. M., *Manual de la Propiedad Industrial,* Marcial Pons, Madrid, 2017, págs. 53-74.

Otero Lastres, J. M., "La originalidad de las obras plásticas y las nuevas tecnologías", en García Pérez, R., y López Suárez, M. A. (eds.), *Nuevos retos para la propiedad intelectual: II jornadas sobre la propiedad intelectual y el derecho de autor (A Coruña, 22 e 23 de marzo de 2008),* Universidade da Coruña, A Coruña, 2008, págs. 73-102.

Peinado Gracia, J. I., "Artículo 10. Obras y títulos originales", en Palau Ramírez, F., y Palao Moreno, G. (dirs.), *Comentarios a la Ley de Propiedad Intelectual,* Tirant lo Blanch, Valencia, 2016, págs. 170-233.

Plaza Penadés, J., "Artículo 1. Hecho generador", en Palau Ramírez, F., y Palao Moreno, G. (dirs.), *Comentarios a la Ley de Propiedad Intelectual,* Tirant lo Blanch, Valencia, 2016, págs. 27-49.

Reyes López, M. J., "Artículo 35. Utilización de las obras con ocasión de informaciones de actualidad y de las situadas en vías públicas", en Palau Ramírez, F., y Palao Moreno, G. (dirs.), *Comentarios a la Ley de Propiedad Intelectual,* Tirant lo Blanch, Valencia, 2016, págs. 593-607.

Rogel, C., y Romero, S., "Esbozos, bocetos y Derecho de autor", en Rogel, C. y Saiz, C. (dirs.), Ortega, J. (coord.), *Ideas, bocetos, proyectos y Derecho de autor,* Editorial Reus, Madrid, 2011, págs. 139-150.

Rosati, E., "Closed subject matter systems are no longer compatible with EU copyright", *GRUR International,* 2014, págs. 1112-1118.

Rosati, E., "Copyright and the CJEU: Back to the Start (of Copyright Protection)", en Bosher, H. y Rosati, E. (eds.), *Developments and Directions in Intellectual Property Law. 20 years of the IPKat,* Oxford University Press, Oxford, 2023, págs. 211-228.

Saiz García, C., "Artículo 11. Obras Derivadas", en Palau Ramírez, F., Palao Moreno, G. (dirs.), *Comentarios a la Ley de Propiedad Intelectual,* Tirant lo Blanch, Valencia, 2016, págs. 233-248.

Saiz García, C., "Originalidad, autoría y titularidad de los derechos de autor de las obras arquitectónicas: Comentario a la sentencia del TS (sala 1.ª, sección 1.ª) de 26 de abril de 2017 (RJ 2017, 1736)", *Revista Aranzadi de Derecho Patrimonial, núm.* 45, 2018, versión virtual.

Saiz García, C., *Objeto y sujeto del derecho de autor*, Tirant lo Blanch, Valencia, 2000.

Ureña Salcedo, J. A., "Artículo 147. Requisitos", en Palau Ramírez, F., y Palao Moreno, G. (dirs.), *Comentarios a la Ley de Propiedad Intelectual*, Tirant lo Blanch, Valencia, 2016, págs. 1673-1679.

Vendrell Cervantes, C., "Artículo 14. Contenido y características del derecho moral", en Palau Ramírez, F., y Palao Moreno, G. (dirs.), *Comentarios a la Ley de Propiedad Intelectual*, Tirant lo Blanch, Valencia, 2016, págs. 274-305.

Vivas Tesón, I., "La tutela del diseño industrial por el derecho de autor", *Revista Aranzadi de Derecho Patrimonial, núm.* 30, 2013, págs. 407-426.

Anexo. Preguntas y respuestas

1. ¿Están las fallas protegidas por propiedad intelectual? ¿Y las *mascletàs* o la indumentaria tradicional?

Sí, las fallas son obras plásticas protegidas por el Derecho de propiedad intelectual. El hecho de ser efímeras, estar destinadas a destruirse en la *Nit del Foc*, no impide su protección. También pueden ser obras protegidas por la propiedad intelectual tanto los espectáculos pirotécnicos como la indumentaria tradicional, siempre que cumplan con los requisitos legalmente establecidos.

2. ¿Qué requisitos debe cumplir una obra para ser protegida por propiedad intelectual?

De acuerdo con el Tribunal de Justicia de la Unión Europea y al Tribunal Supremo español, para que una creación se considere obra protegida por propiedad intelectual deberá cumplir con dos requisitos. El primero, estar expresada de manera que el objeto de protección sea identificable con suficiente precisión y objetividad; y el segundo, ser original, en el sentido de ser una creación intelectual propia de su autor, que haya impreso su personalidad en la obra mediante la toma de decisiones libres y creativas.

3. ¿Qué supone la protección de la propiedad intelectual?

El titular de derechos de propiedad intelectual contará con los derechos morales y de explotación que prevé la Ley de Propiedad Intelectual. Los derechos morales son perpetuos y no pueden transmitirse, mientras que los derechos de explotación tienen una duración de la vida del autor y setenta años tras su muerte y sí pueden ser objeto de transmisión. Los derechos morales se regulan en los artículos 14 a 16 TRLPI, y los derechos de explotación, en los artículos 17 a 23 TRLPI.

4. ¿Qué infracciones contra la propiedad intelectual pueden darse en el mundo fallero?

Los derechos de propiedad intelectual son derechos exclusivos y excluyentes, que permiten al titular ser el único con derecho a utilizar la obra y a impedir a cualquier persona sin autorización que utilice de la obra de las maneras previstas en estos derechos. En el caso de las fallas como objeto de protección, cabe que se infrinjan los derechos de los titulares de la falla si se utiliza de cualquier manera prevista en el TRLPI sin consentimiento de éstos, por ejemplo, copiando o plagiando la falla total o parcialmente. A la inversa, cabe también que los artistas falleros incurran en infracción de derechos de autor ajenos si utilizan obras protegidas en la elaboración de la falla sin debida autorización.

5. ¿Qué puede hacer el titular si infringen sus derechos de propiedad intelectual?

El titular podrá solicitar el cese la infracción y exigir una indemnización de daños y perjuicios, entre otras acciones previstas del Libro III TRLPI. No obstante, los derechos del titular no le permiten dirigirse contra creaciones independientes, aunque sean idénticas o similares a la obra protegida, sino sólo a casos en los que terceros hayan hecho uso de la obra protegida de manera que infrinja los derechos del titular. Además, la propiedad intelectual no protege ideas, motivos o temas, sólo la expresión original de éstos.

6. ¿Qué prácticas habituales del mundo fallero son legales, aunque reproduzcan obras protegidas por de derechos de autor?

Existen muchas prácticas que entroncan con los derechos de autor y que podrían suponer una posible infracción de no ser por la aplicación de límites a los derechos de autor previstos en los artículos 31 a 40 bis TRLPI. Por ejemplo, los límites de parodia y pastiche de los artículos 39 TRLPI y 70 del Real Decreto-ley 24/2021 permiten que artistas falleros tomen inspiración en fallas preexistentes, sea de forma satírica y crítica o simplemente transformando obras preexistentes. Además, la llamada libertad de panorama del artículo 35.2 TRLPI permite prácticas como tomar fotografías o vídeos, sea o no con fines lucrativos, de obras protegidas situadas permanente en la vía pública, como es el caso de las fallas desde la *plantà* hasta la *Nit del Foc.* Estos límites siempre tienen que aplicarse de forma proporcionada de manera que no perjudiquen la normal explotación de la obra ni perjudiquen injustificadamente los derechos del titular.

7. ¿Tienen las fallas que pagar por reproducir música en sus locales y actividades?

Sí, ya que las obras musicales se encuentran protegidas por derechos de autor y los titulares de estos derechos deben ser justamente compensados por el uso de sus obras. Para gestionar de forma fácil y eficiente el cálculo y pago de los derechos de autor, existe un convenio entre la JCF y la SGAE, que prevé cómo y cuándo deben calcularse y abonarse los pagos derivados del uso del repertorio de obras musicales, dramáticas y audiovisuales de la SGAE en actos falleros.

La responsabilidad de las Comisiones falleras. Aspectos legales y su tratamiento en la jurisprudencia

CAROLINA DEL CARMEN CASTILLO MARTÍNEZ
Catedrática de Derecho Civil
Universitat de València
Magistrada de carrera en situación de excedencia voluntaria
Académica de número de la Real Academia Valenciana de Jurisprudencia y Legislación

I. Arraigo y trascendencia de las fiestas falleras. Implicación popular. Relevancia de la determinación de la responsabilidad de las Comisiones falleras

Una primera aproximación a la fiesta fallera conduce a la cuestión acerca de la misma identidad valenciana en la que encuentra indiscutido arraigo, como acredita la evolución de la fiesta que pasó de ser una manifestación subversiva a una celebración recreativa modulada por la burguesía dominante y, al tiempo, aglutinadora de un potente sentimiento identificador valenciano lamentablemente objeto de sucesiva manipulación política en diversas coyunturas[1].

---

1 Cfr., por todos, Almela i Vives, F., *Las Fallas,* Argos, Barcelona, 1949; Ariño Villarroya, A., *Festes, ritual i creences,* Alfons El Magnánim, Valencia, 1988 y *La ciudad ri-*

Atendiendo a su evolución histórica y a su no menos atrayente vertiente sociológica e incluso a la académica e institucional de su estudio, resulta indiscutible la relevante implicación popular que la celebración concita y la inevitable atracción que provoca en la ciudadanía valenciana, fallera o no, que incorpora espontáneamente la festividad a su biografía social y a la individual pues no hay casi ningún valenciano que no viva con sentimiento de complicidad la fiesta en todo o parte de sus manifestaciones sociales, lúdicas, o religiosas como la singular y emotiva ofrenda floral a la Patrona, la Virgen de los Desamparados.

Esta participación popular encuentra destacado reflejo en la conformación de las comisiones falleras que aglutinan distritos y barrios y que, usualmente, adoptan la denominación de la zona identificándola en el núcleo urbano con el mismo nombre de la Falla[2], provocando una simbiosis representativa del arraigo que presenta en la ciudad el fenómeno fallero. De esta manera la comisión, con sede física en su respectivo casal, se convierte en el centro y punto de referencia de la actividad fallera que despliega su capacidad de intervención a través de los actos con trascendencia jurídica que su actuación provoca y que necesariamente determinan un ámbito de responsabilidad para cuya atribución se requiere la conformación de la propia comisión como sujeto de derecho o ente dotado de personalidad jurídica y capacidad de obrar. En este sentido, y según estimación de Junta Central Fallera (en adelante, JCF)[3], resulta de interés anticipar que la práctica totalidad de las comisiones falleras existentes se organizan jurídicamente bajo la fórmula asociativa cultural sin ánimo de lucro y es, precisamente, este expediente constitutivo el que les confiere su personalidad jurídica legitimadora de su condición de sujeto de Derecho, por ende plenamente capaz de ejercitar derechos y asumir obligaciones con la consiguiente responsabilidad[4].

---

tual. La fiesta de las Fallas, Dirección General de Cooperación Cultural, Barcelona, 1992; Gayano Lluch, R., *La festa de les Falles. Apunts per a un excel.lent estudi,* en "Anales del Centro de Cultura Valenciana", tomo IX, enero-marzo 1936, págs. 118-131; y Hernández Martí, G. M., *Los estudios falleros. El desarrollo de la investigación social sobre las fallas de Valencia,* en "Revista Andaluza de Ciencias Sociales", 2006, nº 6, págs. 93-114.

2 Cfr. artículo 3.1 del Reglamento Fallero.

3 Toda vez que no existe, como tal, un Registro de asociaciones falleras, aunque, sin duda, su elaboración sería aconsejable.

4 El vigente Reglamento Fallero de 22 de febrero de 2002, en su artículo 2 establece el principio de libertad en la elección de la forma jurídica que libremente la co-

II. Consideración general sobre la responsabilidad civil. Requisitos del Derecho de daños en orden a la procedencia resarcitoria

La responsabilidad civil podría definirse como la obligación de resarcir los daños y perjuicios causados a un sujeto o colectividad, provocados por un incumplimiento contractual[5], o por la ocurrencia de un hecho lesivo sin vínculo contractual previo[6], que determina la necesidad de una compensación inclusiva de la reparación *in natura*, por la que se repone al perjudicado en la situación inmediatamente anterior al hecho lesivo, o por equivalente monetario, que usualmente incluye el abono de una indemnización por los daños y perjuicios causados. Es la obligación de reparar las consecuencias lesivas para los derechos o intereses de otra persona derivadas de actuación propia o ajena, ya sea por un incumplimiento contractual, o se trate de daños producidos por culpa o negligencia. A efectos meramente sistemáticos, existen en nuestro ordenamiento dos grandes categorías de responsabilidad extracontractual: por actos propios (art. 1902 CC) y por actos ajenos (art. 1903 CC), siendo ésta última en la que se pue-

---

misión fallera estime dotarse "para determinar su personalidad jurídica, así como para la consecución y defensa de sus intereses", resultando que el régimen asociativo escogido necesariamente quedará sujeto a las disposiciones legales en su caso aplicables que en el supuesto de tratarse de una asociación será la LO 1/2022, de 22 de marzo, de Asociaciones, como marco estatal y, en el ámbito autonómico, la Ley 14/2008, de 18 de noviembre, de Asociaciones de la Comunidad Valenciana complementada con las disposiciones contenidas en el RD 181/2022, de 5 de noviembre, sobre el Registro autonómico de Asociaciones de la Comunidad Valenciana. Conviene destacar que para poder solicitar una subvención municipal, es preciso que la comisión cumpla con la previsión del art. 10.2 de la Ordenanza General de Subvenciones para lo que "deberá estar inscrita en el correspondiente registro municipal" de entidades ciudadanas lo que, a su vez, determina la necesidad de su previa inscripción en el Registro General de Asociaciones (art. 53 del Reglamento de Transparencia y Participación ciudadana que se ocupa del Registro municipal de entidades ciudadanas). Al cierre de elaboración de este trabajo constan inscritas en el Registro Municipal 339 comisiones falleras (de las que 333 han recibido subvención en el último ejercicio, no siendo así respecto del resto por no haberlo solicitado).

5 Cfr. arts. 1089 y 1091 CC. La responsabilidad civil contractual es la obligación de reparar el daño causado en caso de que una de las partes incumpla sus obligaciones.

6 Cfr. arts. 1089 y 1902 CC. El concepto de responsabilidad extracontractual es más amplio que el anterior, toda vez que incluye aquellas indemnizaciones derivadas de actuaciones lesivas que el perjudicado no tuviera el deber de soportar.

den incardinar la mayor parte de los supuestos de cuya regulación se ocupa el Código Civil (en adelante, CC).

Para apreciar la existencia de responsabilidad civil se exige la concurrencia de: (i) *Acción u omisión dañosa,* producida por el comportamiento determinante del daño que debe ser antijurídico. (ii) *Resultado dañoso,* que debe acreditarse siempre por el perjudicado y puede presentar forma de incumplimiento contractual o daño efectivo, pudiendo afectar a la integridad personal del lesionado o a su patrimonio. (iii) *Relación de causalidad,* que también debe ser probada, pues es preciso que entre la acción u omisión de quien provoca el daño y la lesión exista un nexo causal, de manera que nadie responderá por los daños fortuitos salvo que le incumba el deber de evitarlos, o de aquellos imprevisibles o inevitables[7], o que sean consecuencia de la actuación de un tercero o culpa exclusiva de la víctima.

Acreditada la concurrencia de los señalados requisitos, el responsable deberá restituir el bien lesionado o reparar el daño causado, y si la restitución o reparación resultaran imposibles procederá el abono de una indemnización.

En este ámbito rigen dos principios esenciales: (i) el de la responsabilidad patrimonial universal (*ex* art. 1911 CC) que determina que el íntegro patrimonio del sujeto civilmente responsable queda afecto al cumplimiento de sus obligaciones; y (ii) el de restitución íntegra (*restitutio in integrum*) por el cual el sujeto civilmente responsable debe reponer el objeto o bien dañado al estado en que se encontraba antes de la acción u omisión dañosa.

Asimismo, resulta de interés, a los efectos que más adelante se verá, diferenciar entre responsabilidad objetiva y subjetiva, pues a diferencia de la responsabilidad penal, la función esencial de la responsabilidad civil no es disuadir a eventuales infractores (función preventiva) ni sancionarlos (función punitiva), sino obtener resarcimiento del perjudicado cuando su posición resulte merecedora de tutela jurídica frente a la actuación del agente. Por ello la responsabilidad civil puede declararse, aunque el responsable no sea culpable, en función del criterio de atribución adoptado, en tanto que la penal está sometida al principio de culpabilidad. Aunque las categorías indicadas carezcan de fronteras indubitadas, cabe admitir que en nuestro Derecho concurren dos tipos de responsabilidad,

---

7 Cfr. art. 1105 CC.

atendiendo al criterio de atribución: (i) Responsabilidad subjetiva o por culpa, según el criterio que implica que sólo hay responsabilidad si queda acreditada la culpa del responsable. (ii) Responsabilidad objetiva, sin culpa o por riesgo, que se genera cuando en un determinado sector de actividad se establece un régimen en el que se responde aunque no concurra culpa, sin resultar efectivo al demandado acreditar su diligencia, pues el criterio atributivo resulta fundado en la generación de una situación objetiva de riesgo y únicamente podrá resultar excluida la responsabilidad de probarse la concurrencia de fuerza mayor o culpa exclusiva de la víctima. En Derecho español, la regla general es la responsabilidad subjetiva, basada en la prueba de la culpa, atendida la regulación genérica del artículo 1902 del CC que sienta regla de eficacia universal, de manera que siempre que se causa un daño por culpa se genera responsabilidad civil. Sin embargo, en determinados supuestos se establecen regímenes especiales de responsabilidad objetiva o cuasiobjetiva[8]. Al amparo de la previsión contenida en el precepto precitado, cabe señalar que no existe una regla universal de responsabilidad sin culpa o por culpa presunta equivalente, lo que permite concluir que siempre que se acredita la culpa se responde[9] y, en ocasiones, también puede responderse sin culpa o por culpa presunta, de manera que el perjudicado conseguirá que su acción prospere si acredita la culpa, o bien justificando que el hecho encuentra cobertura en algún régimen de responsabilidad objetiva o cuasiobjetiva. En todo caso, el Tribunal Supremo (en adelante, TS) viene aplicando variados expedientes paliativos de la culpa, con el resultado de una mayor o menor objetivización del sistema de responsabilidad civil según criterios de prudencia, sin convertir el riesgo en fundamento exclusivo de la obligación de resarcir, en atención a la mayor o menor intensidad del peligro inherente a la actividad determinante, en cada supuesto, del daño in-

---

8 La denominada responsabilidad civil cuasiobjetiva es, realmente, una responsabilidad subjetiva, fundada en la culpa, en la que se invierte la carga de su prueba, de manera que el perjudicado no necesita probar la culpa del responsable, pero éste se libera si acredita que actuó diligentemente. Tal inversión de la carga probatoria de la culpa puede derivarse de la existencia de presunciones legales o de la aplicación por parte del Juzgador de criterios moderadores del automatismo de las reglas sobre el *onus probandi*, tales como el principio de facilidad probatoria, o las presunciones judiciales fundadas en la elevada eventualidad culposa.

9 El artículo 217.2 LECiv atribuye al actor la carga de la prueba de los hechos constitutivos de su derecho, lo que, aplicado al artículo 1902 CC, permite concluir que es el perjudicado quien debe probar la causación del daño mediando culpa o negligencia.

demnizable. Además, en este contexto el Alto Tribunal ha elaborado una doctrina de la solidaridad impropia o por razón de proteger el interés social, en los supuestos de pluralidad de responsables frente al perjudicado, lo que permite a éste reclamar el total de la deuda contra cualquiera de los obligados a su cumplimiento[10].

III. Determinación del sujeto de imputación. La personalidad jurídica de las Comisiones falleras[11]

La atribución de responsabilidad presupone un sujeto de derecho imputable, es decir, no carente de personalidad jurídica. Con el propósito de alcanzar tal cualificación es preciso que la comisión fallera adquiera su condición de sujeto de derecho a través de alguno de los expedientes constitutivos que la conviertan en persona jurídica hábil para ejercitar derechos y asumir obligaciones con su consiguiente responsabilidad.

Como anticipé, la mayoría de las comisiones falleras actuales se estructuran jurídicamente bajo el formato asociativo y es esta fórmula constitutiva la que les otorga personalidad jurídica[12].

---

10 Cfr., por todas, SSTS, Sala 1ª, de 26 de diciembre de 1988 (Roj: STS 9574/1988—ECLI:ES:TS:1988:9574), 20 de febrero de 1989 (Roj: STS 9182/1989 - ECLI:ES:TS:1989:9182), y 18 de diciembre de 1995 (Roj: STS 6465/1995 - ECLI:ES:TS:1995:6465).

11 Con pretensión instrumental previa, en este apartado me limito a indicar los aspectos esenciales relativos a la determinación de la personalidad jurídica de las comisiones, pues la específica consideración de su régimen jurídico integra el contenido de la aportación de mi compañera la Dra. Pilar Montes Rodríguez en el capítulo 5 de la presente obra.

12 Como se acredita de los datos obrantes en la Entidad Local, la fórmula asociativa bajo la que se identifica a las comisiones falleras de la ciudad de Valencia es la de "entidad cultural sin ánimo de lucro". De hecho, prácticamente todas ellas son titulares de un Código de Identificación Fiscal (CIF) que comienza con la letra G, identificativa de las "asociaciones y fundaciones". Se trata, pues, de entidades de naturaleza asociativa, que se dotan sus propios Estatutos y Reglamentos de Régimen Interno, debiendo establecer un domicilio social, que usualmente coincide con la ubicación física de la sede de la comisión y su objeto; procedimiento de adquisición de la condición de socio, categorías, derechos y deberes de los mismos; órganos de gobierno y funciones; procedimiento de elección de las Falleras Mayores y Presidentes de la comisión; actividades falleras; regímenes sancionador y económico; y disolución de la entidad, entre otras cuestiones. Consolidada su perso-

El artículo 22 de la Constitución española (en adelante, CE) reconoce como derecho fundamental el de asociación, cuyo desarrollo, que exige la forma de ley orgánica (art. 81 CE), resultó materializado en la Ley Orgánica (en adelante, LO) 1/2002, de 22 de marzo, cuyo contenido debe armonizarse con las escasas previsiones normativas que al respecto contiene el CC (arts. 35 y ss.). Por su parte, desde la LO 1/1982, de 1 de julio, la Comunidad Valenciana asumió competencia estatutaria en materia de asociaciones (art. 31.23ª) que mantuvo tras la reforma operada por la LO 1/2006, de 10 de abril (art. 49.1.23ª), en ejercicio de la cual se dictó la Ley 14/2008, de 18 de noviembre, de asociaciones de la Comunidad Valenciana, en la que se disponen normas relativas al régimen jurídico de las asociaciones que constituyen su objeto (arts. 11 a 13), y que se completó con el Decreto 181/2002, de 5 de noviembre, sobre Registro autonómico de asociaciones de la Comunidad Valenciana.

Según dispone el artículo 1 del vigente Reglamento Fallero de 22 de febrero de 2002 (en adelante, RF) las Fallas, como "expresión viva y popular de un pueblo, son fiestas de origen artesanal, surgidas y perfeccionadas a través del tiempo por el pueblo valenciano, como manifestación artística, cultural y satírica expresada en sus fallas con la singular *plantà*, expuestas en las calles y plazas de ciudades y pueblos como expresión festiva singular". En el artículo siguiente se declara que son "Comisiones de Falla las entidades, sin ánimo de lucro, formadas por un conjunto de personas que, por iniciativa propia y con la autorización de la Junta Central Fallera, ejercen en una determinada demarcación de calles las actividades festivas y culturales orientadas a la celebración de los festejos falleros, teniendo como actividad esencial y obligatoria la *plantà* de la Falla correspondiente", pre-

---

nalidad jurídica, la comisión queda sometida a las obligaciones fiscales que, en su caso, le afecten y al cumplimiento de las obligaciones que en el orden civil les incumban, como las derivadas de los contratos perfeccionados (así, la atribución al artista fallero de todo o parte de los premios recibidos. Cfr. SAP Valencia, Sección 9ª, de 18 de febrero de 2004, Roj: SAP V 666/2004-ECLI:ES:APV:2004:666; o el abono del importe correspondiente al pago de los fuegos artificiales concertados. Cfr. SAP Valencia, Sección 11ª, de 23 de marzo de 2012, Roj: SAP V 2164/2012-ECLI:ES:APV:2012:2164), pudiendo asimismo ejercitar con plena legitimación los derechos que le correspondan, como la reclamación de nulidad de la cláusula de gastos en un préstamo hipotecario, por tener la comisión fallera la condición de consumidor. Cfr. SAP Valencia, Sección 9ª, de 4 de marzo de 2020, Roj: SAP V 2833/2020-ECLI:ES:APV:2020:2833; o el ejercicio del retracto urbano en local de negocio. Cfr. STS, Sala de lo Civil, de 7 de febrero de 1964, Roj: STS 4255/1964—ECLI:ES:TS:1964:4255).

cisándose que la "constitución y organización de las Comisiones de Falla se realizará bajo la forma jurídica que libremente estimen dotarse para determinar su personalidad jurídica, así como la consecución y defensa de sus intereses. El régimen asociativo finalmente adoptado quedará sujeto a las disposiciones legales que para las mismas establezcan las normas vigentes", y que, en cualquier caso, "todas ellas quedarán supeditadas en cuanto a su reconocimiento y actividad al cumplimiento de lo previsto en el presente Reglamento Fallero, derivándose de esta consideración la titularidad de derechos y obligaciones que a las mismas se confiere, así como el ejercicio de cuantas acciones les competan en la formalización de actos o negocios jurídicos derivados de sus funciones".

Con fundamento en lo indicado, la JCF controla la creación de las comisiones, llevando a tal efecto un registro de las comisiones falleras constituidas, pero no uno paralelo en el que se controle la fórmula de su configuración jurídica, lo cual sin duda sería deseable a efectos de conocer el alcance de su responsabilidad como sujeto de derecho, y también la de su presidente y órganos directivos. En todo caso, si la comisión decide adoptar la forma de asociación, sin duda se tratará de una asociación sin ánimo de lucro, de carácter cultural, incluso artístico, a la que le serán de aplicación las normas que, contenidas en la respectiva normativa estatal y autonómica, le afecten.

IV. Responsabilidad civil de las Comisiones falleras

1. *Consideración previa*

Los pronunciamientos judiciales específicos sobre las Fallas y la responsabilidad de las comisiones son escasos. Por ello resulta necesario recurrir al análisis de sentencias que resuelven sobre la improcedencia o procedencia indemnizatoria en situaciones de daños análogos causados en otros ámbitos festivos y que permiten la extrapolación de su fundamentación a los generados en el de la fiesta fallera.

2. *Supuestos*

Salvada la imposible pretensión de exhaustividad, cabría considerar los siguientes.

2.1. Daños materiales ocasionados por la tenencia de locales y derivados de espectáculos pirotécnicos. Consideración específica de los daños en fachadas comunitarias

Con carácter estable las comisiones suelen ocupar, como propietarias o arrendatarias, un local que centra sus actividades anuales: el casal. Señaladamente, durante el período de las fiestas falleras, además, pueden disponer de una carpa o barraca adicional, con cabida suficiente para los miembros de la comisión e incluso para terceros, en la que desarrollar actividades específicas de las fiestas (espectáculos musicales, cenas asamblearias, karaoke, concursos ...). En estos supuestos, al igual que en el caso de los espectáculos de pirotecnia propios de la comisión —como la *mascletà* diaria o un castillo de fuegos artificiales— es posible que las actividades generen daños materiales que deberán ser resarcidos por el responsable y que usualmente se encuentran en el ámbito de cobertura del seguro concertado, por lo que la mayor parte de estos casos no llegan a los tribunales pues se resuelven extrajudicialmente mediante acuerdo con las entidades aseguradoras.

En relación con la actividad permanente desarrollada en el casal, de ordinario sujeto al régimen de propiedad horizontal de la comunidad de propietarios en que se ubique el local, los daños generados quedarán sometidos al régimen ordinario de responsabilidad que afecta a este tipo de situaciones (aunque de casuística ingente, usualmente localizada en daños por incendio o causados por agua)[13].

En cuanto a los daños materiales que eventualmente pudieran generar los espectáculos de pirotecnia o fuegos artificiales organizados por la comisión[14], comúnmente causados a vehículos estacionados en la vía pública,

---

13 Al respecto, cfr., por todos, Caruana Font de Mora, G., y Martorell Zulueta, P., *Daños por incendio y filtraciones de agua. Criterios judiciales*, Tirant Lo Blanch, Valencia, 2008.

14 Conviene tener en cuenta que para poder participar en cualquier modalidad pirotécnica que resulte manifestación festiva tradicional, según la legislación vigente (ITC 18) es preciso poseer la certificación acreditativa de Consumidor Reconocido como Experto (CRE), curso que puede ser impartido por cualquier responsable de grupo CRE a través de una entidad que haya firmado convenio de formación con la Generalitat Valenciana, como es el caso de JCF (en principio, sólo en la modalidad de *despertà* si bien posteriormente ampliado a las modalidades de *correfoc, cordá* y *passejà*), resultando que cualquier comisión, sector o agrupación fallera, de pretender organizar un curso formativo CRE contando con sus propios formadores podría acogerse al convenio de formación de JCF.

garaje o zona abierta de aparcamiento, acreditado el nexo causal entre la actividad desplegada y el daño ocasionado, cabría concluir la responsabilidad extracontractual de la organización fallera, siquiera por culpa *in eligendo*, sin perjuicio del derecho que le asistiría para repetir contra el pirotécnico como autor material del accidente. El mismo criterio de imputación debería extenderse a cualquier otro daño material producido por el espectáculo de pirotecnia o a los que el vehículo incendiado inicialmente a causa de aquél pudiera ocasionar a otros automóviles u objetos.

En cuanto a los daños generados por actividades que extraordinariamente se desarrollan en carpas o barracas *ad hoc*, regiría el mismo criterio, debiéndose acreditar en todo caso la relación de causalidad entre la actividad organizada por la comisión y el resultado dañoso efectivamente causado.

Mención especial, por su frecuencia, merecen los daños producidos en fachadas comunitarias como consecuencia de las actividades propias de la quema de monumentos por los que deberá responder la comisión —y las demás entidades implicadas en la fiesta—, que usualmente lo hará a través de los seguros concertados. En este sentido resulta paradigmática la SAP de Valencia, Sección 7ª, de 12 de enero de 1998[15] que, con leves matices exoneratorios, que justifican la estimación parcial del recurso, atinentes a las medidas precautorias de la producción de nuevos daños, confirma la resolución de instancia, condenando al Ayuntamiento de Valencia —"en cuanto que titular y ejerciente de aquellas facultades sobre el emplazamiento de las fallas y sobre la utilización general de la superficie y vuelo de los espacios públicos, sin detrimentos a terceros"—, a JCF —"organismo del Municipio dependiente y erigido, tan sólo, con propia y autónoma personalidad, en titular de la "función rectora y coordinadora, en orden a la celebración de los festejos y toda clase de actos relacionados con las Fallas", según el art. 4 del RF—, a la Comisión de la Falla —siquiera por una culpa "en mínima proporción" que no se acaba de concretar, acaso por su condición de beneficiaria de la fiesta—, y a sus respectivas aseguradoras, como responsables civiles de los daños causados en propiedades ajenas, al amparo de lo previsto en los artículos 1902 y 1903 del CC, al no adoptar las "medidas de seguridad adecuadas, y eficaces finalmente, en función de la estrechez de la Plaza ..., ni por el tamaño del monumento (...), precaviendo la proximidad de la misma a la finca y establecimiento de las

---

15 SAP de Valencia, Sección 7ª, de 12 de enero de 1998, Roj: SAP V 75/1998—ECLI:ES:APV:1998:75.

demandantes y que, a la hora de la *cremà*, por la gran altura de las llamas y por la considerable irradiación de calor dañasen propiedades particulares año tras año" (...)", sin que ello pueda encontrar justificación en el argumento del interés general de la fiesta con obligado sacrificio de intereses particulares en posible pugna con el acto cumbre de la *cremà*, "puesto que la propiedad privada constituye un "interés" objeto de especial consideración en la Constitución Española, incluso concurrencia con otros de tan obligada similar protección"[16].

2.2. Daños personales. La aplicación del baremo

Si en el ejercicio de la actividad fallera por parte de la comisión se causaran daños personales, demostrada la relación de causalidad no interrumpida entre la actividad y el resultado lesivo, con carácter general también tendría que responder la comisión por culpa *in eligendo* o culpa *in vigilando*[17],

---

[16] En todo caso, la decisión relativa a la ubicación del monumento fallero incumbe a JCF que, planteada la correspondiente solicitud, emitirá una resolución, recurrible en vía administrativa y posteriormente ante la jurisdicción contenciosa. En el supuesto de la solicitud planteada por la Comunidad de Propietarios Plaza de la Encarnación nº 2 de Valencia, relativa al cambio de ubicación del monumento fallero de la falla Pie de la Cruz-D. Juan de Villarrasa, el juzgado de lo contencioso desestimó la petición, por entender justificada su localización, según SJCont. nº 1 de Valencia, nº 49/2026, de 15 de febrero de 2016) que resultó confirmada por sus propios fundamentos (STSJCV, Sección 1ª, de 7 de mayo de 2018, Roj: STSJ CV 1431/2018 - ECLI:ES:TSJCV:2018:1431).

[17] Así, la SAP Valencia, Sección 9ª, de 27 de mayo de 2004 (Roj: SAP V 2429/2004 ECLI:ES:APV:2004:2429) con cita de otras que resuelven en el mismo sentido, condena a la Comisión de la Falla Obispo Amigó-San José de Calasanz (seguramente, por error en la cita de la resolución, con referencia a Falla Obispo Amigó-Cuenca), a la empresa pirotécnica y a su aseguradora a abonar a la demandante la cantidad reclamada en concepto de lesiones padecidas como consecuencia del disparo de una *mascletà* el 19 de marzo de 1998, entendiendo que concurre culpa *in eligendo* y culpa *in vigilando*, por ser organizadora de los festejos y contratar con la entidad que elige, para el disparo de los fuegos de artificio, asumiendo la vigilancia del orden del espectáculo, "sin que la existencia contractual que se invoca de una cláusula de exoneración de responsabilidad de la comisión de la falla, y de asunción por parte de la pirotecnia, en el que no ha sido parte la demandante, pueda perjudicar a quien resulta lesionado por el evento dañoso". En el mismo sentido resolvió previamente la SAP Valencia, Sección 9ª, de 29 de noviembre de 2003 (Roj: SAP V 5780/2003— ECLI:ES:APV:2003:5780), condenando con igual razonamiento a la comisión, a la pirotecnia por ésta contratada y a su aseguradora.

parciaria[18] o solidariamente, sin perjuicio de posibles repeticiones, tanto si el perjudicado fuera miembro de la misma como si se tratara de un tercero ajeno[19]. Conviene, no obstante realizar algunas precisiones al respecto.

Como ya anticipé, ante la escasez de pronunciamientos judiciales específicamente referidos a las fiestas falleras, debemos atender a los criterios resolutorios de otros supuestos de daños en festejos análogos que resultan aplicables a la celebración de las Fallas. Así, con precisa referencia a los daños causados durante la celebración de festejos taurinos[20], otra tradición señaladamente arraigada en nuestro entorno, aunque la Sala 1ª del TS no ofrece criterio uniforme, la mayoría de las resoluciones adoptan el criterio de la responsabilidad por culpa[21], excluyendo de manera usual la concurrencia de responsabilidad por el mero riesgo generado, al margen de que la demandada sea persona física, jurídica, o el Ayuntamiento del lugar que acoge la celebración del festejo[22]. Pero la exigencia de responsabilidad por

---

18 Como ejemplo de responsabilidad parciaria entre los agentes, vid. STS, Sala 1ª, de 19 de octubre de 2007 (RJ 2007/8637), resolutoria de un supuesto en el que explotó un cohete defectuoso durante un espectáculo pirotécnico autorizado por el Ayuntamiento.

19 Cuestión diversa es la atinente a la responsabilidad penal por la causación de daños personales —también materiales— por imprudencia. Así, en el caso de la explosión producida en el entorno de la Falla Azcárraga-Gran Vía Fernando el Católico en marzo de 2007, la AP de Valencia, Sección 2ª, en Sentencia de 12 de febrero de 2014 (RJ 2014/25), confirmatoria de la dictada por el Juzgado de lo Penal el 19 de noviembre de 2012 (RJ 2012/1391), absuelve al Presidente de la comisión y al pirotécnico, por no haberse acreditado infracción de las normas de cuidado por su parte y la imposibilidad de establecer causa precisa de la explosión. Tras el archivo de la causa penal los medios dieron buena cuenta de las numerosas demandas civiles planteadas en reclamación por los daños y perjuicios causados, que no determinaron la prosecución de los correspondientes procedimientos en el señalado orden jurisdiccional por cuanto que los reclamantes alcanzaron acuerdo con las aseguradoras al efecto de la determinación de las correspondientes indemnizaciones.

20 Vid., Evangelio Llorca, R., *El fundamento de la responsabilidad civil por daños ocasionados durante la celebración de festejos taurinos en la jurisprudencia civil*, en "La responsabilidad civil y su problemática actual", coordinado por J. A. Moreno Martínez, Dykinson, Madrid, 2007, págs. 1159-1174.

21 Cfr., por todos, Ortí Vallejo, A., *La responsabilidad civil en la práctica de actividades de ocio peligrosas*, en "Tratado de Responsabilidad Civil", coordinado por L. F. Reglero Campos, 3ª ed., Thomson Reuters Aranzadi, Navarra, 2006, pág. 1657.

22 Cfr., por todas, SSTS, Sala 1ª, de 17 de mayo de 1994 (RJ 1994/3588), 13 de febrero de 1997 (RJ 1997/701), 18 de junio de 1997 (RJ 1997/5416), 23 de abril de

negligencia en el organizador del festejo combina con el recurrente argumento que se desprende de la doctrina de la asunción del riesgo por parte del perjudicado en aquellos casos en que éste participa activamente en la actividad lúdica, aunque con resultados diversos en cuanto a su valoración[23]. Por parte de las Audiencias Provinciales la doctrina resulta más consolidada, decantándose la mayoría de las resoluciones por diferenciar los supuestos en que el perjudicado participa activa y conscientemente en el festejo, de aquellos otros en los que no es sino un mero espectador, rechazando la aplicación de la teoría de la responsabilidad objetiva en el primero de los casos, por entender que el participante asume voluntariamente el riesgo que la fiesta genera[24], en tanto que en el caso de meros espectadores se descarta la aplicación de la doctrina de la asunción voluntaria del riesgo por parte de la víctima[25], sin que exista criterio unánime respecto del fundamento de la responsabilidad civil del agente en estas situaciones, pues algunos pronunciamientos aplican la teoría del riesgo objetivo, en tanto que otros fundamentan su razón en el criterio de la culpa. En tales casos, sería conveniente diferenciar las situaciones en que el organizador del festejo sea un Ayuntamiento, de aquellos otros en los que se trata de una persona, física o jurídica, de Derecho privado, pues las Administraciones Públicas responden objetivamente de cualquier lesión que padezcan los particulares en cualquiera de sus bienes y derechos como consecuencia del funcionamiento normal o anormal de los servicios públicos, y considerando que la organización del festejo pudiera calificarse como tal —según defiende la jurisprudencia contencioso-administrativa[26]— se debe concluir

---

2003 (RJ 2003/3867), 8 de julio de 2005 (RJ 2005/9577) y 10 de febrero de 2006 (RJ 2006/675).

[23] Cfr., STS, Sala 1ª, de 31 de diciembre de 1996 (RJ 1996/9053), que condena al causante del daño por haber intensificado el riesgo asumido por el perjudicado y SSTS, Sala 1ª, de 8 de julio de 2005 (RJ 2005/9577) y 10 de febrero de 2006 (RJ 2006/675), que absuelven al agente dañoso por falta de concurrencia de negligencia en el mismo vinculada a la asunción del riesgo por parte del perjudicado.

[24] En estos supuestos los tribunales consideran que únicamente es posible responsabilizar al organizador del festejo si se acredita que hubo una actuación culposa por su parte. Cfr. SAP de Ciudad Real, de 29 de abril de 2005 (JUR2005/113393).

[25] Cfr. SSAP de Álava, de 26 de julio de 1999 (AC/1999), Zamora de 24 de julio de 2002 (JUR 2002/253763), y Zaragoza, de 8 de noviembre de 2005 (JUR 2005/24930).

[26] Cfr., por todas, SSTS, Sala 3ª, de 11 de mayo de 1992 (RJ 1992/4309), 17 de octubre de 2000 (RJ 2000/8631), 28 de octubre de 2004 (RJ 2004/631) y 1 de febrero de 2006 (RJ 2006/1183).

que, en tales situaciones, la responsabilidad del Entidad Local es objetiva. Aunque, tratándose de un particular, resulta forzada la aplicación de la teoría de la responsabilidad por riesgo que, como criterio de atribución subjetiva, exige que la actividad genere riesgo, presente contenido económico y produzca beneficio para el agente. A pesar de ello, si se considera que la responsabilidad por riesgo debe apreciarse ante cualquier situación que, generada por el agente, determina un riesgo específico, concurra o no beneficio económico, bien podría acogerse el criterio para fundar la responsabilidad del causante en el puro riesgo. Así, cabría concluir que el organizador de la actividad debe responder por los daños generados, incluso si no concurre actuación negligente, aunque sólo de los que le sean objetivamente imputables, entrando aquí en juego la doctrina de la asunción del riesgo que integra un criterio de imputación objetiva por el que no podrá atribuirse a un tercero un resultado dañoso que se produzca constando acreditado un riesgo voluntariamente asumido por el perjudicado. En definitiva, no es que el organizador del festejo no responda por riesgo, sino que cuando el riesgo ha resultado aceptado por el perjudicado de manera voluntaria no puede atribuirse objetivamente el resultado dañoso al organizador[27].

Lo expuesto resulta aplicable en relación con los daños personales derivados de las actividades falleras, señaladamente las pirotécnicas.

Resulta asimismo relevante atender a la circunstancia de la ruptura del nexo causal que, en todo caso, determinaría la ausencia de responsabilidad. Así, en la STS, Sala 1ª, de 19 de octubre de 2007[28], durante un espectáculo pirotécnico autorizado por el Ayuntamiento, un cohete explotó tardíamente al impactar contra el suelo bajo un vehículo estacionado, provocando que se desprendieran esquirlas de metal que hirieron a varios espectadores. El cohete, que presentaba defecto en uno de sus elementos, había sido fabricado por una pirotecnia homologada. El Ayuntamiento había mantenido la zona de seguridad mínima reglamentaria entre el área de fuego y el espacio destinado a los espectadores. Pero doce espectadores perjudicados demandaron a la organizadora del espectáculo, al Ayuntamiento, a la pirotecnia y su aseguradora, y al encargado de la empresa so-

---

27 En relación con la participación de personas no aptas o inidóneas para este tipo de festejos, cfr. D.A. Tercera de la Ley 14/2010, de 3 de diciembre, de espectáculos públicos, actividades recreativas y establecimientos públicos, establece lo siguiente.

28 STS, Sala 1ª, de 19 de octubre de 2007 (RJ 2007/8637).

licitando sustanciosas indemnizaciones. El juzgado de instancia desestimó las demandas por ausencia de relación de causalidad, al considerar que los daños eran imputables a un defecto de la mecha fabricada por empresa no demandada. La AP estimó en parte el recurso de apelación, y condenó al Ayuntamiento, a la pirotecnia y a su aseguradora, absolviendo al resto de demandados, considerando que en la producción del accidente había concurrido (i) en un 50% el defecto del cohete, y (ii) en el otro 50 % la falta de las medidas de seguridad necesarias, por insuficiencia de la distancia de seguridad y por haberse permitido el aparcamiento de vehículos. El TS desestimó el recurso de casación interpuesto por la aseguradora de la pirotécnica y estimó el del Ayuntamiento fundado en infracción del artículo 1902 del CC, fijando la responsabilidad del Ayuntamiento en un 30% de los daños, pues éste "debió analizar con atención la determinación del área de seguridad, para personas y vehículos, por lo que no debe ser exonerado, (...) pero en ningún caso ese comportamiento puede ponerse en el mismo nivel que el hecho de disparar un cohete que no se encontraba en buenas condiciones". Así, el TS apreció la concurrencia de dos causas en la producción del accidente: (i) la actuación negligente de la pirotecnia fabricante del cohete defectuoso, y (ii) la omisión de las medidas de seguridad necesarias por parte del Ayuntamiento autorizante, aunque esta última circunstancia con una contribución causal menor que la anterior[29]. El TS recurre a la teoría de la responsabilidad por riesgo para atribuir la responsabilidad al Ayuntamiento, confirmando así jurisprudencia consolidada, basada en el riesgo anormal que implican los espectáculos pirotécnicos para la integridad física de las personas que participan en ellos[30]. Pero esta resolución, siguiendo la indicada línea jurisprudencial, no objetiviza de forma absoluta la responsabilidad del Ayuntamiento organizador del evento, sino que exige una conducta adecuada para producir el resulta-

---

29 En el mismo sentido, la STS, Sala 1ª, de 20 de octubre de 2007 (RJ 2007/ 8667), que resuelve un supuesto en que un espectador sufrió lesiones en un ojo como consecuencia del impacto de un fragmento de material incandescente desprendido tras la explosión de unos artificios pirotécnicos, condena al Ayuntamiento organizador por omisión de las medidas de seguridad adecuadas y absuelve a la empresa pirotécnica porque la fabricación, instalación y lanzamiento fue correcta.

30 Cfr., Ortí Vallejo, A., *La responsabilidad civil en la práctica de actividades de ocio peligrosas*, en "Tratado de Responsabilidad Civil", *cit.*, pág. 1663; y Ramos Maestre, A., *La responsabilidad civil por accidentes pirotécnicos: análisis jurisprudencial*, en "La responsabilidad civil y su problemática actual", coordinado por J. A. Moreno Martínez, Dykinson, Madrid, 2007, págs. 1223-1240.

do dañoso, que se concreta en la falta de adopción de todas las medidas necesarias para evitar la producción de los daños materiales y corporales, resultando insuficiente la diligencia reglamentaria, pues la realidad fáctica evidenció que las garantías adoptadas para evitar los daños previsibles resultaron ineficaces.

Es posible apreciar concurrencia de culpas, incluso en el caso de intervención de menores. Es el supuesto resuelto por la STS, Sala 1ª, de 20 de diciembre de 2006[31], que enjuicia unos hechos ocurridos el 19 de marzo de 1994 cuando, tras la *mascletà* del día de San José en Xirivella, un menor recogió un artificio sin explosionar, que explotó posteriormente. Consecuencia del accidente, el menor padeció incapacidad para sus ocupaciones habituales durante sesenta días y señaladas secuelas. El recinto estaba protegido únicamente por dos cintas de tela adhesiva que permitían fácilmente el acceso. La madre del menor, en nombre de su hijo, demandó al Ayuntamiento, a la Comisión comitente del espectáculo, al pirotécnico, y a su aseguradora, solicitando una indemnización a determinar en ejecución de sentencia. El juzgado de instancia estimó la demanda. La AP de Valencia estimó el recurso de apelación interpuesto por la aseguradora, revocando parcialmente la resolución apelada y condenando a los codemandados al pago de una indemnización para cuyo cálculo aplicó orientativamente el baremo con reducción de un 50% al apreciar concurrencia de culpa de la víctima. El TS estimó el recurso de casación interpuesto por la demandante y casó la SAP en el sentido de aumentar la indemnización, apreciando una notoria desproporción entre las bases del sistema legal del baremo asumido a título orientativo y la indemnización fijada por la AP. Asimismo consideró que la actuación del menor sólo contribuyó en un 10% a la causación del accidente. Esta resolución ofrece dos cuestiones de interés: de una parte, (i) asume la jurisprudencia más próxima de la Sala Primera del TS que, rectificando criterios iniciales, acepta la aplicación de los baremos para valorar daños personales causados en ámbitos distintos a los accidentes de circulación[32], sin que ello suponga "admitir la existencia de una laguna legal" (F.D. 5º)[33]; siendo la cuestión nueva analizada la relativa a la necesidad de aplicar estrictamente el baremo si el juzgador lo escoge de

---

[31] STS, Sala 1ª, de 20 de diciembre de 2006 (Roj: STS 8263/2006—ECLI:ES:TS:2006:8263).

[32] SSTS, Sala 1ª, de 19 de mayo de 2006 (RJ 2006/3276), 10 de febrero de 2006 (RJ 2006/ 674) y 11 de noviembre de 2005 (RJ 2005/9883).

[33] Para un análisis más exhaustivo de la jurisprudencia del TS en torno a la aplicación orientativa de los baremos *vid.* Luna, A., Ramos, S. y Marín, I., *Guía de*

manera orientativa; por otra parte, (ii) en relación con la distribución de la culpa entre los demandados y el menor, señala inoperante el principio de confianza como criterio de exoneración de la responsabilidad de la organización, pues ésta se encontraba en condiciones de anticipar la presencia de menores en su esfera de influencia, y al llevar a cabo una actividad que puede resultar atractiva para ellos, la de los artificios pirotécnicos, debió elevar su estándar de diligencia adecuándolo a la mayor probabilidad de accidentes[34].

En el contexto revisado cabría considerar, con aplicación de los mismos parámetros de resolución, los daños personales que pudieran derivarse de la intoxicación de terceros por alimentos en mal estado (paellas, bocadillos, tapas) proporcionados por la propia comisión o agente contratado por ella, a salvo siempre el derecho de repetición de aquélla contra el efectivo causante del daño.

2.3. Daños medioambientales

Ciertamente, y más allá de las consecuencias que, año tras año, en la ciudad generan las celebraciones falleras (básicamente, suciedad en la vía pública y daños en el mobiliario urbano), la cuestión relativa a los posibles daños medioambientales provocados por las actividades relacionadas con las Fallas no se ha planteado hasta la *mascletà* de Madrid, proyectada y celebrada en el mes de febrero de 2024, respecto de la cual la entidad "Ecologistas en acción" advirtió de las alteraciones que los trescientos kilos de pólvora de "una celebración ajena a la ciudad de Madrid" podrían provocar en el ecosistema del río Manzanares, con consecuencias para las aves y la vegetación de la ribera que incluso podría prender por el desvío de alguna chispa, pues la vegetación arbustiva existente en el río estaba muy seca en esta época del año, resultando difícil de apagar, dada la escasa accesibilidad al cajero por donde discurre el río[35]. Además, se indicaba que

---

Baremos. Valoración de daños causados por accidentes de circulación, de navegación y por prisión indebida, InDret 3/2006 (www.indret.com).

34 Cfr. Ferrer i Riba, J. y Ruisánchez Capelastegui, C., *Niños y adolescentes*, InDret 1/2000.

35 Sin mayor especificación ni concreción argumental adicional, "Ecologistas en Acción" consideró que la celebración de la *mascletà* podría contravenir la Ley estatal del Patrimonio Natural y de la Biodiversidad, la Ley para la Protección y Regulación de la Fauna y Flora silvestres en la Comunidad de Madrid, y la Ley de Espectáculos Públicos y Actividades Recreativas en la Comunidad de Madrid, por existir

el ruido y el humo podría afectar a la rica población de aves que pueblan el renaturalizado tramo urbano del Manzanares, "más aún cuando algunas especies incluso han iniciado su período de reproducción"[36]. En este contexto se suscitaron dos manifestaciones contrarias a su celebración en las que se recordaba que ese tramo del río lindante con la Casa de Campo, declarada Bien de Interés Cultural, es considerado "una de sus zonas más nobles y bien conservadas, con arbolado de gran porte y edad …". Más allá de la localización de un pato muerto, supuestamente a consecuencia de la *mascletà* que, finalmente, se celebró en la fecha prevista debidamente autorizada por el Juzgado de lo Contencioso-Administrativo nº 8 de Madrid que desestimó la petición de medida cautelarísima interesada por la entidad animalista "Salvando Peludos" contra la celebración de la misma[37], ninguna otra consecuencia dañosa llegó a acreditarse, a pesar del difundido

---

"abundante bibliografía científica" relativa a los efectos negativos de la pirotecnia sobre los animales domésticos y la fauna silvestre, especialmente en las aves, según la cual era previsible que el espectáculo, aunque puntual, tuviera "un impacto significativo sobre la avifauna que habita la zona y sus alrededores". Ciertamente, la Ley 26/2007, de 23 de octubre de Responsabilidad Medioambiental, promulgada en trasposición de la Directiva 2004/35/CE del Parlamento Europeo y del Consejo, de 21 de abril de 2004, recoge numerosos supuestos de daños difusos, que no resultaron en ningún caso acreditados en el supuesto considerado.

36 Y se advertía asimismo de las consecuencias que el evento pudiera tener en personas con hipersensibilidad acústica y con trastornos del espectro autista y el impacto sobre las mascotas, especialmente perros y gatos.

37 En el Auto desestimatorio dictado por el Juzgado de lo Contencioso-Administrativo nº 8 de Madrid se declara no haber lugar a la medida cautelarísima solicitada que proponía "buscar otra localización donde llevarse a cabo", por cuanto que no quedó acreditado el agotamiento de la vía administrativa para la solicitud de las cautelares, declarándose, además, que los informes presentados por la solicitante eran de parte, en tanto que fueron elaborados por "asociaciones, entidades u organizaciones medioambientales no imparciales que también se han opuesto públicamente a esta iniciativa, no aportando un principio de prueba aceptable de que la ejecución del evento haya de crear una situación irreversible, ni la producción de daños o perjuicios de imposible o difícil". Tampoco se consideró la favorable acogida de la alegación relativa a la inexistencia de un estudio previo para medir el impacto en la zona. En este sentido el auto señala una "serie de documentos acreditativos de la tramitación administrativa y de seguridad seguidos en la organización y desarrollo de los eventos de *mascletàs*, en otras zonas del territorio nacional con alta y cualificada protección medioambiental, como es el parque natural de La Albufera (Valencia)", y el Informe Ambiental, de 5 de febrero de 2024, emitido a instancias de la Oficina de Actos en Vía Pública de la Coordinación General de Seguridad y Emergencias del Área de Gobierno de Vi-

informe emitido con posterioridad al evento por varios técnicos de SEO/ BirdLife que recoge haberse producido "una disminución del número de aves en las zonas aledañas al lugar (...) lo que apunta a que el ruido ha hecho que las aves se desplacen de sus territorios", siendo las especies más afectadas las anátidas (es decir, los patos, como el viralizado en noticias previas a las que ya me referí, por aparecer muerto, además de dos aves muertas en Madrid Río, cercanas al Puente del Rey, una de ellas recogida por el Seprona que, no obstante, no llegó a concretar las causas de la muerte, si bien, la primera que se encontró, ya se estaba inerte antes del evento, como publicó Telemadrid con un vídeo previo a que arrancara el evento en el Puente del Rey)[38].

2.4. Daños acústicos y luminosos. Intromisiones en el derecho al descanso[39]

Como señalé, las celebraciones locales y, señaladamente las Fallas, constituyen, además de una indiscutible expresión artística de alto nivel, una

---

cealcaldía, Portavoz, Seguridad y Emergencias, del Ayuntamiento de Madrid, en relación con el mismo evento, según refiere la juzgadora.

38 Además, la organización ecologista denunció que la limpieza tras la *mascletà* no resultó efectiva, pues se encontraron "numerosas cuerdas, plásticos, trozos de cartón y cartuchos de los petardos, incluso a bastante distancia de donde se lanzaron", cuestión que hacía pensar a Seo/BirdLife que varios de estos trozos de residuos de la pirotecnia han podido caer como residuos al río, con la contaminación que ello supone.

39 El marco normativo en que se desarrolla esta tipología de inmisiones y, por tanto, se enmarca el ámbito de actuación de la Administración que tiene encomendado su control es el siguiente. Sobre contaminación acústica, a nivel estatal, la Ley 37/2003, de 17 de noviembre, del Ruido, desarrollada por numerosos Reales Decretos; en la Comunitat Valenciana la Ley 7/2002, de 3 de diciembre, de protección contra la contaminación acústica. Sobre contaminación lumínica la regulación resulta menos extensa y básicamente autonómica, destacando la Ley 15/2010, de 10 de diciembre, de prevención de la contaminación lumínica y del fomento del ahorro y eficiencia energéticos derivados de instalaciones de iluminación de la Comunidad de Castilla y León, la Ley 6/2001, de 31 de mayo, de ordenación ambiental del alumbrado para la protección del medio nocturno de la Comunidad Autónoma de Cataluña, la Ley 6/2022, de 5 de diciembre, del Cambio Climático y la Transición Ecológica de la Comunitat Valenciana (que alude al alumbrado público y contaminación lumínica en su artículo 40), y alguna mención puntual en la Ley 34/2007, de 15 de noviembre, de calidad del aire y protección de la atmósfera; cfr. D.A. Cuarta). Con precisa referencia a nuestro

manifestación lúdica popular, expresión de identidad cultural, correspondiendo a los poderes públicos el deber de su protección, conservación y promoción.

Pero esta celebración festiva lleva aparejada la realización de actividades que incrementan el umbral acústico y lumínico habitual, erigiéndose en adicional agente contaminante en perjuicio de los residentes que ven amenazada la permanencia pacífica en su vivienda (reducto infranqueable de su intimidad) con esta categoría de intromisiones que comprometen y, en el peor de los casos, perjudican de manera efectiva derechos y libertades de índole variada, como el derecho al descanso[40].

Es por ello que los poderes públicos, actuando siempre en el marco de la legalidad, que también les obliga, están comprometidos a proteger al ciudadano frente a cualquier agente productor de contaminación acústica[41] o luminosa, ya sea un tercero o la propia Administración[42].

Precisamente, por constituir los umbrales acústico-lumínicos materia cuyo control se encuentra atribuido a la Administración Local, es por lo que prácticamente todas las reclamaciones judiciales planteadas en este ámbito se dirigen contra el Ayuntamiento de la localidad en cuestión (que, a través del control de los niveles legales de tolerancia establecidos y la concesión de las correspondientes licencias para el ejercicio de la actividad se considera que es, a último, el responsable de la lesión producida) y, sólo en ocasiones, también contra las comisiones falleras, razón que determina la *vis attractiva* de la jurisdicción contencioso-administrativa en el

---

ámbito local, cfr. la Ordenanza Municipal del Ayuntamiento de Valencia, de protección contra la contaminación acústica, publicada en el BOP el 25 de abril de 2023 que entró en vigor el 17 de mayo de 2023.

40 Cfr. art. 40.2 CE. Ciertamente, la preservación del derecho al descanso implica la protección de concretos bienes jurídicos, como la salud (art. 43 CE), el medio ambiente (art. 45 CE), la intimidad personal y familiar (art. 18.1 CE), la integridad física y moral (art. 15 CE) y la inviolabilidad del domicilio (art. 18.2 CE) que conforman el bienestar de la persona.

41 La más frecuentemente reclamada en el ámbito judicial, por tratarse de la agresión más usual en este ámbito frente a las intromisiones lumínicas.

42 Tal consideración, vinculada a una deficiente, por usualmente ineficaz, ordenación normativa, justifica que por parte de la doctrina científica se hayan expresado sugerentes propuestas de revisión legal de la fiesta local que regulen, como aspecto sustancial, el de la responsabilidad administrativa por estos daños (cfr. Lafuente Benaches, M., *Fiestas locales y derecho al descanso*, Iustel, Madrid, 2010, págs. 95-153).

conocimiento de las causas que en numerosos supuestos concluyen con la condena del agente productor de la contaminación basada en el carácter fundamental y prevalente del derecho protegido. Y ello con argumentos jurídicos de ordinario contundentes que conviene revisar, en búsqueda del equilibrio deseable entre el derecho fundamental del administrado al descanso, la culminación de la fiesta, y los intereses en juego, básicamente de naturaleza económica.

Con carácter general conviene precisar que para que la lesión del derecho al descanso genere una consecuencia resarcitoria y, en su caso, sancionadora, materializada en la prohibición de la actividad dañosa en cuestión, es preciso que el hecho lesivo resulte constitutivo de una intromisión domiciliaria prolongada y permanente[43], no de una agresión puntual[44].

---

43 La cuestión es, en cada supuesto, determinar qué se entiende por "ruido de carácter persistente", valoración que queda a la consideración del Tribunal. Recientemente, el Tribunal Superior de Xustiza de Galicia (TSXG) condenó al Ayuntamiento de Vigo por vulnerar los derechos fundamentales a la intimidad personal y familiar y a la inviolabilidad del domicilio de una vecina del centro de la ciudad por el ruido provocado durante la celebración de la Navidad del año 2022-2023 (STSXG, nº 178/2024, de 29 de mayo de 2024, recaída en resolución del recurso de apelación nº 7144/2023 interpuesto contra la Sentencia de fecha 30 de junio de 2023 dictada por el Juzgado de lo Contencioso-administrativo nº 1 de Vigo). La Sala considera acreditado que "el ruido padecido por la apelante tuvo carácter persistente, ya que su continuidad perduró (…) prácticamente durante dos meses, y fue intenso porque superó los límites legales permitidos". Subraya que todo ello "podría conllevar una afectación potencial a la salud de las personas", al tiempo que resaltan que "implica un menoscabo del desarrollo de la personalidad, al imposibilitar el desarrollo de la vida diaria, lo que vulnera los derechos fundamentales denunciados como violados". Además, se señala que Ayuntamiento "se mantuvo inactivo al respecto de la contaminación acústica que se estaba produciendo, la cual es achacable exclusivamente al ente local". Y recuerda que "existe un deber de los poderes públicos de garantizarnos el disfrute de nuestro descanso y tranquilidad mínima, según las circunstancias, no debiendo caber duda al ente local de que el interés jurídico que ha de resultar prevalente, el más digno de protección, es el derecho de los ciudadanos a la no recepción de ruidos molestos, en cuanto expresión de calidad de vida digna".

44 Cfr. STSJCV, Sala de lo Contencioso-administrativo, Sección 1ª, de 17 de febrero de 2014, Roj: STSJ CV 9663/2014-ECLI:ES:TSJCV:2014:9663 y, en el mismo sentido, SSTSJCV, Sala de lo Contencioso-Administrativo, Sección 1ª, de 16 de diciembre de 2021, Roj: STSJ CV 7484/2021 - ECLI:ES:TSJCV:2021:7484 y de 24 de enero de 2023, Roj: STSJ CV 487/2023 - ECLI:ES:TSJCV:2023:487. En este ámbito resulta imprescindible la mención a la doctrina expuesta por el TEDH en el caso Moreno Gómez *vs.* España (relativo a las consecuencias lesivas de los niveles de

Como señalé, buena parte de los pronunciamientos judiciales acogen la condena del agente contaminante que debe indemnizar al perjudicado con un montante dependiente de las específicas circunstancias del caso, y que puede resultar también sancionado con la cesación de la actividad lesiva, resultando en otros supuestos la absolución del mismo[45].

Así, la Sentencia del Tribunal Superior de Justicia de la Comunidad Valenciana (en adelante STSJCV), Sala de lo Contencioso-Administrativo, Sección 2ª, de 6 de febrero de 2013[46], confirmando el pronunciamiento recaído en la instancia, condena al Ayuntamiento de Silla a indemnizar a los reclamantes los daños y perjuicios derivados del ruido y molestias causados por el casal fallero de la Falla del Mercat de Silla situado en la Plaza del Mercat nº 5, además de a la clausura y cierre de dicho casal.

---

ruido soportados de manera persistente en la plaza de Xúquer durante los meses de abril de 1996 y mayo y agosto de 1997), en el que se condenó a las autoridades españolas por incumplir la normativa por ellas mismas elaborada para proteger a los ciudadanos frente al ruido. La STEDH de 19 de noviembre de 2004 declara que una reglamentación dispuesta para proteger derechos garantizados resultaría una medida ilusoria si no resultara aplicada de manera constante, precisando que el CEDH pretende la protección de derechos efectivos, debiendo las Administraciones españolas actuar con el propósito de proteger el derecho al descanso de los ciudadanos mediante una normativa comprensiva de medidas eficaces para asegurarlo frente a agresiones prolongadas y persistentes. Cfr. San Martín Segura, D., y Muñoz Benito, L., *Los últimos episodios de la doctrina López Ostra en España*, en "Sistemas Sociais Complexos e Integração de Geodados no Direito e nas Políticas", coord. por Alexandra Aragão y José Gomes dos Santos, Universidad de la Rioja, 2019, págs. 311-336.

45 Cfr. STSJCV, Sala de lo Contencioso-administrativo, Sección 1ª, de 17 de febrero de 2014, Roj: STSJ CV 9663/2014 - ECLI:ES:TSJCV:2014:9663, que resuelve, en grado de apelación, el recurso contra la Sentencia nº 179/2014, de 12 de mayo de 2014, dictada por el Juzgado de lo Contencioso Administrativo nº 1 de Valencia desestimatoria del recurso contra la desestimación por silencio administrativo por el Ayuntamiento de Valencia de la reclamación de protección de derechos fundamentales reconocidos en los arts. 15 y 18 CE "por la transmisión de ruidos ocasionados por la música (...) y actividades realizadas en una carpa-casal fallero autorizado a escasos metros de la vivienda de la demandante, superando ampliamente los niveles acústicos nocturnos máximos establecidos en las leyes, originando ruidos, vibraciones y contaminación acústica en las viviendas cercanas, afectando anímica y moralmente, así como a la salud, intimidad y sueño (...)".

46 STSJCV, Sala de lo Contencioso-Administrativo, Sección 2ª, de 6 de febrero de 2013, Roj: STSJ CV 223/2013— ECLI:ES:TSJCV:2013:223.

En igual sentido se pronuncia la STSJCV Sala de lo Contencioso-Administrativo, Sección 1ª, de 17 de abril de 2015[47], en cuyo supuesto la Sala estima el recurso de apelación interpuesto y revoca la sentencia de la instancia, por la que se inadmitía el recurso contencioso administrativo formulado en reclamación presentada ante el Ayuntamiento de Meliana por las molestias causadas, como consecuencia de los ruidos causados por las actividades desarrolladas en un casal fallero.

Más recientemente, semejantes argumentos sirven para fundar el fallo condenatorio del Ayuntamiento de Valencia, en las SSTSJCV, Sala de lo Contencioso-Administrativo, Sección 1ª, de 16 de diciembre de 2021[48], y de 24 de enero de 2023[49].

2.5. Daños derivados de la invasión de la vía pública

La ocupación e interrupción circulatoria, así como los desvíos de ciertos tramos de la vía pública urbana, constituyen situaciones inevitables durante la celebración de las fiestas falleras que, en principio, parecen quedar justificadas por la propia logística de las Fallas (montajes de carpas y barracas, instalación de monumentos, zonas para la celebración de actividades y

---

47 STSJCV Sala de lo Contencioso-Administrativo, Sección 1ª, de 17 de abril de 2015, Roj: STSJ CV 1705/2015— ECLI:ES:TSJCV:2015:1705.

48 SSTSJCV, Sala de lo Contencioso-Administrativo, Sección 1ª, de 16 de diciembre de 2021, Roj: STSJ CV 7484/2021-ECLI:ES:TSJCV:2021:7484. En el caso los recurrentes estaban expuestos a contaminación acústica en su vivienda por encontrarse encima del local de una asociación cultural fallera que efectuaba actividades de bar con ambientación musical y variedad de celebraciones, sin contar con aislamiento del local ni insonorización de las distintas fuentes de ruido, viéndose privados de su descanso y disfrute de su domicilio, pues las actividades se reiteraban todos los martes y viernes noche, así como algún fin de semana, constando acreditado que la actividad desplegada en el local superaba los límites normativamente establecidos, en virtud del informe de medición acústica.

49 SSTSJCV, Sala de lo Contencioso-Administrativo, Sección 1ª, de 24 de enero de 2023, Roj: STSJ CV 487/2023-ECLI:ES:TSJCV:2023:487. En el supuesto resuelto por esta resolución, dictada no en el contexto de la actividad fallera, pero fundada en argumentos extrapolables a la misma, se declara la responsabilidad patrimonial por contaminación acústica causada, durante cinco años, por el bar cafetería ubicado en planta baja del edificio donde se encontraba la vivienda de los recurrentes y se fija el *quantum* indemnizatorio con fundamento en la existencia de quebranto del uso del domicilio.

discurso peatonal a los efectos de participar en el festejo o disfrutarlo como mero espectador ...) que demanda la invasión del espacio, y englobadas en el ámbito de los daños que el ciudadano (singularmente el residente) debe soportar en atención a la prevalente consideración de la celebración popular.

Estas alteraciones de la cotidianeidad ocasionalmente pueden reportar consecuencias lesivas o económicamente gravosas para el residente que, vgr., por no disponer de aparcamiento en su edificio, se pudiera ver obligado a localizar uno idóneo para su vehículo usualmente estacionado en la vía pública, debiendo acudir en tales supuestos al recurso de una contratación del servicio (por necesidad y, tal vez también, por seguridad de su automóvil) lo que sería motivo de desembolso pecuniario, con la cuestión consecuente de su posible reembolso por parte del agente generador del señalado quebranto[50]. En mi opinión, estos daños, siempre que sean de carácter transitorio, no serían resarcibles, por supeditarse al interés general que suscita la fiesta.

Diversa consideración provoca la existencia de una lesión que vulnere bienes jurídicos o intereses superiores protegibles de entre los cuales, sin duda, la vida es valor primordial e indiscutible. En este sentido, resulta de obligada mención la STSJCV, Sala de lo Contencioso, Sección 2, de 6 de febrero de 2013[51], que en la reclamación planteada por la viuda del fallecido contra el Ayuntamiento de Valencia, su aseguradora y la Falla en cuestión, apreció la existencia de nexo causal entre la muerte del enfermo, que no pudo ser trasladado al Hospital con la urgencia que la situación requería, tras haber sufrido un infarto de miocardio, y el mal funcionamiento de los servicios municipales, al tolerar el corte de calles, con ocasión del montaje de un monumento fallero, sin señalización alguna, y sin previsión de vías

---

50 Con precisa referencia a la ubicación del monumento fallero, conviene considerar, como ya indiqué, que la misma compete a JCF y que, en su determinación, resultan de especial consideración los informes emitidos por los técnicos municipales, que valoran aspectos tales como contaminación acústica, tráfico, estacionamiento de vehículos y movilidad, transporte colectivo urbano, posibilidad de acceso de ambulancias y actuación de Policía Local, protección civil, prevención y extinción de incendios, seguridad de las personas, daños en bienes muebles e inmuebles y también la información y promoción de la actividad turística de interés y ámbito local, que son objeto de especial mención en la ya citada STSJCV, Sección 1ª, de 7 de mayo de 2018, Roj: STSJ CV 1431/2018 - ECLI:ES:TSJCV:2018:1431.

51 STSJCV, Sala de lo Contencioso, Sección 2, de 6 de febrero de 2013, Roj: STSJ CV 1/2013 - ECLI:ES:TSJCV:2013:1.

alternativas. La resolución considera acreditada la pérdida de oportunidad de tratamiento asistencial y acoge la pretensión de unos testimoniales daños morales que valora como indemnizables a cuyo abono condena al Ayuntamiento de Valencia.

2.6. Derecho al honor y a la propia imagen

La libertad de expresión y la libertad de información constituyen derechos fundamentales reconocidos en el artículo 20 de la CE y también en el Convenio de Roma de 4 de noviembre de 1950 para la Protección de los Derechos Humanos y de las Libertades Fundamentales (CEDH), que presentan una dimensión institucional señaladamente relevante por su incidencia en la formación de una opinión pública libre. A pesar de constituir doctrina constitucional consolidada la de que "no existen derechos ilimitados"[52], la libertad de expresión se encuentra sometida a límites específicos, que se determinan a través de un análisis conjunto de los derechos en colisión que, en todo caso, requiere de un juicio motivado de ponderación entre tales libertades y los derechos fundamentales con los que confrontan[53], señaladamente, aunque no de manera exclusiva, el derecho al honor y a la intimidad[54].

Estas reflexiones alcanzan dimensiones específicas en el ámbito de la fiesta fallera, destacadamente por cuanto se refiere al contenido de las manifestaciones plásticas y literarias que integran el monumento.

En relación con la posible responsabilidad que en este ámbito pudiera afectar a las comisiones resulta de interés realizar alguna consideración, específicamente referida al derecho al honor y al derecho a la propia imagen en atención a concretas resoluciones judiciales que, en el ámbito propio de las Fallas, los consideran, aplicando lo que no es sino la propia doctrina interpretativa de los mismos en atención a criterios judiciales ya consolidados.

---

52 Cfr. STC, Sala Primera, 2/1982, de 29 de enero "BOE" núm. 49, de 26 de febrero de 1982, págs. 9-11.

53 Cfr., entre las más recientes, SSTC 190/2020, de 15 de diciembre, y 192/2020, de 17 diciembre.

54 El derecho al honor, a la intimidad personal y familiar y a la propia imagen, consagrados constitucionalmente en el artículo 18.1 CE, encuentran desarrollo civil específico en la LO 1/1982, de 5 de mayo, de protección civil del derecho al honor, a la intimidad personal y familiar y a la propia imagen.

Respecto del derecho al honor, la SAP de Valencia, Sección 8ª, de 21 de enero de 2008[55], resuelve un supuesto en el que un integrante de la comisión —anterior Presidente de la misma— plantea reclamación contra la Falla y su Presidente, por determinadas manifestaciones vertidas en un acta de Junta que, en su opinión, resultaban constitutivas de intromisión ilegítima en su derecho al honor, por referirse a su persona y aludir a ciertas irregularidades por él cometidas carentes de veracidad que, dada la ubicación de la comisión en su barrio de residencia, afectaban a su fama y reputación ante la vecindad y el resto de las comisiones falleras del sector. Se trataba de determinados párrafos del acta en los que literalmente se aludía a "las irregularidades cometidas por el anterior Presidente (...) tales como el asunto del pago de los autobuses ...", y otras relacionadas con ciertos cobros, adeudos y liquidaciones practicadas de manera no transparente, que determinaron la expulsión del demandante como miembro de la comisión por mayoría absoluta. La Sala concluye que las expresiones enjuiciadas no resultan constitutivas de intromisión ilegítima, toda vez que no integran expresiones insultantes ni injuriosas, ni en sí mismas ni en el contexto en que se expresaron, pues sólo se refirió la concurrencia de "irregularidades", sin que la Resolución de JCF acerca de la improcedencia de su expulsión resultara relevante a tales efectos al no cuestionar los hechos denunciados sino sólo su valoración. Tampoco resulta favorablemente acogida la alegación relativa a la difusión de lo acaecido que pudiera alcanzar al barrio y a otras comisiones falleras, por entender la sala que, de haberse producido, el actor no fue ajeno a ello.

Sobre el derecho a la propia imagen la SAP de Valencia, Sección 6ª, de 15 de noviembre de 2011[56], resuelve un supuesto de hecho sucedido en el ámbito de la fiesta fallera en el que, a pesar de no litigar una comisión, plantea interés por cuanto que la fundamentación resultaría igualmente aplicable de haberse realizado la publicación en algún medio del que la misma fuera responsable (pensemos, por ejemplo, en el *Llibret* propio de la Falla). En concreto, el padre de una menor demanda a la "Fundación Turismo Valencia Convention Bureau" y al Ayuntamiento de Valencia por una publicación de la mentada Fundación que incluía, entre varias fotografías, una en la que aparece la hija del actor en la vía pública, con traje de valenciana y ramo de flores, en una imagen claramente identificable con la

---

55 SAP Valencia, Sección 8ª, de 21 de enero de 2008, Roj: SAP V 78/2008 - ECLI:ES:APV:2008:78.

56 SAP Valencia, Sección 6ª, de 15 de noviembre de 2011, Roj: SAP V 6747/2011-ECLI:ES:APV:2011:6747.

ofrenda a la Virgen de los Desamparados, tomada en un plano muy cercano de modo que los rasgos de la niña son perfectamente identificables, sin que la responsable de la publicación hubiera recabado el consentimiento de los progenitores de la menor para captar la fotografía ni para incluirla en el folleto, considerando que ello resulta constitutivo de intromisión ilegítima. La resolución de instancia condena a la Fundación y absuelve al Ayuntamiento, resultando confirmada por la AP al resolver el recurso de apelación, por considerar que el consentimiento paterno, implícito en la autorización para que su hija, vestida con el traje regional valenciano, participara en el acto de la ofrenda que se realiza públicamente por las calles de la ciudad, no implicaba su autorización para que la imagen de la niña fuera publicada y difundida.

V. Responsabilidad de la Comisión fallera. Responsabilidad de las asociaciones y de los asociados

Con precisa referencia a la responsabilidad de las asociaciones y de sus asociados[57], resulta de interés destacar que en nuestro ordenamiento ninguna previsión normativa previa a la LO 1/2002 se ocupaba de esta cuestión[58], por lo que se hacía preciso el recurso a las previsiones del CC a los efectos de dimensionarla adecuadamente. Desde esta consideración es claro que el régimen de responsabilidad de la asociación quedaba sujeto al contenido del artículo 1911 del CC, a cuyo tenor la misma debía responder de las obligaciones contraídas con todos sus bienes, resultando que en el caso de responsabilidad contractual a la asociación le resultaba de aplicación el régimen general de los artículos 1101 y concordantes del CC, y en la

---

[57] Sin detenerme en la regulación autonómica que les pudiera afectar (arts. 20 y 21 de la Ley 14/2008, de 18 de noviembre, de Asociaciones de la Comunitat Valenciana), toda vez que el tratamiento del régimen jurídico de las comisiones encuentra su ubicación adecuada en otra aportación de la presente obra colectiva, en este apartado me limito a señalar los trazos generales conformadores del régimen de responsabilidad de la comisión fallera, en cuanto asociación de interés cultural sin ánimo de lucro, de conformidad con las previsiones contenidas en la LO 1/2002, de 22 de marzo, reguladora en el ámbito estatal del derecho de asociación. Al respecto, cfr., por todos, Mata de Antonio, J. Mª, *La responsabilidad en las asociaciones,* en "Acciones e Investigaciones sociales", nº 18 (Nov. 2023), págs. 165-178.

[58] Cfr. Ley de 30 de junio de 1887, Decreto de 25 de enero de 1941 y Ley 191/1964, de 24 de diciembre.

hipótesis de la responsabilidad extracontractual, las previsiones genéricas del artículo 1902 del CC, que ya ha sido objeto de consideración previa. En todo caso, la cuestión medular se localiza en determinar cuándo la asociación se erige en sujeto de imputación de obligaciones, independiente de cada uno de sus asociados, respecto a lo que, casi inercialmente, siempre se ha venido entendiendo que el requisito que permitía considerar a la asociación como sujeto autónomo de imputación de obligaciones era, precisamente, la adquisición de la personalidad jurídica, por lo que, con carácter general se concluía que los artículos 1911 y 1101 del CC resultaban de aplicación a las asociaciones con personalidad jurídica[59]. Lo esencial es, pues, determinar, a partir de qué momento una asociación —la comisión fallera— adquiere personalidad jurídica.

Tras la entrada en vigor de la LO 1/2002, el artículo 5.2 de la misma, tras disponer que con el otorgamiento del acta fundacional la asociación adquiere personalidad jurídica y plena capacidad de obrar, establece que "sin perjuicio de la necesidad de su inscripción a los efectos del artículo 10", aparentemente "a los solos efectos de publicidad"[60]. Sin embargo, no son los indicados "efectos de publicidad" los únicos que la Ley 1/2002 vincula a la inscripción registral de las asociaciones, sino que también (i) "la inscripción registral hace pública la constitución y los Estatutos de las asociaciones y es garantía, tanto para los terceros que con ellas se relacionan, como para sus propios miembros"[61] y, además, resulta que (ii) el régimen de responsabilidad de la asociación inscrita varía del concerniente a la no inscrita, tanto en lo que referente a su eficacia respecto de la propia asociación como en lo atinente a la responsabilidad de sus asociados. Así, en el supuesto de la asociación inscrita "los asociados no responden personalmente de las deudas de la asociación"[62] en tanto que en el caso de la

59 En este ámbito, la única referencia previa a la LO 1/2002, la podemos localizar en la D.A. 3ª de la Ley 191/1964 que vino a permitir la regulación de "*los requisitos, procedimientos, y régimen jurídico y económico de aquellas actividades que den lugar a Asociaciones de hecho de carácter temporal, tales como cuestaciones y suscripciones públicas*" a través del cauce reglamentario que resultó desarrollado por los artículos 1 9 y 20 del Decreto 1440/1965, de 20 de mayo, dictado en desarrollo de la Ley de Asociaciones de 1964.

60 Cfr. art. 10.1 de la LO 1/2002.

61 Art. 10.2 de la LO 1/2002.

62 Art. 15.2 de la LO 1/2002.

asociación no inscrita es posible que, en concretas situaciones, los asociados respondan por las deudas de la asociación[63].

En consecuencia, resulta que la Ley 1/2002, de 22 de marzo, reguladora del Derecho de Asociación, dispone dos regímenes diversos de responsabilidad, en función de que la asociación esté o no inscrita. Así:

Responsabilidad de las asociaciones inscritas[64]. Regulado en el artículo 15, que responde a la rúbrica "Responsabilidad de las asociaciones inscritas", la Ley 1/2002, establece un régimen de responsabilidad que se concreta en las disposiciones siguientes que diferencian entre "los miembros o titulares de los órganos de gobierno y representación" y "las demás personas que obren en nombre y representación de la asociación":

> "1. Las asociaciones inscritas responden de sus obligaciones con todos sus bienes presentes y futuros[65].
>
> 2. Los asociados no responden personalmente de las deudas de la asociación[66].
>
> 3. Los miembros o titulares de los órganos de gobierno y representación, y las demás personas que obren en nombre y representación de la asociación, responderán ante ésta, ante los asociados y ante terceros por los daños causados y las deudas contraídas por actos dolosos, culposos o negligentes[67].
>
> 4. Las personas a que se refiere el apartado anterior responderán civil y administrativamente por los actos y omisiones realizados en el ejercicio de sus funciones, y por los acuerdos que hubiesen votado, frente a terceros, a la asociación y a los asociados[68].

---

63 Art. 10.4 de la LO 1/2002.

64 El artículo 21 de la Ley 14/2008, de 18 de noviembre, de Asociaciones de la Comunitat Valenciana, intitulado "*Responsabilidad de las asociaciones inscritas*" dispone lo siguiente: "*Una vez inscrita, la asociación o unión de asociaciones responde de la gestión realizada por los promotores o promotoras, si la aprueba la asamblea general en los tres meses siguientes a la inscripción*".

65 Previsión tomada del art. 17 de la Ley Vasca de Asociaciones.

66 Precepto que consagra la irresponsabilidad personal de los asociados por deudas de la asociación.

67 Se trata de hechos realizados de manera dolosa, culposa o negligente por los miembros o titulares del órgano de gobierno y representación de la asociación, o por alguna otra persona que obra en nombre y representación de la asociación que causan un daño y de los que se genera una deuda consistente en reparar el daño causado.

68 Disposición a todas luces redundante si se atiende al tenor del arábigo anterior (el 3), toda vez que los daños y deudas generadas deben incluirse de manera necesaria en alguna de las categorías mencionadas. Pero es que, además, debe atenderse a la circunstancia de que la responsabilidad no es, según se declara en este apartado (el 4) por los acuerdos votados favorablemente, sino por los que resultando acordados resulten contrarios a la Ley o a los Estatutos o resulten lesi-

> 5. Cuando la responsabilidad no pueda ser imputada a ningún miembro o titular de los órganos de gobierno y representación, responderán todos solidariamente por los actos y omisiones a que se refieren los apartados 3 y 4 de este artículo, a menos que puedan acreditar que no han participado en su aprobación y ejecución o que expresamente se opusieron a ellas[69].
> 6. La responsabilidad penal se regirá por lo establecido en las leyes penales"[70].

Responsabilidad de las asociaciones no inscritas[71]. De conformidad con la previsión contenida en el artículo 10.4 de la Ley 1/2002: "Sin perjuicio de la responsabilidad de la propia asociación, los promotores de asociaciones no inscritas responderán, personal y solidariamente, de las obligaciones contraídas con terceros. En tal caso, los asociados responderán solidariamente por las obligaciones contraídas por cualquiera de ellos frente a terceros, siempre que hubieran manifestado actuar en nombre de la asociación". El arábigo 3 del precepto impone a los promotores de la asociación la realización de las actuaciones que sean precisas, a los efectos de la

---

vos para los intereses de la asociación. En definitiva, se trata de la responsabilidad que se genera por un negligente desempeño del cargo por parte de lo miembros o titulares del órgano de gobierno o representación de la asociación del que se genera un daño. Al igual que en el supuesto del apartado siguiente (el 5) en este caso el sujeto activo de la responsabilidad es la asociación, los asociados y los terceros a quienes corresponderá la legitimación para reclamar la reparación del daño causado según los casos.

69 Este apartado (el 5) dispone una regla de imputación de la responsabilidad que sólo encuentra fundamento cuando el órgano de gobierno y representación de la asociación se encuentra integrado por más de una persona, es decir, es un órgano colegiado, y conforme a la cual los sujetos pasivos del daño responden solidariamente, exceptuándose a quienes acrediten no haber participado en la aprobación y ejecución del hecho dañoso o u expresa oposición al acuerdo en cuestión.

70 Este último apartado no es sino una mera norma de remisión a la legislación penal.

71 El artículo 20 de la Ley 14/2008, de 18 de noviembre, de Asociaciones de la Comunitat Valenciana, intitulado "Responsabilidad de las asociaciones no inscritas" establece lo siguiente: "1. La asociación responde de los actos indispensables para su constitución y de los realizados por los fundadores y las fundadoras de acuerdo con los Estatutos y previstos para la fase anterior a la inscripción. 2. Los promotores o asociados que, actuando en nombre de asociaciones no inscritas, realicen suscripciones o colectas públicas, festivales benéficos o iniciativas análogas, incurrirán en la responsabilidad prevista en el artículo 10.4 de la Ley Orgánica 1/2002, de 22 de marzo, reguladora del Derecho de Asociación".

inscripción, "respondiendo en caso contrario de las consecuencias de la falta de la misma"[72].

VI. El seguro de responsabilidad civil

En el específico ámbito de las comisiones falleras, y atendida su usual conformación asociativa como entidades de interés cultural sin ánimo de lucro, se comprende que el ejercicio de la función de Presidente, también la Junta directiva y, en suma, la Comisión, en el desarrollo de las facultades que le son propias, demandan una especial cobertura de seguridad a los efectos de afrontar las consecuencias derivadas de eventuales responsabilidades generadas en el desempeño de sus respectivas atribuciones de conformidad con lo expuesto en el epígrafe precedente, ya sean consecuencia de un actuar doloso o negligente. Tan justificada exigencia puede remediarse mediante la contratación de seguros específicos.

Ciertamente, considerado el elevado presupuesto que las comisiones manejan y el montante nada desdeñable de las posibles indemnizaciones que pueden derivar de su actuación, en la actualidad ser directivo de una comisión fallera puede generar un relevante riesgo, el mismo que eventualmente puede afectar a la propia comisión. Y es que, ponderado el contenido de la regulación normativa revisada, y la responsabilidad que les puede incumbir, resulta que el necesario cumplimiento de las obligaciones que les afectan podría conducirles a tener que responder incluso con su propio patrimonio, o bien resultar condenados en la jurisdicción penal con sus inherentes consecuencias, también las económicas. En esta situación y habida cuenta del amplio elenco de supuestos, es por lo que el objeto de la póliza a contratar debería atender primordialmente al objetivo de conseguir una cobertura suficiente de los daños y perjuicios derivados de posibles errores de gestión, entre otras causas. Así, la contratación de un seguro de responsabilidad civil resulta aconsejable para proteger no sólo el patrimonio de la asociación sino también el de sus asociados, y evitar gastos que pueden resultar elevados. Por otra parte, no cabe desatender la circunstancia de que numerosas entidades públicas imponen la contratación por parte de las asociaciones (comisiones) de una póliza de responsabili-

---

72 Esta norma se dicta al amparo del artículo 149.1.1º CE (D.F. 1ª, ap. 2 de la LO 1/2002), por lo que resulta de aplicación a todo el territorio nacional, con prevalencia al régimen de responsabilidad de las asociaciones no inscritas que pudiera prever la regulación autonómica.

dad civil para poder acceder a determinadas ayudas, subvenciones o autorizaciones, según más adelante indico. En todo caso, las comisiones "a través de la Junta Central Fallera, estarán obligadas a suscribir la correspondiente póliza de seguro de responsabilidad civil con el fin de dar cobertura a los riesgos de accidentes falleros producidos durante la vigencia de dicha póliza y que será de una periodicidad anual", aunque "sin perjuicio de la posibilidad de que las Comisiones de Falla contraten seguros particulares o certificados de adhesión a la póliza previamente suscrita", considerando que la "determinación y concreción de las cláusulas de la póliza, así como la contratación de la misma, se efectuará a través de los organismos competentes, dando cuenta de forma inmediata a la Asamblea General para su conocimiento y tramitación"[73]. Además, las "Comisiones de Falla deberán efectuar las debidas comprobaciones para determinar la existencia de póliza de seguro contratada por los artistas falleros, a los efectos de verificar si la cobertura de la misma se extiende a la responsabilidad derivada del transporte y "planta" de la Falla. Se extiende este deber a los contratos suscritos con los pirotécnicos"[74].

Sentado cuanto antecede, entre los posibles seguros cuya contratación podría resultar de interés para una comisión fallera cabe señalar los siguientes:

(i) Responsabilidad civil inmobiliaria, locativa o multirriesgo del casal, que cubre todas las pertenencias, mobiliario y enseres, así como los siniestros que se puedan producir en el continente, tales como incendios, daños por agua o robo.

(ii) Responsabilidad civil de organizaciones de eventos con el propósito de obtener cobertura contra reclamaciones derivadas de lesiones o daños a terceros. Esta misma póliza puede cubrir cualquier incidencia relacionada con la seguridad alimentaria.

(iii) Seguro de daños, que también adquiere protagonismo en las Fallas, incluso en interés propio de la organización, toda vez que las estructuras y monumentos que se construyen pueden ser susceptibles de sufrir daños por incendios, vandalismo o condiciones climáticas adversas.

---

73 Art. 82 del RF.

74 Art. 83 del RF que, en este ámbito precisa que en el supuesto de que la comisión construya su propia Falla asumirá "*la responsabilidad exclusiva de ella en todos sus aspectos de elaboración y montaje, aun cuando estuviesen asesorados por un artista fallero*".

(iv) Seguro de cancelación de eventos, pues las condiciones climáticas extremas, emergencias sanitarias u otras circunstancias imprevistas podrían llevar a la cancelación, total o parcial, de las fiestas.

(v) Responsabilidad civil por actividades de pirotecnia (que curiosamente resulta ser el menos contratado), pues la pólvora es un producto manejado de ordinario por los falleros de esencial generación de riesgo y, aunque la calidad y los niveles y utilizados sean los permitidos, siempre resulta un elemento peligroso.

(vi) También el atinente a los directivos y administradores, el de responsabilidad civil por contaminación a los efectos de afrontar los gastos producidos por cualquier daño ambiental generado en el desarrollo de la actividad de la asociación, o el genérico por actividad que cubriría los gastos de defensa y las posibles indemnizaciones a terceros siempre que los daños, materiales o personales, se hayan producido como consecuencia de la actividad de la organización.

En el ámbito revisado debe considerarse que el Ayuntamiento de Valencia tiene contratada una póliza general con una amplia lista de coberturas[75], sobre cuestiones relacionadas con la actuación pública del Ente Local (coches de bomberos, vehículos de policía ...) y, en concreto, existe una que comprende, entre otros servicios prestados por el Ayuntamiento, los desplegados por JCF como entidad dependiente del Consistorio. En tales condiciones, debe presumirse la dificultad que entraña la contratación con una entidad aseguradora, a pesar de lo sustanciosa que pueda resultar la prima, toda vez que el Ayuntamiento prefiere la inclusión, entre otros, de todos los (siempre cuantiosos) desperfectos que ocasiona la *cremà* (pintura de fachadas, daños en toldos, daños por el agua de las mangas de los bomberos, daños en persianas...). En igual sentido otra de las coberturas contratadas es por los daños generados por actos oficiales contenidos en el programa de JCF (carcasa en mal estado en una *mascletà* del Ayuntamiento...). Por lo demás, en todo lo que no alcanza la póliza general del Ente Local cada comisión deberá contratar sus propias coberturas (vgr. las atinentes a las carpas de las fallas). Es de significar que las comisiones falleras tienen obligación de suscribir un seguro de responsabilidad civil que cubra

75 Quien esto escribe ha podido consultar la correspondiente a 2018, consistente en un pliego de prescripciones técnicas al respecto, del que resulta de interés destacar lo concerniente al Lote 5, relativo a la responsabilidad civil por los actos festivos organizados por el Ayuntamiento de Valencia (p. 93) y que incluye a las comisiones falleras como aseguradas.

los riesgos derivados de las actividades realizadas tanto en el interior de su sede, como en la vía pública, para lo cual deberán contar con los previos y oportunos permisos, gestionados desde el Servicio de Ocupación del Dominio Público Municipal del Ayuntamiento. Como es pertinente, dichos seguros tienen como tomadora a la comisión fallera interesada y son requisito imprescindible para que la solicitud de ocupación del dominio público resulte admitida[76].

VII. Jurisdicción competente

En el ámbito que nos ocupa no cabe desconocer que en un elevado número de supuestos no sólo aparece demandada la asociación fallera sino también el Ayuntamiento, por participar como sujeto responsable en la generación del resultado lesivo, bien por constar acreditada una participación directa en el mismo (a través, o no, de JCF) o como interviniente por la concesión de licencias, permisos o autorizaciones respecto de la actividad dañosa verificada por el agente y generadora del perjuicio[77] o por falta de controles específicos en una situación que resultó productora de daños[78].

La señalada circunstancia no es baladí, pues la intervención del Consistorio, como entidad pública sometida a las previsiones del Derecho Administrativo, determina la atribución del conocimiento del asunto a los tribunales del orden contencioso-administrativo (y no a la jurisdicción civil

---

76 El procedimiento de solicitud de ocupación del dominio público municipal para la realización de actividades festivas de carácter popular está disponible en la siguiente dirección web: https://sede.valencia.es/sede/registro/procedimiento/WEB_ASSET_CRG_0523?lang=1 y, entre los requisitos del mismo, figura tener suscritos los correspondientes seguros de responsabilidad civil.

77 Vid. Laguna de Paz, J. C., *Responsabilidad de la administración por daños causados por el sujeto autorizado*, en "Revista de Administración Pública", nº 155, 2001, págs. 27-58. Y, al respecto, cfr. STS, Sala de lo contencioso, de 21 de noviembre de 2007, Roj: STS 8176/2007-ECLI:ES:TS:2007:8176.

78 Sobre esta situación resulta de interés la revisión de la argumentación contenida en la STS, Sala de lo Contencioso, de 8 de marzo de 2017, Roj: SAN 1088/2017-ECLI: ES:AN:2017:1088, en relación con un asunto en el que se alegaba responsabilidad patrimonial de la Administración Pública por la falta de controles específicos de un producto que se demostró nocivo y perjudicial para la salud, en concreto unos implantes mamarios que generaron importantes perjuicios personales a las reclamantes.

que mantiene con carácter general la *vis attractiva* para el conocimiento de las demandas por responsabilidad civil), y el sometimiento procesal de la causa a la LJCA[79], aunque de la causa sustanciada ante los tribunales de lo contencioso pudiera derivarse únicamente la condena de los particulares (o entidades de Derecho privado) con exclusión del reconocimiento de responsabilidad de la Administración[80].

No obstante, ante la consideración de que la Entidad Local actúe en "relaciones de Derecho privado" en concurrencia o no con una entidad de la misma naturaleza y, considerando que la *vis attractiva* del órgano civil es prevalente en tales casos por no actuar investida la Administración Pública de la potestad que la erige como tal, el Tribunal viene a desestimar la excepción de incompetencia de la jurisdicción invocada usualmente por aquélla. Así, en la ya referida SAP de Valencia, Sección 7ª, de 12 de enero de 1998[81], en la que resulta demandada JCF (absuelta), la Comisión de la Falla de la Plaza de la Merced, de Valencia (absuelta) y el Excmo. Ayuntamiento de Valencia (único condenado), el Consistorio sostiene en la alzada la alegación de incompetencia jurisdiccional, entendiendo que este enjuiciamiento sobre la exigencia de "responsabilidad patrimonial" a la corporación pública resultaba materia propia atribuida al conocimiento de la jurisdicción contencioso-administrativa, según los artículos 139 y concordantes de la Ley 30/92 de 26 de noviembre, entre otras normas, por debatirse acerca del funcionamiento normal o anormal del servicio público. La Sala, confirma la decisión del Juzgador de instancia, y si bien atribuye toda la responsabilidad patrimonial a la comprobación y a la decisión de la propia Administración, considera que la rígida fundamentación mantenida por el Ayuntamiento debe ceder "en los casos, como el de autos y por culpa extracontractual con daños en tercero, ajenos a cualquier relación contractual cuando coincidan la responsabilidad de la Administración Pública, o la de sus autoridades o empleados, y también la de personas de Derecho Privado, ya físicas, ya jurídicas, según ese criterio de "vis atractiva" razonado en la sentencia (...), citándose al caso los arts. 117.5°

---

79 Vid. artículo 8.1 de la Ley 29/1998, de 13 de julio, reguladora de la Jurisdicción Contencioso-administrativa Al respecto, cfr., por todos, Rivera Frade Mª D., *Competencia jurisdiccional de los juzgados contencioso-administrativos*, en "Dereito", vol. 20, nº 1, 201, 2011, págs. 159-201.

80 Cfr. STS, Sala de lo Contencioso, de 14 de octubre de 2010, Roj: STS 5923/2010-ECLI:ES:TS:2010:5923.

81 SAP de Valencia, Sección 7ª, de 12 de enero de 1998, Roj: SAP V 75/1998-ECLI:ES:APV:1998:75.

de la Constitución y arts. 3.1 ° y 9.2 de la Ley Orgánica del Poder Judicial 6/85. En este contencioso se exigía al municipio una responsabilidad civil de las reguladas en el artículo 1903 CC, y no reparación alguna por daños y perjuicios derivados de servicio público con funcionamiento normal o anormal y, no actuando esta corporación al respecto, según Derecho Público; por ello, queda desestimada la "excepción" y por bien interpelado solidariamente el Ayuntamiento (con otras personas de Derecho Privado, y con el "organismo local autónomo" Junta Central Fallera, dependiente y delegado a su vez del Ayuntamiento), y llevado ante la jurisdicción civil ordinaria según el artículo 1903 CC.

VIII. Protección de datos

La LO 15/1999, de 13 de diciembre, de Protección de Datos de Carácter Personal (en adelante, LOPD)[82], dispuso una reglamentación específica cuyo objeto se localizaba en "garantizar y proteger, en lo que concierne al tratamiento de los datos personales, las libertades públicas y los derechos fundamentales de las personas físicas, y especialmente de su honor e intimidad personal y familiar" (art. 1). Con precisa referencia a los ficheros no automatizados preexistentes a su entrada en vigor, la LOPD estableció[83], para su adecuación, un plazo de doce años a contar desde el 24 de octubre de 1995. Pero, habiéndose rebasado con creces esa previsión temporal, las comisiones falleras, en términos porcentuales elevados, y sin considerar el contrato de cesión a JCF, dedicaron muy escasa atención a las obligaciones legales que desde la promulgación de la referida norma les incumben, a pesar de que la privacidad y la protección de los datos de carácter personal constituye una cuestión que afecta directamente a las comisiones, señaladamente porque manejan información atinente a menores y, además, porque conforman un colectivo especialmente numeroso de personas que hace uso de abundantes datos personales (de gestión administrativa, tales como las cuentas bancarias, pero también de índole antropomórfica como el atinente a la medida de la banda, entre otros...), no sólo de los

82 Norma derogada, con efectos de 7 de diciembre de 2018, sin perjuicio de lo previsto en la D.A. 14 de la LO 3/2018, de 5 de diciembre, de Protección de Datos Personales y garantía de los derechos digitales, según establece la D.D. única.1 de la misma

83 D.A. Primera, párrafo tercero, de la LO 15/1999, de 13 de diciembre, de Protección de Datos de Carácter Personal.

falleros sino también de colaboradores particulares, abonados a lotería de reembolso y otros grupos que se incluyen en el ámbito de protección de la norma, convirtiendo a la comisión y a su presidente, como representante de la misma, en responsables de los ficheros, aunque tales datos sean cedidos a JCF como organismo encargado de su tratamiento. También porque, precisamente en relación con los menores que las integran, las comisiones infantiles deben solicitar el certificado negativo del registro central de delincuentes sexuales.

En efecto, las comisiones falleras, cuya forma jurídica usual es, como señalé, la de una asociación cultural sin interés de lucro, se encuentran obligadas a cumplir con la legalidad vigente, actualmente integrada por la LO 3/2018, de 5 de diciembre, de Protección de Datos Personales y garantía de los derechos digitales (en adelante, LOPDGDD)[84], que incluye las normas relativas a la protección de datos personales. Ciertamente, alcanzar el cumplimiento íntegro de las previsiones legales resulta gravoso, por la inversión de tiempo y de trabajo que ello exige, pero no debería desatenderse por las consecuencias jurídicas que se pudieran derivar, acudiendo incluso al encargo profesional de la gestión.

Así, las comisiones se encuentran obligadas, como responsables de los que disponen y a través, en su caso, del delegado de protección de datos, a declarar en la Agencia Española de Protección de Datos todos los ficheros manejados que contengan datos personales[85]. Esta exigencia debería hacerse extensiva tanto respecto de los falleros y falleras que componen la comisión como en relación con sus colaboradores. Respecto de esta obligación resulta que la normativa, en su esencia, resulta cumplida, constando acreditada la comunicación por parte de las comisiones a JCF de la relación de los falleros que las integran, aunque no conste la configuración de un censo como tal[86].

---

84 Cuyo objeto, según la previsión contenida en su artículo 1, es doble: (i) "*Adaptar el ordenamiento jurídico español al Reglamento (UE) 2016/679 del Parlamento Europeo y el Consejo, de 27 de abril de 2016* (en adelante RGPD), *relativo a la protección de las personas físicas en lo que respecta al tratamiento de sus datos personales y a la libre circulación de estos datos, y completar sus disposiciones*" y (ii) "*Garantizar los derechos digitales de la ciudadanía conforme al mandato establecido en el artículo 18.4 de la Constitución*".

85 Cfr. arts. 44 y ss. de la LO 3/2018, de 5 de diciembre.

86 Según datos proporcionados por JCF las comisiones facilitan la relación de los falleros que las componen a efectos de la elaboración por parte de la Junta de un censo general de falleros, si bien no consta que se configure como fichero, pero no se ha procedido de igual manera respecto de los colaboradores.

Además, la *web* de la comisión también debería prever, entre otros extremos, el cumplimiento del derecho al olvido en internet[87]. En este sentido, de concurrir la autorización de sus integrantes, se debería publicar en el portal una relación de todos ellos, si bien en el momento en que cualquiera deseara causar baja, tal información no podría resultar indexable para los buscadores.

Resulta necesario informar a los colectivos del tratamiento de sus datos (art. 11 LOPDGDD) y ser especialmente diligente con la custodia de datos de menores (art. 7 LOPDGDD), tanto en relación con la convocatoria y celebración de actividades infantiles como respecto de la publicación de imágenes en la *web* y demás redes sociales de la comisión. Y es que la difusión de imágenes de menores en internet requiere siempre de la autorización de sus representantes legales, de igual modo que la utilización de medios como WhatsApp para informar de las actividades de ocio de la comisión conlleva un imprescindible tratamiento de los datos y, en consecuencia, obliga a la necesaria concurrencia del consentimiento formal (arts. 6 LOPDGDD y 4.11 del RGPD).

Tampoco debe olvidarse que la Ley 26/2015, de 28 de julio, de modificación del sistema de protección a la infancia y a la adolescencia, incorporó la exigencia de un nuevo requisito respecto de quienes realicen actividades en contacto con menores, consistente en no haber sido condenado por sentencia firme por delitos sexuales o de corrupción de menores[88], y

---

87 Con carácter general, en la configuración del derecho de supresión o "al olvido" en el RGPD (cfr. art. 17) y la LOPDGDD (art. 15) se atiende a una serie de circunstancias en las que los interesados pueden solicitar la eliminación de sus datos personales frente a los responsables del tratamiento, que se encuentran obligados en todo caso a informar cualquier solicitud, tanto en sentido positivo como negativo, debiendo justificar en este segundo supuesto la no aceptación de la misma. Por su parte, el derecho al olvido en la LOPDGDD también considera el olvido digital (arts. 93 y 94), que se circunscribe únicamente a la supresión de datos personales en buscadores de internet, páginas *web* y redes sociales.

88 Obligando a acreditar esta circunstancia mediante la aportación de una certificación negativa del registro central de delincuentes sexuales, lo que obliga a las comisiones infantiles a solicitar tal certificado a quienes vayan a formar parte de la comisión infantil y, en su caso, a tener un contacto habitual con los menores en el desarrollo de sus actividades, incluso en el supuesto de que se trate de padres, o tutores, de los mismos falleros, todo ello siempre en interés del menor, de todos los menores de la comisión. Cfr. art. 1.8.5. de la Ley 26/2015, de 28 de julio, por el que se modifica la LO 1/1996, de 15 de enero, de Protección Jurídica del Menor, de modificación parcial del Código Civil y de la Ley de Enjuiciamiento Civil.

que afecta no sólo a monitores y enseñantes sino también a las comisiones falleras. En este ámbito conviene señalar que en el año 2016 la Asociación Profesional Española de Privacidad (APEP), junto a Junta Central Fallera, Padres 2.0 y representantes de las comisiones falleras, se comprometió a promover un grupo de trabajo cuyo objetivo fuera elaborar un código de conducta para el tratamiento de datos de menores por parte de las comisiones falleras. Se trataba de una de las iniciativas surgidas de una jornada organizada por la Concejalía de Cultura Festiva de Valencia y APEP para las organizaciones falleras. Pero a la fecha de conclusión de este trabajo el referido código de conducta para el tratamiento de datos de menores no se ha llegado a elaborar. Sin duda, sería un objetivo deseable.

IX. Bibliografía

Almela i Vives, F., *Las Fallas*, Argos, Barcelona, 1949.

Ariño Villarroya, A., *Festes, ritual i creences*, Alfons El Magnánim, Valencia, 1988 y *La ciudad ritual. La fiesta de las Fallas*, Dirección General de Cooperación Cultural, Barcelona, 1992.

Caruana Font de Mora, G., y Martorell Zulueta, P., *Daños por incendio y filtraciones de agua. Criterios judiciales*, Tirant Lo Blanch, Valencia, 2008.

Evangelio Llorca, R., *El fundamento de la responsabilidad civil por daños ocasionados durante la celebración de festejos taurinos en la jurisprudencia civil*, en "La responsabilidad civil y su problemática actual", coordinado por J. A. Moreno Martínez, Dykinson, Madrid, 2007, págs. 1159-1174.

Ferrer Riba, J. y Ruisánchez Capelastegui, C., *Niños y adolescentes*, InDret 1/2000.

Gayano Lluch, R., *La festa de les Falles. Apunts per a un excel.lent estudi*, en "Anales del Centro de Cultura Valenciana", tomo IX, enero-marzo 1936, págs. 118-131.

Hernández i Martí, G. M., *Los estudios falleros. El desarrollo de la investigación social sobre las fallas de Valencia*, en "Revista Andaluza de Ciencias Sociales", 2006, nº 6, págs. 93-114.

Lafuente Benaches, M., *Fiestas locales y derecho al descanso*, Iustel, Madrid, 2010.

Laguna de Paz, J. C., *Responsabilidad de la administración por daños causados por el sujeto autorizado*, en "Revista de Administración Pública", nº 155, 2001, págs. 27-58.

Luna, A., Ramos, S. y Marín, I., Guía *de Baremos. Valoración de daños causados por accidentes de circulación, de navegación y por prisión indebida*, InDret 3/2006 (www.indret.com).

Martín Segura, D., y Muñoz Benito, L., *Los últimos episodios de la doctrina López Ostra en España*, en "Sistemas Sociais Complexos e Integração de Geodados no Direito e nas Políticas", coord. por Alexandra Aragão y José Gomes dos Santos, Universidad de la Rioja, 2019, págs. 311-336.

Mata de Antonio, J. Mª, *La responsabilidad en las asociaciones*, en "Acciones e Investigaciones sociales", nº 18 (Nov. 2023), págs. 165-178.

Montes Rodríguez, M. P.: "El régimen jurídico de las comisiones de falla constituidas como asociación", *Derecho fallero*, Tirant lo Blanch, Valencia, 2025.

Ortí Vallejo, A., La *responsabilidad civil en la práctica de actividades de ocio peligrosas*, en "Tratado de Responsabilidad Civil", coordinado por L. F. Reglero Campos, 3ª ed., Thomson Reuters Aranzadi, Madrid, 2006, pág. 1657.

Ramos Maestre, A., *La responsabilidad civil por accidentes pirotécnicos: análisis jurisprudencial*, en "La responsabilidad civil y su problemática actual", coordinado por J. A. Moreno Martínez, Dyckinson, Madrid, 2007, págs. 1223-1240.

Rivera Frade, Mª D., Competencia jurisdiccional de los juzgados contencioso-administrativos, en "Dereito", vol. 20, nº 1, 201, 2011, págs. 159-201.

Anexo. Preguntas y respuestas

1. **¿En qué consiste la responsabilidad civil y qué requisitos se exigen para la obligación de restituir o, en su caso, indemnizar?**

   Podría definirse como la obligación de resarcir los daños y perjuicios causados a un sujeto o colectividad, provocados por un incumplimiento contractual o por la ocurrencia de un hecho lesivo sin vínculo contractual previo. Para su apreciación se requiere *(i) una acción u omisión dañosa*, (ii) *un resultado dañoso*, y (iii) *relación de causalidad entre ambos*.

2. **¿Con qué fundamento responden las comisiones falleras?**

   La mayoría de las comisiones falleras se estructuran jurídicamente bajo el formato asociativo y es esta fórmula constitutiva la que les otorga personalidad jurídica.

3. **¿Responde la comisión por los daños materiales derivados de la tenencia de locales?**

   En relación con la actividad permanentemente desarrollada en el casal los daños generados quedarán sometidos al régimen ordinario de responsabilidad que afecta a este tipo de situaciones.

4. **¿Responde la comisión por los daños materiales generados como consecuencia de espectáculos pirotécnicos?**

   En cuanto a los daños materiales que eventualmente pudieran generar los espectáculos de pirotecnia o fuegos artificiales organizados por la comisión, comúnmente causados a vehículos estacionados en la vía pública, garaje o zona abierta de aparcamiento, acreditado el nexo causal entre la actividad desplegada y el daño ocasionado, cabría concluir la responsabilidad extracontractual de la organización fallera, siempre que se acredite el nexo causal sin perjuicio del derecho que le asistiría para repetir contra el autor material del accidente.

5. **¿Quién está obligado a responder de los daños materiales en edificios circundantes que se deriven de las actividades generadas por la *cremà*?**

   Deberá responder la comisión, que usualmente lo hará a través de los seguros concertados.

6. **¿Quién responderá de los daños personales derivados de la fiesta fallera que afecten a miembros de la comisión o a terceros?**

   Con carácter general también tendrá que responder la comisión, sin perjuicio de posibles repeticiones, tanto si el perjudicado fuera miembro de la misma como si se tratara de un tercero ajeno a ella.

7. **¿Se debe responder por los posibles daños ambientales causados por la celebración de las fiestas falleras?**

   De resultar probado el daño invocado habría que estar a las específicas normas que rigen esta materia y que, en su caso, determinarían la responsabilidad del causante del daño.

8. **¿Son resarcibles los daños acústicos y luminosos generados por la celebración de las Fallas?**

   Para que la lesión del derecho al descanso genere una consecuencia resarcitoria es preciso que el hecho lesivo resulte constitutivo de una intromisión domiciliaria prolongada y permanente, y no de una agresión puntual.

9. **¿Cabe considerar algún supuesto indemnizable por invasión de la vía pública como consecuencia de la fiesta fallera?**

   Con carácter general, estos daños, siempre que sean de carácter transitorio, no resultarán resarcibles, por supeditarse al interés general que suscita la fiesta. Diversa consideración provoca la existencia de una lesión contra bienes jurídicos o intereses superiores protegibles de entre los cuales, sin duda, la vida es valor primordial e indiscutible.

10. **¿Sería posible reclamar contra la comisión fallera por vulneración del derecho al honor o a la propia imagen en el ámbito de su actividad?**

    Siempre que se acredite la existencia de una intromisión ilegítima y no por la mera concurrencia de expresiones, manifestaciones, o actuaciones que el ofendido considere lesivas de su derecho, o se hayan producido con su expreso consentimiento pues tal circunstancia neutralizaría la posible ilegitimidad.

11. ¿Cómo se constituye una asociación? ¿Responden los asociados, con su propio patrimonio, junto con la asociación?

Mediante el otorgamiento del acta fundacional la asociación adquiere su personalidad jurídica y la plena capacidad de obrar, aunque también es necesaria su inscripción a los efectos que la ley señala. La posición de los asociados en orden a su posible responsabilidad dependerá de que la asociación se encuentre o no inscrita. En el supuesto de la asociación inscrita los asociados no responden personalmente de las deudas de la asociación, en tanto que en el caso de la asociación no inscrita es posible que, en concretas situaciones, los asociados respondan por las deudas de la asociación.

12. ¿Es importante para una comisión fallera la contratación de un seguro?

La contratación de un seguro de responsabilidad civil resulta aconsejable para proteger no sólo el patrimonio de la asociación sino también el de sus asociados, y evitar asimismo concretos gastos que pueden desnivelar el presupuesto de la comisión.

13. ¿Cuál es la jurisdicción competente para conocer de las demandas por responsabilidad contra las comisiones falleras?

Con carácter general, el conocimiento de las demandas por responsabilidad civil es competencia de los tribunales de ese mismo orden jurisdiccional. Pero en número elevado de supuestos no sólo aparece demandada la comisión, sino también el Ayuntamiento y, en estos casos la intervención del Consistorio, como entidad pública sometida a las previsiones del Derecho Administrativo, determina la atribución del conocimiento del asunto a los tribunales del orden contencioso-administrativo.

14. ¿Incumbe a las comisiones falleras un deber de protección de datos?

Sí. La privacidad y la protección de los datos de carácter personal constituye una cuestión que afecta directamente a las comisiones y cuya infracción les puede generar responsabilidad, señaladamente porque manejan información relativa a menores y porque suelen conformar un colectivo numeroso de personas que, por ello, hace uso de abundantes datos personales.

La ocupación del dominio público durante la celebración de las Fallas

MARÍA JESÚS ROMERO ALOY
Profesora Titular de Derecho Administrativo y Urbanismo
Universitat Politècnica de València

SUMARIO: I. Introducción. II. Marco normativo y ámbito competencial. III. Técnicas de autorización e intervención municipal: las declaraciones responsables. IV. Trámites a realizar por las Comisiones Falleras para la autorización de sus actividades. 1. Solicitud de autorización de zona de actividades, zona de fuegos e instalación de carpa. 2. Solicitud de autorización de mercadillos y/o puestos de venta de alimentos. 3. Solicitud de autorización de manifestaciones festivas con artículos pirotécnicos. 4. Solicitud de autorización de instalación de puestos de buñuelos y masas fritas. V. Directrices técnicas que deben cumplir las instalaciones y actividades a desarrollar en el espacio público. 1. Especial referencia a la accesibilidad de los medios de auxilio externo (vehículos de bomberos). 2. Zona de fuegos para espectáculos pirotécnicos. Fuegos y uso y disparo de elementos pirotécnicos. 3. Mercadillos y puestos con venta de alimentos. 4. Puestos de buñuelos y masas fritas. 5. Dotaciones higiénicas y sanitarias. 6. El Monumento. 7. Las carpas. 8. Iluminación y adornos de calles. 9. Verbenas y ambientación musical. VI. Especial referencia al patrimonio cultural. VII. Excepciones a las autorizaciones ordinarias de ocupación en la vía pública en *Ciutat Vella*. 7.1. Terrazas. 7.2. Andamios. 7.3. Estacionamientos. 7.4. Obras en vía pública. VIII. Breve referencia a la ocupación de la vía pública por actividades promovidas por las comisiones falleras fuera del periodo de las Fallas. IX. Conclusión. X. Bibliografía. Anexo. Preguntas y respuestas.

I. Introducción

Las Fallas, fiesta declarada Patrimonio Inmaterial de la Humanidad por la UNESCO en el año 2016, constituyen un elemento cultural de arraigada tradición en la ciudad de Valencia y otros municipios de la provincia. Durante los días grandes de la festividad, la ciudad se transforma en un vibrante escenario de multitud de actividades celebradas fundamentalmente en las calles de la ciudad. Entre los elementos más emblemáticos de estas fiestas se encuentran las monumentales fallas, complejas estructuras efímeras que se erigen en las calles y plazas, convirtiendo el espacio público en un lienzo para la creatividad popular.

Sin embargo, esta explosión de arte y fiesta no está exenta de desafíos, especialmente en lo que respecta a la gestión de la ocupación del espacio público. La masiva afluencia de visitantes, la instalación de fallas de gran envergadura y la necesidad de garantizar la seguridad y el disfrute de la festividad para todos los ciudadanos, exigen un marco legal sólido y una gestión eficiente por parte de las autoridades municipales.

En este contexto, el presente capítulo se propone abordar en profundidad las complejidades de la ocupación del espacio público durante las Fallas, centrándose en los mecanismos de autorización para instalaciones y la ocupación del dominio público. Se analizará en detalle el marco regulatorio vigente, las técnicas de intervención municipal y las autorizaciones sectoriales.

La ocupación del espacio público durante la celebración de las Fallas es una de las cuestiones más relevantes y un desafío logístico y de gestión a autorizar por el Ayuntamiento de Valencia, puesto que es necesario garantizar la seguridad de los participantes y los espectadores, así como garantizar el mantenimiento del orden público y la circulación peatonal y vehicular. Por este motivo, las diversas autorizaciones para la ocupación de la vía pública constituyen un engranaje necesario para poder garantizar los derechos y los deberes de los ciudadanos y, en especial, de las comisiones falleras. Como señala Urrutia Libarona "el municipio ha de garantizar que la libertad individual de cada uno se ejerza en el espacio urbano de manera respetuosa con los derechos de los demás y con las cosas que son de todos, si bien su capacidad de intervención, en el caso de actividades sociales desarrolladas en la vía pública, habrá de actuarse dentro de los márgenes legales, garantizando las libertades básicas como la de expresión y de creación artística, el derecho de asociación, el derecho a la cultura así como los derechos de reunión y manifestación"[1].

De todos es sabido que las comisiones falleras, cada vez con mayor antelación, requieren del dominio público para implantar y desarrollar sus actividades durante la celebración de las Fallas: monumento fallero, carpa, espacios para actividades, etc. Y, para todo ello, requieren de las autorizaciones correspondientes para llevar a cabo una transformación temporal y significativa del entorno urbano, siendo para ello necesario un trabajo conjunto entre el colectivo fallero y los diferentes servicios del ayuntamiento de Valencia, en concreto, con el servicio de Fiestas y Tradiciones del Ayuntamiento.

En resumen, la ocupación del espacio público durante las Fallas es un fenómeno complejo que involucra una variedad de actores, actividades y regulaciones. La gestión efectiva de estos aspectos requiere un equilibrio

---

1 Urrutia Libarona, I. *Espacio público y ordenanzas locales: estudio sobre su régimen jurídico,* IVAP, Valencia, 2019, pág. 2.

delicado entre el fomento de la festividad y el respeto a los derechos de los residentes, asegurando que la tradición y la convivencia urbana coexistan de manera armónica.

II. Marco normativo y ámbito competencial

De conformidad con lo establecido en el art. 3 de la Ley 33/2003, de 3 de noviembre, de Patrimonio de las Administraciones Públicas (en adelante, LPAP), "el patrimonio de las administraciones públicas está constituido por el conjunto de sus bienes y derechos, cualquiera que sea su naturaleza y el título de su adquisición o aquel en virtud del cual les hayan sido atribuidos". A continuación, establece el art. 4 LPAP, que "son bienes y derechos de dominio público los que, siendo de titularidad pública, se encuentren afectados al uso general o al servicio público, así como aquellos a los que una ley otorgue expresamente el carácter de demaniales".

Descendiendo a la Ley 7/1985, de 2 de abril, Reguladora de las de Bases de Régimen Local (LBRL) y al Real Decreto 1372/1986, de 13 de junio, por el que se aprueba el Reglamento de Bienes de las Entidades Locales (RBEL), en sus arts. 79.1 y 1.1 respectivamente disponen que: "el patrimonio de las entidades locales estará constituido por el conjunto de bienes, derechos y acciones que les pertenezcan".

Adiciona el apartado 2 RBEL que el régimen de estos bienes de las entidades locales se regirá por la legislación básica del estado en materia de régimen local, la legislación básica del estado reguladora del régimen jurídico de las Administraciones Públicas, la legislación de desarrollo de las Comunidades Autónomas, en su defecto de las anteriores por la legislación estatal no básica en materia de régimen local y bienes públicos y, por último, por las ordenanzas propias de cada entidad[2].

Los bienes de dominio público de las entidades locales son aquellos destinados a un uso o servicio público, en concreto, son bienes de uso público local: "los caminos, plazas, calles, paseos, parques, aguas de fuente y estanques, puentes y demás obras públicas de aprovechamiento o utilización generales cuya conservación y policía sean de la competencia de la Entidad Local" (art. 3 RBEL).

---

2 Supletoriamente por las restantes normas de los ordenamientos jurídicos, administrativo y civil.

Casi la totalidad de las actividades e instalaciones en la fiesta de las Fallas, se llevan a cabo en la vía pública, siendo necesaria, como hemos comentado anteriormente, una efectiva gestión y administración de este bien de dominio público de titularidad de la entidad local.

Por lo tanto, las Entidades Locales, en el ejercicio de sus facultades de gestión y administración de los bienes de dominio público derivadas de la LPAP y del RBEL, son las competentes para otorgar las correspondientes autorizaciones de aprovechamientos especiales en el espacio público (art. 85.2 LPAP). La autorización es el título que se exige para los aprovechamientos especiales del dominio público, estableciéndose su régimen básico en los arts. 91.4, 92.1 y 4 LPAP.

En consecuencia, serán los Ayuntamientos los competentes para la autorización y supervisión de todas las actividades e instalaciones en dominio público durante las fiestas falleras sin perjuicio de las normas sectoriales que les sean de aplicación y los informes favorables correspondientes en cada caso (Bomberos, Patrimonio, Policía Local, Delegación de Gobierno, etc.)[3]. En concreto, la competencia para el otorgamiento de las autorizaciones de ocupación de la vía pública formuladas por las comisiones falleras será, por delegación de facultades de la Junta de Gobierno Local, el Concejal Delegado de Fallas en la ciudad de Valencia u órgano competente para resolver en otros ayuntamientos de municipios valencianos que celebren las Fallas.

Así, las Fallas se pueden dividir en dos aspectos competenciales. Por una parte, el lúdico, asumido en la toma de decisiones por la Junta Central Fallera; por otro, el de garantizar la seguridad de las personas y de los bienes que corresponde, en gran medida, al Ayuntamiento de Valencia.

Debemos comenzar señalando que, de conformidad con el art. 25.2 LBRL, los municipios tienen atribuidas, entre otras, las siguientes competencias, cuyo ejercicio puede estar relacionado con la celebración de la fiesta fallera:

- Medio ambiente urbano: protección contra la contaminación acústica en zonas urbanas (art. 25.2.b).

---

3 "La autorización alude a intervenciones en las que cabe una aplicación discrecional, en tanto que la licencia responde más bien a actuaciones de carácter reglado". Antelo Martínez, A. *Las verbenas populares en Galicia: régimen de intervención municipal*, Xunta de Galicia, Santiago de Compostela, 2019, pág. 39.

- Infraestructura viaria y otros equipamientos de su titularidad (art. 25.2.d).
- Tráfico, estacionamiento de vehículos y movilidad (art. 25.2.g).
- Ferias, abastos, mercados, lonjas y comercio ambulante (art. 25.2.i).
- Policía local, protección civil, prevención y extinción de incendios (art. 25.2.f).
- Información y promoción de la actividad turística de interés y ámbito local (art. 25.2.h).

A partir de las competencias que les otorga la LBRL a los municipios, se deben acotar las herramientas de las que dispone la corporación para ejecutar la fiscalización de las autorizaciones correspondientes para las actividades y ocupación del dominio público de las comisiones falleras en el ámbito de sus demarcaciones.

En este sentido, hay que hacer referencia a lo dispuesto por el art. 84 LBRL, que regula los modos de intervención de las entidades locales en la actividad de los ciudadanos a través de los siguientes medios:

a) Ordenanzas y bandos.

b) Sometimiento a previa licencia y otros actos de control preventivo.

c) Sometimiento a comunicación previa o a declaración responsable.

d) Sometimiento a control posterior al inicio de la actividad, a efectos de verificar el cumplimiento de la normativa reguladora de la misma.

e) Órdenes individuales constitutivas de mandato para la ejecución de un acto o la prohibición del mismo.

En relación a las actividades e instalaciones en dominio público que realizan las comisiones falleras en sus demarcaciones, es necesario diferenciar la regulación entre aquéllas que se realizan durante las Fallas y aquellas otras que se realizan fuera de este periodo.

Las actividades durante la fiesta de Fallas son objeto de regulación específica, donde la norma municipal por excelencia que regula las autorizaciones de la ocupación del dominio público para las actividades e instalaciones durante las Fallas, es el Bando Fallero, basado en las Directrices para la autorización de actividades y ocupación del domino público a las comisiones falleras con motivo de las Fallas[4]. En concreto, el art. 115 de

---

4 Las Directrices son aprobadas cada año por la Junta de Gobierno Local de conformidad con el art. 127.n) LBRL. La normativa que fundamenta jurídicamente a las

la Ordenanza Reguladora de Ocupación del Dominio Público Municipal, establece que "las actividades que se celebren en dominio público con motivo de las festividades tradicionales de Fallas y Feria de Julio, cuyas peculiaridades justifican que sean objeto de una regulación específica, se regirán por lo establecido en la presente Sección, sin perjuicio de que les resulten igualmente aplicables las disposiciones del Título Segundo y de los Capítulos Primero y Segundo del presente Título, en todo aquello que no fuese incompatible con esta específica regulación".

En este sentido, el art. 116 de la Ordenanza señala que durante el periodo comprendido entre los días 1 y 20 de marzo de cada año, serán de aplicación las disposiciones contenidas en el Bando anual de Fallas dictado por la Alcaldía que afecten a cualquiera de los supuestos regulados en la Ordenanza. El título cuarto regula las Actividades Festivas de Carácter Popular y Festividades Tradicionales Valencianas en los arts. 77 a 128. En

---

Directrices es la siguiente:
– Ley 33/2003, de 3 de noviembre, del Patrimonio de las Administraciones Públicas.
– Reglamento de Bienes de las Entidades Locales (RD 1372/1986, de 13 de junio)
– Ley 7/2002, de 3 de diciembre, de la Generalitat Valenciana, de Protección contra la Contaminación Acústica.
– Ordenanza Municipal de Protección contra la Contaminación Acústica (publicada en el Boletín Oficial de la Provincia de 25 de abril de 2023).
– Ley 10/2014, de 29 de diciembre, de la Generalitat, de Salud de la Comunidad Valenciana.
– Ley 14/2010, de la Generalitat Valenciana, de 3 de diciembre, de Espectáculos Públicos, Actividades Recreativas y Establecimientos Públicos y su Reglamento de Desarrollo aprobado por Decreto 143/2015, de 11 de septiembre, del Consell.
– Ordenanza Reguladora de la Ocupación del Dominio Público Municipal, aprobada por acuerdo plenario de 27 de junio de 2014.
– Real Decreto 989/2015, de 30 de octubre, por el que se aprueba el Reglamento de Artículos Pirotécnicos y de Cartuchería.
– Instrucción Técnica Complementaria nº 8 sobre Espectáculos con artificios pirotécnicos realizados por expertos.
– Instrucción Técnica Complementaria nº 18 sobre manifestaciones festivas religiosas, culturales y tradicionales.
– Directiva 2007/23/CE, de 23 de mayo del 2007, sobre la Puesta en el Mercado de Artículos Pirotécnicos.
– Establecida la competencia municipal para la autorización de las actividades que se desarrollan en las Fallas, la solicitud de ocupación de dominio público municipal para la zona de actividades, zona de fuegos e instalación de la carpa se realizará a través de la correspondiente declaración responsable.
– Ley 7/1985, de 2 de abril, reguladora de las Bases de Régimen Local.

este título se establecen los procedimientos, requisitos y condiciones de diversas actividades dentro de un marco de coordinación y unificando en la misma resolución la cobertura a la ocupación del suelo, la actividad que se pretenda desarrollar y las instalaciones que fuesen necesarias.

El Bando de Fallas, por su parte, comienza así: "La celebración de la fiesta de las Fallas tiene en el espacio público su lugar natural de expresión de los elementos creativos, culturales y sociales que a lo largo de los años han conformado una fiesta que ha alcanzado unos valores patrimoniales que son objeto de especial protección. Dada la extensión de esta celebración por toda la Ciudad, así como la elevada implicación de la ciudadanía, resulta necesario regular aquellos aspectos del funcionamiento de nuestra ciudad que puedan verse alterados durante estos días".

En este sentido, el Bando de Fallas pretende facilitar a las comisiones falleras y al resto de ciudadanos, la compatibilidad del ejercicio de sus actividades de manera responsable durante los días de la fiesta fallera. Se trata de un instrumento en el que se anuncian y recuerdan las normas que se deben aplicar con motivo de las fiestas falleras de cada año. Competencia ejercida por la alcaldía de conformidad con lo establecido en el art. 124 de la LBRL.

El bando se publica en el Boletín Oficial de la Provincia de Valencia y en la página web del Ayuntamiento de Valencia en base a las Directrices Generales de Movilidad, Autorización de Instalaciones y Ocupación del Dominio Público.

Por tanto, el contenido de esta disposición no deja de ser un recordatorio de las normas previamente aprobadas por las Directrices de cada año que, a su vez, señalan aspectos ya regulados en otros textos normativos, sean ordenanzas municipales o leyes sectoriales de aplicación en cada caso. En todo caso, resulta muy oportuno este recordatorio a todos los ciudadanos.

En cuanto a las actividades celebradas fuera del periodo del 1 al 20 de marzo y su autorización, la norma de referencia es la Ordenanza Reguladora de la Ocupación del Dominio Público Municipal del Ayuntamiento de Valencia, aprobada por acuerdo plenario con fecha 27 de junio de 2014[5].

---

[5] Generalmente, las actividades de las comisiones falleras que se realizan fuera del periodo de la festividad de las fallas y que requieren ocupación del dominio público son: celebración de San Juan, celebración del "mig any faller", proclamaciones y bailes regionales.

III. Técnicas de autorización e intervención municipal: las declaraciones responsables

Establecida la competencia municipal para la autorización de las actividades que se desarrollan por parte de las comisiones falleras, y las instalaciones que ocupan el espacio público, la herramienta que establece el ayuntamiento para la tramitación de estas solicitudes es la declaración responsable, a través de la cual se desarrolla el control de las actividades desarrolladas en la vía pública, siendo uno de los pilares de la fiscalización o policía administrativa[6]. En este sentido ya lo advertía Garrido Falla en relación al concepto de "orden público"[7].

La declaración responsable es el "documento suscrito por los interesados en el cual manifiestan, bajo su responsabilidad, que cumplen con los requisitos establecidos en la normativa vigente para obtener el reconocimiento de un derecho o facultad o para su ejercicio, que dispone de la documentación que así lo acredita, que la pondrá a disposición de la Administración cuando le sea requerida, y que se compromete a mantener el cumplimiento de las anteriores obligaciones durante el periodo de tiempo inherente a dicho reconocimiento o ejercicio" (art. 69 Ley 39/2015, de 1 de octubre, del Procedimiento Administrativo Común).

Así, el Ayuntamiento de Valencia habilita su sede electrónica para tramitar la Autorización para la Zona de Actividades, Zona de Fuegos e Instalación de Carpa durante las Fallas para la ocupación del dominio público municipal.

La solicitud se formaliza a través de una declaración responsable denominada "Declaración Responsable Actividades Fallas" que deben solicitar las comisiones falleras de la ciudad de Valencia, que estén integradas en la Junta Central Fallera y que cuenten con capacidad jurídica para ello, en

---

6 Blanquer Criado señala que: "la celebración de las actividades propias de una fiesta popular exige la previa obtención de un elenco de autorizaciones. Desde las relativas a la utilización especial del dominio público como son las calles, a la utilización de material pirotécnico, autorización de las actividades molestas, autorización de los espectáculos públicos, etc.". En *Las Fiestas Populares y el Derecho: régimen jurídico, responsabilidad patrimonial y pólizas de seguro,* Tirant Lo Blanch, Valencia, 2001, pág. 52.

7 Garrido Falla, F. *Las transformaciones del concepto jurídico de policía administrativa",* *Revista de Administración Pública,* núm. 11, 1953, págs. 14 y siguientes.

el plazo abierto por el Ayuntamiento que, generalmente, suele ser de dos meses antes de la finalización del año[8].

Antes de analizar los tipos de permisos que deben tramitar las comisiones falleras, procede explicar brevemente cuál es el espacio físico de cada comisión fallera en el que pueden realizar estas actividades, esto es, la demarcación fallera, que está definida en el art. 5 del Reglamento Fallero. De acuerdo con esta norma, la demarcación fallera es el "conjunto de calles que constituyen el ámbito geográfico de desarrollo de la actividad propia de una Comisión de Falla". La demarcación deberá contar con la preceptiva aprobación de la Junta Central Fallera y constar en sus archivos correspondientes, quedando supeditada su ratificación, ampliación o actualización a la preceptiva resolución expresa de la Junta Central Fallera por el procedimiento que se establezca al efecto.

Dentro de la demarcación, de conformidad con la normativa municipal, cada Comisión deberá ubicar el monumento fallero en el emplazamiento tradicional que así se determine y reconozca, comenzando a efectuar la tradicional *plantà* del mismo a las doce de la noche del día 15 de marzo, sin perjuicio de autorización del adelanto de los trabajos en función de la complejidad y dificultad del montaje, algo que viene siendo habitual a lo largo de los años.

Por lo tanto, la demarcación será el ámbito geográfico en la cual las comisiones falleras ejercerán aquellas actividades propias de los festejos falleros[9].

Dentro de la demarcación, las comisiones falleras deberán comprobar en la aplicación municipal GEOPORTAL[10], que la zona de actividades, la zona de instalación de la carpa, la instalación para paradas de alimentación y/o mercados ambulantes, la instalación de puesto de buñuelos y/o masas fritas aparece grafiada en el mismo.

---

8 El plazo habilitado por el Ayuntamiento de Valencia para las Fallas 2025 ha sido del 4 de noviembre al 22 de diciembre de 2024, ambos inclusive.

9 Una visión más detenida de la demarcación de cada Comisión puede consultarse en el siguiente capítulo 5 de este mismo libro: Montes Rodríguez, P.: "El régimen jurídico de las Comisiones de falla constituidas como asociación".

10 El Geoportal del Ayuntamiento de Valencia es un visor que pone a disposición de los ciudadanos una gran variedad de recursos con una información otorgada a través de mapas por diferentes áreas municipales como movilidad, economía, servicios sociales, fallas, contaminación atmosférica y ruido, etc.

En el visor aparecen referenciadas las 384 comisiones falleras censadas en el Censo Fallero de Junta Central Fallera en el que se pueden consultar todos los datos relativos a la ocupación del dominio público entre otros: buñolerías, servicios de las comisiones falleras, puestos, escenarios, carpas, zonas de fuegos y zonas de actividades, todos ellos con los correspondientes planos grafiados[11].

Para la realización de todos los trámites cada comisión fallera debe disponer de su Certificado Digital de Entidad, en consecuencia, en la solicitud de autorización debe aparecer como interesada la propia comisión y no una persona física, todo ello para dar cumplimiento al art. 14.2 de la Ley 39/2015, de 1 de octubre, del Procedimiento Administrativo Común de las Administraciones Públicas, del que se deduce que las comisiones falleras están obligadas a relacionarse con la Administración a través de medios electrónicos.

Por tanto, a través de la Declaración Responsable "Actividades Fallas", las comisiones falleras solicitarán cada año la autorización correspondiente para las actividades a realizar en su demarcación.

IV. Trámites a realizar por las Comisiones Falleras para la autorización de sus actividades

Como hemos tenido ocasión de señalar, los trámites se realizarán en la sede electrónica del Ayuntamiento de Valencia puesto que se relacionarán con el mismo a través de medios electrónicos[12].

El plazo de solicitud será el establecido en las Directrices para la autorización de actividades y ocupación del dominio público a las comisiones falleras con motivo de las Fallas del ejercicio que corresponda, que habitualmente suele ser entre los meses de noviembre y diciembre del año anterior a la celebración de las Fallas.

Si la comisión fallera no va a realizar ninguna modificación en relación con el anterior ejercicio fallero, esto es, mantiene las mismas instalaciones y ocupaciones reflejadas en el Geoportal, se aportará la Declaración Responsable de Actividades Fallas firmada por la persona que ejerza la presi-

---

11 Número de comisiones censadas en Junta Central Fallera en 2024. Dato obtenido de la web de JCF: https://fallas.com/junta-central-fallera/comisions-falleres/

12 https://sede.valencia.es/sede/?lang=1

dencia de la comisión y no será necesario aportar la documentación necesaria para la tramitación de esta autorización. Un trámite rápido y sencillo que evita cargas administrativas innecesarias.

En el caso de que se trate de una primera implantación o se produzcan modificaciones, se deberá aportar la citada declaración responsable más toda la documentación necesaria para la tramitación de las autorizaciones excepto el plano de emplazamiento en el trámite del puesto de buñuelos y/o masas fritas si no estuviese referenciado en el Geoportal o en el plano de actividades aportado por la comisión fallera.

Serán cuatro las solicitudes que deberán presentar las comisiones falleras con la siguiente documentación:

1. *Solicitud de autorización de zona de actividades, zona de fuegos e instalación de carpa*[13]

a) En todo caso, el documento de apoderamiento o autorización de la presidencia para presentar la solicitud si, quien ostente la presidencia de la falla delega en otra persona para la presentación de la solicitud.

b) La Declaración Responsable Actividades Fallas: en ella se declara responsablemente que se ha comprobado la aplicación Geoportal; que concluido el montaje de las instalaciones provisionales se dispondrá en el lugar de la actividad y se aportará al Ayuntamiento el conjunto de certificados finales de las instalaciones realizadas, firmados por técnico competente en relación a la seguridad y solidez de todos los elementos; que la actividad de elaboración, manipulación y consumo de alimentos a realizar por los miembros de la comisión fallera en el dominio público, es un acto privado y sin ánimo de lucro, dirigido a los participantes del mismo.

   En el caso de haber solicitado la instalación de carpas, como se analizará en el próximo epígrafe, se declarará responsablemente que se cumplen con todos los requisitos establecidos en la normativa y que se dispondrá del certificado final de montaje.

   En el caso de haber solicitado la instalación de mercadillos y puestos de venta y/o consumo de alimentos, se declarará responsablemente

---

13 https://sede.valencia.es/sede/registro/procedimiento/CU.FC.100?lang=1

que el número de puestos, personas titulares, actividades a ejercer y demás requisitos a cumplir, coinciden con los dispuestos en el formulario de solicitud.

En el caso de haber solicitado puesto de buñuelos y/o masas fritas, se declarará responsablemente que el puesto se ubicará en la demarcación fallera y que la persona titular y demás requisitos a cumplir, coinciden con los dispuestos en el formulario de solicitud.

c) Plano acotado, actualizado, escala 1:2000 firmado por técnico competente para:

- La zona de fuegos (si modifica el emplazamiento)
- La zona de actividades (si modifica el emplazamiento o cuenta con diferentes instalaciones).
- La instalación de la carpa (para los casos de nueva instalación, modificación de carpa o dimensiones, diferente emplazamiento).
- La instalación de paradas de alimentación y/o mercados ambulantes (si se instalan más o menos puestos y/o metros lineales respecto de los recogidos en Geoportal, si se modifica el emplazamiento).
- La instalación de puesto de buñuelos y/o masas fritas (en el caso de que no aparezca referenciado en Geoportal o en el plano de la zona de actividades del ejercicio anterior).
- El plano debe incluir todas las instalaciones a realizar: monumentos y vallado, zona de fuegos y zona de actividades, carpa, escenario, mercados ambulantes, puesto de venta de alimentos, puesto de buñuelos y/o masas fritas, contenedores, wc, accesibilidad de los medios de auxilio externo).

d) Proyecto de instalación, actividad de la carpa y plan de actuación ante emergencias o plan de autoprotección (para la primera vez que se instala una carpa, modificación de emplazamiento, dimensiones o carpa).

e) Documentación sobre atracciones hinchables:

- Documento acreditativo o del fabricante del hinchable con el número de serie del hinchable, nombre o denominación y acreditación de su homologación y cumplimiento con la normativa europea.
- Declaración responsable de la empresa instaladora de la atracción que certifique que se instalará cumpliendo todas las medidas de

seguridad exigibles y bajo supervisión de personal técnico cualificado.

- Certificado anual de revisión de la atracción[14].

f) Declaración responsable de instalaciones provisionales de escasa complejidad técnica y memoria (suscritas por técnico competente indicando que las instalaciones no requieren proyecto de instalación y acompañando memoria descriptiva y planos).

g) Certificado final de la instalación. Documento necesario para la puesta en marcha de las instalaciones, con un ejemplar en el lugar de la actividad y otro en el Servicio de Cultura Festiva.

2. *Solicitud de autorización de mercadillos y/o puestos de venta de alimentos*

a) En todo caso, el documento de apoderamiento o autorización de la presidencia para presentar la solicitud si, quien ostente la presidencia de la falla delega en otra persona para la presentación de la solicitud.

b) Declaración Responsable Actividades Fallas, presentada en el procedimiento de la autorización anterior de zona de actividades, zona de fuegos e instalación de carpa durante las Fallas.

c) Declaración Responsable de cada una de las personas titulares de los mercadillos y puestos de venta y/o consumo de alimentos que se pondrán a disposición de sanidad y/o de la policía local si es requerido. En ella se documentará: el alta en la seguridad social de todo el personal que trabaje en el puesto y recibo de estar al corriente del pago de las cuotas, el alta en el censo de obligados tributarios o, si es el caso, IAE, póliza de seguro obligatorio, y para las personas prestadoras extranjeras que no sean ciudadanos europeos, acreditar su permiso de residencia y trabajo por cuenta propia.

---

14 Sin perjuicio del certificado, las atracciones hinchables pueden ser revisadas por parte de los técnicos municipales para garantizar la seguridad de los asistentes y evitar potenciales daños de difícil reparación. Se deben revisar los anclajes, el peso soportado y, algo muy importante, la medición del viento para evitar accidentes (con un viento de 38 kms por hora se deben desmontar los hinchables).

3. Solicitud de autorización de manifestaciones festivas con artículos pirotécnicos[15]

En este supuesto, el plazo de solicitud será mínimo, de 30 días naturales antes de la celebración de la manifestación festiva y, como requisito, las personas que participen activamente deberán pertenecer a un grupo reconocido de expertos (grupo CRE)[16].

La documentación a presentar será la siguiente:

a) En todo caso, el documento de apoderamiento o autorización de la presidencia para presentar la solicitud si, quien ostente la presidencia de la falla delega en otra persona para la presentación de la solicitud.

b) Documentación adicional en función de los supuestos: autorización de manifestaciones festivas con artículos pirotécnicos a cargo de grupos CRE.

4. Solicitud de autorización de instalación de puestos de buñuelos y masas fritas[17]

Esta solicitud se tramita exclusivamente por parte de las comisiones falleras, puesto que, para la venta no sedentaria de buñuelos o masas fritas en fallas por parte de establecimientos de hostelería, la tramitación se realiza en aplicación de la ordenanza reguladora de la Ocupación del Dominio Público Municipal y por la Ordenanza municipal reguladora de la Venta No Sedentaria.

La documentación a presentar será la siguiente:

a) En todo caso, el documento de apoderamiento o autorización de la presidencia para presentar la solicitud si, quien ostente la presidencia de la falla delega en otra persona para la presentación de la solicitud.

---

15 https://sede.valencia.es/sede/registro/procedimiento/CU.FC.105?lang=1

16 Consumidor Reconocido como Experto (CRE) / Participante activo: persona que, habiendo recibido y superado el curso de formación, participa o puede participar de manera activa como integrante de un Grupo CRE en las manifestaciones festivas con uso o utilización de artificios pirotécnicos en el recorrido o en las zonas autorizadas al efecto.

17 https://sede.valencia.es/sede/registro/procedimiento/CU.FC.25?lang=1

b) Plano de emplazamiento del puesto de buñuelos en el caso de no aparecer grafiado en Geoportal o en el plano de la zona de actividades, zona de fuegos e instalación de carpa.

La presidencia de la comisión también deberá disponer de la Declaración Responsable de la persona titular del puesto de buñuelos para ponerla a disposición de la inspección de sanidad y/o policía local si es requerido.

Estas cuatro autorizaciones deberán estar expuestas en las puertas de los casales o de las carpas por parte de las comisiones falleras, así como el plano correspondiente que se presentó en la solicitud.

V. Directrices técnicas que deben cumplir las instalaciones y actividades a desarrollar en el espacio público

Con carácter general, todas las instalaciones —sean carpas, escenarios, puestos de venta de buñuelos, etc.— deben realizarse fuera de espacios ajardinados, de conformidad con la Ordenanza Municipal de Parques y Jardines, aunque de manera excepcional, previo informe favorable del servicio de jardinería sostenible, se podrán instalar en estos espacios[18]. Se trata de una disposición lógica puesto que, en la medida de lo posible, se pretenden preservar las zonas verdes de la ciudad de actividades e instalaciones que pueden afectar negativamente a parques, jardines y áreas verdes así como del uso intensivo de las mismas que se pueda producir por el aumento de visitantes a la ciudad durante las fiestas josefinas.

Igualmente, se prohibirá la instalación de puestos de buñuelos o cualquier otro puesto o instalación en la Plaza del Ayuntamiento y calles adyacentes, en la Calle Colón, Calle Játiva, Avenida Marqués de Sotelo y en las calles por las que transcurre la Ofrenda desde el día 1 al 19 de marzo.

Del mismo modo, deberán mantenerse libres todos aquellos espacios que sean inmediatos a los armarios o cualquier otra instalación municipal y dejar paso al personal municipal que tuviese que acceder.

Como se analizará en un epígrafe de modo específico, la ubicación de todas las instalaciones deberá someterse a lo establecido en la Ley de Pa-

---

18 Nunca se podrán instalar sobre zonas de cultivo, tierra vegetal o parterres. Tampoco en la zona de goteo del arbolado, dejando al menos un paso para la circulación peatonal de 1,5 metros en todo su perímetro.

trimonio Cultural Valenciano en lo relativo a los inmuebles protegidos y, en especial, a los entornos de protección de los bienes de interés cultural.

1. *Especial referencia a la accesibilidad de los medios de auxilio externo (vehículos de bomberos)*

Las vías accesibles durante la celebración de las Fallas son un elemento clave para salvaguardar la integridad de las personas y garantizar que los servicios de emergencia puedan actuar de una manera eficaz en caso de necesidad. Es necesaria una estrecha coordinación entre los diferentes cuerpos de seguridad como policía, bomberos, protección civil y servicios médicos que permita una actuación rápida y eficaz en situaciones de peligro como aglomeraciones, accidentes, incendios, etc. Para ello, las Directrices establecen las condiciones que garanticen una respuesta rápida ante emergencias y, en particular, el acceso de los vehículos de bomberos a zonas susceptibles de generar fuegos inesperados o peligrosos.

Aquí es fundamental la obligación de cumplimiento del especial deber de diligencia por parte del Ayuntamiento para asegurarse de las condiciones exigidas a continuación para garantizar la seguridad de los participantes y de los vecinos del municipio. En este sentido, Guillén Navarro señala que "es importante el hecho de que la competencia de velar por la seguridad y adecuada celebración es un elemento clave por la cual se determina que aquél que autoriza (…) asume la responsabilidad de su buen desarrollo"[19].

Se deberán cumplir las siguientes condiciones en relación a la ubicación de las carpas u otras instalaciones eventuales y el monumento fallero, a fin de garantizar las condiciones de aproximación y maniobra de los vehículos de bomberos:

1. Cuando las carpas, instalaciones eventuales o el monumento fallero situados en la calzada corten todo el ancho del vial o dejen una anchura libre de calzada menor a 5 metros: la zona ocupada tendrá una longitud máxima igual o inferior a 25 metros; se deberá dejar una zona libre de ocupación de una longitud mínima de 10 metros y una anchura mínima de 5 metros en ambos frentes (salvo excepciones

[19] Guillén Navarro, N. "Elementos distorsionadores del nexo causal en la responsabilidad patrimonial de la Administración local respecto a los festejos populares", *Revista General de Derecho Administrativo,* núm. 56, 2021, pág. 4.

por condiciones de la trama urbana); las aceras deben quedar expeditas; se garantizará una ruta de aproximación de los vehículos de bomberos desde vía urbana de circulación fluida a la zona ocupada.

2. Cuando las carpas instalaciones eventuales o el monumento fallero situados en la calzada, no corten todo el ancho del vial, dejando un carril de circulación para el paso de vehículos de bomberos de anchura superior a 5 metros a lo largo de todo el recorrido del vial en el que se ubican: la zona ocupada tendrá una longitud superior a 50 metros; el carril de circulación para los vehículos de bomberos tendrá una separación máxima a fachadas no superior a 10 metros; se garantizará el cumplimiento de las condiciones de aproximación y entorno reguladas en la sección SI5 del Documento Básico de Seguridad en caso de Incendio del Código Técnico de la Edificación (salvo excepciones por condiciones de la trama urbana) hasta los dos frentes de la zona de ocupación; las aceras deben quedar expeditas; se garantizará una ruta de aproximación de los vehículos de bomberos desde vía urbana de circulación fluida a la zona ocupada.

En las zonas de fuegos y actividades no ocupadas permanentemente por las instalaciones, en caso de necesidad, se deberán adoptar las medidas necesarias para garantizar la circulación y maniobrabilidad de los vehículos de bomberos en caso de necesitarlo.

2. Zona de fuegos para espectáculos pirotécnicos. Fuegos y uso y disparo de elementos pirotécnicos

Los espectáculos pirotécnicos constituyen una parte fundamental de la celebración de las Fallas, pero debido al riesgo que conllevan, resulta necesario cumplir con los permisos y regulaciones estrictas para garantizar la seguridad pública. A tales efectos, las Directrices establecen las condiciones a seguir en función de la cantidad de material explosivo que se vaya a utilizar:

Contenido neto explosivo (NEC) superior a 10 kg: se requiere plano a escala y acotado de la zona de fuegos especificando la zona de actuación y delimitando claramente la zona de lanzamiento y la zona de seguridad, así como las medidas de la vía pública y las distancias a edificaciones y al público. Este plano no necesita ser entregado al Ayuntamiento de Valencia.

NEC superior a 10 kg e inferior o igual a 100 kg: la comisión fallera debe notificar a la Delegación del Gobierno sobre la celebración del acto con una antelación mínima de 10 días hábiles. Si el NEC a disparar supera los

50 kg, es necesario acompañar la notificación con un Plan de Seguridad que cumpla con los requisitos mínimos establecidos en la ITC 8 del Real Decreto 989/2015, que aprueba el Reglamento de artículos pirotécnicos y cartuchería.

NEC superior a 100 kg: la comisión fallera deberá solicitar autorización a la Delegación del Gobierno, a través de su sede electrónica, con al menos 15 días hábiles de antelación. Esta solicitud debe ir acompañada de un Plan de Seguridad y un Plan de Emergencia, cuyos contenidos mínimos están establecidos en la ITC 8 del Real Decreto 989/2015.

En todo caso, para el disparo de los espectáculos pirotécnicos se deberán tener en cuenta unas distancias determinadas en función de si son espectáculos con fuego terrestre o con fuego aéreo.

3. Mercadillos y puestos con venta de alimentos

Durante las Fallas, los mercadillos y los puestos de venta de alimentos constituyen un elemento característico que forma parte de la celebración ofreciendo a los visitantes una amplia variedad de productos gastronómicos y artesanales para disfrutar de la cultura y gastronomía locales. Para garantizar la seguridad alimentaria y el orden durante las fiestas, los mercadillos y puestos deberán cumplir con las siguientes condiciones:

Se podrán instalar puestos de venta en la zona de actividades autorizadas con las siguientes condiciones:

a) Se ubicarán lo más cerca posible de los puestos de buñuelos y masas fritas para facilitar la conexión a la red de agua potable.
b) Deben dejar un paso libre mínimo de 3,5 metros de calzada y únicamente en un lado de la calle, no pudiendo ubicarse en otros emplazamientos.
c) El número máximo de puestos será de 20. En el caso de puestos de venta de alimentos, 10 como máximo, siendo 4 para elaboración/manipulación y 1 para venta de bebidas incluida en puestos sin elaboración/manipulación.
d) Como máximo, los puestos de mercado ocuparán 120 metros lineales, no necesariamente consecutivos[20]. Si no existiese en este espacio,

[20] En el cálculo de los 120 metros se incluye el espacio entre puestos excepto los vados y los pasos de peatones que no computan.

a lo largo de los puestos de venta, espacio libre para la maniobra de los vehículos de bomberos, se deberá respetar cada 25 metros de frente de longitud de puestos de venta, una zona libre de longitud mínima de 10 metros y anchura mínima de 5 metros.

e) Los mercadillos y puestos de venta de alimentación tendrán una longitud máxima de 7 metros y una altura máxima de 3,5 metros, realizando la venta en uno de los cuatros laterales de los mismos y nunca de cara a vía con tránsito rodado. Por otra parte, en la medida de los posible, no se instalarán frente o junto a comercios textiles y se procurará no obstaculizar ni tapar las entradas a los mismos ni sus escaparates (salvo que conste autorización por parte de los comercios afectados).

f) Únicamente se autorizarán instalaciones cerradas y homologadas para la elaboración o regeneración de alimentos, con cocina aislada al máximo posible. No se autorizarán estas actividades en contenedores, autobuses modificados, mesones o cualquier otra instalación fija.

g) No podrán instalar mesas, sillas y terrazas, salvo en los casos de puestos ubicados en zonas autorizadas de terraza.

h) Estará prohibida la utilización de dispositivos sonoros con finalidad de realizar propaganda o reclamo siempre que produzcan molestias, así como la ambientación musical en los puestos.

i) Los puestos deberán anunciar de forma visible el precio de los productos que se ofrecen y disponer de las correspondientes hojas de reclamaciones.

j) La contratación de suministro de agua potable la realizará la comisión fallera una vez disponga de la correspondiente autorización. En todo caso, los tubos de agua estarán protegidos para que no constituyan un obstáculo para los viandantes y no sean dañados por el tráfico de vehículos.

Además de todos estos requisitos, las Directrices establecerán las condiciones específicas que deberán cumplir los puestos de venta de alimentos sin manipulación y los puestos de venta de alimentos con elaboración.

4. *Puestos de buñuelos y masas fritas*

El consumo de buñuelos es una tradición emblemática durante la celebración de las Fallas y su presencia es indispensable durante las fiestas josefinas. Los buñuelos encapsulan la esencia de la festividad, fusionando tradición, sabor y momentos compartidos, constituyendo los puestos de venta un elemento fundamental dentro del paisaje urbano de las fiestas de San José.

La solicitud de instalación de los puestos de buñuelos y/o masas fritas corresponde a las comisiones falleras, cada una podrá solicitar un único puesto de buñuelos y masas fritas en su demarcación, que deberá situarse, preferentemente, en la puerta del casal. También podrán solicitar su instalación los locales de restauración debidamente autorizados.

La instalación de los puestos se autorizará en las fechas previstas en las Directrices y se desmontarán, como máximo, a las 11 horas del día 20 de marzo. La instalación en fecha anticipada y la retirada en fecha posterior a las establecidas en las Directrices, constituirán infracciones muy graves por ocupación de la vía pública sin autorización, y el incumplimiento en la instalación y retirada fuera del horario, pero en fecha autorizada, constituirá una infracción grave.

Las condiciones específicas para su instalación serán:

a) Las medidas del puesto serán, como máximo, de 8 metros de largo por 3 metros de ancho. Las medidas exactas se concretarán en cada caso a través de informe preceptivo de la Policía Local y la ubicación del puesto deberá garantizar el menor trastorno posible a la circulación de las personas y de vehículos, especialmente en aquellas demarcaciones en las que se produzcan grandes concentraciones de personas[21] que deberán dejar un ancho de banda libre peatonal de 2,5 metros.

b) La venta se realizará en uno de los cuatro laterales de los puestos y nunca de cara a una vía con tránsito rodado.

c) No podrán instalar mesas, sillas y terrazas, salvo en los casos de puestos ubicados en zonas autorizadas de terraza.

d) No se podrán ubicar los puestos frente o junto a comercios textiles o a productos electrónicos.

---

21 En concreto, esta exigencia se dará en los puestos de buñuelos que se instalen en centro histórico y en fallas de sección especial.

e) Estará prohibida la utilización de dispositivos sonoros con finalidad de realizar propaganda o reclamo siempre que produzcan molestias[22], así como la ambientación musical en los puestos[23].

f) Los puestos deberán anunciar de forma visible el precio de los productos que se ofrecen y disponer de las correspondientes hojas de reclamaciones.

k) La contratación de suministro de agua potable la realizará la comisión fallera una vez disponga de la correspondiente autorización. En todo caso, los tubos de agua estarán protegidos para que no constituyan un obstáculo para los viandantes y no sean dañados por el tráfico de vehículos.

l) Quedará prohibido realizar vertidos a la red municipal de acequias y saneamiento de los aceites empleados.

Por otra parte, también se autorizará la venta de buñuelos o masas fritas a personas físicas o jurídicas con actividad de restauración, ubicando el puesto junto a la puerta del mismo o en la zona autorizada para la instalación de la terraza sin sobrepasar la línea de fachada del establecimiento.

5. Dotaciones higiénicas y sanitarias

Durante la semana fallera, la instalación de sanitarios y servicios públicos es esencial para garantizar el bienestar de los miles de visitantes que llegan a la ciudad. Por tanto, el Ayuntamiento en coordinación con las comisiones falleras, asegurará que las áreas de celebración cuenten con suficientes servicios en puntos estratégicos de la ciudad y en las zonas de actividades de las demarcaciones falleras.

---

22 Todo ello de conformidad con el art. 40 de la Ordenanza Municipal de Protección contra la Contaminación Acústica: “Se prohíbe, con carácter general, salvo autorización en casos extraordinarios y debidamente justificados, el empleo en el dominio público municipal y en los espacios privados con repercusión en el espacio público, de todo dispositivo sonoro con fines de propaganda, reclamo, aviso, distracción y análogos, cuyas condiciones de funcionamiento produzcan molestias o excedan los límites establecidos en el Anexo II. En todo caso este tipo de avisos sonoros estarán prohibidos en horario nocturno, sin perjuicio de lo establecido en la Sección V del Capítulo IV del Título III de esta Ordenanza municipal”.

23 No se permitirá la instalación o uso de reproductores de voz, amplificadores de sonidos, aparatos de radio o televisión, instrumentos musicales, actuaciones vocales o análogos.

Así, de conformidad con lo establecido en la Ley 14/2010, de 3 de diciembre, de la Generalitat, de Espectáculos públicos, actividades recreativas y establecimientos públicos y el Decreto 143/2015, de 11 de setiembre, del Consell, por el cual se aprueba el Reglamento de desarrollo de la Ley, las comisiones falleras deberán indicar el número de sanitarios que se instalarán en su zona de actividades, quedando abiertos y disponibles para el uso público en perfecto estado de mantenimiento y condiciones de uso.

6. El Monumento

De conformidad con lo establecido en el Reglamento Fallero (art. 6.1), la comisión fallera deberá ubicar la falla o monumento dentro de su demarcación en el emplazamiento tradicional que se determine y reconozca; en caso de modificarlo, se deberá comunicar a Junta Central Fallera para su autorización.

En cuanto a las condiciones establecidas en las Directrices, caben destacar:

a) Se deberá colocar una capa de arena como mínimo de 20 cm de espesor protegiendo el pavimento sobre el que se planta la falla. La razón principal de esta capa de arena es, como ya se ha dicho, la protección del pavimento o suelo donde se instala el monumento, ya que la arena actúa como una barrera que previene daños o marcas en el pavimento producidas por el peso de éste y los posibles movimientos durante la instalación o montaje. Además, también asegura la estabilidad del monumento, proporcionando una base estable y reduciendo el riesgo de desplazamiento o derrumbe del mismo.

b) Se debe reducir el mayor espacio posible entre el vallado y el monumento para poder permitir la circulación de personas alrededor de la falla de manera fluida, especialmente, en las fallas de Sección Especial y Primera y evitar así aglomeraciones. Por tanto, reducir el espacio entre el vallado y el monumento, mejora la circulación del público, optimiza el uso del espacio, previene aglomeraciones, facilita la visibilidad del monumento y asegura el cumplimiento de las normativas de accesibilidad.

c) Como consecuencia de la condición anterior, la distancia de paso en torno a los monumentos falleros será como mínimo la prevista en la ordenanza de accesibilidad.

d) Las comisiones falleras que pertenezcan a la Sección Especial, deberán señalizar el sentido de circulación de visita prioritario, con señales visibles para los visitantes. Guiando a las personas para circular en la dirección correcta alrededor del monumento, se garantiza y facilita la movilidad de los visitantes y se evitan congestiones alrededor de los monumentos. Además, un flujo ordenado de personas, minimiza el riesgo de accidentes y aglomeraciones, facilitando la evacuación en caso de emergencia.

7. *Las carpas*

Las carpas instaladas por las comisiones falleras se han convertido en uno de los elementos característicos del paisaje urbano durante la celebración de las Fallas. Se trata de estructuras auxiliares desmontables y temporales, instaladas en cada demarcación fallera, que cumplen la función del casal fallero en los casos en los que los mismos no tengan la superficie necesaria para poder acoger a todos los participantes de las comisiones falleras en sus distintas actividades durante la semana fallera.

La instalación de monumentos falleros, las carpas y, en general, la realización de eventos en las principales calles y plazas de Valencia implican importantes restricciones en la movilidad urbana y modificaciones tanto en el transporte público como en el privado. Durante las Fallas, muchas calles se cierran, complicando el acceso a servicios básicos y aumentando los tiempos de desplazamiento para los residentes. Atendiendo a esta realidad y a fin de minimizar las molestias que ocasiona, las Directrices establecen un exhaustivo calendario para la instalación de las carpas y su posterior desmontaje.

La instalación de las carpas en el espacio público se autorizará desde el día 7 de marzo hasta las 7:00 horas del día 21 de marzo con las siguientes excepciones:

- Las carpas que se ubiquen en solares, zonas ajardinadas y zonas peatonales se podrán montar desde el 5 de marzo.
- Las carpas que se ubiquen en zonas de aparcamiento y zonas de tráfico que no afecten a las líneas de la EMT ni corten por completo la circulación viaria, y aquellas carpas de comisiones que tengan un censo total igual o superior a 400 personas (a fecha 31 de diciembre) y cuya ubicación no afecte a líneas de la EMT, se podrán autorizar el 6 de marzo.

Estas fechas se aplican con carácter general, sin perjuicio de su posible variación *ad casum*, previa valoración y revisión por parte de los servicios competentes. En todo caso, el incumplimiento de las fechas de instalación y desmontaje de las carpas tendrán la consideración de infracciones muy graves, mientras que el incumplimiento del horario pero en fecha autorizada, tendrá la consideración de infracción grave. Además, el incumplimiento de las características de las carpas, la modificación de su ubicación o las fechas de instalación dejará sin validez la autorización y supondrá la penalización de no instalación de la carpa durante la semana fallera del año siguiente.

Todas aquellas carpas que impliquen la alteración de líneas de la EMT deberán notificarlo a dicha entidad con la suficiente antelación a través del correo electrónico operacions@emtvalencia.es.

Con respecto a la ubicación de las carpas, no se podrán emplazar en lugares que impidan el acceso a vados, salidas de emergencia, accesos al metro, viviendas, locales comerciales o a edificios públicos.

Desde el día 1 y hasta el día 7 de marzo, a partir del cual se autoriza la instalación de carpas, las comisiones de falla podrán utilizar excepcionalmente en su zona de actividad un espacio máximo de 15 metros cuadrados destinado a elementos o instalaciones temporales de almacenamiento de productos o suministros, así como en su caso los urinarios químicos contratados para las actividades, que por diferentes circunstancias no sea posible retirar. En el caso de urinarios químicos, estos no podrán instalarse frente o junto a establecimientos comerciales ni en paradas de EMT.

8. *Iluminación y adornos de calles*

La iluminación y los adornos de calles durante las Fallas son elementos fundamentales de la fiesta. En cualquier caso, resulta necesario equilibrar el impacto visual y el disfrute de la iluminación con respeto hacia los residentes y el entorno, intentando evitar el deslumbramiento y la contaminación lumínica a los vecinos y minimizando las molestias.

Las Directrices determinarán la fecha exacta a partir de la cual podrá procederse a la instalación de la iluminación ornamental, que deberá cumplir con lo establecido en el art. 11 de la Ordenanza de Publicidad y cualquier otra norma sectorial que pudiese afectarle, especialmente la relativa al patrimonio histórico. En este sentido, "los anuncios luminosos solo podrán instalarse suspendidos en la vía pública como parte integrante del alumbrado de adorno de las calles de la demarcación de la falla correspondiente. En todo caso, cada comisión fallera vendrá obligada a retirar los elementos publicitarios subsistentes una vez concluido el periodo festivo punto de no hacerlo en el plazo de 10 días coma lo harán los servicios municipales previo el oportuno requerimiento a costa de aquélla".

En cuanto a las condiciones técnicas, además de las establecidas en el art. 11 de la Ordenanza de Publicidad, destacar que no se permitirán instalaciones de estructuras elevadas que puedan impedir el acceso a las fachadas o el paso por debajo por parte de bomberos[24].

9. Verbenas y ambientación musical

Uno de los asuntos que genera más conflicto entre los falleros y el resto de la ciudadanía es el ruido, la contaminación acústica. Las verbenas populares y las disco-móviles organizadas por las comisiones falleras constituyen una de las actividades más polémicas de las fiestas, ya que no siempre es sencillo encontrar un equilibrio entre la celebración de la fiesta y el derecho fundamental de los vecinos al descanso. Como apunta De La Torre Martínez, "cada vez existe una mayor sensibilización y concienciación por el respeto a los derechos de los ciudadanos que se ven afectados por el ruido, pudiendo afectar a la salud de una forma importante o alterar la vida"[25]. En sentido análogo, Guillén Navarro subraya cómo "el ruido excesivo producido por las fiestas puede considerarse una intromisión ilegítima en el domicilio con los correspondientes daños morales"[26].

Por este motivo, la celebración de verbenas o fiestas con disco-móviles están restringidas en cuanto a los días a celebrar y en cuanto a su horario, que dependerá del momento que haya elegido la comisión para la realiza-

---

24 De manera excepcional, la Alcaldía permitirá anuncios luminosos suspendidos en la vía pública como parte integrante del alumbrado de adorno de las calles de la demarcación de cada falla. Estos anuncios, como se ha dicho, serán retirados en un plazo máximo de 10 días una vez concluido el periodo festivo. Únicamente se permitirá un anuncio luminoso por cabecera de calle iluminada siempre y cuando cumpla con las condiciones técnicas establecidas en el art. 11.2 de la Ordenanza de Publicidad del Ayuntamiento de Valencia.

25 De la Torre Martínez. L. "Las fiestas de interés turístico y el ruido. Una jurisprudencia que puede resultar contradictoria", *Las Administraciones ante las fiestas y el turismo: elementos para una discusión abierta*, Iustel, Madrid, 2024, pág. 65.

26 Guillén Navarro, N. A. "Elementos distorsionadores...", op. cit. Respecto del impacto del ruido en el derecho a la intimidad y al descanso durante las fiestas populares, puede consultarse el capítulo 4 de este mismo volumen: Cotino Hueso, L.: "Derechos fundamentales e igualdad en las Fallas de Valencia y otras fiestas populares", *Derecho fallero*, Tirant lo Blanch, Valencia, 2025.

ción de la actividad, bien sea en horario vespertino, de 17 a 22 horas, o en horario nocturno de 22 a 4 horas, no existiendo la posibilidad de realizarlas en ambas franjas horaria del mismo día[27].

En cuanto a los decibelios máximos permitidos serán, como máximo, de 90 dBA en emisiones sonoras al aire libre y, de 85 dBA cuando se realicen dentro de las carpas ubicadas en el espacio público. Para poder garantizar el cumplimiento de estos decibelios máximos, es obligatoria la instalación de un limitador registrador para poder comprobar el nivel sonoro en el exterior.

El incumplimiento de estos requisitos constituirá una infracción que podrá ser causa de denegación de la autorización durante el año siguiente (art. 42 de la Ordenanza de Contaminación Acústica)[28].

En función del aforo previsto, las comisiones falleras deberán instalar aseos públicos portátiles y barras de bebidas que no podrán superar los 8 metros de atención al público.

Aunque ya se ha señalado anteriormente cuáles son los límites establecidos en las Directrices al objeto de proteger la salud de los ciudadanos y su derecho al descanso, durante las fiestas, los niveles de ruido pueden llegar a picos extremos por encima de los decibelios permitidos, causando estrés, trastornos del sueño y problemas auditivos entre los residentes.

Por tanto, la actividad de las verbenas y disco-móviles y, en general, la ambientación musical de las comisiones falleras, debe conjugarse con el derecho fundamental al descanso, cuestión de difícil encaje. De todos es sabido que la ciudad de Valencia bulle en Fallas y que uno de los aspectos tradicionales de la fiesta es el ruido de la pirotécnica, de las bandas de música, de las verbenas… En cualquier caso, esta indudable realidad no es una patente de corso para el desorden ni el abuso que supondría el incumplimiento de la normativa examinada. El papel de control por parte del Ayuntamiento debe ser exhaustivo con el objetivo de velar por el cumplimiento de los horarios establecidos y, en su caso, ser ejemplar en las sanciones impuestas por el incumplimiento del marco jurídico vigente. El

---

27 Los días previos a la semana fallera, del 8 al 14 de marzo, se permitirá ambientación musical en el interior de las carpas hasta la 1 am del día siguiente y, el día 19 de marzo hasta las 24 horas.

28 Sobre la imposición de sanciones en el contexto fallero, puede consultarse el capítulo 12 de esta misma obra: Martínez Otero, J. M.: "Ilegalidad, infracciones y sanciones en el contexto fallero", *Derecho fallero*, Tirant lo Blanch, Valencia, 2025.

cometido municipal no finaliza pues con la autorización a la actividad, sino que es preciso supervisar su desarrollo[29].

VI. Especial referencia al patrimonio cultural

Las Directrices técnicas que venimos analizando incluyen unas determinadas restricciones cuando la ocupación del dominio público se encuentra dentro del perímetro y entorno de protección de los bienes de interés cultural (en adelante, BICs) y bienes de relevancia patrimonial (en adelante, BRLs) durante la celebración de las Fallas, al objeto de preservar al máximo los bienes y monumentos integrantes del patrimonio cultural valenciano[30].

---

29 En este sentido, es muy representativa la STSJ CV 135/2015, de 17 de febrero, que sostiene: "Todas las fiestas populares y tradicionales normalmente tienen un componente ruidoso, en el caso de las fallas es redoblado porque a las fallas como monumento destinado a ser consumido por el fuego se une las tracas, disparadas, castillos, pasacalles, verbenas, etc., en definitiva, pretender el silencio y quietud durante esa semana es prácticamente imposible, tanto para los particulares como para las autoridades su control, no obstante, todo tiene sus límites. Deben ser las autoridades y los casales falleros quienes deben fijar esos límites armonizando la fiesta con el *limitado* derecho al descanso que tienen los ciudadanos durante esa semana, por ejemplo, limitando la música de las carpas a partir de determinada hora. El mero hecho de que existan este tipo de procesos y tengan que intervenir los Tribunales de Justicia supone un cierto fracaso de los organizadores de la fiesta popular, histórica y tradicional en su proyección al resto de los ciudadanos". Por otra parte, la STJCV 455/2014, de 29 de diciembre, señala que "las inmisiones de ruido y vibraciones del casal fallero de la demandada son molestas y perturban su derecho al disfrute del hogar y a su intimidad personal y familiar, vulnerándose los derechos 15 y 18 de la CE".

30 Los Bienes de Interés Cultural Valenciano "son aquellos que, por sus singulares características y relevancia para el patrimonio cultural son objeto de las especiales medidas de protección, divulgación y fomento que se derivan de su declaración como tales" (art. 2.a de la Ley 4/1998, de 11 de junio, de Patrimonio Cultural Valenciano). Los Bienes de Relevancia Local, por su parte, son "todos aquellos bienes inmuebles que, no reuniendo los valores a que se refiere el artículo 1 de esta ley en grado tan singular que justifique su declaración como bienes de interés cultural, tienen no obstante significación propia, en el ámbito comarcal o local, como bienes destacados de carácter histórico, artístico, arquitectónico, arqueológico, paleontológico o etnológico" (art. 46.1 LPCV).

Tanto los BICs como los BRLs, son bienes que gozan de un entorno de protección establecido en los planes especiales de protección, que establecerán y regularán los requisitos a los que se deberán ajustar los actos de edificación y uso del suelo y las actividades que afecten a los inmuebles y a su entorno de protección.

Estos requisitos se fundamentan en la Ley 4/1998, de 11 de junio, de Patrimonio Cultural Valenciano (en adelante LPCV) y, en concreto, en la normativa pormenorizada que realiza el Plan Especial de Protección de *Ciutat Vella* de 2020 (en adelante, PEPCV).

Por lo tanto, la instalación de verbenas populares y disco-móviles, de puestos de masas fritas, mercadillos, puestos de venta de alimentos, aseso públicos, etc., en el entorno de edificios o monumentos con protección patrimonial, quedará condicionada al cumplimiento de las limitaciones que implica su protección[31]. En este punto, las comisiones falleras del centro histórico juegan un papel fundamental puesto que deben velar por la mejor adecuación estética con el entorno.

En concreto, el art. 38.1.e) LPCV establece: "queda prohibida la colocación de rótulos y carteles publicitarios, conducciones aparentes y elementos impropios en los espacios etnológicos, jardines históricos y en las fachadas y cubiertas de los monumentos, así como de todos aquellos elementos que menoscaben o impidan su adecuada apreciación o contemplación", salvaguardando cualquier tipo de actuación directa en los inmuebles protegidos.

Por otra parte, descendiendo al planeamiento de más directa aplicación y, por tanto, norma más restrictiva, el PEPCV, es la regulación patrimonial, urbanística y paisajística de los bienes inmuebles y espacios que integran el Conjunto Histórico de Valencia —*Ciutat Vella*—, así como los del entorno de protección de los BICs incluidos en este ámbito. El Capítulo II regula los "espacios libres públicos" y establece las condiciones que se deben cumplir en el dominio público municipal localizado en los entornos de protección de monumentos.

A fin de garantizar la protección del patrimonio, se establecen las siguientes medidas:

1. Se prohíben las instalaciones de carpas, mercadillos, puestos de alimentación, urinarios, etc., con carácter general, a 8 metros de la fachada principal y a 3 metros del resto de fachadas del BIC.

---

[31] Así lo señala Antelo Martínez en: *Las verbenas populares…*, op. cit., pág. 89.

2. Para otorgar la autorización para la instalación de cualquier puesto, se deberán tener en cuenta las posibles afecciones a las visuales de percepción de las edificaciones monumentales y de sus entornos, teniendo especialmente en cuenta las afecciones a edificios como la Lonja, Torres de Serrano o el Mercado Central.
3. Se debe evitar cualquier tipo de anclaje en el edificio protegido o en su cerca perimetral, a tener en cuenta para el sistema de iluminación del monumento.
4. Se debe evitar la colocación de elementos con emisión de humos (por ejemplo, de los puestos de venta de buñuelos o masas fritas) o residuos que puedan afectar al edificio, dejando, en su caso, suficiente distancia para garantizar esta condición[32].
5. Se deberá mantener la distancia reglamentariamente establecida para el disparo de material pirotécnico.
6. Se recomienda a las comisiones falleras del entorno de la Lonja, Mercado Central y Ruzafa, que realicen sus verbenas y actividades con ambientación musical en el horario vespertino.

Además de todas estas normas genéricas, para los entornos del Jardín Botánico de la Universidad de Valencia, el Templo Parroquial de San Miguel y San Sebastián y Puerta de Quart, se aplicarán unas normas específicas en relación al espacio libre protegido[33].

En todo caso, para garantizar el cumplimiento de esta normativa tienen un papel fundamental las comisiones falleras del centro histórico, que deberán velar por el cumplimiento de estas distancias mínimas para evitar atentados contra el patrimonio histórico como los que se han venido pro-

---

32 A estos efectos, son numerosas las denuncias al Ayuntamiento por el incumplimiento del perímetro y entorno de protección de los BIC y BRL por instalaciones de venta de buñuelos delante de inmuebles protegidos sin mantener la distancia de seguridad.

33 Se debe respetar un área de protección libre de ocupación en contacto con el BIC no pudiendo ocuparse el espacio existente delante de la fachada principal respetando al menos 15 metros para espacios libres mayores a 10.000 m^2 y 8 metros para el resto; para el resto de fachadas, respetar un mínimo de 3 metros en espacios libres o viarios. De igual modo, estas distancias mínimas se aplicarán para las zonas de actividades y fuegos de las comisiones falleras, prohibiendo la realización de concursos de paellas, fuegos artificiales y similares en el espacio de protección. La misma distancia de 3 metros se preservará con respecto a las esculturas y otros elementos con valor histórico-artístico.

duciendo estos últimos años en el entorno de la Lonja o del Mercado Central tales como acumulación de basura, orines o actos vandálicos[34]. En este sentido, el Ayuntamiento de Valencia, durante las últimas Fallas, procedió a vallar el entorno de la Lonja al objeto de evitar convertirla en un aseo público como ha venido sucediendo en años anteriores[35].

También el Ayuntamiento debe ser riguroso en el cumplimiento de la normativa para que no quede en una mera declaración de intenciones. En este sentido, con fecha 15 de mayo de 2023, el Síndic de Greuges de la Comunitat Valenciana, emitió una resolución de consideraciones a la Administración a raíz de un escrito de queja interpuesto por el Presidente de la Asociación Círculo por la Defensa y Difusión del Patrimonio Cultural en relación al incumplimiento del perímetro y entorno de protección de los bienes patrimoniales (BIC y BRL) desde las Fallas del año 2018, por instalaciones autorizadas por el ayuntamiento (puestos de venta de churros y buñuelos y un puesto de venta de alimentos con manipulación) pegados a las fachadas de monumentos protegidos y dentro de sus entornos[36].

VII. Excepciones a las autorizaciones ordinarias de ocupación en la vía pública en *Ciutat Vella*

Para garantizar la seguridad y el buen desarrollo de la celebración de eventos multitudinarios durante las Fallas —como las *mascletaes*, los castillos de fuegos artificiales o la ofrenda de flores— el Ayuntamiento establece una serie de restricciones a las habituales autorizaciones de ocupación del espacio público. Estas restricciones afectan fundamentalmente al distrito de *Ciutat Vella*, en el que se celebran la mayoría de dichos actos multitudinarios. Veamos algunas de estas restricciones.

---

34 Cfr. Redacción: "Las comisiones deberán proteger los entornos de los BIC's de la ciudad", *Diario Levante EMV*, 22.08.2021. Disponible en: https://www.levante-emv.com/fallas/2021/08/22/comisiones-deberan-proteger-entornos-bic-56421311.html

35 Cfr. Parrilla, J.: "Catalá pondrá vallas en los principales monumentos y advierte de multas de 750 euros por orinar en estos", *Diario Levante EMV*, 11.03.2024. Disponible en: https://www.levante-emv.com/fallas/2024/03/11/catala-pondra-vallas-principales-monumentos-lonja-santos-juanes-alcaldesa-actos-incivicos-99327921.html

36 Resolución a la Queja 2302756, de 19.01.2024. Disponible en: https://www.elsindic.com/Resoluciones/expedientes/2023/202300995/11968521.pdf

7.1. Terrazas

Con carácter ordinario, parte del dominio público del centro histórico de Valencia, *Ciutat Vella*, goza de multitud de autorizaciones de uso especial, fundamentalmente la instalación de terrazas vinculadas a establecimientos o locales de hostelería.

Estas terrazas gozan de su correspondiente autorización y abonan las tasas correspondientes por esta ocupación.

Pues bien, durante los días 1 a 19 de marzo, ambos inclusive, se suspende temporalmente el permiso de ocupación de vía pública con mesas y sillas en las zonas afectadas, por constituir vías de emergencia, de evacuación y de ocupación del público al objeto de incrementar la seguridad entre las 12:00 h y las 14.30 h (del 1 al 14 de marzo) y entre las 11:00 h y las 15:00 h (del 15 al 19 de marzo). Del mismo modo, se suspenderá el permiso de ocupación en los disparos pirotécnicos nocturnos celebrados en la Plaza del Ayuntamiento dos horas antes del mismo y hasta media hora después de su finalización.

Esta medida, que pretende garantizar la seguridad de los asistentes a los disparos pirotécnicos, indudablemente genera un perjuicio a los negocios afectados puesto que esta suspensión temporal se da en el horario de más afluencia y, por tanto, con mayor rentabilidad económica. Al objeto de hacer cumplir esta suspensión, la Policía Local realiza controles para asegurar que las áreas afectadas estén libres de obstáculos, fiscalización que suele saldarse con la imposición de sanciones a aquellos establecimientos que no cumplan con el horario establecido.

7.2. Andamios

Se suspenderá temporalmente la ocupación de la vía pública con andamios, contenedores de obra y contenedores de enseres en *Ciutat Vella* durante los días 22 de febrero a 20 de marzo. Para los casos en los que ya se contase con la autorización previa y ya estuviesen instalados en la vía pública y debiesen mantenerse en la misma, se deberá comunicar al Ayuntamiento con antelación de 7 días al periodo de suspensión, la imposibilidad de la retirada del mismo adjuntando certificado suscrito por técnico competente.

7.3. Estacionamientos

No se podrá aparcar en calles adyacentes a la Plaza del Ayuntamiento desde las 22 horas del día anterior a cada *mascletà* hasta las 4 horas del 20 de marzo, salvo vehículos autorizados. También queda prohibido aparcar bicicletas en ningún soporte ni instalación de la Plaza del Ayuntamiento y calles adyacentes desde dos horas antes de la *mascletà* hasta media hora después. También se prohíbe el estacionamiento en el itinerario de la Ofrenda los días de su celebración.

7.4. Obras en vía pública

Del 5 al 19 de marzo, quedará prohibida la ejecución de obras en vía pública excepto en casos de urgencia que se justifiquen debidamente, al igual que aquellas obras ya comenzadas cuya paralización no sea viable. En el caso de existir zanjas abiertas, será obligatorio taparlas en las citadas fechas.

VIII. Breve referencia a la ocupación de la vía pública por actividades promovidas por las comisiones falleras fuera del periodo de las Fallas

Más allá del período estrictamente festivo, a lo largo del año las comisiones falleras desarrollan algunas actividades que también requieren la ocupación de la vía pública con su consiguiente autorización. Así sucede, por ejemplo, con motivo de la celebración de San Juan o del llamado *Mig Any Faller.*

Para estos casos, la normativa aplicable es la Ordenanza Reguladora de la Ocupación del Dominio Público Municipal, en concreto lo dispuesto en su Título Cuarto: “Actividades Festivas de Carácter Popular y Festividades Tradicionales Valencianas”.

Se regulan aquellas actividades festivas de carácter popular que se celebren en el dominio público municipal que, en todo caso, estarán sujetas a la preceptiva autorización por parte del Ayuntamiento de Valencia sin perjuicio de otras autorizaciones sectoriales que fuesen necesarias.

La solicitud de la ocupación temporal del dominio público municipal para la realización de este tipo de actividades se deberá realizar con, al menos, 30 días de antelación a la fecha prevista para el inicio de la ocupación del espacio público, y se tramitará mediante la presentación de una declaración responsable.

IX. Conclusión

Tras un análisis exhaustivo del régimen jurídico, la tramitación y los requisitos técnicos de las actividades que desarrollan las comisiones falleras en el dominio público municipal resulta pertinente realizar una reflexión final sobre sus diferentes repercusiones en la ciudad de Valencia.

Aunque las Fallas son un elemento esencial de la identidad cultural valenciana y aportan importantes beneficios económicos y turísticos, es crucial encontrar un equilibrio entre la celebración de estas festividades y el bienestar de los vecinos. La implementación de medidas de mitigación de impactos negativos, como una gestión eficaz del ruido, la movilidad, los residuos y la seguridad pública, es fundamental para garantizar que todos los ciudadanos puedan disfrutar de las Fallas sin sacrificar su calidad de vida. La cooperación entre el ayuntamiento y las comisiones falleras resulta clave para lograr este equilibrio, asegurando que las Fallas sean una celebración que pueda ser disfrutada por falleros, vecinos y turistas.

Por tanto, resulta necesario encontrar ese equilibrio entre la celebración de las fiestas y la convivencia ciudadana puesto que, el hecho de que una fiesta sea popular, no significa que esté por encima de toda regla y toda norma. En este sentido, la redacción de una normativa razonable y su aplicación rigurosa resulta esencial para minimizar los efectos adversos de las celebraciones masivas en la vida diaria de los vecinos, promoviendo una convivencia armónica y respetuosa durante las Fallas.

X. Bibliografía

Antelo Martínez, A. *Las verbenas populares en Galicia: régimen de intervención municipal,* Xunta de Galicia, Santiago de Compostela, 2019.

Blanquer Criado, D., *Las Fiestas Populares y el Derecho: régimen jurídico, responsabilidad patrimonial y pólizas de seguro,* Tirant Lo Blanch, Valencia, 2001.

Cotino Hueso, L.: "Derechos fundamentales e igualdad en las Fallas de Valencia y otras fiestas populares", *Derecho fallero,* Tirant lo Blanch, Valencia, 2025.

De la Torre Martínez. L. "Las fiestas de interés turístico y el ruido. Una jurisprudencia que puede resultar contradictoria", *Las Administraciones ante las fiestas y el turismo: elementos para una discusión abierta,* Iustel, Madrid, 2024, págs. 63-74.

Garrido Falla, F. "Las transformaciones del concepto jurídico de policía administrativa", *Revista de Administración Pública,* núm. 11, 1953, págs. 11-32.

Guillén Navarro, N. "Elementos distorsionadores del nexo causal en la responsabilidad patrimonial de la Administración local respecto a los festejos populares", *Revista General de Derecho Administrativo,* núm. 56, 2021, págs. 1-16.

Martínez Otero, J. M.: "Ilegalidad, infracciones y sanciones en el contexto fallero", *Derecho fallero*, Tirant lo Blanch, Valencia, 2025.

Montes Rodríguez, P.: "El régimen jurídico de las Comisiones de falla constituidas como asociación", *Derecho fallero*, Tirant lo Blanch, Valencia, 2025.

Urrutia Libarona, I. *Espacio público y ordenanzas locales: estudio sobre su régimen jurídico*, IVAP, Valencia, 2019.

Anexo. Preguntas y respuestas

1. ¿Qué normativa regula la ocupación de la vía pública durante las Fallas?

Durante el periodo del 1 al 20 de marzo, se aplican las disposiciones del Bando anual de Fallas, basado en las Directrices de Autorización de Actividades y Ocupación del Dominio Público. Fuera de este periodo, la regulación se rige por la Ordenanza Reguladora de Ocupación del Dominio Público Municipal de 2014.

2. ¿Quién tiene la competencia para autorizar la ocupación de la vía pública en Valencia durante las Fallas?

El Ayuntamiento de Valencia, a través de su Junta de Gobierno Local y del Concejal Delegado de Fallas, tiene la responsabilidad de otorgar las autorizaciones para la ocupación de la vía pública. Esta competencia se delega en función de las Directrices anuales establecidas para cada edición de las Fallas.

3. ¿Qué tipos de autorizaciones deben solicitar las comisiones falleras?

Las comisiones falleras deben solicitar diferentes autorizaciones, como la de instalación de la zona de actividades, la instalación de carpas, mercadillos y puestos de alimentos, así como la autorización para realizar actos pirotécnicos y para la instalación de puestos de buñuelos.

4. ¿Qué tipo de título habilitante es necesario para instalar carpas durante las Fallas?

Las comisiones falleras deben tramitar la "Declaración Responsable Actividades Fallas" para obtener autorización para la instalación de carpas en sus demarcaciones. Esta declaración debe incluir el plano del espacio y cumplir con los requisitos de seguridad establecidos por las autoridades.

5. ¿Qué medidas de seguridad deben cumplir las carpas respecto a la accesibilidad de vehículos de emergencia?

Las carpas deben dejar un espacio libre de al menos 5 metros de ancho para permitir el acceso y maniobra de vehículos de bomberos, especialmente si la carpa ocupa toda la calzada o gran parte de ella.

6. ¿Qué consecuencias tiene incumplir las fechas de instalación y desmontaje de carpas?

Si las comisiones falleras incumplen las fechas establecidas para la instalación o desmontaje de carpas cometen una infracción grave o muy grave de la normativa, dependiendo del caso. Un incumplimiento podría acarrear la pérdida de la autorización para instalar la carpa el año siguiente.

7. ¿Qué procedimiento deben seguir las comisiones falleras para la instalación de mercadillos y puestos de venta de alimentos?

Las comisiones falleras deben solicitar una autorización específica para la instalación de mercadillos y puestos de venta, proporcionando una Declaración Responsable para cada titular de puesto.

8. ¿Qué requisitos deben cumplir las instalaciones para cumplir con la normativa de accesibilidad?

Las instalaciones, como monumentos falleros y carpas, deben dejar suficiente espacio para la circulación peatonal. En las Fallas de Sección Especial, debe haber un paso libre alrededor del monumento para evitar aglomeraciones.

9. ¿Qué limitaciones existen en relación a las actividades ruidosas, como verbenas y discotecas móviles?

Las actividades de música, como verbenas y discotecas móviles, tienen límites de horario y de nivel sonoro: hasta las 22:00 horas en horario vespertino y hasta las 4:00 en horario nocturno, con un máximo de 90 dBA al aire libre y 85 dBA en carpas.

10. ¿Qué papel juega la normativa de patrimonio cultural en la instalación de puestos y carpas cerca de edificios protegidos?

En zonas cercanas a edificios con protección patrimonial, como la Lonja o el Mercado Central, está prohibido instalar carpas o puestos a menos de 8 metros de la fachada principal. Además, no se permite la colocación de elementos que puedan afectar visualmente o dañar el patrimonio.

11. ¿Cómo se equilibra la celebración de las Fallas con el bienestar de los residentes?

La gestión de las Fallas busca un equilibrio entre la celebración cultural y el respeto a los derechos de los residentes, especialmente en lo relativo al ruido, la movilidad y la seguridad. El Ayuntamiento tiene un papel crucial en garantizar que el ordenamiento jurídico vigente se aplique de forma estricta para minimizar los impactos negativos y asegurar una convivencia armónica durante las festividades.

La actividad administrativa de fomento en torno a la Fiesta de Fallas

MARÍA EMILIA CASAR FURIÓ
Profesora Titular de Derecho Administrativo
Universitat Politècnica de València
Centro de Investigación en Arquitectura, Patrimonio y Gestión para el Desarrollo Sostenible (PEGASO)

I. Introducción

En líneas generales, puede decirse que la actividad de fomento es aquella modalidad de actuación de la administración por la que se estimula, mediante diversos premios o apoyos, el ejercicio de la actividad de los particulares para que la dirijan al cumplimiento de determinados fines de interés general. Esta acción de fomento puede canalizarse a través de la concesión de subvenciones públicas y en el caso que nos ocupa tiene unos ámbitos de actuación muy diversos.

La Fiesta de las Fallas, declarada Patrimonio Inmaterial de la Humanidad, constituida como un elemento cultural de arraigada tradición en la ciudad de Valencia y otros municipios de la provincia, es una fiesta representativa de la tradición del pueblo valenciano desde el monumento, la indumentaria, la música, el valenciano, iluminación, pirotecnia, y tantos otros componentes que dan fondo y forma al conjunto, que constituyen piezas claves de un legado que perdura a lo largo de los años como identitario cultural del lugar y que se hace necesario preservar.

En el presente capítulo se verá el despliegue de la actividad de fomento en relación a todos los ingredientes de esta fiesta valenciana de las Fallas en la ciudad de Valencia, reflejada en los diversos incentivos que pueden otorgarse fundamentalmente por el Ayuntamiento de Valencia y sus organismos públicos para favorecer cualquier actividad de utilidad pública o interés social o la promoción de cualquier finalidad pública complementaria de la actividad municipal, siempre que contribuyan a satisfacer las necesidades y aspiraciones de la comunidad vecinal.

II. La Fiesta de Fallas y su valor cultural

Lo primero que nos plantearemos antes de abordar este estudio, es qué debe entenderse por "fiesta", cuál sería la determinación de su naturaleza o bien una aproximación a lo que debiera considerarse respecto a la misma. Son varios los aspectos o dimensiones que contribuyen a la configuración del sentido que debe darse a la misma.

Conforme a Caro Baroja, según sus diversos estudios de mediados del S. XX, y en particular su obra de 1965, "la disciplina antropológica se posiciona sobre el fenómeno festivo, dedicando especial atención al carnaval como punto de partida de la fiesta, como objeto científico de estudio"[1]. Nos encontramos ante un ritual, fenómeno de cohesión de la comunidad[2].

Ahora bien, la sociedad evoluciona y las consideraciones varían, tomando también forma la concepción social, así ante una comunidad más avanzada, "se deja paso al estudio del gran ceremonial urbano y desde la catego-

1 A destacar la trilogía de Caro Baroja (1965; 1979; 1984). El libro del autor, dedicado al carnaval, "será el primer volumen que destaca por tomar como hilo conductor la formulación religiosa del calendario festivo popular, como por su erudita vocación de exhaustividad", lo que le ha llevado a ser referente, así reseñado en Ariño Villarroya, A. y García Pilán, P. (2006). "Apuntes para el estudio social de la fiesta en España", *Revista Andaluza de Ciencias Sociales*, núm. 6, pág. 14.

2 Valdés del Toro (1976), Mira (1976), Lisón Tolosana (1983), por referencia en Ariño Villarroya, A. y García Pilán, P. (2006). "Apuntes para el estudio...", op. cit., pág. 16.

ría central de la acción ritual, las Fallas de Valencia podrán ser analizadas como la gran liturgia civil del valencianismo temperamental"[3].

En palabras de López Benítez, "la fiesta en su acepción genérica ha servido tanto al Derecho Administrativo como a otras disciplinas jurídicas para colmar distintas finalidades: ha marcado el *dies ad quem* para el cumplimiento de obligaciones o para el cómputo de plazos; ha sido la causa motriz para la tipificación de determinados delitos o infracciones administrativas; ha justificado la emanación de regulaciones y prohibiciones destinadas a la preservación y el mantenimiento del orden público en su sentido más estricto o enfocadas a cuidar determinados aspectos del interés general; ha desencadenado la responsabilidad patrimonial de los poderes públicos; de cara a su celebración ha motivado diversas iniciativas de fomento…"[4]. En cualquier caso, "el concepto de fiesta representa simplemente el presupuesto de hecho para que se produzcan determinados efectos jurídicos o se habilite la aplicación de ciertas potestades administrativas de alcance más general"[5].

La cuestión es de dónde viene entonces la puesta en valor de la fiesta. Por un lado, la fiesta como patrimonio cultural viene referida en la legislación cultural como valor relevante a tales efectos y por ende entraría dentro de la consideración de un patrimonio inmaterial, no palpable, pero sí tenido en cuenta al menos en los últimos tiempos tras la consideración UNESCO en su Convención de 2003, sobre salvaguardia del patrimonio cultural inmaterial. Ello se traduce en la normativa interna estatal (aún con una dedicación meramente referencial)[6], y, eso sí, más concretada en la regulación autonómica, y desde luego quedando recogida en el caso valenciano de modo innegable[7].

---

3 Ibidem, pág. 17.

4 Cfr. López Benítez, M. (2023). "Fiestas y fiestas de interés turístico: Administración y ejercicio de potestades en torno a las mismas", *Las administraciones ante las fiestas y el turismo* (coord. Hernández Díez, E.), Iustel, Madrid, págs. 27-29.

5 Ibidem, pág. 30.

6 Ley 16/1985, de 25 de junio, del Patrimonio Histórico Español.

7 Ley 4/1998, de 11 de junio, del Patrimonio Cultural Valenciano, con sus modificaciones.

III. La actividad pública de fomento

Siguiendo a Parada Vázquez, en función de las diversas formas de actuación de la Administración, puede atenderse a varios criterios de clasificación, entre ellos el de los efectos que la actuación genera en los derechos y libertades del ciudadano, pudiendo distinguir entre actividad de intervención o de policía (de limitación de derechos y libertades); la actividad de prestación o de servicio público (prestación de bienes o servicios en favor de los ciudadanos); así como, la actividad de fomento o incentivadora, esto es, como manifestación de estímulo con la adopción de medidas que redundan en la actividad del particular dirigida al beneficio general[8].

Desde los estudios de Jordana De Pozas[9], la actividad de fomento puede circunscribirse en la actuación de la Administración que consiste en "una acción encaminada a proteger o promover aquellas actividades, establecimientos o riquezas debidos a los particulares y que satisfacen necesidades públicas o se estiman de utilidad general, sin usar de la coacción ni crear servicios públicos". En consecuencia, frente a la actividad de policía "mientras ésta previene y reprime, el fomento protege y promueve, sin hacer uso de la coacción"; respecto del servicio público, en éste la Administración se caracteriza por realizar directamente y con sus propios medios el fin perseguido, mientras que en el fomento se limita a estimular a los particulares para que sean ellos los que, por su propia voluntad, desarrollando una actividad determinada, cumplan indirectamente el fin que la Administración persigue"[10]. Conforme a este autor, el fomento es más propio del estado liberal, y apunta a que "nazca, se desarrolle o multiplique una institución, una actividad o una riqueza"[11].

A su vez, Jordana De Pozas, viene a concluir respecto de la actividad de fomento que es aquella actuación de la Administración en la que más que imponerse lo que trata es de persuadir, llegar a un acuerdo con el particular; y, su consecución pasa por el otorgamiento de distintos incentivos pudiendo tratarse de honoríficos, jurídicos y económicos, referidos a los

---

8 Parada Vázquez, R. (2019). *Derecho Administrativo II. Régimen Jurídico de la Actividad Administrativa*, Dykinson, Madrid.

9 Jordana de Pozas, L. (1949), "Ensayo de una Teoría del Fomento en el Derecho Administrativo", *Revista de Estudios Políticos*, núm. 48, págs. 41-54.

10 Ibidem, pág. 49.

11 Ibidem, págs. 49-50.

diferentes estímulos de la acción humana como son el honor, el derecho y el provecho[12].

Así las cosas, los medios honoríficos representan un reconocimiento público por ciertas actuaciones socialmente beneficiosas, que se quieren promover; los jurídicos otorgan al beneficiario un estatus jurídico particular, pudiendo redundar en ciertas ventajas o privilegios; y los económicos dirigidos a ayudas con ese beneficio, y que pueden ser directas o indirectas para llevar a cabo acciones con finalidad de interés general. De entre estas medidas y en relación a la fiesta de las Fallas, puede distinguirse como medidas honorificas, los premios, galardones, menciones o títulos; como medios jurídicos, el reconocimiento de utilidad pública, concesiones, etc.; como medio económico, fundamentalmente, la subvención, la posibilidad de exenciones y otras ayudas.

Resta añadir que la discrecionalidad de la Administración en el ejercicio de la actividad de fomento viene acotada por los principios constitucionales de actuación de la Administración, a tal efecto el principio de legalidad y legalidad presupuestaria (134.2 CE)[13], el principio de igualdad; publicidad y transparencia; asignación equitativa, eficiencia y economía (art. 31.2 CE)[14], apuntando éstos últimos al control del gasto público, la buena administración y la lucha contra el fraude y la corrupción.

IV. Medidas de fomento honoríficas

El reconocimiento de las Fallas como patrimonio inmaterial y como fiesta de interés turístico puede ser considerado como una forma de promoción o fomento de la fiesta, ya que supone un marchamo público de su valor, invita a su protección e incentiva su asentamiento y difusión. Veamos a continuación ambas formas de reconocimiento público en el marco de su normativa reguladora.

---

12 Ibidem, págs. 52-53.

13 Los créditos necesarios para otorgar las ayudas de carácter económico deben figurar con la debida especificación en los presupuestos de la Administración concedente.

14 Sánchez Morón, M. (2021). *Derecho Administrativo. Parte General*, Tecnos, Madrid, 2021, en cuanto a la actuación administrativa y su control (actividad de fomento); también puede verse Collado Beneyto, P. J. (2009). *Comentario a la Ley General de Subvenciones y a su Reglamento*, Tirant lo Blanch, Valencia.

1. Reconocimiento como patrimonio inmaterial

Si se parte de la consideración del patrimonio material como aquel bien tangible, mueble o inmueble, creado por grupos sociales o comunidades en el pasado, el patrimonio inmaterial es aquel bien intangible que forma el acervo o legado cultural de un determinado lugar o grupo social. Juntos conforman el patrimonio cultural, como herencia cultural que se va transmitiendo a lo largo del tiempo de una generación a otra[15]. También podría decirse que el patrimonio material es todo aquel que puede palparse, mientras que el inmaterial es algo más abstracto y etéreo. Por tanto, la diferencia principal es que el primero está compuesto de objetos, mientras que el segundo tiene que ver con la cultura en su concepción más amplia, con el acervo cultural[16].

En el bien entendido que la cultura popular es reconocida como "la más antigua de las fuentes de la que beben todas las manifestaciones culturales de la humanidad", se considera, además, que se trata de aquella que está "más profundamente anclada en el subconsciente colectivo, del que toma y al que da alimento simultáneamente" (UNESCO 1971).

En el ámbito internacional la conciencia y preocupación por el patrimonio cultural como patrimonio inmaterial iba cobrando importancia, pero no será hasta el siglo XXI cuando la UNESCO sienta las bases con el reconocimiento y esclarecimiento conceptual de este otro tipo de patrimonio dentro del patrimonio cultural, recogiendo unas recomendaciones expresas en cuanto a la salvaguardia del patrimonio inmaterial se refiere[17]; haciendo una especial reflexión acerca de la naturaleza del mismo y destacando la necesidad de la participación de las comunidades que lo detentan en la elaboración de inventarios de patrimonio inmaterial.

Mientras en la legislación nacional española de 1985 no se le había otorgado una verdadera importancia a este tipo de patrimonio, con un tratamiento simplemente tangencial; siendo así, posteriormente, tras la consideración UNESCO, cuando se toma conciencia por el patrimonio in-

---

15 El impulso más decisivo del patrimonio inmaterial se sitúa en el Derecho Internacional, fundamentalmente en la acción de la UNESCO, que culmina en la Convención para la Salvaguardia del Patrimonio Cultural Inmaterial de 2003.

16 Convención Unesco de 2003.

17 Convención para la Salvaguardia del Patrimonio Cultural Inmaterial, aprobada en 2003 y en vigor desde 2006.

material, se le otorga a nivel estatal un tratamiento específico además de una consideración autonómica más relevante.

En suma, el patrimonio inmaterial viene a configurarse como un patrimonio tradicional, contemporáneo y viviente al mismo tiempo; integrador, en cuanto pueden compartirse las expresiones de ese patrimonio, se han transmitido de generación en generación, de forma evolucionada, con carácter identitario y con vocación de continuidad, contribuyendo a la cohesión social; resultando representativo, y siendo crucial el reconocimiento de la comunidad.

En función de estas concepciones y consideraciones-recomendaciones se sientan las bases de un reconocimiento universal del patrimonio inmaterial como conjunto de elementos, sensaciones y percepciones fruto de la costumbre, en el que encajará la Fiesta fallera como representación de un patrimonio esencialmente tradicional, característico e identitario de un pueblo.

1.1. El patrimonio inmaterial en la normativa estatal

1.1.1. La Constitución Española de 1978

La Constitución Española de 1978 (en adelante CE) frente a otras constituciones europeas, contiene un marco conceptual favorable a lo que el patrimonio inmaterial se refiere. De acuerdo con su Preámbulo, entre otras finalidades aspira a "proteger a todos los españoles y pueblos de España en el ejercicio de los derechos humanos, sus culturas y tradiciones, lenguas e instituciones". Siendo otras manifestaciones de consideración de este patrimonio, según el art. 3.3 "la riqueza de las distintas modalidades lingüísticas de España como un patrimonio cultural, objeto de especial respeto y protección"[18].

A mayor abundamiento, según el artículo 46 CE, "corresponderá a los poderes públicos garantizar la conservación y promoción del enriquecimiento del patrimonio histórico, cultural y artístico y de los bienes que lo integran, con independencia de su régimen jurídico y titularidad"; con atribución de competencia a la autonomía según el art. 148 CE. Por su parte, el artículo 149.1.28ª determina la competencia exclusiva al Estado en la "defensa del patrimonio cultural, artístico y monumental español contra la

---

18 En relación con la Ley 10/2015, de 26 de mayo, para la salvaguardia del Patrimonio Cultural Inmaterial, preámbulo de la normativa.

exportación y la expoliación; museos, bibliotecas y archivos de titularidad estatal, sin perjuicio de su gestión por parte de las Comunidades Autónomas".

1.1.2. La Ley de Patrimonio Histórico Español de 1985

Derivando del mandato constitucional la Ley 16/1985, de 25 de junio, del Patrimonio Histórico Español (LPHE), solo se refiere al patrimonio inmaterial en sus disposiciones generales, señalando que "forman parte del Patrimonio Histórico Español los bienes que integren el Patrimonio Cultural Inmaterial, de conformidad con lo que establezca su legislación especial" (art. 1).

Sin embargo, esta ley sí repara y otorga el tratamiento al patrimonio etnográfico, haciéndolo distinto y diferente del patrimonio inmaterial que simplemente nombra y no entra a definir[19].

Respecto al patrimonio etnográfico, se refiere a él expresamente en el Preámbulo de la normativa, estableciendo que queda bajo su consideración como Patrimonio Histórico junto con "los bienes muebles e inmuebles que lo constituyen, el Patrimonio Arqueológico y los Museos, Archivos y Bibliotecas de titularidad estatal, así como el Patrimonio Documental y Bibliográfico". En consecuencia, así lo repite y establece en las disposiciones generales, art. 1.2, y ello, previamente al establecer que constituyen objeto de esta normativa estatal "la protección, acrecentamiento y transmisión a las generaciones futuras del Patrimonio Histórico Español" (art. 1.1).

A su vez, dedica el Capítulo VI al Patrimonio Etnográfico, y más concretamente, el art. 46, el cual nos dice que "forman parte del Patrimonio Histórico Español los bienes muebles e inmuebles y los conocimientos y actividades que son o han sido expresión relevante de la cultura tradicional del pueblo español en sus aspectos materiales, sociales o espirituales".

En el art. 47 en su apartado 1º lo limita a los bienes inmuebles; en el núm. 2 lo refiere a los bienes muebles; y en el apartado 3º establece: "se considera que tienen valor etnográfico y gozarán de protección adminis-

---

19 De acuerdo con la UNESCO, este patrimonio lo constituye el conjunto de creaciones que emanan de una comunidad cultural, fundadas en la tradición, expresadas por un grupo o individuos y que reconocidamente responden a las expectativas de la comunidad en cuanto a expresión de su identidad cultural y social; quedando inmerso dentro del Patrimonio Cultural como un tipo de éste.

trativa aquellos conocimientos o actividades que procedan de modelos o técnicas tradicionales utilizados por una determinada comunidad. Cuando se trate de conocimientos o actividades que se hallen en previsible peligro de extinción, la Administración competente adoptará las medidas oportunas conducentes al estudio y documentación científicos de estos bienes".

1.1.3. La Ley 10/2015, de 26 de mayo, para la Salvaguardia del Patrimonio Cultural Inmaterial

Frente al Patrimonio Histórico material, la toma de conciencia en torno a la protección del patrimonio inmaterial viene siendo más reciente, y así se reconoce en la propia Ley 10/2015, cuando señala que esa conciencia "ha ido acompañada de un proceso de renovación jurídico doctrinal sobre el patrimonio cultural, en la que es obligado recordar la aportación en Italia, en la década de los años setenta del siglo precedente, de la llamada Comisión Franceschini y de la construcción doctrinal del iuspublicista Giannini, que proponen un nuevo concepto amplio y abierto de bienes culturales como todo aquello que incorpora una referencia a la Historia de la Civilización forma parte del Patrimonio Histórico".

Con la aprobación, en la 32.ª reunión de la UNESCO, el 17 de octubre de 2003, de la Convención para la Salvaguardia del Patrimonio Cultural Inmaterial, ratificada por España en el año 2006, resulta necesario por parte del Estado alumbrar una normativa específica en la materia. Fruto de ello tiene lugar la Ley 10/2015, de 26 de mayo, para la salvaguardia del Patrimonio Cultural en el territorio español, teniendo como objetivo el "tratamiento general" del patrimonio cultural inmaterial (siendo de competencia estatal)[20].

---

20 Consecuencia de la relevancia otorgada por la Convención Unesco 2003 al patrimonio inmaterial, y ante el tratamiento superficial dispensado por la LPHE 1985 a este patrimonio, se hace necesario que por una ley estatal al respecto se establezcan unos mínimos considerandos. Así las cosas, se trata de fijar un concepto básico y general de patrimonio inmaterial; determinar los principios y derechos fundamentales implicados; establecer los mecanismos administrativos y orgánicos generales de inserción del conjunto del patrimonio cultural inmaterial español (Inventario General de Patrimonio Cultural Inmaterial); regular los instrumentos operativos de actuación (Plan Nacional de Salvaguardia del Patrimonio Cultural Inmaterial); además de sentar las finalidades generales de los diferentes ámbitos y sectores (centros de depósito cultural, educación, medios de comunicación social...). Cfr. Preámbulo de la Ley 10/2015, apartado IV.A.

Recapitulando, en esta nueva normativa se postulan una serie de principios en la actuación de la Administraciones Públicas en relación al patrimonio cultural inmaterial, tales como los principios y valores contenidos en la Constitución Española y en el Derecho de la Unión Europea; el principio de igualdad y no discriminación; principio de accesibilidad; protagonismo de las comunidades portadoras del patrimonio cultural inmaterial, como titulares[21], mantenedoras y legítimas usuarias del mismo, así como el reconocimiento y respeto mutuos; principio de participación; principio de accesibilidad; comunicación cultural; dinamismo inherente al patrimonio cultural inmaterial; sostenibilidad de las manifestaciones culturales inmateriales; consideración de la dimensión cultural inmaterial de los bienes muebles e inmuebles; así como, la libertad de establecimiento y la libertad de circulación[22].

1.2. La Ley de Patrimonio Cultural Valenciano de 1998

El artículo 49.1.5.a del Estatuto de Autonomía de la Comunitat Valenciana establece la competencia exclusiva de la Generalitat en materia de patrimonio histórico, artístico, monumental, arquitectónico, arqueológico y científico. Asimismo, el artículo 26.2 de Ley 4/1998, de 11 de junio, de la Generalitat, del Patrimonio Cultural Valenciano, dispone que la declaración de un Bien de Interés Cultural se hará mediante Decreto del Consell, a propuesta de la Conselleria competente en materia de cultura. Todo ello sin perjuicio de las competencias que el artículo 6 de la Ley 16/1985, de 25 de junio, del Patrimonio Histórico Español, reserva a la Administración General del Estado.

Más concretamente, la Ley de Patrimonio Cultural Valenciano, en su art. 26.1.d señala que podrán ser declarados Bienes de Interés Cultural (BIC) de carácter inmaterial los bienes tales como “actividades, creaciones, conocimientos, prácticas, usos y técnicas representativos de la cultura tra-

---

21 Sobre el protagonismo de los sujetos portadores de la tradición en el concepto de patrimonio inmaterial, véase: Marzal Raga, R. (2018). *El patrimonio cultural inmaterial. El impacto de la Ley 10/2015, de salvaguardia del patrimonio cultural inmaterial,* Thomson-Reuters Aranzadi, Cizur Menor, págs. 91 y ss.

22 Es más, se prevé un Plan Nacional de Salvaguardia del Patrimonio Cultural Inmaterial, destinado a desarrollar con las distintas Administraciones Públicas una programación coordinada de actividades en función de las necesidades del patrimonio cultural inmaterial a través de su Comisión de Seguimiento, sin perjuicio de lo establecido en el artículo 35 LPHE de 1985.

dicional valenciana, así como aquellas manifestaciones culturales que sean expresión de las tradiciones del pueblo valenciano en sus manifestaciones musicales, artísticas o de ocio, y en especial aquellas que han sido objeto de transmisión oral y las que mantienen y potencian el uso del valenciano (...) Igualmente podrán ser declarados de interés cultural los bienes inmateriales de naturaleza tecnológica que constituyan manifestaciones relevantes o hitos de la evolución tecnológica de la Comunidad Valenciana"[23].

La modificación-ampliación del precepto, en principio, responde a la línea marcada en la Convención Unesco para la salvaguardia del Patrimonio Cultural Inmaterial de 2003, si bien es cierto que los bienes inmateriales recogen actividades de hechos que, dada su alternancia en el tiempo, carecen de materialidad, se producen en determinados momentos, con más o menos extensión, y justo la carencia de continuidad conduce a su calificativo. Es así como en el art. 28 del mismo texto legal, se establece, al referirse al contenido de la declaración de un BIC, que "deberá definir además su ámbito temporal y espacial".

La Declaración de BIC es una declaración formal (acto administrativo), por la que teniendo en cuenta unos valores históricos, artísticos, culturales relevantes, se otorga un estatus especial a un bien mueble o inmueble o inmaterial de forma que se constituye en un elemento patrimonial digno de protección y objeto de medidas de garantía y de fomento.

La Fiesta de las Fallas de Valencia reúne un incuestionable valor patrimonial, al estar sustentada por todos los componentes que vinculan fiesta y patrimonio, siendo así fácilmente encajable dentro de la figura de patrimonio inmaterial[24], contemplado en todos los marcos jurídicos patrimoniales de orden mundial, europeo, español, autonómico y local[25].

---

23 De conformidad con la Ley 5/2007, de 9 de febrero, de la Generalitat, de modificación de la Ley 4/1998, de 11 de junio, del Patrimonio Cultural Valenciano.

24 Por el Decreto 44/2012, de 9 de marzo, del Consell, se declara Bien de Interés Cultural Inmaterial la Fiesta de las Fallas de Valencia (DOGV 12.03.12 y BOE de 23.03.12).

25 La gestión de la Fiesta de las Fallas de Valencia es competencia del Ayuntamiento de Valencia, ejerciéndola la Junta Central Fallera, encargada de organizar la totalidad de actos centrales. Ahora bien, junto con los demás intervinientes en la referida fiesta, se decidirá sobre aspectos materiales e inmateriales, así como el desarrollo de los actos de la festividad anual (Decreto declaración BIC, 2012).

1.3. El Patrimonio Inmaterial en la normativa internacional

Como la propia UNESCO reconoce expresamente, la consideración del patrimonio cultural no puede limitarse a "edificios y monumentos del pasado", sino que debe comprender también las ricas tradiciones transmitidas a través de las sucesivas generaciones; "como vehículo de identidad y cohesión social, este patrimonio cultural inmaterial también debe ser protegido y promovido". En coherencia se lleva a efecto la Convención para la Salvaguardia del Patrimonio Cultural Inmaterial 2003, otorgando la relevancia del patrimonio inmaterial, depósito de la diversidad cultural y garante del desarrollo sostenible[26]. Con un reconocimiento generalizado de "la importancia de salvaguardar las prácticas vivas, expresiones y conocimientos teóricos y prácticos que las sociedades valoran y reconocen como patrimonio cultural", objetivo a cumplir a través del empeño absoluto y constante de las colectividades. Tal es así que con la Convención se consigue que la defensa del patrimonio cultural inmaterial quede sólidamente establecida en el Derecho internacional. Con vocación universal, dicha Convención ha sido ratificada por más del 90% de los Estados Miembros de la UNESCO. A destacar, de entre las finalidades de la Convención, la salvaguardia del patrimonio cultural inmaterial; y, el respeto del patrimonio cultural inmaterial de las comunidades, grupos e individuos de que se trate (art. 1.a y b).

A su vez, expresamente, se entiende por patrimonio cultural inmaterial "los usos, representaciones, expresiones, conocimientos y técnicas —junto con los instrumentos, objetos, artefactos y espacios culturales que les son inherentes— que las comunidades, los grupos y en algunos casos los individuos reconozcan como parte integrante de su patrimonio cultural". Patrimonio cultural inmaterial que, "se transmite de generación en generación, es recreado constantemente por las comunidades y grupos en función de su entorno, su interacción con la naturaleza y su historia, infundiéndoles un sentimiento de identidad y continuidad y contribuyendo así a promover el respeto de la diversidad cultural y la creatividad humana". Además, "se tendrá en cuenta únicamente el patrimonio cultural inmaterial que sea compatible con los instrumentos internacionales de derechos humanos existentes y con los imperativos de respeto mutuo entre comunidades,

---

26 Sirviendo de base, la Recomendación de la UNESCO sobre la salvaguardia de la cultura tradicional y popular de 1989, la Declaración Universal de la UNESCO sobre la Diversidad Cultural de 2001, y la Declaración de Estambul de 2002.

grupos e individuos y de desarrollo sostenible" (art. 2.1, *in fine*, de la Convención).

Esto es, son manifestaciones de este patrimonio inmaterial cultural, tradiciones y expresiones orales, incluido el idioma como vehículo del patrimonio cultural inmaterial; artes del espectáculo; usos sociales, rituales y actos festivos; conocimientos y usos relacionados con la naturaleza y el universo; y las técnicas artesanales tradicionales (art. 2.2).

Por otra parte, en palabras de Marcos Arévalo, "el patrimonio inmaterial refleja la cultura viva, y entre otros referentes comprende las costumbres y tradiciones, las prácticas y hábitos sociales, las prácticas relativas a la naturaleza, la medicina tradicional, los rituales y las fiestas, los saberes, los conocimientos, las lenguas y las expresiones verbales, todos los géneros de la tradición oral, la música, el baile y la danza, las artes narrativas y del espectáculo, las cosmologías y los sistemas de conocimiento, las creencias, los valores, entre otros, y que constituyen la expresión de la identidad de un pueblo o grupo étnico o social, en suma, sus formas de vida"[27].

Asimismo, tras las primeras consideraciones normativas del patrimonio inmaterial, en el momento actual, puede observarse que otros postulados más políticos como son los recogidos en la Agenda 2030, a través de los Objetivos de Desarrollo Sostenible (ODS), viene a subrayarse la relevancia del patrimonio cultural inmaterial en las dimensiones económica, social y medioambiental[28].

Así, son 5 bases en las que se centra la Agenda 2030, personas, prosperidad, planeta, participación colectiva y paz (5 p). A mayor abundamiento, recoge el reconocimiento a la diversidad natural y cultural del mundo, y el que todas las culturas y civilizaciones pueden contribuir al desarrollo sostenible desempeñando un papel crucial en procurarlo.

---

27 Marcos Arévalo, J. (2004). "La tradición, el patrimonio y la identidad", *Revista de Estudios Extremeños*, núm. 60-3, pág. 931.

28 Martínez Agut, M. P. (2022). "Las fallas de Valencia y su implicación en la Agenda 2030 y los Objetivos de Desarrollo Sostenible (ODS)", *Revista electrónica de investigación y Docencia Creativa*, vol. 11, núm. 57, págs. 659-669. "Los resultados indican que para difundir la Agenda 2030 y los ODS es posible utilizar diferentes recursos, como una falla y sus imágenes. El artista fallero realiza las figuras principales de la falla y escenas en la misma, sobre la temática de la Agenda 2030 y los 17 ODS"; Relación Falla Convento Jerusalén / Matemático Marzal y las 5 "P" (primer premio de su sección otorgado por la Junta Central Fallera, mejor falla de Valencia 2022), en pág. 664.

Los aspectos culturales resultan esenciales en la prosperidad de la Agenda 2030. Los derechos culturales, el patrimonio, la diversidad y la creatividad son ejes centrales del desarrollo humano y sostenible[29].

1.4. La Fiesta de la Fallas de Valencia Patrimonio Inmaterial de la Humanidad[30]

El Ayuntamiento de Valencia a instancia de la Junta Central Fallera[31], con adhesión del Gremio de Artistas Falleros de Valencia[32], de la Federación de Folklore de la Comunidad Valenciana[33], de la Academia Valenciana de la Lengua[34], diferentes organismos, entes e instituciones públicas y privadas valencianos[35], con el apoyo unánime del Congreso de los Diputa-

---

29 Véase, en particular, los objetivos 8.3, 8.9, 11.4 y 12.b.

30 Asimismo, declaradas e incluidas en la lista del patrimonio inmaterial de la humanidad (UNESCO), a título de ejemplo, el Misterio de Elche en el 2001, y la Fiesta de la *Mare de Deu de la Salut* de Algemesí en el año 2011.

31 Previo dictamen de la Comisión de Cultura y Educación, de fecha 26 de septiembre de 2011, que decide "solicitar de la Consellería de Turismo, Cultura y Deportes de la Generalitat Valenciana la incoación y tramitación de expediente para la declaración como Bien de Interés Cultural (BIC) de carácter Inmaterial de las Fallas de Valencia, procediendo a través de la Junta Central Fallera a realizar cuantas gestiones administrativas, documentales e institucionales sean necesarias, con el fin de dotarla del régimen de protección legal de tales bienes, y de que la fiesta de las Fallas pueda optar a ser declaradas por la UNESCO Patrimonio Cultural Inmaterial de la Humanidad".

32 Junta directiva, Gremio Artesano de Artistas Falleros, 21/03/2014.

33 Por acuerdo de la Junta Directiva de la referida Federación de Folklore de fecha 29/03/2011.

34 Academia valenciana de la Lengua, acuerdo de 20/04/2011, de forma "que se garantice la presencia predominante del valenciano en cuanto lengua propia de la fiesta".

35 Así, y entre otros, pueden citarse la Sección de Monumentos y Museos del propio Ayuntamiento; la Asociación de Estudios Falleros; el Ateneo mercantil; la Universitat Politècnica de València; el Consejo de Cámaras de la Comunitat Valenciana; la Universidad Católica de Valencia; Lo Rat Penat (Sociedad Cultural Valenciana); el Arzobispado de Valencia; el Colegio del Arte Mayor; o los ayuntamientos de Pedreguer, Xirivella, Alcàsser, Meliana, València y un largo etcétera. Con certificación de la Generalitat valenciana a través de su Directora General que a fecha 24 de marzo de 2014 contaba con un apoyo genérico de 12349 personas a favor, en el expediente (por referencia, https://ich.unesco.org/doc/src/32070.pdf, consulta (7/06/24).

dos[36], solicitó el reconocimiento de las Fallas como patrimonio inmaterial de la Humanidad a la UNESCO, solicitud que fue aceptada en 2016[37].

En síntesis, en palabras de Collado Belda, "las Fallas se han convertido en los últimos tiempos, no solo en la Fiesta más importante de la ciudad de Valencia, sino en un elemento referencial cultural, como lo demuestra, en primer lugar, la declaración por parte del Consell de Bien de Interés Cultural de las Fallas de Valencia (Comunidad Valenciana 2012) y de las Fallas de Xátiva, Gandía, Sueca, Alzira y Torrent, que aquí también se pone en valor, (Comunidad Valenciana 2015)[38]; y, en segundo lugar, el reciente reconocimiento por la UNESCO, con su declaración como Patrimonio Cultural Inmaterial de la Humanidad, el 30 de noviembre de 2016 (UNESCO 2016)"[39]. Es más, conforme al referido autor, lo interesante, será poner de relieve la "falla como un producto cultural derivado de la fusión de las diversas disciplinas que intervienen en su producción, como, por ejemplo, la sociología, el arte o la comunicación"[40].

Lo cierto es, que la identidad cultural reflejada desde la tradición, en concreto con las fiestas populares puede ser un medio de garantía de conservación y de reafirmación de unos valores genuinos con la integración de la música, el baile, creencias, comidas, indumentaria, etc., en general, la cultura popular tradicional como muestra del arraigo de los individuos que la conservan y transmiten, esto es, la expresión, y naturaleza de una sociedad.

---

36 Proposición no de Ley, Cortes Generales, Diario de sesiones del Congreso de los Diputados, Comisiones, Cultura, 2011, IX Legislatura, núm. 762; sesión núm. 26 de 13 de abril de 2011, "relativa a la declaración de las Fallas de Valencia como Patrimonio Cultural Inmaterial de la Humanidad por la Unesco: presentada por el Grupo Parlamentario Popular en el Congreso (número de expediente 161/002178), pág. 7.

37 Decisión del Comité Intergubernamental 11.COM.10.B.30.

38 Decreto 225/2015, de 4 de diciembre, del Consell, por el que se declara Bien de Interés Cultural Inmaterial la fiesta de las Fallas de Xàtiva, Gandía, Sueca, Alzira y Torrent.

39 Collado Belda, E. (2018), "Fallas de Valencia: un producto cultural multidisciplinar", *Culturas. Revista de Gestión Cultural*, Vol. 5, núm. 2, págs. 68-92.

40 Ibidem.

2. *Reconocimiento como fiesta de interés turístico*

Respecto a qué debe entenderse por fiesta de interés turístico, siguiendo el estudio de López Benítez (2018), responde a un concepto "creado por la Administración con una concreta finalidad, la de servir de estímulo turístico"[41].

En la Orden ICT/851/2019, de 25 de julio, por la que se regula la declaración de fiestas de interés turístico nacional e internacional, esta se concibe como un título de carácter honorífico que "confiere al beneficiario el derecho a dejar constancia del mismo en las acciones promocionales de la fiesta, con indicación expresa de la resolución de concesión" (art. 1).

Es más, se otorgará tal distinción "a aquellas fiestas o acontecimientos que, habiendo sido declarados fiesta de interés turístico por la correspondiente Comunidad Autónoma con al menos cinco años de antigüedad, supongan manifestaciones de valores culturales y de larga tradición popular, con especial consideración a sus características etnológicas y que tengan una especial importancia como atractivo turístico" (art. 2)[42].

En la Comunitat Valenciana, en relación a la fiesta de interés turístico de las Fallas, es preciso estar a lo dispuesto en el Decreto 119/2006, de 28 de julio, del Consell, regulador de las declaraciones de fiestas, itinerarios, publicaciones y obras audiovisuales de interés turístico de la Comunitat Valenciana, así como al Decreto 20/2015, de 4 de noviembre, del President de la Generalitat, por el que se regula el procedimiento electrónico para la declaración de fiestas, itinerarios, publicaciones y obras audiovisuales de interés turístico de la Comunitat Valenciana.

En consecuencia, se trata en Valencia de Declaración de fiesta de interés turístico de la Comunitat Valenciana, de los certámenes, fiestas o acontecimientos que se celebren en este territorio, y que, ofreciendo una especial relevancia desde el punto de vista turístico, supongan una valoración de la cultura y de las tradiciones populares, que impliquen una serie de características como:

> "a) La integración y participación de la sociedad local.
> b) La afluencia e integración de visitantes y turistas.
> c) La potenciación, conservación y difusión de valores positivos de convivencia, tolerancia y reconocimiento de la diversidad, y,

---

41 López Benítez, M. (2023). "Fiestas y fiestas de interés…", op. cit., pág. 35.

42 Son requisitos para la declaración los establecidos en el art. 3 de la Orden de 2019.

d) La promoción tanto del territorio en el que se desarrollan como sus valores culturales, lúdico-festivos, histórico-artísticos, paisajísticos, urbanísticos y medio ambientales, ya sea en el ámbito de la Comunitat Valenciana o fuera de ella"[43].

Además, son requisitos para declarar el evento como tal: la tradición popular, en el bien entendido del arraigo popular justificado; la originalidad de la celebración, en cuanto a contar con su correspondiente peculiaridad frente a otros lugares, identitaria, novedosa y sobresaliente; valores: cultural, gastronómico, lúdico-festivo o medioambiental; o bien valores diferentes fiel reflejo de la cultura y la tradición[44].

A su vez, se requiere una antigüedad mínima de quince años, acreditada por organismo o entidad competente en la materia. Y, de tratarse de festividad gastronómica, o bien basarse en productos representativos de la Comunidad o vinculados a su economía, se acorta el plazo exigido a diez años.

El evento debe tener la atracción de visitantes o repercusión pública, debiendo acreditarse según la calificación de la fiesta cuyo reconocimiento se solicite. Asimismo, la celebración ha de ser periódica y en fecha señalada fácilmente.

En otro orden de consideraciones, la duración de toda declaración de Fiesta, Itinerario, Publicación u Obra Audiovisual de Interés Turístico de la Comunitat Valenciana tendrá, en principio, carácter indefinido. Quedará inscrita en el Registro Especial de Fiestas, Itinerarios, Publicaciones y Obras Audiovisuales de Interés Turístico de la Comunitat Valenciana, registro de carácter público, compuesto por tres secciones, figurando en la primera de ellas las fiestas de interés turístico como Las Fallas; siendo la Agencia Valenciana de Turismo la que lleve el Registro Especial en el que constará la fecha de concesión, del título y los detalles más significativos que hayan motivado la declaración y, en su caso, su revocación.

Y, en el caso de reconocimiento por el Estado, igualmente de oficio y sin más trámite, quedaría incorporada a este Registro con los mismos beneficios promocionales que las fiestas, publicaciones y obras audiovisuales, en

---

43 Trámite para "Declaración de fiestas de interés turístico de la Comunitat Valenciana". Disponible en: https://www.gva.es/es/inicio/procedimientos?id_proc=3078 (23/06/24).

44 Ello conforme al art. 4 de la normativa reguladora.

una Sección Especial denominada Fiestas, Libros, Películas y otras Obras Audiovisuales reconocidas por la Administración General del Estado[45].

Hay que destacar que lo visto viene referido al ámbito turístico que no patrimonial, aunque se genere un vínculo entre dos grupos legislativos que no son necesariamente concordantes.

En relación con las Fallas como Fiesta de Interés turístico no puede obviarse una breve reflexión sobre la turistificación, como uno de los fenómenos actuales producto de la globalización.

Lo primero es que la turistificación no es una consecuencia de la gentrificación y, por tanto, puede darse la activación de gentrificación o turistificación independientemente un fenómeno del otro. De manera sustancial la gentrificación viene a ser considerada como cambio de sociedad que experimentan los barrios, siendo reconstruidos por los nuevos habitantes, y que hacen que la zona experimente un creciente cambio socioeconómico, perdiendo por completo su identidad[46]. No solo importa el cambio físico que experimentan estos barrios, sino que lo más relevante es la ocupación social que se produce y que obliga a sus residentes originales a desplazarse[47]. Tiene lugar un cambio de clases sociales con un predominio de mayor nivel económico y una "reconquista urbana, cambiando la completa estructura social, física y económica de los barrios".

Por su parte en la turistificación se da una prevalencia de los intereses y apetencias del turista y las consecuencias económicas que ello provoca, frente al residente, que resulta por ende desplazado por estas causas (De la Calle, 2019; Díaz y Sequera, 2021). Los grupos más vulnerables son los que sufren los peores efectos: aumento del coste de vida, escasez y encarecimiento de la vivienda, congestión de servicios y espacios públicos, empobrecimiento de los trabajadores con contratos temporales, eliminación del

---

45 Art. 9.3 del marco de regulación.

46 Glass, R. L. (1960). *London: aspects of change*, MacGibbon & Kee, Londres. La primera vez que fue usada la palabra gentrificación fue a través de la socióloga Ruth Glass en 1964. El origen de la palabra gentrificación viene del término en inglés "gentry", término que surgió en el periodo medieval tardío en Europa, para hacer referencia a nobleza, gente con riqueza y de alto estatus.

47 Castells, M. (1972). *Planificación urbana y movimientos sociales: el caso de la renovación urbana en París*, Departamento de Geografía, Universidad de Barcelona, Barcelona.

comercio tradicional, transformación de la identidad cultural del centro urbano[48].

El centro histórico valenciano cuenta con un Plan Especial de Protección (PEP), desde 2020[49]. No obstante, es destacable la afluencia creciente de turistas en la ciudad en los últimos años, siendo más apremiante el turismo en periodo festivo como en las Fallas, cuestiones todas ellas que parecen ir superando el Plan. Si bien es cierto que la normativa de ordenación, protección y gestión desde su inicio contiene medidas de apoyo a la revitalización del tejido residencial[50], intentando de esta forma atraer hacia Ciutat Vella nuevas personas residentes para incrementar la población actual primando este uso sobre el terciario y considerando su regulación el tema hostelero y la nueva modalidad conocida como "vivienda turística", tras su implantación se están modificando en mayor medida las condiciones económicas, sociales, ambientales y paisajísticas de los diferentes barrios del centro[51].

---

48 Piñeira Mantiñán, M. J. *et al.*, (2020). "Vulnerabilidad y turistificación ¿quiénes son los perdedores del centro urbano?", *Sostenibilidad turística: "overtourism vs undertourism"*, Societat d'Història Natural de les Balears, Palma (Illes Balears), págs. 83-98.

49 Plan Especial de Protección de *Ciutat Vella*, aprobado definitivamente por la Comisión Territorial de Urbanismo en 13 de febrero de 2020 (1er suplem. BOP de Valencia, núm. 39, 26.02.2020). Esteve, I. (dir.) (2020). *Plan Especial de Protección* Ciutat Vella *de València*. Ayuntamiento de València / Actuaciones Urbanas de València. Para el desarrollo y ejecución del cumplimiento del planeamiento urbanístico para el "Conjunto Histórico de la ciudad de València", se establecieron una serie de marcos de colaboración y acuerdos entre la Generalitat Valenciana y el Ayuntamiento de València. Por otra parte, la Ley 4/1998, de 11 de junio, de Patrimonio Cultural Valenciano (LPCV) establece la obligación (arts. 34 y 39) de elaborar un plan especial de protección de los conjuntos históricos declarados Bien de Interés Cultural (BIC), (como ya lo establecía la LPHE de 1985); a su vez, el Ayuntamiento de València detectó la necesidad de un plan urbanístico que contemplara una adecuación a la normativa autonómica y, al mismo tiempo, aunara los fines jurídicos en materia urbanística y patrimonial para lograr la coherencia y la sostenibilidad en su gestión. Extraído y adaptado de Casar Furió, M. E. y Viñals, M. J. (2020). "The Special Protection for the Historic *Ciutat Vella* (Valencia, Spain). A new tool to approach heritage enhacement and management", *The Architect and the City*, Vol. 2, Ed. Universitat Politècnica de València, Valencia, págs. 1310-1319.

50 Memoria descriptiva y justificativa, Versión Preliminar, PEP, pág. 16.

51 De la Calle, M. (2019). "Turistificación de centros urbanos: clarificando el debate", *Boletín de la Asociación Española de Geografía*, núm. 83, págs. 1-40.

El problema que se plantea es si realmente se está haciendo un seguimiento del Plan, para ver su efectividad, y su eficacia, y/o en su caso, proponer alguna modificación para ajustarlo a la realidad existente[52]. En todo caso, se hace necesario dar soluciones a lo que se demanda, como adoptar una política de turismo con medidas adecuadas, revisión de la capacidad de carga de los elementos patrimoniales, más acciones de control y sanción en caso de infracciones, entre otras, pero que resultan tan necesarias para el turismo y el patrimonio sostenibles.

En esta línea, no auguran buenas noticias en cuanto a la degradación del patrimonio y del espacio público incrementada en la festividad y, aún con la reciente normativa (PEP Ciutat Vella, 2020)[53].

Lo cierto es que resultará crucial mantener el equilibrio entre la demanda turística y la conservación del patrimonio, tarea en la que es absolutamente crucial la gestión pública[54].

V. Medidas de fomento económicas

Como se ha tenido ocasión de subrayar, las medidas de fomento económicas consisten en la concesión de ciertas ventajas económicas —normalmente, en forma de aportaciones dinerarias directas, llamadas subvencio-

---

52 Ferrer Belenguer, C. (2023). *Análisis y diagnóstico de la implementación del Plan Especial de Protección de Ciutat Vella.* Trabajo Final de Máster. Máster Universitario de Conservación del Patrimonio Arquitectónico, Universitat Politècnica de València (dirs. Casar Furió, M. E. y Viñals Blasco, M. J.)

53 Falta de rehabilitaciones, ocupación de terrazas, suciedad, exceso de ruido, vandalismo, etc., destacando algunos ejemplos que a continuación se relacionan: "La suciedad y el caos reavivan el debate sobre la tasa turistica". https://valenciaplaza.com/la-suciedad-y-el-caos-de-las-fallas-reavivan-el-debate-sobre-la-tasa-turistica (29/05/24); "Fallas la verguenza de mear sobre el patrimonio nacional", https://www.levante-emv.com/opinion/2024/03/11/mear-patrimonio-nacional-multas-incivismo-turismo-fallas-valencia-99342262.html (29/05/24).

54 En relación con la fiesta de los patios de Córdoba, se ha señalado: "Se trata de diseñar e implementar un plan de gestión, que permita consolidar su estatus de recurso turístico patrimonial, y, simultáneamente, oriente y vigile las acciones que deben de conducir a preservar, si no mejorar, las condiciones de vida de quienes generan dicho recurso, los habitantes de las casas patio". Colmenarejo Fernández, R. (2015). F*undamentos para una gestión turística sostenible de la fiesta de los patios de Córdoba,* Tesis doctoral, (dirs. Millán Vázquez de la Torre y Cejudo Córdoba), Universidad de Córdoba, Córdoba.

nes— a los particulares, a fin de que lleven a cabo actividades alineadas con el interés público. Veamos las principales medidas de fomento económico en el marco de las Fallas.

1. Subvenciones

Se entiende por subvención toda disposición dineraria realizada a favor de personas públicas o privadas para una finalidad de utilidad o interés público, constituyendo su marco genérico la Ley 38/2003, de 17 de noviembre, General de Subvenciones (en adelante LGS), desarrollada por el Real Decreto 887/2006, de 21 de julio, de aprobación del Reglamento General de Subvenciones (en adelante RGS)[55]; a lo que habrá que sumar las modificaciones realizadas por la Ley 15/2014, de 16 de septiembre, de racionalización del Sector Público y otras medidas de reforma administrativa, y que han supuesto una mayor profundización en aspectos como la publicidad y la transparencia en las subvenciones que otorgan las entidades locales.

Con mayor precisión, el artículo 17.2 de la LGS dispone que las bases reguladoras de las subvenciones de las Corporaciones Locales se deberán aprobar en el marco de las bases de ejecución del presupuesto, a través de una Ordenanza general de subvenciones o mediante una ordenanza específica para las distintas modalidades de subvenciones.

Así las cosas, la Ordenanza General de Subvenciones del Ayuntamiento de Valencia y sus organismos públicos de 2016, constituye el marco normativo actual en materia de subvenciones en este ámbito.

En la Ordenanza se particulariza el concepto de la subvención municipal y su régimen jurídico específico, en la consideración de que las actividades subvencionadas se habrán de desarrollar con carácter general en el municipio de Valencia, admitiéndose alguna excepción. Estableciendo, con independencia de las obligaciones específicas que recojan las convocatorias, los convenios o resoluciones de concesión las obligaciones generales de los beneficiarios de la subvención (art. 11.2).

La Ordenanza prevé que, con carácter previo al establecimiento de subvenciones, deberán concretar en Planes Estratégicos de Subvenciones los

---

[55] Un análisis en detalle del citado marco normativo puede consultarse en: Díez Herrero, L. (2006). "La actividad de fomento de la Administración del siglo XXI: el Reglamento de Subvenciones aprobado por Real Decreto 887/2006, de 21 de julio", *Revista Parlamentaria de la Asamblea de Madrid*, núm. 15, pág. 222.

objetivos y efectos que se pretenden con su aplicación, el plazo necesario para su consecución, los costes previsibles y sus fuentes de financiación, supeditándose en todo caso al cumplimiento de los objetivos de estabilidad presupuestaria; en principio con vigencia de 3 años-sin perjuicio de justificación—; con actualización anual; y, control financiero por la Intervención General del Ayuntamiento de Valencia (en adelante IGAV)[56].

En la materia que nos ocupa, la Fiesta de las Fallas, son varias las subvenciones que se convocan. En efecto, el Plan Estratégico de Subvenciones 2023-2025 contiene una línea presupuestaria destinada a la promoción de la fiesta fallera.

Veamos a continuación algunas de las actividades que se subvencionan.

1.1. Fomento del valenciano

El Estatuto de Autonomía de la Comunitat Valenciana reconoce el valenciano como lengua propia de la Comunidad, además de ser cooficial con el castellano; "concediendo especial protección y respeto a la recuperación del valenciano" (art. 6.5°)[57].

Por otro lado, el art. 25.3 de la Ley 4/1983, de 23 de noviembre, de la Generalitat Valenciana, de uso y enseñanza del valenciano, establece que el Consell fomentará cuantas manifestaciones culturales y artísticas se realicen en las dos lenguas, castellano y valenciano, "recibiendo consideración especial las desarrolladas en valenciano".

Yendo más allá, el apartado 4° del mismo art. 25, dispone que la Generalitat "apoyará cuantas acciones vayan encaminadas a la edición, desarrollo y promoción del libro valenciano" con independencia de la lengua, "pero con tratamiento específico a los que sean impresos en valenciano".

El art. 34 de la Ley 4/1983, determina que "el Gobierno Valenciano asumirá la dirección técnica y la coordinación del proceso de uso y enseñanza del valenciano asesorando al respecto a todas las Administraciones Públi-

---

56 Cfr. art. 6 de la Ordenanza. Sobre la utilidad de los Planes de subvenciones, puede consultarse: Fuentes i Gasó, J. R. y Rodríguez Beas, M. (2023). "Plan Estratégico de Subvenciones: configuración y control jurisdiccional", *20 años de la Ley General de Subvenciones* (dirs. Gamero Casado y Alarcón Sotomayor), INAP, Madrid, pág. 430.

57 Ley Orgánica 5/1982, de 1 de julio, de Estatuto de Autonomía de la Comunidad Valenciana con su modificación.

cas y particulares y adoptando cuantas medidas contribuyan al fomento de su uso y extensión".

En este marco normativo, las administraciones públicas valencianas presentan unas convocatorias anuales para el fomento del valenciano en el contexto festivo, con la exigencia del cumplimiento de unos requisitos[58]. Se trata de que los libros de fiesta (*llibrets de falla*) sirvan de soporte para reflejar en la sociedad una de las manifestaciones culturales propias del territorio[59].

En suma, se realiza la convocatoria para las actividades de promoción del uso del valenciano realizadas por las comisiones de fiestas de las Fallas que estén legalmente constituidas, e inscritas en el registro correspondiente de la Administración. Ayudas dirigidas a subvencionar la edición en valenciano de los libros de las fiestas de las Fallas en que participa la entidad solicitante.

Se establece una cuantía máxima y se distinguen diversas modalidades dentro de la previsión del número de subvenciones, donde además también se diferencia entre las comisiones falleras de las poblaciones de la Comunitat Valenciana, y las comisiones falleras de la ciudad de Valencia. En el criterio presentación y diseño se valora la calidad de la edición —que se cifra en aspectos como, entre otros, la composición tipográfica, la calidad de la reproducción de las imágenes, la calidad del papel, la impresión y la encuadernación—; así como la originalidad —que se valora atendiendo a la innovación en el diseño y en la maquetación. Siendo las entidades subvencionadas también galardonadas con un estandarte acreditativo por parte de la Generalitat Valenciana. Es más, las entidades que usen el lenguaje inclusivo en los libros de fiestas presentados serán galardonadas con un distintivo que reconozca el uso[60].

---

58 Orden 90/2016, de 27 de diciembre, de la Conselleria de Educación, Investigación, Cultura y Deporte, por la que se aprueban las bases reguladoras y el procedimiento para la concesión de subvenciones destinadas a la promoción del uso del valenciano en el ámbito festivo. En los presupuestos de 2024 (última y reciente convocatoria) se prevé por la Generalitat una línea presupuestaria (cód. de la línea S0291).

59 Resolución de 29 de diciembre de 2023, del conseller de Educación, Universidades y Empleo, por la que se convocan las subvenciones destinadas a la promoción del uso del valenciano en el ámbito festivo: libros de Fallas y libros de Magdalena para el año 2024.

60 Bases de la convocatoria 2024 (Resolución de 29 de diciembre de 2023...).

1.2. Subvenciones en el marco de otras fiestas de la Comunidad valenciana

Con relación al fomento del valenciano y en materia de premios, se proporcionan también ayudas económicas de la Generalitat en las fiestas de Moros y Cristianos en el ámbito de la Comunidad Valenciana.

Estas ayudas se recogen igualmente en la Orden 90/2016, de 27 de diciembre, de la Consellería de Educación, Investigación, Cultura y Deporte, por la que se aprueban las bases reguladoras y el procedimiento para la concesión de subvenciones destinadas a la promoción del uso del valenciano en el ámbito festivo y que tienen por objeto además de la fiesta de las Fallas, de la Magdalena, de las Hogueras, la fiesta de Moros y Cristianos.

Bajo el marco de la Ley 4/1983, de 23 de noviembre, en la Orden 90/2016, se establece la sola distinción entre varias fiestas:

El caso de los Moros y Cristianos, la Fiesta de la Magdalena, y, el caso de las Hogueras, en todas ellas, con tramitación del procedimiento para la concesión de las subvenciones en régimen de concurrencia competitiva[61]. Las subvenciones van dirigidas a ayudas para la edición en valenciano de los libros de las fiestas en que participa la entidad[62]. En cada convocatoria se deberá especificar para qué fiestas se destinan las subvenciones y cuál es la cantidad económica correspondiente a cada modalidad, según presupuesto.

1.3. Pirotecnia

A partir del día 1 de marzo y hasta el día 19, se inicia la *mascletà*, espectáculo pirotécnico diario y diurno basado en la progresión armónica del ruido, siendo uno de los actos más valorados por los valencianos. Se compone básicamente de la explosión de petardos, *masclets*, con una parte terrestre, a la que se le añade, al principio y al final, una parte aérea. Es un espectáculo para sentir y oír, ya que se producen sensaciones similares a la

---

61 Art. 22.1 de la Ley 38/2003, de 17 de noviembre, General de Subvenciones en concordancia con la Ley 1/2015, de 6 de febrero, de la Generalitat, de hacienda pública, del sector público instrumental y de subvenciones (art. 164).

62 Resolución de 3 de mayo de 2024, del Conseller de Educación, Universidades y Empleo, por la cual se convocan las subvenciones destinadas a la promoción del uso del valenciano en el ámbito festivo: libros de Hogueras y libros de Moros y Cristianos, para el año 2024.

audición de un concierto, consiguiendo que el estruendo lo envuelva todo, en muy pocos minutos[63].

Ya iniciada la Fiesta, se realiza todos los días la *despertà*, pasacalles realizado por los miembros de las distintas Comisiones a primera hora de la mañana, explotando los petardos llamados *trons de bac*, acompañados por la banda de música

La *plantà* inicia la Fiesta, pero también resulta crucial el acto que las cierra, la *cremà* de los monumentos, tradicionalmente la víspera de San José, pero hoy en día la noche del 19 de marzo. Es el acto que clausura las fiestas, normalmente precedido por fuegos artificiales, en el que la Fallera Mayor de cada Comisión, junto con el Presidente, encienden la mecha de la traca que prenderá la Falla. Se llevan a cabo técnicas específicas que hacen de la *cremà* un espectáculo escénico impactante ("*una bona cremà*", según la expresión popular) y seguro, con la caída de las piezas grandes de manera adecuada y rítmicamente estética, vinculándose los saberes populares y colectivos de los falleros con los técnicos y especializados de los artistas falleros y pirotécnicos.

Al inicio de la noche se queman las fallas infantiles, pasando posteriormente a la quema de los monumentos principales con la que se acaban las fiestas. Toda Valencia es una gran hoguera, el fuego purificador que todo lo limpia y hace que todo comience de nuevo. De estas cenizas volverán a nacer de inmediato las Fallas del año siguiente.

En síntesis, "no solo es que cada evento fallero aparece subrayado y enfatizado por la presencia de los elementos pirotécnicos, sino que algunos de los eventos del ciclo son específicamente pirotécnicos"[64].

De acuerdo con el Plan Estratégico de Subvenciones 2023-2025 y las diferentes resoluciones administrativas que lo concretan, las Comisiones falleras podrán solicitar ayudas para el material pirotécnico. Dichas comisiones, integradas en la Junta Central Fallera, deben estar inscritas en el Registro Municipal de Entidades Ciudadanas del Ayuntamiento de Valencia en la fecha de finalización del plazo de presentación de la solicitud de subvención, comprobándose de oficio por el Servicio de Fiestas y Tradiciones el cumplimiento de este requisito. Siendo gastos subvencionables los efectuados por las comisiones falleras en concepto de pirotecnia durante

63 Recogido en los Decretos de declaración BIC 2012, y resolución de patrimonio inmaterial UNESCO.

64 Decreto de declaración BIC, 2012.

las Fallas (*mascletàs, cremà*, castillos, *correfoc, cordà, despertà* o cualquier otro gasto en material pirotécnico); y, el importe subvencionable en la última convocatoria consistía hasta el 100% del total de los gastos justificados en relación a la base imponible, y hasta un máximo de 3.000 euros por entidad solicitante[65].

1.4. Indumentaria

La indumentaria valenciana es una manifestación viva de la rica historia y cultura de la Comunidad Valenciana. Desde los trajes tradicionales hasta los atuendos festivos, cada pieza cuenta una historia de tradición y arraigo cultural, no solo preservando nuestras raíces, sino también impulsando la economía local mediante el comercio textil, la artesanía y el turismo[66].

En palabras de Antúnez López, "se asocia desde su aparición a las clases populares y a producciones artesanales y preindustriales, y a la función de cubrir el cuerpo habitualmente añade un componente estético, ideológico o religioso. En la actualidad, su uso queda casi totalmente destinado a preservar rasgos culturales y tradicionales en concretas festividades y para exaltar la idiosincrasia regional, como es el ejemplo de las Fallas de Valencia"[67].

La indumentaria tradicional popular se constituye en elemento identitario, integrado en el ciclo ritual. Como recogió el Decreto de declaración de las Fallas como BIC, "en esta recuperación de los trajes tradicionales con que se han vestido los valencianos ha tenido mucho que ver un oficio propio, el del indumentarista (...). Todos los saberes relacionados con la indumentaria tradicional son una excelente muestra de la evolución de la codificación del vestuario tradicional de las clases populares en general y

---

65 Cfr. Convocatoria de subvenciones a las comisiones falleras por los gastos en pirotecnia con motivo de las Fallas 2024, acuerdo publicado en el Boletín Oficial de la Provincia de Valencia núm. 249 de fecha 29 de diciembre de 2023.

66 "Las Fallas aportan, un importante movimiento mercantil en sectores productivos vinculados estrechamente a ellas (indumentaria, pirotecnia, fotografía, materiales, reprografía, etc.)". Collado Belda, E. (2018), "Fallas de Valencia...", op. cit, pág. 86.

67 Antúnez López, S. (2020). "El vestido femenino de la Fallera de Valencia entre tradición y modernidad", *Journal of the Sociology and Theory of Religion*, núm. 10, pág. 90.

rurales en particular, desarrollado a partir de la percepción de la distancia histórica"[68].

En el caso de la indumentaria, la convocatoria de la subvención municipal va dirigida para los sectores económicos tradicionales valencianos: artistas de fallas, artistas de carrozas, indumentaria valenciana, orfebrería valenciana, pirotecnia, bandas, estandartes, insignias y revistas y otros medios de comunicación directamente vinculados a las fiestas falleras y/o fiestas tradicionales de Valencia, pudiendo obtener hasta el 100% de la ayuda y un máximo de 3.000 € por concepto y solicitante[69].

1.5. Neutralidad y Sostenibilidad

Como otras subvenciones, en este caso el Servicio de Mejora Climática, propone aprobar la convocatoria para la concesión de la subvención por concurrencia competitiva de los Premios Fallas Neutras y Sostenibles a las fallas mayores e infantiles por su carácter de neutralidad y sostenibilidad[70].

Con la elaboración del Plan de Acción de Energía Sostenible (PACES) de la ciudad de Valencia, el Ayuntamiento de Valencia se comprometió a poner en marcha una serie de acciones encaminadas tanto a la adaptación al Cambio Climático como a la mitigación de las emisiones de CO_2 y estableció, entre otros, el objetivo de aumentar el uso de energía procedente de fuentes renovables en un 27 % para el 2030. Requiriendo la confianza y la cooperación ciudadana, por lo que es necesario presentar los esfuerzos en marcha a la sociedad valenciana en general e incentivar su participación mediante la coordinación con todos los actores. A su vez, dado que las Fallas tienen un gran apoyo social con la implicación del mundo fallero

---

68 Decreto de declaración BIC de 2012. "Alrededor de este ciclo ritual y de la indumentaria tradicional, otros oficios han desarrollado elementos específicos y técnicas singulares. Su utilización en la Fiesta ha permitido la supervivencia moderna de algunos elementos tradicionales". Es el caso de la orfebrería, la fabricación artesanal de abanicos, ciertos saberes de peluquería, las técnicas de los sederos o la floristería.

69 Igualmente se prevé que las personas solicitantes que se encuentren dadas de alta en los epígrafes del IAE 465, 495.9, 855.9, 856.1 y 861 (artistas de fallas y de carrozas) que cumplan los requisitos establecidos en la convocatoria y que además tengan el domicilio de desarrollo de la actividad en el barrio de Ciutat Fallera, recibirán una cuantía de 1.000 € (CF), adicional a la cuantía que resulte el punto 4.2.

70 II Edición, con motivo de las Fallas de 2024 (acuerdo de 15/12/23).

en la descarbonización de los monumentos falleros y en la contribución a la descarbonización de la ciudad, así resulta el Acuerdo de propuesta de aprobación de la convocatoria para la concesión de la subvención por concurrencia competitiva; subvención que está incluida en el Plan Estratégico de Subvenciones 2023-2025[71]. Siendo los criterios que sirven de base para la concesión de los premios en la convocatoria[72]: (1) temática de la falla: sostenibilidad, emergencia climática, cambio climático, transición energética y neutralidad climática; (2) sustitución total o parcial de materiales derivados del petróleo por materiales ecológicos, derivados vegetales, subproductos de la agricultura (paja de arroz, restos de poda, etc.), y en general procedentes de la economía circular; (3) sello del MITECO —del cálculo de la huella de carbono—; (4) apoyo por la comisión fallera a la Misión Climática València 2030; (5) organización o participación de la comisión en actividades de divulgación y concienciación sobre sostenibilidad, emergencia climática, cambio climático, transición energética y neutralidad climática. Las 10 comisiones falleras que obtengan las mejores puntuaciones pasarán a una segunda fase de evaluación por parte del mismo jurado, el cual se trasladará a visitar las fallas participantes[73], y se entrega a las comisiones falleras ganadoras los estandartes durante la entrega de premios a las comisiones falleras. Se distingue en las cuantías entre fallas grandes e infantiles, pudiendo obtener las fallas grandes hasta 6.000€ en el primer premio y 500 € para el quinto premio; las fallas infantiles, sin embargo, podrían obtener en primer premio hasta 2.700€ y 400 €, en su caso, en el quinto premio.

1.6. Iluminación de calles

Se convocan subvenciones a las comisiones falleras para la iluminación decorativa de las calles de su demarcación, con motivo de la celebración de las Fallas. El importe de la ayuda a conceder consiste en un 19% del coste de la iluminación decorativa de las calles; estando únicamente referida la subvención a elementos tales como las portadas; los arcos luminosos; los espumillones luminosos decorativos; los letreros luminosos con el nombre

---

71 Todo lo expuesto, por referencia en el marco del Acuerdo.

72 Acuerdo y convocatoria de fecha 15/ 12/23.

73 Apart. 9 de las bases de la convocatoria.

o escudo de la falla, o conmemorativos de vigésimo quinto aniversario o sus múltiplos; y/o los focos o proyectores de los monumentos[74].

1.7. Agrupaciones musicales al amparo de la Fiesta

Bajo el mismo marco estratégico y normativo, se justifican y determinan en base al acuerdo y la convocatoria correspondiente, las ayudas para la contratación de las agrupaciones musicales para su actuación en el marco de la Fiesta de las Fallas[75]. A efectos p.ej. de la convocatoria de 2023 "se entiende por agrupaciones musicales: grupo de *tabal i dolçaina*, bandas de música y agrupaciones de músicos/as que hayan participado en pasacalles y actos oficiales" (base 5.2 de la convocatoria); pudiendo corresponder los gastos a una o varias agrupaciones musicales (5.3ª).

1.8. Monumentos de las fallas

En el caso del monumento, la subvención viene referida a los gastos de diseño y construcción del monumento fallero grande y/o infantil. Respecto de los monumentos cuya autoría sea de la propia comisión, los gastos serán por una serie de conceptos, tales como "materiales utilizados en su construcción, póliza de seguro de planta, alquiler del local, gastos de luz o similares, y otras pólizas de seguro similares"[76]. Así este último año, por Resolución de 19 de abril de 2024, de la Presidencia de la Generalitat, se convocan el Premio President y los Premios Generalitat a las fallas grandes

---

74 Cfr. Descripción del trámite de "Subvencions a les comissions falleres per a la il·luminació decorativa dels carrers amb motiu de les Falles". Disponible en: https://sede.valencia.es/sede/registro/procedimiento/CU.FC.50 (26/06/24).

75 El Servicio de fiestas y tradiciones propone aprobar la convocatoria de subvenciones a comisiones falleras para la contratación de agrupaciones musicales con motivo de las Fallas 2024, https://sede.valencia.es/sede/registro/procedimiento/CU.FC.45?lang=1

76 Por referencia, base 5.5 del acuerdo y convocatoria de 29/11/22 (no hallándose publicada la convocatoria 2024 en la web municipal); subvenciones a las Comisiones Falleras para la construcción de sus monumentos con motivo de las Fallas. Además, en la base 5.7 de la convocatoria, se establece que el importe de la ayuda se calcula sobre un 30% de la base imponible, al margen de la falla del Ayuntamiento; a continuación, en este apartado se recoge la consideración y graduación del importe de la ayuda. https://www.valencia.es/-/subvencion-monuments-falles2023

e infantiles. Se distinguirán las mejores fallas grandes e infantiles de la Comunitat Valenciana, así como a los o a las artistas de las fallas ganadoras de la Sección Especial de las fallas de la ciudad de Valencia.

Hay varias modalidades y categorías de premios y aplicación presupuestaria para el ejercicio, ajustándose a lo dispuesto en el Decreto 38/2022, de 30 de diciembre, del President de la Generalitat. Las ayudas forman parte del Plan Estratégico de Subvenciones 2023-2025 y las bases de la convocatoria fijan un precio máximo de la obra a ejecutar de 239.000 euros (IVA incluido) para la falla grande y de 33.231 euros (IVA incluido) para la falla infantil[77].

1.9. Igualdad e inclusión

El derecho a la igualdad de trato y la no discriminación es un principio informador del ordenamiento jurídico y, como tal, se integrará y observará con carácter transversal en la interpretación y aplicación de las normas jurídicas.

Los poderes públicos promoverán, fomentarán y apoyarán a las organizaciones sociales en las actividades de celebración de fechas conmemorativas, actos y eventos que contribuyan a promover los derechos humanos, la igualdad, la libertad, la tolerancia y la no discriminación, así como la incorporación de códigos deontológicos congruentes con estos valores.

Las Administraciones Públicas, en los planes estratégicos de subvenciones que adopten en el ejercicio de sus competencias, determinarán los ámbitos en que las bases reguladoras de las mismas deban incluir la valoración de actuaciones para la efectiva consecución de la igualdad de trato y no discriminación por parte de las entidades solicitantes[78].

A tal fin, la convocatoria de los Premios Caliu pretende fomentar la creación de nuevos proyectos por las comisiones falleras de las fallas grandes e infantiles que, por sus elementos, tratamiento de los temas y materiales, tengan un concepto igualitario, diverso y no discriminatorio, contribuyendo con esto a la superación de barreras y estereotipos.

---

77 "Los monumentos falleros de València recibirán una ayuda de 2,2 millones del Ayuntamiento", https://valenciaplaza.com/monumentos-falleros-valencia-recibiran-ayuda-2-millones-ayuntamiento#:~:text=VAL%C3%88NCIA%20(EFE).,semana%20grande%20de%20las%20Fallas (10/10/24).

78 Derivado de los arts. 4.3, art. 12.3 y art. 37.1, respectivamente, de la Ley 15/2022, de 12 de julio, integral para la igualdad de trato y la no discriminación.

Las actuaciones se inician como consecuencia de la moción suscrita por la concejala de Igualdad, Servicio de Igualdad y de políticas inclusivas.

El Ayuntamiento de Valencia conforme al art. 9.2 de la Constitución Española, como integrante del poder público, "tiene la obligación de promover las condiciones para que la libertad y la igualdad de cada persona y de los grupos en que se integra sean reales y efectivas"; (...) "de remover los obstáculos que impidan o dificulten su plenitud y de facilitar la participación de toda la ciudadanía en la vida política, económica, cultural y social".

Atributo competencial derivado del artículo 25.2.o de la Ley 7/1985, de 2 de abril, Reguladora de las Bases de Régimen Local, que establece que los Municipios ejercerán en todo caso como competencias propias, en los términos de la legislación del Estado y de las Comunidades Autónomas, entre otras materias, las actuaciones en la promoción de la igualdad entre hombres y mujeres así como contra la violencia de género.

Siendo objeto de la convocatoria "escenificar el principio de igualdad entre mujeres y hombres, de igualdad de trato y no discriminación por motivo de sexo, de orientación sexual, identidad de género, etnia, cultura, procedencia, religión, creencia, situación de pobreza, diversidad funcional o cualquier otra causa, contribuyendo a la prevención de la intolerancia, el odio o cualquier forma de discriminación"[79].

A fin de dar cumplimiento al objetivo expuesto, en la base 7 de la última convocatoria se establece expresamente que el jurado valorará únicamente los monumentos que de forma íntegra promuevan la reivindicada igualdad, diversidad y prevención de intolerancia, odio u otros modos de discriminación; con consideración del lenguaje igualitario y no despreciativo ni excluyente; estableciendo un detallado elenco de actitudes y comportamientos de lo que implicaría velar por las conductas positivas que se postulan y defienden.

1.10. Fallas innovadoras y experimentales

En este caso la subvención se centra en el carácter innovador y experimental de las fallas, con la intención de promover el dinamismo en el diseño de los monumentos, buscando un equilibro entre tradición e in-

---

[79] Recogido en el acuerdo de la convocatoria, FJ 2°, 20/10/23.

novación[80]. Tiene por finalidad la apertura hacia la creatividad en la fiesta, fomentando una mayor participación de las comisiones falleras y así "promover nuevas propuestas que, por sus diferentes elementos, técnicas constructivas, registros expresivos, tratamientos de temas y materiales, tengan un concepto innovador y experimental, potenciando la utilización de materiales no contaminantes ni perjudiciales para el medio ambiente"[81].

Son monumentos alternativos, con un lenguaje diferente y en ocasiones interactivo, pero sin perder nunca de vista el foco de la fiesta, que también se abre y abraza la modernidad. Las dotaciones son cuantiosas dada la apuesta por ellas (hasta 6.000€), y hay ya una ruta establecida para visitar este tipo de fallas[82].

1.11. Subvenciones nominativas a favor de las Agrupaciones de Falla de Junta Central Fallera

Estas subvenciones nominativas, están dirigidas a las 22 Agrupaciones de Falla integradas en Junta Central Fallera (con la naturaleza de entidades culturales y recreativas de ámbito fallero), con el principal objetivo de impulsar y fomentar su actividad para dotar de mayor esplendor a nuestra fiesta fallera con el fin de estrechar los lazos de amistad y confraternidad sirviendo de nexo de unión y colaboración entre las Comisiones Falleras que la integran y la Junta Central Fallera[83]. El plazo es anual, y correspon-

---

80 Cfr. "Premis a les falles grans i infantils de les comissions falleres pel seu caràcter innovador i experimental". Disponible en: https://sede.valencia.es/sede/registro/procedimiento/CU.FC.85?lang=2

81 Cfr. "L'Ajuntament convoca les subvencions per als monuments fallers 2024 per import de 2,27 milions d'euros", Nota de prensa, 11/12/2023, Ayuntamiento de Valencia. Disponible en: https://www.valencia.es/val/actualitat/-/content/jgl-convocatoria-subvenciones-monumentos-falleros-2024.

82 Cfr. "Ruta de las fallas experimentales", Visita Valencia. Disponible en: https://www.visitvalencia.com/agenda-valencia/ruta-de-las-fallas-experimentales

83 Estas agrupaciones son: Benicalap Campanar; Beniferri-Benimamet; Botanic-La Petxina; Burjassot; Camins al Grau; Centre; Creu Coberta; El Carme; Gran Via; La Seu-Xerea-Mercat; Maritim; Mercat Jesús; Mestalla-Benimaclet; Mislata; Olivereta; Pilar San Francesc; Poblats al Sud; Quatre Carreres; Rascanya; Russafa; Sagunt-Quart; Turia (Quart-Xirivella). Por su parte, la Junta Central Fallera tiene como misión dirigir y coordinar la actividad de la fiesta de las Fallas de la ciudad de València. En el cumplimiento de dicha función, realiza importantes tareas de fomento de la actividad fallera que, en una parte importante, se lleva a cabo mediante la elaboración y ejecución de concursos falleros y subvenciones nominati-

de al 4% del presupuesto del Órgano Autónomo Municipal Junta Central Fallera.

Junta Central Fallera otorga las subvenciones, tanto a través de los concursos falleros, como directamente a través de las subvenciones nominativas concedidas a las Agrupaciones de fallas, constituidas al amparo del Reglamento Fallero dentro de dicho Organismo.

Se trata de subvenciones consistentes en una ayuda financiera que se concede con el propósito expreso de proporcionar apoyo financiero directo a un proyecto o programa específico, siendo su carácter extraordinario en cuanto que el procedimiento de concesión directa se define por su excepcionalidad frente al procedimiento de concurrencia competitiva, que constituye el procedimiento normal y ordinario[84].

1.12. Convocatoria para la concesión de subvenciones a las Comisiones Falleras para la insonorización de casales

Encuentra su justificación en que se trata de facilitar a las Comisiones Falleras el que puedan desenvolverse normalmente, en su espacio "natural", como es el Casal, es así que "hay que posibilitar la adecuación de los casales falleros a la normativa vigente en materia de actividades y minimizar el posible impacto acústico que algunas de las actividades que tienen lugar puedan generar", propiciando "el continuo desarrollo de los aspectos culturales y sociales que hacen singular la fiesta de las Fallas, y que han contribuido en su declaración como Patrimonio inmaterial de la humanidad".

La instrucción del procedimiento de concesión corresponde al Servicio de Cultura Festiva del Ayuntamiento de Valencia. Se trata de un procedimiento de concurrencia competitiva. Se distingue si la obra ya ha finalizado, en tal caso la cuantía máxima de la ayuda por comisión será de 6.250 euros, salvo que el gasto sea inferior, siendo en tal caso, la cuantía como máximo la del gasto efectuado según factura justificativa. Si en el momento de la solicitud de la subvención, la obra no se ha efectuado o está realizándose, la cuantía máxima de la ayuda será de 6.250 euros para los presu-

---

vas a favor de las agrupaciones de fallas que la integran. Cfr. Plan Estratégico de Subvenciones O.A.M Junta Central Fallera 2021-2023.

84 Cfr. art. 22.2 LGS. Sobre el particular, resulta de interés Bueno Armijo, A. (2017). "La concesión directa de subvenciones", *Revista de Administración Pública*, núm. 204, págs. 269-312.

puestos iguales o superiores a esta cifra. Para los presupuestos de cuantía inferior, la cuantía de la ayuda será la fijada en el presupuesto.

Por último, es oportuno señalar que se harán inspecciones por el Ayuntamiento en materia de contaminación acústica para comprobar que se cumple la normativa.

2. *Desgravaciones y beneficios fiscales*

La actual Ley 20/2018, de 25 de julio, del mecenazgo cultural, científico y deportivo no profesional en la Comunitat Valenciana, identifica como actividades de interés general merecedoras de recibir incentivos fiscales al mecenazgo, además de a las culturales, a las que persiguen actividades de interés general como las científicas, las de desarrollo de la sociedad de la información y las de investigación científica y desarrollo tecnológico.

Esta Ley, modificada recientemente por el Real Decreto-ley 6/2023, de 19 de diciembre, por el que se aprueban medidas urgentes para la ejecución del Plan de Recuperación, Transformación y Resiliencia en materia de servicio público de justicia, función pública, régimen local y mecenazgo, hoy ya en vigor, en el caso valenciano no resulta baladí, puesto que la modificación efectuada era demandada de manera reiterada precisamente en base a la Fiesta de las Fallas en los últimos años y tras la crisis sanitaria[85].

Con la reforma, se abren más vías de oportunidad para sustentar la festividad, aunque haya pocos visos de acuerdo de la inclusión de la fiesta de las Fallas en el mecenazgo valenciano[86].

El mecenazgo, con el patrocinio, sin juzgar las diferencias entre ellos, y los acuerdos de colaboración, pueden ser herramientas de participación privada en la realización de proyectos o actividades culturales declarados de interés social, sin ser exclusivos ni excluyentes, promover y ayudar a promocionar y sustentar la cultura y el desarrollo de diferentes proyectos culturales como la Fiesta de las Fallas, Patrimonio Inmaterial de la Humanidad.

---

85 Acerca de la aprobación de esta norma, véase: "El Botànic da la espalda a las Fallas al no incluirlas en la Ley de Mecenazgo", *Esdiario*, 9/03/2022. Disponible en: https://www.esdiario.com/comunidad-valenciana/valencia/220309/86436/fallas-ley-mecenazgo.html (26/06/24).

86 Cfr. "El acuerdo para ayudar más a las Fallas de 2023 deja fuera la Ley de Mecenazgo", Las Provincias, 31/3/2022. Disponible en: https://www.lasprovincias.es/valencia-ciudad/acuerdo-ayudar-fallas-20220331145611-nt.html (27/06/24).

Con la reforma apuntada se logra incrementar los porcentajes de deducción, en el caso de personas físicas, se eleva de 150 € a 250 € la base sobre la que se puede deducir el 80% de la donación del IRPF y por el resto habrá un 40% de deducción (en lugar del 35% vigente). Para las personas jurídicas, las deducciones en el impuesto sobre sociedades pasan del 35 al 40%. En ambos casos, para premiar el mecenazgo sostenido, la deducción aumenta al 45% en el caso de personas físicas y al 50% para las personas jurídicas (ambos ahora al 40%) si, en los dos años anteriores, se ha realizado la donación a la misma entidad al menos por el mismo importe.

Además, se incluye en el concepto de donación fiscalmente deducible la cesión de uso de todo tipo de muebles e inmuebles dentro del concepto más genérico de donación de derechos.

Se amplía el concepto de convenio de colaboración, incluyendo de forma expresa las aportaciones en especie incluida la prestación gratuita de servicios. El colaborador podrá además difundir esta colaboración.

Se incluye el denominado mecenazgo de reconocimiento o recompensa que permite que el donante obtenga retornos simbólicos en forma de contraprestación de bienes o servicios, siempre que no representen más del 15% del valor de la donación con un tope máximo de 25.000 €.

Asimismo, se amplían las modalidades de explotaciones económicas exentas, cuando sean desarrolladas por entidades sin ánimo de lucro, en determinadas actividades.

Finalmente, se refuerza el automatismo por aplicar exenciones de tributos de competencia local a los bienes de entidades sin ánimo de lucro[87].

VI. Conclusión

En el presente capítulo queda reflejada la actuación administrativa dirigida a estimular la actividad privada para la satisfacción del interés general, bien mediante medidas de carácter económico, como las ayudas o subven-

87 Artículos 17 a 25 de la Ley 49/2002, modificados por el Real Decreto-ley 6/2023, de 19 de diciembre, por el que se aprueban medidas urgentes para la ejecución del Plan de Recuperación, Transformación y Resiliencia en materia de servicio público de justicia, función pública, régimen local y mecenazgo (entrada en vigor 1 de enero de 2024).

ciones, bien con medidas de carácter honorífico, como los reconocimientos honoríficos o similares.

Los medios honoríficos representan un reconocimiento público por ciertas actuaciones socialmente beneficiosas, que se quieren promover; y los económicos consisten en ayudas públicas, fundamentalmente subvenciones. Las ayudas pueden ser directas o indirectas y de entre estas medidas, en relación con la Fiesta de Fallas, pueden distinguirse los premios, galardones o menciones acompañados de dotación económica, las subvenciones y las exenciones fiscales.

La actividad de fomento de la Administración se despliega en el ámbito de la Fiesta de las Fallas, teniendo en cuenta su valía cultural, poniéndola en valor mediante la declaración de Bien Inmaterial de Interés Cultural por decreto del Consell en el ámbito autonómico valenciano, además de la declaración de patrimonio inmaterial de la Humanidad por la Unesco, a nivel internacional.

Como fiesta de interés turístico, la fiesta de las Fallas no queda exenta de polémica, ya que la atracción que supone para la ciudad, entra en conflicto con la responsabilidad que genera su deber de protección al ser elemento patrimonial, sin poder disolver su carácter cultural intrínseco de celebración ritual, de tal forma que se pierda esta función esencial de la misma, por los riesgos añadidos de políticas inadecuadas o una mala gestión que no estén a la altura de las nuevas circunstancias y de las demandas que se generan.

VII. Bibliografía

Antúnez López, S. (2020). "El vestido femenino de la Fallera de Valencia entre tradición y modernidad", *Journal of the Sociology and Theory of Religion*, núm. 10, págs. 87-100.

Ariño Villarroya, A. y García Pilán, P. (2006). "Apuntes para el estudio social de la fiesta en España", *Revista Andaluza de Ciencias Sociales*, núm. 6, págs. 13-28.

Bueno Armijo, A. (2017). "La concesión directa de subvenciones", *Revista de Administración Pública*, núm. 204, págs. 269-312.

Casar Furió, M. E. y Viñals, M. J. (2020). "The Special Protection for the Historic *Ciutat Vella* (Valencia, Spain). A new tool to approach heritage enhacement and management", *The Architect and the City*, Vol. 2, Ed. Universitat Politècnica de València, Valencia, págs. 1310-1319.

Castells, M. (1972). *Planificación urbana y movimientos sociales: el caso de la renovación urbana en París*, Departamento de Geografía, Universidad de Barcelona, Barcelona.

Collado Belda, E. (2018). "Fallas de Valencia: un producto cultural multidisciplinar", *Culturas. Revista de Gestión Cultural,* Vol. 5, núm. 2, págs. 68-92.

Collado Beneyto, P. J. (2009), *Comentario a la Ley General de Subvenciones y a su Reglamento,* Tirant lo Blanch, Valencia.

Colmenarejo Fernández, R. (2015). F*undamentos para una gestión turística sostenible de la fiesta de los patios de Córdoba,* Tesis doctoral, (dirs. Millán Vázquez de la Torre y Cejudo Córdoba), Universidad de Córdoba, Córdoba.

De la Calle, M. (2019). "Turistificación de centros urbanos: clarificando el debate", *Boletín de la Asociación de Geógrafos españoles,* núm. 83, págs. 1-40.

Díez Herrero, L. (2006). "La actividad de fomento de la Administración del siglo XXI: el Reglamento de Subvenciones aprobado por Real Decreto 887/2006, de 21 de julio", *Revista Parlamentaria de la Asamblea de Madrid,* núm. 15, págs. 217-238.

Ferrer Belenguer, C. (2023). *Análisis y diagnóstico de la implementación del Plan Especial de Protección de Ciutat Vella.* Trabajo Final de Máster. Máster Universitario de Conservación del Patrimonio Arquitectónico, Universitat Politècnica de València (dirs. Casar Furió, M. E. y Viñals Blasco, M. J.).

Fuentes i Gasó, J. R. y Rodríguez Beas, M. (2023). "Plan Estratégico de Subvenciones: configuración y control jurisdiccional", *20 años de la Ley General de Subvenciones* (dirs. Gamero Casado y Alarcón Sotomayor), INAP, Madrid, págs. 427-437.

Glass, R. L. (1960). *London: aspects of change,* MacGibbon & Kee, Londres.

García-Hernández, M., Ivars-Baidal, J. y Mendoza de Miguel, S. (2019). O*vertourism in urban destinations: the myth of smart solutions, Boletín de la Asociación de Geógrafos Españoles,* núm. 83, 1-38.

Jordana de Pozas, L. (1949), "Ensayo de una Teoría del Fomento en el Derecho Administrativo", *Revista de Estudios Políticos,* núm. 48, págs. 41-54.

López Benítez, M. (2023). "Fiestas y fiestas de interés turístico: Administración y ejercicio de potestades en torno a las mismas", *Las administraciones ante las fiestas y el turismo* (coord. Hernández Diez, E.), Iustel, Madrid, págs. 25-47.

Marcos Arévalo, J. (2004). "La tradición, el patrimonio y la identidad", *Revista de Estudios Extremeños,* núm. 60-3, págs. 925-956.

Martínez Agut, M. P. (2022). "Las fallas de Valencia y su implicación en la Agenda 2030 y los Objetivos de Desarrollo Sostenible (ODS)", *Revista electrónica de investigación y Docencia Creativa,* vol. 11, núm. 57, págs. 659-669.

Marzal Raga, R. (2018). *El patrimonio cultural inmaterial. El impacto de la Ley 10/2015, de salvaguardia del patrimonio cultural inmaterial,* Thomson-Reuters Aranzadi, Cizur Menor.

Parada Vázquez, R. (2019). *Derecho Administrativo II. Régimen Jurídico de la Actividad Administrativa*, Dykinson, Madrid.

Piñeira Mantiñán, M. J. *et al.* (2020). "Vulnerabilidad y turistificación ¿quiénes son los perdedores del centro urbano?", *Sostenibilidad turística: "overtourism vs undertourism",* Societat d'Història Natural de les Balears, Palma (Illes Balears), págs. 83-98.

Ruiz Magaña, I. (2023). "La promoción del patrimonio cultural inmaterial en el plan de recuperación español", *Las Administraciones ante las fiestas y el turismo: Elementos para una discusión abierta* (coord. Hernández Díez, E.), Iustel, Madrid, págs. 49-61.

Sánchez Morón, M. (2021). *Derecho Administrativo. Parte General*, Tecnos, Madrid.

Anexo. Preguntas y Respuestas

1. ¿Qué es la actividad de fomento?

La actividad de fomento es aquella actividad de la Administración —o de otros poderes públicos— que tiene como fin el estímulo o el incentivo de determinadas actividades o iniciativas privadas que están alineadas con los intereses generales. Gracias a estos incentivos, los particulares contribuyen a la consecución de fines de utilidad social.

2. ¿Qué tipos de medidas puede desplegar la actividad de fomento?

Siguiendo una división clásica, las medidas de fomento pueden agruparse en tres grandes categorías:

- las medidas honoríficas, que pretenden estimular a los particulares mediante reconocimientos, premios o galardones;
- las medidas económicas, consistentes en ayudas patrimoniales, como las subvenciones;
- y las medidas jurídicas, que otorgan alguna ventaja en el tráfico jurídico.

En el contexto fallero, hemos destacado la calificación de las Fallas como Bien de Interés Cultural (BIC) y Patrimonio Inmaterial de la Humanidad; el otorgamiento de subvenciones; y la entrega de ciertos premios.

3. ¿Qué bienes e intereses públicos se fomentan en el contexto fallero?

Los bienes e intereses públicos que se fomentan en el contexto fallero son muy variados: el respeto a la historia y la cultura valencianas; el uso del valenciano; la preservación y florecimiento de las industrias vinculadas a la fiesta (pirotecnia, floristería, textil, etc.); la igualdad y la inclusión; la sostenibilidad...

4. ¿Qué es un BIC? ¿Cómo se declara un BIC en la Comunidad Valenciana?

El BIC es el Bien de Interés Cultural, es el que tiene unos valores históricos, patrimoniales o culturales que le hacen ser digno de protección y conservación; constituyéndose con su declaración formal en elemento patrimonial y siendo su marco legal el contenido en la propia declaración.

En la Comunidad Valenciana, los BIC son declarados mediante Decreto del Consell. Las Fallas fueron declaradas bien de interés cultural inmaterial mediante el Decreto 44/2012, de 9 de marzo.

5. ¿Cuál es el Patrimonio Inmaterial de la Humanidad para la UNESCO?

Las tradiciones y expresiones orales, incluido el idioma como vehículo del patrimonio cultural material. Las artes del espectáculo. Los usos sociales, rituales y actos festivos (Convención 2003).

Las fallas fueron declaradas Patrimonio Cultural Inmaterial de la Humanidad por la UNESCO en noviembre de 2016.

6. ¿Qué es una subvención?

La subvención, principal instrumento de fomento económico, es una disposición dineraria realizada a favor de una persona con una finalidad de utilidad o interés público.

7. ¿Cuál es la diferencia entre una ayuda pública y una subvención?

El objeto de la subvención es dinero, mientras que el objeto de la ayuda puede ser cualquier bien, derecho o servicio. Además, existen ayudas públicas que no son propiamente medidas de fomento, ya que no estimulan actividades o comportamientos de quien la recibe (como puede ser un subsidio de desempleo o una ayuda a la dependencia).

8. En el ejercicio de la actividad de fomento, ¿qué subvenciones puede otorgar la Junta Central Fallera?

La JCF otorga subvenciones en distintos conceptos, como los concursos falleros. También otorga subvenciones nominativas a las Agrupaciones de Fallas, constituidas al amparo del Reglamento Fallero. En este caso, el procedimiento de concesión es directo —no competitivo—, lo que reviste un carácter extraordinario.

9. ¿Qué es el mecenazgo?

Protección o ayuda otorgada a una actividad científica, artística o cultural. El mecenas actúa de modo desinteresado, movido por un compromiso social. En el contexto fallero, se han establecido ciertas recompensas fiscales para facilitar el mecenazgo de las fiestas por parte de agentes privados.

Contratación Pública y Fallas

JUAN ALBERO VALDÉS
Letrado del Consell Jurídic Consultiu de la Comunitat Valenciana

SUMARIO: I. Introducción. II. Los sujetos y sus características. 1. La Administración Local. 2. La Junta Central Fallera. 3. Las Juntas Locales Falleras. 4. Las Comisiones falleras. III. Los contratos y sus características. Especial referencia a los contratos de creación e interpretación artística y de espectáculos. 1. Una aproximación a los principales contratos que se celebran en las Fallas. 2. Los contratos de creación e interpretación artística y de espectáculos. 2.1. Concepto y relevancia en el ámbito de las Fallas. 2.2. Naturaleza y régimen jurídico. IV. Los procedimientos de adjudicación. Especial referencia al procedimiento negociado sin publicidad. 1. Breves notas sobre los procedimientos de adjudicación y su utilización en el marco de los contratos celebrados a propósito de las Fallas. 2. El procedimiento negociado sin publicidad y su aplicación a los contratos artísticos. 2.1. Supuesto habilitante, características y régimen jurídico. 2.2. La situación de exclusividad y su problemática. 2.3. El caso particular de los contratos de espectáculos artísticos pirotécnicos. V. Los convenios y los patrocinios. VI. Conclusiones. VII. Bibliografía. Anexo. Preguntas y respuestas.

I. Introducción

La contratación pública constituye una pieza fundamental para el desarrollo económico de los países y las regiones, no solo desde un punto de vista cuantitativo, esto es por su capacidad para movilizar ingentes cantidades de recursos[1], sino también desde un punto de vista cualitativo o estratégico, por su impacto en los distintos sectores económicos y por erigirse como una herramienta fundamental para la ejecución de las políti-

---

1 En España, el nivel de gasto en contratación pública en 2023 alcanzó el 11,55 % del Producto Interior Bruto (PIB) y el 24,87% del total del gasto público. Si bien esta cifra aún está lejos del 14% PIB que se observa a nivel de la Unión Europea la tendencia que se observa es ciertamente positiva, apreciándose un significativo incremento en relación con ejercicios anteriores lo cual también ha sido resultado, en parte, de la implementación a partir de 2021 del Mecanismo Europeo de Recuperación y Resiliencia ("*Next Generation EU*"). Además, en dicho año se efectuaron en España, 196.763 licitaciones (un 7,66% más que en 2022), por un importe total (Presupuesto Base de Licitación, sin incluir impuestos) de 107.557,67 millones de euros (un 8,56% más que en el año precedente). *Vid.* Informe "Las Cifras de la Contratación Pública en 2023", *Oficina Independiente de Regulación y Supervisión de la Contratación,* Madrid, 2024, págs. 8 y 177.

cas públicas. De ahí que en los últimos años la contratación pública haya experimentado un notable cambio, pasando de ser un mero instrumento burocrático y hacendístico a convertirse en una herramienta esencial para la consecución de concretos fines socialmente deseables[2].

Dicho cambio ha propiciado una herramienta que bien podría tildarse de omnímoda, en la medida en que prácticamente alcanza todos y cada uno de los sectores económicos y sociales existentes pues, indudablemente, con la consolidación del Estado Social y de Derecho, la Administración Pública ha venido a ocupar un lugar preponderante en la economía como uno de sus principales operadores. Pero, al mismo tiempo la contratación pública también constituye un formidable acicate para las empresas y profesionales, habida cuenta de que contribuye a estimular el crecimiento económico, la competencia o la innovación.

Uno de los ámbitos en los que la contratación pública desempeña un papel relevante —aunque, a veces, un tanto desconocido— es en el relativo a la organización de eventos festivos y populares, como es el caso particular de las Fallas. En efecto, más allá de su notable impacto económico y de su evidente relevancia social y cultural, la celebración de las Fallas destaca —desde el punto de vista del Derecho— por requerir de múltiples instrumentos jurídicos para poder llevar a cabo de forma eficaz y eficiente las distintas actuaciones que conforman esta festividad, siendo uno de ellos la contratación pública.

A propósito de la celebración de las Fallas los poderes públicos acuden al mercado para satisfacer necesidades de diversa índole como es, a título de ejemplo, la contratación de actuaciones musicales, espectáculos pirotécnicos, suministro de determinadas materias primas, servicios de catering y de restauración, de vigilancia, informática, transporte, iluminación o seguridad, entre otros. Necesidades que, en muchos casos, si no se colmasen dejarían completamente vaciadas de contenido las propias fiestas. En este sentido, las Fallas ejemplifican de la mejor forma posible ese carácter omnímodo al que aludíamos anteriormente pues, evidentemente, su celebración requiere de la formalización de diversos contratos de suministros y servicios en multitud de sectores y ramos económicos, teniendo un especial impacto en el tejido empresarial de las pequeñas y medianas empresas. De ahí que, naturalmente, cualquier tratamiento o aproximación jurídica

---

2 Gimeno Feliú, J. M.: "La visión estratégica en la contratación pública en la Ley de Contratos del Sector Público", *Economía industrial*, núm. 415, 2020, pág. 89.

que se haga al fenómeno de las Fallas no pueda prescindir siquiera de una somera referencia a la contratación pública.

El objetivo que se persigue en este capítulo es ofrecer unas breves pinceladas sobre los principales aspectos o implicaciones que la contratación pública presenta en el ámbito de las Fallas. Con carácter general, los engranajes de la contratación pública serán los mismos tanto en las Fallas como fuera de éstas pues, al fin y al cabo, hablamos de la celebración de contratos; eso sí, enmarcados en un contexto particular como es el ecosistema fallero. Ahora bien, dicha generalidad no implica que en el ámbito estricto de estas fiestas no puedan darse elementos singulares que requieran una mayor atención por nuestra parte. Elementos que, si bien son comunes en la celebración de eventos festivos y populares, revisten un especial interés en las Fallas. Pensemos, por ejemplo, en la celebración de espectáculos artísticos pirotécnicos, los cuales constituyen un elemento basilar de las Fallas, o en la existencia de sujetos particulares como son las juntas y comisiones falleras.

Para cumplir con tal propósito, hemos considerado oportuno estructurar nuestro trabajo en cuatro partes o epígrafes. La primera de ellas está dedica a los sujetos que intervienen de algún modo en la contratación pública, desde la perspectiva de la Ley 9/2017, de 8 de noviembre, de Contratos del Sector Público, por la que se transponen al ordenamiento jurídico español las Directivas del Parlamento Europeo y del Consejo 2014/23/UE y 2014/24/UE, de 26 de febrero de 2014 (en lo sucesivo, LCSP). En este sentido, examinaremos la Administración Local por ser el principal actor público en materia de contratación en el ámbito fallero; la Junta Central Fallera, por constituir, después del propio Ayuntamiento de València, el máximo exponente de las Fallas; las Juntas Locales Falleras, las cuales también revisten un especial protagonismo en los distintos municipios falleros; y, finalmente, las comisiones falleras, asociaciones en torno a las cuales se organizan las personas para apoyar, participar o patrocinar la creación de una determinada falla.

En la segunda parte, abordaremos los contratos más empleados en el marco de las Fallas, haciendo una especial referencia a los contratos de interpretación y creación artística y de espectáculos (en adelante, también los denominaremos simplemente como "contratos artísticos") pues, tal y como iremos viendo a lo largo del capítulo, son los que mayor relevancia presentan.

La tercera parte está dedica a los distintos procedimientos de adjudicación empleados. De forma análoga al epígrafe anterior, nos centraremos especialmente en el análisis del procedimiento negociado sin publicidad pues constituye uno de los cauces más utilizados para adjudicar los contratos artísticos, especialmente en lo que se refiere a los contratos artísticos. A este respecto, no solo trataremos los aspectos más identificativos de este procedimiento sino también aquellas cuestiones que han suscitado mayor controversia entre la doctrina. Más particularmente, examinaremos la utilización de este cauce procedimental en el caso de los contratos de espectáculos artísticos pirotécnicos.

En último lugar, haremos una breve alusión a los convenios y a los contratos de patrocinio como instrumentos que, si bien se encuentran allende las fronteras de la contratación pública, no dejan de ser empleados con una cierta frecuencia por parte de los Ayuntamientos y juntas falleras. Citaremos algunos ejemplos de ellos en el marco de las Fallas, así como los principales fines que los Ayuntamientos y las juntas falleras persiguen a través de los mismos.

II. Los sujetos y sus características

Las Fallas, al igual que otros fenómenos de índole festiva y participativa, se caracterizan —entre otros aspectos— por la confluencia de diversos agentes los cuales, ya sea desde un ámbito puramente público o privado, contribuyen de algún modo y con distinta intensidad a la realización de los variados actos y celebraciones que se llevan a cabo. Así, es sencillo identificar un heterogéneo grupo de sujetos que, a propósito de estas fiestas, se ven envueltos en la no siempre fácil tarea de celebrar algún tipo de contrato. Es el caso, por ejemplo, de las Administraciones Locales quienes, en última instancia, son las que mayor número de contrataciones celebran[3].

---

3 La Administración Local no es la única Administración territorial que realiza contrataciones a propósito de las Fallas. La Generealitat también participa en la actividad contractual si bien en una dimensión mucho menor pues, más allá de la celebración de determinados actos de índole fallera, la celebración de las Fallas es una materia mucho más próxima y vinculada a los Ayuntamientos. A título de ejemplo, la Presidencia de la Generalitat adjudicó el 29 de febrero de 2024 a la entidad Gremio Artesano de Artistas Falleros un contrato menor cuyo objeto era la cesión temporal, traslado, montaje, seguro clave a clave y desmontaje de 9 muñecos, más uno de mayor dimensión para el patio gótico de la Generalitat, para la exposición que se llevó a cabo en el Palau de la Generalitat con motivo de las Fiestas falleras en 2024.

No obstante, y como particularidad del ecosistema fallero, junto a los correspondientes Ayuntamientos también conviven otros actores cuya participación en el ámbito de la contratación no puede soslayarse; hablamos de las juntas y comisiones falleras.

1. La Administración Local

La LCSP dedica su artículo 3 al desarrollo de su ámbito subjetivo de aplicación[4]. Como expuso en su momento el Consejo de Estado[5], este precepto sigue "el esquema de círculos concéntricos que permite explicar la normativa en vigor, de modo que dentro del sector público existe un subgrupo de entidades con la condición de poderes adjudicadores, dentro del cual —a su vez— se inserta la noción de Administración pública ". Pues bien, siguiendo esta idea de círculos concéntricos, la Administración Local, en tanto que Administración Pública (artículo 3.2.a LCSP), es también poder adjudicar (artículo 3.3.a LCSP) y sector público[6] (artículo 3.1.a LCSP).

---

4 Como establece su Exposición de Motivos "se sigue el esquema creado por la anterior regulación de 2007, que establece como uno de los ejes de la aplicación de la Ley el concepto de poder adjudicador, que se impone como consecuencia de la incorporación al derecho español de la anterior Directiva comunitaria de 2004". Sin embargo, a pesar de este espíritu —o apariencia— continuista, el nuevo texto no deja de presentar algunas novedades que, para algunos autores, más que un mero cambio de determinados elementos, constituye un auténtico alejamiento del sistema anterior. *Vid.* Canales Gil, A. y Huerta Barajas, J. A.: *Comentarios a la Ley 9/2017, de Contratos del Sector Público,* BOE, Madrid, 2018, pág. 33.

5 Dictamen 1116/2015, de 10 de marzo de 2016.

6 Se nos ofrece un concepto de sector público que no encuentra una correspondencia fiel entre la propia denominación de la Ley —esto es, Ley de Contratos del Sector Público— y las categorías o realidades subjetivas que incorpora pues, no sólo se incluyen dentro de este concepto de sector público entidades privadas sino que, al mismo tiempo, se acoge también una noción amplia del Sector Público, que coincide en buena parte con la que presenta el artículo 2 de la Ley 47/2003, de 26 de noviembre, General Presupuestaria, pero no con la concepción más restringida de sector público que encontramos en los artículos 2 de la Ley 39/2015, de 1 de octubre, del Procedimiento Administrativo Común de las Administraciones Públicas (en lo sucesivo, LPACAP) y de la Ley 40/2015, de 1 de octubre, de Régimen Jurídico del Sector Público (en adelante, LRJSP). *Vid.* López Benítez, M.: "Algunas consideraciones a propósito del ámbito subjetivo de la nueva Ley de Contratos del Sector Público de 2017. En particular, el caso de las Corporaciones de Derecho público", *Documentación Administrativa: Nueva Época,* núm. 4, 2017, pág. 136.; y Franch, M. y Torrelles, J.: "Aplicabilidad de la Ley de Contratos del

En cuanto a su régimen jurídico aplicable, en tanto que Administración Pública que son, los contratos celebrados por las Administraciones Locales pueden ser calificados como administrativos o privados, en función de su objeto. Así, estaremos ante un contrato administrativo cuando nos encontremos en alguno de los supuestos contemplados en el artículo 25.1 LCSP, en cuyo caso se regirán, en cuanto a su preparación, adjudicación, efectos, modificación y extinción, por esta Ley y sus disposiciones de desarrollo; supletoriamente se aplicarán las restantes normas de Derecho administrativo y, en su defecto, las normas de Derecho privado (artículo 25.2 LCSP).

En cambio, tendrán carácter privado aquellos contratos cuyo objeto se corresponda con alguno de los supuestos contemplados en el artículo 25.1.a) *in fine* LCSP, así como aquellos cuyo objeto sea distinto de los referidos en las letras a) y b) del apartado primero del artículo 25 (artículo 26.1.a LCSP). En estos casos, según establece el artículo 26.2 LCSP estos contratos se regirán, en cuanto a su preparación y adjudicación, y en defecto de normas específicas, por las Secciones 1.ª y 2.ª del Capítulo I del Título I del Libro Segundo de esta Ley con carácter general, y por sus disposiciones de desarrollo, aplicándose supletoriamente las restantes normas de Derecho administrativo o, en su caso, las normas de Derecho privado, según corresponda por razón del sujeto o entidad contratante. En lo que respecta a sus efectos, modificación y extinción, estos contratos se regirán por el Derecho privado. Añade a continuación este precepto que para los contratos mencionados en los números 1.º y 2.º de la letra a) del apartado primero del artículo 25, les resultarán de aplicación, además del Libro Primero de la presente Ley, el Libro Segundo de la misma en cuanto a su preparación y adjudicación. Y, en cuanto a sus efectos y extinción les serán aplicables las normas de Derecho privado, salvo lo establecido en los artículos de esta Ley relativos a las condiciones especiales de ejecución, modificación, cesión, subcontratación y resolución de los contratos, que les serán de aplicación cuando el contrato esté sujeto a regulación armonizada.

En cuanto al órgano de contratación de estas entidades, deberemos acudir a lo prescrito en la Disposición Adicional Segunda LCSP, la cual diferencia entre municipios de gran población y municipios que no tengan esta consideración. Así, cuando se trate estos últimos, los órganos de contratación serán; bien los Alcaldes y Presidentes de las Entidades Locales, respecto de los contratos de obras, de suministro, de servicios, los contratos

---

Sector Público en la actividad contractual de las cámaras de comercio", *Revista de Administración Pública*, núm. 178, 2009, pág. 371.

de concesión de obras, los contratos de concesión de servicios y los contratos administrativos especiales, cuando su valor estimado no supere el 10 por ciento de los recursos ordinarios del presupuesto ni, en cualquier caso, la cuantía de seis millones de euros; bien el Pleno del Ayuntamiento, en los restantes supuestos. En cambio, cuando se trate de municipios de gran población, las competencias del órgano de contratación se ejercerán por la Junta de Gobierno Local, cualquiera que sea el importe del contrato o la duración del mismo.

Por otro lado, la Administración Local, en lo que aquí interesa, debemos identificarla con aquellos municipios ubicados en la Comunitat Valenciana cuya población celebra las Fallas y, en consecuencia, se ven en la necesidad de celebrar algún tipo de contrato[7]. Por otra parte, dentro de este grupo de municipios destaca, por su historia, dimensión y relevancia, el Ayuntamiento de València el cual, por lo demás, es el municipio que mayor número de obras falleras reúne. Precisamente, dentro de lo que es la organización de este Ayuntamiento, merece especial atención la Junta Central Fallera, entidad que —como veremos a continuación— cobra un significativo protagonismo en el ámbito de la contratación pública.

---

7 La provincia de València es la que mayor número de municipios aglutina: Xátiva, Gandía, Sueca, y Torrent, Alacuás, Albal, Albalat de la Ribera, Albalat dels Sorells, Alberique, Alborache, Alboraya, Albuixech, Alcácer, La Alcudia, Alcudia de Crespins, Aldaya, Alfafar, Alfara del Patriarca, Algemesí, Alginet, Almácera, Almusafes, Alzira, Benaguacil, Benetúser, Benicarló, Benicull de Xúquer, Benifaió, Beniparrell, Bétera, Bolbaite, Bonrepós y Mirambell, Buñol, Burjasot, Carcagente, Carlet, Casinos, Catarroja, Chella, Chiva, Cheste, Cuart de Poblet, Cullera, Denia, El Puig, Enguera, Emperador, Foyos, Genovés, Gilet, Godella, Godelleta, Guadassuar, Jaraco, La Eliana, Liria, Llaurí, Loriguilla, Lugar Nuevo de la Corona, Llombay, Llosa de Ranes, Manises, Masamagrell, Masalfasar, Masanasa, Meliana, Mislata, Moncada, Monserrat, Montroy, Museros, Náquera, Oliva, Onteniente, Paiporta, Paterna, Picaña, Picasent, La Pobla de Farnals, La Pobla de Vallbona, Poliñá de Júcar, Puerto de Sagunto, Puzol, Ribarroja del Turia, Rocafort, Sagunto, Rotgla i Corberà, Sedaví, Silla, Sollana, Sueca, Tabernas de Valldigna, Tabernes Blanques, Turís, Utiel, València, Vallada, Vinalesa, Villanueva de Castellón, Villamarchante, Chirivella o Yátova. En la provincia de Castellón: Almenara, Benicarló, Burriana y Vall d'Uixó. Y, en la provincia de Alicante: Benidorm, Calpe, Dénia, Elda y Pego.

2. *La Junta Central Fallera*

La Junta Central Fallera (en adelante, JCF) constituye la principal entidad a nivel organizativo en la ciudad de València. Se encuentra sujeta a lo dispuesto en el Título II del Reglamento Fallero, aprobado por el Pleno del Ayuntamiento el 22 de febrero de 2002 (en lo sucesivo, RF), así como a lo prescrito en el Reglamento de Régimen Interior de la JCF, aprobado por Acuerdo de 25 de julio de 2008 (en adelante, el RRIJCF).

En cuanto a su naturaleza, según el artículo 38 RF la JCF constituye un organismo autónomo de carácter local adscrito al Ayuntamiento de Valencia, con la correspondiente partida presupuestaria de carácter anual[8] y que tiene atribuidas competencias en materia de administración y gestión directa de los servicios públicos locales. En similares términos, el artículo 1.1 del RRIJCF la define como una entidad de Derecho público de naturaleza institucional, que depende del municipio de València. Y el artículo 5.1 RRIJCF, relativo a los fines, dice expresamente que "la JCF, como organismo autónomo local, es aquel colectivo que por delegación y en régimen de descentralización del Excmo. Ayuntamiento de València, ejerce la función rectora y de coordinación entre las comisiones falleras, respecto de las actividades relacionadas con la fiesta de las Fallas de la ciudad de València".

Por otro lado, conforme al artículo 2.1 del RRIJCF, la actividad de la JCF queda sujeta en "cuanto a su personalidad jurídico-pública y relaciones interadministrativas, queda sometida a la Ley 30/1992, de 26 de noviembre de Régimen Jurídico de las Administraciones Públicas y del Procedimiento Administrativo Común, modificada por Ley 4/1999, de 13 de enero[9]; así

8 Según el Presupuesto Municipal del Ayuntamiento de València para el año 2024, la Junta Central Fallera prevé un presupuesto de 3.353.326,37 €, superior en un 19,02 % al del ejercicio anterior (2.817.435 €). En cuanto a los ingresos, señala este documento que la Junta Central Fallera "se financia en gran medida con la transferencia corriente recibida del Ayuntamiento (92,23 % del total de ingresos presupuestados), cuyo importe asciende a 2.858.326,37 €. Cantidad, esta, superior a la del año anterior (2.598.435 €) en 259.891 €. Representa, en porcentaje, un aumento de un 10 %. Los ingresos por prestación de servicios (capitulo 3) —entradas Exposición del Ninot, insignias y distinciones, patrocinadores, etc.— se estiman en 185.000 €, frente a los 139.000 € que se prevén ingresar en este capítulo en el ejercicio 2023". Y, en cuanto a los gastos, este "se reparte, principalmente, del siguiente modo: Personal 402.691 €, (importe del año anterior 329.725 €); Gastos corrientes 2.552.243,37 €, (año anterior 2.108.753 €), y 386.892 € destinados a transferencias (ejercicio 2023 se presupuestó 365.457 €)".

9 Entiéndase, la vigente LPACAP.

como por la Ley 7/1985, 2 de abril, reguladora de las Bases de Régimen Local, y el resto de normativa aplicable. El resto de su actividad se rige por las particularidades recogidas en el reglamento fallero, así como por el presente Reglamento de Régimen Interno, normas e instrucciones de la JCF y por las normas de Derecho privado: civil, mercantil o laboral".

Pues bien, en lo que se refiere al particular ámbito de la contratación pública y siguiendo el esquema de círculos concéntricos antes aludido, dado que la JCF constituye un organismo autónomo, esta entidad tiene la consideración de Administración Pública (artículo 3.2.a LCSP), de poder adjudicador (artículo 3.3.a) LCSP), y de sector público (artículo 3.1.c LCSP).

En lo atinente a su régimen jurídico, a la JCF le será extensible lo antes dicho respecto de la Administración Local, esto es, que los contratos que celebre pueden ser calificados como administrativos o privados, en función de su objeto, resultándole de aplicación, además, lo previsto en los artículos 25 y 26 LCSP.

En cuanto a su órgano de contratación, éste recae en la presidencia de la JCF y en su Consejo Rector, en aplicación analógica de los apartados 1 y 2 de la Disposición Adicional Segunda LCSP[10]. De tal forma que el órgano de contratación recaerá en la presidencia si el valor estimado de los contratos a celebrar no supera el 10 por ciento de los recursos ordinarios del presupuesto ni, en cualquier caso, la cuantía de seis millones de euros. En caso contrario, corresponderá al Consejo Rector[11].

---

10 Esta es la fundamentación que emplea la Junta Central Fallera en sus resoluciones de inicio del procedimiento de contratación. No obstante, con carácter general el órgano de contratación en los organismos autónomos suele establecerse en sus estatutos. Por ejemplo, la Junta Local Fallera de Torrent, que es un organismo autónomo local, establece de forma expresa en el artículo 10 de sus Estatutos que la presidencia será competente como órgano de contratación respecto de aquellos contratos que no sean de la competencia del Consejo Rector. Y, el artículo 15 de los citados Estatutos fija los supuestos en los que será competente este último.

11 En la práctica, y atendiendo a la información que obra en la Plataforma de Contratación del Sector Público, ninguno de los contratos celebrados por la Junta Central Fallera supera los umbrales establecidos en el apartado 1 de la Disposición Adicional Segunda LCSP, por lo que el órgano de contratación ha sido siempre la presidencia executiva.

3. *Las Juntas Locales Falleras*

Al igual que en el Ayuntamiento de València está la JCF como organismo encargado de organizar y coordinar las comisiones falleras, en las restantes entidades locales que celebran Fallas también existen entidades con funciones similares: son las juntas locales falleres. En efecto, se trata de entidades cuya principal finalidad es la de ejercer funciones de índole rectora, directiva y de coordinación de las comisiones falleras, en relación con las actividades de carácter fallero que se celebren en el correspondiente municipio.

En cuanto a su naturaleza, debemos indicar que no todas las juntas locales falleras revisten la forma de organismo autónomo local. Ciertamente, existen entidades que tienen naturaleza de organismo autónomo local (*e.gr.,* la Junta Local Fallera de Torrent o la de Dénia). En estos casos, desde la perspectiva de la contratación pública, a estas entidades les será aplicable el mismo régimen que a la JCF, esto es, tienen la consideración de Administración Pública (artículo 3.2, a) LCSP), de poder adjudicador (artículo 3.3, a) LCSP), y de sector público (artículo 3.1, c) LCSP).

Ahora bien, existen juntas locales falleras que no tienen naturaleza de organismo autónomo local, sino que revisten otras formas jurídicas, como la de asociaciones culturales (*e.gr.,* las Juntas Locales Falleras de Silla y de Xàtiva); o la de federaciones (*e.gr.,* la Junta Local Fallera de Sagunto). En estos supuestos, las Juntas Locales Falleras —ya sea bajo la forma de asociación cultural o de federación— quedan fuera del ámbito subjetivo de aplicación LCSP pues no se identifican con ninguna de las categorías o realidades subjetivas que integran el concepto de sector público previsto en el artículo 3.1 de esta Ley.

4. *Las Comisiones falleras*

En la actualidad, si bien es cierto que los Ayuntamientos constituyen los principales promotores de espectáculos y fiestas, no lo es menos que la sociedad civil —a través de agrupaciones y comisiones de fiestas— también ejerce un papel esencial, particularmente, por su capacidad de gestión y de organización[12]. Las comisiones falleras constituyen un claro ejemplo de ello.

---

[12] Solà i Cabanes, F.: "Las asociaciones culturales y las comisiones de fiestas: régimen legal, financiero y contractual", *La contratación de espectáculos y actividades culturales*

Las comisiones falleras constituyen agrupaciones de personas creadas con ánimo de apoyar, participar o patrocinar la creación de una falla. Según el artículo 2.1 del RF "son Comisiones de Falla las entidades, sin ánimo de lucro, formadas por un conjunto de personas que, por iniciativa propia y con la autorización de la JCF, ejercen una determinada demarcación de calles las actividades festivas y culturales orientadas a la celebración de los festejos falleros, teniendo como actividad esencial y obligatoria la *plantà* de la Falla correspondiente".

Y, en cuanto a su forma jurídica, añade el apartado 2 del citado precepto que: "La constitución y organización de las Comisiones de Falla se realizará bajo la forma jurídica que libremente estimen dotarse para determinar su personalidad jurídica, así como la consecución y defensa de sus intereses. El régimen asociativo finalmente adoptado quedará sujeto a las disposiciones legales que para las mismas establezcan las normas vigentes". Generalmente, la forma adoptada por estas entidades suele ser la de asociación cultural por lo que también quedan fuera del ámbito subjetivo de aplicación LCSP.

III. Los contratos y sus características. Especial referencia a los contratos de creación e interpretación artística y de espectáculos

1. Una aproximación a los principales contratos que se celebran en las Fallas

La organización de las Fallas supone para los distintos agentes involucrados destinar una significativa cantidad de recursos públicos a la satisfacción de necesidades que se proyectan en múltiples ámbitos y actividades; a lo que hay que sumar que los actos relacionados con la celebración de estas fiestas no solo se concentran puntualmente en un periodo de tiempo determinado —*e.gr.*, del 1 al 19 de marzo en València— sino que también se dan en otras fechas del año con la organización de distintos actos —*e.gr.*, la elección de los principales cargos falleros o la *crida*. Todo ello, con el añadido de que se celebren actividades por parte de las juntas falleras que no estén, por su objeto, estrictamente relacionadas con el ámbito fallero,

---

por las corporaciones locales, Ediciones Trea, Gijón, 2006, pág. 37.

como puede ser el caso de la organización de actividades deportivas que requieran también de la celebración de un contrato[13].

Desde la perspectiva de la contratación pública, dicha satisfacción de necesidades encuentra su reflejo en la celebración de distintos tipos de contratos. Más concretamente, y como hemos apuntado anteriormente, los contratos no solo más relevantes sino también los más utilizados en la práctica son los de servicios y suministros[14]. Sin ahondar de forma exhaustiva en cada uno de los distintos contratos que pueden darse, procederemos a continuación a citar algunos ejemplos de ellos.

Así, en lo que se refiere a los contratos de servicios, podemos identificar, entre otros, los siguientes: de alquiler, montaje, desmontaje, mantenimiento y transporte de infraestructuras de ornamentación y decoración para eventos falleros; de coordinación y servicios auxiliares necesarios para la Exposición del Ninot; de implantación, uso y mantenimiento de portal web; de catering y de restauración para diversos actos; de alojamiento para los invitados oficiales a las Fallas y acompañantes; de transporte en vehículos con conductor y conductores para los vehículos oficiales; de organización, instalación de estructuras, sonorización, iluminación y medios auxiliares; de clases formativas de tabal y dulzaina, canto y la coordinación de las mismas; de diseño, maquetación, edición e impresión de folletos, libros y otras publicaciones informativas de acontecimiento y eventos falleros; de ambulancia y seguridad y control de accesos; y de confección de indumentaria tradicional fallera[15].

En cuanto a los contratos de suministros cabe destacar, entre otros, los siguientes: de cajas de material pirotécnico; de materias primas como la arena con destino a las Comisiones falleras; de estandartes, banderines, bordados, medallas, estuches o bandas; de telas para los trajes de valenciana, manteletas y complementos y servicio de confección de trajes de valenciana; de suministro en régimen de alquiler de estructuras metálicas,

---

13 Es el caso de la Junta Central Fallera, la cual suele organizar campeonatos deportivos de pádel, futbol 7 o futbol sala, por ejemplo. Y, para ello, celebra contratos relacionados con la organización, gestión y puesta a disposición de las instalaciones necesarias para su celebración.

14 Esto se observa fácilmente en el citado Plan Anual de Contratación de la Junta Central Fallera, respecto de los ejercicios 2023 y 2024, donde consta que todos los contratados administrativos que se prevén son de servicios y suministros.

15 Todos estos contratos son de carácter administrativo, resultándoles de aplicación lo dispuesto en el artículo 25.2 LCSP, así como lo previsto en los artículos 17 y 308 a 315 del mismo texto legal.

sonorización, iluminación, medios audiovisuales y medios auxiliares para el desarrollo de actos falleros; de ramos de flor y ornamentación floral; y de suministro en régimen de alquiler de infraestructuras de ornamentación y decoración para eventos falleros[16].

Junto a los mencionados contratos de servicios y suministros, también podemos identificar la figura del contrato mixto, si bien su utilización es bastante menor que la de aquellos. Un ejemplo de ello es el contrato mixto de servicio de confección de trajes de valenciana, confección de los jubones de valenciana y suministro de fabricación de telas para los trajes de valenciana. Es decir, un contrato en el que, por un lado, se contienen prestaciones correspondientes a un contrato de servicios —la confección de los trajes y jubones— y, por otro lado, de suministro —adquisición de telas para la confección de la indumentaria fallera[17]. Otro ejemplo, es el contrato mixto de "suministro de material pirotécnico, baterías de disparo y de servicio de transporte, montaje, disparo y encendida de fuegos artificiales".

Si bien todos los contratos aludidos presentan una relevancia en cuanto a que satisfacen alguna necesidad para las Administraciones Locales y las juntas falleras, hay un tipo de contratos que, por su objeto, devienen consustanciales a la fiesta de las Fallas. Dicho de otro modo, sin ellos estas fiestas verían desdibujada su esencia. Se trata de aquellos contratos que tienen que ver con las actuaciones musicales o los espectáculos artísticos de pirotecnia, los cuales se engloban bajo el concepto genérico de "contratos de creación e interpretación artística y de espectáculos".

2. Los contratos de creación e interpretación artística y de espectáculos

2.1. Concepto y relevancia en el ámbito de las Fallas

Los contratos de "creación e interpretación artística y literaria" y "de espectáculos", más comúnmente denominados bajo el término de "contra-

---

16 De forma análoga a los contratos de servicios, los de suministros también son administrativos resultándoles de aplicación lo dispuesto en el artículo 25.2 LCSP. Y, en cuanto a su marco normativo, se rigen por lo dispuesto en los artículos 16 y 298 a 307 LCSP.

17 Estos contratos están previstos en el artículo 18, en relación con el 34.2 LCSP. En cuanto a la determinación de las normas que regirán su adjudicación, dado que se trata de un contrato con prestaciones propias de dos o más contratos de obras, suministros o servicios se atenderá al carácter de la prestación principal (artículo 18.1, a) LCSP).

tos artísticos", abarcan servicios de diversa índole relacionados mayoritariamente con la creación e interpretación en ámbitos musicales, teatrales o escénicos, y con la finalidad de satisfacer necesidades culturales, recreativas o festivas de carácter público[18]. Por sus características, generalmente son contratos de servicios, aunque también puede darse el caso de que sean de suministro[19] o incluso de concesión de servicios[20], si bien esto último resulta más infrecuente.

---

18 Valderrama Rubio, J. M.: "La contratación de espectáculos para fiestas populares", *Las Administraciones ante las fiestas y el turismo. Elementos para una discusión abierta,* Iustel, Madrid, 2024, pág. 76.

19 En el Informe 41/1996, de 22 de julio de 1996 de la Junta Consultiva de Contratación Pública del Estado (en lo sucesivo, JCCPE), se recoge en la parte dedicada a los Antecedentes, la definición que ofrece el Instituto Nacional de las Artes Escénicas y de la Música (organismo autónomo adscrito al Ministerio de Cultura y Deporte) respecto de los contratos de contenido creativo o artísticos. En particular, los conceptualiza como "aquellos en los que se contrata algo que aporta algún aspecto original al conjunto y que, por lo tanto, contribuyen a individualizar la obra o realización frente a las demás. Puede tratarse de la adquisición o alquiler de elementos únicos y originales de una producción o de la contratación de un artista o grupo artístico que aporta su labor creativa al espectáculo. Es el caso, por ejemplo, de una orquesta; como es sabido, cada versión de un mismo concierto por una orquesta distinta constituye una obra artística diferente. Otro ejemplo es el alquiler de una escenografía ya construida o de un vestuario ya confeccionado, pues ambos llevan incorporada la idea de su creador y, normalmente, son únicos pues no se realizan casi nunca más de una vez".

20 En el Informe 84/2021, la JCCPE se pronuncia en relación a la cuestión de si las licitaciones para la organización de los festejos taurinos deberían tramitarse como contratos de concesión de servicios, como contratos de servicios, como contratos privados, e incluso como contratos administrativos especiales. A este respecto, señala el citado órgano consultivo lo siguiente: "En relación con la cuestión concerniente a la naturaleza jurídica del contrato ya señalamos en consultas anteriores (Informe 87/2018) que este tipo de prestaciones pueden encajar en la figura del contrato de servicios o incluso en la de las concesiones de servicios. Como indicamos entonces "el elemento diferenciador entre las concesiones y los contratos de servicios estriba en muchos casos en su peculiar sistema de retribución, consistente en el derecho a explotar el servicio o en dicho derecho acompañado de un pago, unido a la asunción por el contratista del riesgo operacional en la prestación del servicio. (…) Teniendo en cuenta la amplia delimitación del objeto contractual del contrato de servicios, la prestación consistente en la organización de espectáculos taurinos tampoco debe ser calificada a día de hoy como contrato administrativo especial, sino que, a pesar de que pueden aparentemente seguirse cumpliendo las condiciones que tradicionalmente hemos predicado de la categoría de contratos administrativos especiales, deben calificarse como un contrato de

La relevancia de este tipo de contratos en la organización y celebración de las Fallas es más que patente dado el carácter festivo y participativo de las mismas. En este sentido, la música o la pirotecnia devienen elementos inescindibles de esta fiesta, por lo que la contratación de estas necesidades reviste una especial relevancia para los Ayuntamientos y las juntas falleras. Fijémonos, a modo de ejemplo, en las denominadas *mascletaes* que se celebran en la Plaza del Ayuntamiento de València, esto es, los espectáculos pirotécnicos que se ejecutan a mediodía cada uno de los días que van desde el 1 de marzo hasta el 19 de marzo y en torno a los cuales se reúnen miles de personas. Otro ejemplo es la necesidad de contratar bandas o agrupaciones musicales para acompañar a las distintas comisiones en la celebración de la ofrenda a la virgen o en los continuos pasacalles que se realizan. Actos que revisten una significación y popularidad evidente y que, por tanto, desde el ámbito de la contratación pública, requieren de una respuesta adecuada por parte de las Administraciones Públicas.

2.2. Naturaleza y régimen jurídico

La naturaleza de los contratos de creación e interpretación artística y literaria y de espectáculos no ofrece actualmente duda alguna. Efectivamente, conforme establece el artículo 25.1.a.1° LCSP, tendrán carácter privado los contratos de servicios que tengan por objeto servicios financieros y los que tengan por objeto la creación e interpretación artística y literaria y los de espectáculos. Por tanto, el mencionado precepto los califica de forma clara y expresa como de privados.

Para el Consejo de Estado, estos contratos "se definen (...) por exclusión, al decir que son privados los que tienen un objeto distinto de los administrativos y los celebrados por entidades del sector público que no poseen

---

servicios o como un contrato de concesión de servicios. Será la definición de los términos del contrato la que permita al exégeta optar por una u otra solución en cada caso, sin que sea posible dar una solución general y única. Esta conclusión es, por demás, congruente con la evolución de la legislación española sobre contratos públicos, en la cual se observa una pérdida de importancia de los contratos administrativos especiales, que si bien se han mantenido en el vigente texto legal, aparentan ser ahora una categoría cuasi residual en la práctica cuya definición tiene una peculiaridad característica que impide que califiquemos de contrato administrativo especial a aquel que pueda incardinarse en un contrato administrativo típico, como es el caso que se nos plantea".

la condición ni de Administraciones públicas, ni de poder adjudicador"[21]. Por su parte, la JCCPE los conceptualiza "como una excepción a la calificación como contratos administrativos de los contratos de servicios que celebran las Administraciones Públicas. Si el legislador no hiciese esta excepción serían calificados sin dificultad como contratos administrativos de servicios. La excepción hace que podamos calificar a estos servicios como contratos privados a los efectos de la determinación de su régimen jurídico calificados como contratos administrativos de servicios"[22].

Si bien este reconocimiento explícito como contratos de naturaleza privada ya se encontraba previsto en el artículo 20.1 de la ya derogada Ley 30/2007, de 30 de octubre, de Contratos del Sector Público —como también en su correlativo del Real Decreto Legislativo 3/2011, de 14 de noviembre, por el que se aprueba el texto refundido de la Ley de Contratos del Sector Público (en adelante, TRLCSP)—[23], no deja de ser la positivización de un criterio hermenéutico adoptado y consolidado durante más de tres décadas por parte de la doctrina, especialmente, de la ahora denominada JCCPE[24].

---

21 Dictamen 1116/2015, de 10 de marzo de 2016, del Consejo de Estado.

22 Informes 7/2018, de 2 de julio y 36/2018, de 18 de julio, de la JCCPE.

23 En la anterior norma, esto es, la también derogada Ley 13/1995, de 18 de mayo, de Contratos de las Administraciones Públicas, la definición de los contratos privados no incluía de forma expresa los contratos de creación e interpretación artística y literaria y de espectáculos.

24 Podemos considerar que esta doctrina comienza con el Informe 31/1996, de 30 de mayo, en el que la por entonces Junta Consultiva de Contratación Administrativa del Estado, en relación con una consulta en la que se preguntaba acerca del carácter administrativo o privado de los festejos taurinos, orquestas musicales y artistas, así como también acerca de la necesidad de tramitar algún procedimiento administrativo, señalaba lo siguiente: "Esta Junta Consultiva entiende que estos contratos (...) tienen que ser calificados de contratos privados de la Administración conforme al artículo 5.3 de la Ley de Contratos de las Administraciones Públicas que atribuye tal carácter a todos los contratos que no puedan configurarse como contratos administrativos típicos (artículo 5.2.a), ni como contratos administrativos especiales (artículo 5.2.b) por no reunir los requisitos y características establecidos en dicho artículo y apartado. El régimen jurídico de los contratos privados lo establece el artículo 9 de la propia Ley, remitiéndose a falta de normas especiales en la preparación y adjudicación a los preceptos de la Ley y, en cuanto a sus efectos y extinción, a las normas de Derecho privado, resultando así en cuanto al extremo concreto consultado, que sería necesaria la utilización de los concretos procedimientos de adjudicación de la legislación de contratos de las Administraciones Públicas, entre los que, por sus características especiales, podrá

La calificación de un contrato como de administrativo o privado tiene importantes consecuencias en lo que a su régimen jurídico se refiere. En este sentido, conviene traer a colación el artículo 26.2 LCSP, cuyo tener literal es el siguiente:

> "Los contratos privados que celebren las Administraciones Públicas se regirán, en cuanto a su preparación y adjudicación, en defecto de normas específicas, por las Secciones 1.ª y 2.ª del Capítulo I del Título I del Libro Segundo de la presente Ley con carácter general, y por sus disposiciones de desarrollo, aplicándose supletoriamente las restantes normas de derecho administrativo o, en su caso, las normas de Derecho privado, según corresponda por razón del sujeto o entidad contratante. En lo que respecta a sus efectos, modificación y extinción, estos contratos se regirán por el Derecho privado.
>
> No obstante lo establecido en el párrafo anterior, a los contratos mencionados en los números 1.º y 2.º de la letra a) del apartado primero del artículo anterior, les resultarán de aplicación, además del Libro Primero de la presente Ley, el Libro Segundo de la misma en cuanto a su preparación y adjudicación. En cuanto a sus efectos y extinción les serán aplicables las normas de Derecho privado, salvo lo establecido en los artículos de esta Ley relativos a las condiciones especiales de ejecución, modificación, cesión, subcontratación y resolución de los contratos, que les serán de aplicación cuando el contrato esté sujeto a regulación armonizada".

Esta disposición refleja la denominada doctrina clásica de los "actos separables", según la cual la naturaleza privada del contrato que se analiza no impide que su preparación y adjudicación se sometan a las pertinentes normas de Derecho administrativo[25]. Dicho en otras palabras, tanto la preparación como adjudicación del contrato reciben el mismo tratamiento que los contratos administrativos, aunque sean de naturaleza privada. En cambio, los efectos, cumplimiento y extinción estarán sometidos a las normas de Derecho privado; con la salvedad de que, en caso de ser un contrato sujeto a regulación armonizada las condiciones especiales de ejecución, modificación, cesión, subcontratación y resolución de los contratos se regirán por el Derecho administrativo.

---

ser objeto de frecuente utilización el procedimiento negociado, equivalente a la antigua contratación directa". Posteriormente, le seguirían los Informes 35/1996, de 30 de mayo; 41/1996 de 22 de julio; 67/1996, de 18 de diciembre; 4/1998, de 2 de mayo; y 50/2006, de 11 de diciembre, entre otros.

25 En cuanto a la doctrina de los actos separables, merece la pena destacar por su claridad expositiva la STS (Sala de lo Contencioso) de 23 de enero de 1987, FJ2º.

IV. Los procedimientos de adjudicación. Especial referencia al procedimiento negociado sin publicidad

1. Breves notas sobre los procedimientos de adjudicación y su utilización en el marco de los contratos celebrados a propósito de las Fallas

La adjudicación de los contratos constituye una fase esencial en la contratación pública, ya que por medio de ella el órgano de contratación —una vez completado y aprobado el correspondiente expediente—, procede a la selección del contratista. De esta manera, el procedimiento de adjudicación se nos presenta como el cauce idóneo a través del cual se estructura y organiza la elección de quien ejecutará el contrato de acuerdo con lo previsto en los pliegos. En un sentido similar, el procedimiento también puede definirse como el medio para alcanzar un determinado fin conforme a determinados principios, como son los de igualdad, transparencia, objetividad y eficiencia. Sin este medio, los principios aludidos quedarían desprotegidos, lo que podría conducir a un peligroso alejamiento de las necesidades reales que demandan la atención del sector público en pos de otros intereses[26].

La adjudicación de los contratos de las Administraciones Públicas queda prevista en la Sección 2ª del Capítulo I del Título I del Libro II LCSP. Esta regulación, si bien mantiene en buena medida lo prescrito por el ya derogado TRLCSP, incorpora algunas novedades que pivotan en torno a tres ejes fundamentales: simplificación, transparencia e innovación[27]. El artículo 131 LCSP recoge cinco procedimientos de adjudicación distintos, que son clasificados en ordinarios o extraordinarios en función de si se

---

26 Royo Manero, M. T.: "Los procedimientos de adjudicación de contratos públicos", *Revista Aragonesa de Administración Pública*, núm. extra. 18, 2018, pág. 356.

27 Hernando Rydings, M.: "Procedimientos de contratación y su incidencia en las entidades locales: principales novedades", *Anuario del Gobierno Local*, núm. 1, 2018, pág. 133. En concreto, afirma esta autora: "en aras de simplificar trámites y configurar procedimientos más eficientes, se han incluidos dos nuevas vertientes en el procedimiento abierto: la simplificada y la que denominaremos supersimplificada. También se incluyen medidas destinadas a fomentar una mayor transparencia en los procedimientos, como ocurre con la eliminación del procedimiento negociado sin publicidad por razón de la cuantía y del protagonismo que en el ámbito de los procedimientos con negociación se atribuye a esta última, o con las importantes limitaciones que se prevén respecto de los contratos menores. Y, por último, con el fin de fomentar la innovación, se incluye también el nuevo procedimiento de asociación para la innovación".

respetan o no los principios de publicidad y concurrencia[28]. En efecto, mientras que en los ordinarios se respetan estos principios, en los extraordinarios se produce una merma de los mismos[29].

Dentro de los ordinarios encontramos: por un lado, el procedimiento abierto y sus modalidades —simplificado y supersimplificado—; y, por otro lado, el procedimiento restringido (artículo 131.2.1º LCSP). Y, en la categoría de procedimientos extraordinarios distinguimos el procedimiento negociado, con y sin publicidad, el diálogo competitivo y la asociación para la innovación (artículo 131.2.2º LCSP).

Junto a los procedimientos anteriores, el precitado artículo 131 LCSP contempla una serie de reglas especiales que excepcionan la aplicación de los procedimientos de adjudicación[30]. Así, en el apartado 3 se alude al contrato menor. Conforme prescribe este apartado, estos contratos "podrán adjudicarse directamente a cualquier empresario con capacidad de obrar y que cuente con la habilitación profesional necesaria para realizar la prestación, cumpliendo con las normas establecidas en el artículo 118". Por su parte, el apartado 4 hace referencia a los contratos relativos a la prestación de asistencia sanitaria en supuestos de urgencia y con un valor estimado inferior a 30.000 euros; y, finalmente, el apartado 5, alude a los concursos de proyectos.

Descendiendo de lo general a lo particular, si examinamos las licitaciones de los distintos contratos de servicios y suministros que se efectúan a propósito de las Fallas observamos que la figura más utilizada es el procedimiento abierto y, más concretamente, el abierto simplificado. Este dato no debería sorprendernos pues simplemente reproduce para el ámbito de las Fallas un patrón que se observa a nivel general y es que el procedimiento

---

28 Entre la doctrina, el número total de procedimientos de adjudicación suele variar entre 5 o 6, dependiendo de si se incluye o no como un procedimiento propio el negociado sin publicidad. Esta discordancia puede deberse, quizás, al hecho de que la propia LCSP identifique solo cinco procedimientos —como expresamente señala en su preámbulo—, incluyendo, por consiguiente, el negociado sin publicidad como una mera variante del negociado; en cambio, la Directiva 2014/24/UE opta por considerar al negociado sin publicidad como un procedimiento distinto del negociado.

29 Canales Gil, A. y Huerta Barajas, J. A.: *Comentarios a la Ley 9/2017...*, op. cit., pág. 366.

30 Hernando Rydings, M.: "Procedimientos de contratación y su incidencia...", op. cit., pág. 135.

más empleado en nuestro país es el abierto y abierto simplificado[31]. La utilización preponderante de esta última modalidad también resulta, en cierto modo, lógica dado que la mayor parte de las contrataciones que se realizan en el ámbito fallero se corresponden con servicios y suministros de bajos importes.

Por otro lado, y en línea con la relativa escasa cuantía que suele caracterizar muchas de estas contrataciones, también debemos indicar la utilización del contrato menor en aquellos contratos de suministro o de servicios cuyo valor estimado sea inferior a 15.000 euros (artículo 118.1 LCSP). Ahora bien, también esta figura se emplea con asiduidad en los denominados contratos artísticos.

Efectivamente, los contratos menores han sido un instrumento recurrente para contratar actuaciones artísticas a nivel local, especialmente por la baja cuantía y duración de estas, así como por la flexibilidad y rapidez que ofrece. Así, es recurrente la contratación por parte de las juntas falleras de bandas de música para actuar en distintos actos. La utilización de este medio en los contratos artísticos suscitó debate con la entrada en vigor LCSP, pues la redacción del artículo 118 planteaba dudas acerca de si esta figura solo era aplicable a los contratos típicos de obra, servicios y suministro[32]. No obstante, la JCCPE ha tenido ocasión de pronunciarse en diversas consultas planteadas a propósito de esta cuestión, concluyendo que nada impide la aplicación del contrato menor a los contratos artísticos cuyo valor estimado sea inferior a los 15.000 euros[33].

Otro de los aspectos problemáticos que puede conllevar la utilización del contrato menor en los contratos artísticos tiene que ver con aquellos supuestos en los que el órgano de contratación tiene en mente celebrar ese mismo contrato con periodicidad anual. Es el caso, por ejemplo, de la celebración de un contrato menor con la misma banda de música para que actúe en un determinado acto fallero año tras año. Y es que, como se

---

[31] En 2023, en España el procedimiento más utilizado para licitar era el procedimiento abierto, que absorbe el 76,14% del importe económico (de ellos, 5,58 puntos porcentuales corresponden a modalidad simplificada) y el 60,59% en número de procedimientos (repartiéndose prácticamente por mitades entre las dos modalidades abierto y abierto simplificado). *Vid.* Informe "Las Cifras de la...", op. cit., pág. 177.

[32] Valderrama Rubio, J. M.: "La contratación de espectáculos para...", op. cit., pág. 81.

[33] Informes 7/2018, de 2 de julio; 36/2018, de 18 de julio; y 84/2021, de 5 de abril de 2022, entre otros.

pone de manifiesto en el informe 1151/2016, de 27 de abril, del Tribunal de Cuentas los contratos menores no pueden utilizarse para atender necesidades periódicas y previsibles[34].

Junto a estos procedimientos también cobra una especial relevancia el procedimiento de negociación sin publicidad el cual se utiliza, entre otros supuestos concretos, para licitar los contratos artísticos. Dado que estos contratos son empleados con bastante frecuencia en las Fallas, el procedimiento negociado sin publicidad se ha convertido en la práctica en uno de los más utilizados por los órganos de contratación, especialmente para la contratación de actuaciones musicales (*e.gr.*, las bandas de música) y de espectáculos artísticos pirotécnicos (*e.gr.*, la realización de *les mascletaes*).

2. El procedimiento negociado sin publicidad y su aplicación a los contratos artísticos

2.1. Supuesto habilitante, características y régimen jurídico

El recurso al procedimiento negociado sin publicidad en los denominados contratos artísticos encuentra su supuesto habilitante en el artículo 168.a.2º LCSP, que circunscribe su utilización únicamente "cuando las obras, los suministros o los servicios solo puedan ser encomendados a un empresario determinado, por alguna de las siguientes razones: que el contrato tenga por objeto la creación o adquisición de una obra de arte única no integrante del Patrimonio Histórico español o actuación artística única; que no exista competencia por razones técnicas; o que proceda la protección de derechos exclusivos, incluidos los derechos de propiedad intelectual e industrial".

El precepto citado debemos ponerlo en conexión con el artículo 170.1 LCSP, cuyo tenor literal dice: "Los órganos de contratación únicamen-

---

34 En un sentido similar, cabe mencionar el Informe 2/2022, de 27 de julio, de la junta Superior de Contratación Administrativa de la Comunitat Valenciana, el cual afirma que la "reiteración de contrataciones menores para contratos repetitivos y periódicos elude los principios de la contratación pública y por tanto entiende esta Junta que no deben mantenerse. Por lo que estima que deba realizarse un procedimiento de adjudicación con todas las garantías de publicidad, transparencia, libre acceso y libre concurrencia". De ahí que se especifique que, para supuestos previsibles y periódicos sea más adecuado "el procedimiento abierto simplificado del art. 159 LCSP, [el cual] facilita el cumplimiento de estos principios y es un procedimiento ágil y eficaz".

te harán uso del procedimiento negociado sin publicación previa de un anuncio de licitación cuando se dé alguna de las situaciones que establece el artículo 168 y lo tramitarán con arreglo a las normas que establece el artículo 169, en todo lo que resulten de aplicación según el número de participantes que concurran en cada caso, a excepción de lo relativo a la publicidad previa". De ambos preceptos podemos extraer una serie de características propias.

En primer lugar, nos encontramos ante un procedimiento cuya nota esencial es su excepcionalidad. Efectivamente, dicho carácter excepcional se debe, básicamente, a que su utilización conlleva una vulneración de los principios de publicidad y concurrencia competitiva. El primero de estos principios se ve afectado en tanto que los órganos de contratación pueden adjudicar contratos empleando el procedimiento negociado sin la previa publicación de un anuncio de licitación (artículo 168, primer párrafo LCSP). Por su parte, el principio de concurrencia competitiva se ve mermado en la medida que no existe una verdadera competencia entre diversos operadores económicos, tal y como se expone de forma expresa en el considerando 50 de la Directiva 2014/24/UE. Ciertamente, resulta imposible en estos casos promover la concurrencia porque objetivamente existe una única empresa o profesional que pueda encargarse de la ejecución del contrato[35].

Además, tal y como señala, entre otros, el Tribunal Catalán de Contratos del Sector Público en su Resolución, 13/2019, de 30 de enero "la magnitud de la lesión de los principios que supone el procedimiento negociado sin publicidad, y que la ley solo permite en casos tasados, tiene que ser proporcionada al interés público que se quiere atender y no extender la excepcionalidad más allá de lo estrictamente necesario para salvaguardar este interés (Sentencia del Tribunal de Justicia de la Unión Europea —TJUE— de 14 de junio de 2007, asunto C-6/05, apartados 60 y siguientes)".

En efecto, la quiebra de los principios antes aludidos hace que este procedimiento se utilice en supuestos tasados, esto es, en "casos con especialidades o alternativos a la regla general en la que se encuadra la mayoría de necesidades que se puedan satisfacer dentro de la Administración

---

35 Informe 2/2016, de 6 de abril, de la Junta Consultiva de Contratación Administrativa de la Generalitat de Cataluña e Informe 3/2018, de 25 de mayo, de la Junta Consultiva de Contratación Administrativa de la Comunidad de Madrid, entre otros.

Pública”[36], siendo uno de ellos el que la contratación solamente pueda encomendarse a un único empresario o profesional.

Igualmente, como ha venido señalando la doctrina en reiteradas ocasiones, el carácter excepcional del procedimiento negociado sin publicidad exige “una interpretación restrictiva de los supuestos en los que se permite su utilización, de lo que deriva la interdicción de una interpretación más allá de los supuestos expresamente previstos en la normativa y la carga de la prueba para el órgano de contratación de que concurre la situación de exclusividad que origina la procedencia de utilizar este procedimiento y que ha de justificarse adecuadamente en el expediente”[37].

En un sentido similar, el Tribunal Administrativo de Recursos Contractuales de Andalucía, en su Resolución 196/2019, de 19 de junio, afirma que: “En consecuencia dicho procedimiento debe ser objeto de una interpretación restrictiva y, en todo caso su aplicación está sujeta a dos requisitos acumulativos, por una parte, que existan razones técnicas, artísticas o de derechos de exclusividad y, por otra parte, que esas razones hagan *absolutamente necesaria* la adjudicación del contrato a una empresa determinada”.

Corolario de lo anterior es que el órgano de contratación ha de justificar debidamente la aplicación de este procedimiento excepcional al caso concreto y, más concretamente, que solo exista una empresa que pueda encargarse de la ejecución del contrato[38]. Precisamente, esta necesidad de justificación se pone de manifiesto en el del artículo 28.1 LCSP, al prescribirse que “la naturaleza y extensión de las necesidades que pretenden cubrirse mediante el contrato proyectado, así como la idoneidad de su objeto y contenido para satisfacerlas, cuando se adjudique por un procedimiento abierto, restringido o negociado sin publicidad, deben ser determinadas con precisión, dejando constancia de ello en la documentación preparatoria, antes de iniciar el procedimiento encaminado a su adjudicación”.

---

[36] Royo Manero, M. T.: “Los procedimientos de adjudicación…”, op. cit., pág. 365.

[37] Informes 8/2023, de 18 de julio y 11/2004, de 7 de junio, de la Junta Consultiva de Contratación Pública del Estado.

[38] La Resolución 195/2017, de 2 de octubre, del Tribunal Administrativo de Recursos Contractuales de Andalucía señala expresamente a este respecto que: “para acudir al supuesto legal de procedimiento negociado previsto en el artículo 170 d) del TRLCSP, es necesario que el órgano de contratación justifique y acredite que es imposible promover la concurrencia porque objetivamente solo existe una empresa que pueda encargarse de la ejecución del contrato”.

Como señala el Tribunal Administrativo Central de Recursos Contractuales en su Resolución 307/2020, de 5 de marzo, la exclusividad debe justificarse tanto en la forma como en el fondo. En cuanto a la forma, el órgano de contratación debe de llevar a cabo actividades de prospección en el mercado tratando de averiguar en qué términos se podrían satisfacer las necesidades objeto de contrato. Esto supone en la práctica una ardua tarea para el órgano de contratación, pues en un determinado mercado pueden llegar a coexistir múltiples operadores económicos que podrían desarrollar la prestación objeto del contrato. No obstante, razona el tribunal que, a pesar de esa complejidad, si el órgano de contratación, una vez consultadas varias empresas del mercado, recibe una sola respuesta afirmativa en el sentido de poder ejecutar el contrato en exclusiva, podría este acudir al procedimiento negociado sin publicidad, siempre y cuando se justifique esto último mediante un informe técnico explicativo. Y es, precisamente, en este último aspecto donde encontramos la justificación en cuanto al fondo. Ciertamente, la exclusividad debe de acreditarse no solo por parte del órgano de contratación por medio de un documento técnico (*e.gr.*, la memoria justificativa), sino también por parte de la empresa adjudicataria (*e.gr.*, a través de un certificado emitido por un técnico)[39].

---

[39] La Resolución 504/2014, de 4 de julio, del Tribunal Administrativo Central de Recursos Contractuales aborda estas cuestiones de forma concreta: "Y aquí, es concretamente, donde cobra especial importancia la memoria justificativa que debe acompañar al expediente de contratación, en orden a poner de manifiesto las razones justificativas de acudir a un procedimiento negociado por esta especificidad técnica tantas veces aludida, es la memoria, repetimos, la que debe reflejar con claridad suficiente que este contrato no puede desenvolverse en los trámites del procedimiento abierto, sino que requiere un adjudicación directa, sin perjuicio de la previa negociación, y ello por existir tan solo un contratista competente, por razones técnicas para la prestación del servicio requerido (...). Entendemos que respecto de esta memoria deben ser destacados algunos aspectos esenciales, así, de un lado, señala el informante o redactor de la memoria, la existencia del certificado en el que la empresa justifica que es la única que puede desarrollar el objeto del contrato, al ser la entidad fabricante del mismo, certificado éste, el mencionado, respecto del cual, sin perjuicio de entenderlo como necesario, ya que si ni la propia empresa se responsabiliza o mejor, declara ser la única que puede realizar el contrato, mal se puede utilizar este procedimiento que parte de una especificidad técnica, debemos señalar, como decíamos, respecto de este certificado emitido por la propia empresa adjudicataria por especificidad, que no es, ni mucho menos suficiente a estos efectos, al ser necesario, esencialmente, un certificado emitido por un técnico propio". Y, en términos similares, la citada Resolución 196/2019, de 19 de junio del Tribunal Administrativo de Recursos Contractuales de Andalucía, señala lo siguiente: "la doctrina manifiesta reiterada-

Otro de las notas características de este procedimiento es que su tramitación se rige por las reglas previstas en el artículo 169 LCSP para el procedimiento negociado con publicidad. Así pues, este procedimiento se inicia con la invitación, puesto que no hay anuncio de licitación (artículo 170.1 LCSP). Acto seguido, se realiza la negociación, lo que significa que los poderes adjudicadores consultan con los operadores económicos de su elección y negocian las condiciones del contrato[40]. La negociación es un elemento esencial, pues sin ella el procedimiento resultaría ilegal y estaría viciado de nulidad de pleno derecho[41]. Ahora bien, quedan excluidos de la negociación los requisitos mínimos de la prestación objeto del contrato y los criterios de adjudicación (artículo 169.5 LCSP). Finalmente, se adjudica el contrato.

En consecuencia, y haciendo un recopilatorio de lo expuesto anteriormente, podemos concluir que el procedimiento de negociación sin publicidad por exclusividad, es decir, por el supuesto previsto en el artículo 168.a.2º LCSP, se identifica desde una perspectiva material por su carácter excepcional, de tal forma que este cauce procedimental sólo se aplicará en supuestos tasados, en el particular, cuando únicamente exista un empresario o profesional al que pueda encargársele el trabajo, sea por razones técnicas, artísticas o de exclusividad de derechos, circunstancia que, por lo demás, exigirá una interpretación restrictiva además de una justificación adecuada. Y, desde una vertiente formal, por su sujeción a las reglas contenidas en el artículo 169 LCSP, esto es, las propias del procedimiento de negociación con publicidad.

2.2. La situación de exclusividad y su problemática

Generalmente, en los denominados contratos artísticos se recurre al procedimiento negociado sin publicidad por razones de exclusividad,

---

mente que no puede considerarse suficiente la existencia de una declaración responsable o certificado de exclusividad de la misma empresa, sino que es necesario que el órgano de contratación justifique y acredite la exclusividad por razones técnicas o que un órgano externo declare lo certifique tal circunstancia".

40 Razquin Lizarraga, M. M.: "Los procedimientos de adjudicación con negociación", *Gabilex: Revista del Gabinete Jurídico de Castilla-La Mancha,* núm. extra., 2019, págs. 289 y ss.

41 Recomendación 1/2016, de 20 de abril, de la Junta Consultiva de Contratación Administrativa de la Comunidad Autónoma de Aragón, relativa a la utilización del procedimiento negociado.

cuando se considera que, para un determinado caso en concreto, concurre una "actuación artística única", de conformidad con lo dispuesto en el artículo 168.a.2º LCSP. En la práctica, no obstante, el recurso a este procedimiento ha suscitado una cierta controversia. En efecto, lejos de ser una cuestión plenamente pacífica, la interpretación que se ha hecho del concepto de "actuación artística única" ha dado lugar a pronunciamientos distintos entre la doctrina[42].

Así, la JCCPE se pronunció de manera temprana sobre esta cuestión en su Informe 41/1996, de 22 de julio, al señalar que "las razones artísticas son suficientes para considerar que sólo puede encomendarse el objeto del contrato a un único empresario, pues una interpretación contraria dejaría vacío de sentido el precepto u obligaría a una labor ímproba de determinar cuándo una obra artística puede ser llevada a cabo o no por otro artista o empresario, introduciendo un elevado grado de inseguridad jurídica". Y concluye afirmando que en los contratos de contenido creativo o artístico "será utilizable frecuentemente, por razones artísticas, el procedimiento negociado sin publicidad".

De lo anterior se colige que el mero hecho de que nos hallemos ante un contrato artístico es razón suficiente para apreciar la alegada exclusividad y, por tanto, poder recurrir al procedimiento negociado sin publicidad. En otras palabras, que la exclusividad es un elemento consustancial al propio carácter de estos contratos, sin necesidad de acreditar debidamente la concurrencia de aquella por parte del órgano de contratación[43]. En suma, que toda actuación artística *per se* es susceptible de ser encomendada a un único empresario sin necesidad de probar la exclusividad del mismo. Esta postura interpretativa ha sido igualmente acogida por diferentes órganos consultivos, quienes han venido considerando que las razones artísticas son suficientes para encomendar un contrato a un solo empresario[44].

Con el tiempo, empero, esta tesis ha venido observando una cierta modulación. Así, por ejemplo, la propia JCCPE en el Informe 11/2004, de 7 de junio, señala expresamente que "esta causa justificadora del procedi-

---

42 Valderrama Rubio, J. M.: "La contratación de espectáculos para…", op. cit., pág. 86

43 *Ibíd.*, pág. 87.

44 *Vid.*, entre otros, el Informe 8/2017, de 21 de junio, de la Junta Consultiva de Contratación Administrativa de la Comunidad de Aragón; o el Informe 1/2019, de 25 de enero, de la Junta Consultiva de Contratación de la Comunidad Autónoma de Extremadura.

miento negociado no reside en el carácter artístico del trabajo, sino en que únicamente haya un empresario o profesional al que pueda encargársele el trabajo, sea por razones técnicas, artísticas o de exclusividad de derechos".

Igualmente, en el Informe 35/2006, de 30 de octubre, se afirma que la concurrencia de razones artísticas que hacen que solamente un empresario pueda llevar a cabo el contrato "es una cuestión de prueba o justificación que habrá de constar necesariamente en el expediente de contratación, sin que puedan darse reglas generales que permitan ser aplicadas a todos los supuestos que puedan presentarse".

Y, en similares términos, el Informe 52/2006, de 11 de diciembre, concluye que el procedimiento negociado sin publicidad "procede cuando exista un solo empresario al que pueda encomendarse la ejecución del contrato y no por simples alegaciones indeterminadas de necesidad o conveniencia por razones artísticas, técnicas o por derechos de exclusividad".

Por tanto, con las aseveraciones anteriores la JCCPE está afirmando *de facto* que el carácter artístico del contrato ya no es razón suficiente para encomendar un contrato a un solo empresario, sino que es necesaria una debida justificación por parte del órgano de contratación. A esta misma conclusión llega el Tribunal Administrativo Central de Recursos Contractuales en su Resolución 574/2018, de 12 de junio, al sostener que "esta causa justificadora del procedimiento negociado no reside en el carácter artístico del trabajo, sino en que únicamente haya un empresario o profesional al que pueda encargársele el trabajo, sea por razones técnicas, artísticas o de exclusividad de derechos".

No obstante, será a propósito de algunas actuaciones artísticas concretas, como las relativas a orquestas y bandas de música, donde más patente se hará sentir tal matización doctrinal. En este sentido, en lo que se refiere a las actuaciones orquestales conviene citar el Informe 72/2018, de 15 de julio de 2019, de la Junta Consultiva de Contratación Pública del Estado, el cual afirma, entre otras cosas, lo siguiente: "la prestación ofrecida por una orquesta puede tener diferente naturaleza según los casos, pues bien puede pensarse en una actuación investida de un alto grado de originalidad y especialidad en su interpretación o en otros supuestos en que tales circunstancias no concurran. Cuando la ley autoriza a emplear el procedimiento negociado sin publicidad en estos casos es porque ese alto grado de originalidad y especialidad de una obra o interpretación artística individualiza la prestación de tal modo que no es posible encomendarla a otro contratista. Pero obviamente no en todos los casos concurre esta circunstancia".

Y, en relación con las bandas de música, el Informe 1/2020, de 25 de febrero, de la Junta Superior de Contratación Administrativa, afirma que "la posibilidad de acogerse a este precepto en un supuesto como el planteado en la consulta del Ayuntamiento exigiría que las actuaciones efectuadas por la banda de música tengan ese carácter de interpretaciones artísticas únicas o que la banda tuviera derechos exclusivos sobre su realización, bien por tratarse de creaciones artísticas propias o bien por haber adquirido esos derechos en virtud de un negocio jurídico celebrado previamente"; circunstancias que no concurrían en el caso objeto de consulta, puesto que como se indica en la conclusión final "no es posible justificar que tales servicios solo puedan ser encomendados a dicha banda".

En consecuencia, podemos concluir a la vista de la doctrina citada que, para aplicar el artículo 168.a.2º LCSP, no basta con que el contrato sea calificado de artístico, sino que es necesario que exista solamente un único empresario o profesional al que pueda encomendársele el contrato. Y es precisamente aquí, donde mayores dificultades encontramos. Ciertamente, resulta complejo valorar y concluir que para una determinada prestación —como pueda ser una actuación musical o pirotécnica— solamente existe una única solución empresarial. Para efectuar dicha valoración debemos fijar algún elemento que nos permita acreditar de forma válida tal exclusividad. Según la doctrina, dicho elemento podría ser el alto grado de originalidad y especialidad que presenta la actividad artística desarrolla por la contratista, aunque también podrían alegarse otros como, por ejemplo, la existencia de derechos registrados o la especial singularidad de la actuación.

2.3. El caso particular de los contratos de espectáculos artísticos pirotécnicos

Al igual que ocurre con las bandas de música y las orquestas, el recurso al procedimiento negociado sin publicidad en el caso de los contratos de espectáculos artísticos pirotécnicos tampoco ha resultado ser una cuestión exenta de controversia. En este sentido, se discute si en estos contratos concurre de forma clara la nota de exclusividad o si, por el contrario, no existe tal elemento, debiéndose de adjudicar el contrato por medio de un procedimiento ordinario.

Como hemos dicho anteriormente, la aplicación del citado artículo 168.a.2º LCSP requiere que exista solamente un único empresario o profesional al que pueda encomendársele el trabajo. Los contratos de espectáculos artísticos pirotécnicos que se adjudican en base a este precepto suelen atribuir la exclusividad a diversos motivos. Así, se justifica, por ejemplo, en el hecho de ser un espectáculo único que no puede ser reproducido por otra empresa debido a su diseño y a la singularidad de los efectos empleados en el mismo. También se recurre a la personalidad que el director artístico imprime a sus creaciones pirotécnicas o al hecho de que existan derechos de propiedad intelectual detrás de una determinada actuación.

Aunque estos sean algunos de los argumentos esgrimidos por los órganos de contratación para defender el recurso al procedimiento negociado sin publicidad, debemos anticipar ya que estas razones no podrán emplearse siempre y en todos los casos, sino que deberemos atender a las circunstancias concretas del caso. En este sentido, creemos conveniente señalar algunas pautas que, a la vista de la doctrina citada anteriormente, deberían ser tomadas en consideración por los órganos de contratación a la hora de establecer el procedimiento de adjudicación en el caso de los contratos de espectáculos artísticos pirotécnicos.

En primer lugar, que la adjudicación de estos contratos debe realizarse de forma ordinaria empleando el procedimiento abierto o restringido, por lo que el recurso al procedimiento negociado sin publicidad *ex* artículo 168.a.2º LCSP, solo debe hacerse en supuestos excepcionales. Esto significa que, ante la existencia de dudas en torno a si emplear uno u otro procedimiento, lo aconsejable será optar por el procedimiento ordinario.

Y, en segundo lugar, que la exclusividad debe traer causa del hecho de que solamente exista un único empresario o profesional que, por razones artísticas, pueda llevar a cabo la prestación. Precisamente, dichas razones artísticas han de hacer absolutamente necesaria la adjudicación del contrato a un operador en concreto. Y, ese elemento de necesidad debe de justificarse debidamente, en el sentido de que el espectáculo pirotécnico que se va a realizar tiene que ser de tales características que solamente una empresa pueda ejecutarlo, ya sea por su especial singularidad, originalidad, personalidad o carácter.

Sin embargo, esto último va a resultar ciertamente difícil de justificar en la práctica. En efecto, argumentar que la exclusividad se basa en la originalidad o singularidad del espectáculo no implica necesariamente que solo una empresa pueda llevar a cabo el mismo. Por el contrario, la necesidad de celebrar un espectáculo pirotécnico puede ser satisfecha por diversos profesionales quienes, por lo demás, ejecutarán la obra de una forma distinta y, si se quiere, con una originalidad, singularidad y personalidad diferentes.

No obstante, existen supuestos en los que está más que justificada la aplicación del procedimiento negociado sin publicidad. Es el caso, por ejemplo, de que existan derechos exclusivos sobre su realización, bien por tratarse de creaciones artísticas propias o bien por haber adquirido esos derechos previamente.

Otro supuesto es la celebración de concursos para elegir el artista que debe ejecutar la prestación, como ocurre con el proceso de selección de proyectos para la realización y el montaje de las fallas grande e infantil que el Ayuntamiento de València celebra cada año.

Este cauce permite la participación de artistas falleros para que presenten sus propuestas creativas y artísticas. Una vez presentados los proyectos el comité de selección, en base a los criterios de valoración establecidos, seleccionará la propuesta de falla para posteriormente elevar propuesta a la Junta de Gobierno Local. Así, seleccionado el profesional, se le adjudicará el contrato de servicio para la realización y montaje de la falla. Este método de elegir al artista fallero encargado de realizar las fallas de la Plaza del Ayuntamiento de València constituye, en cierto modo, una forma de racionalización de la exigencia del alto grado de originalidad, singularidad, personalidad o carácter al que aludíamos anteriormente. De hecho, si observamos las bases podemos observar cómo la originalidad, el carácter satírico, la calidad compositiva y espacial o el empleo de recursos que favorezcan la interacción de la obra con el público, son elementos que son tomados en consideración por el comité a efectos de seleccionar la obra[45].

Por consiguiente, en nuestra opinión los contratos de espectáculos artísticos pirotécnicos deberían adjudicarse con carácter general mediante un procedimiento ordinario, ya sea abierto o restringido; y, solamente en casos específicos —de acuerdo con lo dispuesto en el artículo 168.a.2º LCSP— acudir al procedimiento negociado sin publicidad. Dichos casos serían básicamente cuando existan derechos registrados o cuando en el expediente de contratación ha quedado debidamente acreditado que concurre un alto grado de originalidad, especialidad o singularidad en la obra artística a ejecutar por la empresa pirotécnica, lo cual deberá ser justificado tanto por parte del propio órgano de contratación como por la empresa adjudicataria.

---

45 Base 7, relativa a los criterios de selección, de las Bases del proceso de selección de proyectos para la realización y el montaje de las Fallas Grande e Infantil del Ayuntamiento de Valencia ara el año 2021.

V. Los convenios y los patrocinios

Más allá de la celebración de contratos públicos, existen también otros instrumentos jurídicos bilaterales de los que se sirven las Administraciones Locales, juntas y comisiones falleras para satisfacer determinados fines. Es el caso de los contratos y de los patrocinios.

En cuanto a los convenios, su utilización es recurrente por parte de los Ayuntamientos y juntas falleras en la medida en que les permite colaborar en ámbitos diversos. El convenio, no obstante, no podrá tener por objeto prestaciones propias de los contratos. En tal caso, su naturaleza y régimen jurídico se ajustará a lo previsto en la legislación de contratos del sector público (artículos 47.1.3° LRJSP y 6.2 LCSP).

Así, encontramos convenios de colaboración con agrupaciones o comisiones para la organización, ejecución y realización de diversas actividades de índole fallera. Este tipo de convenio es el más común en la práctica y consiste en que, a cambio de la satisfacción de una cuantía económica, la asociación se encargue de gestionar y organizar las diversas actuaciones que integran la fiesta (*e.gr.*, exaltación de falleras, procesión cívica, pasacalles, ofrendas florales, etc.). En algunos casos las actividades a realizar por la agrupación o comisión se enumeran detalladamente en el convenio; en otros, simplemente se refieren en términos vagos. En la mayoría de los casos, estos convenios constituyen el instrumento por medio del cual se formaliza una subvención.

También observamos esta figura con motivo de otros fines. Es el caso de los convenios de colaboración para la contratación de pólizas de seguro para Fallas, en los cuales el Ayuntamiento en cuestión hace entrega de una cantidad dineraria a una agrupación fallera a cambio de que ésta la entregue y distribuya a cada una de las comisiones que la soliciten para financiar la suscripción de las pólizas de seguro de Responsabilidad Civil y de Accidentes. En cuanto al régimen jurídico, a estos convenios también les es de aplicación generalmente la normativa de subvenciones.

Fuera del ámbito estrictamente subvencional hallamos convenios de otra tipología como son, por ejemplo, los de colaboración para el mecenazgo del proceso de elección de Falleras Mayores y Cortes de Honor, celebrado entre la JCF y una entidad mercantil. En el caso concreto, la mercantil se compromete a realizar una actividad en interés del proceso de elección de Falleras Mayores y Cortes de Honor, a cambio de que la JCF se comprometa a difundir, por cualquier medio, la colaboración prestada por la entidad privada. A este convenio le será de aplicación lo previsto en

Ley 49/2002, de 13 de diciembre, de Régimen Fiscal de las Entidades sin ánimo de lucro e Incentivos Fiscales al Mecenazgo y en la LRJSP.

Este último ejemplo nos acerca, precisamente, a otra figura cuyos límites con los convenios de colaboración son difusos: se trata del contrato de patrocinio. El contrato de patrocinio se define en el artículo 22 de la Ley 34/1988, de 11 de noviembre, General de Publicidad, como "aquél por el que el patrocinado, a cambio de una ayuda económica para la realización de su actividad deportiva, benéfica, cultural, científica o de otra índole, se compromete a colaborar en la publicidad del patrocinador". Sobre el carácter de este contrato, la doctrina entiende que estamos ante un contrato privado y, por consiguiente, para los casos en que éste se suscriba por una Administración Pública someterá su regulación al artículo 26.2 LCSP[46]. Además, en cuanto a su adjudicación suele emplearse en muchas ocasiones tanto el procedimiento negociado sin publicidad como el contrato menor, siempre y cuando no se sobrepase la cuantía prevista en el artículo 118.2 LCSP.

Tanto los Ayuntamientos como las juntas falleras recurren a este contrato por diversos motivos. En algunos casos, se busca la obtención de ingresos, como puede ser el patrocinio de espectáculos pirotécnicos, de fiestas falleras, de exposiciones o de elecciones de las Falleras Mayores, a cambio de que la marca comercial o anagrama del patrocinador se visibilice. En otros, la actividad del patrocinio está dirigida a reducir los costes de determinados contratos, por ejemplo, mediante, la inclusión del mismo como criterio de adjudicación[47].

VI. Conclusiones

La celebración de las Fallas requiere —desde la perspectiva del Derecho— de la utilización de distintos instrumentos jurídicos para poder llevar

---

46 Como señaló el Informe 7/2018, de 27 de julio, de la Junta Superior de Contratación Administrativa de la Comunitat Valenciana, "el patrocinio publicitario de una actividad o evento por una Administración Pública no se considera comprendido entre los contratos de servicios u otros contratos típicos de los definidos en la Ley de Contratos del Sector Público", de forma que "su contratación tendrá carácter privado y su preparación y adjudicación debe efectuarse de conformidad con las normas de la Ley de Contratos del Sector Público que resulten de aplicación".

47 Razquin Lizarraga, M. M.: "La contratación pública: los Contratos Públicos Sanfermineros", *Derecho sanferminero. El derecho de los sanfermines y de otras fiestas locales*, Thomson Reuters Aranzadi, Cizur Menor, 2016, págs. 67 y 68.

a cabo de forma eficaz y eficiente las múltiples actuaciones que conforman esta festividad, siendo uno de ellos la contratación pública. Efectivamente, como hemos visto a lo largo de este capítulo la contratación pública en el ámbito de las Fallas, si bien presenta rasgos comunes con otros eventos festivos de similar naturaleza, también ofrece elementos propios y singulares que merecen nuestra atención.

Es el caso particular de los sujetos que celebran los contratos públicos donde, junto a los tradicionales Ayuntamientos encontramos también la JCF o las juntas locales falleras, quienes también pueden revestir la condición de Administración Pública a la luz de la LCSP, con todas las implicaciones que ello conlleva.

Hemos abordado, a su vez, la tipología contractual más empleada en las Fallas, siendo los contratos de servicios y suministros los más utilizados, lo cual es lógico si atendemos a la propia naturaleza de los diversos actos que conforman estas fiestas. También el contrato mixto es recurrente, pero en menor medida que los anteriores. Por otra parte, dentro del ámbito tipológico cobra un especial protagonismo el contrato de creación e interpretación artística y de espectáculos, como es el caso de los contratos de índole musical (*e.gr.*, bandas de música, orquestas, etc.) o de espectáculos pirotécnicos (*e.gr.*, *mascletaes,* castillos de fuegos artificiales, etc.). Precisamente, este análisis tipológico nos ha permitido vislumbrar el carácter prácticamente omnímodo que caracteriza a la contratación pública pues, indudablemente, la organización de las Fallas termina por infiltrarse en multitud de sectores económicos y sociales, requiriendo de la contratación de un heterogéneo elenco de servicios y suministros.

Otro de los aspectos relevantes que han merecido nuestra atención ha sido el de los procedimientos de adjudicación. En términos generales, gran parte de las contrataciones realizadas a propósito de las Fallas se adjudican por medio de los llamados procedimientos ordinarios —principalmente, el abierto y abierto simplificado— pero, también por medio de procedimientos extraordinarios como es el caso del negociado sin publicidad, particularmente, con motivo de los contratos artísticos. Precisamente, como hemos visto el recurso a este último cauce procedimental es el que mayor problemática puede presentar en la práctica.

A nuestro juicio, ante la disyuntiva de elegir entre un procedimiento ordinario (abierto o restringido) y el procedimiento negociado sin publicidad deberíamos optar, con carácter general, por el primero. Entendemos que este procedimiento es el que mejores atributos presenta para promover la participación y la competencia entre operadores económicos, así como garantizar la mejor satisfacción de las necesidades que buscan los órganos de contratación. Elementos que cobran, aun si cabe, mayor relevancia en el contexto de las Fallas, donde la mayor parte de los licitadores son pequeñas y medianas empresas. En cambio, acudiremos únicamente al procedimiento negociado sin publicidad de forma excepcional, para lo cual deberemos justificar debidamente la concurrencia en el caso concreto de la correspondiente nota de exclusividad.

Y, finalmente, hemos hecho una sucinta referencia a la figura de los convenios y de los patrocinios instrumentos que, si bien se encuentran más allá de las fronteras de la contratación pública, no dejan de revestir una especial importancia dentro de las Fallas. Más que examinar las particularidades de ambos, nos hemos centrado en apuntar algunos de los principales fines que se pretende lograr con los mismos, los cuales giran básicamente, en torno a la financiación.

En definitiva, el análisis de la contratación pública en las Fallas nos ha permitido examinar, si bien de forma somera, de qué manera interactúan los principales sujetos —Ayuntamientos, JCF y restantes juntas falleras locales— con el mercado; cuáles son las principales necesidades que buscan satisfacer y qué procedimientos emplean o —en su caso— pueden emplear para lograrlo.

VII. Bibliografía

Canales Gil, A. y Huerta Barajas, J. A.: *Comentarios a la Ley 9/2017, de Contratos del Sector Público,* BOE, Madrid, 2018.

Franch, M. y Torrelles, J.: "Aplicabilidad de la Ley de Contratos del Sector Público en la actividad contractual de las cámaras de comercio", *Revista de Administración Pública,* núm. 178, 2009, págs. 369-395.

Gimeno Feliú, J. M.: "La visión estratégica en la contratación pública en la Ley de Contratos del Sector Público", *Economía industrial,* núm. 415, 2020, págs. 89-97.

Hernando Rydings, M.: "Procedimientos de contratación y su incidencia en las entidades locales: principales novedades", *Anuario del Gobierno Local,* núm. 1, 2018, págs. 129-172.

López Benítez, M.: "Algunas consideraciones a propósito del ámbito subjetivo de la nueva Ley de Contratos del Sector Público de 2017. En particular, el caso de las Corporaciones de Derecho público, *Documentación Administrativa: Nueva Época,* núm. 4, 2017, págs. 136-145.

Razquin Lizarraga, M. M.: "La contratación pública: los Contratos Públicos Sanfermineros", *Derecho sanferminero. El derecho de los sanfermines y de otras fiestas locales,* Thomson Reuters Aranzadi, Cizur Menor, 2016, págs. 49-73.

Razquin Lizarraga, M. M.: "Los procedimientos de adjudicación con negociación", *Gabilex: Revista del Gabinete Jurídico de Castilla-La Mancha,* núm. extra., 2019, págs. 289-308.

Royo Manero, M. T.: "Los procedimientos de adjudicación de contratos públicos", *Revista Aragonesa de Administración Pública,* núm. extra. 18, 2018, págs. 355-373.

Solà i Cabanes, F.: "Las asociaciones culturales y las comisiones de fiestas: régimen legal, financiero y contractual", *La contratación de espectáculos y actividades culturales por las corporaciones locales,* Ediciones Trea, Gijón, 2006, págs. 35-49.

Valderrama Rubio, J. M.: "La contratación de espectáculos para fiestas populares", *Las Administraciones ante las fiestas y el turismo. Elementos para una discusión abierta,* Iustel, Madrid, 2024, págs. 75-93.

Anexo. Preguntas y respuestas

1. De los diferentes sujetos que intervienen en la organización de las Fallas, ¿a cuáles les resulta de aplicación la LCSP?

En la organización de las Fallas participan diversos sujetos como son los Ayuntamientos, la JCF en el caso de la ciudad de València, las juntas locales falleras y las comisiones falleras. De todas ellas, solo a los Ayuntamientos y la JCF les resulta de aplicación la LCSP. En el caso de las juntas locales falleras, les resultará de aplicación esta norma solo en el caso de que sean organismos autónomos locales. Las comisiones falleras quedan fuera del ámbito de aplicación subjetivo LCSP.

2. ¿Qué implicaciones tiene que un contrato sea calificado como administrativo o privado?

La principal implicación tiene que ver con las normas que le resultan de aplicación. El contrato administrativo supone que todas sus fases (preparación, adjudicación, efectos, modificación y extinción) se regirán por la LCSP y sus normas de desarrollo. Por el contrario, en el contrato privado solamente las fases de preparación y adjudicación quedarán sujetas, con carácter general, a la LCSP, mientras que sus efectos, modificación y extinción se regirán por el Derecho privado.

3. ¿Cuáles son los principales contratos públicos que se celebran en las Fallas?

Durante la organización de las Fallas los Ayuntamientos y juntas falleras celebran distintos contratos para satisfacer sus diversas necesidades. Dichos contratos son, mayoritariamente, de servicios y suministros, aunque también encontramos contratos mixtos. En cambio, por las particularidades de estas fiestas, no se emplea el contrato de obras.

4. ¿Cuáles son los principales contratos privados? ¿Por qué son importantes?

En las Fallas, los principales contratos privados son los contratos de creación e interpretación artística y de espectáculos, como es el caso de los contratos de bandas de música, orquestas o de espectáculos pirotécnicos. Su importancia radica en el hecho que estas necesidades —música y pirotecnia— son un elemento imprescindible en las Fallas, por lo que las Administraciones Públicas deben celebrar estos contratos, necesariamente.

5. ¿Cuáles son los principales procedimientos de adjudicación que se emplean en los contratos licitados con motivo de las Fallas?

En las Fallas observamos que la figura más utilizada es el procedimiento abierto y, más concretamente, el abierto simplificado. No obstante, también tiene una especial relevancia el procedimiento negociado sin publicidad, por ser el procedimiento que más se utiliza para la adjudicación de los contratos artísticos. También se utiliza el contrato menor debido a la flexibilidad y rapidez que ofrece para los órganos de contratación.

6. ¿Cuáles son las principales características del procedimiento negociado sin publicidad?

La principal característica de este procedimiento es su excepcionalidad, ya que solamente puede emplearse en casos concretos, como ocurre cuando solamente existe una única empresa o profesional que pueda llevar a cabo el contrato. Como consecuencia de lo anterior, es un contrato en el que se ve afectado el principio de publicidad —ya que se omite el periodo de publicidad— y el de concurrencia competitiva —porque no hay competencia entre empresas. Asimismo, le resultan de aplicación las reglas previstas en el artículo 169 LCSP para el procedimiento negociado.

7. Si deseo adjudicar un contrato artístico, por ejemplo, un contrato de espectáculos artísticos pirotécnicos, ¿qué procedimientos podría emplear?

Con carácter general, un contrato de espectáculos artísticos pirotécnicos deberá de adjudicarse mediante un procedimiento ordinario, ya sea abierto o restringido; y, solamente en casos específicos —cuando exista un único empresario o profesional que pueda ejecutar el contrato (artículo 168.a.2 LCSP)— acudir al procedimiento negociado sin publicidad.

8. ¿Cuándo estará justificado acudir al procedimiento negociado sin publicidad en los contratos de espectáculos artísticos pirotécnicos?

Podrá acudirse a este procedimiento cuando solamente exista una única empresa o profesional capaz de realizar el trabajo, ya sea porque existen derechos registrados o porque se ha justificado debidamente que concurre un alto grado de originalidad, singularidad, especialidad o personalidad en la obra contratada, lo cual deberá de quedar suficientemente acreditado en el expediente.

9. ¿Podemos emplear en todo caso un convenio para satisfacer una determinada necesidad en el marco de las Fallas?

No, los convenios solamente podrán emplearse cuando no tengan por objeto realizar una prestación propia de los contratos (suministro o servicio) pues, en tal caso, deberemos acudir a la normativa de contratación pública.

10. ¿Con qué finalidad se emplea mayoritariamente la figura del convenio en las Fallas? ¿Y los contratos de patrocinio?

Los convenios se utilizan para conseguir diversos fines, no obstante, se emplean mayoritariamente por parte de los Ayuntamientos para que, a cambio de otorgar una cantidad de dinero a las comisiones o asociaciones falleras, estas se encarguen de organizar y gestionar las diversas actuaciones que integran la fiesta de las Fallas. Por su parte, los contratos de patrocinio suelen utilizarse en las Fallas por parte de los Ayuntamientos y juntas falleras fundamentalmente por dos razones: bien para obtener ingresos, a cambio de la visibilidad de una determinada marca; bien para reducir los costes de los contratos, empleando el patrocinio como criterio de adjudicación.

El régimen jurídico de los casales falleros como sedes festeras

JORGE HERVÁS MAS
Jefe de los Servicios Jurídicos de Urbanismo y Vivienda
Ayuntamiento de Gandía
Profesor Asociado de Derecho Urbanístico
Universidad Politécnica de Valencia

I. Introducción

Las Fallas que se celebran en las localidades de la Comunitat Valenciana, muchas de ellas de notable tradición, arraigo y representativas de la identidad sociocultural de nuestra tierra, conllevan entre otros muchos aspectos, una programación de los actos a efectuar y unos organizadores o promotores, así como una sede considerada, en todo caso, como un componente necesario para la fiesta.

El casal fallero es, sin lugar a dudas, un punto de referencia para falleros y un lugar donde se centralizan los medios materiales y humanos imprescindibles para la adecuada realización de un componente fundamental en la Historia de la Falla.

Bajo el nombre de casales, *filaes*, *càbiles*, casernas, cuartelillos de comparsas o *racons*, son casi mil sedes sociales las que constituyen el centro neurálgico de las fiestas a lo largo y ancho de la Comunidad Valenciana. Si se analizan la totalidad de los centros de fiestas en la Comunidad Valenciana, existen censados por las distintas Juntas Centrales Falleras un total de 489 son casales; 176 *filaes mores*; 66 *càbiles*; 47 cuartelillos o casernas y 76 *racons*[1].

Las peñas en Aragón y Castilla, los masicos del Bajo Aragón, los *txokos* en Euskadi, las *txoznas* en Navarra, los chamizos o los cuartos de fiesta de La Rioja, las cofradías de las Semanas Santas son una parte esencial de las fiestas tradicionales.

II. Definición de casal fallero

El origen etimológico de la palabra "casal" no es pacífica. El Real Diccionario de la Lengua española lo deriva del término latino "casalia" y lo asimila a casa de labor, masía, hacienda, caserío o alquería. Sin lugar a duda, este el sentido adoptado en la Comunidad Valenciana, que asimila el casal fallero en relación con la "casa de campo o de labranza" propios y originarios de la Huerta.

También el término "casal" incorpora un componente arquitectónico y que obedece asimismo a las antiguas "casas señoriales" de la aristocracia catalana y valenciana.

Finalmente, la expresión "casal" también se refiere a una casa en la que han vivido varias generaciones de una familia.

De hecho, para los falleros, y como así lo nombran muchas veces, la Comisión fallera actúa muchas veces como una segunda familia y el Casal no deja ser su "segunda casa".

En otras poblaciones de la provincia de Valencia, se utiliza popularmente para denominar al Casal Fallero, el término valenciano del "Cau". Se trata de un término que inspira una sensación de refugio o escondrijo generalmente bajo tierra y que se utiliza con frecuencia en municipios de la Ribera Alta y la Ribera Baixa de València.

Desde el punto de vista jurídico, el Decreto 44/2012, de 9 de marzo, del Consell, por el que declara bien de interés cultural inmaterial la Fiesta de las Fallas de Valencia menciona a los casales falleros como los lugares en los que se reúnen los falleros durante todo el año para debatir sobre diversos

---

1 Datos resultantes de una consulta realizada en el Portal de Datos Abiertos de la Generalitat Valenciana en septiembre de 2024.

aspectos de la festividad constituyéndose como uno de los principales centros de la sociabilidad fallera.

Finalmente, este Decreto les otorga un papel protagonista en las fiestas de las Fallas en el sentido que atribuye al casal como: "el verdadero núcleo social de la Fiesta y el auténtico laboratorio de esta: allí se hacen las reuniones para crear y coordinar todas las actividades y manifestaciones culturales".

Efectivamente, el casal es la sede de cada comisión, su domicilio social. Pero, más allá de eso, el casal es el centro neurálgico de la actividad y el frenesí diario del colectivo, no sólo en los días de Fallas, sino también durante el resto del año.

Ahí se gestiona económica y socialmente la falla y, cuando llega la fiesta, sus puertas se abren a los vecinos, turistas y falleros de otras comisiones para compartir con ellos esos días tan especiales.

Los casales se constituyen claramente como un tipo de equipamiento cívico privado con la misión principal de vertebrar a la ciudadanía, a fin de favorecer la cohesión social, el arraigo y el sentimiento de pertenencia a la ciudad y a la Fiesta Fallera como tradición.

Son espacios públicos de participación y convivencia que ponen un conjunto de servicios y recursos al alcance de toda la comunidad fallera.

También tienen el objetivo de empoderar a los falleros y las entidades mediante el desarrollo personal, cívico, comunitario, social, cultural y de ocio, además de fomentar el asociacionismo, la cultura del voluntariado y la participación ciudadana como elementos que favorecen la convivencia, el civismo y la inclusión social en la Comunidad Valenciana.

Fundamentan su actuación en dos pilares básicos: la consideración del fallero desde una vertiente global —personal, familiar, social y comunitaria— y la proximidad a las personas y a la ciudad con la participación de todos los agentes implicados en el diseño de posibles actuaciones.

En cuanto al concepto jurídico de casal fallero, este también viene reconocido a través del artículo 4 del Reglamento Fallero de Junta Central Fallera de Valencia[2], que lo define de forma muy sencilla y básica como "el domicilio social de la Comisión", sin ningún matiz o comentario adicional.

---

2 El Reglamento de Fallas de la ciudad de Valencia fue aprobado por la Comisión de Cultura el 20 de febrero 2002 y finalmente aprobado por el pleno Municipal el 22 de febrero 2002

En este sentido, se le considera como el lugar de desarrollo de las actividades de gestión y festivas que determine la Comisión bajo su propia responsabilidad.

Desde hace tiempo y como puede observarse, al casal fallero se le han asignado dos funciones distintas: las de administración y gestión; y las de carácter festivo.

Asimismo, para su reconocimiento y apertura será necesaria la autorización previa de la Junta Fallera de cada ciudad.

En cuanto a su emplazamiento, se procura que el casal incorpore una relación de proximidad con el Monumento fallero, y en este sentido el art. 4.3 del Reglamento fallero determina que los casales falleros deberán estar ubicados dentro de la demarcación que le sea reconocida a la Comisión de Falla, aunque excepcionalmente se admiten situaciones de discontinuidad permitiendo que estos se ubiquen en la demarcación de una Comisión de Falla colindante, siempre que cuente con la autorización expresa de dicha Comisión.

Para finalizar, el nivel organizativo y de gestión y con independencia del papel protagonista de las falleras mayores, infantiles, su corte de honor, así como la pieza clave de los presidentes de cada comisión fallera no debemos olvidar la existencia de otro tipo de cargos que se constituyen como piezas insustituibles en todo el sistema de funcionamiento y gestión de una falla.

Nos referimos en este caso a puestos tan importantes como el tesorero, que tiene encomendada, entre otras, la custodia y el control de los recursos de la Asociación, así como la elaboración del presupuesto, el balance y liquidación de cuentas; el Secretario que custodia la documentación de la Asociación; el Vicesecretario que Lleva el libro de actas de las juntas, el Contador que revisara todas las fuentes de ingresos y gastos de la comisión.

Aparte de estos y ya en el ámbito lúdico-festivo no debemos olvidar al Delegado de festejos, al Delegado de loterías, al Delegado de actividades diversas y al Delegado de infantiles.

Pero una figura estratégica e insustituible es el *casaler*, a quien se atribuye la función de custodiar el casal, mantener su conservación, limpieza y aseo durante todas las fiestas y que como custodio y clavero debe estar alerta y a disposición de cada uno de los falleros.

En realidad y según coinciden la mayor parte de falleros, se trata de un cargo que suele huir de los focos mediáticos y que, además, trata de pasar desapercibido en la mayor parte de los actos institucionales. Un puesto ciertamente sacrificado que en algunas Comisiones y en razón al volumen de falleros, suele atribuirse a varios Casalers e incluso con un sistema por turnos rotatorios, todo ello para evitar abandonos prematuros. La verdad es que, con la sola tarea de realizar el seguimiento de las existencias, la comida y bebida, las sillas y mesas, el control y el cuidado del almacén, y todo ello siempre bajo a presión de unos compañeros de viaje comprensivos y pero al mismo tiempo exigentes, suele desencadenar renuncias y retiradas previsibles.

III. Los casales falleros como locales privados o establecimientos públicos

Diversa normativa tanto administrativa como ambiental ha ido regulando en el tiempo y de forma progresiva el régimen de apertura y funcionamiento de los casales falleros.

Tradicionalmente, los casales falleros se movieron en un cierto vacío legal, debido a la ausencia de normativa específica que regulase su régimen jurídico.

De hecho, fuera de las actuaciones de estricta gestión administrativa que se realizaban en un casal, tanto las reuniones y actos que se celebraban en estos locales empezaron a considerarse como actos de naturaleza privada, en el marco de una esfera de cierta intimidad, no abiertos a la pública concurrencia y por tanto excluidos inicialmente para cualquier externo que no fuera socio.

Esta situación provocó que este tipo de establecimientos se consideraran exentos de cumplir lo dispuesto en la normativa de espectáculos, incluidas las medidas correctoras y preventivas que exige esta norma. Y ello porque, como se ha dicho, las reuniones en el casal se consideraban como actos que formaban parte de una esfera familiar, privada o interna, con dos presupuestos básicos.

En primer lugar, su carácter estrictamente interno, que determinaba su apertura exclusiva a los miembros de la Comisión; y, en segundo lugar, su carácter no lucrativo, de modo que el casal se consideraba un local sin ningún tipo de rendimiento económico.

En realidad, la inmensa mayoría de comisiones falleras revisten la naturaleza jurídica de asociaciones culturales, cuestión que confirma esta carácter privado, reservado y personal.

No obstante, la experiencia de los años y la casuística del día a día ha ido perfilando la necesidad de abandonar el funcionamiento de los casales desde la perspectiva del derecho organizativo o interno y a su vez, la necesidad de regular ciertos aspectos fundamentales, como los relativos a la seguridad e integridad de los asistentes, o aquellos que pueden impactar negativamente en terceros, como los vecinos y colindantes a la actividad.

Y así ha sido: porque cuando los casales falleros han pasado a ejercer actividades que van mucho más allá de la pura gestión administrativa y burocrática el peso de una avalancha de leyes y normativa han caído a plomo, directamente sobre ellos.

La delgada línea roja entre la actividad privada y su plena sujeción a la normativa de espectáculos depende de las molestia y duración en el tiempo y perjuicios que se causen a terceros y en particular la intensidad y temporalidad de estas molestias.

En este sentido, el grado de molestia y su temporalidad se ha marcado como criterio decisivo por el Tribunal Constitucional, que ha reiterado que a la hora de determinar si se ha producido una vulneración de un derecho fundamental, es preciso atender al grado de "intensidad y la permanencia en el tiempo" de una determinada intromisión[3].

Era de esperar que, una vez superadas las relaciones propiamente internas, los problemas en materia de ruidos, horarios, olores y las otras molestias que ocasionaban los locales falleros exigieran una reacción y control sobre ellos.

En efecto, las primeras denuncias realizadas contra actividades realizadas en estos inmuebles, especialmente por razones en materia de contaminación acústica, determinaron la necesidad de otorgarles un régimen de autorización y control mucho más estricto que el aplicable a los actos privados e internos y, en consecuencia, someter su funcionamiento a la normativa tanto ambiental como de establecimientos públicos y actividades recreativas.

Los casales falleros no tienen por qué ser necesariamente "establecimientos públicos[4]" en el sentido establecido en la Ley 14/2010 de 3 de diciembre

---

3 Cfr. las SSTC STC 119/2001, de 24 de mayo; 16/2004, de 23 de febrero; y 150/2011, de 29 de septiembre.

4 En este sentido el art. 1 de la Ley 4/2010 de 3 de diciembre de la Generalitat Valenciana define el establecimiento público como el local en el que se realizan los espectáculos públicos, las actividades recreativas y las actividades socioculturales, sin perjuicio de que estos espectáculos y actividades puedan ser desarrollados en instalaciones portátiles, desmontables o en la vía pública.

de Espectáculos de la Generalitat Valenciana. Ahora bien, de lo que no cabe duda es de que, en muchas ocasiones, e incluso más allá del marco temporal de la semana fallera de cada mes de marzo, los casales se hallan en funcionamiento o se encuentran vinculados a la realización de espectáculos o actividades recreativas durante todo el año, impactando en derechos e intereses de terceras personas ajenas a la falla. En efecto, abundan los casales que se utilizan todos los fines de semana como salas de juegos, locales de ensayo de *play-backs*, de celebraciones de sus socios o de cualquier otra fiesta, en la mayor parte de los casos hasta altas horas de la noche.

Es frecuente también que muchos casales incorporen una pequeña cocina, unos aseos y unas instalaciones auxiliares, por lo que *de facto* no es fácil diferenciar entre un casal fallero y un bar con ambientación musical, un pub o incluso una sala de fiestas.

De hecho es muy frecuente que las Comisiones Falleras compren o alquilen algún bar o establecimiento similar que ya dispusiera de licencia de apertura y a través de un cambio de titularidad se ejerza la misma actividad que venía llevándose con anterioridad.

En este contexto, la práctica administrativa de los distintos Ayuntamientos junto con la jurisprudencia de nuestros tribunales ha ido creando paulatinamente una línea interpretativa que acaba por encajar sin ninguna duda a los casales falleros que ejercen este tipo de actividades en la normativa propia de actividades recreativas y establecimientos públicos.

De hecho, inicialmente y a través de la ya derogada Ley 4/2003, de 10 de diciembre, de Actividades Recreativas y Espectáculos Públicos de la Generalitat Valenciana, muchas ciudades y municipios empezaron a exigir a este tipo de casales, el cumplimiento de la normativa en materia de contaminación acústica, aforos y condiciones de seguridad.

Por su parte, la vigente Ley 14/2010, de 3 de diciembre, de la Generalitat, de Espectáculos Públicos, Actividades Recreativas y Establecimientos Abiertos al público (LEAREP) hace lo propio e incorpora a su régimen jurídico a aquellos casales que realicen las actividades que son objeto de regulación legal.

En este sentido, esta norma reconoce este tipo de espectáculos en el anexo 4 punto 3: "Fiestas populares. Actividades que se celebran, con motivo de las fiestas patronales o celebraciones populares, con actuaciones musicales, bailes, tenderetes, fuegos artificiales, hostelería y restauración (...)."

El criterio de someter a este tipo de locales lúdicos a la normativa de establecimientos públicos y actividades recreativas de la Generalitat Valenciana fue reconocido, entre otras por la sentencia del TSJ de la Comunidad Valenciana de fecha del 28 de enero de 2016 (ponente Ferrando Marzal) que determina la exigencia de licencia de apertura para una "Filà de Moros" en el municipio de Albaida según el siguiente criterio:

> "Esta Sala y Sección tiene declarado en su Sentencia número 334/2015 de 17 de abril (Recurso de apelación 1.819/2010) lo siguiente: Despejada la cuestión anterior, procede examinar la necesidad de que un casal fallero —y en el mismo supuesto como sociedades festeras están los locales de las Comparsas de Moros y Cristianos— deba obtener licencia para su funcionamiento."

Esta cuestión ya había sido resuelta anteriormente por la Sala de lo Contencioso-Administrativo del TSJ de la Comunidad Valenciana en las sentencias nº 293/1998 de 23.03.1998 (Sección Tercera) y nº 1724/2009 de 11.12.2009 según el siguiente tenor literal:

> "en los últimos años se observa que estas Asociaciones Culturales, Festeras, Lúdicas, etc., además de la actividad que les es propia como objeto social, utilizan su sede para la realización de actividades anexas o complementarias de carácter permanente, es decir, se convierte en lugar de reunión permanente donde acuden sus asociados para la celebración de bailes, juegos, etc. En este sentido, cuando este tipo de Asociaciones con cierta vocación de permanencia realicen actividades complementarias que se encuentren incluidas en el Decreto 54/1990, de 26 de marzo, de la Consellería de Administración pública, por el que se aprueba el nomenclátor de actividades molestas, nocivas, insalubres y peligrosas, o análogas se hallarán inmersos en el ámbito de la Ley de las Cortes Valencianas 3/1989, de 2 de mayo, de Actividades Calificadas y le serán inexcusablemente exigibles por las Administraciones Públicas competentes los mismos requisitos que a cualquier otra empresa pública o privada, con ánimo o sin ánimo de lucro."

En todas estas sentencias, se realiza una remisión a la propia doctrina del Tribunal Europeo de Derechos Humanos, reconocida en SSTEDH de 8 de diciembre de 1994 (caso López Ostra) y de 16 de noviembre de 2004 (caso Moreno Gómez), que para entender vulnerados los derechos fundamentales exigen una actuación continuada en el tiempo y debidamente acreditada.

IV. La flexibilidad del ordenamiento durante la semana fallera

Como hemos visto con anterioridad y aun siendo de aplicación a estos locales el régimen jurídico previsto en la normativa sobre establecimientos, ruidos, horarios de apertura, etc., doctrina y jurisprudencia vienen entendiendo que durante la semana fallera dichas normas pueden aplicarse de forma más flexible, por la propia dinámica de la fiesta.

Por tanto, una de las cuestiones que muchas veces se constituye como pieza clave en el régimen de funcionamiento y gestión de los casales falleros se centra en la temporalidad de la semana fallera, es decir especialmente desde la *plantà* hasta la *cremà* y la posible existencia de una posible amnistía o dispensa en favor de la Fiesta Fallera durante este tiempo.

Partimos de una primera interpretación, ciertamente generosa y favorable a las Comisiones Falleras que planteaba una cierta excepción respecto del cumplimiento de horarios y ruidos en esta semana.

Esta fue la conclusión adoptada por la sentencia del TSJ de fecha de 17 de febrero de 2014 (Nº de Recurso: 528/2014) (ponente Narbón Láinez) que enjuicia el recurso interpuesto contra el casal fallero de Conde Salvatierra— Cirilo Amorós

> "Todas las fiestas populares y tradicionales normalmente tienen un componente ruidoso, en el caso de las fallas es redoblado porque a las fallas como monumento destinado a ser consumido por el fuego se une las tracas, disparadas, castillos, pasacalles, verbenas, etc. En definitiva, pretender el silencio y quietud durante esa semana es prácticamente imposible, tanto para los particulares como para las autoridades su control, no obstante, todo tiene sus límites. Deben ser las autoridades y los casales falleros quienes deben fijar esos límites armonizando la fiesta con el *limitado* derecho al descanso que tienen los ciudadanos durante esa semana, por ejemplo, limitando la música de las carpas a partir de determinada hora. El mero hecho de que existan este tipo de procesos y tengan que intervenir los Tribunales de Justicia supone un cierto fracaso de los organizadores de la fiesta popular, histórica y tradicional en su proyección al resto de los ciudadanos. (...) A juicio de la Sala el hecho de que durante la semana de Fallas haya existido inactividad no vulnera el derecho a la tranquilidad del domicilio (...)".

No se llega a la misma conclusión, ya no en el enjuiciamiento de la semana Fallera, pero sí con respecto a la celebración de las fiestas locales. Por tanto, se exige que en el marco de la singularidad y la excepcionalidad de unas fiestas patronales, en el que se permiten excepcionar ciertas limitaciones al menos el Ayuntamiento debe adoptar unas mínimas condiciones para garantizar la tranquilidad y el descanso de los vecinos.

Obviamente, durante las fiestas falleras se pueden permitir excepciones y dispensas, por ejemplo, ampliando los horarios de cierre o los umbrales máximos en la contaminación acústica, o permitiendo ciertas ocupaciones del espacio público con la instalación de carpas o paradas de alimentos.

Pero el hecho de que la Administración sea más tolerante o permisiva durante estas épocas, para nada revela un descontrol o un indulto absoluto en el cumplimiento de las normas vigentes en este tipo de locales.

Este último es el criterio adoptado por la sentencia del TSJ de la Comunidad Valenciana de fecha de 17 de septiembre de 2013 (Narbón Láinez) que cita:

> "Respecto de dichas *fiestas populares*, la Sala quiere dejar claro que la discrecionalidad de la Administración Municipal no puede derivar en arbitrariedad, es decir, no es posible interpretar que en el municipio de Benicasim durante dos semanas al año no exista control de actividades, horarios ni contaminación acústica, como afirma el Ayuntamiento en sus resoluciones, se debe compaginar con el descanso de los ciudadanos, no todos los ciudadanos que viven en Benicasim trabajan en dicha ciudad y se pueden permitir dos semanas de vacaciones. Serán las concretas circunstancias las que determinen el acierto de las resoluciones administrativas; así, dentro de esas semanas se debe fijar un horario y unos decibelios en función de la hora, también el municipio puede establecer un régimen *excepcional*, pero general para esa semana y ampliarlo el sábado noche, precisamente porque es excepcional debe hacerse una interpretación restrictiva. Por tanto, la falta de control, si bien será difícil por las razones expuestas que pueda vulnerar derechos fundamentales, incurrirá en arbitrariedad y pude ser anulado o suspendido por la Sala ante un recurso por legalidad ordinaria, vía interpretación del concepto de discrecional y los principios generales del derecho".

V. El Decreto 28/2011, de 18 de marzo, de condiciones y tipología de las sedes festeras tradicionales

Como se ha indicado con anterioridad, al casal fallero se le han asignado dos funciones distintas: las de administración y gestión de la comisión por una parte y las de carácter lúdico-festivo.

Este es el sentido en el que profundiza el Decreto 28/2011 de 18 de marzo, del Consell, por el que se aprueba el Reglamento por el que se regulan las condiciones y tipología de las sedes festeras tradicionales ubicadas en los municipios de la Comunitat Valenciana y que incide en esta dicotomía y separación de funciones.

Este Decreto, como indica su Preámbulo, "trae su causa de la necesidad de establecer un régimen jurídico abierto pero, a la vez, responsable y necesario para estas sedes o locales que, bajo su común y popular denominación, permita ordenar el funcionamiento de los mismos, a la vez que, en virtud de las reglas de convivencia, se garantice la efectividad del derecho al descanso de los vecinos".

Expuesto esto, el Decreto Valenciano determina la regulación de las condiciones y tipología de las sedes festeras que, en las fiestas tradicionales celebradas en la Comunitat Valenciana, constituyen el centro de reunión o el domicilio social de organizadores, promotores y festeros.

A los efectos de esta normativa, se considerará como casal fallero aquel en el que se desarrollen las actividades de los organizadores, promotores y festeros.

Constituye el domicilio social de la Comisión de Falla y para su reconocimiento y apertura será necesaria la autorización previa de la Junta Central Fallera, debiéndose aportar ante la misma el documento que acredite la titularidad, uso y disfrute del local.

Como conclusión de lo anterior, el Decreto valenciano excluye expresamente de su ámbito de aplicación a las instalaciones eventuales, portátiles y desmontables que se ubiquen en la vía pública, que estarán sujetas a la legislación sobre espectáculos públicos y actividades recreativas.

De hecho, este tipo de establecimientos como las carpas o estructuras eventuales, portátiles o desmontables de carácter no permanente anexas a la Falla se rigen por el art. 17 de la Ley 14/2010 de Espectáculos y Establecimientos de pública concurrencia, que determina que la apertura para este tipo de establecimientos se tramitará mediante declaración responsable ante el ayuntamiento correspondiente.

En este tipo de actividades deben realizar los ayuntamientos una labor de comprobación que podrá exceptuarse mediante el certificado emitido por una Organismo de Certificación Administrativa (OCA)[5] o una Entidad de Colaboración Urbanística Valenciana. (ECUV)[6].

---

5 Según la Ley 8/2012, de 23 de noviembre, por la que se regulan los organismos de certificación administrativa, las OCAs son entidades de carácter privado que comprueban y certifican todas o parte de las condiciones o ámbitos de control de los establecimientos, espectáculos, actividades, instalaciones y demás elementos que constituyan su objeto. Entre sus funciones se les permite realizar las comprobaciones, informes y certificaciones en materia de espectáculos públicos, actividades recreativas y establecimientos públicos. Pueden sustituir tanto a informes municipales, compatibilidades urbanísticas e incluso visitas de comprobación por parte de los Ayuntamientos. Incorporan una auténtica externalización de competencias de supervisión y control en favor de estas entidades que pueden agilizar de forma notable los trámites en la concesión de las licencias y el resto de títulos de intervención ambiental.

6 Las ECUV, reguladas en la DA 9ª del Decreto Legislativo 1/2021 de 18 de junio por el que se aprueba el Texto Refundido de la Ley Urbanística Valenciana (TR-LOTUP), son a su vez entidades colaboradoras de la Administración en el ámbito estrictamente urbanístico que pueden entre otros extremos: a) Verificar los requisitos de integridad documental, suficiencia e idoneidad de los proyectos y la documentación correspondientes a la licencia o declaración responsable, exigidos por la normativa aplicable. b) Acreditar que los proyectos y la documentación técnica cumplen las previsiones y la normativa aplicable. c) Emitir informes sobre

VI. Tipología de casales falleros

En razón a las características bien de gestión o bien festivas de los casales falleros, estas sedes festeras tradicionales ubicadas en los municipios de la Comunitat Valenciana podrán ser de tres tipos.

Sedes festeras Tipo A, que son aquellas donde se efectúen funciones de simple gestión y administración.

Sedes festeras Tipo B, entendiéndose por tales aquellas en que, además de las funciones de gestión y administración, se realicen otro tipo de actividades que supongan la reunión o concentración de los festeros, familiares e invitados. Estas sedes no estarán abiertas a la pública concurrencia. Las sedes Tipo A y B podrán tener carácter permanente o no permanente. A estos efectos, se considerarán como no permanentes aquellas que, perteneciendo o no su titularidad a los festeros organizadores, se produzca su apertura exclusivamente los días en que se preparen y celebren las fiestas correspondientes y no durante el resto del año.

Sedes festeras Tipo C. Se refieren en este caso a las sedes incluidas en el concepto de "salas polivalentes", de acuerdo con lo regulado en la Ley 14/2010 de 3 de diciembre de Espectáculos Públicos, Actividades Recreativas y Establecimientos Públicos en relación con el Decreto 143/2015 de 11 de septiembre que lo desarrolla. Estas sedes Tipo C son, por tanto, locales abiertos durante todo el año, en los que se celebran actividades diversas y que están abiertas a personas externas a la comisión fallera. Como es natural, a este tipo de actividades se les deben aplicar las medidas correctoras, preventivas y de seguridad que deben ser aplicadas a cualquier establecimiento de pública concurrencia.

1. Casales Tipo A

En las sedes festeras tradicionales Tipo A, o de mera gestión, sólo se podrán efectuar las actividades referentes a las funciones de organización o de carácter administrativo relacionadas con la organización de la fiesta.

---

la adecuación de las obras a la licencia otorgada durante el proceso de ejecución de estas. d) Emitir el informe técnico de conformidad de las obras ejecutadas a efectos de la declaración responsable licencia o de primera ocupación. Al igual que en el caso de las OCAS permiten una importante agilización administrativa en materia urbanística.

Considerando por tanto su función y teniendo en cuenta el uso de estas sedes, análogo al que pueden tener unas oficinas de una empresa o un despacho, la normativa autonómica no les impone condiciones de funcionamiento particularmente estrictas.

Estas actividades podrán estar en funcionamiento a través de una sencilla comunicación de actividad inocua, todo ello en el marco del art. 69 LPACAP en relación con el art. 4.4 y el art. 61 y siguientes de la Ley 6/2014 de 25 de julio de Prevención de la Contaminación Ambiental de la Comunidad Valenciana. Es decir, una comunicación formal al Ayuntamiento con el pago de las tasas correspondientes que habilita para la puesta en marcha y funcionamiento inmediato de la sede.

En este caso, no se precisa de ningún tipo de intervención adicional por parte del Ayuntamiento, a no ser que se ejerza una actividad distinta que la informada.

2. *Casales Tipo B*

Como hemos apuntado, las sedes festeras tradicionales Tipo B, además de poder emplearse con finalidades de gestión, tienen la particularidad de que pueden albergar actividades relacionadas directamente con la fiesta que corresponda.

De esta forma, se entenderá por actividades directamente relacionadas con la fiesta aquellas tales como reuniones y comidas de hermandad, celebraciones de fiestas nacionales, autonómicas y locales, cuando no excedan del ámbito del espacio físico de la sede, y ensayos de actos, ensayos de espectáculos, preparación de cabalgatas, actividades infantiles, concursos o campeonatos de juegos de mesa o de salón, así como actos de proclamaciones y presentaciones de cargos que no excedan del local, entre otros.

A las sedes festeras de Tipo B no se les considera formalmente como establecimientos públicos o actividades de pública concurrencia, por lo que no les resulta de aplicación lo dispuesto en la Ley 14/2010 de 3 de diciembre, que regula este tipo de actividades.

A la luz de lo anterior, la mayor parte de las sedes festeras han optado por acogerse al Tipo B previsto en el Decreto Valenciano, lo que implica que, sin estar abiertos a la pública concurrencia, sí pueden alojar actividades lúdicas y de ocio dirigidas a los miembros de la comisión y a invitados.

De igual forma que para los establecimientos de Tipo A, los ayuntamientos podrán determinar, a través de sus propias ordenanzas municipales, los horarios de apertura y cierre de estos locales, en atención al objeto y las distintas actividades a los que se pueden dedicar.

Igual que para las sedes de Tipo A, el título habilitante para las sedes de Tipo B es una sencilla comunicación de actividad inocua o una declaración responsable ambiental[7].

A fin de determinar cuándo es preciso presentar una declaración responsable ambiental (DRA) y cuándo una comunicación de actividad ambiental inocua (CAI), será preciso atender a lo dispuesto en el Anexo III de la Ley 6/2014. Este Anexo contiene un conjunto de umbrales de ruido, contaminación, olores, humos, riesgo de incendios, etc., a partir de los cuales el uso de un local entraña ciertas molestias o peligros. Mientras el casal fallero no rebase ninguno de los umbrales de molestia o riesgo previstos, bastará con que presente una CAI; cuando supere alguno de esos umbrales, deberá presentar una DRA.

3. Casales Tipo C

Finalmente, la última de la clase de casales falleros responde a la categoría de Sedes festeras clase C. Estos locales festeros se consideran, a todos los efectos, como "establecimientos públicos", y por tanto se regirán por la normativa vigente en esta materia.

Por tanto, los ayuntamientos, para las sedes festeras que, de acuerdo con la clasificación estén encuadrados en el Tipo C, exigirán la previa obtención de la licencia de apertura prevista en la Ley 14/2010 de 3 de diciembre de Espectáculos Públicos, Actividades Recreativas y Establecimientos Públicos, en concreto, para sala polivalente, en virtud de la clasificación efectuada en el epígrafe 2.1.3 del anexo de la citada Ley.

En realidad, el Decreto 28/2011 de 18 de marzo de la Generalitat Valenciana de condiciones y tipología de las sedes festeras tradicionales acoge la

---

7 Se trata de sencillas instancias acompañadas de un proyecto simplificado propio de cualquier establecimiento mercantil, terciario o de servicios, que no exige ninguna medida adicional más allá de la mera accesibilidad y habitabilidad. La tramitación se realiza a través de una comunicación o declaración al amparo del art. 69 de la Ley 39/2015 de 1 de octubre de Procedimiento Administrativo Común de las Administraciones Públicas (LPAC) en relación con el art. 4.4 en relación con el art. 61 y siguientes de la Ley 6/2014 de 25 de julio de Prevención de la Contaminación Ambiental de la Comunidad Valenciana (LPCACV) o bien mediante una declaración responsable ambiental.

línea jurisprudencial ya avanzada por la avanzada por el TSJ de la Comunidad Valenciana, que ya venía exigiendo licencia de apertura y funcionamiento a estos establecimientos.

Nos referimos, entre otras a las SSTSJ de 23 de marzo de 1998 (ponente Narbón Láinez) que enjuicia la medida cautelar de cierre adoptada por el Ayuntamiento de Sagunto (Valencia) contra el casal de la Falla Plaza Rodrigo; y de 11 de diciembre de 2009 (ponente Narbón Láinez) que hace lo propio con respecto al cierre de la Falla El Castell del municipio de Pobla Llarga (Valencia).

> "Se concluye que toda asociación debidamente inscrita en el registro de asociaciones de la Generalitat Valenciana por regla general tiene una sede social que le sirve de soporte y además despliega como mínimo una actividad de gestión y administración con sus asociados. No obstante, este tipo de locales precisan del cumplimiento de la normativa de espectáculos establecimientos y actividades de pública concurrencia cuando los mismos congreguen a público.
>
> Es decir, que cuando las asociaciones festeras, lúdicas, etc... además de la actividad que les es propia de carácter social utilizan su sede para la realización de actividades anexas o complementarias de carácter permanente, es decir, se convierte en un lugar abierto al público, debe exigirse las medidas correctoras y preventivas necesarias de toda licencia".

La misma conclusión se obtiene tras la lectura de la sentencia del Juzgado de lo Contencioso-Administrativo número 4 de Valencia, de 17 de diciembre de 2008, que condena al Ayuntamiento de Gandía al cierre del casal de la falla San Nicolau Mosquit por no disponer de licencia de apertura y funcionamiento.

A su vez, la sentencia del TSJCV de 18 de marzo de 2001 (ponente Márquez Bolufer) hace lo propio con un casal fallero en Bonrepós y Mirambell (Valencia), abundando en la diferencia entre actividad esporádica y puntual y actividad dilatada en el tiempo, con vocación de permanencia:

> "una cuestión es que los casales falleros, durante la semana de Fallas organicen actividades productoras de ruidos y molestias al vecindario en donde se ubica, en cuyo caso bastaría la autorización municipal[8] y otra diferente es destinar el local a bar con ambiente musical con vocación de permanencia para celebrar bautizos, comuniones o disparos de tracas a altas horas de la madrugada fuera de los días falleros".

Finalmente, a todos los casales de Tipo C se les debe exigir el correspondiente seguro de responsabilidad civil. Conforme con el art. 18 de la

---

8 La sentencia utiliza el concepto autorización para actividades esporádicas y no habituales que muy a menudo consisten en las autorizaciones para la ocupación de la vía pública, sin ningún control adicional.

Ley 14/2010, este seguro debe cubrir la responsabilidad civil por daños al público asistente y a terceros. En todo caso y con respecto a un casal fallero, este seguro deberá incluir, además, el riesgo de incendio, daños al público o a terceros derivados de las condiciones del local o de la instalación, así como los daños de los propios miembros de la falla[9].

VII. El proyecto de actividad y las medidas correctoras y preventivas de los casales falleros

Tal y como se ha comentado con anterioridad, la apertura de casales de Tipo C, en cuanto local abierto a la pública concurrencia, está supeditado a la consecución de una licencia de apertura por parte del Ayuntamiento. La solicitud de esta licencia debe ir acompañada de la presentación de un proyecto de obra y actividad[10].

---

9 Según el art. 60 del Decreto 143/2015 de 11 de septiembre de desarrollo de la Ley, la cuantía de los capitales mínimos que deben prever las pólizas de seguros para cubrir los riesgos derivados de la explotación, en consideración al aforo máximo autorizado, oscilan entre los 150.000 euros, para locales con aforo de hasta 25 personas; y los 750.000 euros, para locales con aforo de hasta 500.

10 De conformidad con el art. 26 del Decreto 143/2015 de 11 de septiembre de desarrollo de la Ley 14/2010, los proyectos técnicos de los establecimientos sujetos al presente reglamento, deberán contener, al menos, los siguientes documentos: 1. Memoria: contendrá descripción detallada de la actividad que se solicita e instalaciones que la conformen, cálculo motivado del aforo de acuerdo con la normativa vigente y justificación técnica, entre otros, de los apartados siguientes: a) Vías de evacuación y espacio exterior seguro. b) Salidas y recorridos de evacuación. c) Protecciones activas y pasivas contra el fuego, tales como instalaciones de protección contra incendios y resistencias al fuego de elementos estructurales y compartimentadores. d) Acabados de seguridad, tales como resbaladicidad, elementos transparentes o protecciones verticales y horizontales. e) Instalación eléctrica (alumbrado ordinario, de seguridad, suministros complementarios y otros). f) Dotaciones higiénicas y sanitarias. g) Ventilación y climatización. h) Eliminación de barreras arquitectónicas. i) En su caso, y cuando proceda, estudio acústico, estudio de impacto ambiental, informe para la declaración de Interés Comunitario o autorización del órgano competente en materia de Patrimonio Cultural, de acuerdo con la normativa sectorial en vigor. 2. Documentación gráfica: contendrá, al menos los siguientes planos, debidamente acotados, en su caso: a) Plano de emplazamiento, con indicación de anchos de vías públicas, y justificación de espacio exterior seguro. b) Plano de cotas, superficies y aforos. c) Plano de distribución amueblado, con alzado y sección acotada, que contemple tanto zona de público como lavabos o demás zonas diferenciadas del local. d) Plano

En este sentido, el local deberá reunir las siguientes características, que deberán quedar debidamente reflejadas en el proyecto de obra y actividad.

1. Instalaciones sanitarias

De acuerdo con el Real Decreto 486/1997, de 14 de abril, por el que se establecen las disposiciones mínimas de seguridad y salud en los lugares de trabajo, los casales falleros deben contar al menos con un aseo accesible, compuesto de un lavabo, un inodoro y puerta con cierre interior, uno para mujeres y otro para hombres.

Asimismo, todo casal debe disponer de botiquín de primeros auxilios que contendrá desinfectantes y antisépticos autorizados, gasas estériles, algodón hidrófilo, vendas, esparadrapo, apósitos adhesivos, tijeras, pinzas y guantes desechables.

2. Ventilación

Un casal fallero también debe cumplir lo previsto en la normativa sobre ventilación y aireación del local. Esta podrá realizarse mediante ventilación forzada a través del sistema de impulsión y extracción de aire del local.

Junto con ello, también es necesario que los aseos dispongan de ventilación forzada mediante extractor.

3. Iluminación

La iluminación de los posibles lugares de trabajo que existan en un casal fallero necesariamente deben cumplir con las exigencias de las disposiciones mínimas de seguridad y salud en los lugares de trabajo, previstas en el Decreto 486/1997, de 14 de abril.

Estas zonas de niveles mínimos de iluminación serán las siguientes:

- Zonas donde se ejecuten tareas con exigencias visuales bajas: 100 lux.

---

de instalación eléctrica, que incluya distribución en planta de sus elementos, y el esquema unifilar. e) Plano de instalación de ventilación y climatización. f) Plano descriptivo de la instalación de elementos de protección contra incendios activa como protección pasiva del local o recinto.

- Zonas donde se ejecuten tareas con exigencias visuales moderadas: 200 lux.
- Zonas donde se ejecuten tareas con exigencias visuales altas: 500 lux.

4. Alumbrado de emergencia

En un Local destinado a casal se constituye como requisito fundamental la existencia de un alumbrado de emergencia en la puerta de salida del local y en los lugares de paso como escalones o puertas de tránsito.

Las luminarias de emergencia y señalización serán autónomas y cada una de ellas llevará su respectivo pictograma de señalización. En el caso de fallo del alumbrado general o cuando baje la tensión a menos del 70% de su valor nominal, deberá entrar en funcionamiento el alumbrado de emergencia, a fin de facilitar una fluida evacuación del local.

5. Instalación eléctrica

Asimismo, las instalaciones eléctricas cumplirán con el Reglamento Electrotécnico para Baja Tensión y las Instrucciones Técnicas Complementarias.

El cuadro general de distribución debe estar ubicado a la entrada del local, cumpliendo con todas las protecciones necesarias contra contactos indirectos, sobrecargas y cortocircuitos.

6. Sistema de instalación

En cuanto a este apartado, las canalizaciones estarán constituidas por conductores aislados de tensión asignada 750V (H07V-K), en el interior de huecos de la construcción del casal (en las paredes o en techo), bajo tubos protectores flexibles.

Por su parte, los diámetros de los tubos se dimensionarán de acuerdo con el número y la sección de los conductores que se vayan a alojar en su interior. En las derivaciones, cambios de dirección, empalmes y conexiones, se colocará cuantas cajas de distintos tipos y dimensiones sean necesarias, de acuerdo con la importancia de cada caso.

7. Luminarias

En un casal fallero deberán identificarse las luminarias en la sala de reuniones y las oficinas. También deben instalarse tomas de corriente para conectar receptores de escasa potencia.

8. Extintores portátiles

Los extintores se dispondrán de forma tal que puedan ser utilizados de manera rápida y fácil; estarán distribuidos de forma que el recorrido máximo horizontal, desde cualquier punto del sector de incendio hasta el extintor, no supere los 15 metros.

Siempre que sea posible, se situarán en los paramentos de forma que el extremo superior del extintor se encuentre a una altura sobre el suelo menor de 1,70m.

No es obligatoria la instalación de bocas de incendio equipadas, detectores de incendio, pulsadores, columna seca, ni rociadores automáticos de agua.

9. Puertas situadas en recorridos de evacuación

A fin de facilitar una evacuación rápida en casos de emergencia, la normativa contiene una serie de exigencias referidas a las puertas de evacuación.

En concreto, las puertas de evacuación deben ser abatibles con eje de giro vertical y con su sistema de cierre, no actuando mientras haya actividad en las zonas a evacuar, o con un dispositivo de fácil y rápida apertura desde el lado donde proviene la evacuación, sin tener que utilizar una llave, ni actuar sobre más de un mecanismo. Las puertas deben abrir hacia el exterior del local y en el sentido de la evacuación. No debe existir ninguna puerta automática corredera ni giratoria.

10. Señalización de los medios de evacuación

Cualquier casal fallero debe incorporar unas señales de evacuación normalizadas de acuerdo con la norma UNE 23034:1988, y que cumplirán con los siguientes requisitos:

- Las salidas de recinto deben incorporar una señal con el rótulo “SALIDA”.
- Deben preverse señales indicativas de dirección de los recorridos, visibles desde todo origen de evacuación desde donde no se perciban directamente las salidas o sus señales indicativas.
- Las señales deberán ser visibles incluso en caso de fallo en el suministro de alumbrado normal.

11. Intervención de los bomberos

Por lo que se refiere a este aspecto del proyecto de instalación, la fachada de un casal fallero debe disponer de huecos que permiten el acceso desde el exterior al personal del servicio de extinción de incendios, cumpliendo con las siguientes condiciones:

- La altura del alféizar respecto al nivel del suelo no debe ser mayor de 1,20 m.
- Sus dimensiones horizontal y vertical, deben ser de al menos de 0,80 m y 1,20 m respectivamente. La distancia máxima entre los ejes verticales de dos huecos consecutivos no debe exceder de 2 5m, medida sobre la fachada.
- No deben existir en fachada elementos que impidan o dificulten la accesibilidad al interior, a través de dichos huecos.

12. Documento básico SUA: seguridad de utilización y accesibilidad

El Proyecto debe contemplar un apartado sobre la resbaladicidad de los suelos, control de desniveles y escaleras. Además, con el fin de facilitar el acceso y la utilización no discriminatoria, independiente y segura en favor de las personas con discapacidad, la actividad debe cumplir con las condiciones funcionales y de dotación de elementos accesibles.

VIII. El régimen de apertura de los casales falleros

1. Apertura y funcionamiento de casales Tipo A y B

Como ya hemos señalado, los casales falleros del Tipo A o B podrán ejercer su actividad amparándose en uno de los siguientes títulos habilitantes:

una Comunicación Ambiental Inocua (CAI) o Declaración Responsable Ambiental (DRA). Recordamos que la diferencia entre ambas radica en la superación de ciertos umbrales previstos en el Anexo III de la Ley 6/2014, de 25 de julio, de Prevención de la Contaminación Ambiental de la Generalitat Valenciana. En caso de superarse dichos umbrales —en materia de ruido, contaminación atmosférica, vibraciones o potencia eléctrica—, será necesario presentar una DRA; en caso de no superarlos, bastará con una CAI.

En cuanto a su régimen de tramitación, apenas existen diferencias significativas. Ambas comunicaciones son deudoras del régimen de las comunicaciones previas del art. 69 LPAC, pero con un ligero matiz. Mientras que la CAI despliega sus efectos directa e inmediata desde su presentación, las DRAs tienen una eficacia demorada de 15 días.

2. *Apertura y funcionamiento de casales Tipo C*

La apertura de un casal fallero de Tipo C está sujeta a condiciones más estrictas, y se rige por la normativa de espectáculos y actividades de pública concurrencia.

El artículo 9 de la Ley 14/2010, de 3 de diciembre, de Espectáculos de la Generalitat Valenciana determina que para desarrollar las actividades propias de un casal fallero Tipo C será necesaria la presentación, ante el ayuntamiento del municipio de que se trate, de una declaración responsable en la que, al menos, se indique la identidad del solicitante, el nombre de la Comisión Fallera, la ubicación física del casal y la actividad sociocultural a la que está dedicada.

Junto a esta declaración responsable será preciso aportar la siguiente documentación:

a) Proyecto de obra y actividad conforme a la normativa vigente firmado por técnico competente y visado, si así procediere, por colegio profesional.

b) En su caso, copia de la declaración de impacto ambiental o de la resolución sobre la innecesariedad de sometimiento del proyecto a evaluación de impacto ambiental, si la actividad se corresponde con alguno de los proyectos sometidos a evaluación ambiental.

c) Asimismo, en el supuesto de la ejecución de obras, se presentará certificado final de obras e instalaciones ejecutadas, firmados por técnico competente y visados, en su caso, por el colegio oficial correspondiente, acreditativo de la realización de las mismas conforme a la licencia. En el supuesto de que la implantación de la actividad no requiera la ejecución de ningún tipo de obras, se acompañará el proyecto o, en su caso, la memoria técnica de la actividad correspondiente.

d) Certificado expedido por una entidad que disponga de la calificación de organismo de certificación administrativa (OCA) por el que se acredite el cumplimiento de todos y cada uno de los requisitos técnicos y administrativos exigidos por la normativa en vigor para la apertura del establecimiento público. Alternativamente, un certificado emitido por un técnico u órgano competente y visado, si así procede, por el colegio profesional, en el que se acredite el cumplimiento de los requisitos establecidos en la normativa vigente para la realización del espectáculo público o actividad recreativa de que se trate.

e) Certificado que acredite la suscripción de un contrato de seguro.

f) Copia del resguardo por el que se certifica el abono de las tasas municipales correspondientes.

Una vez recibida la declaración responsable y la documentación anexa indicada, el Ayuntamiento procederá a registrar de entrada dicha recepción en el mismo día en que ello se produzca, entregando copia al interesado. Asimismo, dispondrá la publicación de la información básica relativa a ubicación, destino y características del casal fallero, así como la identificación del solicitante, conforme a los principios de publicidad activa.

Si la documentación incluyera el certificado de un organismo de certificación administrativa (OCA), la apertura del establecimiento podrá realizarse de manera inmediata. Sin perjuicio de ello, el ayuntamiento podrá proceder en cualquier momento a realizar una inspección del casal fallero.

En el caso que se realice esta inspección, si se comprueba en ese momento o en otro posterior la inexactitud o falsedad de cualquier dato, manifestación o documento de carácter esencial presentado, o que no se ajusta a la normativa en vigor, el Ayuntamiento podrá decretar la imposibilidad de continuar con el ejercicio de la actividad, sin perjuicio de las responsabilidades penales, civiles o administrativas en que hubieren incurrido el promotor, titular o prestador de la misma, técnico redactor y, en su caso, el organismo de certificación administrativa (OCA)[11].

---

11 Cfr. art. 69.4 LPAC.

Asimismo, la resolución del Ayuntamiento declarando tales circunstancias podrá determinar la imposibilidad de instar un nuevo procedimiento con el mismo objeto durante un plazo de tres meses. Se trata de una previsión contenida en la Ley 14/2010, de 3 de diciembre, de Espectáculos y Actividades de Pública Concurrencia y que incorpora una facultad para evitar la utilización fraudulenta o abusiva de declaraciones responsables en cadena.

Cuando no se presente un certificado emitido por una OCA, el Ayuntamiento procederá a inspeccionar el establecimiento para acreditar la adecuación de este y de la actividad al proyecto presentado por el declarante, en el término máximo de un mes desde la fecha de registro de entrada de la declaración responsable. Una vez realizada la visita de comprobación y verificado el cumplimiento de los extremos anteriores, el Ayuntamiento expedirá el acta de comprobación favorable que permitirá la apertura del establecimiento de manera inmediata.

Si la visita de comprobación no tuviera lugar en el plazo citado, el titular o prestador podrá, asimismo, bajo su responsabilidad, abrir el establecimiento, previa comunicación al órgano correspondiente.

IX. Horarios de los casales falleros

Las sedes falleras encuadradas en el Tipo C están sujetas al régimen de horario máximo de apertura y cierre previsto para las salas polivalentes, de acuerdo con lo previsto y ordenado en el artículo 35 de la Ley 14/2010, de 3 de diciembre, de la Generalitat.

Esta disposición legal es concretada periódicamente mediante la Orden anual de horarios dictada por la Conselleria competente en materia de espectáculos, actualmente la Orden 2/2023, de 21 de diciembre, de la Conselleria de Justicia e Interior, por la cual se regulan los horarios de espectáculos públicos, actividades recreativas, actividades socioculturales y establecimientos públicos, para el año 2024. Conforme a dicha Orden, los casales falleros se encuadran en el Grupo N, y siendo su horario de apertura las 9.00 horas y el de cierre las 02.30 horas.

De acuerdo con la citada Orden, y exclusivamente durante los días de fiestas populares y patronales, cada ayuntamiento podrá, de manera excepcional y en atención a las circunstancias concurrentes, ampliar el horario de cierre una hora más, procurando, en todo caso, compatibilizar esta circunstancia con la aplicación de las normas vigentes en materia de contaminación ambiental y acústica.

Estas ampliaciones se refieren a los locales, las carpas y las instalaciones complementarias, pero no a los actos institucionales, tales como la *cremà*, la *plantà* o la *despertà*. Respecto de estas manifestaciones festivas, será preciso atenerse a lo dispuesto en las diversas ordenanzas municipales de lucha contra el ruido, que suelen contener disposiciones con horarios excepcionales durante las fiestas[12].

X. La contaminación acústica en los casales falleros

Tanto a nivel doctrinal como jurisprudencial se ha discutido si las sedes festeras tradicionales, en el ejercicio de las actividades que efectúen, deben respetar la normativa aplicable en materia de ruidos y contaminación acústica[13]. Se trata de una cuestión que, aunque no pacífica en un principio, se ha ido resolviendo paulatinamente por la jurisprudencia de los distintos tribunales.

En este sentido, y entre otras, la sentencia del Juzgado de lo Contencioso-administrativo número 9 de Valencia, de 6 de noviembre de 2013, confirma la sanción de 250 euros impuesta por el Ayuntamiento de Valencia a la Falla Albacete Marvá, por la comisión de una infracción de la ordenanza municipal de contaminación acústica. En este caso se sanciona a la citada falla por organizar eventos que exceden las meras actividades vecinales, rebasando los límites que exige la convivencia urbana.

Por otro lado, también se cometen y son sancionadas infracciones por exceso de ruido en los casales a lo largo del año. Dichos establecimientos son lugar habitual de reunión de los falleros y, como tantos locales dedicados al ocio, pueden ser una fuente de ruidos superiores a los permitidos por la normativa vigente. En estos casos, las infracciones normalmente se

---

12 Por ejemplo, la Ordenanza de Contaminación Acústica de Valencia contempla a las 4.00 de la madrugada como la hora de finalización de las verbenas en las Fiestas de las Fallas.

13 La regulación del ruido en nuestro ordenamiento se contiene básicamente en la Ley 37/2003, de 17 de noviembre, del Ruido; la Ley 7/2002, de 3 de diciembre, de protección contra la contaminación acústica de la Comunidad Valenciana; y en las ordenanzas municipales en la materia. En la ciudad de Valencia, se trata de la Ordenanza Municipal de Protección contra la Contaminación Acústica.

califican como leves —por gritar, vociferar o utilizar aparatos musicales o acústicos—, y suelen resolverse con multas pecuniarias que rondan los 300 euros[14].

No cabe duda de que a los casales falleros Tipo C se les debe exigir el cumplimiento de la normativa sobre contaminación acústica y, por tanto, la implementación de las medidas correctoras y preventivas previstos en estos.

De esta forma, el artículo 17 del Decreto 266/2014, de 3 diciembre, de desarrollo de la Ley de Contaminación Acústica, nos dice exactamente cómo debe desarrollarse un estudio acústico, al poner de manifiesto que:

1. El estudio acústico (...) deberá ser firmado por técnico competente y se presentará en capítulo aparte, en el estudio de impacto ambiental, al solicitar la correspondiente licencia administrativa.
2. En el estudio acústico se analizarán en detalle:
    a) Nivel de ruido en el estado preoperacional, mediante la elaboración de un informe de los niveles sonoros expresados como LAeq.t en el ambiente exterior del entorno de la actividad, infraestructura o instalación, tanto en el periodo diurno como en el nocturno.
    b) Nivel de ruido estimado en el estado de explotación, mediante la predicción de los niveles sonoros en el ambiente exterior durante los periodos diurno y nocturno.
    c) Evaluación de la influencia previsible de la actividad, mediante comparación del nivel acústico en los estados preoperacional y operacional, con los valores límite definidos en el presente reglamento para las zonas o áreas acústicas que sean aplicables.
    d) Definición de las medidas correctoras de la transmisión de ruidos o vibraciones a implantar en la nueva actividad, en caso de resultar necesarias como consecuencia de la evaluación efectuada, y previsión de los efectos esperados. A tal efecto, deberá tenerse en cuenta las prescripciones para prevenir la transmisión de vibraciones.

---

14 Cfr. art. 28.4.c y 29.1.c de la Ley del Ruido; y art. 71.m de la Ordenanza valenciana. Un estudio más detenido sobre la imposición de sanciones administrativas a las comisiones de falla puede consultarse en el capítulo 12 de este libro: Martínez Otero, J. M.: "Valencia en Fallas, ¿ciudad sin ley? Ilegalidad, infracciones y sanciones en el contexto fallero", *Derecho fallero*, Tirant lo Blanch, 2015.

Un estudio acústico para un casal fallero debe reunir cada uno de los parámetros expuestos, y la omisión de cualquiera de ellos podrá ser causa de denegación o retirada de la licencia.

Este es precisamente el caso enjuiciado por las sentencias del TSJ de la Comunidad Valenciana, de 7 de octubre de 2016 (ponente Altarriba Cano), que anula la licencia concedida a la Falla Villarobledo-San Carlos de Aldaia por no disponer de un estudio acústico completo y suficiente; y de 5 de diciembre de 2019 (ponente Estrella Blanes) que anula también la licencia concedida por el Ayuntamiento de Paiporta a la Falla de San Antonio, en razón también a la insuficiencia del estudio acústico.

Las estadísticas muestran que son muchos los Ayuntamientos que han iniciado procedimientos sancionadores y han adoptado medidas cautelares consistentes en precintos de equipos o fuentes de emisión sonora, así como clausuras temporales o definitivas de locales, ante incumplimientos derivados de ruidos y contaminación acústica.

XI. Las consecuencias del funcionamiento anormal de un casal fallero. Responsabilidad patrimonial de la Administración

La negligencia o la pasividad de los Ayuntamientos en el control y fiscalización de los casales falleros y el resto de locales de fiestas que originan molestias en cuanto a ruidos y contaminación acústica generan un supuesto de responsabilidad patrimonial contra las Administraciones, por un anormal funcionamiento de un servicio público[15].

En este sentido, interesa hacer constar, entre otras, la sentencia del Juzgado de lo Contencioso-administrativo número 2 de Valencia, de 9 de junio de 2010, que enjuicia el funcionamiento del casal de la Falla Mayor del municipio de Moraira (Alicante) y que condena al Ayuntamiento al pago de 12.000 € en concepto de vulneración a los derechos a la intimidad y a la inviolabilidad del domicilio.

Por su parte, la sentencia del TSJ de la Comunidad Valenciana, de 6 de febrero de 2013 (ponente Millán Hernándiz), condena al Ayuntamiento

---

15 Cfr. art. 106 CE y 32 y siguientes de la Ley 40/2015, de 1 de octubre, de Régimen Jurídico del Sector Público. Un análisis más detenido de esta responsabilidad pública puede consultarse en el capítulo 14 de este volumen: Manent Alonso, L.: "Responsabilidad patrimonial por daños causados por las Administraciones públicas con ocasión de las Fallas", *Derecho fallero*, Tirant lo Blanch, Valencia, 2015.

de Silla (Valencia) en un supuesto de responsabilidad patrimonial con motivo del funcionamiento sin licencia del casal de la Falla del Mercat.

En idéntico sentido, la sentencia del TSJ de la Comunidad Valenciana, de 17 de abril de 2015 (ponente Narbón Laínez), condena al Ayuntamiento de Meliana (Valencia) por los incumplimientos en materia de contaminación acústica a una indemnización por importe de 30.000 euros en concepto de daños y perjuicios derivados de un casal fallero sin licencia.

En todos estos casos, los tribunales entienden que la omisión de vigilancia de la Administración sobre los casales que vulneran la legislación es motivo suficiente para imputar el daño sobre los derechos de los vecinos a la propia Administración, por lo que ésta resulta responsable ante los perjudicados.

XII. Los casales como actividad molesta en el marco de la Ley de Propiedad Horizontal

El funcionamiento irregular de un casal fallero puede denunciarse de acuerdo con lo previsto contra las actividades molestas en el art. 7.2 de la Ley 49/1960, de 21 de julio, de Propiedad Horizontal. Dicho precepto señala:

> "Al propietario y al ocupante del piso o local no les está permitido desarrollar en él o en el resto del inmueble actividades prohibidas en los estatutos, que resulten dañosas para la finca o que contravengan las disposiciones generales sobre actividades molestas, insalubres, nocivas, peligrosas o ilícitas.
>
> El presidente de la comunidad, a iniciativa propia o de cualquiera de los propietarios u ocupantes, requerirá a quien realice las actividades prohibidas por este apartado la inmediata cesación de las mismas, bajo apercibimiento de iniciar las acciones judiciales procedentes.
>
> Si la sentencia fuese estimatoria podrá disponer, además de la cesación definitiva de la actividad prohibida y la indemnización de daños y perjuicios que proceda, la privación del derecho al uso de la vivienda o local por tiempo no superior a tres años, en función de la gravedad de la infracción y de los perjuicios ocasionados a la comunidad. Si el infractor no fuese el propietario, la sentencia podrá declarar extinguidos definitivamente todos sus derechos relativos a la vivienda o local, así como su inmediato lanzamiento".

Considerando esta previsión, la reacción frente a las molestias ocasionadas por un casal pueden sustanciarse bien a través de una denuncia o reclamación frente al Ayuntamiento, bien a través de la acción privada y civil de cesación de actividades molestas.

Esta vía civil es la que concluyen las sentencias de la Audiencia Provincial de Valencia de 31 de marzo de 2014 (ponente Giménez Murria) que enjuicia la acción de cesación de las actividades molestas del casal fallero sito en la calle Francisco Grisolía de la ciudad de Valencia; de 29 de diciembre de 2014 (ponente Sánchez Alcaraz) respecto del Casal de la Falla Maestro Bellver; y de 28 de mayo de 2013 (ponente Giménez Murria), que condena a la Falla de Artur Mas de Benifaió a que realizar las obras necesarias para conseguir la insonorización del local destinado a casal fallero.

En todas esas sentencias se condena a la Comisión fallera al pago de distintas indemnizaciones en concepto de daños morales a los vecinos que soportaban las molestias derivadas de la contaminación acústica. Veamos la argumentación de una de estas resoluciones en relación con los daños morales:

> "la jurisprudencia (SSTS de 22-5-95, 13-11-95...) se refiere al daño moral como zozobra o sensación anímica de inquietud, pesadumbre, temor o presagio de incertidumbre, entendiéndose como daño moral, en su integración negativa, toda aquella detracción que sufre el perjudicado damnificado y que supone una inmisión perturbadora de su personalidad que, por naturaleza, no cabe incluir, en los daños materiales y en cuanto a su integración positiva, engloba, tanto la gama de sufrimientos y dolores físicos o psíquicos que haya padecido la víctima a consecuencia del hecho ilícito, como cualquier frustración, quebranto o ruptura en los sentimientos, lazos o afectos, de ahí que en líneas generales el daño moral se sustantiviza para referirlo a dolor inferido, sufrimiento, tristeza, desazón o inquietud que afecta a la persona que lo padece (STS de 19-02-2003). Para su valoración Sala coincide con la Juez *a quo*, en base a que deberá atenderse a la naturaleza e intensidad del quebranto y del padecimiento según el informe médico y su afección personal al tenerse que ir a dormir a casa de su padre y soportar las molestias que el ruido en los días de actividad fallera le causó como insomnio, ansiedad y angustia. Lo que nos lleva a coincidir parcialmente con el demandante en que la suma de 3000 euros es insuficiente y por ello aumentarla a 5.000 euros".

En todas estas sentencias y con independencia de la condena a indemnizaciones, se declara el cese y clausura del Casal Fallero, al precinto de las fuentes de emisión sonora o a la adopción de medidas preventivas que eviten las molestias.

XIII. La propiedad de los casales falleros. Veinte años de subvenciones y ayudas públicas para su adquisición

Para cerrar nuestro estudio, nos gustaría hacer referencia a una de las cuestiones más interesantes en relación con el régimen jurídico de los casales falleros, y que es la de su titularidad.

Como regla general, el régimen de uso y utilización de los casales falleros se regula mediante escrituras en propiedad en favor de las comisiones falleras o cuotas de participación en proindiviso en favor de los distintos falleros como socios.

En la mayor parte de los casos, y salvo contadas excepciones de proindivisos o cuotas de participación, los casales falleros forman parte del inmovilizado de la Comisión y se disfrutan en situación de plena propiedad.

El importante coste que la adquisición de un casal fallero puede suponer en las arcas y presupuestos de una Comisión ha hecho proliferar los contratos de ventas a plazo, alquileres con opciones de compra o *rentings* inmobiliarios con objeto de conseguir la propiedad de estos inmuebles.

En este contexto, muchos ayuntamientos de la Comunidad Valenciana han tenido en cuenta esta situación y han convocado distintas subvenciones y ayudas públicas con el objeto de facilitar la compra y adquisición de estos inmuebles por parte de las comisiones.

Esta forma de cofinanciación se ha arbitrado mediante distintas modalidades. En algunas ocasiones los Ayuntamientos han subvencionado los intereses reportados por los créditos y préstamos contraídos por las comisiones falleras necesarios para las adquisiciones de estos locales[16]. Otras veces, los Ayuntamientos han concedido auténticas ayudas y subvenciones públicas a fondo perdido[17].

En cualquier caso, ambos tipos de medidas de fomento se encuadran en el marco de la Ley 38/2003, de 17 de noviembre, General de Subvenciones, quedando sometidas a las reglas de control, gestión, comprobación de la inversiones y reintegros previstos en esta norma.

Para los supuestos de disolución de la comisión fallera, la Asamblea General de cada Comisión debe nombrar una Comisión Liquidadora entre los socios presentes, debiendo elaborar los documentos públicos y privados necesarios para el cumplimiento de sus fines.

La Comisión Liquidadora tendrá como único objeto cobrar los créditos que la Asociación/Falla ostente frente a terceros, liquidar el patrimonio mobiliario e inmobiliario de la asociación/falla, y con sus frutos cancelar las deudas existentes hasta donde sea posible.

---

[16] A título de ejemplo, pueden consultarse las "Bases para el otorgamiento de subvenciones y ayudas públicas convocadas por el Ayuntamiento de Sueca para la adquisición y rehabilitación de casales falleros". BOP 12.7.2008.

[17] Cfr. "Bases para el otorgamiento de subvenciones y ayudas públicas convocadas por el Ayuntamiento de Gandía para la adquisición y rehabilitación de casales falleros". BOP 12.4.2004.

El líquido resultante, dado el carácter no lucrativo de la entidad, en ningún caso podrá ser atribuido a los socios. Por este motivo, si hubiera un remanente habrá que estar a lo previsto en los estatutos o en el acuerdo fundacional de la Comisión. En muchos de los casos se prevé que este remanente sea donado a la entidad benéfica que se determine en la Asamblea General que acuerde la disolución.

XIV. Conclusiones

Primera. El casal es, sin lugar a dudas, una de las claves de bóveda del mundo de las Fiestas falleras, constituyéndose —junto con el monumento— en el centro neurálgico de una Comisión.

Segunda. En el casal radica el verdadero núcleo social de la fiesta y el auténtico laboratorio de las Fallas, ya que alberga la mayoría de actividades de gestión, preparación y celebración de la fiesta.

Tercera. Desde hace tiempo y como puede observarse, al casal fallero se le han asignado dos funciones distintas: las de gestión administrativa y la lúdica y festiva. De acuerdo con la normativa analizada, existen tipologías de casales diferentes en función del uso a que se destine el casal.

Cuarta. Cada comisión fallera deberá decidir el uso que quiere hacer de su casal: si un uso cuasi privado, dedicado a tareas administrativas; un uso más intenso, abierto a celebraciones y actos festivos de los socios; o un uso público, abierto también a personas no asociadas.

Quinta. Dependiendo de cuál de los usos quiera darse al casal, el Decreto 28/2011, de 18 de marzo, de condiciones y tipología de las sedes festeras tradicionales determina la regulación de las condiciones y tipología de las sedes festeras, clasificándolas en tres categorías:

- Sedes festeras Tipo A, que son aquellas donde se efectúan funciones de simple gestión y administración.
- Sedes festeras Tipo B, entendiéndose por tales aquellas en que, además de las funciones de gestión y administración, se realicen otro tipo de actividades que supongan la reunión o concentración de los festeros, familiares e invitados. Estas sedes no estarán abiertas a la pública concurrencia.
- Sedes festeras Tipo C, abiertas no sólo a los falleros sino también a personas externas a la comisión fallera.

Sexta. Esta última categoría es la sujeta a mayores condiciones y requisitos, ya que estas sedes falleras se consideran "establecimientos públicos", y por tanto se regirán por lo previsto en la Ley 14/2010 de 3 de diciembre de Espectáculos Públicos, Actividades Recreativas y Establecimientos Públicos, para las llamadas "salas polivalentes".

Séptima. A estas sedes festeras Tipo C se les va a exigir la implementación de medidas correctoras y preventivas propias de cualquier establecimiento abierto al público tipo sala polivalente o bar con ambientación musical. Por tanto, se le aplicará la normativa en todo lo relativo al control de ruidos, aforos, recorridos de evacuación y salidas de emergencia, puertas antipánico, seguros obligatorios y el resto de medidas que hemos tenido ocasión de consignar.

XV. Bibliografía

Blanquer Criado, D.: *Las fiestas populares y el Derecho*, Tirant lo Blanch, Valencia, 2001.

Cucó i Giner, J.: "Sociabilidades urbanas", *Revista de Antropología Social*, núm. 12, 2008, págs. 65-82.

De la Morena y de la Morena, L.: "Las licencias de espectáculos públicos: su doble configuración legal y jurisprudencial y sus interrelaciones con las licencias urbanísticas y las de actividades clasificadas (y IV)", *El Consultor de los Ayuntamientos*, núm. 15/16, 2001, págs. 2608-2618.

García Rubio, F.: "La inspección en la Ley 16/2005, de 30 de diciembre, Urbanística de la Comunidad Valenciana", *Derecho urbanístico de la Comunidad Valenciana*, Valencia, 2006, págs. 1529-1548.

Manent Alonso, L.: "Responsabilidad patrimonial por daños causados por las Administraciones públicas con ocasión de las Fallas", *Derecho fallero*, Tirant lo Blanch, Valencia, 2015.

Martínez Otero, J. M.: "Valencia en Fallas, ¿ciudad sin ley? Ilegalidad, infracciones y sanciones en el contexto fallero", *Derecho fallero*, Tirant lo Blanch, 2015.

Renau Faubell, F.: *Manual de disciplina urbanística de la Comunidad Valenciana*, Iustel, Madrid, 2008.

Tardío Pato, J. A.: "Las medidas provisionales para la protección del medio ambiente", *Revista Aranzadi de Derecho Ambiental*, núm. 30, 2015, págs. 83-132.

Fernández Rodríguez, T.-R.: *Manual de Derecho Urbanístico*, La Ley, Madrid 2006 (19ª).

Anexo. Preguntas y respuestas

1. **¿Qué tipos de casales existen en la normativa actual?**

   Existen tres tipos de casales falleros:

   - los casales Tipo A, que circunscriben sus actividades a tareas de gestión administrativa;
   - los casales Tipo B, que admiten actividades lúdico-festivas, pero solamente reservadas a los socios o los falleros suscritos a la comisión;
   - y los casales Tipo C, que pueden albergar actividades abiertas a personas externas a la falla.

2. **¿Qué trámites o permisos son necesarios para la apertura de un casal?**

   En primer lugar y antes de cualquier gestión administrativa será necesaria la autorización de la Junta Central Fallera.

   Posteriormente y en función del tipo de Casal, será necesario realizar diferentes gestiones.

   Los casales Tipo A y B que no superen los umbrales de riesgo o molestias previstos en el Anexo III de Ley 6/2014 de 25 de julio de Prevención de la Contaminación Ambiental, deberán presentar una Declaración responsable ambiental o una Comunicación Ambiental Inocua. La diferencia estará en función de la contaminación acústica que generen por ejemplo los aparatos de aire acondicionado o la carga térmica del local.

   En ambos casos deberá aportarse junto con la instancia los correspondientes proyectos simplificados o memorias que incorporen las necesarias medidas correctoras y preventivas.

3. **¿Pueden existir casales falleros que solamente se autoricen durante las Fiestas Falleras?**

   Sí. Las sedes Tipo A y B podrán tener carácter permanente o no permanente. Por tanto, se considerarán como no permanentes aquellas estén operativas exclusivamente durante los días de preparación y celebración de las fiestas correspondientes.

4. **¿Qué horario ordinario tendrá un casal Tipo C, que permite la entrada a personas que no sean miembros de la Falla?**

   El horario de un casal fallero dependerá de la Orden que todos los años se publica en el DOGV. En la actualidad, el horario de apertura será a las 9.00 horas y el de cierre las 02.30 horas.

5. **¿Tienen un horario especial los casales falleros durante la semana fallera?**

   Durante los días de las fiestas falleras, cada municipio podrá, de manera excepcional, ampliar el horario de cierre una hora más, procurando, en todo caso, compatibilizar esta circunstancia con la aplicación de las normas vigentes en materia de contaminación ambiental y acústica.

6. ¿Y las verbenas vinculadas a las actividades falleras?

Dependerá de cada ordenanza de protección acústica municipal. Por ejemplo, el art. 44 de la Ordenanza de Contaminación Acústica de Valencia, de 23 de febrero de 2023, determina que este tipo de verbenas deben concluir antes de las 4.00 de la madrugada.

7. ¿Cuál debe ser el contenido mínimo de un proyecto ordinario o simplificado como documento preceptivo para la apertura de un local Tipo C?

1. Memoria que contendrá descripción detallada de la actividad que se solicita e instalaciones que la conformen, cálculo motivado del aforo de acuerdo con la normativa vigente y justificación técnica, entre otros, de los apartados siguientes:
   a) Vías de evacuación y espacio exterior seguro.
   b) Salidas y recorridos de evacuación.
   c) Protecciones activas y pasivas contra el fuego
   d) Acabados de seguridad, tales como resbaladicidad, elementos transparentes o protecciones verticales y horizontales.
   e) Instalación eléctrica (alumbrado ordinario, de seguridad, suministros complementarios y otros).
   f) Dotaciones higiénicas y sanitarias.
   g) Ventilación y climatización.
   h) Eliminación de barreras arquitectónicas
2. Documentación gráfica:
   a) Plano de emplazamiento, con indicación de anchos de vías públicas, y justificación de espacio exterior seguro.
   b) Plano de distribución amueblado
   c) Plano de instalación eléctrica, que incluya distribución en planta de sus elementos, y el esquema unifilar.
   d) Plano de instalación de ventilación y climatización. F
   e) Plano descriptivo de la instalación de elementos de protección contra incendios activa como protección pasiva del local o recinto.

8. ¿Qué medidas se pueden adoptar contra un casal fallero que incumple la normativa de ruido y contaminación acústica?

Tanto la normativa estatal como la autonómica en materia de ruido permiten adoptar como sanción a aquellos casales que incumplan la normativa de control de ruido tanto el precintado del equipo o fuente de emisión como la clausura temporal o definitiva del local.

9. ¿Existe una responsabilidad solidaria entre un casal fallero y un Ayuntamiento para los supuestos de condenas por indemnización de daños y perjuicios?

Sí. Pueden ser responsables de una posible indemnización por daños morales tanto el Ayuntamiento como la propia Comisión Fallera.

En el caso de que los vecinos acudan contra la Comisión por la vía civil o privada, el Juez de Primera Instancia puede declarar tanto la obligación de insonorizar el local como la obligación de pagar daños morales.

En el caso de que opten por explorar la vía de responsabilidad patrimonial contra la pasividad del Ayuntamiento, será esta Administración la responsable última de los daños y perjuicios que se ocasionen a los vecinos.

10. ¿Debe un casal fallero contratar un seguro de responsabilidad civil?

El seguro únicamente se exige a los casales de Tipo C, por estar sujetos a lo previsto en la Ley 14/2010 de 3 de diciembre de Espectáculos y Actividades Recreativas de la Generalitat Valenciana.

Valencia en Fallas... ¿ciudad sin ley? Ilegalidad, infracciones y sanciones en el contexto fallero

JUAN MARÍA MARTÍNEZ OTERO
Profesor Titular de Derecho Administrativo
Universidad de Valencia

I. Introducción

La fiesta invita al exceso, a la excepción. Toda celebración, de un modo u otro, abre un paréntesis en la gris rutina de lo cotidiano y trae consigo una relajación o suspensión temporal de las reglas vigentes. Es precisamente a través del exceso, el relajamiento y la excepción como las personas se sienten puntualmente liberadas de la carga del día a día, del peso de la ley y la costumbre, y experimentan cómo *chronos* —ese tiempo lineal que miden los relojes— también puede ser *kairós* —un tiempo de plenitud, felicidad y comunión.

Lo que sucede es que esa liberación que toda fiesta trae consigo puede rebasar los límites de lo razonable y mutar en anarquía, caos y confusión. Y entonces la celebración se convierte en un "sálvese quien pueda", entorno de conflictos donde el festero campa por sus respetos y hace de su voluntad norma, a la que deben plegarse el resto de sufridos conciudadanos hasta que terminan las fiestas y vuelve —¡por fin!—, la bendita rutina y con ella el imperio de la ley.

Encontrar un justo equilibrio entre excepción festera y orden público es una tarea complicada, en cuya consecución deben comprometerse de manera solidaria los poderes públicos, las instituciones festeras y los propios ciudadanos, sean festeros o no. El utillaje para construir ese inestable equilibrio es muy heterogéneo, e incluye la aprobación de ciertas normas y la modulación de otras; la adaptación de los servicios públicos; una adecuada tarea de sensibilización; una mirada apreciativa a la vez que crítica sobre los usos y costumbres festivos y su evolución; y un ejercicio sensato de virtudes ciudadanas tales como la tolerancia, la paciencia, el respeto y la buena educación.

Si lo señalado hasta aquí es predicable de todo tipo de fiestas, resulta particularmente exacto en relación con las Fallas valencianas, festividad masiva, callejera, ruidosa y bullanguera, marcadamente invasiva e inevitablemente molesta para quienes no participan de la celebración.

A fin de lograr el equilibrio al que hacíamos referencia entre excepción y orden —Dionisio y Apolo— resulta de vital trascendencia la actividad de policía de las Administraciones públicas, que vela por el respeto de las normas de convivencia básica durante las fiestas[1]. Si un moderado ejercicio de la potestad sancionadora resulta habitualmente imprescindible para garantizar el respeto a la ley y la convivencia, durante las fiestas populares dicho ejercicio resulta del todo punto imprescindible para poner coto al justo clima de excepción y exceso que rodea cualquier celebración[2].

A este esfuerzo de vigilancia y eventual represión no puede ser ajeno el entramado fallero —Junta Central Fallera (en adelante, JCF), juntas loca-

---

1 Sobre el particular, resultan elocuentes las palabras de uno de nuestros primeros tratadistas. "Suele haber periódicamente en muchos pueblos romerías y festividades a un tiempo religiosas y civiles en celebridad del santo patrono o por aniversario de algún acontecimiento glorioso (...). En todas estas solemnidades es preciso siempre la inspección de la autoridad administrativa, tanto para el cuidado del orden público, como para que se ejecuten con el decoro propio del objeto que las promueve. En los días de carnaval es costumbre común de todos los pueblos entregarse las gentes a toda clase de diversiones; y la autoridad, sin impedirlas cuando sean lícitas, debe evitar, por medio de reglas prudentes, que bajo el pretexto de regocijo público, se turbe el sosiego, se insulte a las personas o se cometan otros abusos". Ortiz de Zúñiga, M.: *Elementos de Derecho Administrativo, Tomo III,* Imprenta y Librería de Sanz, Granada, 1843, págs. 198-199.

2 Sobre los motivos que impulsan a las personas a respetar las normas, resulta de especial interés: Friedman, L. M.: *Impact,* Harvard University Press, Cambridge, 2016. El autor agrupa estos motivos en tres grandes categorías: premios y castigos; presión social; y conciencia personal. Pues bien, cuando ni la presión social ni la conciencia personal tienen fuerza suficiente, los premios y castigos del poder público cobran una importancia mayor.

les, comisiones de falla—, principal interesado en que las fiestas se desarrollen de manera lícita, en un clima respetuoso y de convivencia. Sin este esfuerzo conjunto las fiestas fácilmente se deslizarían hacia lo que algunas voces críticas ya han calificado de "Estado de excepción fallero", convirtiendo Valencia y sus municipios en ciudades sin ley, donde los derechos de los vecinos —libre circulación, intimidad, descanso— quedan al albur de la voluntad de un empoderado colectivo festero y del capricho de innumerables visitantes que acuden al llamado de la fiesta con ganas de disfrutar y pasarlo bien[3].

El presente capítulo pretende abordar los diferentes regímenes sancionadores aplicables en el contexto fallero, que se orientan a garantizar el desarrollo respetuoso y armónico de las fiestas mediante la represión de conductas ilícitas. El estudio arranca identificando los tres regímenes sancionadores existentes, en función de quién lo aplica y de los intereses que cada uno de ellos salvaguarda: el régimen común, el fallero y el disciplinario. Seguidamente, se analiza en detalle cada uno de estos tres regímenes: naturaleza, regulación, competencia sancionadora, catálogos de infracciones y sanciones, procedimiento sancionador, etc. En la medida de lo posible, dicha visión teórica se complementa con algunos datos cuantitativos, a fin de ilustrar cómo se aplica en la práctica cada uno de estos sistemas represivos. El estudio se cierra con unas reflexiones que apuntan posibles líneas de mejora de los regímenes sancionadores presentados. Como Anexo, se ofrece un listado de preguntas y respuestas que resume el contenido del capítulo en un lenguaje asequible al lector sin conocimientos jurídicos.

Valga cerrar esta breve introducción con una aclaración previa. El hecho de dedicar nuestro estudio a las infracciones cometidas en el contexto fallero y concluir invitando a una represión más severa de las mismas ni trae causa en una visión negativa de las Fallas ni aspira a empañar el juicio tan positivo que estas fiestas merecen. Todo lo contrario. Nuestro objetivo no es otro que defender la fiesta, manteniendo sus maravillosos excesos dentro de los límites de lo razonable y purificándola de la ganga de abu-

---

3 Así lo denunciaba hace años Boix Palop: "las Fallas de Valencia son probablemente el más claro exponente de este Estado de Excepción Jurídico-Festivo, aceptado por autoridades municipales, jueces y opinión pública que consideran, por lo general, que aquél que sea molestado tiene el deber de callar y capear resignadamente el chaparrón...". Boix Palop, A.: "Fiestas populares, Fallas y Estados de Excepción jurídicos", *El País-Blogs*, 14.03.2012. Disponible en: https://blogs.elpais.com/no-se-trata-de-hacer-leer/2012/03/fiestas-populares-fallas-y-estados-de-excepción-jurídicos.html

sos que inevitablemente todas las fiestas populares conllevan. Abusos que, todo sea dicho, muy frecuentemente nada tienen que ver con el colectivo fallero, sino con el elevadísimo número de turistas que durante esas fechas inundan las ciudades y pueblos valencianos. Pues bien, solo sancionando los excesos con proporcionalidad y determinación, las Fallas seguirán siendo un marco de convivencia entre culturas, clases, generaciones y familias dentro de cada barrio y de cada población, y un motivo de orgullo para todos los valencianos, tanto para los falleros como para quienes no lo son.

II. Tres regímenes sancionadores

En el contexto fallero podemos distinguir tres regímenes sancionadores.

En primer lugar, el régimen sancionador común o de policía general, que es el que aplican las diferentes Administraciones públicas de forma cotidiana. No se trata, *stricto sensu*, de un solo régimen sancionador, sino de una pléyade de ellos, tantos como normas sectoriales regulan diversos aspectos de la vida en común, estableciendo sus catálogos de infracciones y sanciones. Cada uno de estos regímenes pretende proteger un haz específico de intereses públicos, independientes del contexto estrictamente fallero. Así, y entre un sinfín de ámbitos en el que se desarrolla esta actividad sancionadora, podemos mencionar la limpieza viaria, la seguridad alimenticia, la lucha contra el ruido, el buen uso del dominio público o la protección de los consumidores. Aunque puede admitir modulaciones, toda esta normativa sectorial mantiene su vigencia durante las Fallas, de modo que su incumplimiento —a menudo facilitado por el contexto festivo— podrá dar lugar a la sustanciación de las debidas responsabilidades. Junto a lo dispuesto en cada norma sectorial, el ejercicio de esta potestad sancionadora se regula en la normativa básica estatal de referencia[4].

Un segundo régimen sancionador es el previsto en los reglamentos falleros de cada junta fallera, cuyo articulado tipifica una serie de infracciones y sanciones, ahora sí, específicamente falleras. En tanto que las sanciones

---

4 Concretamente, en los artículos 25 a 31 de la Ley 40/2015, de 1 de octubre, de Régimen Jurídico del Sector Público (en adelante, LRJSP) para los aspectos sustantivos; y en diversos artículos de la Ley 39/2015, de 1 de octubre, del Procedimiento Administrativo Común de las Administraciones Públicas (en adelante, LPAC) para los procedimentales.

de policía general protegen intereses públicos generales, estas "sanciones falleras" velan por intereses asociados a la fiesta: el buen funcionamiento de las comisiones, el correcto desarrollo de la ofrenda floral, la adecuada instalación de los monumentos, el respeto a las tradiciones de indumentaria, etc. Estos intereses tienen una doble dimensión. De un lado son intereses de los festeros, y, por ende, privados, corporativos. Ahora bien, resulta innegable que algunos de ellos —o todos ellos, considerados conjuntamente— gozan también de una dimensión pública, habida cuenta el seguimiento masivo y transversal de la fiesta, su dimensión de patrimonio inmaterial, su interés cultural, su impacto económico y su incidencia en el dominio público[5].

A diferencia de las infracciones comunes, las falleras son infracciones especiales, en el sentido de que su autor no puede ser cualquier persona, sino solo una integrada en el colectivo fallero, ya sea una comisión de falla, un artista fallero o un fallero individual. Y ello porque el ejercicio de la potestad sancionadora fallera presupone la existencia de una relación de sujeción especial, que vincula a quienes se integran formalmente en el entramado fallero con las juntas llamadas a aplicar la normativa fallera.

El tercer régimen sancionador vigente en el contexto fallero es el disciplinario, que se sustancia en el seno de cada comisión fallera cuando alguno de sus miembros incumple lo establecido en su propia normativa interna[6]. Se trata de un régimen de origen contractual, toda vez que encuentra su fundamento en el libre asentimiento de los falleros que voluntariamente se integran en una comisión y aceptan sus reglas de constitución y funcionamiento. Estas sanciones asociativas o disciplinarias tienen un alcance privado y pretenden salvaguardar el orden interno de cada comisión. La aplicación del régimen disciplinario corresponde a los órganos directivos de cada falla —habitualmente, a la Junta General—, de acuerdo con lo previsto en su propia normativa.

---

5 Sobre la dimensión pública de las fiestas populares y su interés para el Derecho, resulta clarificador López Benítez, M.: "Fiestas y fiestas de interés turístico: Administración y ejercicio de potestades en torno a las mismas", *Las Administraciones ante las fiestas y el turismo* (coord. E. Hernández-Diez), Iustel, 2023, págs. 26-30.

6 En cuanto asociaciones, el poder disciplinario interno de las fallas es una manifestación del derecho a la autoorganización. Cfr. SSTC 218/1988, de 22 de noviembre, F.J. 2° y 56/1995, de 6 de marzo, F.J. 3°.

Una vez perfiladas las lindes de estos tres sistemas represivos —sancionador común, fallero y disciplinario—, estamos en situación de analizar en mayor profundidad de cada uno de ellos.

III. Régimen sancionador común

Conforme a la clasificación ofrecida en el epígrafe anterior, un primer tipo de sanciones en el contexto de las Fallas son las sanciones administrativas de policía general, impuestas en el marco del régimen sancionador común. Estas sanciones reprimen y previenen el incumplimiento de diferentes normas sectoriales tendentes a proteger los más variados intereses públicos: la seguridad, la sanidad, el medio ambiente urbano, la limpieza viaria, la información de los consumidores y usuarios, la existencia un comercio ordenado, etc.

A la hora de imponer estas sanciones, la Administración aplica regímenes sancionadores dispares recogidos en normas muy variadas, tanto por su rango como por su objeto. Las conductas que se castigan mediante estas sanciones de policía general no son propiamente falleras, en el sentido de que se realizan durante todo el año y también en contextos totalmente ajenos a la fiesta. En efecto —y por poner tan solo tres ejemplos— orinar en la calle, hacer ruido a horas intempestivas o arrojar residuos sólidos en la calzada no son actividades exclusivas de festeros incívicos. Lo que sucede es que el contexto festivo que envuelve las ciudades y pueblos valencianos durante los días de Fallas propicia ciertas infracciones, que la Administración —hasta cierto punto y en la medida de sus posibilidades— procura prevenir y castigar.

El tipo de intereses públicos protegidos por esta normativa sectorial —cuidado de bienes demaniales, seguridad del tráfico, desarrollo ordenado del comercio local, medio ambiente urbano…— determina que el protagonismo en estas sanciones de policía general corresponda a los municipios, de acuerdo con las competencias que les encomienda el artículo 25 de la Ley 7/1985, de 2 de abril, Reguladora de las Bases del Régimen Local (LBRL)[7]. La Comunidad autónoma, por su parte, tiene atribuida potestad sancionadora en materia de espectáculos públicos respecto de las infrac-

---

7 Blanquer Criado identifica hasta ocho competencias municipales estrechamente relacionadas con la celebración de fiestas populares en: *Las fiestas populares y el Derecho*, Tirant lo Blanch, Valencia, 2001, págs. 20-21.

ciones graves y muy graves, si bien al menos en Valencia dicha competencia viene siendo ejercida por delegación por el Ayuntamiento en los últimos años[8]. Finalmente, la Delegación de Gobierno ostenta competencias en materia de seguridad ciudadana y pirotecnia, correspondiéndole sancionar —entre otras infracciones— el lanzamiento de artefactos pirotécnicos ilegales[9].

A diferencia de las infracciones falleras y disciplinarias —cuyos sujetos activos son las comisiones o los falleros—, las infracciones de policía general pueden ser cometidas por cualquier persona, sea física o jurídica.

A continuación presentamos sucintamente las conductas ilícitas más características o habituales en el contexto fallero, señalando qué sanciones les anuda el ordenamiento y cómo son castigadas por la Administración. Nuestro análisis de estas infracciones "genéricas" no puede ser exhaustivo por dos motivos. En primer lugar, por la extensión prácticamente inabarcable de la normativa que habría que explicar, que contiene varios centenares de tipos infractores. Y, en segundo lugar, porque los expedientes sancionadores que castigan estas infracciones no son objeto de publicación[10]. Respecto de cada tipo de infracción ofrecemos algunos datos cuantitativos publicados en fuentes de diversa naturaleza. Aunque carecen de la homogeneidad que sería deseable, arrojan algo de luz sobre la prevalencia de cada tipo de ilícito y la importancia que a cada uno otorga la Administración. Hecha esta advertencia, procedemos a presentar las infracciones administrativas más típicas durante las Fallas, distinguiendo a efectos de claridad expositiva entre las infracciones cometidas por comisiones falleras y las cometidas por ciudadanos a título individual.

---

8 Cfr. artículo 56.1 de la Ley de la Generalitat Valenciana 14/2010, de 3 de diciembre; y Convenio entre la Generalitat Valencia y el Ayuntamiento de Valencia con fecha de 4 de abril de 2019 (DOGV nº 8546 de 15 de mayo de 2019).

9 En efecto, de acuerdo con el artículo 149.1.26 CE es competencia exclusiva del Estado la regulación del uso y tenencia de explosivos. Una visión detallada del reparto competencial en materia de fiestas populares puede consultarse en Blanquer Criado, D. y Guillén Galindo, M. A.: *Las fiestas populares...*, op. cit., págs. 17-30.

10 Si bien para el presente estudio los servicios jurídicos de diversas administraciones se han mostrado abiertamente colaborativos, facilitándonos el acceso a una gran variedad de expedientes, las limitaciones tanto jurídicas —protección de datos— como materiales —escasez de tiempo— han hecho imposible acceder a toda la documentación en la materia.

1. Infracciones de las comisiones falleras

1.1. Contaminación acústica

Como es sabido, durante las fiestas un buen número de comisiones de falla instala carpas en la vía pública, como lugar de reunión y celebración de los falleros. En dichos lugares y en sus aledaños se organizan eventos de lo más variado, incluyendo karaokes, bailes y verbenas. La ocupación del espacio público y la organización de verbenas callejeras está sujeta a una autorización demanial, que se tramita anualmente ante el Ayuntamiento y se concede a las comisiones bajo unas determinadas condiciones. Entre las mismas, habitualmente se incluyen la exigencia de respetar una serie de límites horarios y de decibelios al reproducir música, así como la obligación de contar con un instrumento conectado al equipo de música —un limitador registrador— que garantice el cumplimiento de las obligaciones legales en materia de ruido. Estas condiciones aspiran a conciliar la libertad de divertirse de los festeros con el derecho a la intimidad y al descanso de los vecinos, y suelen ser una concreción —cuando no un mero recordatorio— de las medidas contra la contaminación acústica contenidas en la Ley 37/2003, de 17 de noviembre, del Ruido, la Ley 7/2002, de 3 de diciembre, de protección contra la contaminación acústica de la Comunidad Valenciana y en las ordenanzas municipales en la materia[11].

Pues bien, son muchas las comisiones que durante las fiestas incumplen los términos del título habilitante para la instalación de la carpa o la celebración de la verbena, habitualmente por carecer o no utilizar los citados instrumentos de limitación y control de decibelios[12]. Dicha conducta constituye una infracción grave de la normativa en materia de ruido (cfr. arts. 28.3.b de la Ley del Ruido y 72.a y h de la ordenanza valenciana), que puede llevar aparejadas las siguientes sanciones: multa de 601 a 6.000 euros; suspensión de la autorización, concesión demanial o licencia de actividades; y clausura temporal, total o parcial, de las instalaciones por un

---

[11] En el municipio de Valencia, la Ordenanza Municipal de Protección contra la Contaminación Acústica, que regula las actuaciones musicales y otros actos con sonoridad en el dominio público, incluye en su artículo 42 una referencia expresa a las carpas.

[12] Dichas infracciones también son habituales en el marco de verbenas organizadas por las comisiones falleras durante la celebración de la fiesta de San Juan, a finales del mes de junio.

período de hasta dos años[13]. Junto con ello, la ordenanza municipal de Valencia prevé que el incumplimiento de los términos de la concesión o autorización puede ser "causa suficiente para la denegación del permiso para la celebración de actuaciones musicales durante el año siguiente, y ello sin perjuicio de la tramitación del expediente sancionador que al objeto pudiera incoarse" (art. 42)[14].

Las infracciones que se producen en carpas y verbenas durante las Fallas no son las únicas en materia de ruidos. En efecto, también se ha sancionado la reproducción de música en puestos de buñuelos, masas fritas, alimentación o artesanía instalados en la vía pública, cuando los mismos no tienen autorización para reproducirla[15]. La responsabilidad por esta infracción se imputa al titular de la autorización, que normalmente es la comisión en cuya demarcación se ubica la parada correspondiente[16]. Por otro lado, también se cometen y son sancionadas infracciones por exceso de ruido en los casales a lo largo del año. Dichos establecimientos son lugar habitual de reunión de los falleros y, como tantos locales dedicados al ocio, pueden ser una fuente de ruidos superiores a los permitidos por la normativa vigente. En estos casos, las infracciones normalmente se califican como leves —por gritar, vociferar o utilizar aparatos musicales o acústicos—, y suelen resolverse con multas pecuniarias que rondan los 300 euros[17].

De acuerdo con datos de la Policía Local de Valencia, en 2024 se formularon 21 denuncias en relación con la celebración de verbenas y 36 contra puestos autorizados por las comisiones falleras por tener ambien-

---

13 Cfr. arts. 28.3.b y 29.1 y 2 de la Ley del Ruido, y 72 a) y h) de la Ordenanza valenciana.

14 Más contundente resulta la Ordenanza reguladora de la ocupación del Dominio Público Municipal de Valencia, cuyo artículo 120.3 establece: "el incumplimiento por la entidad autorizada del horario que se establezca en la resolución municipal, implicará que (…) no se le autorizará para celebrar verbenas, conciertos u otras actividades análogas con repercusión sonora en lo que reste de año (…) ni tampoco para las fiestas falleras de la anualidad siguiente".

15 Art. 41.2 de la Ordenanza valenciana.

16 Como ha recordado el Ayuntamiento de Valencia en diversas resoluciones sancionadoras, no son oponibles frente a la Administración las relaciones civiles existentes entre la [comisión fallera] interesada y terceras personas [quienes explotan los puestos].

17 Cfr. art. 28.4.c y 29.1.c de la Ley del Ruido; y art. 71.m de la Ordenanza valenciana.

tación musical sin contar con la debida autorización[18]. Las cifras resultan preocupantes, ya que representan el 40% de las verbenas y más del 90% de las paradas de alimentos inspeccionadas.

1.2. Sanidad y condiciones higiénicas en las paradas de venta de alimentos

Como en tantas otras fiestas populares, la gastronomía ocupa un lugar relevante en la celebración de las Fallas. Uno de los dulces más populares en esas fechas son los buñuelos de calabaza, acompañados normalmente de chocolate caliente. La tradición de tomar chocolate con buñuelos propicia que durante las fiestas se instalen abundantes puestos de buñuelos y masas fritas en las calles, normalmente al alero de alguna comisión fallera. Con el progresivo incremento de visitantes durante las fiestas, a estos tradicionales puestos de buñuelos se han ido sumando otros de comida para llevar: churros, hamburguesas, perritos calientes, bebidas, etc.

Estos puestos de venta de alimentos generalmente se amparan en un título habilitante concedido a una comisión fallera, en el que se exige el respeto a las condiciones legalmente establecidas para garantizar la higiene de los productos alimenticios[19]. De acuerdo con la normativa autonómica, la competencia para sancionar las infracciones leves y graves en esta materia corresponde a los municipios[20].

---

18 "La Policía Local de València impone durante las Fallas 391 denuncias por drogas y 145 por artículos pirotécnicos", *Europa Press*, 23.03.2024. Disponible en: https://www.europapress.es/comunitat-valenciana/noticia-policia-local-valencia-impone-fallas-391-denuncias-drogas-145-articulos-pirotecnicos-20240323110538.html

19 El marco normativo en esta materia viene delimitado por las siguientes normas: Reglamento (CE) nº 852/2004 del Parlamento Europeo y del Consejo, de 29 de abril de 2004, relativo a la higiene de los productos alimenticios; Reglamento (UE) nº 1169/2011 del Parlamento Europeo y del Consejo, de 25 de octubre de 2011, sobre la información alimentaria facilitada al consumidor; Ley 10/2014, de 29 de diciembre, de Salud de la Comunitat Valenciana; Real Decreto 1021/2022, de 13 de diciembre, por el que se regulan determinados requisitos en materia de higiene de la producción y comercialización de los productos alimenticios en establecimientos de comercio al por menor; y Real Decreto 126/2015, de 27 de febrero, relativo a la información alimentaria de los alimentos que se presenten sin envasar, envasados en los lugares de venta y envasados por los titulares del comercio al por menor.

20 Art. 99.1 de la Ley 10/2014, de 29 de diciembre, de Salud de la Comunitat Valenciana.

Pues bien, no resulta infrecuente que las paradas infrinjan la normativa tendente a garantizar la higiene de los alimentos o la información a los consumidores y usuarios. Entre otros incumplimientos, cabe referirse a la ausencia de personal con la acreditación de manipulador de alimentos, a la omisión de proteger debidamente los puntos de iluminación, a carecer de pila lavamanos o de neveras para almacenar materias primas o tenerlas inoperantes, etc. Por regla general, estas irregularidades constituyen infracciones leves, tipificadas en el artículo 104 de la Ley 10/2014, de 29 de diciembre, de Salud de la Comunitat Valenciana, y llevan aparejadas multas de hasta 5.000 euros, si bien el Ayuntamiento de Valencia normalmente viene imponiendo sanciones que oscilan entre los 300 y los 600 euros[21].

Conforme a los datos que se nos han facilitado desde el Ayuntamiento de Valencia, en los años 2018 y 2019 se sancionaron respectivamente 12 y 9 infracciones de la normativa sanitaria en las paradas de venta de alimentación. Otros datos elocuentes publicados desde el ayuntamiento en relación con las Fallas de 2024 señalan que el 13 de marzo de dicho año los servicios municipales de sanidad y consumo habían realizado 805 inspecciones en churrerías, saldadas con la clausura de un puesto, 91 requerimientos de cambio de aceite y 11 de cambio de manguera[22].

1.3. Consumo: hojas de reclamaciones y justificantes de compra

Un tercer grupo de infracciones frecuentemente sancionado durante las Fallas está relacionado con la normativa de consumo, y se produce también en el marco de los puestos y chiringuitos de venta de alimentos. En concreto, las autoridades municipales de Valencia vienen sancionando repetidamente la carencia de hojas de reclamaciones a disposición de los consumidores y usuarios; la omisión de la correspondiente información sobre las mismas; la falta de expedición de facturas o documentos acreditativos de las transacciones comerciales; o la entrega de facturas simplificadas que incumplen los requisitos exigidos para estos documentos.

---

21 Cfr. art. 52 de la Ley 17/2011, de 5 de julio, de seguridad alimentaria y nutrición, a la que remite la Ley 10/2014, de 29 de diciembre, de Salud de la Comunitat Valenciana.

22 Vigara, J. M.: “Sanidad y Consumo obliga a 105 churrerías de València a cambiar el aceite”, *Diario Levante*, 13.03.2024. Disponible en: https://www.levante-emv.com/fallas/2024/03/13/sanidad-consumo-obliga-105-churrerias-99421241.html

Todas estas conductas constituyen infracciones leves de la normativa de consumo, y llevan asociadas sanciones de apercibimiento o multa de hasta 3.000 euros[23]. La totalidad de resoluciones sancionadoras a las que hemos podido acceder —18, 17 de las cuales corresponden al año 2022— se decantan por multas de 500 euros por infracción, manteniéndose así lejos del máximo legal previsto para este tipo de infracciones.

Como señalamos anteriormente, la responsabilidad por estas infracciones se imputa como regla general a la comisión fallera en cuya demarcación se ubica el puesto, por ser la titular de la autorización municipal para la instalación del mismo.

1.4. Limpieza urbana y residuos sólidos

La celebración de eventos organizados por las comisiones falleras en su demarcación territorial —sean concursos de paellas, *mascletaes*, verbenas...— es fuente habitual de residuos, cuya gestión y retirada es responsabilidad de la falla organizadora[24].

La omisión de este deber de limpieza puede ocasionar la apertura de un procedimiento sancionador, normalmente incoado tras una denuncia del servicio municipal de gestión de residuos y limpieza viaria. Las multas previstas en la normativa vigente para este tipo de infracciones —habitualmente leves— pueden ascender hasta los 2.000 euros[25]. El Ayuntamiento

---

23 Cfr. art. 70.7 y 76 del Decreto Legislativo 1/2019, de 13 de diciembre, del Consell, de aprobación del texto refundido de la Ley del Estatuto de las personas consumidoras y usuarias de la Comunitat Valenciana; art. 63.1 y 3 del Real Decreto Legislativo 1/2007, de 16 de noviembre, por el que se aprueba el texto refundido de la Ley General para la Defensa de los Consumidores y Usuarios y otras leyes complementarias; y art. 7.1.d del Real Decreto 1619/2012, de 30 de noviembre, por el que se aprueba el Reglamento por el que se regulan las obligaciones de facturación.

24 Esta obligación se contiene en el artículo 22 de la Ordenanza Municipal de Limpieza Urbana de Valencia, del año 2009, y suele ser recordada y concretada anualmente por el Bando Fallero. Así, en el apartado 20 del Bando de 2023 se contenía la obligación de las comisiones de limpiar diariamente "la zona de influencia de las verbenas y otros eventos en horario nocturno, así como zonas de fuego, cuidando que los residuos se depositen en bolsas cerradas en los contenedores correspondientes. Esta limpieza deberá estar concluida antes de las 08:00 horas en general".

25 Cfr. arts. 77 y ss. de la Ordenanza Municipal de Limpieza Urbana de Valencia; y arts. 108 y ss. de la Ley 7/2022, de 8 de abril, de residuos y suelos contaminados

de Valencia, empero, suele optar por multas mucho más benévolas, que rondan los 300 euros.

De acuerdo con información publicada por el consistorio valenciano, en el año 2023 se incoaron 62 expedientes sancionadores por no limpiar la suciedad generada tras la celebración de actos falleros[26]. En el año 2022, el número de expedientes sancionadores por este motivo fue de 34.

1.5. Ocupación indebida del dominio público

Durante las Fallas, como es sabido, se produce un uso excepcional e intensivo de gran parte del dominio público urbano. Así, y entre otros usos, las comisiones instalan carpas, escenarios o mercadillos en las calles y plazas de su demarcación territorial[27]. Este uso viene amparado por la respectiva autorización municipal, sujeta a una serie de condiciones que concretan lo previsto en la ordenanza municipal de ocupación del espacio público y en el Bando fallero[28].

Pues bien, resulta frecuente que algunas comisiones incumplan los términos de la normativa general o de su respectiva autorización. Ello sucede, por ejemplo, cuando desinstalan la carpa una vez vencido el plazo concedido por el Ayuntamiento; cuando instalan paradas de venta sin autorización o rebasando sus condiciones; o cuando se ocupan espacios no previstos para celebrar concursos de paellas o instalar mesas y sillas.

En el Ayuntamiento de Valencia todas estas conductas están tipificadas en el artículo 294 de la Ordenanza reguladora de la ocupación del Dominio Público Municipal. En función de su gravedad, las infracciones serán castigadas con multas de hasta 750, 1.500 o 3.000 euros, en función de

---

para una economía circular.

26 Cfr. Soriano, L.: "El Ayuntamiento de Valencia propone sancionar a 62 comisiones por la suciedad generada en Fallas", *Las Provincias*, 21.03.2023. Disponible en: https://www.lasprovincias.es/valencia-ciudad/ayuntamiento-valencia-sancion-fallas-basura-20230321154313-nt.html

27 Para un análisis en detalle acerca de la regulación del uso del espacio público durante las Fallas, véase el capítulo 8 del presente volumen: Romero Aloy, M. J.: "La ocupación del dominio público durante la celebración de las Fallas", *Derecho Fallero*, Tirant lo Blanch, Valencia, 2025.

28 En Valencia, habrá que atenerse a lo dispuesto en la Ordenanza reguladora de la ocupación del Dominio Público Municipal, del año 2014.

su carácter leve, grave o muy grave[29]. Entre las conductas más sancionadas, tienen la consideración de infracción grave la ocupación del dominio público más allá de lo autorizado y la omisión de restituir los bienes a su estado anterior tras extinguirse el título habilitante. En cuanto a la ocupación sin autorización, la ordenanza distingue entre quienes han solicitado autorización y no han obtenido respuesta —infracción grave— y quienes no la han solicitado o, habiéndolo hecho, han recibido una respuesta denegatoria expresa —infracción muy grave.

Conforme a la documentación facilitada por el Ayuntamiento de Valencia, desde el año 2015 se imponen por este motivo en torno a una decena de sanciones anuales. De los expedientes que hemos podido consultar —en torno a medio centenar—, todos se decantan por imponer la menor multa posible dentro de las horquillas normativamente previstas, al tiempo que ninguno incluye la denegación de autorización al año siguiente, medida prevista en la Ordenanza (art. 120.3) que tendría una indudable eficacia preventiva[30].

1.6. Utilización indebida del casal

Un último tipo de infracción del que queremos dejar constancia es el relativo al uso indebido del casal, cuando en el mismo se realizan actividades que exceden lo previsto en el título habilitante en el que se amparan[31].

En concreto, en Valencia se han impuesto sanciones por alquilar el local para fiestas, lo que implica llevar a cabo actividades distintas de las indicadas en la licencia del casal y, por ende, ilegales. Este tipo de arrendamientos contraviene tanto la normativa de prevención, calidad y control ambiental de actividades como la de espectáculos públicos, actividades recreativas y

---

29 Cfr. art. 296 de la Ordenanza reguladora de la ocupación del Dominio Público Municipal.

30 Como apunta Nieto, los efectos de la revocación o denegación futura de una licencia suelen ser de ordinario mucho más dolorosos que los de una multa. Cfr. Nieto, A.: *Derecho Administrativo Sancionador*, Tecnos, Madrid, 2005 (4ª), pág. 36.

31 Para un análisis más detallado de los diferentes tipos de casal y las actividades permitidas en cada tipo, véase el capítulo 11 de esta misma obra: Hervás Mas, J.: "El régimen jurídico de los casales falleros". La norma de referencia aquí es el Decreto 28/2011, de 18 de marzo, del Consell, por el que se aprueba el Reglamento por el que se regulan las condiciones y tipología de las sedes festeras tradicionales ubicadas en los municipios de la Comunitat Valenciana.

establecimientos públicos[32]. En el primer caso la infracción tiene la consideración de leve y en el segundo de grave. Las multas impuestas por este motivo por el consistorio valenciano han ascendido a 300 y de 600 euros, respectivamente.

2. Infracciones de particulares

2.1. Botellón

Con carácter general, el consumo de alcohol en la calle —conocido en su versión comunitaria como *botellón*— está prohibido por el artículo 69.7 de la Ley 10/2014, de 29 de diciembre, de Salud de la Comunitat Valenciana. Esta disposición admite, sin embargo, que mediante ordenanza municipal se establezcan algunas excepciones "en determinados días de fiestas patronales, locales o festivos concretos o excepcionalmente con motivo de algún evento autorizado", siempre y cuando se trate de bebidas de menos de 20 grados.

Pues bien, a esta posibilidad se acoge la Ordenanza reguladora de la ocupación del Dominio Público Municipal valenciana, cuyos artículos 89.2 y 117 admiten la venta, el suministro y el consumo de bebidas alcohólicas en el dominio público en las fechas que se fijen anualmente en el Bando de Fallas, siempre y cuando tengan lugar con motivo de esta celebración, se realice en los espacios y horarios autorizados por el Ayuntamiento y se limite a bebidas de menos de 20 grados.

A pesar de esta excepción, son frecuentes las sanciones por consumir alcohol en la calle en período de Fallas sin respetar las citadas restricciones, normalmente por tratarse de bebidas de alta graduación o por consumirse fuera de los espacios habilitados en la demarcación de cada falla. Aplicando el tipo residual de la citada ordenanza, este consumo ilegal de alcohol puede ser calificado como una infracción leve, a la que corresponde una multa de hasta 750 euros[33]. Como en tantas otras manifestaciones de la

---

[32] Cfr. Ley 6/2014, de 25 de julio, de Prevención, Calidad y Control ambiental de Actividades en la Comunitat Valenciana; y Ley 14/2010, de 3 de diciembre, de espectáculos públicos, actividades recreativas y establecimientos públicos de la Comunitat Valenciana.

[33] Cfr. arts. 294.2.d y 296 de la Ordenanza reguladora de la ocupación del Dominio Público Municipal valenciana.

potestad sancionadora en el contexto fallero, el Ayuntamiento viene decantándose por imponer sanciones benignas, que rondan los 150 euros.

De acuerdo con fuentes municipales de Valencia, en las Fallas de 2024 la policía local realizó 80 intervenciones en botellones, frente a las 98 del ejercicio anterior[34].

2.2. Infracciones relativas a material pirotécnico

Junto a los monumentos falleros y su *cremà*, si algo caracteriza la fiesta fallera son los espectáculos pirotécnicos y el lanzamiento de petardos. La normativa que regula la producción, almacenaje, transporte, comercialización y empleo de material pirotécnico, cuya aspiración esencial es preservar la seguridad de las personas, es harto compleja y excede con mucho el propósito de las presentes páginas[35]. Actualmente, la norma de referencia en la materia es el Real Decreto 989/2015, de 30 de octubre, por el que se aprueba el Reglamento de artículos pirotécnicos y cartuchería.

Entre las infracciones más comunes de esta norma en el contexto fallero podemos destacar las siguientes: la celebración de espectáculos pirotécnicos sin cumplir las debidas medidas de seguridad; la venta o el almacenaje de material pirotécnico en establecimientos que no cumplen las condiciones legalmente establecidas; o la venta y lanzamiento de material pirotécnico ilegal (de fabricación casera, no etiquetado, etc.), infracción que en el último año ha suscitado una cierta alarma entre las autoridades municipales[36].

La competencia en esta materia corresponde a la Delegación del Gobierno, que ejerce sus potestades de inspección fundamentalmente a través de la Guardia Civil[37]. En cualquier caso, la policía local también lleva

---

34 "Menos verbenas y más tardeos en unas Fallas masivas con reducción de incidencias y delitos", *La Vanguardia*, 20.03.2024. Disponible en: https://www.lavanguardia.com/local/valencia/20240320/9575257/verbenas-tardeos-fallas-masivas-reduccion-incidencias-delitos.html

35 Para una exposición más detallada de esta cuestión, véase: Antelo Martínez, A.: *Las Verbenas Populares en Galicia: Régimen de Intervención Municipal*, Xunta de Galicia, Santiago de Compostela, 2020, págs. 105 y ss.

36 Cfr. "València crea una Comisión Técnica Permanente para evitar la entrada de material pirotécnico ilegal en las Fallas de 2025", Nota de prensa, Ayuntamiento de Valencia, 16.04.2024.

37 Art. 202 del Reglamento de artículos pirotécnicos y cartuchería.

a cabo tareas de supervisión que dan lugar a la apertura de expedientes sancionadores. Como regla general, las infracciones en esta materia merecen la calificación de graves[38]. Estas infracciones llevan aparejadas multas que oscilan entre los 600 y los 30.000 euros, aunque pueden llegar hasta los 90.000 euros si se refieren a aspectos de seguridad industrial. Las sanciones irán acompañadas de la incautación del material ilegal o del que exceda la cantidad autorizada.

Al Reglamento estatal referido cabe añadir normativa autonómica y local en materia de ruido y de licencias ambientales para actividades, cuya supervisión es competencia municipal. En relación con la normativa de ruidos —en concreto, las ordenanzas municipales contra la contaminación acústica—, el lanzamiento de petardos fuera de las horas, lugares y actos permitidos puede suponer la comisión de una infracción administrativa leve, sancionada con multas de hasta 600 euros[39]. En cuanto a la normativa de licencias ambientales, los establecimientos de venta de artículos pirotécnicos deben solicitar la correspondiente licencia municipal de actividad, que se añade a la autorización gubernativa de instalación del establecimiento[40]. No contar con dicha licencia constituye una infracción grave que puede ser sancionada con multas de 2.000 a 50.000 euros, y la clausura de las instalaciones por un período máximo de dos años[41].

De acuerdo con fuentes oficiales, durante las Fallas de 2024 la Guardia Civil realizó un total de 332 inspecciones, formulando 11 denuncias por espectáculos pirotécnicos, 4 contra establecimientos de venta de pirotecnia y 2 contra talleres y depósitos de este material[42]. Por su parte, la policía

---

38 Cfr. arts. 195, 196 y 197 del Reglamento de artículos pirotécnicos y cartuchería. Las infracciones leves suelen consistir en omisiones de deberes de información y documentación, en tanto que las muy graves se condicionan a la causación efectiva de perjuicios muy graves o de peligros muy graves e inminentes.

39 Art. 71.c y de la Ordenanza Municipal contra la Contaminación Acústica y art. 29.1.c de la Ley 37/2003, de 17 de noviembre, del Ruido.

40 Instrucción técnica complementaria del Reglamento de artículos pirotécnicos y cartuchería número 17, sobre la Venta al Público de Artículos Pirotécnicos, 10.2.4.

41 Arts. 93.3.a y 95.1.2 de la Ley 6/2014, de 25 de julio, de Prevención, Calidad y Control ambiental de Actividades en la Comunitat Valenciana. El único expediente sancionador de estas características al que hemos podido tener acceso —del año 2011—, se saldó con una multa de 2.600 euros.

42 "La Guardia Civil sanciona a 11 espectáculos pirotécnicos en Fallas", *Valencia Plaza*, 22.03.2024. Disponible en: https://valenciaplaza.com/guardia-civil-sanciona-11-espectaculos-pirotecnicos-fallas

local de Valencia levantó 145 actas de denuncia por el uso de artículos pirotécnicos ilegales[43].

2.3. Venta ambulante

La celebración de las fiestas atrae abundantes turistas y visitantes a la ciudad, incremento de población que incentiva la proliferación de puestos de venta ambulante, muchos de los cuales carecen de la correspondiente licencia municipal[44].

La venta ambulante sin licencia constituye una infracción muy grave de la Ordenanza Municipal reguladora de la venta no sedentaria del Ayuntamiento de Valencia (art. 64.c y j). De acuerdo con el artículo 65.3, esta infracción puede ser castigada con multa de hasta 300 euros. En las resoluciones a las que hemos podido acceder la sanción suele oscilar entre los 100 y los 150 euros, en función de si el objeto de la venta es consumible —bebida, fundamentalmente—, lo que conlleva un cierto agravamiento de la conducta por los riesgos sanitarios dimanantes de este tipo de comercio. La sanción puede ir acompañada del decomiso de los objetos a la venta —alimentación, material pirotécnico, ropa, gafas, etc.

En las Fallas de 2024 la policía local impuso hasta 84 actas-denuncia por venta ambulante, procediendo al decomiso de casi 6.000 productos[45].

2.4. Medio ambiente urbano: ensuciar la calle y orinar en la vía pública

Como tantas otras fiestas patronales, las fiestas josefinas tienen un acentuado carácter callejero. No es de extrañar pues que la presencia masiva de falleros, festeros, turistas y visitantes en las calles dé ocasión a la comisión

---

[43] "La Policía Local de València impone durante las Fallas 391 denuncias por drogas y 145 por artículos pirotécnicos", *Europa Press*, 23.03.2024. Disponible en: https://www.europapress.es/comunitat-valenciana/noticia-policia-local-valencia-impone-fallas-391-denuncias-drogas-145-articulos-pirotecnicos-20240323110538.html

[44] La competencia en materia de comercio ambulante es atribuida a los municipios por el artículo 25.2.j LBRL.

[45] "La Policía Local de València impone durante las Fallas 391 denuncias por drogas y 145 por artículos pirotécnicos", *Europa Press*, 23.03.2024. Disponible en: https://www.europapress.es/comunitat-valenciana/noticia-policia-local-valencia-impone-fallas-391-denuncias-drogas-145-articulos-pirotecnicos-20240323110538.html

de algunas infracciones relativas al medio ambiente urbano, como depositar basura u orinar en la vía pública.

Como ya tuvimos ocasión de apuntar en relación con las sanciones a las comisiones falleras, ensuciar la calle, depositar residuos u orinar en la vía pública constituyen infracciones de la Ordenanza Municipal de Limpieza Urbana de Valencia (art. 77.1, 5, 8), cuya gradación se hará depender de la entidad de la falta cometida, el grado de intencionalidad, la reincidencia o reiteración, el riesgo o daño ocasionado, el beneficio obtenido y demás circunstancias (art. 78). Normalmente, las multas que se imponen por estas conductas han venido rondando los 150 euros. En el último año, y a pesar de no ofrecer datos numéricos sobre las infracciones en esta materia, la Alcaldía de Valencia ha manifestado su preocupación frente a las "agresiones" cada vez más frecuentes a los principales monumentos de la ciudad, como La Lonja, en cuyas paredes no es insólito ver a personas orinar o vomitar. A fin de prevenir dichas conductas, y además de vallar algunos monumentos, la alcaldesa de Valencia ha amenazado con elevar las multas por las conductas señaladas hasta 750 euros, el máximo legal permitido a los Ayuntamientos para las infracciones leves a falta de previsión legal más específica[46].

2.5. Ocupación indebida del dominio público

Un último tipo de infracciones que traemos a colación son las relativas a la ocupación indebida del dominio público. Las más recurrentes son tres: la instalación de terrazas y puestos de buñuelos sin licencia; idéntica conducta rebasando los términos de la autorización; y el incumplimiento de la obligación de retirar mesas y sillas de terrazas en determinados horarios, obligación prevista en el Bando fallero en determinadas zonas para facilitar el tránsito antes y después de ciertos eventos multitudinarios, muy señaladamente la *mascletà*.

En pro de la brevedad, nos remitimos a lo expuesto sobre este particular cuando analizamos la comisión de infracciones de esta naturaleza por las propias comisiones de falla.

---

46 Cfr. art. 141 LBRL. Parrilla, J.: "Catalá pondrá vallas en los principales monumentos y advierte de multas de 750 euros por orinar en estos", *Diario Levante EMV*, 11.03.2024. Disponible en: https://www.levante-emv.com/fallas/2024/03/11/catala-pondra-vallas-principales-monumentos-lonja-santos-juanes-alcaldesa-actos-incivicos-99327921.html

3. Algunas conclusiones sobre las sanciones de policía general en el contexto fallero

El repaso realizado hasta aquí nos permite extraer algunas conclusiones, siquiera tentativas, habida cuenta la imposibilidad de analizar todas las sanciones de policía general impuestas en el contexto fallero.

En primer lugar, resulta patente que durante las fiestas el número y amplitud de frentes en los que las autoridades tienen que desplegar sus funciones de vigilancia son enormes. El incremento de población y de actividades potencialmente lesivas de intereses públicos en las fechas falleras no va acompañado de un refuerzo proporcional de los efectivos al servicio de la Administración. En este sentido, las Administraciones deben elegir, de entre los intereses públicos amenazados durante las fiestas, cuáles merecen una mayor atención.

En segundo lugar, la documentación consultada permite concluir que las Administraciones —muy especialmente, el Ayuntamiento de Valencia— ejerce su potestad sancionadora de una forma muy laxa. En efecto, las multas suelen fijarse en el umbral inferior del previsto por la normativa; prácticamente nunca se toma en consideración la reincidencia para agravar las sanciones; y no se conocen sanciones impuestas contra fallas consistentes en denegar la autorización para instalar una carpa o celebrar una verbena en ulteriores ejercicios falleros[47]. Si a esta opción de política sancionadora sumamos la posibilidad, derivada del artículo 85 LPAC, de reducir las multas hasta un 40% de su importe reconociendo la responsabilidad y pagando de forma voluntaria, el importe final de muchas de ellas puede resultar irrisorio.

Es por ello que a nadie debe extrañar que existan fallas sancionadas dos años consecutivos por idéntica infracción; que en el año 2024 el 40% de las verbenas y más del 90% de las paradas de alimentos inspeccionados incumplieran la normativa de ruidos; que el lanzamiento de petardos ilegales esté creciendo exponencialmente; o que cualquier esquina oscura de la ciudad —incluidas las de monumentos del patrimonio histórico— pueda convertirse en mingitorio de emergencia con impunidad.

Para revertir esta tendencia —reconocida respecto de algunas materias por las propias autoridades edilicias— resulta imprescindible endurecer las

---

47 Recuérdese que en Valencia dicha sanción es prevista como una posibilidad en la ordenanza del ruido (art. 42) y exigida por la ordenanza de ocupación del dominio público (art. 120.3).

sanciones. No hasta el punto de hacerlas desproporcionadas, por supuesto. Pero sí hasta el umbral que —dentro de lo permitido por la normativa— les permita desplegar su eficacia preventiva, cosa que lamentablemente no parece estar sucediendo[48]. Y ello también a la luz de otra consideración. Como apunta Becker desde el análisis económico del Derecho, uno de los criterios para determinar la severidad idónea de las sanciones es la probabilidad de descubrir y castigar la infracción, de modo que a menor probabilidad de ser descubierto y sancionado el castigo debe ser mayor[49]. Pues bien, si durante las Fallas el número de frentes abiertos a la policía es tan vasto que muchas infracciones no serán reprimidas, resulta sensato endurecer las sanciones de aquellas que sí lo son.

Solo así se mitigará la sensación de impunidad de los potenciales infractores, se reforzará la eficacia preventiva de las sanciones y se protegerán de modo más eficaz los intereses generales[50].

Cuestión diferente, claro está, es que exista una voluntad política de atajar estos incumplimientos, lo que inevitablemente implicaría una confrontación con sectores del colectivo fallero y una erosión política de las autoridades, que por el momento —y para desgracia de una parte no pequeña de la ciudadanía— no parecen dispuestas a asumir[51].

---

48 Una de las exigencias básicas del principio de proporcionalidad en Derecho Administrativo Sancionador es la prohibición de lucro económico, de modo que la comisión de las infracciones no resulte más beneficiosa que el cumplimiento de la legalidad (art. 29.2 LRJSP). Resulta palmario que este principio no se está respetando a la hora de multar a las paradas de alimentos, por poner tan solo un ejemplo especialmente flagrante.

49 Becker, G. S.: "Crime and Punishment: an Economic Approach", *Journal of Political Economy*, Vol. 76, núm. 2, 1968, págs. 177 y ss.

50 Como señala Nieto, "el objetivo de una buena política represiva no es sancionar, sino cabalmente lo contrario, no sancionar, porque con la simple amenaza se logra el cumplimiento efectivo de las órdenes y prohibiciones cuando el aparato represivo oficial es activo y honesto". Nieto, A.: *Derecho Administrativo Sancionador*, op. cit., pág. 34.

51 Con un punto de senequismo, Blanquer Criado apunta como un rasgo de las fiestas populares la "elástica tolerancia administrativa" con las infracciones, que convierte muchas ordenanzas en papel mojado durante las celebraciones. Blanquer Criado, D. y Guillén Galindo, M. A.: *Las fiestas populares...*, op. cit., pág. 50.

IV. Régimen sancionador fallero

A diferencia del régimen común o de policía general, el régimen sancionador fallero tiene como finalidad proteger la propia fiesta como bien valioso, y se encuentra regulado en instrumentos normativos específicamente falleros, fundamentalmente en los diversos Reglamentos Falleros[52]. Como ha tenido ocasión de señalarse, en la medida en que las Fallas constituyen un patrimonio cultural común de los valencianos, su protección mediante el oportuno régimen sancionador específicamente fallero desborda del interés privado de los festeros y reviste una importancia indudablemente pública.

La naturaleza mixta público-privada de los intereses festeros propicia dos formas de organización del colectivo fallero y, por ende, dos regímenes sancionadores —relativamente— diferentes.

En algunos municipios —como Valencia o Torrent—, el colectivo fallero se articula en juntas que tienen la consideración de organismos autónomos municipales. Estas juntas son, por consiguiente, personas de Derecho público integradas en la estructura municipal y sujetas a Derecho Administrativo[53]. Además, los reglamentos falleros que aplican son ratificados por el Pleno municipal, por lo que se integran en el ordenamiento jurídico. En otros municipios —como Alzira o Paterna— la Junta Local Fallera carece de esa naturaleza pública, configurándose como una federación de comisiones sin dependencia orgánica de la estructura municipal, y sujeta como regla general al Derecho privado. En estos municipios, los reglamentos falleros no son fuente del Derecho, sino simples normas internas de la federación. Si en el primer caso las sanciones falleras se asemejan a sanciones administrativas y constituyen un ejercicio de potestades públicas, en el segundo se aproximan a las sanciones disciplinarias, impuestas en contextos privados por asociaciones, colegios profesionales o federaciones deportivas.

Esta distinción, empero, es fundamentalmente teórica, ya que las juntas falleras —sean organismos autónomos o federaciones— tienen un origen,

---

52 Esta normativa deberá ser interpretada en consonancia con las normas con rango de ley aplicables en cada caso, fundamentalmente la legislación sancionadora administrativa, la disciplinaria en materia de asociaciones y la de arbitraje. Un análisis del valor jurídico del Reglamento Fallero puede consultarse en el siguiente estudio de este mismo libro: Alventosa del Río, J.: "Las fuentes del Derecho fallero", *Derecho fallero*, Tirant lo Blanch, 2025.

53 Cfr. art. 2.2.a LRJSP.

una composición y un funcionamiento muy similar en todos los municipios, al tiempo que representan y protegen intereses esencialmente iguales. Por todo ello, sus procedimientos sancionadores están sujetos a garantías sustantivas y procedimentales análogas, cuando no sencillamente idénticas[54]. Y ello porque, independientemente de su naturaleza jurídica pública o privada, ambas formas de gestión y defensa de los intereses falleros son fenómenos regulatorios muy cercanos[55].

A fin de no complicar en exceso nuestro estudio, nos centraremos específicamente en el régimen sancionador aplicado por la JCF, contenido en el Reglamento Fallero (RF) y el Reglamento de Régimen Interno (RRI) de la JCF, por ser la normativa aplicable al mayor número de comisiones y falleros[56]. A modo de contraste, recurriremos también a la normativa vigente en otros municipios valencianos muy poblados —particularmente, Torrent y Paterna— cuyas comisiones no dependen de la JCF[57].

1. Infracciones y sanciones falleras

Comenzamos nuestro análisis compendiando las infracciones y sanciones "falleras" tal y como se recogen en los reglamentos de la JCF previamente apuntados.

---

54 Sobre la aplicación supletoria del Derecho Administrativo Sancionador a los procedimientos disciplinarios sustanciados por federaciones, resulta paradigmático el caso de la disciplina deportiva. Cfr. Pérez Monguió, J. M.: "Régimen sancionador y disciplinario en el deporte", *Fundamentos de Derecho Deportivo* (coord. E. Gamero Casado), Tecnos, Madrid, 2012, pág. 213. En cualquier caso, como resalta Gamero, dicha aplicación generalmente aceptada no está exenta de matices. Gamero Casado, E.: *Las sanciones deportivas*, Bosch, Barcelona, 2003, págs. 105-107.

55 Como ha apuntado Darnaculleta, autorregulación privada y regulación pública no son dos realidades enfrentadas ni mutuamente excluyentes. Cfr. Darnaculleta i Gardella, M. M.: "Autorregulación, sanciones administrativas y sanciones disciplinarias", *Autorregulación y Sanciones* (dirs. L. Arroyo Jiménte y A. Nieto Martín), Thomson Reuters - Aranzadi, Cizur Menor, 2015 (2ª), pág. 138.

56 Téngase en cuenta que la JCF aglutina en torno a 390 comisiones falleras, de cinco municipios: Valencia, Burjassot, Mislata, Xirivella y Quart de Poblet.

57 Se trata del Reglamento Fallero de Torrent, modificado por última vez en 2017, y del Reglamento de la Federación de la Junta Local Fallera de Paterna, cuya última redacción es de 2023. Para la realización del presente estudio se han consultado también los RRFF de Alzira, Denia, Xátiva y Sagunto. Los citaremos menos para no sobrecargar el texto.

El artículo 75 del RF, titulado "Infracciones al Reglamento", tipifica las siguientes conductas[58]:

a) El incumplimiento de los preceptos del presente Reglamento, así como de las demás normas o instrucciones emanadas de la JCF.

b) El incumplimiento de los deberes específicos establecidos a nivel individual o colectivo y, en particular, las obligaciones económicas o contractuales que pudieran derivarse del ejercicio de la actividad fallera.

c) El funcionamiento irregular de las Comisiones de Falla en la organización y desarrollo de las actividades falleras.

d) El incumplimiento de las funciones que por el presente Reglamento o por la norma de régimen interno de una Comisión de Falla, fueren atribuidas a los diferentes componentes de una Comisión.

e) El incumplimiento de las obligaciones económicas a título individual por un fallero, o a título colectivo, por una Comisión de Falla.

f) Las demás infracciones tipificadas en el Reglamento de Funcionamiento Interno de la JCF, así como cualesquiera otras que pudieran derivarse de la aplicación del presente Reglamento.

Por su parte, el artículo 39.1 del RRI tipifica como infracciones:

1° El incumplimiento del contenido del presente reglamento de Régimen Interno de la JCF.

2° El incumplimiento de las funciones propias y específicas atribuidas a cada uno de sus órganos y componentes.

3° Cualesquiera otras que se deriven de la aplicación del presente reglamento de Régimen Interno.

A estos dos listados cabría añadir un tercero, contenido en las "Normas para desfilar en la ofrenda de flores", que incluye como infracciones determinadas conductas que pueden ralentizar o deslucir el desfile, como incumplir el número de componentes por fila, no vestir la indumentaria tradicional o hacer pasillos.

---

58 Listados análogos se contienen en los arts. 58 RF Torrent; y 6.4° RF Paterna. Por su parte, el artículo 7 del Anexo al RF de Alzira contiene algunas infracciones interesantes, como faltar a la verdad al declarar el coste de la falla, permitir actividades extrañas a la comisión de falla, o tener facturas sin pagar de más de un ejercicio cuando hayan sido reclamadas por el acreedor.

Por lo que se refiere a las sanciones, el artículo 77 RF prevé las siguientes:

a) La amonestación privada.

b) El apercibimiento por escrito con advertencia de sanción superior en caso de reincidencia, y su anotación literal en el libro de registro correspondiente.

c) El cese como fallero y la inhabilitación para el ejercicio de cualquier cargo directivo y su baja del censo oficial fallero durante un período no superior a quince ejercicios falleros.

d) La baja del censo oficial fallero de la Comisión de Falla.

e) El reconocimiento de deuda monetaria debidamente acreditado y su no liquidación en el período de tiempo determinado por resolución, comportará la anotación correspondiente en el registro y libro destinado al efecto, la baja en el censo oficial fallero y su imposibilidad de reincorporación al mismo mientras subsista la deuda.

f) La anulación y pérdida de la recompensa fallera que se posea en el momento de la sanción, tanto a título individual como colectivo[59,60].

El artículo 81 RF, por su parte, incluye dos sanciones asociadas a los incumplimientos contractuales de los artistas falleros. De un lado, su exclusión del concurso de fallas durante un período de tiempo que el reglamento no concreta. De otro, la publicación por la JCF del listado de

---

59 De acuerdo con el RF, esta sanción tendrá el carácter de accesoria en los supuestos de cese y baja en el censo fallero, inhabilitación, concesión errónea o irregular, así como cuando concurran circunstancias excepcionales debidamente acreditadas. Su imposición corresponderá al Pleno de la JCF, requiriéndose la aprobación de la Asamblea General.

60 El art. 60 RF Torrent prevé otras sanciones, entre las que destacamos: la pérdida de subvenciones por actividades en que participa (letra g); la no participación en actos o actividades organizadas por la Junta Local Fallera por un plazo de 1 a 5 años y el cambio en el orden del desfile en los actos oficiales (letra h); o la expulsión de la corte de honor de la fallera mayor (…) y la destitución del cargo de fallera mayor (letra i). El RF de Denia, por su parte, prevé la imposición de multas, que pueden llegar a los 3.000 euros en algunas infracciones muy graves (art. 143.1.b RF de Denia). El importe de estas multas será destinado a fines benéficos (art. 144).

artistas expedientados y sancionados, para el general conocimiento de las comisiones[61,62].

El RRI no contiene sanciones específicas. Por su parte, las citadas "Normas para desfilar en la ofrenda de flores" señalan en su Disposición Undécima que las sanciones "oscilarán entre la prevención por escrito para las infracciones leves, hasta la prohibición de desfilar en el ejercicio fallero siguiente para las infracciones más graves". Aunque no consta cuáles pueden las sanciones intermedias, cabe imaginar que una será la de cambiar el orden de participación en el desfile en los siguientes ejercicios[63].

La lectura de los preceptos transcritos suscita —al menos— dos consideraciones.

En primer lugar, resulta inevitable subrayar la deficiente factura normativa de los artículos reseñados, particularmente en lo relativo a su respeto del principio de tipicidad. Como es sabido, este principio del Derecho sancionador exige que las normas precisen y delimiten con la mayor exactitud posible las conductas constitutivas de infracción, y determinen —dentro de márgenes relativamente estrechos— la sanción que cada infracción lleva aparejada[64]. Se excluye así el recurso a fórmulas vagas y genéricas, que no permitan predecir con suficiente grado de certeza qué conductas son constitutivas de infracción y qué sanciones pueden llevar anudadas.

---

61 Esta medida —también conocida como *name and shame*—, más allá de erosionar el prestigio de los artistas, pretende advertir a futuros clientes de su falta de fiabilidad. Para un análisis doctrinal de esta forma de sanción, véase: Huergo Lora, A. J.: "La publicación del nombre de los infractores como sanción administrativa (*name and shame*)", *Anuario de Derecho administrativo sancionador 2021* (dirs. M. Rebollo Puig et al.), Thomson Reuters - Civitas, Cizur Menor, 2021, págs. 93-140.

62 En el año 2023 quince comisiones tuvieron problemas con los artistas contratados, dos de los cuales fueron finalmente sancionados por la JCF con la exclusión de su concurso de fallas durante siete y dos ejercicios falleros. Cfr. Soriano Pons, L.: "La Junta Central Fallera estudiará mayores sanciones para los artistas que dejen a las comisiones sin fallas", *Las Provincias*, 16.03.2024. Disponible en: https://www.lasprovincias.es/fallas-valencia/junta-central-fallera-estudiara-mayores-sanciones-artistas-20240315012631-nt.html?ref=https%3A%2F%2Fwww.google.com%2F.

63 En este sentido, véase el art. 60.h RF Torrent.

64 Rebollo Puig, M. *et al.*: *Derecho administrativo sancionador*, Lex Nova, Valladolid, 2010, págs. 159-160.

Pues bien, ninguno de los elencos contenidos en la normativa fallera —ni de infracciones ni de sanciones— alcanza a satisfacer las exigencias mínimas de tipicidad[65].

El listado de infracciones contenido en los Reglamentos difícilmente puede ser más genérico. Ambos listados se abren con una cláusula general (art. 75.a RF y 39.1.a RRI) y se cierran con otra residual (art. 75.f RF y 39.1.f RRI), práctica que es habitualmente criticada por la doctrina por su excesivo grado de indeterminación[66]. La mala técnica normativa se evidencia al constatar que, tras una lectura detenida de los artículos transcritos, solo resulta clara una infracción: el incumplimiento por parte de los falleros de la obligación de pagar la cuota de su falla, infracción que además se tipifica de forma redundante en las letras b) y e) del artículo 75 RF. A esta infracción cabría añadir la relativa al incumplimiento por parte de los artistas falleros de sus obligaciones contractuales, si bien esta infracción solo resulta claramente identificable acudiendo a los artículos 79 y ss. RF, situados en un capítulo diferente al del régimen disciplinario y sancionador.

Similar crítica cabe hacer respecto de las sanciones. Ni el RF ni el RRI gradúan las infracciones ni señalan criterio alguno que permita conocer qué sanción corresponde a cada infracción, o si existen atenuantes o agravantes que permitan modular la responsabilidad del infractor[67]. Todavía en relación con las sanciones, la redacción del artículo 77.e resulta extraña, ya que incluye una infracción en el elenco de sanciones y enumera dos sanciones —la anotación en el registro y la baja del censo— que ya se enumeran en otras letras del mismo artículo.

De esta primera crítica se salvan parcialmente las "Normas para desfilar en la ofrenda de flores", cuyo listado de infracciones —no así de sanciones— es sustancialmente más específico y claro. Dichas normas también ofrecen unos criterios de ponderación de la gravedad de las infracciones en su Disposición Undécima, que señala: "para determinar la gravedad de las infracciones se tendrá en cuenta la repercusión de la infracción en el

---

65 El catálogo de infracciones y sanciones contenido en el RF Paterna constituye un buen ejemplo de respeto al principio de tipicidad. Su artículo 6 gradúa las infracciones en leves y graves y modula las sanciones en función de dicha graduación.

66 Cfr. Gómez Tomillo, M. y Sanz Rubiales, I.: *Derecho Administrativo Sancionador: Parte General*, Thomson Reuters - Aranzadi, Cizur Menor, 2017 (4ª), pág. 168.

67 El artículo 81.2 RF, por ejemplo, al establecer la sanción aplicable al artista fallero que incumple su contrato, no determina el número de años que puede ser excluido de los concursos.

desarrollo del desfile de la Ofrenda, la reiteración y reincidencia de las acciones sancionables, así como las actitudes de desprecio o incumplimiento de las normas anteriormente descritas".

Una segunda línea de crítica al elenco de infracciones radica en su corto alcance, que parece reducirse a problemas de índole fundamentalmente privada —así, el impago de cuotas falleras o el incumplimiento de contratos con artistas falleros—, olvidando la indudable dimensión pública de la fiesta fallera. En este sentido, da la impresión de que la normativa fallera se preocupa exclusivamente de sancionar aquellas conductas que afectan a intereses privados de las propias comisiones, desentendiéndose de otras conductas protagonizadas por comisiones o festeros que afectan a toda la ciudadanía, y que impactan negativamente en la evolución y percepción social de la fiesta. A nuestro entender, el RF debería tipificar como infracciones ciertas conductas incívicas producidas en el ámbito de las comisiones y las fiestas, lo que evidenciaría una preocupación por la evolución de la fiesta y por los intereses de todos los vecinos. Así, por ejemplo, podría considerarse una infracción fallera la superación los límites de ruido en los casales o las carpas; la obtención fraudulenta de subvenciones; la organización de verbenas fuera del horario permitido; la ocupación de espacio público incumpliendo las condiciones de la autorización correspondiente; el lanzamiento de artefactos explosivos no permitidos; el consumo de alcohol en la calle; el emplazamiento de monumentos que no alcancen el presupuesto exigido en cada categoría[68]; o la participación en peleas o altercados. Estas conductas, junto con la sanción administrativa que en su caso correspondiese, podrían llevar asociadas diferentes sanciones "falleras": la descalificación o el descenso de categoría en el concurso fallero; el retraso de un año para conseguir recompensas falleras; el cese como fallero; o la baja del censo oficial fallero[69]. Las citadas sanciones podrían modularse en función de la gravedad de la conducta, su impacto en el prestigio de la fiesta o en la convivencia ciudadana, su reiteración, etc.

A esta propuesta podría oponerse la prohibición de *bis in ídem* recogida en el artículo 31.1 LRJSP, señalando que por una misma conducta

---

68 El Anexo al RF Alzira contiene una infracción en este sentido (art. 8).

69 Para ello sería preciso que la Administración territorial que impusiera la sanción de policía general comunicase a la JCF la identidad de los sujetos sancionados. Dicha comunicación no debería representar un problema, habida cuenta el carácter público —organismo autónomo— de la JCF.

—por ejemplo, consumir alcohol en la calle o incumplir la normativa sobre ruido— no pueden imponerse dos sanciones, una de policía general —multa pecuniaria— y otra de índole fallera —retrasar un año la concesión de recompensas falleras. A dicha objeción puede responderse, empero, que el citado principio prohíbe imponer más de una sanción cuando se aprecie una identidad de hecho, objeto y fundamento, pero que dicha identidad no concurre en los supuestos que nos ocupan, porque que cada sanción tendría un fundamento distinto. En efecto, mientras las sanciones de policía general aspiran a defender determinados intereses públicos —v.g., el orden público o el derecho al descanso—, las sanciones "falleras" pretenden salvaguardar las esencias de la fiesta[70].

Somos de la opinión que esta extensión del régimen de infracciones y sanciones falleras contribuiría a proteger y prestigiar la fiesta, ya que las conductas cuya tipificación proponemos erosionan la celebración. En este sentido, el propio colectivo fallero, representado en buena medida por la JCF, debería comprometerse en la lucha contra estas conductas incívicas cuando no antijurídicas, imponiendo respuestas proporcionadas pero contundentes para mantener la celebración dentro del ámbito de lo cívico y lo lícito. Lamentablemente, hoy en día todavía se tiene la impresión —avalada por el régimen disciplinario apenas esbozado— de que a muchas comisiones y falleros lo único que les importa es celebrar "su fiesta" y cobrar sus cuotas, desentendiéndose de aquellas conductas antisociales producidas a su alero que puedan perjudicar al resto de vecinos. En la línea de evidenciar que esto no es así, un buen primer paso sería aplicar sanciones "falleras" por conductas como las más arriba enumeradas, lo que tendría un potencial simbólico y pedagógico no pequeño.

2. *Titular de la potestad sancionadora y procedimiento sancionador*

Una vez analizadas las diversas infracciones y sanciones contenidas en el RF y el RRI, procede cuestionarse sobre la titularidad de la potestad sancionadora y sobre el procedimiento sancionador o, dicho en otros tér-

---

70 En el ámbito deportivo se admite pacíficamente la compatibilidad entre sanciones disciplinarias y administrativas, atendiendo a su distinto fundamento. Cfr. Rodríguez Ten, J.: *Deporte y Derecho Administrativo Sancionador*, Reus, Madrid, 2008, pág. 279. En sentido similar, cfr. STC 234/1991, de 10 de diciembre, F.J. 2º.

minos, sobre quién y cómo se aplica el régimen sancionador previsto en la normativa fallera.

Antes de resumir el contenido del RF y el RRI, resulta necesario abundar en la deficiente técnica normativa de dichos reglamentos, que convierte las disposiciones sobre la aplicación del régimen sancionador en un jeroglífico difícil de descifrar. Sea de ello lo que fuere y hecho este esfuerzo de interpretación, la normativa parece distinguir tres supuestos diferentes, en función de quién sea el responsable de la infracción.

En primer lugar, cuando la infracción sea responsabilidad de un fallero o de un miembro de la Junta de gobierno de una falla, la competencia sancionadora se atribuye a la propia comisión, de acuerdo con lo establecido en sus estatutos (arts. 23.3.b y 76.1 RF). Esta decisión —adoptada en lo que el RF califica de vía interna disciplinaria— podrá recurrirse ante la JCF, que tramitará el recurso a través de su Delegación de Incidencias (art. 76.2 RF)[71]. Estas sanciones disciplinarias son analizadas en mayor detalle en el siguiente epígrafe.

En segundo lugar, las infracciones cometidas por una comisión fallera o un miembro de la JCF serán sancionadas por el Pleno de la JCF (art. 75.2 RF y 6.2.d RRI)[72]. De acuerdo con el art. 78.1 RF, contra estas resoluciones podrá interponerse un recurso que resolverá la Asamblea General de la JCF, previo informe de la Delegación de Incidencias. El artículo 78.3 RF señala que la resolución de la Asamblea General pone fin a la vía "fallera", "quedando expedita la vía administrativa o judicial ordinaria para ejercer las acciones legales que se estimen pertinentes".

La lectura de estas disposiciones suscita algunas reflexiones. De entrada, parece claro que el recurso ante la Asamblea General es preceptivo, de modo que será necesario interponerlo para acudir con posterioridad a la vía judicial. Se trataría, pues, de una suerte de recurso de alzada en vía fallera que pondría fin a la vía administrativa[73]. Por otro lado, está fuera de toda duda que la resolución de la Asamblea será recurrible en sede judicial, ya que ninguna decisión de las Administraciones públicas es inmune

---

71 En sentido análogo, cfr. art. 59 RF Torrent.

72 Conforme con el art. 77.f RF, la sanción consistente en anulación y pérdida de la recompensa fallera que se posea en el momento de la sanción requiere de la aprobación de la Asamblea General.

73 Algunos RRFF, como el de Denia (art. 145), califican este recurso como "de apelación", lo que da fe de la heterogeneidad terminológica existente en la normativa fallera.

a dicho control[74]. Lo que no queda claro, sin embargo, es a qué recurso en "vía administrativa" se refiere el artículo 78.3 RF, aunque de su tenor literal da a entender que podría tratarse de un recurso de alzada impropia ante un órgano municipal, que podría ser tanto la Alcaldía como el Pleno. Conforme a esta interpretación, el fallero o la comisión sancionados por el Pleno de la JCF y cuyo recurso "de alzada" ante la Asamblea General haya sido desestimado, podría, antes de acudir a los tribunales, recurrir la decisión ante la Alcaldía o el Pleno municipal. Esta interpretación, no obstante, se topa con el problema de que la resolución de la Asamblea General agota la vía administrativa y, por ende, no admite un ulterior recurso de esa naturaleza[75]. Por consiguiente, se impone concluir que las resoluciones sancionadoras de la Asamblea General de la JCF solo podrán ser recurridas en sede judicial[76,77].

El tercer supuesto de infracción fallera al que hacíamos referencia es aquél en que el responsable de la infracción es un artista fallero, al incumplir su contrato de construcción de una falla. Para estos casos, el artículo 80 RF prevé un procedimiento de naturaleza arbitral con consecuencias sancionadoras específicas. Denunciado el incumplimiento por la comisión afectada, la instrucción de este procedimiento corresponde a un Jurado de naturaleza arbitral creado al efecto (art. 80.b RF). Este Jurado de Incidencias, compuesto por cinco miembros (dos artistas falleros, dos componentes de la Delegación de Incidencias y el Delegado de Incidencias) se encargará de oír a las partes y recabar toda la información necesaria para esclarecer si se ha producido un incumplimiento contractual. Aunque el tenor literal del artículo 80 es confuso respecto de las atribuciones de este

---

74 Art. 1 de la Ley 29/1998, de 13 de julio, reguladora de la Jurisdicción Contencioso-administrativa.

75 Que la resolución de la Asamblea General agota la vía administrativa se deduce de dos preceptos: el artículo 56.5 RF, cuando establece que los acuerdos de Asamblea General de la JCF serán definitivos; y el artículo 114.1.a LPAC, que establece que la resolución de los recursos de alzada —en nuestro caso, la resolución del primer recurso por la Asamblea General de la JCF— pone fin a la vía administrativa.

76 Esta interpretación ha sido esgrimida por el propio Ayuntamiento en diversas ocasiones y avalada en sede judicial en la Sentencia del Juzgado de lo contencioso-administrativo núm. 2 de Valencia 42/2006, de 1 de febrero, F.J. 2º.

77 Esta es la opción prevista de manera mucho más clara por el RF Torrent, cuyo artículo 61 dispone: "Contra la resolución adoptada por el Pleno de Junta Local Fallera no se puede interponer ningún recurso, puesto que se entiende concluida la vía administrativa y queda abierta la vía judicial para ejercer las acciones legales que se estiman pertinentes".

Jurado —se refiere primero a un informe (letra c) y posteriormente a una resolución inapelable (letra f)—, es preciso concluir que el Jurado tiene una naturaleza arbitral, con todo lo que ello comporta: las partes deben someterse libremente a su arbitraje y su resolución no es susceptible de recurso alguno[78]. El laudo o resolución del Jurado contendrá disposiciones de índole civil —relativas a las obligaciones contractuales de las partes— y administrativas —las sanciones falleras de inhabilitación del artista que se puedan imponer. Respecto de estas últimas, entendemos que sí podrán recurrirse en vía contenciosa. En el caso de que alguna de las partes no acepte el arbitraje, el litigio deberá ser resuelto —en lo que a las obligaciones contractuales respecta— en sede jurisdiccional.

Una vez presentados los tres tipos de infracciones falleras y esclarecido cuál es el órgano competente para sancionar y conocer de eventuales recursos, abordamos las previsiones procedimentales a las que queda sujeto el ejercicio de la potestad sancionadora.

La normativa fallera es parca a este respecto. En concreto, el artículo 73.3 RF señala: "la tramitación del procedimiento [sancionador] se someterá a los principios generales de confidencialidad, audiencia a las partes, elementos probatorios que sean determinantes para su resolución y el fundamento del fallo". Por su parte, el artículo 40 del RRI de la JCF establece que el procedimiento sancionador se desarrollará de "conformidad con los principios procesales de audiencia y defensa". Estas disposiciones —excesivamente genéricas y muy poco depuradas, todo sea dicho— deben ser completadas con lo previsto con carácter general en la LRJSP y la LPAC para los procedimientos sancionadores[79,80]. En consecuencia, en los procedimientos sancionadores "falleros" tramitados por la JCF serán exigibles los principios y garantías previstos en dichas normas, como proporcionalidad,

---

78 El Título VII de la Ley 60/2003, de 23 de diciembre, de Arbitraje, regula la anulación y revisión de los laudos. Como apunta la Exposición de Motivos de la Ley (VIII), las razones de anulación del laudo han de ser tasadas y no han de permitir, como regla general, una revisión del fondo de la decisión de los árbitros.

79 En su Resolución a la Queja 2302756, de 19.01.2024, el Síndic de Greuges de la Comunidad Valenciana recomendó la revisión y actualización del RF y del RRI en lo referente al sistema de recursos, a fin de adecuarlo a la normativa administrativa básica estatal. La queja traía causa en una solicitud formulada ante la JCF por un caso de posible discriminación por razón de edad.

80 El RF Paterna resulta mucho más explícito a la hora de reconocer las debidas garantías en los expedientes sancionadores tramitados por su Junta Local. Cfr. su artículo 6.2 para las garantías sustantivas, y 6.7 para las procedimentales.

prohibición de *bis in idem* y de sanciones de plano, separación entre los órganos de instrucción y decisión, presunción de inocencia, prohibición de indefensión, derecho a la asistencia letrada o exigencia de motivación[81]. Como en cualquier otro procedimiento sancionador tramitado por una administración territorial, la ausencia de estas garantías determinará la invalidez de la sanción impuesta por la JCF[82]. Idéntica conclusión se impone respecto de los procedimientos sustanciados por juntas falleras con forma federativa, ya que a través de ellos se ejercen potestades públicas en defensa de intereses que desbordan lo estrictamente privado y pueden tener impacto en derechos de índole constitucional, como el de asociación[83].

Todavía en relación con el procedimiento sancionador, resulta inquietante lo previsto en el artículo 74 RF, que restringe la legitimación para reclamar la actuación de la Comisión de Incidencias de la JCF a las comisiones de falla y los falleros censados en la JCF que resulten perjudicados en sus intereses o relaciones con otras comisiones o terceros. Esta restricción —que, todo sea dicho, no se aplica en la práctica por la JCF— resulta manifiestamente injusta. Si entendemos que la normativa fallera y la JCF defienden no solo intereses particulares de los festeros, sino intereses públicos de toda la ciudadanía en la protección y correcto desarrollo de la fiesta, no se comprende por qué solo tienen derecho a enervar la actuación de la JCF aquellos ciudadanos efectivamente censados como falleros. Sin negar que la mayoría de las veces serán éstos los interesados en la tramitación de un procedimiento sancionador, no resulta difícil imaginar supuestos en que personas no falleras puedan ver su esfera jurídica afectada por un incumplimiento de la normativa fallera. Así, por ejemplo, un vecino que debe soportar un corte de calle irregular o el lanzamiento de petardos fuera del área prevista, conductas constitutivas de infracciones falleras de acuerdo con lo dispuesto en el art. 75.c RF. Pues bien, estas personas con intereses

---

81 Cfr. arts. 35.1.h, 53.1, 53.2.a, 53.2.b, 63.2 LPAC. A la luz de lo anterior, resulta dudosamente constitucional la previsión contenida en el art. 9 del Anexo al RF Alzira, que admite expresamente la imposición de sanciones por hechos no tipificados en el RF.

82 La STSJ de la Comunidad Valenciana, Sección 5ª, 408/2012, de 17 de julio, por ejemplo, anula una sanción impuesta a un presidente de falla por no haberse dictado el debido acuerdo de incoación.

83 Así se reconoce pacíficamente en relación con las sanciones impuestas por otras entidades privadas, como los colegios profesionales o las federaciones deportivas. Sobre el particular, véase: Rebollo Puig, M. *et al.*: *Derecho administrativo sancionador*, op. cit., págs. 62-63.

legítimos afectados deberían tener —*de iure*, y no solo *de facto*— legitimidad activa para participar en procedimientos sustanciados por la JCF. A modo de contraste, puede traerse a colación el artículo 57.2 del RF de Torrent. En la línea aquí recomendada, dicho artículo extiende la legitimación activa "para la defensa de sus intereses" a todas aquellas personas que sin estar inscritas en el censo fallero "fundamenten una justa causa que los haga ser considerados legítimamente interesados".

V. Régimen disciplinario de las comisiones falleras

Un tercer tipo de respuesta represiva frente a incumplimientos se produce a nivel interno de cada falla, en aplicación de su respectivo régimen disciplinario. En tanto que las sanciones administrativas de policía general protegen intereses públicos genéricos, y las sanciones falleras intereses directamente conectados con la fiesta, estas sanciones disciplinarias protegen el buen funcionamiento de cada comisión, por lo que su naturaleza es esencialmente privada y deben ser encuadradas en el Derecho de asociaciones[84].

El régimen aplicable a estas sanciones viene delineado por la legislación en materia asociativa —más concretamente, por la Ley Orgánica 1/2002, de 22 de marzo, reguladora del Derecho de Asociación (LODA) y la Ley 14/2008, de 18 de noviembre, de Asociaciones de la Comunitat Valenciana (LACV)— y por los estatutos y reglamentos de régimen interno de cada falla, que son ley para los asociados. A estas normas cabe añadir el RF de la JCF, que contiene ciertas previsiones en materia de recursos contra sanciones disciplinarias impuestas por las comisiones.

Comenzando nuestro análisis por las previsiones legales, la LODA contiene dos artículos relativos al régimen disciplinario de las asociaciones. En primer lugar, su artículo 7.1.e señala que los estatutos deberán contener los requisitos y modalidades de sanción de los asociados. En segundo lugar, su artículo 21 incluye como derecho de los asociados los de "ser oído con

84 Lluis destaca otras diferencias entre estas "sanciones disciplinarias" y las que hemos dado en llamar administrativas y falleras: su origen —aquellas lo encuentran en la autonomía de la voluntad, estas en una potestad pública—; su alcance —en aquellas, circunscrito al ámbito interno de la asociación, en estas, general—; y su efecto —en aquellas restringido, en estas amplio. Lluis y Navas, J.: *Derecho de asociaciones*, Bosch, Barcelona, 1967, pág. 288.

carácter previo a la adopción de medidas disciplinarias contra él" y "ser informado de los hechos que den lugar a tales medidas, debiendo ser motivado el acuerdo que, en su caso, imponga la sanción"[85].

La LACV aborda la cuestión disciplinaria en mayor detalle, realizando un esfuerzo de traslación al ámbito asociativo de los principios rectores y garantías procedimentales del Derecho Administrativo Sancionador contenidos en la LRJSP y la LPAC. En concreto, se exige el respeto a los principios de legalidad o juridicidad (arts. 24.1 y 25.1), de irretroactividad (art. 24.2), de prescripción (art. 24.3), de proporcionalidad (art. 25.2) y de motivación (art. 25.3). Junto con ello, se establecen garantías procedimentales como la prohibición de sanciones de plano, la separación del órgano instructor y el decisor, el derecho a ser informado de la acusación, a realizar alegaciones y a ser "juzgado" por el órgano estatutariamente previsto (art. 26.1).

Las previsiones legales apenas transcritas evidencian la voluntad del Legislador de publificar el régimen disciplinario de las asociaciones, imponiéndoles una serie de garantías propias de las relaciones de Derecho público que eviten un ejercicio arbitrario del poder disciplinario de las asociaciones[86]. Esta opción, si bien redunda en una mayor protección de los socios expedientados —a quienes se extienden *mutatis mutandis* algunas de las garantías reconocidas en los artículos 24 y 25 CE—, merma considerablemente el derecho a la autoorganización de las asociaciones, por lo que no resulta pacífica entre la doctrina[87]. En efecto, algunos autores abogan por un régimen disciplinario más contractualista y con menos garantías *ope legis*, cuyo justo ejercicio sea controlado en sede judicial. Y ello en el entendimiento de que el régimen disciplinario de las asociaciones no

---

85 Un abordaje de las implicaciones del artículo 21 LODA puede consultarse en: González Pérez, J. y Fernández Farreres, G.: *Derecho de asociación*, Civitas, Madrid, 2002, págs. 296-302.

86 En favor de este reforzamiento de las garantías en los procedimientos disciplinarios internos se manifiestan Bilbao Ubillos, J. M.: "Las garantías de los artículos 24 y 25 de la Constitución en los procedimientos disciplinarios privados", *Derecho Privado y Constitución*, núm. 9, 1996, págs. 45-94 y Marín López, J. J.: "El control judicial del poder disciplinario en los grupos privados", *Cuadernos de derecho judicial*, núm. 22, 1995, págs. 40 y ss.

87 El derecho a la autoorganización —del que se deriva el poder disciplinario— forma parte del haz de derechos reconocidos en el artículo 22 CE, como recuerdan las SSTC 218/1988, de 22 de noviembre, F.J. 2º y 56/1995, de 6 de marzo, F.J. 3º.

implica el ejercicio de ningún poder público, ya que entre particulares no hay sanciones[88].

Dentro del amplio marco legalmente descrito, cada comisión fallera aplicará el régimen disciplinario contenido en sus estatutos o, más habitualmente, en su reglamento de régimen interno. Huelga decir que entre los más de 500 estatutos y reglamentos los hay de muy diversa factura. Habida cuenta la imposibilidad de abordar aquí cada uno de estos regímenes nos contentaremos con identificar algunos rasgos comunes a la mayoría de ellos. A tal fin, se han estudiado una docena de estatutos y reglamentos de régimen interno, así como un modelo de reglamento que la JCF pone a disposición de las comisiones a título orientativo.

Antes de descender al estudio de ese "denominador común", procede señalar que un buen régimen disciplinario debe contener los siguientes elementos, en torno a los cuales articulamos nuestro análisis: un listado claro de obligaciones de los socios —en nuestro caso, de los falleros—; otro de infracciones y sanciones debidamente graduadas; un tercero de circunstancias modificativas de la responsabilidad; y un procedimiento claro, en el que se identifiquen los órganos asociativos responsables de la disciplina interna y las garantías de los asociados presuntamente responsables, incluyendo medios de defensa y de impugnación de las sanciones[89].

---

88 Contra la extensión al ámbito asociativo de los principios y reglas propios del Derecho Penal y del Derecho Administrativo Sancionador, véase: Alfaro Águila-Real, J.: "La expulsión de asociados y la confianza en el Derecho Privado", *Anuario de derecho civil*, vol. 50, núm. 1, 1997, págs. 155-186; Pérez Escalona, S.: *El Derecho de Asociación y las Asociaciones en el Sistema Constitucional Español*, Thomson - Aranzadi, Cizur Menor, 2007, págs. 105-118; y Gutiérrez Gilsanz, A.: "En torno a las asociaciones y a la exclusión de socios", *Derecho de Sociedades I* (dir. F. Rodríguez Artigas), Aranzadi - Thomson Reuters, Cizur Menor, 2010, págs. 819-825. Alfaro admite una cierta publificación del régimen disciplinario en las asociaciones con posición de dominio, que son aquellas sin competencia efectiva o potencial por parte de otras asociaciones. Cfr. Alfaro Águila-Real, J.: "La expulsión de asociados...", op. cit., págs. 176 y ss. Pues bien, en cierto sentido este es el caso de una falla, ya que tiene exclusividad en su demarcación, lo que implica una barrera de entrada que dificulta la creación de fallas competidoras. Sobre cómo la posición de dominio de una asociación eleva las posibilidades de control sobre el ejercicio de su poder disciplinario, véase también las SSTC 218/1988, de 22 de noviembre, F.J. 3º y 96/1994, de 21 de marzo, F.J. 2º.

89 El modelo de RRI que ofrece la JCF contiene todos estos elementos, excepción hecha de la graduación de las infracciones y sanciones.

Como regla general, y en la línea marcada por el art. 23.1 RF, los estatutos y reglamentos de las comisiones establecen como obligaciones de los falleros la asistencia a las juntas generales, el acatamiento de sus decisiones y el cumplimiento de los compromisos económicos conocidos y asumidos al inicio del ejercicio fallero, así como de las cuotas extraordinarias que se establezcan por acuerdo de la Junta General Extraordinaria. A estas obligaciones algunos estatutos añaden otras, como la de colaborar en las tareas que le sean asignadas por la comisión, contribuir al mantenimiento y limpieza del casal o cuidar y conservar el patrimonio de la comisión[90].

Los catálogos de infracciones contienen de forma casi unánime el incumplimiento de las obligaciones económicas, lo que evidencia que el impago de las cuotas es la fuente principal de conflictos intrasocietarios[91]. Junto con ello, casi siempre incluyen un tipo residual consistente en incumplir cualquier obligación de régimen interno de la comisión o de las normas emanadas por la JCF. También resulta común tipificar la obstaculización de la labor de los órganos de gobierno de la Falla. De forma pertinente, los estatutos más sofisticados suelen añadir otras infracciones consistentes en menoscabar los bienes de la falla —sean muebles o inmuebles[92]; perjudicar la convivencia entre sus miembros —mediante insultos, faltas de respeto o uso de violencia contra otros miembros de la comisión[93]; o poner en peligro el honor o prestigio de la propia falla —v.g., desacreditándola públicamente o utilizando su nombre e imagen en beneficio propio sin autorización[94].

Por lo que respecta a las sanciones, y de menor a mayor gravedad, los estatutos suelen prever las siguientes: amonestación privada; apercibimiento verbal o por escrito; suspensión temporal de derechos, como el de asistencia a las actividades propias de la falla y al casal; inhabilitación para ejercer cargos directivos; expulsión de la comisión; expulsión de la comisión con

---

90 Así, por ejemplo, art. 5 RRI Falla Oltá - Juan Ramón Jiménez - Ingeniero Joaquín Benlloch; art. 6.d RRI Falla Plaza Virgen de Lepanto (Castellar); o art. 46.c RRI Falla La Eliana - Cid.

91 Ello en los casos en que los estatutos o RRI incluyen catálogos de infracciones, lo que no siempre sucede, ya que en ocasiones los estatutos se remiten a las infracciones contenidas en el RF. Así, por ejemplo, el art. 14 de los estatutos de la Falla Mont de Pietat de Xirivella.

92 Cfr. art. 43.b RRI Falla Lepanto - Don Juan de Austria "El Sud".

93 Art. 34.a y 35.d de los estatutos de la Falla del Barrio de la Luz.

94 Art. 40.2 RRI Falla Juan de Aguiló - Avda. Gaspar Aguilar.

propuesta a la JCF de inhabilitación fallera a perpetuidad. A estas sanciones cabe añadir la reclamación económica de las cuotas pendientes o por el importe de los daños ocasionados al patrimonio de la comisión.

Es muy infrecuente que los estatutos o reglamentos de régimen interno gradúen las infracciones y sanciones o establezcan criterios para responder de forma proporcionada a los incumplimientos, extremo que se deja casi siempre a la discreción de los órganos competentes en materia disciplinaria[95]. Los estatutos que sí las contienen apuntan en idéntica dirección que el artículo 29.3 LRJSP, invitando a valorar la existencia de intencionalidad, la entidad de los perjuicios causados y la reincidencia[96].

En cuanto al procedimiento disciplinario —y más allá de las previsiones estatutarias de cada comisión— será necesario respetar las garantías previstas en la legislación sobre asociaciones previamente consignadas. Normalmente la competencia sancionadora se encomienda a la Junta General de cada falla, cuya decisión, siempre motivada, será preparada por un órgano instructor[97]. En otros casos, la competencia se reparte entre la Junta Directiva y la General, en función de la gravedad de la infracción[98]. El fallero presuntamente responsable tendrá derecho a ser informado de los hechos que se le imputan, así como a proponer las pruebas y realizar las alegaciones que estime pertinentes para su defensa.

Adoptada la resolución, los sujetos sancionados podrán acudir en vía de recurso ante la Delegación de Incidencias de la JCF, como establece el artículo 76.2 RF y reiteran muchos estatutos de comisiones de falla[99]. Considerando que los intereses sustanciados en los procedimientos disciplinarios son estrictamente privados, entendemos que la JCF actúa en estos

---

95 Como ejemplo de normativa interna que deja la determinación de la gravedad al criterio de la Junta Directiva, véase el art. 43.b RRI Falla Lepanto - Don Juan de Austria "El Sud". Por su parte, diferencia entre infracciones muy graves, graves y leves el artículo 25 de los estatutos de la Falla Carrera Malilla - Ingeniero Joaquín Benlloch.

96 Art. 38 RRI Falla Barri La Llum; o art. 54.2 RRI Falla La Eliana - Cid.

97 En algunas comisiones (por ejemplo, Falla Plaza Virgen de Lepanto - Castellar) esta tarea de instrucción se encomienda a la Junta Directiva; en otras, a un órgano nombrado *ad hoc* (v.g., la Falla La Eliana - Cid, de acuerdo con el art. 46.c de su RRI).

98 Art. 43 RRI de la Falla Barri La Llum. Sobre las razones que recomiendan atribuir la competencia disciplinaria a la Junta General y no la Junta Directiva, véase Gutiérrez Gilsanz, A.: "En torno a las asociaciones...", op. cit., págs. 808-809.

99 Cfr. art. 51.a RRI Falla Oltá - Juan Ramón Jiménez - Ingeniero Joaquín Benlloch.

casos ejerciendo una función arbitral, y no una potestad pública[100]. Dicha decisión pone fin a la "vía fallera", y podrá ser recurrida en sede jurisdiccional. La revisión judicial de las sanciones disciplinarias se centrará en dilucidar si, valorando todas las circunstancias del caso —hechos probados, regulación estatutaria, procedimiento seguido— la decisión de los órganos de gobierno de la comisión fallera se adoptó sobre una base razonable, aunque cupiera otra distinta[101].

Una vez descrito lo que cabría calificar de régimen disciplinario estándar, conviene dilucidar cuatro interrogantes que plantea la realidad fallera, que, como todo fenómeno espontáneo y vivo, no siempre se ahorma a las nítidas fronteras de las categorías preconcebidas.

En primer lugar, es oportuno cuestionarse si todo lo antedicho en relación con la normativa de asociaciones se puede aplicar a aquellas comisiones que no están constituidas o registradas como asociación. En nuestra opinión, la respuesta a esta pregunta es afirmativa. A pesar de su discutible naturaleza formal, estas comisiones falleras son materialmente o *de facto* asociaciones, tal y como las define el artículo 5.1 LODA. En efecto, si "toda asociación se presenta como una estructura organizativa que refleja el carácter estable y permanente en el tiempo de la unión o agrupación de personas (...) para la consecución de un fin común a todas ellas", menester es concluir que las comisiones falleras son asociaciones[102]. Por consiguiente, resulta razonable aplicarles las disposiciones legales en materia asociativa en todo lo relativo al régimen disciplinario.

En segundo lugar, resulta dudoso cómo deben aplicar su régimen disciplinario aquellas comisiones cuya normativa interna sobre el particular es excesivamente genérica o parca, de modo que no cubre las garantías mínimas previstas por la legislación de asociaciones: no tipifica infracciones concretas, no las gradúa, no incluye disposiciones relativas al procedimiento, etc. En estos casos, y ante la alternativa de vetar cualquier ejercicio del

---

100 Una explicación sucinta de la función arbitral de la Administración en la resolución de conflictos entre particulares puede consultarse en: Sánchez Morón, M.: *Derecho administrativo. Parte general*, Tecnos, Madrid, 2018 (14ª), págs. 696-697.

101 Pérez Escalona, S.: *El Derecho de Asociación...*, op. cit., pág. 118. En relación con el control judicial del poder disciplinario de las asociaciones resulta de gran interés la STC 218/1988, de 22 de noviembre.

102 La definición que ofrecemos es tomada de González Pérez, J. y Fernández Farreres, G.: *Derecho de asociación*, op. cit., pág. 177, quienes identifican tres notas caracterizadoras de estas entidades: unión entre varias personas; estabilidad y permanencia; y fin asociativo.

poder disciplinario, la solución más razonable pasa por aplicar de forma subsidiaria el régimen sancionador contenido en el RF —particularmente en lo relativo al catálogo de infracciones y sanciones—[103], al tiempo que exigirles el respeto a las garantías procedimentales previstas tanto en la LODA como en la LACV para evitar la indefensión del expedientado[104].

Una tercera cuestión radica en la necesidad de agotar la "vía fallera" ante la JCF antes de acudir a la jurisdicción para impugnar un acuerdo disciplinario sancionador. Como hemos señalado, tanto el RF (art. 76.2) como la normativa interna de muchas comisiones prevén dicho recurso como una posibilidad. La lectura de esas disposiciones, sin embargo, no resulta concluyente respecto de la cuestión que abordamos, ya que la expresión "podrán acudir en vía de recurso ante la JCF", contenida en numerosos reglamentos, puede significar dos cosas: que este recurso es una alternativa a la conformidad con la decisión disciplinaria de la falla; o que es una alternativa al recurso judicial. Particularmente, nos inclinamos por la segunda interpretación. Aunque el recurso "fallero" ante la JCF presenta indudables ventajas —en términos de economía y celeridad—, entendemos que el mismo no puede ser considerado preceptivo, por lo que corresponderá al fallero sancionado decidir si quiere explorar esa vía o impugnar la sanción directamente por vía judicial.

Por último, y en relación con un eventual recurso en vía judicial, cabe discutir cuál será la jurisdicción competente para resolver la controversia, ya que a menudo se estará impugnando un acuerdo societario y una resolución de un organismo autónomo (la JCF). A nuestro entender, con carácter general la jurisdicción competente será la civil, salvo que la sanción implique algún tipo de privación de derechos allende el estricto ámbito de la falla que sanciona —v.g., la inhabilitación fallera a perpetuidad— en cuyo caso la jurisdicción competente será la contencioso-administrativa[105]. Y ello porque en estos casos el alcance de la sanción rebasa el ámbito estrictamente privado o contractual de una asociación, por lo que no es propia-

---

103 Cfr. arts. 75 y 77 RF, referidos respectivamente a las infracciones y las sanciones.

104 En favor de la aplicabilidad de las previsiones legales en ausencia de normas estatutarias que regulen determinadas garantías procedimentales se pronuncian, por ejemplo, González Pérez, J. y Fernández Farreres, G.: *Derecho de asociación*, op. cit., pág. 299.

105 Respecto de la competencia del orden jurisdiccional civil para el conocimiento de los litigios relativos al ejercicio del poder disciplinario, véase: Marín López, J. J.: "El control judicial del poder disciplinario…", op. cit., págs. 39 y ss.

mente una sanción disciplinaria sino una sanción "fallera" de naturaleza pública y, por consiguiente, propiamente administrativa.

VI. Conclusiones

A lo largo de las páginas precedentes hemos analizado los diferentes regímenes sancionadores y disciplinarios que reprimen los ilícitos cometidos en el contexto fallero.

En particular, hemos identificado tres sistemas independientes. El sancionador común, que aplican las Administraciones territoriales en defensa de intereses públicos genéricos. El sancionador fallero, que aplican las Juntas Falleras en defensa de los intereses de la fiesta. Y el disciplinario interno de cada comisión, que protege el buen funcionamiento de cada falla. Mientras el primero tiene una nítida dimensión pública y el último privada, el régimen sancionador fallero comparte ambas dimensiones.

El repaso realizado por las sanciones de policía general nos ha permitido concluir que la actividad administrativa sancionadora adolece de una marcada laxitud, lo que dificulta una protección eficaz de los intereses públicos amenazados por los excesos en el contexto de la fiesta. En este sentido, y para evitar que la fiesta fallera derive en una celebración desagradable y caótica, se ha enfatizado la conveniencia de responder con mayor contundencia a las infracciones administrativas cometidas con ocasión de la fiesta. Para ello, resulta imprescindible que las autoridades se decidan a ejercer sus potestades con una cierta determinación, sin temor a suscitar el rechazo de un colectivo fallero que, aun numeroso, no representa al conjunto de la ciudadanía. Rechazo que, por cierto, no tiene por qué producirse, toda vez que muchas de las infracciones comeditas durante las fiestas son ajenas al citado colectivo y no hacen sino empañar la celebración.

En relación con las sanciones falleras, nuestro estudio permite extraer dos conclusiones. De un lado, se constata una cierta estrechez de miras de la JCF a la hora de tipificar las infracciones, ya que el RF solo incluye infracciones que perjudican al entorno fallero, fundamentalmente en lo relativo a las aportaciones económicas de sus miembros. A este respecto, nos parece conveniente tipificar como infracciones falleras otras conductas incívicas y abusivas perpetradas por comisiones o falleros que tienen un impacto negativo tanto en la propia fiesta como, de forma más general, en la convivencia ciudadana. Este ensanchamiento contribuiría sin duda a prestigiar la fiesta y a garantizar de forma más eficaz el respeto a los intereses de todos los vecinos durante su celebración. Por otro lado, también hemos constatado la urgencia de revisar el régimen sancionador del RF, tan parco como confuso, cuya tosca técnica normativa genera un alto grado de inseguridad jurídica. Sus deficiencias resultan especialmente notorias al comparar dicha norma —del año 2002— con los reglamentos de Torrent y Paterna —de 2017 y 2023, respectivamente—, que establecen regímenes sancionadores mucho más sofisticados.

Finalmente, se ha constatado que el panorama disciplinario interno de las comisiones es muy heterogéneo, al menos sobre el papel. Sobre el particular, parece oportuno invitar a las diferentes comisiones a revisar sus estatutos o sus RRI a fin de remozarlos y adecuarlos a las exigencias contenidas en la legislación sobre asociaciones. Para ello no se precisan amplios conocimientos jurídicos ni grandes dosis de originalidad. Basta dirigirse a la JCF, solicitar los modelos que el organismo facilita y transcribir lo previsto en relación con el régimen disciplinario, con los pequeños retoques que cada falla quiera incorporar.

Me gustaría concluir reiterando el ánimo constructivo que en todo momento ha movido la redacción de las presentes páginas. Las críticas y juicios negativos que contiene pretenden contribuir a la defensa y mejora de la fiesta fallera, preservándola de desórdenes y abusos que la erosionan y deslucen. Y ello en la convicción de que el Derecho bien concebido y aplicado —también el sancionador— nunca constituye un obstáculo a la convivencia, a la espontaneidad ni a la diversión, sino un valioso instrumento a su servicio.

VII. Bibliografía

Alfaro Águila-Real, J.: "La expulsión de asociados y la confianza en el Derecho Privado", *Anuario de derecho civil*, vol. 50, núm. 1, 1997, págs. 155-186.

Alventosa del Río, J.: "Las fuentes del Derecho fallero", *Derecho fallero*, Tirant lo Blanch, 2025.

Antelo Martínez, A.: *Las Verbenas Populares en Galicia: Régimen de Intervención Municipal*, Xunta de Galicia, Santiago de Compostela, 2020.

Becker, G. S.: "Crime and Punishment: an Economic Approach", *Journal of Political Economy*, Vol. 76, núm. 2, 1968, págs. 169-217.

Bilbao Ubillos, J. M.: "Las garantías de los artículos 24 y 25 de la Constitución en los procedimientos disciplinarios privados", *Derecho Privado y Constitución*, núm. 9, 1996, págs. 45-94.

Blanquer Criado, D. y Guillén Galindo, M. A.: *Las fiestas populares y el Derecho*, Tirant lo Blanch, Valencia, 2001.

Darnaculleta i Gardella, M. M.: "Autorregulación, sanciones administrativas y sanciones disciplinarias", *Autorregulación y Sanciones* (dirs. L. Arroyo Jiménez y A. Nieto Martín), Thomson Reuters - Aranzadi, Cizur Menor, 2015 (2ª), págs. 137-165.

Friedman, L. M.: *Impact*, Harvard University Press, Cambridge, 2016.

Gamero Casado, E.: *Las sanciones deportivas*, Bosch, Barcelona, 2003.

Gómez Tomillo, M. y Sanz Rubiales, I.: *Derecho Administrativo Sancionador: Parte General*, Thomson Reuters - Aranzadi, Cizur Menor, 2017 (4ª).

González Pérez, J. y Fernández Farreres, G.: *Derecho de asociación*, Civitas, Madrid, 2002.

Gutiérrez Gilsanz, A.: "En torno a las asociaciones y a la exclusión de socios", *Derecho de Sociedades I* (dir. F. Rodríguez Artigas), Aranzadi - Thomson Reuters, Cizur Menor, 2010, págs. 785-825.

Hervás Mas, J.: "El régimen jurídico de los casales falleros", *Derecho fallero*, Tirant lo Blanch, Valencia, 2025.

Huergo Lora, A. J.: "La publicación del nombre de los infractores como sanción administrativa (*name and shame*)", *Anuario de Derecho administrativo sancionador 2021* (dirs. M. Rebollo Puig *et al.*), Thomson Reuters - Civitas, Cizur Menor, 2021, págs. 93-140.

Lluis y Navas, J.: *Derecho de asociaciones*, Bosch, Barcelona, 1967.

López Benítez, M.: "Fiestas y fiestas de interés turístico: Administración y ejercicio de potestades en torno a las mismas", *Las Administraciones ante las fiestas y el turismo* (coord. E. Hernández-Diez), Iustel, Madrid, 2023, págs. 25-47.

Marín López, J. J.: "El control judicial del poder disciplinario en los grupos privados", *Cuadernos de derecho judicial*, núm. 22, 1995, págs. 31-61.

Nieto, A.: *Derecho Administrativo Sancionador*, Tecnos, Madrid, 2005 (4ª).

Ortiz de Zúñiga, M.: *Elementos de Derecho Administrativo*, Tomo III, Imprenta y Librería de Sanz, Granada, 1843.

Pérez Escalona, S.: *El Derecho de Asociación y las Asociaciones en el Sistema Constitucional Español*, Thomson - Aranzadi, Cizur Menor, 2007.

Pérez Monguió, J. M.: "Régimen sancionador y disciplinario en el deporte", *Fundamentos de Derecho Deportivo* (coord. E. Gamero Casado), Tecnos, Madrid, 2012, págs. 211-244.

Rebollo Puig, M. *et al.*: *Derecho administrativo sancionador*, Lex Nova, Valladolid, 2010.

Rodríguez Ten, J.: *Deporte y Derecho Administrativo Sancionador*, Reus, Madrid, 2008.

Romero Aloy, M. J.: "La ocupación del dominio público durante la celebración de las Fallas", *Derecho Fallero*, Tirant lo Blanch, Valencia, 2025.

Sánchez Morón, M.: *Derecho administrativo. Parte general*, Tecnos, Madrid, 2018 (14ª).

Anexo. Preguntas y respuestas

1. ¿Qué tipos de sanciones pueden imponerse en el contexto fallero? ¿Dónde están reguladas?

En el contexto fallero pueden imponerse tres tipos de sanciones.

Las de policía general, que imponen las Administraciones públicas —normalmente, los municipios—, por conductas que son ilegales durante todo el año, con independencia del contexto fallero. Su regulación está diseminada en muchas normas de rango legal y reglamentario.

Las sanciones falleras, que imponen la Junta Central Fallera o las Juntas Locales a los miembros del colectivo fallero por incumplir la normativa fallera. Estas sanciones se regulan en los Reglamentos Falleros y de Régimen Interno de cada Junta.

Y las sanciones disciplinarias, que se sustancian en el seno de cada comisión por el incumplimiento de su normativa interna. Su regulación se contiene en los estatutos y reglamento de régimen interno de cada comisión fallera.

2. ¿Quién impone las sanciones de policía general?

Dependerá del tipo de infracción cometida, aunque la mayoría de las veces la sanción es impuesta por el respectivo Ayuntamiento. En materia de espectáculos públicos, cuando la infracción es muy grave, la competencia sancionadora corresponde a la Comunidad Autónoma. Y en materia de pirotecnia, algunas sanciones particularmente graves corresponden a la Delegación de Gobierno, que depende de la Administración estatal.

3. ¿Cuáles son las infracciones de policía general más frecuentes en el contexto fallero?

Las infracciones más comunes que cometen las comisiones de falla son las siguientes:

- infracciones en materia de ruido, por no respetar los horarios o límites de decibelios durante la celebración de fiestas o verbenas;
- infracciones en relación con las paradas de venta de alimentos y artesanías, por diversos motivos: reproducir música sin autorización; instalarlas antes o retirarlas después de lo previsto en el Bando fallero; no respetar ciertas medidas higiénicas; u omitir ciertas garantías a los consumidores y usuarios (como dar tickets de venta o tener hojas de reclamaciones).
- infracciones por ensuciar la vía pública;
- infracciones en relación con el dominio público, por ocupar espacios sin el debido permiso (por ejemplo, colocando mesas y sillas) o por no retirar la carpa en el plazo previsto por el Bando fallero.

Las infracciones más frecuentes cometidas por particulares y empresas son:

- consumir bebidas de alta graduación en la calle;
- infracciones relativas al material pirotécnico: lanzar petardos no autorizados o hacerlo en lugares u horarios no permitidos;
- venta ambulante sin autorización;

- ensuciar la calle, normalmente arrojando basura u orinando en lugares no habilitados al efecto;
- ocupar indebidamente el espacio público, mediante terrazas o puestos de alimentos sin la debida autorización.

4. ¿Quién responde de las infracciones cometidas por las paradas de venta de buñuelos, bebidas, artesanía, etc.?

Responde el titular de la autorización municipal, que habitualmente es la falla en cuya demarcación se encuentra la parada. Una vez satisfecha la sanción, y siempre de acuerdo con el contrato que hayan firmado, la comisión podrá exigir al titular de la parada que le indemnice por los daños causados.

5. ¿Ante quién cabe recurrir las sanciones de policía general?

Las sanciones de policía general podrán recurrirse ante la misma Administración que las impuso (mediante un recurso de alzada o de reposición) y, agotada la vía administrativa, ante la jurisdicción contencioso-administrativa.

6. ¿Quién impone las sanciones "falleras" por incumplimientos de la normativa fallera?

La Junta fallera, ya sea la Central o las locales. Habitualmente los expedientes son tramitados por la Comisión de Incidencias; la resolución sancionadora corresponde al Pleno; y cabrá un recurso en vía interna frente a la Asamblea General.

Las sanciones a los artistas falleros por incumplimientos contractuales son impuestas por un Jurado de Incidencias, de naturaleza arbitral. En el ámbito de la JCF, el jurado está compuesto por personas de la propia Junta y por representantes del gremio de artistas falleros.

7. ¿Cuáles son los principales tipos de infracciones falleras?

Distinguimos tres:

- Las infracciones cometidas por falleros en el ámbito de su propia falla. Estas infracciones se resolverán inicialmente en cada comisión.
- Las infracciones cometidas por comisiones o miembros de la Junta fallera en el ejercicio de su cargo.
- Las infracciones cometidas por artistas falleros que incumplen sus contratos.

8. ¿Existe un procedimiento sancionador "fallero" específico?

Sí: el previsto en la normativa de cada Junta fallera. En cualquier caso, el procedimiento debe respetar los principios básicos del Derecho Administrativo Sancionador, entre los que destacan el derecho del presunto infractor a defenderse y la exigencia de motivación de la resolución sancionadora.

9. ¿Ante quién se pueden recurrir las sanciones impuestas por la Junta fallera?

Normalmente se podrá recurrir en el propio ámbito fallero ante la Asamblea General. Posteriormente, podrá recurrirse la sanción en vía judicial.

10. ¿Quién impone sanciones disciplinarias en el ámbito de cada falla?

Normalmente corresponde a la Junta Directiva o a la Junta General de cada falla. Habrá que estar a lo dispuesto en sus propios estatutos y reglamento de régimen interno.

11. ¿Qué procedimiento debe seguirse para imponer una sanción disciplinaria?

El previsto en las normas internas de cada falla. De acuerdo con la legislación de asociaciones, el presunto infractor tiene derecho a unas garantías mínimas análogas a las existentes en los procedimientos administrativos. Así, tendrá derecho a conocer los hechos que se le imputan, a hacer alegaciones y a una resolución disciplinaria motivada.

12. ¿Ante quién se pueden recurrir esas sanciones disciplinarias?

Las sanciones internas de cada falla podrán recurrirse directamente ante la jurisdicción civil, o bien ante la Junta Central Fallera o la Junta Local Fallera.

La responsabilidad patrimonial pública en el ámbito de las fiestas populares Doctrina del Consell Jurídic Consultiu

VICENTE GARRIDO MAYOL
Catedrático de Derecho Constitucional
Universitat de Valencia
Presidente de Honor del Consell Jurídic Consultiu de la Comunitat Valenciana

SUMARIO: I. Introducción: La responsabilidad patrimonial como garantía para el ciudadano. 1. El carácter objetivo de la responsabilidad patrimonial pública. 2. La responsabilidad derivada del funcionamiento normal de los servicios públicos. 3. Algunos supuestos de responsabilidad derivada del funcionamiento "normal" de los servicios públicos: especial referencia a las actividades de policía y de protección civil. II. La responsabilidad patrimonial derivada de las actividades festivas: la intervención del CJC en las reclamaciones de responsabilidad patrimonial. 1. Daños consecuencia del ruido. 2. Daños consecuencia de festejos taurinos. 3. Daños consecuencia de artículos de pirotecnia y celebración de las fiestas de Fallas. 4. Daños consecuencia de la celebración de procesiones, cabalgatas, etc. III. Consideración conclusiva. IV. Bibliografía. Anexo. Preguntas y respuestas.

I. Introducción: La responsabilidad patrimonial como garantía para el ciudadano

En nuestro ordenamiento jurídico, la obligación de reparar o indemnizar el daño causado como consecuencia de un acto o de una omisión culpable, se reconoció ya en el siglo XIX, pero sólo en el ámbito de las relaciones privadas. A tal criterio responde el art. 1902 del Código Civil que ha llegado a nuestros días, y que prescribe que "el que por acción u omisión causa daño a otro, interviniendo culpa o negligencia, está obligado a reparar el daño causado".

Por el contrario, durante mucho tiempo, se consideró que el Estado no debía ser responsable de sus actos, desde el punto de vista patrimonial. Es de clásica cita la vieja idea formulada por los juristas ingleses, pero asumida por el sistema continental, según la cual nada de lo que hiciera el Rey —el Estado— podía considerarse ilícito (*the King can do no wrong*).

De ahí que, en la evolución del Estado de Derecho, un hito de singular importancia lo constituya el reconocimiento del llamado "principio de garantía patrimonial", que, en su más sencilla formulación equivale al derecho de los particulares a mantener la integridad del valor económico de su patrimonio frente a las perturbaciones singulares de que éste pueda ser objeto por parte de los poderes públicos y a que se reparen los daños sufridos como consecuencia de la actuación de aquéllos.

La idea de la inmunidad de los poderes públicos quedó desterrada años ha. Si en el ámbito privado hay que responder por los daños causados a terceros, también cabe exigir responsabilidad en las relaciones jurídico-públicas. Y esta posibilidad se configura como un límite del poder del Estado en favor del ciudadano constituyendo, en palabras del Tribunal Supremo, una "pieza fundamental de nuestro Estado de Derecho" (STS 6-11-79, 4-7-80 y 7-7-82).

Se empezó por proteger al ciudadano frente a las inmisiones directas del poder público en su patrimonio, dando lugar a la regulación de la expropiación forzosa; se continuó hasta protegerlo también de las inmisiones indirectas, que dan lugar a la responsabilidad: el Estado debe indemnizar los daños causados a terceros por su actuación, y no solo cuando medie culpa o negligencia sino en todo caso en que haya habido una lesión resarcible como consecuencia de la prestación de sus servicios. De esta forma, la responsabilidad pública ha llegado a configurarse como puramente objetiva, con todas las matizaciones que más adelante veremos.

En España la regulación de la responsabilidad patrimonial pública es tardía, pues no llegó a reconocerse hasta mediados del pasado siglo[1] y aunque la Constitución de 1978 no supuso una especial novedad en esta materia, desde el punto de vista normativo en lo esencial, sirvió como escaparate del reconocimiento de ciertos derechos a los ciudadanos, lo que, en definitiva, provocó la utilización más frecuente por éstos, de los medios que el ordenamiento jurídico ponía a su alcance, dirigiendo sus reclamaciones al Estado, a las Comunidades autónomas o a los Ayuntamientos, según los casos, exigiendo una indemnización por los daños sufridos a consecuencia de la actuación —o de la omisión— de la Administración.

La estadística de sentencias dictadas por el Tribunal Supremo en materia de responsabilidad patrimonial permite comprobar el notable incremento que se produjo tras la vigencia de nuestra Constitución, lo que pone de manifiesto el enorme efecto expansivo de este instituto jurídico que

---

1 Sobre la evolución normativa, vid. Garrido Mayol, V.: *La responsabilidad patrimonial del Estado. Especial referencia a la responsabilidad del Estado Legislador*, Tirant lo Blanch, Valencia, 2004, págs. 56 y ss.

ha popularizado, además, la irrupción de asuntos que han calado profundamente en la sensibilidad de la opinión pública: los casos del aceite de colza, de la presa de Tous, de Hipercor o de Gescartera, son ejemplos bien significativos.

No voy a detenerme en la evolución normativa sobre la responsabilidad patrimonial pública en nuestro derecho patrio, que ha ido perfeccionándose hasta alcanzar su reconocimiento constitucional, y posterior desarrollo, primero en Ley 30/1992, y más recientemente en las 39 y 40/2015, sin olvidar la importante aportación de los órganos consultivos y de la jurisprudencia (baremos orientativos, compatibilidad con indemnizaciones por otros títulos y con otras prestaciones públicas, inmediatez y exclusividad de la relación causal, fuerza mayor...).

Bien es verdad que desde distintos ámbitos jurídicos se ha pasado de saborear las posibilidades que la imputación de responsabilidad al Estado proporciona, a propugnar cierto orden para evitar la dispersión de criterios jurisprudenciales y el desbordamiento de reclamaciones, no siempre justificadas.

Y es que se ha podido observar, en esta cuestión de la responsabilidad pública, un movimiento pendular que nos ha llevado de proclamar la inmunidad del poder público, a considerar un sistema de responsabilidad objetiva como mecanismo asegurador universal que obligue al Estado, a las Comunidades autónomas o a las Provincias y Municipios, a indemnizar todo daño que se produzca en sus instalaciones, en sus infraestructuras o como consecuencia de la prestación de sus servicios.

Al parecer hay quienes piensan que siempre hay que buscar algún responsable de las adversidades e infortunios que podamos sufrir en nuestra vida cotidiana, cuando en muchas ocasiones no cabe imputar responsabilidad a nadie.

También pueden resultar perversos algunos planteamientos que confunden responsabilidad patrimonial —cuya declaración es un acto de justicia— con la compasión o con la generosidad[2], pues hemos de ser conscientes de que las indemnizaciones correspondientes lo son con cargo a los caudales públicos.

---

2 Pérez-Tenesa, A: "Sobre el diagnóstico prenatal como causa de responsabilidad", *Revista de Administración Pública*, núm. 154, 2001, pág. 61.

1. *El carácter objetivo de la responsabilidad patrimonial pública*

El resarcimiento de toda lesión que los particulares sufran en cualquiera de sus bienes o derechos como consecuencia del funcionamiento de los servicios públicos es un derecho constitucional, pues está reconocido en el artículo 106.2 de nuestra Carta Magna.

La Ley 30/1992, de 26 noviembre —que en este punto desarrolló la Constitución— como las vigentes Leyes 39 y 40 de 1 de octubre, de 2015 configuran la responsabilidad patrimonial como objetiva, al indicar, más allá de lo que el texto constitucional dispone, que será indemnizable la lesión patrimonial consecuencia del funcionamiento normal o anormal de los servicios públicos, al modo en que lo hacía el artículo 40 de la vieja Ley de Régimen Jurídico de la Administración del Estado, de 1957.

Pero, ¿qué ha de entenderse por "responsabilidad objetiva"?

Para contestar a este interrogante hay que tener en cuenta que la responsabilidad patrimonial del Estado tiene un fundamento distinto al de la responsabilidad civil[3]. En efecto, y aunque ambos tipos de responsabilidad pueden descansar en el principio de inmunidad —en virtud del cual todo daño debe ser resarcido por su causante— el fundamento de la responsabilidad patrimonial es más amplio y profundo, pues responde a la concepción del Estado como servidor del ciudadano, al que debe prestar, por medio de su Administración, servicios bien gestionados y reparar los daños que esa prestación le pueda irrogar.

Las reglas que rigen la responsabilidad civil y la pública, son diferentes. Si para que, en ambos casos, proceda la indemnización es necesario que exista una lesión y un nexo causal entre la acción u omisión y el resultado dañoso, en el ámbito civil es preciso, además, que haya mediado culpa o negligencia en quien lo ha provocado (recordemos el ya citado art. 1902 CC, que hace expresa referencia a la "culpa o negligencia").

---

3 Desde el ámbito jurídico-privado se critica la expresión "responsabilidad patrimonial" y el abandono de la ya arraigada "responsabilidad civil", aduciendo que ésta, en todo caso, también es patrimonial. Vid. al respecto Yzquierdo Tolsada, M.: "Reflexiones sobre la responsabilidad del Estado por el funcionamiento de la Administración de Justicia y por actos legislativos", *Revista Jurídica General del Ilustre Colegio de Abogados de Madrid*, núm. 23, 2002, pág. 263. En el derecho público ya se ha extendido el uso del término responsabilidad patrimonial que, a mi juicio, podría ser sustituido por "responsabilidad pública", en contraposición a la civil que, por su propio nombre, debe reservarse para calificar la derivada de las relaciones entre particulares.

Aunque no es momento de analizar la evolución jurisprudencial en torno a la interpretación del requisito legal de la culpa o negligencia, sí conviene destacar que aquél no cabe postularlo en el ámbito de la responsabilidad pública, puesto que en éste procederá indemnizar las lesiones que sean consecuencia del funcionamiento normal o anormal de los servicios públicos, como ya hemos visto, lo que supone la posibilidad de que nazca la responsabilidad como consecuencia de un actuar lícito de la Administración, al margen de cualquier actuación culpable.

Y tan ello es así, que el Tribunal Supremo ha indicado que resulta improcedente invocar, para que se declare la responsabilidad patrimonial del Estado, el art. 1902 y siguientes del CC y la jurisprudencia que los interpreta, por carecer dichos preceptos de relación alguna con el ámbito de las relaciones particular-Administración, distintas de las privadas reguladas por el Derecho Civil (STS 5-6-98).

Ello no obstante, cabe observar un punto de convergencia entre ambos institutos jurídicos, pues mientras que la responsabilidad civil se ha ido progresivamente "objetivizando", es difícil encontrar pronunciamientos jurisprudenciales sobre la responsabilidad pública en los que no se aprecie una subjetivización de ésta, habida cuenta que los requisitos para el nacimiento de la obligación de indemnizar son, normalmente, inobjetivables.

En el ámbito de la responsabilidad pública, es constante el criterio jurisprudencial que, si bien incide en el carácter objetivo de aquella, considera que para que haya lugar a su declaración es preciso constatar que la actuación administrativa entrañaba cierto riesgo, o bien que se ha desarrollado de forma deficiente, insegura, o anormal, para el ciudadano.

Es decir, por una parte, se considera que la responsabilidad del Estado se configura como objetiva o por el resultado, siendo indiferente que la actuación administrativa haya sido normal o anormal, bastando para declararla que, como consecuencia directa de aquella, se haya producido un daño efectivo, evaluable económicamente e individualizado. Así, la Sentencia del Tribunal Supremo de 10 de febrero de 1998, —y en el mismo sentido, la de 15-12-1997—, señala que "esta fundamental característica impone que no es menester demostrar para exigir aquella responsabilidad que los titulares o gestores de la actividad administrativa que ha generado un daño han actuado con dolo o culpa, sino que ni siquiera es necesario probar que el servicio público se ha desenvuelto de manera anómala, pues los preceptos constitucionales y legales que componen el régimen jurídico aplicable extienden la obligación de indemnizar a los casos de funcionamiento normal de los servicios públicos".

Pero, a continuación, indica que para que el daño sea antijurídico, "basta con que el riesgo inherente a su utilización haya rebasado los límites impuestos por los estándares de seguridad exigibles conforme a la conciencia social", introduciendo, de esta forma, un elemento subjetivo que, de alguna manera, acerca la responsabilidad patrimonial del Estado a la civil propia de las relaciones entre particulares.

Se pueden contar por docenas las Sentencias del Tribunal Supremo que, haciendo una loa al carácter objetivo de la responsabilidad, terminan considerando elementos típicamente subjetivos para estimar o no la pretensión del recurrente.

Y es que como señaló la Sentencia de 5 de junio de 1998, "la prestación por la Administración de un determinado servicio público y la titularidad por parte de aquella de la infraestructura material para su prestación no implica que el vigente sistema de responsabilidad patrimonial objetiva de las Administraciones Públicas convierta a éstas en aseguradoras universales de todos los riesgos con el fin de prevenir cualquier eventualidad desfavorable o dañosa para los administrados, que pueda producirse con independencia del actuar administrativo, porque de lo contrario,...se transformaría aquel en un sistema providencialista no contemplado en nuestro ordenamiento jurídico".

Ello no obstante, y como conclusión, cabe afirmar que aunque sean evidentes las similitudes entre la responsabilidad civil y la patrimonial del Estado, como ha destacado el Consejo de Estado en su Memoria de 1998, la responsabilidad patrimonial del Estado goza de autonomía frente a la civil en sus fundamentos y en sus reglas, e incluso en su procedimiento judicial, toda vez que mientras que la civil es exigible ante los órganos de tal orden jurisdiccional, la patrimonial pública ha de articularse, tras el correspondiente procedimiento administrativo, ante la jurisdicción contencioso-administrativa[4]. Pero es indudable que, en la práctica, son cada vez mayores las similitudes con que aparecen configurados ambos institutos jurídicos.

---

4 Art. 2.e) de la Ley 29/98, de 13 de julio, reguladora de la Jurisdicción Contencioso-administrativa, y art. 9.4 de la Ley Orgánica 6/1985, de 1 de julio, del Poder Judicial.

2. La responsabilidad derivada del funcionamiento normal de los servicios públicos

La normativa tanto estatal como autonómica, siguiendo la tónica anterior, consagra una responsabilidad objetiva al establecer que los particulares tienen derecho a ser indemnizados de toda lesión que sufran en cualquiera de sus bienes y derechos siempre que sea consecuencia del funcionamiento normal o anormal de los servicios públicos —excluidos, desde luego, los supuestos de fuerza mayor— siendo exigible la individualización del daño, un daño que ha de ser efectivo y evaluable económicamente.

Además de regular las bases para calcular la indemnización que pueda corresponder y de advertir que solo serán indemnizables las lesiones producidas al particular provenientes de daños que éste no tenga el deber jurídico de soportar, establece el procedimiento a seguir para exigir la responsabilidad del Estado por el concepto que estudiamos.

De esta manera ha quedado configurado un sistema de responsabilidad del Estado tratándose de una responsabilidad de carácter objetivo, sin necesidad ya de elemento subjetivo o de culpa, requiriéndose, tan sólo, que los daños y perjuicios efectivos, materiales e individualizados hayan sido ocasionados, al margen de negligencia, por la actuación de los poderes públicos, entendidos en el más amplio sentido.

Hay que destacar, por tanto, que la responsabilidad no se ciñe exclusivamente a supuestos de anormal funcionamiento de los servicios públicos o deficiente estado de conservación de vías o instalaciones públicas; ni a la comisión de actuaciones arbitrarias, ni tampoco al abuso o desviación de poder, ni a la utilización de la vía de hecho, que son, por sí mismos, arbitrarios. Por el contrario, la responsabilidad de los poderes públicos alcanza a todos aquellos supuestos en que su actuación, aun siendo conforme con la Constitución y con el resto del ordenamiento jurídico, causa perjuicio a algún ciudadano —más allá de los supuestos legalmente establecidos—. En tales casos, los poderes públicos están sujetos a responsabilidad por los perjuicios causados y se les impone la obligación de repararlos.

Ahora bien, desde la doctrina científica no son pocas las voces que han tratado de moderar la interpretación de la expresión "funcionamiento normal de los servicios públicos" que puede dar lugar a indemnización. Entre los civilistas, Pantaleón[5] considera erróneo parificar a efectos de responsa-

---

[5] Pantaleón Prieto, F.: "Los anteojos del civilista: Hacia una revisión del régimen de responsabilidad patrimonial de las Administraciones Públicas", *Documentación*

bilidad de la Administración "funcionamiento normal" y "funcionamiento anormal" de los servicios públicos, en el sentido de que tanto el uno como el otro comporten, con carácter general, la indemnización de los daños que ocasionan, salvo que se incluya en la responsabilidad por "funcionamiento normal" la llamada responsabilidad por riesgo.

Entre los administrativistas, Garrido Falla y Parada también se muestran reacios a una aplicación indiscriminada o a una interpretación inadecuadamente extensiva del sistema de responsabilidad.

Parada considera que ello podría llevar a resultados excesivos, con la consiguiente paralización de la actividad administrativa, o a dedicar una excesiva y desproporcionada parte de los ingresos públicos a la satisfacción de sus necesidades[6].

Por su parte, Garrido Falla ha señalado que en materia de responsabilidad patrimonial la regla general es el "funcionamiento anormal"; la expresión "funcionamiento normal" cubre los supuestos de riesgo creado y el de aquellas actuaciones administrativas —en especial, obras públicas— que causan perjuicios singulares que, por simple aplicación del principio de igualdad ante las cargas públicas, justifica la obligación de reparar[7]. Por ello, que en lugar de conectarse la responsabilidad al "funcionamiento normal o anormal de los servicios públicos" se haga por referencia "al funcionamiento de los servicios públicos", sin más, confiando en que, de esta manera, se haga más clara la dualidad de títulos fundamentales de la responsabilidad que él propugna.

Y es que, como se ha expuesto, la jurisprudencia funciona como si la expresión "funcionamiento normal" no existiera realmente, buscando casi siempre un signo de mal funcionamiento en el servicio como criterio con el que justificar la condena de la Administración.

Tanto el Consejo de Estado como el Consejo Jurídico Consultivo (CJC) de la Comunidad Valenciana —que, preceptivamente, deben emitir dictamen en los procedimientos sobre responsabilidad patrimonial— han destacado en reiteradas ocasiones que el hecho de que la responsabilidad

---

Administrativa, núm. 237-238, 1994, pág. 247.

6 Parada Vázquez, R.: *Régimen Jurídico de las Administraciones Públicas y del Procedimiento Administrativo Común*, Marcial Pons, Madrid, 1993, pág. 423.

7 Garrido Falla, F.: "Los límites de la responsabilidad patrimonial: una propuesta de reforma legislativa", *Revista Española de Derecho Administrativo*, núm. 94, 1997, pág. 185.

patrimonial del Estado haya sido calificada de objetiva, no quiere decir que de ello derive una obligación universal de resarcimiento a cargo del Estado, de la Comunidad autónoma o del municipio, de todo perjuicio sufrido por los particulares por la utilización de un servicio público: la responsabilidad patrimonial pública no puede derivar de todos los daños que puedan producirse en locales, instalaciones o bienes de titularidad pública ni por la actividad pública, sin más[8].

3. Algunos supuestos de responsabilidad derivada del funcionamiento "normal" de los servicios públicos: especial referencia a las actividades de policía y de protección civil

No es momento de profundizar en los supuestos de responsabilidad patrimonial pública consecuencia del funcionamiento normal de los servicios públicos. Sí que es necesario advertir que la mayor parte de pronunciamientos jurisprudenciales —y en el mismo sentido, los dictámenes de los órganos consultivos que preceptivamente han de emitirse en los procedimientos sobre responsabilidad patrimonial— engarzan la procedencia del deber indemnizatorio en elementos subjetivos relacionados con la actuación —u omisión— de la Administración. En efecto, son mayoría los supuestos de responsabilidad que derivan de un "funcionamiento anormal" de los servicios públicos.

Pero, precisamente por el carácter objetivo de la responsabilidad pública, hay otros derivados del "funcionamiento normal", que es en los que tal objetividad adquiere realmente, virtualidad.

Piénsese, por ejemplo, la realización de obras públicas (que pueden provocar simples molestias, no indemnizables, o auténticos perjuicios que dan derecho a la indemnización, pese a la correcta actuación de la Administración); en el ejercicio del *ius variandi* en el ámbito del urbanismo y de la ordenación del territorio (que pueden comportar una privación o restricción singular del derecho de propiedad pese a la legitimidad de la actuación administrativa); o en los supuestos de riesgo creado (el creador del riesgo no tiene por qué haber actuado anormalmente, pero debe responder de los daños que la actividad arriesgada pueda producir, lo que suele ocurrir cuando se han rebasado los límites impuestos por los están-

---

8 Dictamen del Consejo de Estado 1620/97 y Dictámenes del CJC de la Comunidad Valenciana 265/97, 660/98 y 149/99, entre otros.

dares de seguridad exigibles conforme a la conciencia social). O en la actividad de policía cuando, en cumplimiento de sus obligaciones, los cuerpos de seguridad tienen que hacer uso de la fuerza, por ejemplo, en casos de flagrante delito o de disolución de manifestaciones ilegales que generan disturbios públicos; en definitiva, del uso de medios represivos que la ley pone a disposición de aquéllos.

O en aquellos supuestos en que los bomberos o las brigadas forestales causan daños en los bienes de las personas cuando tratan de sofocar un incendio. La causación del daño es, en muchas ocasiones, inevitable e incluso necesaria para evitar un mal mayor. Sin embargo, la singularidad del daño —producido como consecuencia de un funcionamiento normal de los servicios públicos de extinción— comporta el derecho a una indemnización[9].

II. La responsabilidad patrimonial derivada de las actividades festivas: la intervención del CJC en las reclamaciones de responsabilidad patrimonial

Son muy numerosas las actividades festivas que se celebran en los distintos municipios españoles. La Comunitat Valenciana es una de las más "festeras" de España y no hay ciudad o pueblo que no organice o autorice la celebración de distintas manifestaciones festivas como las famosas Fallas en Valencia y pueblos de su provincia, las *Fogueres* en Alicante, las Gayatas en Castellón, los Moros y Cristianos en Alcoy, Onteniente y diversos municipios, y muy numerosas cabalgatas, pasacalles, verbenas... sin olvidar los festejos taurinos como los típicos *bous al carrer*, el toro de cuerda o ensogado, el *bou embolat*, etc., ni los espectáculos pirotécnicos como el

9 Así lo estimó el CJC de la Comunidad Valenciana cuando en su dictamen 512/2003, estudió el caso de una actuación de miembros del Consorcio Provincial de Bomberos a fin de realizar diversos cortafuegos, necesarios ante la progresión de un gran incendio forestal. Con la maquinaria pesada utilizada a tal fin se dañaron árboles, vallas metálicas y paredes de mampostería de titularidad privada. Como recordó el CJC en su dictamen, el art. 4 de la Ley 2/1985, de 21 de enero, de Protección Civil, dispone que quienes sufran perjuicios en sus bienes como consecuencia de actuaciones de situaciones de emergencia "tendrán derecho a ser indemnizados de acuerdo con lo dispuesto en las Leyes". La indemnización que se reconoció aspiró a compensar, en este caso, un daño por funcionamiento "normal" del correspondiente servicio público.

castillo de fuegos artificiales, la *mascletà* o la *cordà*; o las procesiones y otras expresiones religiosas tan arraigadas en la práctica totalidad de los pueblos y ciudades cuyas fiestas mayores suelen estar dedicadas a la Virgen, a Cristo o a un santo.

Todo ello moviliza a cientos de personas y suele generar molestias cuando no peligro o situaciones de riesgo, ruido y, en ocasiones, daños y perjuicios indemnizables o merecedores de algún tipo de compensación o reparación.

Ello da lugar a que los ciudadanos que sufren aquellas molestias, daños o perjuicios pretendan buscar un responsable y derivar su autoría a las Administraciones públicas —Ayuntamiento, Generalitat o Estado, según la actividad de que se trate— y formulen reclamaciones, a título de responsabilidad patrimonial para obtener una indemnización al respecto. Ya he advertido que el incremento de reclamaciones de responsabilidad patrimonial que se produjo tras la vigencia de nuestra Constitución lo pone de manifiesto los muy numerosos casos que dieron lugar a un sinfín de procedimientos judiciales lo que propició que los juzgados y tribunales, singularmente el Tribunal Supremo, fuera conformando una serie de criterios y cierto orden para evitar la dispersión de criterios jurisprudenciales y el desbordamiento de reclamaciones, no siempre justificadas.

Porque es cierto que en esta cuestión de la responsabilidad pública hay quien sigue pensando que estamos ante una especie de mecanismo asegurador universal que obliga al Estado, a las Comunidades autónomas o a los municipios, a indemnizar todo daño que se produzca en sus instalaciones, en sus infraestructuras, como consecuencia de la prestación de sus servicios o por las actividades que organizan o autorizan. Porque, ciertamente, no puede considerarse que de las adversidades e infortunios que podamos sufrir en nuestra vida cotidiana siempre tiene que responder alguien cuando en muchas ocasiones no cabe imputar responsabilidad a nadie.

El Consejo de Estado y los Consejos consultivos de las Comunidades autónomas tienen reconocida la competencia de dictaminar preceptivamente los procedimientos sobre responsabilidad patrimonial. Sobre el origen de dicha competencia me ocupé no hace mucho tiempo en mi trabajo "Reflexiones sobre la función consultiva en relación con la responsabilidad patrimonial"[10], y a lo en él expuesto me remito. Pero es lo cierto que la función consultiva ha servido para configurar el sistema de responsabi-

---

[10] En *Estudios sobre responsabilidad patrimonial*, Tirant lo Blanch, Valencia, 2021, págs. 631-651.

lidad patrimonial pública por medio de sus dictámenes sobre la materia, pese a que debido al ingente número de reclamaciones que se formulaban en época aún reciente se fijó legislativamente una cuantía por debajo de la cual la reclamación no debía ser objeto de dictamen por el correspondiente órgano consultivo.

En efecto, en la actualidad está cuantía está fijada en 50.000 euros en el ámbito estatal, a tenor de lo dispuesto en el artículo 81.2 de la Ley 39/2015, de 1 de octubre, del Procedimiento Administrativo Común de las Administraciones Públicas (LPAC); y en 30.000 euros en el ámbito autonómico valenciano, conforme al artículo 10.8.a) de la Ley 10/1994, de 19 de diciembre, de creación del CJC de la Comunitat Valenciana[11]. Cuando las reclamaciones rebasen esas cifras, el consejo consultivo correspondiente deberá emitir su informe[12].

En todo caso, es importante advertir que el dictamen del órgano consultivo deberá pronunciarse sobre la existencia o no de relación de causalidad entre el funcionamiento del servicio público y la lesión producida y, en su caso, sobre la valoración del daño causado y la cuantía y modo de la indemnización de acuerdo con los criterios establecidos en esta Ley.

En otro orden de cosas también hay que destacar que a la hora de determinar si una administración pública es responsable de daños o perjuicios

---

[11] Cuantía fijada por Ley 11/2018, de 21 de mayo.

[12] De la cuestión de establecer un tope en la cuantía de las reclamaciones de responsabilidad patrimonial para ser dictaminadas por los consejos consultivos me ocupé en las Jornadas sobre la Función Consultiva del año 2009. Entonces expuse que si la función consultiva es esencialmente garantizadora y protectora de los derechos del ciudadano -y desde luego, del interés general- se puede sostener que cuando más despliega esos efectos garantizadores es en las reclamaciones de menor cuantía, pues en las de mayor cuantía el ciudadano cuenta con la especial protección que le puede dispensar la jurisdicción contencioso-administrativa (porque por los costes del procedimiento —abogado, procurador, perito…— las de menor cuantía no suelen ser objeto de revisión jurisdiccional). Además, no por ser mayor la cuantía el asunto adquiere mayor relevancia desde el punto de vista jurídico. Por ello, la solución de excluir de la consulta preceptiva a determinadas reclamaciones no parece que sea acertada. Por otra parte, la disparidad en la fijación de dichos topes mínimos es francamente perturbadora, evidenciando que la garantía no es igual en las distintas partes del territorio del Estado. Vid. más ampliamente, al respecto: Garrido Mayol, V.: "La responsabilidad patrimonial de las Administraciones Públicas como objeto de la función consultiva. ¿Necesidad de una reforma?" en VV.AA., *Jornadas sobre la Función Consultiva*, Consejo Consultivo de la Comunidad de Madrid, Madrid, 2010, págs. 85-109.

que puedan haberse generado como consecuencia de actividades festivas, hay que concretar, en su caso, cual de todas las que puedan concurrir en el hecho dañoso es la responsable, y por qué concepto.

Recordemos con el Tribunal Supremo que la asunción por la Administración de competencias en la organización de los festejos no la convierte en responsable de todos los actos que durante los mismos acaezcan, pues no cabe considerar que el vigente sistema de responsabilidad patrimonial objetiva de las Administraciones Públicas convierta a éstas en aseguradoras universales de todos los riesgos con el fin de prevenir cualquier eventualidad desfavorable o dañosa para los administrados, derivada de la actividad de éstos, por el hecho de que ejerzan competencias en la ordenación de un determinado sector o sea necesaria su autorización, porque de lo contrario... se transformaría aquel en un sistema providencialista no contemplado en nuestro ordenamiento jurídico..."[13]

Pero el CJC de la Comunitat Valenciana ha señalado, con apoyo en la jurisprudencia del Tribunal Supremo, que "la naturaleza objetiva de la responsabilidad de las Administraciones públicas, que constituye un principio cardinal en el régimen administrativo tal como lo regula la Constitución, debe ser exigido con especial rigor cuando se proyecta sobre actividades que son susceptibles de poner en riesgo no sólo la propiedad, sino otros bienes constitucionales de la mayor importancia, la vida y la integridad física de las personas, como son las fiestas populares en las que concurren especiales elementos de riesgo. Los Ayuntamientos están obligados entonces a extremar su responsabilidad para prevenir acontecimientos luctuosos y, por ende, a responder patrimonialmente cuando las medidas adoptadas se han revelado ineficaces"[14].

Ahora bien, el Tribunal Superior de Justicia de la Comunitat Valenciana ha señalado al respecto que debe convenirse que en muchos casos nos hallamos ante unos actos públicos o festejos que entrañan determinado nivel de riesgos —suelta de vaquillas, lanzamiento de cohetes, etc.— y que quien participa voluntariamente en los mismos, introduciéndose en el interior del recinto debidamente acotado para su celebración, asume libremente los riesgos que derivan de su conducta[15].

---

13 STS de 4 de mayo de 1998.

14 Dictamen 587/15, que recordó la doctrina establecida por la STS de 29 de octubre de 2001.

15 Sentencia del Tribunal Superior de Justicia de la Comunitat Valenciana de 9 de marzo de 2006:

1. Daños consecuencia del ruido

Comenzaré por referirme a los daños consecuencia del ruido y haré referencia a la reclamación que examinó el CJC en su Dictamen 480/2015 por daños morales sufridos por unos ciudadanos al haberse tenido que trasladar de su vivienda habitual por molestias producidas por la Asociación Cultural Falla Sant Nicolau-Mosquit.

El local comercial situado en la planta baja del edificio era utilizado por dicha Asociación como casal fallero desde las Fallas del año 2000, funcionando sin licencia. Señalaron los reclamantes que desde el mes de marzo de 2000 hasta marzo de 2007 estuvo abierto, con celebraciones todos los fines de semana. Y se registraron más de 60 denuncias. Ante la nula respuesta del Ayuntamiento una empresa especializada realizó una medición acústica para constatar el nivel de ruidos que el funcionamiento del Casal Fallero transmitía a la vivienda, cuyo resultado fue que superaba los decibelios emitidos en horario nocturno por la ordenanza municipal. El CJC estimó que debía declararse la responsabilidad patrimonial del Ayuntamiento.

También consideró procedente estimar la reclamación que dio lugar al Dictamen 725/2012, por la contaminación acústica proveniente de un chiringuito de la playa de Santa Pola tras reiteradas denuncias de ciento veinticuatro vecinos de una urbanización próxima a dicho establecimiento veraniego. De los informes obrantes al expediente se desprendía que las numerosas denuncias y quejas se formularon de forma continua por los vecinos durante los veranos de 2008, de 2009 y de 2010, siendo estas últimas a las que se refiere la reclamación, y que los agentes de la Policía Local no realizaron ninguna actuación física o de coacción sobre el citado establecimiento temporal… lo que confirmó que los propios servicios públicos policiales del Ayuntamiento de Santa Pola permitieron y toleraron el funcionamiento con ambientación musical del chiringuito de playa sito en terrenos de su término municipal, a pesar de reconocer que no se disponía de la preceptiva autorización para poder utilizar aparatos de reproducción musical y ocasionar molestias al vecindario de las urbanizaciones residenciales próximas. Tras ponderar diversas circunstancias se propuso una indemnización de mil euros para cada uno de los vecinos reclamantes.

En el mismo sentido la Sentencia del Tribunal Superior de Justicia de Navarra de 27 de junio de 2017 que proclamó que la actividad de la Administración, en el ámbito de sus competencias, debe ser material y no meramente formal. De manera que "cuando las actividades de control, vigilancia o corrección" de la administración competente en materia de contaminación acústica, no resulten efectivas y apropiadas, se tendrá que concluir que la administración incurre en inactividad por lo que podrá ser condenada por ello. Así las cosas, a la Administración local competente en materia de ruido se tendrá que dotar de medios técnicos y personal cualificado para que su actividad, ante denuncias por contaminación acústica no se quede en una mera actividad formal que no haga efectivo el derecho de la ciudadanía a la vida privada y familiar y la inviolabilidad del domicilio.

E igualmente, la sentencia del Tribunal Superior de Justicia de la Comunidad Valenciana de 24 de enero de 2023, que condenó al Ayuntamiento Valencia por su inactividad ante denuncias vecinales por ruidos provenientes de un pub.

El punto de partida para este tipo de procesos es el análisis de la doctrina del Tribunal Europeo de Derechos Humanos, tal y como se expone, entre otras, en sus Sentencias de 8 diciembre de 1994 (caso López Ostra) y de 16 noviembre 2004 (caso Moreno Gómez). Ambos pronunciamientos tienen un elemento común para entender vulnerados los derechos fundamentales por motivo de ruidos, olores, etc., y es que esas molestias deben obedecer a una actuación continuada en el tiempo y que la parte pueda acreditarla. Las sentencias del Tribunal Constitucional español (SSTC 119/2001, de 24 de mayo, 16/2004, de 23 de febrero y 150/2011, de 29 de septiembre, entre otras) cuando tratan el mismo tema señalan como característica para entender vulnerados los derechos fundamentales la "intensidad y permanencia".

Hay que destacar que lo que se protege en estas resoluciones es el derecho fundamental a la intimidad personal y familiar y a la inviolabilidad del domicilio, lo que supone el respeto de un amplio abanico de garantías y de facultades, entre las que se comprende la de evitar toda clase de invasiones en el domicilio, no solo las que suponen una penetración directa física, sino también las que pueden hacerse de forma indirecta mediante aparatos mecánicos, electrónicos u otros análogos, mediante la producción de ruidos e incluso mediante la emisión de malos olores que perturben la vida privada de las personas en ese recinto que constituye su domicilio, el cual debe quedar exento e inmune a las invasiones o agresiones externas de otras personas o de las autoridades públicas. Se trata de defender el ámbito de privacidad de la persona dentro del ámbito limitado que la propia persona elige.

De tal suerte, constituye doctrina ya reiterada del TS —de la que es ejemplo la STS de 29 de mayo de 2003— que uno de los elementos más significativos de la inviolabilidad del domicilio es la tutela del espacio físico domiciliario frente a los atentados medioambientales que dificulten su normal disfrute, así como que en atención a que la Constitución no consagra derechos meramente teóricos o ilusorios, sino reales y efectivos, se hace imprescindible asegurar la protección del derecho fundamental no sólo frente a las injerencias de terceras personas, sino también frente a los riesgos que puedan surgir en una sociedad tecnológicamente avanzada. En concreto, en lo que hace referencia a la contaminación acústica como instrumento de conculcación del derecho fundamental, dicha Sentencia recuerda que el ruido puede llegar a representar un factor psicopatógeno destacado en el seno de nuestra sociedad y una fuente de permanente perturbación de la calidad de vida de los ciudadanos, y que ciertos daños ambientales, en determinados casos de especial gravedad, aun cuando no pongan en peligro la salud de las personas, pueden atentar contra su derecho al respeto de la vida privada y familiar privándola del disfrute de su domicilio.

En este orden de cuestiones hay que advertir que incluso las inmisiones por ruido pueden dar lugar a responsabilidad penal, y no son pocas las querellas que tienen como destinatarios a alcaldes y concejales de distintos municipios o a propietario de los establecimientos públicos.

En la STS de 22 de octubre de 2014 se condenó al propietario de un bar que había instalado, al menos, dos televisores y una minicadena con altavoces que carecían de limitadores acústicos y provocaban un sonido superior a los límites permitidos legalmente, causando molestias a los vecinos. El Ayuntamiento de Atarfe acordó el cierre cautelar de la terraza. A pesar de ello, la terraza continuó funcionando. Fue inicialmente condenado por la Audiencia Provincial como autor responsable de un delito contra el medio ambiente, sentencia que confirmó el Tribunal Supremo.

No siempre el procedimiento penal acaba en condena. El Alcalde de El Puig fue absuelto por el Juzgado Penal nº 2 de Valencia en sentencia de 4 de septiembre de 2015. El edil se enfrentaba a más de dos años de cárcel por un delito contra el medio ambiente y otro por prevaricación medioambiental en relación a la ausencia de licencia de traslado de la Falla Trencall y a los ruidos que se derivaban de las actividades de la misma.

Los hechos se produjeron entre julio de 2008 y principios de 2010. En ese periodo, la falla cambió su sede "sin disponer de licencia de actividad ni apertura", según la acusación. La Policía Local acudió hasta en 18 ocasiones en un mismo año por las quejas vecinales ante el nivel de ruido que soportaban. Estos hechos llevaron a seis vecinos a denunciar al primer edil y al entonces presidente de la falla, para quien la Fiscalía pedía cuatro años de prisión.

Los hechos descritos en los respectivos escritos de acusación no resultaron probados. Además, el juez estimó, en primer lugar, que no existía riesgo para la salud de los vecinos denunciantes ya que "no resulta probado que la contaminación ambiental sea la causa de las patologías que presentan los mismos". En segundo lugar, el juzgador entendió que no hubo prevaricación por parte del alcalde, ya que "no es suficiente una resolución administrativa no adecuada a derecho para que constituya un delito de prevaricación", pues ésta implica "una ilegalidad evidente, patente, flagrante y clamorosa", que no encontraba en el caso, considerando que el alcalde actuó "de la manera que entendió procedía para que se solucionara el problema y que se pudieran compatibilizar los eventos festivos falleros con la tranquilidad vecinal, sin que la insatisfacción de los vecinos denunciantes pueda llevar a considerar que se incurrió en un delito de prevaricación".

También consideró el juez que no cabía apreciar "dejación de funciones por parte de la Policía Local de El Puig en atender todas y cada una de las quejas formuladas por los denunciantes" y que los agentes indicaban a los falleros en cada ocasión que debían reducir el nivel sonoro a fin de causar las menores molestias a la comunidad vecinal.

2. *Daños consecuencia de festejos taurinos*

Desde la vigencia de la Ley 2/1991, de 18 de febrero, de Espectáculos, Establecimientos Públicos y Actividades Recreativas, los festejos taurinos han de ser autorizados por la Generalitat Valenciana, en Resolución en la que han de constar las medidas de dirección y control que deben adoptar los Ayuntamientos para la seguridad de estos festejos, a la vista de su especial peligrosidad[16]. En tal sentido, será preceptivo obtener autorización expresa de la Administración de la Generalidad, o del respectivo Ayuntamiento, según los casos, para la celebración festejos taurinos tradicionales que comprenden los encierros de reses bravas, la suelta de reses para fomento y recreo de la afición y el toreo de vaquillas en plazas públicas.

De acuerdo con la normativa en vigor —Ley 14/2010, de 3 de diciembre, de Espectáculos Públicos, Actividades Recreativas y Establecimientos Públicos— se incluyen como festejos y celebraciones populares, los *bous al carrer*, definidos como "festejos taurinos tradicionales consistentes, en ge-

---

16 Dicha Ley fue derogada por Ley 4/2003, 26 febrero, de Espectáculos Públicos, Actividades Recreativas y Establecimientos Públicos que en este aspecto siguió la exigencia de la Ley derogada.

neral, en la suelta en establecimientos cerrados o en la vía pública de reses para fomento o recreo de la afición sin que lleven aparejada su lidia."[17].

También hay que tener en cuenta lo dispuesto en el Reglamento de festejos taurinos tradicionales en la Comunitat Valenciana (*bous al carrer*), aprobado por Decreto 31/2015, de 6 de marzo, del Consell, en el que se definen los distintos tipos de festejos taurinos y cuyo art. 35 dispone que la dirección del festejo taurino corresponde al alcalde del municipio donde se celebre, quien puede delegar la atribución en un concejal de la corporación o designar a un funcionario de la policía local.

En el Preámbulo del Decreto se indica que "se trata de compatibilizar el principio de libertad de los participantes en estos festejos, con las necesarias condiciones de seguridad que deben reunir los recintos e instalaciones, y la determinación de unos requisitos mínimos imprescindibles que garanticen la seguridad de los actuantes y espectadores".

Además, adviértase que también en el Preámbulo, se indica que con independencia de la responsabilidad personal de aquellos que libremente participen en los festejos, los organizadores deberán tener cubierta su responsabilidad mediante la contratación del preceptivo seguro, en la cuantía adecuada para cubrir los riesgos o accidentes que con motivo del festejo taurino puedan producirse.

Y en su art. 14.f), se dispone que, para obtener autorización para la celebración de festejos taurinos, es exigible certificado expedido por una compañía de seguros, en el que conste que el organizador ha suscrito una póliza de seguro de accidentes y de responsabilidad civil para la cobertura de los siniestros que puedan producirse como consecuencia de la celebración.

Como expresó el CJC en su Dictamen 658/2018, en general, corresponde a la entidad pública interviniente asegurar que la fiesta concreta que pretende celebrarse reúne los elementos y dispositivos de seguridad necesarios y se desarrolla en las condiciones legalmente prescritas, ello sin

---

17 La misma norma define los recintos taurinos como toda aquella "instalación cerrada de carácter preferentemente eventual, con la adecuada solidez y seguridad, destinada de manera exclusiva a la realización de festejos taurinos tradicionales (*bous al carrer*)". Y las fiestas populares, como "actividades que se celebran, generalmente, al aire libre, con motivo de las fiestas patronales o celebraciones populares, con actuaciones musicales, bailes, tenderetes, fuegos artificiales, hostelería y restauración.

perjuicio del nivel de riesgo que sus participantes, especialmente, cuando se trata de *bous al carrer*, asumen en su desarrollo.

Hay que tener en cuenta lo dispuesto en el artículo 3 del citado Reglamento que, bajo la rúbrica "Espectadores y participantes" los define del siguiente modo:

> "1. A los efectos de este reglamento, tienen la condición de espectadores las personas que, sin participar en ellos, asisten a los festejos taurinos tradicionales desde los lugares a los que la res no puede acceder.
>
> 2. Tienen la condición de participantes en los festejos taurinos tradicionales, a los efectos de lo dispuesto en este reglamento, las personas que libre y voluntariamente toman parte en los mismos, asumiendo el riesgo y responsabilidad que se deriva de su participación, o se encuentren en el recinto de celebración del festejo por el que puede circular o acceder la res".

En el citado Dictamen 658/2018 se estudió el asunto relativo a un joven de 30 años que falleció consecuencia de heridas vasculares por asta de toro en los festejos taurinos celebrados en la localidad de La Vilavella. Se consideró que el Ayuntamiento estaba legitimado pasivamente, por tener encomendadas las medidas de dirección y control de la actividad autorizada, conforme a lo dispuesto en el artículo 35 del Reglamento de festejos taurinos. Se trataba de un festejo que se venía celebrando desde 75 años atrás, en el mismo lugar en que ocurrió el desgraciado accidente, que se produjo no por defecto de la organización o desarrollo del festejo, sino por la propia actuación o comportamiento de la víctima durante su desarrollo al estar participando del festejo, como acreditan los testigos que depusieron en el procedimiento; y que la cogida tuvo lugar cuando el fallecido pretendía alcanzar la barrera de protección situada al final de la calle, con lo cual se encontraba dentro del trazado por el que discurría el festejo. Constaba acreditado el buen estado de las instalaciones y del cumplimiento de los estándares de seguridad, así como la observancia de los trámites procedimentales para la celebración del evento.

En supuestos similares, en los que se reclamaba frente a la Administración, ya tuvo ocasión de pronunciarse el CJC desestimando la reclamación, entre otros, en los Dictámenes 639/2008 y 331/2010 con cita de la STS de 10 de febrero de 2006. Habida cuenta la inconsistencia de la versión fáctica de la parte recurrente, resultó que la única incidencia causal en la producción del resultado fue la actuación del ciudadano que, al decidir tomar parte activa en la diversión festiva en que consistía el festejo taurino, en ejercicio de su libertad individual, y sin que nada constara que limitase la conciencia del riesgo a que se sometía, aceptó las consecuencias que podían derivarse de su conducta. Por consiguiente, hubo asunción del riesgo creado y concurrió la circunstancia de culpa exclusiva, entendida técnicamente como causa única del resultado lesivo producido.

En ocasiones el resultado dañoso reviste extrema gravedad, como el ocurrido en las fiestas patronales de Monóvar, durante las que una vaquilla acometió a un joven de 26 años que quedó aquejado de una tetraplejia completa sensitivo motora, y postrado en una silla de ruedas —más tarde se le reconoció una pensión de gran invalidez— y que fue objeto del Dictamen 950/2009 que, recordando la jurisprudencia del Tribunal Supremo —STS 166/2005—, señaló que no es posible pretender que la Administración haya de responder de todas las lesiones que se produzcan en el ámbito del servicio público, siendo preciso para ello que la lesión pueda imputarse al funcionamiento del servicio, quedando exonerada la Administración cuando la intervención de tercero o del propio perjudicado reviste la suficiente intensidad para resultar determinante del resultado lesivo, quebrando la relación con el servicio público en cuyo ámbito se han producido los hechos. Y conviene recordarlo pues en el caso examinado la conducta del propio perjudicado, permaneciendo en un lugar de evidente riesgo, fue determinante del daño recibido.

En el Dictamen 301/2014 se abordó la reclamación de los herederos de un anciano que falleció a consecuencia de ser corneado por un astado en las fiestas del *torico* de Chiva, toro que transita por las calles del pueblo tratando de ser dirigido con una cuerda asida por los jóvenes con un evidente peligro que suele provocar resultado indeseado. El afectado se encontraba sentado en un banco situado en las inmediaciones de su domicilio fuera del itinerario programado de la carrera del toro, pero a la finalización del recorrido, guiado por la cuerda, los participantes dirigían al toro hacia ellos. El toro se desvió de su recorrido y se dirigió hacia donde se hallaba el malogrado ciudadano que no le dio tiempo a levantarse siendo corneado e ingresando ya fallecido en el hospital.

En casos como el indicado, en ocasiones se presenta una denuncia o una querella ante los Juzgados de Instrucción. En el presente caso, tras la práctica de determinadas diligencias acordó el sobreseimiento provisional de las actuaciones al considerar que no concurrían indicios racionales de criminalidad.

En su dictamen citado, el CJC consideró que el afectado era "participante" en los festejos taurinos porque libre y voluntariamente se situó en un lugar por donde es frecuente que corra el *torico*, asumiendo el riesgo y responsabilidad que se deriva de su participación.

La actuación del familiar de los reclamantes al situarse dentro del itinerario del toro, contribuyó a que se produjera el embiste del animal. De tal suerte que el accidente se produjo no por defecto de la organización o desarrollo del festejo, sino por su propia actuación, al situarse dentro del recorrido de la res.

Como se recuerda en el dictamen, en la fiesta del *torico* de la cuerda de Chiva, éste corre por las distintas calles del pueblo por las que es conducido con la cuerda que llevan varios jóvenes por el itinerario que éstos deciden, lo que no impide que la res pueda dirigirse hacia calles adyacentes a las que pretenden los jóvenes. Este hecho es conocido por los oriundos de Chiva y por cuantos conocen dicha fiesta, lo que obliga a tomar las pertinentes precauciones ante el riesgo que supone la proximidad del toro ensogado. Por ello se consideró que no procedía estimar la reclamación de responsabilidad patrimonial deducida contra el Ayuntamiento de Chiva.

En ocasiones la reclamación se dirige contra la Generalitat por el mero hecho de haber autorizado, conforme a la normativa vigente, la celebración de *bous al carrer*. Es el caso contemplado en el Dictamen 100/2000, en el que el Consell Jurídic concluyó indicando que "habiéndose limitado la Administración autonómica a conceder autorización para poder celebrar los festejos *bous al carrer*, tras comprobar que, efectivamente, se había dado cumplimiento a todo lo dispuesto [en la normativa entonces vigente] sin que tal autorización comporte que se integrara en la organización del festejo, falta el presupuesto necesario para que el particular tenga acción, como en este caso se pretende, frente a la Generalitat Valenciana respecto a los daños que se dicen sufridos y que hacen suponer que el reclamante participaba en el espectáculo".

En el mismo sentido cabe citar el Dictamen 325/2005, en el que además se advirtió que constaba en el expediente la existencia de la contratación del preceptivo seguro de acuerdo con lo dispuesto en el artículo 4.g) del entonces vigente Decreto 60/2002, por lo que desde el Ayuntamiento organizador del festejo se informó al afectado que deba dirigir su reclamación a la Peña Taurina L. T., organizadora del evento y contratante del seguro.

El mismo razonamiento cabe predicar en el caso de una desencajonada celebrada en la plaza de toros de Algemesí, cuando debido a la dificultad de que algún astado entrara en el toril, fue requerido por la Comisión taurina un experimentado ciudadano que ayudó en la delicada tarea, resultando embestido y herido. Resulta que la Administración no tuvo responsabilidad alguna habida cuenta que el organizador fue la "Setmana

Taurina d'Algemesí" que, contaba con la correspondiente póliza de seguro (Dictamen 422/2008).

En otras ocasiones, como la que contempla el Dictamen 688/2008, se reclama del Ayuntamiento porque respecto de una becerrada el lugar en que ocurrieron los hechos no contaba con licencia alguna y las instalaciones carecían de dispositivos sanitarios, facultativos, vigilancia, etc. Ocurre que el Ayuntamiento actuó en su momento en vía administrativa frente a la actividad irregular requiriendo al titular de la actividad la legalización de las instalaciones e incoando un expediente sancionador, a la vista de lo cual la Fiscalía del Tribunal Superior de Justicia de la Comunidad Valenciana decretó el archivo del caso.

Por otro lado, se consideró que si alguien incumplió los requisitos legales y reglamentarios para la celebración del evento fue el titular del establecimiento al no solicitar autorización al órgano competente de la Generalidad, incumpliendo las normas reguladoras de los espectáculos taurinos, y por tanto, si existieron irregularidades e incumplimientos durante la celebración del festejo taurino la responsabilidad tendrá que ser exigida a quien correspondía la obligación de cumplirlas, que era quien organizaba el festejo, intervención esencial de un tercero que excluye la responsabilidad de la Administración local.

Distinto fue el caso del Concejal de Fiestas y de Policía del Ayuntamiento de Alquerías del Niño Perdido que en su calidad de tal actuó como Director del Festejo consistente en la entrada de toros, por lo que debía comprobar todos los aspectos relativos a menores, embriaguez, cierre del circuito, etc., para en su caso ponerlo en conocimiento de los agentes de la autoridad. Una vez la manada de toros rebasó el lugar donde se encontraba tuvo que comprobar que la zona se encontraba libre de riesgos, momento en que un toro rezagado se dirigió al lugar donde se encontraba en ejercicio de sus funciones y fue corneado en varias ocasiones. En este caso, el reclamante ni era simple espectador ni participante voluntario en la fiesta, pues estaba desarrollando las funciones propias de su condición de miembro de la Corporación Municipal, encargado de la dirección de dicho evento festivo, sin que conste que los daños sufridos se debieran a una actuación culposa o negligente, lo que enervaría la imputación de responsabilidad patrimonial al Ayuntamiento organizador de aquél. Por ello, se estimó procedente la declaración de responsabilidad patrimonial del Ayuntamiento (Dictamen 380/2011).

Curioso es el caso del Dictamen 751/2015, sobre una reclamación contra el Ayuntamiento de Sagunto como consecuencia de las lesiones producidas por una vaca durante los festejos taurinos en aquel municipio al escaparse del corral en que se hallaba encerrada. Consta en el expediente que la entidad local organizó, en colaboración de la entidad Federación Peñas Puerto de Sagunto, los festejos taurinos, por lo que resultaba imputable a dicha Administración la omisión de las medidas necesarias para evitar que la vaquilla pudiera escaparse del corral. Este hecho muestra, sin más, un incumplimiento atribuible a la Administración municipal sin perjuicio, en última instancia, de las acciones que pudiera adoptar el Ayuntamiento, en relación con el responsable de la custodia de los animales.

Se indica en el relato de hechos del Dictamen que el interesado, tras ser embestido por el animal, tras levantarse del suelo, sin impedimento o dificultad alguna, en lugar de protegerse, marcharse del lugar, o intentar esquivar la citada vaquilla, se colocó delante de ella con intención de detenerla, provocando que fuera embestido por el animal. De ahí que el CJC considerara que había una concurrencia de culpas en la producción de las lesiones sufridas por el interesado, que se debía traducir en la necesidad de reducir en un 20 % el importe de la indemnización que proceda abonar al interesado por las lesiones y el daño sufrido.

Opinión mayoritaria, que no unánime, porque formulé un voto particular parcialmente discrepante. Consideré que resultaba intolerable el hecho ocurrido, pues el ciudadano que transita por las inmediaciones de la plaza de toros y que no es participante del festejo está confiado en que lo hace por lugar seguro y no va a ser embestido por un astado. De los daños causados por el animal es responsable, por tanto, el Ayuntamiento quien, en todo caso, podrá repetir, en su caso, contra la empresa titular de las instalaciones destinadas a corral de las reses. Ciertamente, al ciudadano, que, tras ser golpeado y derribado, consciente del peligro que entrañaba el animal suelto, se agarra a éste por los cuernos con la doble finalidad de evitar, de nuevo, ser embestido, y, además, que lo haga a otras personas que se encontraban cerca de él, en vez de premiarle por su meritoria conducta se le castiga haciéndole corresponsable de unos daños que tienen su única causa en el hecho de haberse escapado la vaquilla del corral en que debió permanecer encerrada.

Y expuse en el citado voto particular que quizás, en un alarde de generosidad quienes habían sostenido, con éxito, la concurrencia de causas en la producción de daño, estimaron que el Ayuntamiento era "un poco más responsable" que el pobre muchacho que intentó defenderse y defender a otros de la fiereza del animal desbocado, y por ello en el dictamen se aconsejó que el Ayuntamiento le indemnizara en un 80% de parte de la cantidad pedida por el interesado (algunos conceptos por los que reclamó se consideraron no probados). Consideré que no se justificó, sin embargo, la razón de dicho porcentaje y no de otro —se pensaba, inicialmente, en un 50%—. O sea, se aconsejó —en contra de mi criterio— que se le administrara un pequeño castigo de un 20% de la indemnización por los daños sufridos que, se estimó, le correspondían.

3. Daños consecuencia de artículos de pirotecnia y celebración de las fiestas de Fallas

Ya he advertido que de cualquier adversidad que nos ocurra en la vida, en el desarrollo de nuestra cotidianidad, no siempre podemos encontrar un responsable ajeno a nosotros mismos. También he dicho que en ocasiones nos vemos inmersos en actividades, públicas o privadas, algunas de las que no resultan de nuestro agrado, lo que suele ocurrir con los festejos, que pueden causar molestias e incomodidades que, en todo caso, debemos soportar. Ocurre que, en algunos casos, la celebración de las fiestas locales sobrepasa lo que son simples molestias y se erigen en causantes de daños y perjuicios que el ciudadano no tiene el deber jurídico de soportar.

A veces desembocan en asuntos de suma gravedad como el contemplado en el Dictamen 180/2009, que se refiere a la reclamación formulada una viuda como consecuencia del fallecimiento de su esposo que atribuyó a la falta de acceso rápido al Hospital público en los días previos a la celebración de las Fallas de Valencia. Ocurrió que el afectado —por cierto, médico de profesión— a media tarde empezó a notar dolor en brazo izquierdo y sudoración, motivo por el que de forma rápida pidió a su esposa que lo trasladara al hospital más próximo a su domicilio, lugar en el que se habría realizado la terapia correspondiente para impedir su deceso. Pero cuando salieron se encontraron con que varias calles adyacentes a su domicilio estaban cortadas por los casales falleros y el montaje de los monumentos y verbenas; embotellamientos por tal motivo, e imposibilidad, por tanto, de poder llegar al citado Hospital, optando, ante la gravedad de los hechos —al afectado, le dio en el mismo vehículo una parada cardíaca— por dirigirse al Centro de Salud próximo —con similares dificultades— donde trataron la resucitación cardio pulmonar (RCP) en el mismo vehículo sin resultado, careciendo dicho centro debido a que no es un Hospital de aquellos instrumentos necesarios para atender casos graves como el presente, habiendo transcurrido más de tres cuartos de hora desde que tuvo los primeros síntomas y emprendió su camino hacia el Hospital hasta su muerte.

En el relato de hechos se detalla que en determinada calle el vehículo que transportaba al afectado, tuvo que dar marcha atrás despejando los vehículos que igualmente se habían introducido en dicha calle detrás de él; algo similar tuvo que hacer anteriormente en otra calle, y en una próxima pudo ver el corte antes de meterse, pero no había ningún tipo de señalización. Además, en otra vía pública había tal densidad de tráfico que no se podía avanzar ni cuando los semáforos estaban en verde.

El CJC estimó que nada obsta a que el Ayuntamiento, en el ejercicio de sus competencias, autorice la colocación de carpas u otro tipo de instalaciones, o el montaje de fallas en las vías públicas. Ahora bien, dichas autorizaciones deben concederse de modo que no se obstaculice el total acceso a una determinada zona, especialmente, ante una situación de urgencia que pueda producirse.

Según consta en el expediente del caso, en el Informe del Ingeniero Jefe del Servicio de Circulación, Transporte e Infraestructuras del Ayuntamiento de Valencia se indicó que las autorizaciones se conceden con la siguiente indicación: "se garantizará en todo momento el acceso rodado a la propiedad, establecimientos y servicios afectados por los cortes de tráfico ocasionados, así como el paso de vehículos de urgencia". Se señala en dicho Informe que "el corte permitirá el acceso a propiedad y a vehículos de emergencia".

Ahora bien, el Consell consideró que aun cuando la obligación de dar cumplimiento a dicho condicionamiento se imponga directamente a los titulares de la autorización, corresponde al Ayuntamiento garantizar el adecuado cumplimiento de los condicionamientos a los que se sujetan las autorizaciones de ocupación de la vía pública, especialmente, por cuanto afecta al asunto objeto de dictamen, la necesidad de permitir, en todo caso, el acceso a las propiedades así como a los vehículos de emergencia. Téngase en cuenta la obligación del Ayuntamiento, de conformidad con el artículo 25 de la Ley de Bases de Régimen Local (LBRL), de garantizar la seguridad y mantenimiento de las vías públicas; obligación que no desaparece, sino más bien se acentúa, cuando se trata, particularmente, de la ocupación, de forma masiva y simultánea, de carpas y montaje de fallas, lo que provoca una situación de difícil control, pero cuyas consecuencias no deben recaer "exclusivamente" en los ciudadanos usuarios de la vía pública.

Puede suceder —se indica en el dictamen— que el adecuado control de este tipo de ocupaciones, masivas y simultáneas, de las vías públicas desborde las posibilidades materiales del Ayuntamiento, pero dicha circunstancia, si bien comprensible, no debe hacer recaer sobre el ciudadano usuario de las vías públicas, las consecuencias del riesgo que ello comporta al ser un "riesgo" que provoca la colectividad urbana que la Corporación Local administra, y sobre la que debe pesar las eventuales consecuencias derivadas de este tipo de ocupaciones, que deben soportarse por el colectivo beneficiario de ellos, antes que por el individuo que las padece.

Lógicamente, el dictamen se emitió en sentido favorable a la declaración de responsabilidad patrimonial del Ayuntamiento.

En otro orden de cosas, suelen ser frecuentes los daños causados por el lanzamiento de cohetes, petardos, carcasas y otros artefactos explosivos, típicos en las fiestas que se celebran a lo largo y ancho de la Comunitat Valenciana[18].

Hubo un caso, examinado en el Dictamen 433/2009, que afectó a 3 barcos, 2 coches y 44 contenedores, que se quemaron como consecuencia del lanzamiento indiscriminado de petardos y cohetes autorizados por la Administración en la dársena de El Perelló, donde las embarcaciones se encontraban atracadas sin existir ningún tipo de seguridad o vigilancia, a pesar de las fiestas. El lugar donde se produjo el siniestro, dependiente de la gestión y supervisión de la Generalitat, a pesar de conocer perfectamente el tradicional lanzamiento de petardos en fechas tan señaladas como aquélla en que acaeció el siniestro, no estuvo debidamente protegido, pues la Administración no puso ningún tipo de interés en reforzar la seguridad de la dársena en prevención de posibles accidentes, lo que habría podido evitar o al menos disminuir el desastre que allí se produjo.

En el caso concreto se consideró que el servicio consistía en el uso del espacio físico para el amarre de su embarcación y todos aquellos anejos, entre los que no cabe entender incluida la vigilancia, por lo que las consecuencias de la actuación de un tercero, no identificado, y cuya intervención en los hechos no consta ni se ha probado, no pueden ser asumidas por la Administración, en cuanto su existencia y efectos son ajenos al servicio público prestado. Cabe significar que se tuvo en cuenta el hecho impo-

---

18 Hay que tener en cuenta lo dispuesto en el Real Decreto 989/2015, de 30 de octubre, por el que se aprueba el Reglamento de artículos pirotécnicos y cartuchería., que incluye, entre otras disposiciones, aquellas que tienen por objeto la incorporación a nuestro ordenamiento jurídico de diferentes directivas europeas en la materia (entre otras, la Directivas 2013/29/UE, de 12 de junio de 2013, y la Directiva de ejecución 2014/58/UE, de 16 de abril de 2014). Su Disposición adicional sexta prevé que en ciertos supuestos y con determinadas condiciones las Comunidades autónomas puedan disminuir las edades mínimas para el uso de ciertos artificios de pirotecnia.

nible de la tarifa G-5 que abonaban los amarristas, para embarcaciones deportivas y de recreo, que no incluía la vigilancia de las embarcaciones por lo que la intervención de un tercero se estimó que excluía la responsabilidad de la Generalitat.

Daños producidos por cohetes son muy frecuentes. En el Dictamen 124/2009 se contempla un daño que sufrió la reclamante al impactarle un cohete cuando transitaba durante las Fallas por una calle del barrio de Ruzafa, una fractura de meseta tibial externa de rodilla izquierda.

Del informe de la Policía Local no se desprendía constancia alguna al respecto, sin que se acreditara un funcionamiento anormal del servicio público respecto a que el hecho lesivo ocurriera durante la celebración de un festejo fallero programado, de disparo de fuegos de artificio u otra circunstancia de desarrollo ordinario del servicio en estas Fiestas.

Lo dicho es relevante puesto que, admitiéndose la realidad del accidente, dadas las características del elemento que produjo este último —cohete— éste se lanzaría repentinamente por un tercero ajeno al servicio público con actitud vandálica, lo que excluye la responsabilidad de la Administración respecto a la que no se ha demostrado una falta de cuidado o vigilancia, dentro del estándar normal.

En virtud de lo expuesto y no constando el incumplimiento del deber positivo de la Administración, titular del servicio de vigilancia y actividades en las vías públicas durante las Fiestas organizadas, dado que comparte competencias con la Delegación del Gobierno, ni tampoco la omisión de la debida vigilancia atribuible a los órganos encargados del mantenimiento, no procedió la declaración de responsabilidad patrimonial.

En el Dictamen 784/2009, se analizó la reclamación por los daños sufridos en la fachada de un inmueble a consecuencia de varios impactos de cohete con motivo de la celebración de las fiestas populares de San Antonio de Bétera. Los lanzamientos tuvieron lugar por parte de los festeros mayores, en actividad autorizada por el Ayuntamiento. El CJC recordó que la normativa entonces vigente atribuía a los Ayuntamientos competencia para otorgar las autorizaciones administrativas para la celebración de "los espectáculos y actividades recreativas que se realicen en el municipio con motivo de la celebración de la fiestas locales y verbenas populares en la vía pública", añadiendo en el último inciso del mismo precepto que "el otorgamiento de las autorizaciones a que se refiere el presente artículo, precisará, en todo caso, que los organizadores acrediten tener concertado el contrato de seguro de responsabilidad civil por daños al público asistente y a terceros, a que se refiere el artículo 6 de la presente ley, en la cuantía determinada reglamentariamente".

La celebración del seguro garantiza la indemnización por daños a cargo del organizador, como tenía reconocido el CJC en su Dictamen nº 65/2008, desapareciendo la responsabilidad patrimonial de la Administración autorizante. En el caso examinado, ante la carencia de seguro el Ayuntamiento competente debía asumir la responsabilidad patrimonial.

Por las graves lesiones que sufrió en el ojo derecho por el impacto de un artefacto pirotécnico que se disparó en la parte final de la actuación de un grupo musical celebrado en un recinto ferial en el marco de uno de los actos programados para las fiestas patronales de Benicàssim, que había sido contratado y organizado por su Ayuntamiento, se formuló reclamación que fue estudiada en el Dictamen 798/2009. Se trató de un festejo musical de los programados en las fiestas organizadas y contratadas por el propio Ayuntamiento de Benicàssim, a lo que en este caso concreto tenía que añadirse que la actuación del grupo musical se desarrolló en un recinto o en terrenos de dominio público. Los hechos, a juicio del CJC eran completamente subsumibles en los artículos 139 y siguientes de la entonces vigente Ley 30/1992, de 26 de noviembre, de Régimen Jurídico de las Administraciones Públicas y del Procedimiento Administrativo Común, por lo que estimó que procedía declarar la responsabilidad patrimonial de la Corporación municipal, sin perjuicio de la existencia de derecho de repetición contra los responsables directos.

El Dictamen 776/2009 contempla el caso de un incendio en un aparcamiento, con daño a los vehículos que en él se encontraban, provocado por un cohete disparado durante el acto de la *Baixà* del Cristo de los Necesitados en la localidad de Aldaia. Al tratarse de un acto realizado en el seno de las fiestas populares de dicho municipio, se planteó la cuestión de a quién es imputable su organización, ya que la competencia municipal en la organización y supervisión del desarrollo de las festividades locales es innegable pero no todo daño que se produce con ocasión de los festejos se sitúa en la órbita de la responsabilidad administrativa.

El Ayuntamiento declinó participación alguna en la organización del acto de la *Baixà*, alegando que era un acto estrictamente religioso, consistente en trasladar al Cristo de los Necesitados desde la Iglesia de la Saleta, sita en la Calle San Vicente, a la Iglesia de la Anunciación, sita en la Calle Iglesia.

En cuanto a su organización, el servicio de cultura no tenía un conocimiento exacto de cuáles eran los grupos o asociaciones que dependiendo de las instituciones católicas de la localidad gestionaron su realización.

Ahora bien, aun cuando el Ayuntamiento no fuera el organizador inmediato del acto, el interés local en su celebración quedó patente en el expediente en el que constaba una Resolución Plenaria acordando la solicitud de declaración de la *Baixà* del Cristo de los Necesitados como fiesta de interés turístico local, y mediante Resolución de la Alcaldía se concedió a la asociación "Corretraca" una ayuda para la organización de diversos actos relacionados con espectáculos piromusicales, entre los que se encuentra la *Baixà.*

El CJC estimó que la concesión de una ayuda a la mencionada asociación para la realización de la *Baixà* suponía una medida de fomento de una actividad de interés público en la que el Ayuntamiento debía asegurar el cumplimiento de todos los requisitos legalmente exigibles para su realización, entre los que se encuentra la concertación de un seguro de responsabilidad civil por parte de la entidad organizadora.

En el dictamen indicado se invocaron varias SSTS, como las de 19 de abril, 22 de septiembre de 2005 o 2 de marzo de 2004, ésta última taxativa al resolver sobre daños por espectáculo pirotécnico en un municipio valenciano:

> "Nos encontramos pues, ante unas fiestas patronales promovidas por la Corporación demandada, por lo que en principio resulta clara la legitimación de la administración a los efectos de este proceso, pues concurren las características propias de las actividades que, la Sala considera, como incursas en el ámbito del servicio público a efectos de responsabilidad patrimonial, aun cuando la actividad de organización directa corresponda a los llamados festeros o se encargue a una empresa privada, o a terceros ciudadanos, no cabe duda de que aquéllos o estos, aparecen a los efectos del desarrollo de estas actuaciones, como incardinados en la organización municipal, en la medida en que el Ayuntamiento los incluye en su programa de actividades, ejercita respecto de los mismos propuestas de fomento y los patrocina".

Muy típicos son los espectáculos de pirotecnia con cohetes sueltos conocidos como *cordá*, en pueblos como Paterna o Rocafort. En el Dictamen 307/2009 se contempla un suceso que afectó a una persona que, hallándose fuera del recinto de la *cordá*, fue arrollada por una avalancha de personas que escapaban de unos cohetes que rebasaron dicho recinto, sufriendo por ello diversas heridas.

Según informe de la policía, no se tuvo conocimiento de los hechos ocurridos. En el parte de servicio no constaba ninguna reclamación o requerimiento alguno sobre el asunto, así como ningún otro que tuviera lugar durante la celebración de la *cordá.*

Como señala la Sentencia del Tribunal Superior de Justicia de la Comunitat Valenciana de 6 de marzo de 2006 "el perjudicado soporta la carga de probar el daño o perjuicio sufrido y la relación de causalidad entre éste y la actuación de la Administración" (SSTS 25-01-2003 y 6-04-2004), sin que las opiniones y alusiones genéricas, que en el asunto sometido a consulta realizó la reclamante, tuvieran virtualidad probatoria.

El CJC consideró que no procedía declarar la responsabilidad patrimonial del Ayuntamiento, en esta ocasión, por falta de prueba de que los daños alegados fueran consecuencia de la *cordá*.

Otra lesión ocular dio lugar al Dictamen 275/2011 consecuencia de pérdida de visión que el reclamante considera producida al haber sido alcanzado por restos de material pirotécnico, hecho que queda acreditado por las declaraciones de los testigos y en la documentación sanitaria presentada. Ocurre que consta que el Ayuntamiento no era el organizador del acto, sino que la organizadora era la Junta Local Fallera, que no depende del Ayuntamiento ni jurídica ni administrativamente, como se deduce de los artículos 1 y 4 del Reglamento Fallero de la Junta Local Fallera de Puçol.

No consta que el Ayuntamiento autorizara a la Junta Local Fallera el disparo de fuegos artificiales al finalizar el acto de la *Cridá* por lo que cabe entender que el hecho de disparar los fuegos respondió a un acto del Presidente de la Junta Local Fallera que era el organizador del acto. De ahí que no fuera procedente la declaración de responsabilidad patrimonial.

Y algo parecido ocurrió en la víspera de San José, en las proximidades del cauce del río Turia, cuando la afectada permanecía a la espera del disparo del castillo de la *Nit del Foc*. Desde abajo del río, había gente soltando bengalas y cohetes borrachos que, al decir de la reclamante, estaban absolutamente prohibidos. Una de esas bengalas impactó en el pecho de la afectada y se prendió fuego la ropa que llevaba, causándole quemaduras de segundo grado, en pecho, manos y cara.

Para el CJC en su Dictamen 742/2011 el daño sufrido por la reclamante como consecuencia del lanzamiento por un tercero de un cohete no podía imputarse al funcionamiento del servicio público. No hay prueba, a la vista del dispositivo policial informado, de que dicho servicio actuara de manera inadecuada o irregular y que por ello se produjera el resultado lesivo, por lo que nos encontramos ante una probable conducta de tercero (un acto vandálico) que rompe el nexo causal entre el actuar público y el daño causado.

En este sentido se recordó que el Tribunal Supremo ha declarado de forma reiterada que no es acorde con el principio de responsabilidad patrimonial objetiva una generalización del mismo más allá del principio de causalidad, de manera que para que exista aquélla es imprescindible la existencia de un nexo causal entre la actuación de la Administración Pública y el resultado lesivo producido, lo que no constaba acreditado en el asunto objeto de dictamen.

La *mascletà* es un espectáculo de pirotecnia de gran tradición en Valencia, que se dispara en la Plaza del Ayuntamiento todos los días entre el 1 y el 19 de marzo con motivo de las fiestas falleras. También en otros lugares y en fechas significadas como la celebrada el 1 de enero en el paseo de la Alameda. Como consta en el Dictamen 1152/2011, una carcasa produjo daños en el zapato y heridas en el pie derecho de una ciudadana, pues durante el disparo de la *mascletà* se produjo el impacto y explosión de una carcasa en la zona de público ubicada frente al restaurante 'Alameda Palace', hiriendo a 14 personas, que fueron atendidas por Cruz Roja Española, siendo 3 de ellas trasladadas al Hospital público, quienes fueron dadas de alta a las pocas horas sin requerir hospitalización. Según los informes incorporados al expediente, las medidas de protección y seguridad previstas y adoptadas fueron las habituales. Ello no obstante, la realidad es que la carcasa explotó fuera del recinto acotado al efecto, lo que permitió concluir que, pese a que las medidas de protección y seguridad adoptadas fueron las correctas, la interesada sufrió unos daños que no tenía el deber jurídico de soportar. Algo falló y la afectada, que se había situado en zona adecuada para seguir el festejo según indicaciones de la organización, fue dañada por un fallo en el disparo. Procedió la indemnización.

Daños producidos en otra *mascletà*, ésta disparada en la Plaza del Ayuntamiento el día de San José. La reclamante, en nombre del menor afectado, presentó el escrito inicial ante el Ayuntamiento de Valencia que la remitió al Organismo municipal autónomo Junta Central Fallera, al ser el competente para su tramitación. En el Dictamen 584/2013 el CJC no opuso objeción alguna a la legitimación pasiva de la Junta Central Fallera, en cuanto es un Organismo autónomo municipal dependiente del Ayuntamiento de Valencia.

La reclamante refirió en su escrito que estaba con su hijo menor, junto a la parada del autobús situada en la casa de loterías Bello, "tras las vallas de seguridad que instalan por protección a los ciudadanos. Al comienzo de la *mascletà* le cayó una carcasa en la cara, concretamente en el ojo izquierdo, por lo que comenzó a sangrar con un dolor intenso. En ese momento fue atendido por la Cruz Roja en la cabina de urgencias que tenían ubicada junto a las tiendas de flores que había enfrente".

Llamó la atención la inactividad del organismo autónomo reclamado —quizás porque tenía concertado un seguro que se haría cargo de indemnizar posibles daños— ante el ofrecimiento del reclamante de identificar a quien atendió a su hijo, lo que no puede perjudicar a quien ofreció un relevante medio probatorio de los hechos alegados.

Por lo que respecta al funcionamiento del servicio público, la Jefa de sección de la Policía Local informó que la Policía Local se ocupó de la vigilancia en la utilización de material pirotécnico durante las fiestas falleras y que en la supervisión de la utilización del material pirotécnico con motivo de las *mascletaes* en la Plaza intervienen el servicio de bomberos y protección civil, respetándose siempre el perímetro de seguridad.

El Servicio de Bomberos, prevención e intervención en emergencias, departamento de protección civil informó que se cumplieron las medidas preventivas y de seguridad previstas en el "Protocolo de actuación municipal Fallas 2012" y que "este servicio considera que el funcionamiento del servicio fue normal y el daño alegado por la persona interesada fortuito".

Es verdad que un espectáculo pirotécnico ante una concurrencia de personas es una actividad creadora de riesgo tanto para quien lo lanza como para quienes lo presencian, por lo que exige extremar en su ejecución las medidas de diligencia tendentes a evitar accidentes causantes de daños materiales o corporales.

En este caso quedó debidamente acreditado tanto que el menor estaba situado detrás de las vallas de protección, como que se adoptaron las medidas preventivas y de seguridad previstas en el Protocolo de actuación municipal Fallas 2012, pero, aun así, al caerle una carcasa en la cara, sufrió un daño que no tenía el deber jurídico de soportar. Puede afirmarse que estamos ante un caso de funcionamiento normal de los servicios públicos que, no obstante y por el carácter objetivo de la responsabilidad patrimonial en los términos expuesto en el apartado I.2 anterior, genera el derecho a ser indemnizado.

El Dictamen 580/2011, relativo a reclamación por daños producidos a un edificio de la céntrica calle Cirilo Amorós de Valencia, como consecuencia de la *cremà* de una falla plantada en la misma calle, insiste en que repetidamente ha considerado en supuestos de daños por disparo de fuegos de artificio que el Ayuntamiento debe asegurar el cumplimiento de todos los requisitos legalmente exigibles para su realización, entre los que se encuentra la concertación de un seguro de responsabilidad civil por parte de la entidad organizadora o festeros que participan en la fiesta lanzando toda suerte de artefactos pirotécnicos, como ocurrió en el caso que contempla.

La Sentencia del Tribunal Supremo de 29 de octubre de 2001 adoctrina en relación a un supuesto de responsabilidad patrimonial de la Administración Pública conectado a las Fallas, declarando no haber lugar a declarar la responsabilidad del Ayuntamiento interesada por una Comunidad de Propietarios de una finca sita en una calle de la ciudad de Valencia, lo siguiente:

> No obstante, aun cuando se entendiese que la quema de las fallas es susceptible de ser subsumida [como infracción reglamentariamente establecida] sólo debería considerarse antijurídica cuando se realizara fuera de las ocasiones prevenidas o sin las precauciones necesarias...; las Fallas constituyen un acontecimiento festivo popular autorizado en aras de su implantación social y que los riesgos existentes deben ser neutralizados mediante las medidas preventivas que describe.

En el mismo sentido, las SSTS 13-9-1991 y 17-11-1998 entendieron que no procedía la responsabilidad de la Administración Municipal por ser una actividad en la que se adoptaron las medidas preventivas al efecto de acuerdo con lo actuado por el Servicio de Bomberos.

Caso distinto es el que sufrió una vecina de Sax, por pérdida de audición en ambos oídos consecuencia del disparo de arcabucería durante las fiestas de Moros y Cristianos de dicha localidad, asunto contemplado en el Dictamen 805/2009 que consideró que no se había aportado al procedimiento prueba acreditativa de que la hipoacusia diagnosticada a la reclamante obedeciera a los disparos efectuados durante las precitadas fiestas de Moros y Cristianos, cuando, de conformidad con las reglas de distribución de la carga de la prueba correspondía a la interesada probar aquello en lo que fundaba su pretensión indemnizatoria.

Sí que se estimó procedente declarar la responsabilidad patrimonial del Ayuntamiento de Alcora por los daños sufridos por un ciudadano al que explotó en la mejilla un cohete anunciador de la salida de un toro, lo que le provocó, además, una perforación del tímpano. En el Dictamen 1054/2010 se indica que fue el encargado de la Comisión de fiestas quien lo disparó, sin haber marcado un perímetro de seguridad que hubiera podido evitar el daño. Por ello se aprecia responsabilidad de la Corporación municipal, sin perjuicio del derecho de repetición que proceda contra dicha Comisión.

En la "Procesión del fuego" de Benifaió organizada por el Ayuntamiento, se produjo un incendio de una caja de cohetes que ocasionó importantes daños en la fachada del domicilio del reclamante. La declaración de responsabilidad del Ayuntamiento —se dice en el Dictamen 1169/2010—, debe ir seguida del acto administrativo de incoación de procedimiento contra aquellas personas que han quedado identificadas como causantes de los daños para, en su caso, repetir contra ellas la cuantía indemnizatoria procedente.

En el Dictamen 332/2010 se contempla un caso de daños producidos en otra tradicional actividad festiva, esta vez, la *Nit d'Alba*, que se celebra la víspera de la Virgen de la Asunción en Elche. La reclamante se había situado junto a otras personas en la zona indicada por los Servicios Municipales, cerca de la Basílica de Santa María. Desafortunadamente, cuando estaba viendo los citados fuegos artificiales sufrió graves lesiones por los mismos.

El CJC consideró que el Ayuntamiento adoptó las medidas necesarias para la organización y desarrollo del evento, delimitando claramente las zonas de peligro mediante carteles perfectamente visibles en los que constaba en inglés y en castellano "¡Peligro! Caída de cañas y cohetes", así como mediante la intervención de Agentes para aislar e impedir el paso a las zonas de lanzamientos de cohetes, asumiendo por ello la interesada el riesgo que comportaba el evento.

Este dictamen no contó con la aprobación unánime del CJC y el consejero disidente formuló voto particular en el que expresó que los fuegos artificiales estaban organizados por el Ayuntamiento de Elche, y aunque al parecer, en zonas aledañas a la Basílica existían carteles que avisaban del peligro de caída de cañas, no se prohibía allí la estancia de espectadores.

De acuerdo, pues, con este relato de hechos, resulta que ha existido un daño a una espectadora en una actividad festiva organizada por el Ayuntamiento, sin que de la existencia de carteles en la zona advirtiendo de la caída de cañas pueda inferirse la exoneración de toda responsabilidad del Ayuntamiento, dada precisamente la naturaleza del espectáculo de que se trata, y puesto que no hubo infracción alguna por parte de la reclamante (todo ello, aun suponiendo que se encontrase ésta en la zona en que tales carteles se hallaban). Por ello, consideró que debió declararse la responsabilidad patrimonial municipal.

El Dictamen 469/2011 también se refiere a daños causados en distintos inmuebles por fuegos en otra festividad de Elche, y presenta la curiosidad de que el Ayuntamiento de Elche remitió el expediente administrativo con una Propuesta de Resolución "conjunta" para once reclamaciones de responsabilidad patrimonial distintas. Dichas reclamaciones tenían en común el sujeto legitimado pasivamente (el Ayuntamiento de Elche) y que todas ellas hacen referencia a su eventual responsabilidad patrimonial. Pero eran distintos los sujetos activos que las instaron, los supuestos de hecho de que se trataban y las prestaciones o causas de pedir en que las fundaban, por lo que correlativamente su eventual desestimación (como se propuso) se había de fundar en causas distintas.

La Ley 30/1992, de 26 de noviembre, entonces aplicable disponía que "el órgano administrativo que inicie o tramite un procedimiento, cualquiera que haya sido la forma de su iniciación, podrá disponer su acumulación a otros con los que guarde identidad sustancial o íntima conexión...". En el caso contemplado, no existía identidad sustancial o íntima conexión entre las nueve reclamaciones a las que se refería la Propuesta de Resolución remitida. Pero es que, además, ni siquiera se había acordado su acumulación. Por todo ello, en definitiva, el CJC acordó dictar once Resoluciones diferenciadas en las que se analizan los supuestos de hecho concretos aducidos por los interesados y la aplicación de la normativa adjetiva y sustantiva procedente a cada uno de ellos.

En este caso se trataba de petardos disparados por particulares que acudieron al evento y que el Ayuntamiento expresamente en el acuerdo de la Junta de Gobierno Local de 1 de agosto de 2008 indicó que "no atenderá peticiones de indemnización o reparación derivadas de accidentes, ni de daños que puedan causarse a los bienes propiedad de los ciudadanos, incluso en el caso de que sean consecuencia de la participación en estas manifestaciones festivas populares dentro del lugar y horas especificados (...)"; pero en el mismo acuerdo autorizó la quema de artículos pirotécnicos acotando la zona destinada a ello, dentro de la que se encuentra la propiedad del reclamante, comprometiéndose a adoptar las medidas de seguridad necesarias en orden a la preservación de las personas o de los bienes. Así en el citado Acuerdo expresa que "no constituye un festejo organizado por el Ayuntamiento, sino que éste se limita a la adopción de éstas y demás medidas de seguridad, en orden a la preservación de personas y bienes (...)".

La propiedad del reclamante se encontraba dentro de la zona delimitada y acotada para el lanzamiento de carretillas, por lo que para determinar la existencia del necesario nexo causal era fundamental analizar si se adoptaron las medidas de seguridad necesarias para proteger las propiedades que se encontraban dentro de ella.

Constaba informe municipal en el que se indicaba que el Ayuntamiento adoptó medidas para proteger la zona delimitada. Ahora bien, en las fotografías aportadas por el reclamante, cotejadas notarialmente, se observó claramente la producción de daños en la fachada propiedad de los reclamantes tras la celebración del acto, de donde se infiere la insuficiencia de las medidas adoptadas para proteger las propiedades que se encontraban dentro de la zona delimitada para el disparo de artículos pirotécnicos. Por consiguiente, se procedió a declarar la responsabilidad del referido Ayuntamiento al no haber resultado suficientes las medidas de seguridad adoptadas.

Llamó la atención la cláusula de exoneración de responsabilidad contenida en el Acuerdo de la Junta de Gobierno Local, que señalaba: "Sin perjuicio de lo anterior, se recuerda también a todos los vecinos que el disparo por particulares de estos artículos pirotécnicos, incluso dentro del recinto acotado y en el intervalo de tiempo permitido, no constituye un festejo organizado por el Ayuntamiento, sino que éste se limita a la adopción de éstas y demás medidas de seguridad, en orden a la preservación de personas y bienes. Por consiguiente, esta Corporación Municipal, cuyos servidores velarán por el cumplimiento de las prohibiciones establecidas en el apartado que precede, no atenderá peticiones de indemnización o reparación derivadas de accidentes, ni de daños que puedan causarse a los bienes propiedad de los ciudadanos, incluso en el caso de que sean consecuencia de la participación en estas manifestaciones festivas populares dentro del lugar y horas especificados". A juicio del CJC, dicha cláusula no podía ser admitida, ya que la responsabilidad patrimonial de la Administración viene establecida por Ley y por tanto no puede ser exonerada mediante Acuerdo de un Ayuntamiento.

En el mismo sentido cabe referir el Dictamen 593/2011, también por daños consecuencia de disparo de cohetes, que invoca jurisprudencia del TS que tiene declarado de forma reiterada (SSTS 1 de abril de 1995, 25 de mayo de 1995, 18 de diciembre de 1995, 25 de octubre de 1996, y 12 de julio de 2004, entre otras muchas) que se integra en el ámbito del funcionamiento de los servicios públicos el caso de las fiestas patronales o populares organizadas por los Ayuntamientos o patrocinadas por éstos, a efectos de la determinación de si existe responsabilidad patrimonial de la Administración Pública titular por los daños causados por su celebración, aun cuando la gestión de las mismas se haya realizado por empresas privadas, comisiones, grupos de personas sin personalidad jurídica e, incluso, por entidades con personalidad jurídica independiente incardinadas en la organización municipal.

A tal efecto, la responsabilidad patrimonial pública de la Administración por funcionamiento normal o anormal de los servicios públicos, sujeta en el momento de producirse los hechos al régimen establecido en los artículos 139 y siguientes de la Ley 30/1992, de 26 de noviembre y en el artículo 54 LBRL, concretan el marco jurídico y los principios que anticipa el artículo 106.2 de la Constitución, tiene un marcado carácter objetivo.

Esta característica fundamental impone que no sólo no es necesario demostrar para exigir aquella responsabilidad pública y objetiva que los titulares o gestores de la actividad administrativa que hayan generado u ocasionado un daño hubieran actuado con dolo o culpa, sino que ni siquiera es necesario probar que el servicio público se haya desenvuelto de manera anómala, pues los preceptos constitucionales y legales que componen el régimen jurídico aplicable extienden la obligación de indemnizar a los casos de funcionamiento normal de los servicios públicos, siempre que los particulares no tengan el deber jurídico de soportar los daños, de acuerdo con la Ley, ni estén amparados por una causa de justificación.

Como refiere el Tribunal Superior de Justicia de la Comunitat Valenciana en la Sentencia de su Sala de lo Contencioso-Administrativo, Sección Tercera, de 23 de noviembre de 2002:

> "En lo que atañe a la responsabilidad de la Administración demandada, esta Sala considera que efectivamente debe ser asumida por aquélla, pues media el nexo de causalidad entre el daño ocasionado al particular y el funcionamiento de los servicios públicos. En efecto, en el caso de autos no se trata de que el Ayuntamiento demandado haya de hacer frente *in abstracto* a todo daño o riesgo potencial producido por particulares; antes bien, el daño producido en la vivienda de la actora se ha debido a la actuación de los miembros de una de las peñas festeras reconocidas por el Ayuntamiento en el marco de una actividad (la ya referida "*Coets Solts a Go-Go*") programada por la propia Corporación municipal haciendo uso de sus competencias al organizar las fiestas patronales, actividad celebrada además según dicha programación en un emplazamiento preciso determinado o autorizado por el Ayuntamiento (y en el que figura la Plaza de la Constitución de la localidad, en donde está ubicada la vivienda de la actora); por todo lo cual, el Ayuntamiento demandado no ha atendido correctamente las obligaciones positivas a que está sometido para garantizar los derechos e intereses legítimos de los ciudadanos".

4. Daños consecuencia de la celebración de procesiones, cabalgatas, etc.

No hay municipio valenciano que no celebre fiestas patronales, normalmente en honor de la Virgen —en distintas advocaciones— de Cristo o de algún santo. Y junto a actividades lúdicas o paganas suele ser habitual la celebración de procesiones, en cuya organización colaboran el Ayuntamiento, la Iglesia y las clavarías, cofradías o comisiones de festejos de acuerdo con la tradición de cada municipio.

Pues bien, tales actividades pueden generar, aparte de molestias —especialmente a quienes no les gusta este tipo de actividades y habitan en las inmediaciones de los lugares en que se celebran— algún tipo de daño o perjuicio que, en ocasiones, no tiene la obligación jurídica de soportar.

En el Dictamen 442/2009 se estudió la reclamación formulada por una vecina del municipio de Canals, que sufrió una caída al haber resbalado con los restos de cera que había en el pavimento de la calle por la que transitaba y por la que dos días antes había transcurrido la procesión en honor de Sant Antoni Abad. En trámite procedimental la Policía Local informó que normalmente tras las procesiones siempre quedan restos de cera en el pavimento de las calles por las que se desarrolla su itinerario.

La reclamante invocó los artículos 25.2, inciso d), 26, inciso a), y 54 de la LBRL, de acuerdo con los que corresponde a todos los municipios la pavimentación de las vías públicas, lo que incluye su vigilancia para el ejercicio de las funciones pertinentes para su conservación y mantenimiento, debiéndose tramitar y resolver las reclamaciones de daños y perjuicios que puedan plantearse siguiendo la regulación general de la responsabilidad patrimonial administrativa. El CJC estimó la reclamación y declaró que debía declararse la responsabilidad patrimonial el Ayuntamiento[19].

El mismo criterio sostuvo el Tribunal Superior de Justicia de la Comunitat Valenciana, en su Sentencia de 25 de febrero de 2005, al afirmar que "se deduce que la causa del accidente fue, única y exclusivamente, la existencia de cera sobre el pavimento derramada en la procesión celebrada, sin que (el Ayuntamiento) adoptara medida alguna para indicar el estado de la calle o para dejarla en condiciones adecuadas de circulación"[20].

Varios accidentes se suelen producir en manifestaciones festivas como, por ejemplo, la cabalgata de los Reyes Magos en la víspera del 6 de enero. En la celebrada en Crevillente participaba un trineo tirado por seis perros cuyo propietario había sido contratado como atracción del desfile. El trineo atropelló y arroyó a un viandante causándole lesiones. En el Dictamen 537/2009 se constató que en el desarrollo de la Cabalgata el Ayuntamiento no había previsto ninguna medida de seguridad como hubiera sido la instalación de vallas y la observación del acto por parte de policía local u otro personal municipal, motivo por el cual se produjo el cruce de personas por el espacio destinado al desfile. En este caso se produjo la termina-

---

19 Idéntica suerte corrieron las reclamaciones que fueron examinadas en los dictámenes 373/2011, 1116/2011 y 19/2014.

20 La existencia de cera en la vía pública, sin señalización ni advertencia para los viandantes, ha sido causa estimada de responsabilidad de la Administración en reiteradas sentencias del TSJCV. Así, entre otras, la de 4 de diciembre de 2012, que estimó la pretensión de un motorista que resbaló en la vía pública debido al resto de cera procedente de las procesiones.

ción convencional del procedimiento por acuerdo entre el perjudicado y el Ayuntamiento.

Más curioso es el caso contemplado en el Dictamen 114/2010. Durante la cabalgata de los Reyes Magos de Alicante, desde una carroza se lanzó, entre otros objetos típicos en esta clase de eventos —caramelos, pelotas de goma, juguetes de plástico— un radiocasete con lector de compact-disc. El objeto, de gran peso y volumen, impactó contra el rostro de un espectador, fracturándole la nariz y provocándole la pérdida de conocimiento.

En este caso el CJC consideró que debía declararse la responsabilidad patrimonial del Ayuntamiento, que era el organizador de la cabalgata, porque permitió y toleró que ciertas empresas comerciales que participaban en ella, lanzaran objetos-regalos diferentes de los caramelos y golosinas, lo que resultó ser determinante de la lesión causada el perjudicado.

También se aprobó un dictamen favorable a la pretensión de la perjudicada en el Dictamen 67/2011, relativo a la cabalgata de la ciudad de Valencia. La reclamante participaba en dicha cabalgata como paje de la carroza del rey Gaspar, yendo al lado de la carroza mientras repartía caramelos a la gente que se agolpaba en los laterales de la calle. Al llegar al final de la Calle de la Paz y tomar la curva de la calle San Vicente, la aglomeración de gente, el estrechamiento de la vía y la escasez de vallas y policía propició que los espectadores invadieran la calzada, por lo que la reclamante se vio obligada a retirarse hacia el centro de la calle, momento en el que la rueda de la carroza empezó a pisarle el velo que formaba parte de su disfraz, provocándole heridas y una seria lesión en su rodilla izquierda.

Se consideró que había quedado acreditado que el accidente se produjo debido a la aglomeración de gente, que se abalanzó sobre la zona por donde circulaba la cabalgata, hecho que debería haber sido evitado por los organizadores del evento, en este caso el Ayuntamiento de Valencia, por lo que concurrían en el caso los requisitos necesarios para declarar la responsabilidad de la Administración.

Distinta es la reclamación formulada contra el Ayuntamiento de Xirivella por una ciudadana que sufrió daños en la Cabalgata de Fiestas de la localidad, al resultar arrollada por el tractor de una carroza que desfilaba en la comitiva. Según constó en el expediente, el accidente se produjo por un tropiezo de la reclamante con una isleta de la calle por donde transcurría el cortejo, no siendo consecuencia del funcionamiento de los servicios públicos, por lo que se consideró que no procedía declarar la responsabilidad del Ayuntamiento (Dictamen 1195/2010).

Por último, cabe hacer referencia al caso estudiado en el Dictamen 1289/2011, relativo a reclamación de una ciudadana a quien, mientras caminaba por una calle de Alicante, le cayeron encima las luces de decoración navideña. Acreditada la realidad del accidente y un daño efectivo, individualizado y evaluable económicamente, la cuestión en aras a determinar la posible responsabilidad patrimonial de la Administración local giraba en torno al funcionamiento normal o anormal del servicio público y a la relación de causalidad existente entre éste y el evento lesivo, lo que en caso afirmativo convertiría el daño en antijurídico, es decir, en un daño que la parte reclamante no tenía el deber jurídico de soportar. Pero en este caso la empresa que había colocado lo adornos luminosos asumió su responsabilidad, eximiendo al Ayuntamiento del pago de la correspondiente indemnización.

III. Consideración conclusiva

La responsabilidad patrimonial es una institución jurídica que protege a los ciudadanos de las actividades provenientes de los poderes públicos que puedan resultar dañosas y que aquellos no tienen la obligación de soportar. Ello da lugar a que los ciudadanos que sufren serias molestias, daños o perjuicios pretendan una restitución, una reparación o una indemnización por ello.

De cualquier manera, hay una tendencia perversa a buscar un responsable de cualquier incidencia lesiva que nos ocurra en nuestro desarrollo vital, tratando, en ocasiones, de derivar su autoría a las Administraciones públicas —Ayuntamiento, Generalitat o Estado, según la actividad de que se trate— a las que se suelen dirigirse las correspondientes reclamaciones.

Ya he insistido en que no podemos considerar que la responsabilidad patrimonial se convierta en una especie de mecanismo asegurador universal que obligue a los poderes públicos a indemnizar todo daño que se produzca en sus instalaciones, en sus infraestructuras, como consecuencia de la prestación de sus servicios o por las actividades que organizan o autorizan. Porque, ciertamente, no puede considerarse que de las adversidades e infortunios que podamos sufrir en nuestra vida cotidiana siempre tiene que responder alguien cuando en muchas ocasiones no cabe imputar responsabilidad a nadie.

Ahora bien, la configuración jurídica de la responsabilidad patrimonial pública comporta su consideración como objetiva, lo que constituye un principio cardinal en el régimen administrativo tal como lo regulan la Constitución y las Leyes del Sector Público y del Procedimiento Administrativo, y supone que deba ser exigida con especial rigor cuando se proyecta sobre actividades que son susceptibles de poner en riesgo no sólo la propiedad, sino otros bienes constitucionales de la mayor importancia, como la vida y la integridad física de las personas.

En las fiestas populares y actividades conexas concurren especiales elementos de riesgo, lo que exige, por una parte, que quienes participan en ellas extremen su cuidado y seguridad y por otra, que los Ayuntamientos estén obligados a extremar su actividad tendente a prevenir acontecimientos dañosos y, por ende, a responder patrimonialmente cuando las medidas adoptadas se han revelado ineficaces.

Ahora bien, como han señalado reiteradamente el Tribunal Supremo, el Tribunal Superior de Justicia de la Comunitat y el CJC, las fiestas populares, en sus diversas modalidades, entrañan un determinado nivel de riesgo, —suelta de vaquillas, lanzamiento de cohetes, etc.— y quien participa voluntariamente en ellos, introduciéndose en el interior del recinto debidamente acotado para su celebración, asume libremente los riesgos que derivan de su conducta".

En cualquier caso, hay que tener en cuenta que, de acuerdo con la legislación vigente, y en concreto con la Ley 14/2010 —art. 18. 1, según redacción dada por la Ley 6/2018— los titulares o prestadores que realicen espectáculos públicos, actividades recreativas y actividades socioculturales o abran establecimientos públicos, deberán suscribir un contrato de seguro que cubra la responsabilidad civil por daños al público asistente y a terceros, y que, en todo caso, cuando la actividad autorizada se celebre en un local o establecimiento público o instalación, este seguro deberá incluir, además, el riesgo de incendio, daños al público asistente o a terceros derivados de las condiciones del local o de la instalación, así como los daños al personal que preste sus servicios en estos. La cuantía del seguro se determinará reglamentariamente, y añade que con independencia de la modalidad contractual que se adopte para suscribir el seguro obligatorio, los espectáculos públicos, actividades recreativas, actividades socioculturales y establecimientos públicos deberán estar cubiertos en la cuantía mínima exigida por la norma reglamentaria de manera individualizada para cada local.

De esta manera, los Ayuntamientos —fundamentalmente— o bien contratan seguros para cubrir la posible responsabilidad en que puedan incurrir —y que, especialmente, tiene su justificación en ayuntamientos de pequeños municipios con exiguos presupuestos— o bien deben exigirlo, de acurdo con lo legalmente previsto, a los organizadores de los festejos que autorizan.

IV. Bibliografía

Garrido Falla, F.: "Los límites de la responsabilidad patrimonial: una propuesta de reforma legislativa", *Revista Española de Derecho Administrativo*, núm. 94, 1997, págs. 173-188.

Garrido Mayol, V.: *La responsabilidad patrimonial del Estado. Especial referencia a la responsabilidad del Estado Legislador*, Tirant lo Blanch, Valencia, 2004.

Garrido Mayol, V.: "Reflexiones sobre la función consultiva en relación con la responsabilidad patrimonial de la Administración", *Estudios sobre responsabilidad patrimonial*, Tirant lo Blanch, Valencia, 2021, págs. 631-651.

Garrido Mayol, V.: "La responsabilidad patrimonial de las Administraciones Públicas como objeto de la función consultiva. ¿Necesidad de una reforma?", *Jornadas sobre la Función Consultiva*, Consejo Consultivo de la Comunidad de Madrid, Madrid, 2010, págs. 85-109.

Pantaleón Prieto, F.: "Los anteojos del civilista: Hacia una revisión del régimen de responsabilidad patrimonial de las Administraciones Públicas", *Documentación Administrativa*, núm. 237-238, 1994, págs. 239-254.

Parada Vázquez, R.: *Régimen Jurídico de las Administraciones Públicas y del Procedimiento Administrativo Común*, Marcial Pons, Madrid, 1993.

Pérez-Tenesa, A: "Sobre el diagnóstico prenatal como causa de responsabilidad", *Revista de Administración Pública*, núm. 154, 2001, págs. 47-62.

Yzquierdo Tolsada, M.: "Reflexiones sobre la responsabilidad del Estado por el funcionamiento de la Administración de Justicia y por actos legislativos", *Revista Jurídica General del Ilustre Colegio de Abogados de Madrid*, núm. 23, 2002, págs. 249-268.

Anexo. Preguntas y respuestas

1. ¿Por qué se dice que la responsabilidad patrimonial pública es objetiva?

En el ámbito de las relaciones privadas, el que cause un daño a otro debe reparar el daño causado, siempre que se haya producido por la culpa o negligencia de quien lo ha causado. Es, por tanto, una responsabilidad subjetiva. Para ello debe existir, además del daño o lesión, un nexo causal entre la acción de su autor y el resultado dañoso.

En el ámbito de la responsabilidad pública el panorama es distinto, ya que se reconoce el derecho de los ciudadanos a ser indemnizados por los daños derivados del funcionamiento "normal" o "anormal" de los servicios públicos. Así pues, aquí no es exigible el elemento subjetivo de la culpa o la negligencia, por lo que se dice que la responsabilidad es objetiva.

En la responsabilidad pública, la regla general será la responsabilidad por funcionamiento "anormal" de los servicios públicos, cuando se constate que la actividad administrativa se desarrolló de forma deficiente, insegura, o anormal. Ahora bien, el ordenamiento también prevé la responsabilidad por funcionamiento "normal", que cubre los supuestos de riesgo creado y el de aquellas actuaciones administrativas —en especial obras públicas— que causan perjuicios singulares que, por simple aplicación del principio de igualdad ante las cargas públicas, justifica la obligación de reparar

2. ¿Cuál es el papel de los consejos consultivos en los procedimientos de responsabilidad patrimonial de la Administración?

En estos procedimientos, los ciudadanos deben dirigir su reclamación a la Administración causante del daño sufrido, con los documentos y demás pruebas acreditativas del hecho. Durante el procedimiento la Administración recabará los informes oportunos (policía, Samu, servicios internos...), dará vista al reclamante para alegaciones y finalmente, antes de resolver, recabará dictamen al Consejo de Estado o al Consejo Consultivo autonómico que corresponda. Y ello porque estos consejos tienen atribuida una importante función consultiva por el ordenamiento, que en este caso se materializa en dar su opinión sobre la pertinencia de la indemnización.

3. ¿A partir de qué cuantía es preceptivo solicitar un informe al Consejo de Estado o al Consejo Jurídico Consultivo de la Comunitat Valenciana?

En el ámbito estatal, de acuerdo con el artículo 81.2 LPAC, el dictamen del Consejo de Estado será preceptivo *cuando las indemnizaciones reclamadas sean de cuantía igual o superior a 50.000 euros.*

Por lo que respecta a la Comunitat Valenciana, y de acuerdo con el art. 10.8.a) de la Ley 10/1994, de 19 de diciembre, de creación del *Consell Jurídic Consultiu* de la Comunitat Valenciana, éste debe *dictaminar los expedientes que versen sobre reclamaciones de cuantía superior a 30.000 euros.*

4. ¿Cuál es la función de estos informes?

La función de estos informes consiste en constatar la regularidad de la reclamación (si se ha presentado en plazo, si constan los datos del reclamante, etc.) y la existencia de relación de causalidad entre el servicio público y el daño sufrido; en valorar las pruebas aportadas; y en cuantificar el daño o perjuicio alegado.

Los informes no son vinculantes, de modo que se limitan a expresar un parecer y a "aconsejar" a la Administración lo que debe hacer: declarar la responsabilidad patrimonial e indemnizar o considerar que no es procedente la estimación de la reclamación.

Téngase en cuenta que si bien la consulta a los consejos consultivos es preceptiva —so pena de que judicialmente pueda declarase la nulidad de la resolución por ausencia de la consulta— el dictamen no es vinculante, esto es, la Administración puede o no aceptar el criterio del órgano consultivo.

5. ¿Cuáles son los supuestos más frecuentes de responsabilidad patrimonial en relación con las fiestas populares?

Son muy numerosas las actividades festivas que se celebran en los distintos municipios de nuestro país: los Ayuntamientos organizan o autorizan distintas manifestaciones festivas que, en ocasiones, causan daños o perjuicios a los ciudadanos. Lesiones consecuencia de productos de pirotecnia, de los *bous al carrer*, de cabalgatas o procesiones...o del ruido que pueden ocasionar tales manifestaciones festivas pueden dar lugar a la declaración de responsabilidad patrimonial y al derecho a una indemnización con cargo a los fondos públicos. Esta obligación pública de indemnizar no obsta, en algunos casos, el ejercicio del derecho de repetición contra el responsable directo del daño (cofradías, comisiones falleras, comisión de festejos, peñas taurinas, etc...) a quien se suele exigir que celebre un contrato de seguro que cubra su responsabilidad.

Responsabilidad patrimonial por daños causados por el Ayuntamiento de Valencia como consecuencia de las Fallas Un análisis jurisprudencial

LUIS MANENT ALONSO
Abogado de la Generalitat Valenciana

L Introducción

"En la cultura mediterránea la fiesta está indisociablemente anudada con la creación y asunción de riesgos"[1]. "La inmensa mayoría de los siniestros acaecidos como consecuencia de la celebración de fiestas populares derivan de factores de riesgo como son los animales y los artefactos pirotécnicos"[2]. De hecho, Castellón y Valencia son referentes nacionales de festejos taurinos y del empleo de la pólvora con fines lúdicos, respectivamente. Si la provincia de Castellón es la tierra donde tiene lugar el mayor

---

1 Blanquer Criado, D: "Libertad, responsabilidad y fiestas populares", *Las fiestas populares y el Derecho: régimen jurídico, responsabilidad patrimonial y pólizas de seguro* (auts. Blanquer Criado, D. y Guillén Galindo, M. A.), Tirant lo Blanch, Valencia, 2001, pág. 94.

2 Idem.

número de festejos taurinos populares, la de Valencia es la que más kilos de pólvora quema para entretener a la ciudadanía.

Ya sea porque el riesgo es inherente a la actividad —v.gr. una *mascletà*—, ya sea porque éste deriva de una aglomeración de personas —p.ej. un castillo de fuegos artificiales— la posibilidad de causar un daño está presente de manera especial en las Fallas. De ahí la importancia de abordar la responsabilidad de la Administración, y en nuestro caso del Ayuntamiento de Valencia y la Junta Central Fallera (JCF), en una obra dedicada al Derecho fallero.

No es nuestra intención hacer una exposición de los requisitos de la responsabilidad patrimonial[3]. Más bien al contrario. Nuestro propósito se limita a señalar las singularidades de esta institución en los festejos populares, y en concreto, respecto de las Fallas.

Como punto de partida hay que tener en cuenta que, en sede de responsabilidad patrimonial por daños causados como consecuencia de las fiestas locales, dado que éstas son una realidad presente a lo largo y ancho de nuestra geografía, es preciso encontrar un equilibrio entre su celebración y la integridad física de los participantes. Es más, "es necesario subordinar la tradición al respecto a la seguridad (...) de las personas"[4]. Éste es el principio rector que debe guiar el reconocimiento o denegación de una indemnización ya que la jurisprudencia tiene especialmente en cuenta "la posición de la Administración como garante de la seguridad de los ciudadanos, en especial en la celebración de festejos"[5].

A ello cabe añadir que se requiere "distinguir con toda claridad los siniestros acaecidos *con ocasión* de una fiesta y los siniestros ocurridos *como*

---

3 Sobre los requisitos de la responsabilidad patrimonial nos remitimos a lo escrito por Martínez Otero en nuestro tratado de responsabilidad patrimonial sanitaria. Martínez Otero, J.: "La responsabilidad patrimonial de la administración: una visión panorámica", *Tratado de responsabilidad patrimonial sanitaria. Estudio de la jurisprudencia y doctrina legal* (dir. Manent Alonso, L.), Tirant lo Blanch, Valencia, 2024, págs. 85 a 119.

4 STS de 13 de septiembre de 1991, de la Sala de lo Contencioso-administrativo, FJ 4 (*Tol 2431895*).

5 Guillén Navarro, N.: "Elementos distorsionadores del nexo causal en la responsabilidad patrimonial de la Administración local respecto a los festejos populares", *Revista General de Derecho Administrativo*, núm. 56, 2021, pág. 5.

consecuencia de la misma"[6]. No puede perderse de vista que el riesgo va de suyo con las fiestas patronales, así como que la participación en los actos es voluntaria. De ahí que "no será responsable el municipio por organizar la fiesta con actos que entrañan riesgos, sino por ser negligente en la disposición de los medios necesarios para racionalizar estos riesgos"[7]. Esta máxima empero se ve enturbiada por una suerte de culpa *in vigilando* —anclada en la "competencia municipal esencial e indeclinable de policía de seguridad"[8]— que, en ocasiones, amenaza con confundir la justicia distributiva con la justicia conmutativa.

Pues bien, "la imputación de algún siniestro a la Administración Local se explica en términos de generación de un riesgo (...) [y en la circunstancia de] que [le es] *exigible* [a ésta] una especial y reforzada diligencia administrativa en la prevención de los eventuales resultados lesivos. El nudo gordiano de la cuestión está en esos dos factores: por un lado, el riesgo, por otro la diligencia preventiva"[9]. Ambos ocuparán un lugar destacado en las siguientes páginas.

Por ello, dedicaremos un epígrafe inicial al incremento del riesgo como criterio de imputación de responsabilidad. En él daremos especial importancia a la culpa *in vigilando*. Posteriormente destacaremos, en otro epígrafe, la ruptura del nexo causal como causa de exoneración de responsabilidad. En tercer lugar, nos centraremos en la casuística dado que la jurisprudencia estima o desestima los recursos en materia de responsabilidad patrimonial según criterios no siempre uniformes. Terminaremos con una breve conclusión.

---

6 Blanquer Criado, D.: "Libertad, responsabilidad y fiestas populares", op. cit. pág. 102.

7 Alenza García, J. F.: "Los riesgos de las fiestas y la responsabilidad patrimonial del ayuntamiento", *Derecho sanferminero* (coord. Alenza García, J. F.), Aranzadi, Cizur Menor (Navarra), 2016, pág. 101.

8 STS de 13 de septiembre de 1991, de la Sala de lo Contencioso-administrativo, FJ 3 (*Tol 2431895*).

9 Blanquer Criado, D.: "Libertad, responsabilidad y fiestas populares", op. cit. pág. 101.

II. Incremento del riesgo

"La responsabilidad patrimonial es lo más parecido a una ecuación matemática, en la que deviene inexcusable la presencia de tres vectores: la acción u omisión administrativa, el daño antijurídico, y muy especialmente la relación de causalidad entre ambos"[10]. Las más de las veces, lo determinante es que el daño se repute antijurídico. De hecho, la antijuridicidad de resultado es utilizada con frecuencia como una suerte de "comodín" que inclina la balanza a favor de la Administración o del ciudadano.

Pues bien, de manera complementaria a este esquema clásico, algunos autores se sirven la teoría de la imputación objetiva como un criterio para reconducir el carácter objetivo de la responsabilidad patrimonial a sus justos términos. Esta teoría, y más propiamente un derivado de ésta —el criterio del incremento del riesgo jurídicamente relevante— tiene un fuerte predicamento en la responsabilidad patrimonial consecuencia de los festejos populares, ámbito en el que la jurisprudencia se sirve del mismo con frecuencia. Esta singularidad justifica un epígrafe dedicado a la teoría de la imputación objetiva y al criterio del incremento del riesgo.

La imputación es "un fenómeno jurídico consistente en la atribución a un determinado sujeto del deber de reparar un daño, en base a la relación existente entre este y aquel"[11]. Para ello es necesario servirse de "títulos" o "causas". Éstos se definen como "aquellas circunstancias en virtud de las cuales es posible establecer una relación entre el daño y el sujeto imputado que justifica atribuir a éste el deber de reparación que la antijuridicidad del daño impone"[12].

La teoría de la imputación objetiva se caracteriza por superponer a la relación de causalidad una valoración jurídica, denominada imputación, que cribe los efectos indeseados de nuestro sistema de responsabilidad patrimonial objetivo. Uno de los tratadistas de la teoría de la imputación objetiva es Mir, al cual seguimos en este epígrafe.

---

10 Bauzá Martorell, F. J.: "Nacimiento de la responsabilidad patrimonial sanitaria", *Tratado de responsabilidad patrimonial sanitaria. Estudio de la jurisprudencia y doctrina legal* (dir. Manent Alonso, L.), Tirant lo Blanch, Valencia, 2024, pág. 729.

11 García de Enterría, E. y Fernández, T. R.: *Curso de Derecho administrativo*, vol. II (15ª ed.), Civitas, Madrid, 2017, pág. 414.

12 Garcia de Enterría, E.: *Los principios de la nueva Ley de Expropiación Forzosa* (2ª ed.), Civitas, Madrid, 1984, págs. 203 y 204.

Para este autor, la imputación debe desplegarse en dos niveles: el que liga la conducta de una persona física a la Administración (imputación de conducta); y el permite que el daño se atribuya a la conducta de la Administración (imputación del daño)[13]. A esta doble operación por la que se atribuye a la Administración, primero una actividad, y después un daño, nos referiremos como imputación subjetiva y objetiva, respectivamente.

La imputación subjetiva, o de primer nivel, se realiza mediante la individualización de dos títulos —actuación típicamente administrativa y la sumisión al poder de dirección de la Administración— en virtud de los cuales la actuación de una persona física se considera realizada por una concreta persona jurídica, la Administración. La imputación objetiva, o de segundo nivel, se efectúa a partir de un criterio, el de la creación de un riesgo jurídicamente relevante, unido a su realización en un resultado lesivo. Así lo viene defendiendo Beladiez desde 1997[14].

1. Imputación subjetiva

La imputación subjetiva es aquélla que se refiere a la conducta de una persona. Cuando ésta es una persona física no plantea especial dificultad. Basta constatar que su acción u omisión ha causado un daño. "Sí plantea problemas, no obstante, esta imputación de una concreta conducta a una persona jurídica (como, p.ej., la Administración), ya que ésta, al carecer de intelecto, de voluntad (de vida, en definitiva), no puede producir ni acciones ni omisiones, y requiere siempre, necesariamente, para actuar a personas físicas; además, estas personas físicas que actúan por las personas

---

13 Según expresa Mir, respecto de las personas jurídicas, "una cosa es atribuir una acción o una omisión a un determinado sujeto, atribución que se efectuará con base en una serie de criterios (títulos de imputación de primer nivel), y otra muy distinta es atribuir un daño sufrido por una persona a una determinada acción u omisión, operación a que se llevará a cabo a través de criterios distintos (títulos de imputación de segundo nivel)". Mir Puigpelat, O.: *La responsabilidad patrimonial de Administración sanitaria. Organización, imputación y causalidad,* Civitas, Madrid, 2000, pág. 62.

14 Cfr. Beladiez Rojo, M.: *Responsabilidad e imputación de daños por el funcionamiento de los servicios públicos: con particular referencia a los daños que ocasiona la ejecución de un contrato administrativo,* Tecnos, Madrid, 1997.

jurídicas poseen una voluntad propia, que les permite ir más allá, en su actuación de sus atribuciones al servicio de la persona jurídica”[15].

Como hemos dicho, Mir se refiere a este vínculo como imputación de primer nivel porque “consiste en la atribución de la conducta (activa u omisiva) de la concreta persona física (identificada o no —este último es el caso de la “culpa anónima”—) a la Administración Pública”[16].

Con la imputación de primer nivel no se pretende otra cosa que determinar cuándo la Administración es autora de una conducta. Examina los requisitos que deben concurrir en una conducta para que “la Administración asuma como propia y que constituya la puesta en práctica de las competencias”[17]. Para ello es preciso individualizar una serie de títulos a partir de los arts. 106.2 de la Constitución (CE) y 32.1 y 35 de la Ley 40/2015, de 1 de octubre, de régimen jurídico del sector público (LRJSP), por un lado, y del art. 196 de la Ley 9/2017, de 8 de noviembre, de contratos del sector público (LCSP), por otro.

En particular, en el caso de las Fallas, es necesario dar con una actuación típicamente administrativa (Ayuntamiento de Valencia y Junta Central Fallera), o sometida al poder de dirección del Ayuntamiento de Valencia (sus contratistas), o incluso con una actuación de ciertas entidades no sujetas al poder de dirección de la Administración (comisiones falleras).

1.1. Ayuntamiento de Valencia y Junta Central Fallera

Los arts. 106.2 CE y 32.1 LRJSP exigen, para que nazca el deber de responder de la Administración, que la lesión derive del “funcionamiento de los servicios públicos” *lato sensu* o lo que es lo mismo, una actuación típicamente administrativa. Esto es así por imperativo del principio de indemnidad.

En España, según tradicional definición de García de Enterría, una actividad es típicamente administrativa cuando está ligada al “tráfico o giro” de Administración. Ello implica que “«por funcionamiento de los servicios públicos» debe entenderse, a efectos de responsabilidad patrimonial de la Administración, toda la actividad típicamente administrativa, y no ya sólo

---

15 Mir Puigpelat, O.: *La responsabilidad patrimonial de Administración sanitaria. Organización, imputación y causalidad,* op. cit. págs. 60 y 61.

16 Ibidem pág. 80.

17 Ibidem pág. 142.

el concreto sector, de tipo prestacional, denominado habitualmente «actividad de servicio público». Se efectúa una interpretación subjetiva de la actividad típicamente administrativa porque esta es definida no en función de un concreto contenido material, sino de un sujeto determinado: la Administración Pública"[18].

Sin embargo, ni los arts. 106.2 CE y 32 LRJSP, ni el art. 35 LRJSP —el dedicado a la responsabilidad de las personas de Derecho privado— determinan cuándo estamos en presencia de una actividad típicamente administrativa. No establecen bajo qué premisas podrá considerarse que una conducta concreta de una persona física da lugar a actividad administrativa. Para Mir "lo que ocurre es que dichos preceptos presuponen dicha exigencia"[19], la cual estaría implícita en aquella actuación llevada a cabo por una persona física, integrada en la organización de una Administración Pública (dependencia) y desempeñada con ocasión o en el ejercicio de sus funciones (subordinación).

De este modo, en las fiestas josefinas, tendrá perfecta cabida la responsabilidad municipal cuando estemos ante una acción típicamente administrativa porque se haya ejercitado por alguien de su organización con ocasión o en el ejercicio de sus funciones.

1.1.1. Dependencia

El requisito de la dependencia —o inserción en la organización administrativa— se encuentra reconocido, aunque de manera velada, en el art. 36.1 LRJSP. Este precepto, en sede de responsabilidad de autoridades y empleados públicos, aclara que la Administración responderá, directamente, "por los daños y perjuicios causados por las autoridades y personal a su servicio". Por lo tanto, se requiere una actuación de un empleado público.

Además, en el caso de las Fallas, el requisito de la dependencia concurrirá no sólo cuando el causante del daño sea un empleado del Ayuntamiento de Valencia, sino también de los entes de su sector público, singularmente la JCF.

En efecto, "en algunas ocasiones la municipalidad se sirve de una personificación instrumental por ella creada para la organización y gestión de las fiestas populares. Es posible que en estas circunstancias la municipa-

---

[18] Ibidem pág. 143.

[19] Ibidem pág. 144.

lidad alegue que la responsabilidad no es del Ayuntamiento sino de otra persona jurídica distinta (el patronato de fiestas), a quien deben imputarse los resultados lesivos"[20]. "Para resolver debidamente este problema *hay* que empezar por tener en cuenta que la personalidad jurídica, que haya podido reconocerse, en su constitución, a tal Patronato, no pasa de ser un recurso técnico-jurídico para agilizar y facilitar su gestión específica, pero sin que ello venga a representar, sobre todo en la práctica, que este Ente pueda ser considerado como un auténtico «*penitus extransi*» respecto del Ayuntamiento"[21].

A juicio de Blanquer, en estos casos, si se reclama frente al municipio, se produce un "levantamiento del velo", porque "la vinculación entre el patronato o comisión de fiestas y la Corporación municipal es tan grande que aunque la primera tenga propia e independiente personalidad jurídica"[22], el daño debe poder imputarse al ayuntamiento. Por ello debe ser posible reclamar al Ayuntamiento de Valencia los daños imputables a la JCF porque "la propia Administración Municipal (...) ostenta una posición preponderante (...) [ya que] la dota de su patrimonio, contribuye a su financiación mediante aportaciones establecidas en el presupuesto ordinario municipal, se integra en su junta rectora por la presidencia", etc.[23].

Como afirma la STS de 12 de junio de 1984, "es el principio de buena fe el que debe impedir que la Administración trate de crear una situación de confusionismo (...) para llegar al resultado que implica un fraude de ley, una frustración de los legítimos derechos" del reclamante[24].

---

20 Blanquer Criado, D.: "Libertad, responsabilidad y fiestas populares", op. cit. pág. 148.

21 STS de 12 de junio de 1984, de la Sala de lo Contencioso-administrativo, cdo. 5 (RJ 1984\3463).

22 Blanquer Criado, D.: "Libertad, responsabilidad y fiestas populares", op. cit. pág. 152.

23 STS de 23 de febrero de 1995, de la Sala de lo Contencioso-administrativo, FJ 4 (núm. rec. 1323/1991 y (*Tol 1674105*)). En idéntico sentido se han pronunciado las SSTS de la Sala de lo Contencioso-administrativo de 19 de junio y 17 de noviembre de 1998 (núm. rec. 1711/1994 (*Tol 1715521*) y núm. rec. 3489/1994 y (*Tol 1715346*)), todas ellas relativas a reclamaciones de responsabilidad patrimonial frente a la Administración por hechos imputables al Centro de Atracción y Turismo de San Sebastián y las Comisiones de Fiestas de los Ayuntamientos de Bilbao y Canals, respectivamente.

24 STS de 12 de junio de 1984, de la Sala de lo Contencioso-administrativo, cdo. 12 (RJ 1984\3463). Con idénticas palabras, pero más recientemente, ha fallado la

"En el fondo de estos interrogantes subyace la reflexión sobre el eventual abuso o utilización desviada de personificaciones jurídicas, olvidándose para qué finalidad y por qué razón fueron creadas. Desde esta perspectiva, el problema de fondo es bien conocido por los cultivadores del Derecho privado. Cuando se utiliza la forma de una persona jurídica para perseguir fines contrarios al ordenamiento jurídico, la protección de ciertos bienes jurídicos legitima la reacción de levantar ese velo puramente formal; entre el proteger la utilización instrumental y desviada de una persona jurídica o tutela ciertos bienes jurídicos (como la seguridad jurídica y la buena fe de terceros), el Derecho se inclina del lado de la justicia material y denuncia el carácter ficticio y formal de la personalidad"[25].

Ahora bien, nada impide que la reclamación de responsabilidad patrimonial, y el ulterior recurso contencioso-administrativo, puedan dirigirse contra el ente instrumental, o contra éste y la Administración local. En estos casos, procederá determinar de quién depende el empleado público al que se le atribuye la responsabilidad. Un ejemplo lo encontramos en la SJCA núm. 2 de Valencia de 19 de julio de 2018 en la que se reconoció la legitimación pasiva al Ayuntamiento de Valencia, pero no a la JCF puesto que ésta última "no interviene en los actos privados de las comisiones falleras como es la *cremà*"[26]. En este punto hay que tener en cuenta que "la Junta Central Fallera (...) solamente ejerce la función rectora y coordinadora, en orden a la celebración de los festejos y toda clase de actos relacionados con las Fallas, en tanto que incumbe al Ayuntamiento la concreta determi-

---

STSJ de Castilla y León 1287/2020, de 10 de diciembre, de la Sala de lo Contencioso-administrativo, FJ 1 (núm. rec. 348/2020 y (*Tol 8323998*)).

25 Blanquer Criado, D.: "Libertad, responsabilidad y fiestas populares", op. cit. págs. 148 y 149.

26 SJCA núm. 2 de Valencia 199/2018, de 19 de julio, FJ 2 (núm. rec. 389/2017). En este recurso se estimó parcialmente la petición del recurrente. Frente a la inadmisión a trámite de la reclamación por parte del Ayuntamiento de Valencia, al considerar que ni la Administración local ni la JCF estaban legitimados pasivamente por tratarse de unos daños causados a un bajo comercial por la *cremà* de una falla, el juzgado falló que "dicha resolución [era] contraria a Derecho, y en consecuencia, *la anuló* y *dejó* sin efecto, a fin de que por el Ayuntamiento se *tramitase* la reclamación presentada". En cambio, inadmitió "por falta de acto administrativo impugnable el recurso contencioso administrativo interpuesto contra la Junta Central Fallera".

nación del lugar en que han de tener lugar" los actos propios de las Fallas promovidos por la Administración local[27].

1.1.2. Subordinación

En cuanto al requisito de la subordinación —actuación en el ejercicio del cargo o con ocasión de sus funciones— éste debe exigirse en la responsabilidad patrimonial porque resulta de otro tipo de responsabilidades con las que guarda identidad de razón. Nos estamos refiriendo a la responsabilidad civil *ex delicto* del art. 121 del Código Penal (CP), y la responsabilidad extracontractual vicaria del par. 5 del art. 1903 Código Civil (CC)[28]. Utilizando categorías propias del Derecho francés, *mutatis mutandis,* puede decirse que en ellos se descubre la necesidad no sólo de la dependencia, sino también de la subordinación, porque sin ella estaremos ante una *faute personnelle* y no ante una *faute de service.*

1.2. Contratistas

Nuestro ordenamiento jurídico, en el ámbito de la responsabilidad patrimonial, también hace responder a la Administración, bajo determinadas circunstancias, de la actuación de algunas personas ajenas a su organización porque están sujetas al poder de dirección de aquélla.

---

27 STS de 3 de noviembre de 1998, de la Sala de lo Contencioso-administrativo, FJ 3 (núm. rec. 7051/1992 y (*Tol 1715324*)).

28 El art. 121 CP hace responder, de manera subsidiaria, a las Administraciones "de los daños causados por los penalmente responsables de los delitos dolosos o culposos, cuando éstos sean autoridad, agentes y contratados de la misma o funcionarios públicos en el ejercicio de sus cargos o funciones siempre que la lesión sea consecuencia directa del funcionamiento de los servicios públicos que les estuvieren confiados". Este precepto exige los dos requisitos del título de la actividad típicamente administrativa, a saber: inserción en la organización administrativa al prever que los daños hayan sido causado por la "autoridad, agentes y contratados [laborales] (...) o funcionarios públicos" de la Administración; y actuación en el desempeño del cargo porque éstos deberán haber actuado "en el ejercicio del cargo o funciones". Lo mismo puede decirse del art. 1903 par. 5 CC, el cual, refiriéndose a la responsabilidad civil extracontractual vicaria, prescribe que los dueños o directores de un establecimiento o empresa responderán "de los perjuicios causados por sus dependientes" (inserción) siempre que los hayan causado "en el servicio de los ramos en que los tuvieran empleados, o con ocasión de sus funciones" (subordinación).

El principal supuesto es el de sus contratistas[29]. A juicio de Beladiez, "son imputables a la Administración los daños ocasionados por los servicios que contrata con los particulares, y, por tanto, tiene el deber de responder por ellos, en cuatro supuestos: primero, [*ex* art. 196.2 LCSP,] cuando el daño, aunque causado por el contratista, tiene su origen en una orden dada por la Administración, en una cláusula impuesta por ésta o en la existencia de un vicio del proyecto; segundo, en los casos en los que la causa del daño se encuentre en el incumplimiento de una de las obligaciones que como contratantes le corresponde, [particularmente el deber de seguridad,] teniendo particular importancia los supuestos de culpa *in vigilando*; tercero, cuando el daño es la realización de un riesgo inherente a la existencia del servicio y no a la actividad de prestación o ejecución; y cuarto, en caso de insolvencia del contratista"[30].

En estos casos, procedimentalmente, habrá que estar a lo dispuesto en el art. 196 LCSP[31], tal y como ha sido interpretado, entre otras, por la STS de 30 de marzo de 2009[32].

---

29 Sobre la responsabilidad del contratista de la Administración puede consultarse: Manent Alonso, L.: "La responsabilidad patrimonial por daños causados por los contratistas de la Administración", *Guía práctica sobre responsabilidad patrimonial de las Administraciones Públicas* (coords. Gomez Zamora, L. y Ortillés Buitrón, J.), Tirant lo Blanch, Valencia, 2024, págs. 403 a 452.

30 Beladiez Rojo, M.: *Responsabilidad e imputación de daños por el funcionamiento de los servicios públicos: con particular referencia a los daños que ocasiona la ejecución de un contrato administrativo,* op. cit. págs. 212 y 213.

31 De acuerdo con el art. 196 LCSP, "1. Será obligación del contratista indemnizar todos los daños y perjuicios que se causen a terceros como consecuencia de las operaciones que requiera la ejecución del contrato. 2. Cuando tales daños y perjuicios hayan sido ocasionados como consecuencia inmediata y directa de una orden de la Administración, será esta responsable dentro de los límites señalados en las leyes. También será la Administración responsable de los daños que se causen a terceros como consecuencia de los vicios del proyecto en el contrato de obras, sin perjuicio de la posibilidad de repetir contra el redactor del proyecto de acuerdo con lo establecido en el artículo 315, o en el contrato de suministro de fabricación. 3. Los terceros podrán requerir previamente, dentro del año siguiente a la producción del hecho, al órgano de contratación para que este, oído el contratista, informe sobre a cuál de las partes contratantes corresponde la responsabilidad de los daños. El ejercicio de esta facultad interrumpe el plazo de prescripción de la acción. 4. La reclamación de aquellos se formulará, en todo caso, conforme al procedimiento establecido en la legislación aplicable a cada supuesto".

32 El art. 196 LCSP admite dos interpretaciones, una literal, defendida por la jurisprudencia y otra garantista, mantenida por el Consejo de Estado. Testigo de ello

De acuerdo con la misma, una vez presentada una reclamación de responsabilidad patrimonial, la "Administración puede optar entre dos alternativas: considerar que concurren los requisitos para declarar la existencia de responsabilidad o estimar que están ausentes y que, por lo tanto, no procede esa declaración; en la primera hipótesis pueden ofrecerse, a su vez, dos salidas posibles; a saber: entender que la responsabilidad corresponde al contratista o que, por darse los supuestos que contempla el apartado 2 del (...) artículo (...) [196 LCSP], sea ella misma quien tiene que hacer frente a la reparación. En este último caso así lo acordará y en el otro deberá reconducir a los interesados hacia el cauce adecuado, abriéndoles el camino para que hagan efectivo su derecho ante el adjudicatario responsable» ante la jurisdicción civil[33].

Existe una primera excepción, cuando la Administración no resuelve una reclamación de responsabilidad patrimonial y obliga al reclamante a solicitar el auxilio judicial. Así lo ha dicho, entre otras, en la STS de 14 de octubre de 2013[34]. También se hace pechar a la Administración con la responsabilidad del contratista, cuando la resolución que ponga fin a la reclamación sea muy vaga o se ciña a expresar su irresponsabilidad. Así ocurre si la Administración se limita a señalar al contratista como responsable de los daños causados en ejecución del contrato. Testigos de esta doctrina jurisprudencial son las SSTS de 28 de mayo de 1980 y 30 de marzo de 2009[35].

Detrás de estas dos reglas está presente la idea de evitar al reclamante un segundo proceso. Para el TS "el perjudicado tiene derecho a que su resarcimiento (o la discusión sobre si tiene derecho a él) se ventile en un único proceso, de modo que, si la Administración desaprovecha la ocasión y remite al perjudicado a otro proceso contra el contratista, se encontrará con que los tribunales contencioso-administrativos le declaran responsable

---

es la STS de 24 de mayo de 2007, de la Sala de lo Contencioso-administrativo (núm. rec. 5950/203 y (*Tol 1081834*)). Este fallo, admitió la existencia de dos posturas jurisprudenciales —la garantista y la literal— y optó por la segunda.

33 Cfr. STS de 30 de marzo de 2009, de la Sala de lo Contencioso-administrativo, FJ 2 (núm. rec. 10680/2004 y (*Tol 1490749*)).

34 Cfr. STS de 14 de octubre de 2013, de la Sala de lo Contencioso-administrativo (núm. rec. 704/2011 y (*Tol 3984851*)).

35 Cfr. SSTS de la Sala de lo Contencioso-administrativo de 28 de mayo de 1980 (núm. rec. 43.668 y (*Tol 967082*)) y 30 de marzo de 2009 (núm. rec. 10680/2004 y (*Tol 1490749*)).

y la remiten a ella (no al perjudicado) a otro proceso contra el contratista, en este caso en forma de acción de regreso"[36].

Por otro lado, "cuando el resultado es simultáneamente imputable a varios sujetos, [singularmente el Ayuntamiento de Valencia y un contratista suyo,] el lesionado puede ejercer su pretensión resarcitoria contra todos ellos sin que le sea exigible conocer las relaciones internas entre ellos"[37].

1.3. Comisiones falleras

Mención especial merecen los daños causados por las personas que no están sometidas a la dependencia y organización del Ayuntamiento de Valencia, pero que participan en la organización de la fiesta. Este el caso de ciertos actos de las Fallas organizados por las comisiones falleras, y, por lo tanto, ajenas al poder de dirección de la Administración.

"La organización y posterior celebración de festejos populares no son actividades monopolizadas por la Administración Local. Estamos en un terreno en el que los vecinos asumen un papel protagonista, bien integrándose orgánicamente en la Administración municipal a través de comisiones de fiestas [en el caso de Valencia, en la JCF], bien prestando a título propio un servicio de interés público (o si se prefiere, un servicio público impropio o virtual), como sucede con los casales falleros (...). En este último supuesto, un grupo de vecinos (...), desarrolla una actividad dirigida al público que normalmente se desarrolla en la calle, y que forma parte de la oferta turística del municipio, quien por ello establece una ordenación jurídica del festejo. Esa actividad no la desarrollan los vecinos en virtud de una delegación o encomienda del Ayuntamiento; es habitual y frecuente que no haya una habilitación formal sino el respeto de una tradición local explicable por la fuerza normativa de lo fáctico"[38].

En consonancia con lo afirmado en el párrafo anterior, "la jurisprudencia es unánime a la hora de residenciar las eventuales responsabilidades en *el municipio* y no en esas entidades o agrupaciones privadas (...) [cuando se

---

[36] Huergo Lora, A.: "Responsabilidad patrimonial por daños causados en la ejecución de contratos y concesiones administrativas. Situación actual y propuesta de mejora", *Revista de Estudios de la Administración Local y Autonómica,* núm. 20, 2023, págs. 20 y 23.

[37] Blanquer Criado, D.: "Libertad, responsabilidad y fiestas populares", op. cit. pág. 158.

[38] Ibidem pág. 154.

trata de actos] dirigidos al público en general y *se desenvuelven* (…) en la calle o en espacios públicos con autorización o consentimiento municipal"[39]. Para ello afirma que el municipio responde por culpa *in eligiendo* o culpa *in vigilando.* A estos efectos, "la Administración responde tanto lo autorice o lo permita sin la debida autorización"[40].

Los títulos de imputación que se suelen esgrimir son la obligación de vigilancia y ordenación de la vía pública y el deber de garantizar la seguridad del espectáculo o actividad festiva. Ello a pesar de que "no existe una competencia específica que obligue a los entes locales a ser organizadores o promotores de festividades, fiestas o festejos, pese a la notable creencia popular, y la asunción de dicha función con total naturalidad por la totalidad de los ayuntamientos del país"[41].

Así, por ejemplo, ante unos eventuales daños causados en un *correfoc* organizado por una falla, "no puede excusarse el Ayuntamiento en el hecho de que la comitiva la organizaba una entidad privada, y no puede eximirla ese hecho de su responsabilidad en el suceso [porque ésta tuviera que estar limitada] (…) a los meros efectos (…) de cortar la circulación" (…). *Debe* conocer las circunstancias (…) [y] (…) adoptar las medidas de seguridad adecuadas (…) *obligando* [a los espectadores] a mantener una distancia de seguridad"[42].

"Cuando se realizan actividades de riesgo la Administración debe ser especialmente cautelosa en la elección de (…) las personas a las que encomienda el desarrollo de las tareas (por ejemplo, el encendido de cohetes u otros artefactos pirotécnicos). La responsabilidad del Ayuntamiento puede derivar de su propia actividad (negligencia en la prevención de riesgos) o de la actividad de un tercero. En este último caso puede haber culpa «*in elegiendo*» (en la elección del tercero por razón de su cualificación técnica o su solvencia económica), o culpa «*in vigilando*» (en la adopción por el

---

39 Alenza García, J. F.: "Los riesgos de las fiestas y la responsabilidad patrimonial del ayuntamiento", op. cit. pág. 103.

40 STSJ de la Comunitat Valenciana 1656/2004, de 26 de octubre, de la Sala de lo Contencioso-administrativo, FJ 4 (núm. rec. 134/2000 y (*Tol 552517*)).

41 Rodríguez Muñoz, J. M.: "Responsabilidad patrimonial de los entes locales por daños producidos en las fiestas de interés turístico: alcance y límites de la teoría de la asunción del riesgo", *Las administraciones ante las fiestas y el turismo: Elementos para una discusión abierta* (coord. Hernández Díez, E.), Iustel, Madrid, 2023, pág. 102.

42 STS de 24 de mayo de 2005, FJ 5 (núm. rec. 275/2004 y (*Tol 668385*)).

tercero de las medidas de seguridad o en la fijación del emplazamiento del festejo)"[43].

2. *Imputación objetiva*

La imputación objetiva va referida a un daño y es denominada por Mir como "imputación de segundo nivel" porque "consiste en la atribución del daño (del resultado) sufrido por la víctima a la Administración"[44]. Este autor, para explicar este segundo nivel, recurre a la teoría de la imputación objetiva porque la misma es una "teoría de la imputación del resultado a la conducta, y no ya de la imputación de la conducta a un sujeto jurídico del resultado" o de primer nivel[45].

Pues bien, la teoría de la imputación objetiva se caracteriza por distinguir, sin ambages, la relación de causalidad —un elemento naturalístico, empírico— de la imputación, que es un juicio valorativo de carácter jurídico. "Se trata de dos fases de análisis sucesivas que conviene separar con claridad porque mientras que la causalidad posee una naturaleza puramente fáctica, la imputación tiene un carácter eminentemente normativo"[46]. Por ello Mir asume, frente a la tradicional teoría de la causalidad adecuada, la doctrina de la equivalencia de condiciones porque considera de igual valor —equivalentes— a todas las condiciones del resultado, sin efectuar ninguna distinción entre ellas.

A juicio de Mir, en un segundo tiempo, después del de la causalidad, se debe de llevar a cabo una selección valorativo-normativa de las causas a las que se atribuirán los resultados producidos a partir de los títulos de segundo nivel o de imputación del daño. "Ello se producirá cuando exista una relación de causalidad entre la conducta y el daño y, además, éste sea imputable objetivamente (en sentido estricto) a la Administración"[47].

En este sentido puede afirmarse que la teoría de la imputación objetiva, "no agota su utilidad en la distinción apuntada entre causalidad e impu-

---

43 Blanquer Criado, D.: "Libertad, responsabilidad y fiestas populares", op. cit. pág. 156.

44 Mir Puigpelat, O.: *La responsabilidad patrimonial de Administración sanitaria. Organización, imputación y causalidad*, op. cit. pág. 80.

45 Idem.

46 Ibidem pág. 218.

47 Ibidem pág. 80

tabilidad del resultado, sino que, además (y sobre todo), suministra una serie de criterios o títulos de imputación"[48]. Estos "son los que permiten al operador jurídico llegar a una solución justa (acorde con la concepción de la sociedad de que se trate tenga de la justicia en el momento en que deba producirse la selección), son la articulación técnica de la justicia en los casos concretos"[49].

2.1. Títulos de imputación objetiva

Los títulos de imputación objetiva, según recuerda Pantaleón, son los títulos siguientes[50].

i. *Riesgo general de la vida.* Postula que no debe producirse la imputación de un resultado cuando sea la realización de un riesgo habitualmente ligado al natural existir del perjudicado.
ii. *Prohibición de regreso.* Impide imputar el resultado a quien haya puesto en marcha el concreto curso causal cuando con posterioridad intervenga la conducta de un tercero salvo: que ésta se haya visto favorecida por la conducta inicial; o que sea una de aquellas conductas que la norma de cuidado infringida por el responsable tenía por finalidad evitar.
iii. *Provocación.* Agrupa dos clases de sucesos en los que se atribuye los daños a una persona distinta a la que los ha causado: aquéllos en los que se imputa al perseguido que huye los daños experimentados o causados por el perseguidor; aquéllos en que se imputa al salvado, los daños experimentados o causados por el salvador salvo que el salvamento deba reputarse altamente irrazonable.
iv. *Incremento del riesgo.* Postula que no cabe imputar un resultado a una conducta, si la misma no ha incrementado el riesgo de que se produzca el daño. Así sucederá cuando suprimida mentalmente la conducta el resultado siga produciéndose.
v. *Fin de protección de la norma que fundamenta la responsabilidad.* Prohíbe imputar un resultado a una persona cuando los daños se escapen de

48 Ibidem págs. 76 y 77.

49 Ibidem págs. 75 y 76.

50 Pantaleón Prieto, A.: "Los anteojos del civilista. Hacia una revisión del régimen de la responsabilidad patrimonial de la Administración", *Documentación Administrativa,* núm. 237-238, 1994, págs. 239 a 254.

la finalidad de la norma por él vulnerada y sobre la que se pretende fundar la responsabilidad.

vi. *Adecuación.* Impide imputar un resultado a una conducta si su producción hubiera sido considerada extraordinariamente improbable por un observador experimentado.

2.2. Creación de un riesgo jurídicamente relevante

La teoría de la imputación objetiva, importada por Pantaleón al ámbito de la responsabilidad civil, ha sido reformulada por Beladiez para su aplicación a la responsabilidad patrimonial de la Administración. Esta autora, partiendo de los postulados del Derecho penal —que propone articular los distintos títulos de imputación en torno a una idea común— elabora una teoría propia. Ésta se caracteriza por la creación de un riesgo jurídicamente relevante y su realización en un resultado como título de imputación. En estos casos, para esta autora, no existirá el deber de soportar el daño al que se refiere el art. 34.1 LRJSP.

Según la doctrina penal, para que pueda imputarse un resultado a la conducta que lo ha causado es necesario que haya creado un riesgo jurídicamente relevante, que a su vez se haya realizado en el resultado. En esta afirmación incluye varios títulos de imputación: en la fase de creación del riesgo los criterios de la adecuación y el de la prohibición de regreso; en la fase de realización del riesgo los títulos del incremento del riesgo y del fin de protección de la norma.

Pues bien, para Beladiez, el riesgo será jurídicamente relevante cuando su causante haya creado un riesgo general, inherente al servicio y que no se encuentre socialmente admitido.

i. El riesgo será general cuando incida sobre todas las personas o bienes a los que el servicio pueda afectar, o sobre grupos de personas o bienes perfectamente identificables.

Así un supuesto de riesgo general es aquél al que se exponen quienes participan en una *cremà*. Estamos en presencia de un riesgo que potencialmente se proyecta sobre todos aquellos que se encuentran reunidos para disfrutar de poder de destrucción del fuego.

ii. Son riesgos inherentes los propios y exclusivos del funcionamiento de un concreto servicio público.

Dicho con otras palabras, el riesgo será inherente al servicio si tiene la “interioridad” propia del caso fortuito y en su generación no han contribuido causas extrañas o la propia conducta de la víctima. En sentido negativo, no serán inherentes los riesgos que provengan de un elemento externo calificable como fuerza mayor.

De acuerdo con lo anterior, para que pueda hacerse responsable al ayuntamiento de un daño causado durante unas fiestas patronales se precisa que el riesgo derive de su ámbito de actuación y control, no de elementos de la naturaleza. Por poner un ejemplo, no será un riesgo vinculado con el funcionamiento del servicio público la caída de un altavoz en un concierto en los jardines de Viveros por efecto de una única racha de viento excepcional.

iii. El riesgo no estará socialmente admitido cuando se exija un sacrificio especial al ciudadano, y no lo estará, si es éste contrario al principio de igualdad ante las cargas públicas o deriva de una actividad ilícita.

Éste es el elemento determinante. Tratándose de la responsabilidad patrimonial por daños causados como consecuencia de los festejos populares, en los cuales con frecuencia se crean riesgos extraordinarios y en cierto modo irracionales, "al final la cuestión se reduce a un problema de interpretación de valores y comportamientos sociales"[51].

Como plantea Blanquer, "¿debe darse preferencia a la protección del ciudadano imprudente? ¿hasta dónde alcanza el rigor al medir la diligencia desplegada por la Administración para prevenir los resultados lesivos?"[52]. En última instancia la respuesta a esta pregunta dependerá de discriminar qué daños, a juicio de la conciencia social mayoritaria, deben ser solidarizados y cuáles no.

Por ejemplo, para el supuesto de daños fortuitos, causados por efecto de la pólvora, el sentir general es que los mismos no deben ser soportados por quien asiste a ver una *mascletà*. En este supuesto se concluirá que el daño tiene que ser solidarizado porque se incrementó el riesgo inherente al lanzamiento de los fuegos de artificio.

Como afirma el TS, "no cabe considerar como negligente la conducta de quien acude a un festejo popular en el que la quema de fuegos artificiales constituye y desempeña un papel esencial". En opinión de la Sala de lo Contencioso-administrativo, "al tratarse de actos lúdicos, ha de ser

51 Blanquer Criado, D.: "Libertad, responsabilidad y fiestas populares", op. cit. pág. 103.

52 Idem.

tenida en cuenta la conducta culposa de la Administración que no previene (...) los medios necesarios (...) [sin que los eventuales daños puedan ser] achacados a un suceso imprevisible y externo al propio marco jurídico del servicio público, cuyo funcionamiento ha de ser reputado anormal". En consecuencia, "es claro que la Administración crea en su actuación una situación de riesgo (...) [sino] pone los medios precisos para evitar menoscabos en el patrimonio de las personas"[53].

No puede desconocerse que "la quema y disparo de fuegos artificiales son actividades obviamente peligrosas, que al materializarse pueden originar consecuencias lesivas para los ciudadanos que las presencian o daños para los bienes que puedan hallarse en las inmediaciones del lugar donde se llevan a cabo"[54].

Por el contrario, hoy en día, la conciencia social considera que los daños derivados de la participación activa en eventos taurinos deben ser asumidos por quien voluntariamente se expone al riesgo de ser envestido por una res brava siempre que el organizador haya cumplido con las normas precautorias de seguridad.

En ese supuesto, "partiendo de la «voluntaria asunción del riesgo» (en los festejos taurinos, en general, para los participantes)" se dirá que no ha habido un incremento del riesgo inherente al propio del festejo taurino[55]. Dicho con otros términos, en estos casos, "el daño sufrido (...) no deriva de una actividad de riesgo realizada por la Administración en su propio interés sino de una actividad (un espectáculo público) en que aquél participó voluntariamente asumiendo el riesgo inherente al mismo"[56].

Misma suerte deben correr los profesionales que intervienen en un evento peligroso porque aceptan el riesgo inherente a su actuación. Este es el caso de los pirotécnicos, los cuales ejercitan una actividad de riesgo, o de quienes colocan ramos en el catafalco de la Virgen de los Desamparados, los cuales asumen el riesgo de la actividad que profesionalmente realizan.

---

53 STS de 15 de diciembre de 1997, de la Sala de lo Contencioso-administrativo, FJ 7 (núm. rec. 4958/1993 y (*Tol 5146817*)).

54 STSJ de Castilla-La Mancha 146/2005, de 11 de abril, de la Sala de lo Contencioso-administrativo, FJ 3 (núm. rec. 177/2001 y (*Tol 619134*)).

55 STS 290/2007, de 15 de marzo, de la Sala de lo Civil, FJ 3 (núm. rec. 1729/2000 y (*Tol 1050529*)).

56 SJCA núm. 3 de Pamplona 37/2015, de 13 de febrero, FJ 3 (núm. rec. 285/2014 y JUR 2015\54776).

Por ello, como señaló la STSJ de Aragón de 27 de marzo de 1999, en el caso de un operario de una pirotécnica que sufre quemaduras al prender fuego a los petardos, hay que sostener que asume el riesgo de esta contingencia por la peculiaridad de las circunstancias en que se produce el accidente, a las que se otorga una importancia decisiva. En el supuesto enjuiciado se trataba "de un lanzamiento de cohetes en plaza pública, con ocasión de festejos populares"[57].

En opinión de Alenza, "esta regla es extensible a quienes realizan voluntariamente actividades peligrosas, aunque no lo realicen de manera profesional o habitual"[58]. Este autor, además, sostiene que "los usos tradicionales pueden servir para ponderar si la actividad peligrosa se hizo o no con las medidas de seguridad preceptivas"[59].

En conclusión, no hay responsabilidad patrimonial de la Administración local "cuando la sociedad ha asumido como propios de la vida en común no sólo la actividad productora del riesgo sino el daño mismo y de ahí que se considere que tales riesgos son jurídicamente irrelevantes. Es en definitiva una cuestión de tolerancia social"[60]. De ahí la importancia de la casuística en la responsabilidad patrimonial con ocasión de los festejos populares.

Eso sí, "la relevancia de la aceptación del riesgo por el perjudicado y la participación activa en el evento determina la exención de la responsabilidad del organizador (…) salvo que se demostrara alguna culpa o negligencia de la Administración"[61]. De ahí la conveniencia de dedicar un apartado a la culpa *in vigilando* de la Administración local.

---

57 STSJ de Aragón 282/1999, de 27 de marzo, de la Sala de lo Social, FJ 4 (núm. rec. 1035/1997 y AS 1999\5281).

58 Alenza García, J. F.: "Los riesgos de las fiestas y la responsabilidad patrimonial del ayuntamiento", op. cit. pág. 136.

59 Ibidem págs. 136 y 137.

60 Beladiez Rojo, M.: *Responsabilidad e imputación de daños por el funcionamiento de los servicios públicos: con particular referencia a los daños que ocasiona la ejecución de un contrato administrativo,* op. cit. pág. 117. Esta autora pone los siguientes ejemplos relacionados con el criterio del incremento del riesgo jurídicamente relevante: "si una persona se cae porque tropieza con el bordillo de la acera, el daño no es imputable al Ayuntamiento. En cambio, le sería imputable el daño en el supuesto de que esa persona se cayese por existir una zanja sin señalizar o una alcantarilla sin tapar". Idem.

61 Guillén Navarro, N.: "Elementos distorsionadores del nexo causal en la responsabilidad patrimonial de la Administración local respecto a los festejos populares",

2.3. Culpa in vigilando

En virtud de este criterio se imputa la responsabilidad a la Administración de la actividad de terceros ajenos su organización y dependencia en virtud del deber de vigilar su actividad. Su invocación es frecuente en las reclamaciones de responsabilidad patrimonial derivadas de las fiestas patronales, máxime cuando media una autorización.

En efecto, "en los festejos populares organizados o dependientes de las autoridades municipales, [corresponde a la Administración] un especial deber de diligencia para evitar situaciones de riesgo o peligro, fruto de la presencia y concentración de un elevado número de personas"[62]. Por ello, en ocasiones, se exigen autorizaciones administrativas cuando la actividad no la realiza la entidad local. Puede decirse con Guillén que, en estos casos, "con la autorización de ciertos tipos de festejos, se asume [por la entidad local] la responsabilidad de su buen desarrollo, debiéndose encargar de adoptar todas aquellas medidas adecuadas para que no se produzcan acontecimientos negativos que perjudiquen la seguridad de los participantes y vecinos del municipio"[63].

También se exigen autorizaciones en actuaciones con utilización de material pirotécnico. Éste "incluye un porcentaje de riesgo que la Administración asume por razones de interés social, pero que, en ningún caso le exime de asumir también una eventual responsabilidad por los daños que puedan derivarse de esa actividad popular que no solo fomenta, sino que patrocina" con la autorización[64]. Un ejemplo lo encontramos en la STS de 27 de diciembre de 1997, en la que se condenó al Ayuntamiento de Castelló por las lesiones producidas por un explosivo lanzado por un vecino durante un espectáculo musical celebrado en el polideportivo municipal durante las fiestas patronales[65]. Al fin y al cabo, como afirma la STS de 24 de noviembre de 1987, "esa asunción [de la fiesta como propia] da al Ayuntamiento un protagonismo del que deriva una identificación del pueblo con aquél, y ese pueblo vive los festejos como algo propio, pero como

---

op. cit. pág. 3.

62 Idem.

63 Ibidem págs. 5 y 6

64 STS de 24 de noviembre de 1987, de la Sala de lo Contencioso-administrativo, FJ U (RJ 1987\9306).

65 Cfr. STS de 27 de diciembre de 1999, de la Sala de lo Contencioso-administrativo (núm. rec. 6998/1995 y (*Tol 1715669*)).

algo que está dirigido y, por tanto, planificado y organizado por el poder público"[66].

Ahora bien, como pone de manifiesto Blanquer, "un criterio erróneo pero que con alguna frecuencia ha utilizado la jurisprudencia para determinar a quien se imputa el resultado lesivo, es el de la Administración Pública que ha otorgado la autorización"[67]. En su opinión, "la existencia o inexistencia de previa autorización municipal no es por si sola causa determinante de la verificación del resultado lesivo. El siniestro puede producirse porque el organizador no ha cumplido las normas preventivas y de seguridad; en ese caso[, según su opinión,] el resultado será imputable al organizador, tanto si tiene autorización administrativa como si no la ha obtenido, [y en su caso, podrá derivarse a la Administración]. Pero si pese a no tener la autorización previa el organizador cumple y respeta puntualmente esas normas preventivas y de seguridad, no hay fundamento que justifique derivar la responsabilidad al Ayuntamiento. Habrá fundamento para sancionar por la celebración de una fiesta sin autorización pertinente, pero no habrá fundamento para imputar[le] los eventuales resultados lesivos. Entre la ausencia de autorización y el resultado lesivo no hay relación de casualidad, el daño no se ha producido como consecuencia de la ausencia de autorización, sino por otras causas, por ejemplo, por imprudencia"[68].

Mismo parecer tiene Beladiez, quien sostiene que "tampoco le serán imputables los daños [a la Administración] por una actividad no autorizada o que no ha sido debidamente inspeccionada por la Administración cuando la actividad reúna las medidas de seguridad necesaria para ser desempeñada, ya que en estos supuestos el mal funcionamiento del servicio de inspección no ha creado riesgo alguno"[69].

En cualquier caso, deba recabarse o no una autorización, sea una actividad organizada por la Administración o por las comisiones de fiestas, no hay duda de que la Administración local debe garantizar la adopción de medidas de seguridad cuando intervienen terceros ajenos a la entidad

---

66 STS de 24 de noviembre de 1987, de la Sala de lo Contencioso-administrativo, FJ U (RJ 1987\9306).

67 Blanquer Criado, D.: "Libertad, responsabilidad y fiestas populares", op. cit. pág. 168.

68 Ibidem págs. 171 y 172.

69 Beladiez Rojo, M.: *Responsabilidad e imputación de daños por el funcionamiento de los servicios públicos: con particular referencia a los daños que ocasiona la ejecución de un contrato administrativo*, op. cit. pág. 204.

local. Pues bien, ese deber municipal de vigilancia debe estar presente no sólo durante, sino también antes y después de la celebración de la actuación peligrosa.

Con carácter previo, la entidad local debe comprobar el estado y mantenimiento en condiciones de seguridad de las instalaciones que hacen posible que la fiesta tenga lugar, así como el cumplimiento, por éstas, de los requisitos exigidos por la normativa vinculada al festejo.

También son importantes el lugar de la celebración del festejo, la disposición de medios para la pronta atención médica a los heridos y el anuncio de los posibles daños que pueden causar las actividades festivas[70]. Así, determinan un incremento del riesgo jurídicamente relevante, la elección de un lugar inadecuado o peligroso para la realización de las actuaciones típicas de la fiesta, la ausencia de distancias de seguridad, el incumplimiento de la normativa propia de la fiesta, la tardía atención a los heridos por ausencia de ambulancia, la falta de carteles que avisen de los posibles daños que puede causar la celebración de la fiesta a las personas o a las cosas, etc. Como consecuencia de ello, los eventuales daños que sufran los participantes en las fiestas deberán ser indemnizados por la Administración

---

70 En relación con la importancia del lugar de la actividad festiva citamos la STS de 3 de noviembre de 1998 (núm. rec. 7051/1992 y (*Tol 1715324*)) que condenó al Ayuntamiento de Valencia a indemnizar los daños sufridos por los adjudicatarios de las obras de los jardines del rio Turia como consecuencia del lanzamiento de cohetes en un castillo desde el puente del Mar y de los posteriores actos vandálicos. Según dijera la Sala de lo Contencioso-administrativo, debía responder el ayuntamiento por el inadecuado "emplazamiento y de la falta de una eficaz vigilancia por la Administración municipal (...) en cuanto debió prever la «concurrencia de una multitud de personas de toda naturaleza y de los daños que tal aglomeración podía ocasionar»" (FJ 3). En idéntico sentido se pronunció la SJCA de Orense 131/2013, de 15 de mayo (núm. rec. 360/2010 y (*Tol 3748723*)). Tal y como afirmase el juzgado, "aunque las autoridades competentes y por los organizadores de las fiestas se adoptaron medidas preventivas para evitar la causación de accidentes en el espectáculo pirotécnico (coordinación con protección civil, ambulancia, operativo y perímetro de seguridad, etc.), se tomó una decisión incorrecta que resultó determinante en la causación del accidente. Y es el lugar del lanzamiento de los fuegos artificiales". A juicio del juzgado, "la situación de riesgo —evidente— de incendio y daños personales que genera la manipulación y explosión de pólvora en un espectáculo pirotécnico de estas características obligaba a exigir su lanzamiento en una zona abierta, más alejada del centro del casco urbano, que permitiese establecer un mayor radio de distancia a los espectadores" (FJ 6).

local porque la lesión "quedaría dentro de su correspondiente esfera de responsabilidad en virtud del principio de culpa «in vigilando»"[71].

"Para finalizar, no debe pasar desapercibida la acción de la Administración en el momento posterior a la celebración del festejo y es que en la jurisprudencia se pueden encontrar pronunciamientos que, por ejemplo, apuestan por derivar en responsabilidad patrimonial de la Administración la deficiente limpieza del lugar donde se ha llevado a cabo el festejo"[72]. Este es el caso de la STSJ de Castilla y León de 28 de abril de 2015, que falló que "con independencia de que se realizaran las labores de limpieza y de quien las ejecutara, (...), estas no fueron lo suficientemente eficaces para eliminar todo el material pirotécnico que quedó en el lugar tras la celebración del espectáculo, labores que dada la potencial peligrosidad del material a retirar, deben ser extremadamente cautelosas y llevarse a cabo con una especial diligencia, atención y cuidado"[73]. En consecuencia, obligó a la entidad local a indemnizar los daños sufridos por dos menores como consecuencia de la manipulación de los restos de material pirotécnico empleado en unos fuegos artificiales por la empresa contratada por la entidad local.

Algún fallo, como la STSJ de la Comunitat Valenciana de 14 de abril de 2011, ha apreciado en casos de restos de material pirotécnico una concurrencia de culpas, de la Administración *in vigilando* y de los padres *in educando,* con la correspondiente repercusión "en la distribución de la indemnización, debiendo asumir el Ayuntamiento [de Alaquàs] el 80 % del importe de los daños y asumir la víctima el 20 % restante"[74]. Igualmente, la STSJ de la Comunitat Valenciana de 1 de julio de 2003 redujo "en un treinta por ciento la cuantía de la responsabilidad patrimonial que *cabía* imputar a esta Administración Local (...) al existir una conducta negligente de un tercero —abuela de uno de los menores— que coadyuvó a la

---

71 STSJ de Galicia 621/2012, de 16 de mayo, de la Sala de lo Contencioso-administrativo, FJ 3 (núm. rec. 7043/2012 y (*Tol 2541157*)).

72 Guillén Navarro, N.: "Elementos distorsionadores del nexo causal en la responsabilidad patrimonial de la Administración local respecto a los festejos populares", op. cit. pág. 14.

73 STSJ de Castilla y León 73/2015, de 28 de abril, de la Sala de lo Contencioso-administrativo, FJ 4 (núm. rec. 7/2015 y (*Tol 5003188*)).

74 STSJ de la Comunitat Valenciana 320/2011, de 14 de abril, de la Sala de lo Contencioso-administrativo, FJ 3 (núm. rec. 133/2009 y (*Tol 2185854*)).

producción del resultado lesivo al entregar a uno de ellos el encendedor con el que prendieron la carcasa"[75].

Otros fallos relacionados con material pirotécnico no recogido, como la STS de 17 de noviembre de 1998, en cambio, han concluido que "la conducta de los menores concurrentes, de carácter previsible, consistente en acudir al lugar a retirar y manipular los restos del castillo de fuegos artificiales disparado el día anterior, se presenta como ausente de relevancia suficiente no ya para determinar la ruptura del nexo de causalidad, como hemos apreciado al examinar el motivo anterior, sino para imponer siquiera una moderación de la responsabilidad que de manera íntegra corresponde a los servicios municipales"[76]. Como se ve, la jurisprudencia es casuística, y en ocasiones depende del matiz de las singularidades del caso.

III. Causalidad

"La responsabilidad patrimonial de la Administración requiere, además de la imputación de la actuación lesiva a la Administración (...) que exista un nexo causal entre la actividad administrativa y los daños"[77].

Tres son los factores que pueden romper la relación de causalidad: la culpa del perjudicado, la intervención de un tercero y la fuerza mayor. Si aparece uno de ellos, aun cuando estemos ante una actividad imputable a la entidad local, ésta quedará liberada de responder.

Y es que "la asunción por la Administración de competencias en la organización de los festejos no la convierte en responsable de todos los actos que durante los mismos acaezcan, pues no cabe considerar que el vigente sistema de responsabilidad patrimonial objetiva de las Administraciones públicas convierta a éstas en aseguradoras universales de todos los riesgos con el fin de prevenir cualquier eventualidad desfavorable o dañosa para los administrados, derivada de la actividad de estos, por el hecho de que ejerzan competencias en la ordenación de un determinado sector o

---

75 STSJ de la Comunitat Valenciana 1353/2003, de 1 de julio, de la Sala de lo Contencioso-administrativo, FJ 3.3 (núm. rec. 170/2000 y (*Tol 489413*)).

76 STS de 17 de noviembre de 1998, de la Sala de lo Contencioso-administrativo, FJ 4 (núm. rec. 3489/1994 y (*Tol 1715346*)).

77 Alenza García, J. F.: "Los riesgos de las fiestas y la responsabilidad patrimonial del ayuntamiento", op. cit. pág. 132.

sea necesaria su autorización"[78]. En estos casos, más que daños causados como consecuencia de las Fallas, hay que entender que son lesiones sufridas con ocasión de las Fallas.

1. Intervención de un tercero

No ha lugar a la responsabilidad de la entidad local cuando "la causa determinante del perjuicio sufrido (...) *sea* realmente la acción de un tercero sin que pueda imputarse responsabilidad alguna a la Administración (...) al no existir [en estos casos] relación de causalidad entre el funcionamiento de esta y el resultado dañoso [si] no ha habido dejación de medidas de policía o de seguridad exigibles[, y en el caso de daños causados por efecto de la pólvora,] ni infracción de la normativa sobre fabricación, utilización o venta de artificios pirotécnicos"[79].

Un ejemplo lo tenemos "en las lesiones sufridas por un petardo en fiestas locales por acción de un tercero [—un ciudadano—] durante un festejo pirotécnico no organizado por el Ayuntamiento, y mucho menos, cuando no ha habido inobservancia o dejación de las medidas policiales o de seguridad exigibles, ni infracción de la normativa sobre fabricación, utilización o venta de artificios pirotécnicos"[80].

Este es el caso recogido por la STSJ de la Comunitat Valenciana de 17 de abril de 1993, recaída en un caso de explosión de los cohetes que llevaba en el bolsillo un vecino al estallar otro petardo cerca suyo, tras rebotar en la pared. Frente a la alegación del recurrente de que el espectáculo había sido autorizado por Ayuntamiento de Terrateig, para desestimar el recurso contencioso-administrativo, la Sala de lo Contencioso-administrativo dijo lo siguiente: "pese a su deber general de vigilancia de cualquier acto que se desarrolle en las vías públicas, fuera organizado por él mismo o por entidad privada con su consentimiento, al menos con su conocimiento, [la entidad local] no puede responder de cualquier suceso lesivo para las personas que intervienen en la fiesta". A tal efecto tuvo en cuenta "que

---

78 STS de 4 de mayo de 1998, de la Sala de lo Contencioso-administrativo, FJ 3 (núm. rec. 7529/1993 y (*Tol 1715482*)).

79 STS de 4 de mayo de 1998, de la Sala de lo Contencioso-administrativo, FJ 2.1 (núm. rec. 7529/1993 y (*Tol 1715482*)).

80 Guillén Navarro, N.: "Elementos distorsionadores del nexo causal en la responsabilidad patrimonial de la Administración local respecto a los festejos populares", op. cit. pág. 28.

el lanzamiento de cohetes se verificaba por los intervinientes (...) bajo la responsabilidad de éstos, que tanto los lanzaban como estaban expuestos a que les alcanzaran". También precisó, a los efectos de negar la existencia de nexo causal, que "no se trató de una *mascletà* o acto semejante, con zona de fuegos acordonada, en el que se permitiera que alguien ajeno a la pirotecnia permaneciera en la misma sino de lanzamientos individuales por las calles, corriendo cada uno con su propia responsabilidad al ser lanzador y posible alcanzado por alguno de ellos"[81].

Así, en nuestra opinión, cuando el daño a un participante en las Fallas lo cause un tercero, para imputar al municipio la conducta de éste, será necesario demostrar que el Ayuntamiento de Valencia no haya puesto los medios racionales para impedir las conductas peligrosas. En efecto, "la imputación de la Administración está presente, aún habiendo intervenido un tercero, en el caso de la falta de adopción de medidas de seguridad a raíz de su titularidad del servicio público. Este hecho (...) es extensible, además de espectáculos pirotécnicos (...) a la celebración de festejos en escenarios, en los que la adopción de estas medidas es un elemento básico, véase un control del cuadro eléctrico ante posibles daños por descargas eléctricas"[82].

En definitiva, "la socialización de los riesgos, que justifica la responsabilidad objetiva de la Administración cuando actúa en defensa de los intereses generales lesionando para ello intereses particulares, no permite extender dicha responsabilidad hasta cubrir los daños producidos por terceros por más que su actividad hubiese acaecido durante las fechas en que se celebran unas fiestas locales fomentadas por la propia Administración"[83]. Dicho con otras palabras, cuando interviene un tercero, siempre que la Administración haya observado un estándar de diligencia adecuado, jurídicamente, la actuación de aquél rompe el nexo causal entre la lesión antijurídica y el funcionamiento del servicio público. También puede decirse, sirviéndose de la teoría de la imputación objetiva, que estaríamos ante un

---

81 STSJ de la Comunitat Valenciana 932/2006 de 22 septiembre, de la Sala de lo Contencioso-administrativo, FJ 4 (núm. rec. 2277/2003 y (*Tol 6149751*)).

82 Guillén Navarro, N.: "Elementos distorsionadores del nexo causal en la responsabilidad patrimonial de la Administración local respecto a los festejos populares", op. cit. pág. 28.

83 STS de 4 de mayo de 1998, de la Sala de lo Contencioso-administrativo, FJ 3 (núm. rec. 7529/1993 y (*Tol 1715482*)).

riesgo socialmente admitido, y que por lo tanto no hubo un incremento del riesgo jurídicamente relevante.

2. *Culpa del perjudicado*

La actitud de la víctima, asumiendo o creando un riesgo, elimina la responsabilidad de la Administración ya que no deberán indemnizarse aquellos daños sufridos por los ciudadanos cuando los haya propiciado "cabalmente por su propia conducta"[84]. Se produce la ruptura del necesario nexo causal entre el funcionamiento del servicio público y el daño.

Tratándose de las fiestas falleras tres son las conductas destacables que propician que el perjudicado deba soportar, al menos en parte, el daño, a saber: el incumplimiento por la víctima de deberes legales que crean o incrementan el riesgo preexistente, la participación activa en eventos peligrosos asumiendo el riesgo de los mismos y la falta de especial cuidado al deambular o circular.

2.1. Incumplimiento por el perjudicado de los deberes "legales"

En principio, "los daños derivados del incumplimiento por parte de la victima de los deberes legales eliminan la antijuridicidad, siempre que dichos deberes no sean irrazonables o desproporcionados"[85]. Este es el caso de las quemaduras sufridas por quien no respeta la distancia de seguridad en una *cremà*.

Esta cuestión, sin embargo, no es ni mucho menos pacífica. Como se ha expuesto en apartado dedicado a la culpa *in vigilando* de la Administración, la autorización o el patrocinio de las fiestas locales provoca una suerte de *vis expansiva* de la responsabilidad de la Administración que, para la jurisprudencia, propicia que multitud de daños deban ser solidarizados, aún cuando no se hayan observado los deberes "legales" por la víctima. Esta tendencia se acentúa cuando los daños se producen en dependencias públicas, como un polideportivo, o una zona acordonada, como una plaza.

Según nuestro parecer, en la práctica, la jurisprudencia atiende al grado de negligencia mostrado por la víctima en su actuación, de suerte que si

---

84 STS de 29 de marzo de 1995, de la Sala de lo Contencioso-administrativo, FJ 2 (núm. rec. 5560/1991 y (*Tol 5132672*)).

85 Ibidem pág. 138.

éste es alto, concluirá que la culpa del perjudicado rompió el nexo causal entre el daño y el funcionamiento del servicio público.

2.2. Participación activa en actividades peligrosas

A la hora de valorar la estimación o desestimación de una reclamación, por ejemplo, por participar activamente en una cabalgata del fuego, "algunas características del espíritu festivo (...) son capitales para afrontar con un mínimo de fundamento el análisis de la responsabilidad patrimonial de los municipios como consecuencia de la celebración de fiestas populares: la libertad de participar o no participar, la ruptura de la normalidad cotidiana, la potenciación de lo tradicional frente a lo racional, la exaltación de la vida frente a la muerte"[86], etc.

Así, se entiende que deben soportar los daños quienes, a sabiendas, "del peligro que generan algunas (...) costumbres locales (...) aceptan los riesgos derivados de los festejos, [porque están] participando activamente en éstos"[87]. En esos casos pecharán con las consecuencias de su impericia, imprudencia o error. Por ello deben sufrir las consecuencias desfavorables de participar en tales actividades y "mal puede achacarse al Ayuntamiento las consecuencias de unos actos, queridos por los vecinos y asistentes a los mismos"[88].

Ahora bien, no puede admitirse que "toda acción de inmersión en una esfera de peligro *conlleve* en todo caso la atribución responsabilista de las consecuencias lesivas al partícipe, pues es obvio que el precitado riesgo calculado o, si se prefiere, el cálculo del riesgo socialmente admisible, corresponde tanto a quien organiza el festejo, cuanto a quien participa en el mismo: el primero, porque ha de atender necesariamente a la adopción de las medidas que eficazmente obsten la producción de resultados dañosos o lesivos de naturaleza extravagante o anormal, o que afecten a tercero no partícipes activos; el segundo, porque, presumiblemente no acepta más

---

86 Blanquer Criado, D.: "Libertad, responsabilidad y fiestas populares", op. cit. pág. 100.

87 STS 740/1998, de 21 de julio, de la Sala de lo Civil, FJ 2 (núm. rec. 468/1994 y (*Tol 5156914*)).

88 STS 740/1998, de 21 de julio, de la Sala de lo Civil, FJ 2 (núm. rec. 468/1994 y (*Tol 5156914*)).

posibilidad —y aun probabilidad— lesiva que la ordinaria, esto es, que la racionalmente esperable del carácter de la fiesta-espectáculo"[89].

Dicho en otros términos, quienes participan activamente en la fiesta asumen el riesgo intrínseco de la actividad, pero no el incremento de ese riesgo, ni la aparición de otros riesgos que se produzcan como consecuencia de la insuficiencia de medidas de seguridad, de inspección o vigilancia legalmente exigibles.

2.3. Falta de especial cuidado al deambular o circular

En los supuestos de lesiones padecidas por falta de especial cuidado al deambular o circular en un contexto de aglomeraciones, normalmente, "no puede imputarse a la Administración el desenlace dañoso ocasionado por un hecho inocuo, derivado del infortunio o negligencia del lesionado (...) pues la Administración sólo responde de los daños verdaderamente causados por su propia actividad o por sus propios servicios, no de los daños imputables a conductas o hechos ajenos a la organización o a la actividad administrativa, ya que es necesario que exista un nexo causal, que ha de ser directo, inmediato y exclusivo, o indirecto, sobrevenido o concurrente con hechos dañosos de terceros o de la propia víctima"[90].

En cualquier caso, siempre habrá que estar a las circunstancias del caso y a los parámetros de la responsabilidad patrimonial por mal estado de conservación de la vía pública. En este sentido, un supuesto en el que sí se apreció la responsabilidad del Ayuntamiento de Valencia fue la STSJ de la Comunitat Valenciana de 16 de septiembre de 2002. Los hechos consistieron en una caída al suelo durante las Fallas, ocasionado al pisar un bache profundo, cuando un vecino se dirigía con otras personas a las carpas instaladas por el *cap i casal* en las cercanías de la Ciudad de las Artes y las Ciencias. Como consecuencia de este percance el recurrente sufrió un esguince de tobillo. Según dijera el TSJ de la Comunitat Valenciana, el funcionamiento del servicio público fue anormal, "ya que no es sólo que algunas baldosas estaban sueltas, sino que literalmente estaban «en muy mal estado» o «destrozadas»". También reiteró que "la responsabilidad patrimonial de las Administraciones Públicas debida a un comportamiento

---

89 SAP de Navarra de 28 de mayo de 1993, FJ 3 (núm. rec. 50/1993 y AC 1993\1031).

90 STSJ de la Comunitat Valenciana de 26 de febrero de 2004, de la Sala de lo Contencioso-administrativo, FJ 2 (núm. rec. 1208/2000 y (*Tol 522570*)).

omisivo (...) sólo puede darse cuando existen deficiencias en el funcionamiento del servicio"[91].

Otro caso en que se condenó a la ciudad de Valencia, esta vez en concurrencia con la empresa instaladora de una comisión fallera, fue la SJCA núm. 4 de Valencia de 27 de julio de 2023. Los daños causados fueron consecuencia de los restos no desmontados de una carpa. Lo característico de este fallo fue la absolución de la comisión fallera porque "la labor fue desarrollada por un tercero y no por la propia Comisión"[92]. Previamente la SJCA núm. 6 de Valencia de 16 de enero de 2003 precisaría, respecto de la misma lesión, que al Ayuntamiento de Valencia sólo podría exigírsele el 50 por ciento de la indemnización[93].

3. Fuerza mayor

Como es sabido, la fuerza mayor es una de las causas que eximen de responder a la Administración de los daños que cause el funcionamiento de los servicios públicos. Ahora bien, es difícil pensar cómo la fuerza mayor puede estar presente en un contexto, como en el de las fiestas patronales, en que el riesgo ha sido creado de manera deliberada, pero con las debidas cautelas. Aun así, esto no puede descartarse porque las fuerzas de la naturaleza —la lluvia, el aire, etc.— no siempre pueden ser prevenidas y controladas.

A pesar de ello, incluso en estos supuestos, la jurisprudencia se resiste a eximir de responder a los ayuntamientos, entre otros casos, cuando del empleo de pólvora se trata. Suele concluir que no concurren "los requisitos exigidos relativos a la falta de previsibilidad y de evitabilidad que contiene el art. 1105 del Código Civil; ya que en la quema de fuegos de artificio siempre es previsible por su peligrosidad la posibilidad de un accidente, y este es evitable adoptando cuantas medidas externas sean necesarias para procurar que no ocurra"[94]. En definitiva, "la explosión de petardos, no puede

---

91 STSJ de la Comunitat Valenciana 1225/2002, de 16 de septiembre, de la Sala de lo Contencioso-administrativo, FJ U (núm. rec. 4085/1998 y JUR 2003\77613).

92 SJCA núm. 4 de Valencia 174/2023, de 27 de julio, FJ 2 (núm. rec. 480/2021).

93 Cfr. SJCA núm. 6 de Valencia 2/2023, de 16 de enero (núm rec. 364/2022).

94 STS 790/1996, de 8 de octubre, de la Sala de lo Civil, FJ 2 (núm. rec. 3802/1992 y (*Tol 5153040*)).

considerarse una causa extraña al festejo organizado por el Municipio, ni mucho menos puede considerarse algo imprevisible e inevitable”[95].

IV. Casuística

Las Fallas son unas fiestas muy ricas en actos, circunstancia que propicia una variada casuística, la cual va a ser abordada en algunas de sus manifestaciones. A tal efecto distinguiremos según se trate de actos programados por el Ayuntamiento de Valencia y de los promovidos por las comisiones falleras u otras entidades.

1. Actividad municipal

La Administración debe responder de los daños que cause su organización durante los festejos populares cuando cree un riesgo jurídicamente relevante. Nos detenemos en cuatro tipos de riesgos: los derivados de las aglomeraciones, el empleo de la pólvora, la intervención de bandas de música y del funcionamiento de los servicios públicos en circunstancias excepcionales.

1.1. Actos multitudinarios

Las Fallas comienzan cada año en torno al 1 de marzo. Desde ese día hasta el de San José en la plaza del Ayuntamiento se dispara una *mascletà.* Cada día se congrega en dicho lugar una abigarrada multitud de personas, las cuales se apretujan con el fin de sentir el temblor del suelo y el ruido de los petardos con mayor intensidad. Los riesgos que puede generar éste, y otros actos multitudinarios, son los propios de las aglomeraciones. Aquí y ahora queremos destacar tres tipos de riesgos habituales: cristales rotos, avalanchas y reyertas.

---

95 STS de 18 de diciembre de 1995, de la Sala de lo Contencioso-administrativo, FJ 3 (núm. rec. 824/1993 y (*Tol 1714907*)).

1.1.1. Cristales rotos

Aunque cada vez se utilizan más los vasos de plástico en los actos multitudinarios, en ocasiones —como en los castillos de fuegos artificiales— puede que algunos asistentes porten botellas de cerveza o de alcohol compradas en supermercados, y que éstas sean no sólo de plástico sino también de cristal. También pueden merodean vendedores ambulantes que ofrecen alcohol y bebidas azucaradas en envases de cristal.

En estos casos, los pronunciamientos judiciales recaídos suelen eximir a la Administración de responder por los eventuales daños corporales porque "el resultado dañoso no *es* directamente ocasionado por los servicios municipales"[96]. Interviene un tercero que rompe el nexo causal entre funcionamiento del servicio público y el daño o se trata de un riesgo socialmente admitido. En efecto, "la conciencia social no *considera* esperable que se prohibiera el acceso al lugar del acto festivo portando botellas de vidrio, o bien que los servicios policiales o de limpieza actuaran (...) entremezclados con el público asistente"[97]. Estamos ante un riesgo inherente en este tipo de acontecimientos ya que no se vulneran los estándares de seguridad exigibles según la conciencia social. Dicho esto, es importante destacar que la "conciencia social" no es algo estático, sino que evoluciona al compás de los tiempos[98].

1.1.2. Avalanchas

Las avalanchas, aunque no son causadas por la Administración, son previsibles, o al menos esperables, máxime cuando se emplea la pólvora o se quema un monumento fallero. La intervención de terceros en su generación, a pesar de romper la causalidad física entre acción y daño, no exime a la Administración local del deber de adoptar medidas preventivas eficaces que eviten que las avalanchas desencadenen accidentes. Si no lo hace está incrementando el riesgo inherente a las *mascletàs* i *cremàs* puesto que la jurisprudencia "ha venido exigiendo en los festejos populares, organizados o dependientes de las autoridades municipales, un especial deber de dili-

---

96 Resolución del Tribunal Administrativo de Navarra 5746/2010, de 22 de junio, confirmada por la SJCA núm. 1 de Navarra de 22 de agosto de 2011.

97 Alenza García, J. F.: "Los riesgos de las fiestas y la responsabilidad patrimonial del ayuntamiento", op. cit. pág. 108.

98 Cfr. STSJ del País Vasco 867/2001 de 14 septiembre, de la Sala de lo Contencioso-administrativo, FJ 3 (núm. rec. 6280/1997 y JUR 2002\78986).

gencia para evitar situaciones de riesgo o peligro, fruto de la presencia y concentración de un elevado número de personas"[99].

"Ante la situación habitual multitudinaria (...) con o sin intervención de terceros (...), el Ayuntamiento, conocedor de la aglomeración *debe* adoptar medidas preventivas (unas vallas o barreras, por ejemplo) que *impida* una (...) posible avalancha desencadenante de accidentes"[100]. También debe establecer distancias de seguridad y vías de escape.

"Por lo tanto, en los actos multitudinarios el Ayuntamiento debe establecer medidas de seguridad adecuadas para prevenir los daños causados por las avalanchas. La intervención de terceros en la formación de los tumultos lesivos no exime de responsabilidad al Ayuntamiento" porque el daño no está socialmente admitivo[101]. Por ello, en nuestra opinión, probablemente, los eventuales pronunciamientos judiciales que resuelvan recursos por daños causados por avalanchas fallen que si hubo daños fue porque las medidas de seguridad fueron insuficientes.

1.1.3. Reyertas

La existencia de altercados no puede descartarse en los eventos falleros. En situaciones como las de un castillo, de larga duración, pueden realizarse actos delictivos de provocación entre particulares o contra la policía.

En estos casos, aunque se produzcan daños, si se ha cumplido con la normativa reguladora del evento o la actividad no cabrá imputar la responsabilidad al Ayuntamiento de Valencia. El art. 120.3 del Código Penal, exige, para que la Administración sea declarada responsable civil subsidiaria, "que se haya infringido un reglamento de policía o alguna disposición de la autoridad". Por ello, habrá que concluir que medió la intervención de un tercero que rompió el nexo causal.

Obviamente, también habrá que ponderar, atendidas las características del evento, si hubo falta de vigilancia por parte de la entidad local. A estos efectos, y respecto del empleo de botellas, el TS entiende que "ninguna

---

99 STSJ de la Comunitat Valenciana 320/2011, de 14 de abril, de la Sala de lo Contencioso-administrativo, FJ 3 (núm. rec. 133/2009 y (*Tol 2185854*)).

100 STSJ de Navarra de 28 de febrero de 2003, de la Sala de lo Contencioso-administrativo, FJ 2 (núm. rec. 248/1997 y JUR 2004\186832).

101 Alenza Garcia, J. F.: "Los riesgos de las fiestas y la responsabilidad patrimonial del ayuntamiento", op. cit. pág. 109.

falta de control puede ser atribuida a la organización del acto, en tanto que las botellas tanto pueden ser introducidas (...) como adquiridas en los bares"[102].

Además, aún suponiendo la falta de las pertinentes medidas de seguridad o vigilancia, no puede desconocerse que, en la responsabilidad civil *ex delicto*, la responsabilidad extracontractual debe satisfacerse por el delincuente, así como que esta responsabilidad y la patrimonial de la Administración cubren el mismo daño. Por ello, en el caso de existir una reclamación de responsabilidad patrimonial, habiéndose resarcido el daño por el delincuente, sólo cabrá estimar la reclamación, si a los ojos del juez contencioso-administrativo, la indemnización fijada en el proceso penal es insuficiente. No puede perderse de vista que en ningún caso podrá haber duplicidad de indemnizaciones por unos mismos daños.

1.2. Fuegos artificiales

Los fuegos artificiales son una actividad de riesgo. "No cabe duda que la instalación de una traca con motivo de las fiestas locales (...) supone la creación de un foco de peligro, pues la quema y disparo de fuegos artificiales son actividades obviamente peligrosas, que al materializarse pueden originar consecuencias lesivas para los ciudadanos que las presencian o daños para los bienes que pueden hallarse en las inmediaciones del lugar donde aquellas se llevan a cabo"[103].

Por ese motivo, "los espectáculos pirotécnicos son objeto de una intensa regulación que establece la obligatoriedad de múltiples medidas de seguridad, así como la autorización administrativa previa (generalmente autonómica) de la empresa contratada para los espectáculos pirotécnicos"[104].

Aun así, en ocasiones se producen desgracias, las cuales deber ser indemnizadas en virtud de la teoría del incremento del riesgo jurídicamente relevante. En estos casos la primera pregunta que surge es, en abstracto, quién debe responder, el Ayuntamiento de Valencia o la empresa de pirotecnia. En principio, como se expuso en el apartado del segundo epígrafe

---

102 STS 199/2015, de 30 de marzo, de la Sala de lo Penal, FJ 9 (núm. rec. 1087/2014 y (*Tol 4948720*)).

103 STSJ de Castilla-La Mancha 146/2005, de 11 de abril, de la Sala de lo Contencioso-administrativo, FJ 3 (núm. rec. 177/2001 y (*Tol 619134*)).

104 Alenza García, J. F.: "Los riesgos de las fiestas y la responsabilidad patrimonial del ayuntamiento", op. cit. págs. 112 y 113.

dedicado a la imputación subjetiva, aplicando el art. 196.1 LCSP, a falta de orden municipal, será el empresario quien deba responder de los daños causados por el mal estado de la pólvora o el desvió de las carcasas.

Sin embargo, la casuística jurisprudencial muestra que las cosas no son tan sencillas como aparecen. Según los casos, los juzgados y tribunales, o bien hacen responder a la entidad local, haciéndole pechar con la carga de repetir contra la empresa de pirotecnia en su caso, o bien declaran la responsabilidad solidaria de una y otra.

Así, en ocasiones, la jurisprudencia ha sentenciado que debe responder la Administración "con independencia de la eventual responsabilidad de la empresa que ejecutó el espectáculo pirotécnico, [porque] *corresponde* al Ayuntamiento definir las zonas en que el público *puede* presenciar el espectáculo, fijando las distancias de seguridad adecuadas"[105]. El título de imputación es el deber municipal de garantizar la seguridad ciudadana durante las fiestas patronales. Todo ello con independencia del motivo por el que la carcasa se desvió de su trayectoria esperada.

En otros casos, en cambio, tratándose de pólvora, los tribunales han hecho responder a las entidades locales de manera solidaria con el empresario, aún a pesar de haberse cumplido las medidas de seguridad previstas en la normativa sectorial. Existen fallos en los que se ha concluido que, si hay un percance, "las medidas adoptadas fueron (...) insuficientes [ya que] la actuación del Ayuntamiento no puede limitarse a adoptar unas medidas de seguridad, sino que ha de vigilar que las mismas se cumplan, y que, en todo caso las adoptadas sean «suficientes» para salvaguardar la integridad física de los espectadores"[106]. A ello añaden que la responsabilidad "de la empresa pirotécnica tiene carácter solidaria con la del Ayuntamiento (...), ya que a la producción del accidente *concurren* dos causas: el incorrecto lanzamiento del cohete, o el defecto en la manipulación del mismo, y la falta de las medidas de seguridad, pero en igualdad de condiciones"[107]. Como se ve, en los supuestos de responsabilidad por el empleo de fuegos de artificio existe una tendencia jurisprudencial a expandir la responsabilidad municipal hasta el punto de convertirla en una responsabilidad verdaderamente objetiva.

---

105 SJCA núm. 6 de Valencia 237/2023, de 23 de octubre, FJ 3 (núm. rec. 61/2023).

106 STSJ de Castilla y León 186/2002, de 10 de mayo, de la Sala de lo Contencioso-administrativo, FJ 6 (núm. rec. 385/2000 y RJCA 2002\628).

107 STSJ de Castilla y León 186/2002, de 10 de mayo, de la Sala de lo Contencioso-administrativo, FJ 6 (núm. rec. 385/2000 y RJCA 2002\628).

En otro orden de cosas, partiendo de la legitimación pasiva de la entidad local, debe abordarse la cuestión relativa a si debe primar la responsabilidad municipal por riesgo creado o la asunción del riesgo por quienes voluntariamente participan en un espectáculo peligroso. La jurisprudencia mayoritaria hace responsable a la entidad local porque "el Ayuntamiento debe responder por el adecuado desarrollo de las actividades festivas por él promovidas o desarrolladas bajo su amparo, en las que crea confianza en el participante en ellas que no se va a producir ninguna situación que le sea lesiva durante su desarrollo y a causa directa de este"[108]. En consecuencia, niega que haya culpa del perjudicado.

Por ello, "no cabe considerar como negligente la conducta de quien acude a un festejo popular en el que la quema de fuegos artificiales constituye y desempeña un papel esencial, puesto que (...) ha de ser tenida en cuenta la conducta culposa de la Administración, que no *previene* (...) los medios necesarios para evitar lo acontecido". Además, para el TS, en estos casos, el daño no puede "ser achacado a un suceso imprevisible y externo (...) [porque] es claro que la Administración *crea* en su actuación una situación de riesgo"[109].

"Detrás de esta jurisprudencia, en el fondo lo que está latente (...) es que se establece la responsabilidad por riesgo creado", no por incremento del riesgo[110]. Dicho con otras palabras, estamos ante un supuesto de responsabilidad verdaderamente objetiva y no solamente objetivada porque la responsabilidad le es imputable más allá del cumplimiento de las ordenanzas municipales. El motivo no es otro que "la Administración ha creado una situación de riesgo, al no poner los medios precisos para evitar

---

108 SJCA núm. 6 de Valencia 237/2023, de 23 de octubre, FJ 3 (núm. rec. 61/2023). En sentido contrario se ha pronunciado la SJCA núm. 9 de Valencia 271/2024, de 18 de octubre (núm. rec. 160/2024). Este fallo no apreció un nexo causal entre la *mascletá* lanzada en la plaza del Ayuntamiento el 8 de marzo de 2023 y las lesiones sufridas por la demandante porque el impacto fortuito de artefactos pirotécnicos "es un riesgo inherente a la actividad y quien acude a presenciarla lo asume voluntariamente" FJ 3). A ello añadió que pese que la demandante alegó la vulneración de las medidas de seguridad, "no *concretó* que medidas específicas no se cumplieron ni *aportó* ninguna prueba en este sentido, mientras que el Ayuntamiento cuenta con informes según los cuales la mascletá se organizó debidamente" (FJ 3).

109 STS de 15 de diciembre de 1997, de la Sala de lo Contencioso-administrativo, FJ 7 (núm. rec. 4958/1993 y (*Tol 5146817*)).

110 Alenza García, J. F.: «Los riesgos de las fiestas y la responsabilidad patrimonial del ayuntamiento, op. cit. pág. 116.

menoscabos en el patrimonio de las personas (…) lo que implica la plena declaración de responsabilidad patrimonial de la Administración"[111].

Un ejemplo de esta doctrina lo encontramos en la sentencia del Juzgado de lo Contencioso-administrativo núm. 6 de Valencia de 18 de octubre de 2023.

> "Aun cuando paulatinamente la Administración municipal haya ido alejando al público de la zona de disparos, reduciendo los riesgos de los mismos aun a costa de la cercanía, vibración, emoción y resto de sensaciones difícilmente descriptibles que se produce durante el disparo de un acto central de una *mascletà*, las referidas medidas de seguridad no han sido suficientes para evitar que algún participante como público en ella, que acude confiando en la suficiencia de las mismas, pueda resultar, en circunstancias muy excepcionales y aisladas dada la aglomeración de personas que se juntan, lesionado o dañado por el alcance de restos de material pirotécnico, y ello constituye conforme la doctrina jurisprudencial señalada el título de imputación, con independencia de la posibilidad de repetir contra la empresa pirotécnica de mediar una acción negligente por su parte"[112].

Para el citado fallo, "la manera de romper dicho título de imputación no *es otra* que el de quebrantar dicha confianza legítima del ciudadano [en la seguridad del espectáculo pirotécnico], recordando de forma clara, rotunda, evidente, sin temor a confusiones (…) que el riesgo cero en espectáculos de dicha naturaleza no existe, haciéndose asumir de forma plenamente consciente dicho riesgo que le trasladaría toda la responsabilidad. O bien alejando más aún la zona de contemplación de la *mascletà*, lo que dado el espacio limitado de la Plaza del Ayuntamiento de Valencia en que se celebra obligaría prácticamente a su traslado a otro lugar o a impedir el acceso a dicha estancia, que quedaría reservada a quienes tuvieran en la zona sus balcones o lugares de privilegiada y protegida visión"[113]. Sobre esta segunda opción la SJCA núm. 6 de Valencia de 18 de octubre de 2023 realiza la siguiente interesante reflexión:

> "Es cierto que ello coloca al Ayuntamiento ante la disyuntiva de optar por desnaturalizar dicha celebración festera, modificando sustancialmente su forma de celebración pretendiendo alcanzar dicho riesgo cero, o bien por asumir el coste que en términos de promoción turística y de esparcimiento vecinal supondría la realización de campañas y avisos publicitarios sobre el riesgo del evento… o bien considerar que al ser dichas dos anteriores soluciones de coste en términos políticos, de convivencia o turísticos y a la sazón económicos, absolutamente muy superiores a la posible condena indemnizatoria que pueda afrontar la Administración munici-

111 STS de 15 de diciembre de 1997, de la Sala de lo Contencioso-administrativo (núm. rec. 4958/1993 y (*Tol 5146817*)).

112 SJCA núm. 6 de Valencia 237/2023, de 23 de octubre, FJ 3 (núm. rec. 61/2023).

113 SJCA núm. 6 de Valencia 237/2023, de 23 de octubre, FJ 3 (núm. rec. 61/2023).

pal en los excepcionales supuestos que se produzcan dichos daños materiales o personales, no merece la pena adoptar, por el momento, mayores medidas a las ya existentes"[114].

1.3. Conciertos

En tiempo de Fallas, la vida de los casales sale a la vía pública. Parte de la actividad lúdica es asumida por la municipalidad. En concreto, aquí queremos detenernos en los conciertos. Dos son los principales tipos de percances que pueden dar lugar a responsabilidad del ayuntamiento: las caídas durante los bailes amenizados con orquestas y el exceso de ruido.

1.3.1. Daños producidos por caídas durante la intervención de orquestas

La participación en conciertos o verbenas conlleva un riesgo, inherente a la celebración de las fiestas. Es el propio de cualquier aglomeración lúdica. Por eso, las simples caídas, propiciadas con frecuencia por falta del plus de cuidado que exige la ocasión, no dan derecho a obtener una indemnización porque son consecuencia del riesgo derivado de la vida en sociedad, esto es, un riesgo socialmente admitido.

Para que surja el deber de indemnizar, es preciso que haya un desperfecto visible o que el firme esté en un notorio mal estado de conservación. Lo contrario supondría convertir al Ayuntamiento de Valencia en una aseguradora universal de daños. Deben cumplirse, por lo tanto, los requisitos propios de los daños en la vía pública que, por un lado, toleran los pequeños desperfectos en la vía pública, y distinguen según se trate de mobiliario urbano o elementos fijos. En este punto, propio de la responsabilidad patrimonial por daños causados en la vía pública, no podemos detenernos.

En cambio, el "mal estado en que se *encuentre* el escenario y (...) la ausencia de barandilla en (...) las escaleras de acceso al escenario" sí que pueden ser determinantes del surgimiento del derecho a ser indemnizado[115]. Lo mismo puede decirse de los vallados destinados a aislar un recinto. También "el hundimiento de las gradas debido a defectos de la construcción"[116], con

---

114 FJ 3 SJCA núm. 6 de Valencia 237/2023, de 23 de octubre (núm. rec. 61/2023).

115 STSJ de Andalucía 358/2009, de 16 de marzo, de la Sala de lo Contencioso-administrativo, FJ 3 (núm. rec. 977/2007 y (*Tol 1315431*)).

116 Guillén Navarro, N.: "Elementos distorsionadores del nexo causal en la responsabilidad patrimonial de la Administración local respecto a los festejos populares", op. cit. pág. 10.

la singularidad de que en estos casos puede coexistir "la responsabilidad (...), junto a la del Ayuntamiento (...), [d]el Director de obra y Director de ejecución de obra [como] establece la Ley Estatal 38/1999, de Ordenación de la Edificación (LOE) en sus artículos 12 y 13"[117].

1.3.2. Daños causados por ruidos excesivos

Quienes no participan de las fiestas falleras, suelen temer a los conciertos. Con frecuencia la música se prolonga hasta la madrugada, y no cabe descartar que supere el límite reglamentariamente permitido. Ahora bien, debe descartarse cualquier automatismo que traslade a la Administración la obligación de indemnizar a los reclamantes por el mero hecho de infringir la ordenanza de ruido.

Se requiere probar los daños a la salud. Además, las molestias o incomodidades temporalmente acotadas no son motivo suficiente hacer nacer la responsabilidad de la Administración porque no se prolongan lo suficiente como para causar patologías. En nuestra opinión, ni siquiera debe indemnizarse por daños morales, dado que para que estos sean apreciables sería necesario "una exposición prolongada y persistente al ruido capaz de afectar al disfrute de su domicilio y al desarrollo de la intimidad personal y familiar"[118].

1.4. Funcionamiento de los servicios públicos en circunstancias excepcionales

A nadie se le escapa que la celebración de las Fallas altera el normal funcionamiento de los servicios públicos. Algunos —como la recogida de basura, la limpieza viaria o el servicio de atención a los turistas— deberán reforzarse, otros —como el tráfico rodado o el transporte público— se verán sensiblemente afectados o incluso suspendidos. Piénsese, por ejemplo, en las competiciones municipales u actividades organizadas por los polideportivos públicos.

---

117 STSJ de Castilla-La Mancha 212/2008, de 15 de octubre, de la Sala de lo Contencioso-administrativo, FJ 5 (núm. rec. 91/2007 y (*Tol 1482612*)).

118 Alenza García, J. F.: «Los riesgos de las fiestas y la responsabilidad patrimonial del ayuntamiento», op. cit. pág. 126.

"A efectos de responsabilidad patrimonial, deberán tenerse en cuenta esas modulaciones o alteraciones de los servicios públicos cuando se tengan que ponderar los estándares medios del servicio para determinar si ha existido o no un funcionamiento anormal del servicio público"[119]. Así, la imposibilidad de un taxi de desplazar a un ciudadano a su domicilio no podrá tildarse como funcionamiento anormal del servicio público porque su prestación debe contextualizarse con las circunstancias del momento.

Más cuestionable es la ausencia de responsabilidad por la tardanza de una ambulancia. Durante los últimos días de las fiestas falleras, singularmente desde el 15 al 19 de marzo, la ciudad de Valencia se convierte en una urbe imprevisible. Es imposible saber qué calles estarán cortadas o durante qué horas permanecerá cerrado al tráfico rodado el centro de la ciudad. Junto con la instalación de los monumentos falleros y carpas, esos días tienen lugar multitud de actividades —concursos de paellas, verbenas, *despertaes*, etc.— que dificultan la circulación por la ciudad. Además, no todos los horarios de cierre de calles son públicos y con frecuencia las comisiones falleras suelen incumplirlos.

Con este escenario, no es de extrañar que la atención sanitaria urgente pueda sufrir dilaciones o que los particulares encuentren inesperados obstáculos para acudir a un hospital o centro de salud. En tales circunstancias puede nacer el deber de resarcir, en concepto de responsabilidad patrimonial, por la ausencia de "ambulancias para el inmediato traslado de los heridos a centro hospitalario" o por la existencia de calles cortadas que dificulten un rápido acceso a éste[120].

En casos como estos el título de imputación será la pérdida de oportunidad, y "el tribunal a la hora de resolver sobre las posibilidades de supervivencia (...) en el caso de que hubiera sido asistida tempranamente solo cuenta con los informes médicos"[121]. Aunque nunca se sabrá a ciencia cierta qué hubiera sucedido de haber recibido la víctima una asistencia más próxima, la ciencia médica cuenta con escalas que, en función de las patologías y tiempos de respuesta, miden las probabilidades de supervivencia. Por ello, no habrá derecho a una indemnización cuando ni la tardanza ni "la falta de medios exigibles fuera[n] determinante[s] del fallecimiento,

---

119 Idem.

120 STS de 17 de octubre de 2000, de la Sala de lo Contencioso-administrativo, FJ 5 (núm. rec. 9188/1995 y (*Tol 1717190*)).

121 STSJ de la Comunitat Valenciana 849/2022, de 15 de diciembre, de la Sala de lo Contencioso-administrativo, FJ 6 (núm. rec. 206/2020 y (*Tol 9448509*)).

por el hecho de que el herido se viera privado de los cuidados médicos precisos"[122]. Si las lesiones causadas son las determinantes del fallecimiento, y por lo tanto éste era inevitable, no habrá nexo causal.

De todas formas, debe rechazarse que la existencia de calles cortadas sea sinónimo de indebido retraso en la asistencia médica por anormal funcionamiento del tráfico rodado. El Ayuntamiento de Valencia cuenta con un protocolo urbano de vías rápidas de acceso a los hospitales de la ciudad, el cual minora notablemente los riesgos de atención sanitaria tardía.

2. *Actividad fallera*

Una singularidad de la responsabilidad patrimonial derivada de las fiestas populares es la imputación, a la Administración, de los daños causados por las comisiones de fiestas en virtud del principio de la culpa *in vigilando.*

En ocasiones, aun produciéndose la lesión como consecuencia de festejos organizados por las comisiones falleras u otras entidades privadas, es posible imputar la responsabilidad al Ayuntamiento de Valencia en virtud de su deber de control y vigilancia de las actividades de carácter privado.

Ello es así porque una de las actividades que debe verse reforzada durante la celebración de las Fallas es la de policía administrativa. Los servicios municipales encargados de inspeccionar las actividades de recreo y vigilar la seguridad en la vía pública juegan un papel singular. Ésta alcanza no sólo al disparo de *mascletàs* o instalación de carpas, sino también a la venta callejera de alimentos.

En estos casos, de producirse una desgracia los primeramente responsables serán las comisiones falleras, pero también al Ayuntamiento de Valencia cuando se aprecie un defectuoso funcionamiento de los servicios de inspección o vigilancia. Y se considerará que estos funcionaron de manera irregular cuando el estándar de diligencia fue insuficiente atenidas las circunstancias del caso.

De entre las actividades privadas sometidas a control municipal, destacamos las siguientes:

---

[122] STSJ de Castilla la Mancha 133/2019, de 27 de mayo, de la Sala de lo Contencioso-administrativo, FJ 3 (núm. rec. 133/2019 y (*Tol 7406094*)).

2.1. Quema de monumentos falleros

La *cremà* de las fallas raramente causa daños a las personas. No puede decirse lo mismo de los desperfectos en vehículos o fachadas. En nuestra opinión, en principio, los daños deberán ser pagados por la comisión fallera. La responsabilidad de la Administración debe quedar constreñida a la falta de la presencia del equipo de bomberos, si se ha considerado necesaria, para la quema del monumento fallero.

Respecto a la presencia de vehículos en lugares de riesgo, si se ha obtenido autorización municipal para su retirada, como regla general, sus titulares tienen el deber de retirarlos. El hecho de que no haya procedido a ello el Ayuntamiento de Valencia, según nuestro parecer, no es causa que justifique la estimación de la eventual reclamación de responsabilidad patrimonial.

2.2. Mascletàs

Ya se ha dicho que las *mascletàs* son actividades de riesgo. Por ello, no puede descartarse la responsabilidad de la Administración local por los daños causados por la explosión de carcasas en las viviendas particulares o negocios privados puesto que se trata de una actividad efectuada "en un emplazamiento preciso determinado o autorizado por el Ayuntamiento". Es posible que se reconozca judicialmente una indemnización por haber autorizado el lanzamiento en una ubicación peligrosa: cuando se entienda que la entidad local "no ha atendido correctamente las obligaciones positivas a que está sometido para garantizar los derechos e intereses legítimos de los ciudadanos"[123]: o cuando un fuego de artificio promovido por particulares es "*asumido* como un festejo incluido en la programación de las fiestas locales"[124]. Diferente es el caso de los daños causados a particulares, puesto que "los edificios próximos a un festejo no pueden, por definición, escapar de las vicisitudes de aquél, algo que sí han podido hacer quienes participan en él"[125].

---

123 STSJ de la Comunitat Valenciana 1914/2002, de 23 de noviembre, de la Sala de lo Contencioso-administrativo, FJ 3 C) (núm. rec. 1114/1999 y JUR 2004\17258).

124 STSJ de la Comunitat Valenciana 472/2005, de 19 de abril, de la Sala de lo Contencioso-administrativo, FJ 3 (núm. rec. 377/2003 y (*Tol 671826*)).

125 STS de 17 de septiembre de 2008, de la Sala de lo Contencioso-administrativo, FJ 2 (núm. rec. 171/2007 y (*Tol 1373620*)).

Ahora bien, la mera autorización del lanzamiento de los cohetes no es título suficiente cuando se trata de actividades propias de comisiones falleras. Así lo dijo la STSJ de la Comunitat Valenciana de 8 de abril de 2021 para confirmar la denegación de una indemnización, por parte del Ayuntamiento de Parcent, por los daños materiales provocados por lanzamiento de cohetes. Para desestimar el recurso la Sala de lo Contencioso-administrativo adujo que «la Comisión de Fiestas es un Ente asociativo distinto al ayuntamiento, con plena personalidad jurídica, que es quien organizó el disparo pirotécnico. Pero no es una personificación de la Administración, debiéndose distinguir de manera clara entre la personalidad jurídica de la Comisión de Fiestas y la del propio Ayuntamiento»[126].

En nuestra opinión, para desestimar las reclamaciones, está latente la imposibilidad de controlar el disparo simultáneo de fuegos de artificio de todas y cada una de las comisiones falleras. Lo contrario sería convertirla en una aseguradora universal. Por ello lo determinante será la actividad inspectora previa a los lanzamientos. Si el Ayuntamiento de Valencia comprobó la idoneidad del lugar, las medidas de seguridad y la aptitud de la empresa pirotecnia no deberá responder de los daños por quemaduras causados a los espectadores.

2.3. Atracciones de feria

En ocasiones las comisiones falleras ponen a disposición de los falleros castillos hinchables, camas elásticas, toros mecánicos, u otro tipo de atracciones de feria. Si hay infortunios, la responsabilidad del Ayuntamiento de Valencia, si existe, será por culpa *in vigilando*. Por ello, "el Ayuntamiento, una vez examinado que las atracciones programadas son idóneas, no tiene que extremar su control hasta el punto de comprobar si" la actuación de los operarios es negligente o la intervención de los participantes imprudente[127]. Rige el mismo parámetro que el expuesto para las *mascletàs*.

---

126 STSJ de la Comunitat Valenciana 275/2021, de 8 de abril, de la Sala de lo Contencioso-administrativo, FJ 6 (núm. rec. 418/2019 y (*Tol 8563884*)).

127 Resolución del Tribunal Administrativo de Navarra 9855/2010, de 15 de noviembre, FJ 4 (núm. rec. 3475/2010).

2.4. Vigilancia de horarios de cierre de actividades

Como quiera que, en circunstancias ordinarias, el control de bares y lugares de espectáculos es difícil de llevar a cabo, el mero incumplimiento de los horarios por bares, carpas, orquestas, etc., no debe generar responsabilidad patrimonial. La vía para reprimir tales conductas es la sancionadora. La jurisprudencia para reconocer una indemnización en estos casos requiere "una amplia y extendida irregularidad, consentida o tolerada por la Administración (...) de suficiente entidad como para haber trascendido a la opinión pública"[128]. Sino no habrá anormal funcionamiento del servicio público.

Pues bien, teniendo en cuenta la fugacidad de las Fallas, en nuestra opinión, es difícil obtener un pronunciamiento de condena contra el Ayuntamiento de Valencia por los excesos de la actividad nocturna.

"No se trata de exigir a la Administración estándares de conducta irrazonables o exorbitantes, lo que conduciría a recabar de esta una actuación positiva que evitara toda actividad ilegal de terceros y a entender que la misma ha de convertirse en una aseguradora universal de daños"[129].

2.5. Protección de la contaminación acústica

Desde que el Tribunal Europeo de Derechos Humanos, en su sentencia López Ostra contra España, de 9 de diciembre de 1994, fallase que la exposición al ruido es susceptible de lesionar la integridad física o psíquica, la vida privada y familiar y la intimidad de domicilio, la jurisprudencia ha evolucionado su doctrina. Ya no sólo puede nacer el derecho a indemnizar por las actividades municipales ruidosas, sino también por la falta de medidas para controlar y erradicar las actividades ruidosas de los particulares.

"La jurisprudencia ha venido a establecer que el Ayuntamiento tiene una posición de garante respecto a la no emisión de ruido nocivo, de tal modo que, cuando no cumpla debidamente con dicha posición, estará in-

---

[128] STS de 17 de junio de 2014, de la Sala de lo Contencioso-administrativo, FJ 1 (núm. rec. 4856/2011 y (*Tol 4430734*)).

[129] STS de 17 de junio de 2014, de la Sala de lo Contencioso-administrativo, FJ 1 (núm. rec. 4856/2011 y (*Tol 4430734*)).

curriendo en una vulneración de derechos fundamentales de los ciudadanos por omisión"[130].

En este sentido, "ha de traerse a colación la reiterada doctrina del Tribunal Constitucional y del Tribunal Supremo en torno a la importancia jurídica de la contaminación acústica, que señala, siguiendo a su vez la doctrina del Tribunal Europeo de Derechos Humanos, que cuando los niveles de saturación acústica que deba soportar una persona, a consecuencia de una acción u omisión de los poderes públicos, rebasen el umbral a partir del cual se ponga en peligro grave e inmediato la salud, puede quedar afectado el derecho garantizado en el art. 15 CE no sólo a la integridad física, sino también a la integridad moral, y destaca, además, que en el ámbito domiciliario una exposición prolongada a unos determinados niveles de ruido, que puedan objetivamente calificarse como evitables e insoportables, ha de merecer la protección dispensada al derecho fundamental a la intimidad personal y familiar y la inviolabilidad del domicilio (art. 18 CE), en la medida en que impida o dificulte gravemente el libre desarrollo de la personalidad, siempre y cuando la lesión o menoscabo provenga de actos u omisiones de entes públicos a los que sea imputable esa lesión producida"[131].

A ello cabe añadir que "la doctrina del Tribunal Constitucional que declara expresamente que la vulneración de derechos fundamentales dimanante de la exposición continuada a niveles de ruido intensos puede tener lugar cuando, aun sin llegar a producirse el daño, exista un riesgo constatado de producción cierta o potencial justificado en el proceso, es decir, cuando se acredite un riesgo relevante de que la lesión puede llegar a producirse"[132]. Ahora bien, ello no significa que "siempre que en una zona declarada acústicamente saturada o que reciba calificación protectora similar, cuando el ruido ambiental supere los niveles máximos autorizados, todos los que tengan en ella su domicilio, por esa mera circunstancia y sin

---

130 Alenza García, J. F.: "Los riesgos de las fiestas y la responsabilidad patrimonial del ayuntamiento", op. cit. pág. 130.

131 STSJ de la Comunitat Valenciana 1080/2014, de 26 de noviembre, de la Sala de lo Contencioso-administrativo, FJ 4 (núm. rec. 302/2014 y (*Tol 4761009*)) en relación con la STC 150/2011, de 29 de septiembre, FJ 6 (núm. rec. 5125/2003 y (*Tol 6448668*)).

132 FJ 3 STSJ de la Comunitat Valenciana 1080/2014, de 26 de noviembre, de la Sala de lo Contencioso-administrativo, FJ 4 (núm. rec. 302/2014 y (*Tol 4761009*)) en relación la STC 62/2007, de 27 de marzo, FJ 4 (núm. rec. 1623/2002 y (*Tol 1042595*)).

necesidad de prueba individualizada, estarían sufriendo sendas vulneraciones de los derechos fundamentales a la integridad física y moral (art. 15 CE) y a la intimidad domiciliaria (18.1 y 2 CE)"[133].

Ahora bien, aunque en principio, debe de tratarse de una exposición a ruidos que sea insoportable, sostenida en el tiempo y evitable, "lo fundamental es que la entidad y duración de la exposición a ruidos evitables e insoportables sea tal que merezca la protección dispensada a aquellos derechos fundamentales. Habrá de atenderse a las circunstancias concurrentes en cada caso concreto para determinar si la repercusión del ruido en la vivienda constituye un simple exceso ilegal pero que no lesiona ningún derecho fundamental, o que lo supere de un modo tan cualificado que impida el disfrute pacífico del domicilio, o que lo rebase en términos aún más intensos que supongan una violación al derecho a la integridad física o moral"[134].

De hecho, esto es lo que sucedió en la STSJ de la Comunitat Valenciana de 26 de noviembre de 2014, que condenó al Ayuntamiento de Valencia al pago de 1000 euros en concepto de responsabilidad patrimonial por "la exposición de los actores durante tres días seguidos [de las fiestas de Fallas] en horario nocturno, desde las 23:00 horas hasta las 4:00 del día siguiente, a unos niveles sonoros" excesivos[135]. En el mismo sentido se pronunció la STSJ de la Comunitat Valenciana de 11 de diciembre de 2009 que condenó de manera solidaria a la comisión fallera y el Ayuntamiento de La Pobla Llarga al pago de una indemnización de 14.000 euros[136].

V. Conclusiones

Tratándose de los daños causados como consecuencia de las Fallas, como fiestas populares, para atribuir responsabilidad al Ayuntamiento de Valencia dos son los títulos de imputación fundamentales: el incremento del riesgo jurídicamente relevante y la culpa *in vigilando*. Surgirá el deber

---

133 STC 150/2011, de 29 de septiembre, FJ 7 (núm. rec. 5125/2003 y (*Tol 6448668*)).

134 STSJ de la Comunitat Valenciana 1080/2014, de 26 de noviembre, de la Sala de lo Contencioso-administrativo, FJ 4 (núm. rec. 302/2014 y (*Tol 4761009*)).

135 STSJ de la Comunitat Valenciana 1080/2014, de 26 de noviembre, de la Sala de lo Contencioso-administrativo, FJ 8 (núm. rec. 302/2014 y (*Tol 4761009*)).

136 Cfr. STSJ de la Comunitat Valenciana 1724/2009, de 11 de diciembre, de la Sala de lo Contencioso-administrativo (núm. rec. 302/2014 y (*Tol 1853240*)).

de indemnizar no sólo cuando las actividades organizadas por el municipio se lleven a cabo incrementando el riesgo inherente a las mismas, sino también cuando, a pesar de ser actividades de las comisiones falleras, le sea achacable a aquél una falta de vigilancia, inspección o control.

La responsabilidad del Ayuntamiento de Valencia cesará en aquellos casos en los que intervenga un tercero, exista culpa del perjudicado o concurra fuerza mayor. Se equipara a la culpa del perjudicado la actuación de profesionales que desempeñen actividades peligrosas, así como la de particulares que participen voluntariamente en eventos de riesgo.

En determinadas circunstancias —una de ellas es el empleo de la pólvora, otro los acontecimientos multitudinarios— la jurisprudencia exige un especial deber de diligencia a la corporación local a la hora de adoptar medidas de seguridad y no le exime del deber de responder por el mero cumplimiento de los deberes legales.

VI. Bibliografía

Alenza García, J. F.: "Los riesgos de las fiestas y la responsabilidad patrimonial del ayuntamiento", *Derecho sanferminero* (coord. Alenza García, J. F.), Aranzadi, Cizur Menor (Navarra), 2016.

Bauzá Martorell, F. J.: "Nacimiento de la responsabilidad patrimonial sanitaria", *Tratado de responsabilidad patrimonial sanitaria. Estudio de la jurisprudencia y doctrina legal* (dir. Manent Alonso, L.), Tirant lo Blanch, Valencia, 2024.

Beladiez Rojo, M.: *Responsabilidad e imputación de daños por el funcionamiento de los servicios públicos: con particular referencia a los daños que ocasiona la ejecución de un contrato administrativo,* Tecnos, Madrid, 1997.

Blanquer Criado, D.: "Libertad, responsabilidad y fiestas populares", *Las fiestas populares y el Derecho: régimen jurídico, responsabilidad patrimonial y pólizas de seguro* (auts. Blanquer Criado, D. y Guillén Galindo, M. Á.), Tirant lo Blanch, Valencia, 2001.

García de Enterría, E.: *Los principios de la nueva Ley de Expropiación Forzosa* (2ª ed.), Civitas, Madrid, 1984.

García de Enterría, E. y Fernández, T. R.: *Curso de Derecho administrativo,* vol. II (15ª ed.), Civitas, Madrid, 2017.

Guillén Navarro, N.: "Elementos distorsionadores del nexo causal en la responsabilidad patrimonial de la Administración local respecto a los festejos populares", *Revista General de Derecho Administrativo,* núm. 56, 2021.

Huergo Lora, A: "Responsabilidad patrimonial por daños causados en la ejecución de contratos y concesiones administrativas. Situación actual y propuesta de mejora", *Revista de Estudios de la Administración Local y Autonómica,* núm. 20, 2023.

Manent Alonso, L.: "La responsabilidad patrimonial por daños causados por los contratistas de la Administración", *Guía práctica sobre responsabilidad patrimonial de las Administraciones Públicas* (coords. Gomez Zamora, L. y Ortillés Buitrón, J.), Tirant lo Blanch, Valencia, 2024.

Martínez Otero, J.: "La responsabilidad patrimonial de la administración: una visión panorámica", *Tratado de responsabilidad patrimonial sanitaria. Estudio de la jurisprudencia y doctrina legal* (dir. Manent Alonso, L.), Tirant lo Blanch, Valencia, 2024.

Mir Puigpelat, O.: *La responsabilidad patrimonial de Administración sanitaria. Organización, imputación y causalidad,* Civitas, Madrid, 2000.

Pantaleón Prieto, A.: "Los anteojos del civilista. Hacia una revisión del régimen de la responsabilidad patrimonial de la Administración", *Documentación Administrativa,* núm. 237-238, 1994.

Rodríguez Muñoz, J. M. (2023): "Responsabilidad patrimonial de los entes locales por daños producidos en las fiestas de interés turístico: alcance y límites de la teoría de la asunción del riesgo", *Las administraciones ante las fiestas y el turismo: Elementos para una discusión abierta* (coord. Hernández Díez, E.), Iustel, Madrid, 2023.

Anexo. Preguntas y respuestas

1. **¿Debe indemnizar el Ayuntamiento de Valencia todos los daños que sufran los falleros, vecinos y turistas durante las Fallas y que estén relacionados con actividades promovidas por la entidad local?**

   No, debe diferenciarse las lesiones causadas con ocasión de las Fallas, de las sufridas como consecuencia de las fiestas josefinas. Sólo será responsable de estas últimas porque en las primeras no hay una relación de causalidad entre el daño y la actuación del Ayuntamiento de Valencia.

2. **Si la actividad festiva está subcontratada, quien deberá responder, ¿el Ayuntamiento de Valencia o la empresa que la organiza?**

   Hay que estar al caso concreto e indagar a quién le es imputable el daño. Por ejemplo, en una *mascletà*, el Ayuntamiento es responsable de elegir una empresa de pirotecnia idónea, así como de establecer las medidas de seguridad oportunas. La empresa, por su parte, debe hacer frente de los daños que deriven de la calidad de la pólvora, el lanzamiento de las carcasas, etc. También puede darse una concurrencia de responsabilidades del Ayuntamiento de Valencia y la empresa encargada del lanzamiento de los fuegos artificiales si la negligencia concurre en ambas partes.

3. **¿Debe responder el Ayuntamiento de Valencia por los daños causados por *mascletàs*, castillos y otras actividades falleras organizadas por las comisiones falleras?**

   Depende. El Ayuntamiento tiene un deber de vigilancia de las actividades de las comisiones falleras que sean peligrosas. Si no ejerce su actuación inspectora será responsable. Así, por ejemplo, debe garantizar que las carpas se ubiquen en sitios idóneos y que estén bien instaladas. También debe revisar que el lanzamiento de las *mascletàs* se efectúe en un lugar seguro. Por ello la actividad autorizatoria del Ayuntamiento de Valencia tiene capital importancia.

Sin embargo, su obligación de vigilancia no alcanza hasta el deber de evitar los daños que puedan causar, por ejemplo, el disparo de petardos por individuos particulares.

4. Los profesionales y quienes participan activamente en las Fallas, ¿están en la misma situación que los espectadores?

No. Un encargado de prender la falla o quien participa en la instalación de una *mascletà* asume el riesgo inherente a su intervención como técnico y organizador del evento. En cambio, el mero espectador de una *mascletà* confía en la seguridad de la organización, y por ello, tendrá derecho a ser indemnizado de los posibles daños corporales que sufra.

5. ¿Los falleros, vecinos o turistas tienen derecho a ser resarcidos de toda lesión que sufran con ocasión de las Fallas?

No. La aglomeración de personas exige al ciudadano un especial cuidado al deambular por la vía pública. Por ello, las lesiones consecuencia de caídas por tropiezos, empujones o similares deben ser soportadas porque forma parte del riesgo general derivado de vivir en sociedad.

6. ¿Se puede pedir una indemnización por las molestias derivadas de la música de los casales de las comisiones falleras?

Si concurren determinadas circunstancias, sí. Ante las denuncias ciudadanas por ruidos excesivos, el Ayuntamiento de Valencia tiene el deber de actuar. Si no lo hace, y los casales continúan poniendo la música demasiado alto o hasta altas horas de la noche, se podrá pedir una indemnización por daños morales o perturbaciones en su domicilio.

7. El corte de calles, las dificultades de tránsito o la peatonalización de zonas, ¿son molestias que deben ser soportadas por los ciudadanos?

En principio sí. Durante las Fallas es necesario tener en cuenta tanto el derecho de los falleros a la celebración de la fiesta como el de los vecinos que no participan en las Fallas a vivir en la ciudad de Valencia en condiciones idóneas. Debe existir una proporción entre el sacrificio que se les exige a los ciudadanos y la necesidad del Ayuntamiento de Valencia de garantizar la seguridad de las Fallas.

Ahora bien, si durante las Fallas, teniendo en cuenta la excepcionalidad del momento, se aprecia un funcionamiento anormal de los servicios públicos, podrá reclamarse y obtenerse una indemnización. Así, si el corte de calles provoca un retraso en la recogida de enfermos en ambulancia, podrá plantearse la interposición de una reclamación contra el Ayuntamiento de Valencia.